KB008650

film

내가 쓴 것

film

잘생긴 천재의 삐딱하게 영화 보기   이지훈 지음   이매진

영화평론가 이지훈 유고집 1

내가 쓴 것
잘생긴 천재의 삐딱하게 영화 보기

지은이 **이지훈**
펴낸곳 **이매진** 펴낸이 **정철수**
편집 **기인선 최예원 김세희** 디자인 **오혜진** 마케팅 **김둘미**
첫 번째 찍은 날 **2012년 6월 30일**
등록 **2003년 5월 14일 제313-2003-0183호**
주소 **서울시 마포구 합정동 370-33 3층**
전화 **02-3141-1917** 팩스 **02-3141-0917**
이메일 **imaginepub@naver.com** 블로그 **blog.naver.com/imaginepub**
ISBN **978-89-93985-79-5 (03680)**

ⓒ 이지훈, 2012

- 이매진이 저작권자와 독점 계약을 맺어 출간한 책입니다. 무단 전재와 복제를 할 수 없습니다.
- 환경을 생각해서 재생 종이로 만들고, 콩기름 잉크로 인쇄한 책입니다. 표지 종이는 앙코르 190그램이고, 본문 종이는 그린라이트 70그램입니다.
- 값은 뒤표지에 있습니다.

일러두기
- 《FILM2.0》의 원고와 사진은 (주)다음커뮤니케이션에서 제공해주었습니다.
- 외래어표기법을 따랐지만, 널리 쓰이는 관용적인 표현은 고치지 않았습니다.

CONTENTS

책을 펴내며 13

이지훈을 기억하며 16

1부
에세이

NeGA file 22

왼손으로 만든 영화가 보고 싶습니다 23

내 잃어버린 시간의 어딘가에서 24

흔들리는 샘물 앞에서 자기도취에 빠지는 나르시스 27

무한한 해석의 바다에서 헤엄치기 위하여 29

섬광 같은 우연들이 우리의 삶을 영원한 백지로 만들 수 있도록 31

주저함 없는 들이킴으로 조금씩 더 강렬해지게끔 33

영화, 삶의 경험과 느낌들, 그리고 사랑. 그 자체만을 위한 그것에 영원히 빠져 있기를 36

현실계의 충실한 파트너, 또는 독단적이고 근본적인 나만의 유희 38

오만과 순수를 빗겨 거침없이 뒹굴며 더러워지다 41

더 이상의 미로는 존재하지 않을 가장 복잡한 미로는…… 42

가슴이 아프다 너 목이 메되 아무 소리도 내지 못하는 나의 아들이여…… 44

그날 그 여름 한밤중의 설악산에서 체험한 비밀 46

O양 비디오와 도그마 95, 순수의 서약 48

술보다 더 취했던 한 조그만 콘서트에서 50

어쩌면 세상엔 우리가 모르는 힘이 존재할지도 모릅니다 52

다시 쓰는 악마의 원칙 53

그렇지 않다면 무엇이 우리를 일하게 할 것인가 54

신비의 섬 마라도에서 생긴 일 56

그때도 충분히…… 58

Theme 60

구멍 이야기 — 구멍만 있으면 됩니다 61

편집 이야기 — 주관성을 담보로 잡은 편집 미학, 어디까지 열릴 것인가 62

환절기 — 전위: 짧은 순간의 과정 속에서 끊임없이 꿈꾸고 선점하다 64

1 — 항상 1등인 영화, 수줍게 대담한 나만의 기준 66

엽기 — 고상함은 악취미의 기괴한 미소로 인해 후퇴한다 67

하드고어 — 신체 훼손의 인류학, 야만의 복귀와 죽음의 공포를 벗어던지기 위한 쾌락 68

우주 그리고 영화 — 우주의 시간: 영화를 본다는 것은 광속에 근접하는 시간여행이다 70

상상동물 이야기 — 숭배, 외압, 성스러운 폭력, 불사의 희구, 악마성 72

영화 속의 전설과 영웅들 — 전설과 영화는 동일한 지점에서 만나고 있다 74

쌈마이 — 쌈마이 '정신'의 부활 75

우리가 사랑할 수밖에 없는 나쁜 영화 78

무식한 저개발의 기억 79 / 기차를 잘못 탔다? 그래서 어쩌라고? 79 / 송구영신? 허튼소리 80 / 그녀의 눈은 고양이의 눈을 닮았다 81 / 괜찮다, 괜찮다, 막 나가도 괜찮다…… 82 / 나는 결코 사라지지 않는다 83 / 그렇게 사는 건 뭐 쉬워 보이나? 84 / 오독? 정보화 사회에선? 84 / 한순간이다 85 / 유오성, 장동건, 송강호, 양택조 86 / 어차피 버둥거리는 인생이다 87 / 잊혀지지 않는 마지막 눈길 88 / 세상엔 키 큰 사람도 키 작은 사람도 없다 88 / 나는 잘생긴 천재 89 / 세상의 모든 머리 아픈 아침 90 / '휙'

허공을 가르던 치와와 91 / 다가오지 마 92 / 우리에겐 영웅이 필요하다 93 / "괜찮니?" 94 / 듬성듬성 살자 95 / 나 오늘은 술 마시기 싫어 95 / 문명이라고? 96 / 무슨 근거로? 97 / 모두 각목 들어! 98 / 뭔가 날려주고 싶다 99 / 그게 다 기억이었을까 100 / 으아, 죽음이야 101 / 얼굴 좀 보자 102 / 지식의 미로 102 / 난간 극장의 비밀 103 / 나의 배냇저고리 104 / "결혼은 언제 해야 돼요?" 105 / 수군수군 쑥덕쑥덕 106 / 역시 문제는 상상력이다 107

DVD 천일야화 109

너 이 영화가 무섭니? 110 / "여러분들에게도 저런 순간이 있었습니까" 111 / 수다쟁이 스페셜 피처 112 / 과거를 기억하지 못하는 그녀에게 113 / 무서운 영화 114 / 돈 안 나오면 형들이 맞는 거예요 115 / 연희의 두 개의 결혼 115 / 예쁜 사랑 영화의 아이러니 116

딸년이랑 테레비 보기 118

최고의 권모술수 119 / 류승범을 사랑할 수 있었던 이미숙 120 / 마루치와 뿅뿅이 121 / 미자 씨, 화이팅! 122 / 방글라데시의 비밀 123 / "눈" "아니, 눈" "눈이라니깨" 124 / 〈올인〉과 〈눈사람〉의 차이 125 / 기관총 사수의 미소 126

편집장의 말 128

어느 날 화장실에서 129 / 출근길의 그녀 129 / 천국과 지옥 130 / 평생 숙원 사업 130 / 히말라야의 염원 131 / 할머니의 투신자살 132 / 천국에 오르는 계단 132 / 빨래 너는 남자 133 / ㄱㄴㄷㄹ 133 / 어느 봄날의 칠순 잔치 134 / 인터뷰 블루스 134 / 왕자 콤플렉스 135 / 대신맨의 비애 135 / 에이 씨…… 136 / 자전거를 탄 풍경 136 / 정은임 137 / 〈파리의 연인〉 137 / 유승민은 누구인가 138 / 인도의 폭소 클럽 138 / 〈빈 집〉 베니스 수상 139 / 추석 여행 139 / 자크 데리다 140 / 짐승 140 / 가장 잊을 수 없는 기억 141 / 동창 모임 141 / 다른 기준 142 / 배용준과 아줌마 400명 142 / 개편 143 / 화장실 144 / 당신을 혼내줄 거야 145 / 콘클라베 147 / 월드컵 148 / 콩순이 컴퓨터 149 / 신문선 151 / 한반도 152 / 박치기 154 / 월미도 155 / 불행한 그녀 157 / 말 158 / 관악산 160 / 감독 161 / 전설 163 / 서커스 164 / 숨은벽 166 / 벤허 167 / 아버지 169 / 델마와 루이스 170 / 배창호 172 / 1969년 여름 173 / 결핍 사랑 175 / 006과 미녀 176 / 퍼포먼스 178 / 성형 179

이지훈의 어퍼컷 182

짱다운 짱이 되어라 183 / 말보다 앞선 세상 184 / 살거나 또는 죽거나 185 / 시사회 187 / 좋은 놈? 나쁜 놈? 이상한 놈! 188 / 더욱 어두워진 기사들 191 / 듣고 달리고 보고 달리고 193 / 영웅이여, 보이지 않는 곳으로 196 / 포뇨의 웃음, 대범한 웃음 198

2부
비평

영화 읽기 204

〈나쁜 피〉 — 부유하는 자유로움, 그 속의 슬픔과 희망 205
시간으로 읽는 영화 — 시간의 해체, 영화 예술의 본질 회귀 216
〈데드 맨〉 — 이탈된 시공에서 맛보는 죽음의 형상 228
〈L.A. 컨피덴셜〉, 〈타이타닉〉, 〈아미스타드〉 — 그들이 시간을 거슬러 올라간 이유는 무엇이었을까 233
〈롤라 런〉 — 다른 무엇도 아닌 세계의 끝을 향해 롤라는 열심히 뛰어간다 238
〈춘향뎐〉과 〈철도원〉 — 우리에게, 그리고 그들에게 부활하고 있는 것은 무엇인가 244
〈플란다스의 개〉와 〈반칙왕〉 — 일상으로부터의 탈출? 과연? 249

〈아모레스 페로스〉 — 나는 좀더 실패해야 한다 253
〈패닉 룸〉 — 데이비드 핀처의 새로운 공간에 들어가다 260
〈마이너리티 리포트〉 — 사건번호 1109호에 관한 메이저, 마이너 리포트 270
〈살인의 추억〉 — 봉준호 감독은 어떻게 걸작을 만들었나 280
〈매트릭스 2 — 리로디드〉 — 두 번째 〈매트릭스〉가 얻은 것과 잃은 것 287
〈아비정전〉, 〈동사서독〉 — 장국영, 세상에 초연한 얼굴 295

감독론 305

로만 폴란스키 — 영화와 현실의 경계를 허무는 시네아스트 306
미켈란젤로 안토니오니 — 정서적 무기력증의 냉철한 분석가 316
스탠리 큐브릭 — 관습과 전통의 심각함을 꿰뚫는 투명한 냉소 324
아벨 페라라 — 20세기 후반 숨겨진 현실의 절망적 직관자 332
우디 앨런 — 뒤틀기와 집착의 거울에 투영되는 삶의 국면들 344
테리 길리엄 — 상상력이 응집해낸 시공간의 도피주의 351
관금붕 — 정밀한 시선으로 포착되는 역사 속의 여성 356
데이비드 린치 — 파헤치고 제거하기, 그 당혹스러운 혁명의 낭만 363
데이비드 크로넨버그 — 삶을 지속시킬 마지막 이유를 찾기로 한다 370
쿠엔틴 타란티노 – 살다 보면 마주치는 황당하고 흥미진진한 세계 378
존 부어맨 — 단 한 번도 실행된 적이 없던 것의 반복을 조롱하며 385
닐 조던 — 자멸감으로부터 사악함으로, 그리고 다시 꿈으로 394
뤽 베송 — 그는 플래시백하여 다시 시작하고 있다 402
팀 버튼 — 이상하다, 나는 왜 그의 영화를 보며 세상이 더 넓고 깊다고 생각하는 걸까 415
알레한드로 아메나바르 — 상상의 대지에서 모호한 안식을 꿈꾸다 429
휴즈 형제 — 그들은 어떻게 사회를 위협해왔나 436
야마시타 노부히로 — 해법은 참 작은 세계 속에 442

단평 449

〈가베〉 — 내러티브와 이미지의 경악스러운 화해 450
〈퓨너럴〉 — 붕괴되는 삼각형, 멀어져가는 공산주의를 바라보다 453
〈크래쉬〉 — 균열체를 바라보다, 균열체로 파고들다 455
〈다크 엔젤〉 — 객석에 앉아 귓속말로 속삭이는 악마 457
〈내가 쓴 것〉 — 오독, 상상, 해석, 주체의 부재, 그리고 우리가 쓴 것 459
〈딥 임팩트〉 — 이데올로기의 충돌, 그리고 소년들의 승부 461
〈슬라이딩 도어즈〉 — 슬랑이딩 도어즈를 여는 네 개의 열쇠 463
〈스크림〉 — 쓸데없는 짓 하지 마! 465
〈씬 레드 라인〉 — 도인의 해탈인가, 바보의 낙서인가 467
〈주유소 습격사건〉 — 무정부주의적 평등주의, 그리고 일상과 유희의 프로메테우스 469
〈여고괴담 두 번째 이야기〉 – 그들은 광기를 체화한 마계의 괴물들이다 471
〈인사이더〉 — 마르쿠제의 비판적 사유와 분통 터지는 제프리의 아내 473
〈나인 야드〉 — 지미의 아내가 오즈의 아내, 그리고 캐나다와 툴립 476
〈섬〉 — 엽기와 평화의 공존, 그 긴장감에서 아름다움이…… 479
〈백치들〉 — 혁명을 가장한 게으름 483
〈오! 수정〉 — 홍상수는 점점 더 이상한 방법으로 도를 닦고만 있다 486
〈춤추는 무뚜〉 — 컬트가 될 구석이 있는 하층계급 영웅 이야기 489
〈미션 임파서블 2〉 — 부담스러운 희생정신만이 가득한 유치원 놀이터 492
〈공동경비구역 JSA〉 — 해방된 연출 감각은 보이지 않는 춤을 춘다 496
〈미 마이셀프 앤 아이린〉 — 뻔뻔스럽지만 행복하게 해주는 배설 쾌감 499
〈왓 라이즈 비니스〉 — 장르의 중첩 속에 진실을 향하는 영화적 어드벤처 502
〈나쁜 남자〉 — 폭력은 그들의 도덕이자 순결이다 506
〈해안선〉 — 빨리 찍기 또는 대충 찍기 509

2004년 11월 《FILM2.0》 연말 특집 '올해의 포스터' 심사 중.

cine-paper

NeGA

1998.12 vol.13

theme 네가

햇빛 쏟아지는 날들

테오 앙겔로플로스

심은하

이 은

'스프레이와 반바지'. 일 년 전 세상을 등진 이지훈 선배의 유고집을 기획하면서 후배, 동료 기자들과 처음 떠올린 책의 제목이기도 한 이 말은 이지훈의 삶과 사고방식을 대변한다. 상식적인 유고집의 뉘앙스와 어울리지 않는 말이라 철회할 수밖에 없었지만, 지금도 그것이 이지훈의 안과 바깥을 보여주는 적절한 수사라고 생각한다.

　　스프레이와 반바지는 이지훈이 즐겨 하던 패션이었다. 곁에서 지켜본 8년 동안, 그는 다량의 스프레이로 각을 잡은 헤어스타일(거의 '떡칠'이라고 할 만한 수준이었다)을 고수했고, 연중 9개월 이상 반바지를 입고 다녔다. 입김을 불면 허연 연기가 헤어드라이어처럼 쏟아지는 겨울에도 반바지 차림일 때가 여러 번이었으니, 흡사 그 기괴한 행색은 시간과 계절이 강제하는 보편 질서에 굴복하지 않으려는 돈키호테적인 저항으로 보이기까지 했다. 일주일에 한 통을 다 써버릴 만큼 과도한 양의 스프레이를 머리에 뿌리고 강박적으로 고정된 형태로 유지되던 헤어스타일, 단정하고 정형화된 머리 모양이 압도하던 상반신에 비해, 헐렁한 반바지와 샌들로 대변되는 리버럴하고 흐트러진 하반신의 언밸런스. 이 이형동체異形同體의 아이덴티티는 잡지를 만들 때 줄기차게 견지되던 이지훈의 모토이자 편집자 정신이었던 것으로, 지금도 기억하고 있다.

　　유족들의 유지와 기획자들의 총의를 모아 두 권으로 분책한 유고집을 내놓는다. 남긴 글들이 많고 다채로워 전작을 수록하기에는 역부족이었으므로 부득이하게 선집의 꼴로 빛을 보게 되었다. 선택의 기준이 있었다면, 작심하고 주옥편을 고르려고 했다기보다는 고인의 족적을 유감없이 확인할 수 있도록 가능한 한 많은 글을 손상 없이 싣는 것, 시간의 흐름에 따른 연대기 순의 배열로 사고의 변천사를 따라가게 한 것이다.

소략하게나마 출간까지 과정도 설명해야 할 것 같다. 고인의 1주기 기일에 맞춰 유고집을 출판하려는 《FILM2.0》의 선후배, 동료들이 2011년 12월부터 기획을 시작했고, 이매진 출판사의 격려와 협조로 책의 꼴을 확정했다. 지금은 사라지고 없는 세 권의 영화 잡지, 월간 《스크린》, 월간 《NeGA》, 주간 《FILM2.0》에 쓴 글을 주종으로 해, 대략 3개월간 이 원고들을 찾고, 모으고, 목록을 압축하는 작업을 거쳤다. 처음에는 에세이와 비평 원고를 합친 한 권의 책으로 기획했지만, 이매진의 제안으로 인터뷰집을 추가한 두 권으로 편제와 구성을 바꿨다.

1권 《내가 쓴 것 ― 잘생긴 천재의 삐딱하게 영화 보기》에는 자신을 '잘생긴 천재'로 부르던 이지훈이 프리랜서 필자, 평론가, 영화 기자, 편집장으로서 쓴 각종 칼럼과 에세이, 비평 글을 모았다. '삐딱하게 영화 보기'라는 부제가 말해주듯, 정통적인 독법보다는 개성적인 주견에 입각하여 영화의 이모저모를 뜯어보려 한 몸부림이 물씬 풍기는 글들이다. 2권 《해피-엔드 ― 잘생긴 천재의 인터뷰 오디세이》에는 고인과 다채로운 사정으로 얽힌 영화계 안팎의 인사들을 인터뷰한 글을 담았다. 다채로운 영화계 종사자들과 그 사람들의 말을 좇는 인터뷰의 오디세이는, 영화의 안과 바깥을 넘나들며 인간과 영화에 대한 호기심을 부려놓는다.

이 유고집의 유익에 대해 우리들은 한 가닥 믿음을 가지고 있다. 모아놓고 보니 유고집 또한 이지훈의 세상에 대한 태도나 철학처럼 이형동체의 꼴이 되었다. 글의 제재와 요지, 형식은 잡스럽기 이를 데 없다. 생활사에 대한 사고의 편린들이 슬그머니 묻어나는 날렵한 단문부터, 영화와 감독, 배우에 대한 다기한 수사들이 주렁주렁 이어지는 만연체의 비평, 터무니없는 진지함과 실없는 유머가 넘실대는 이율배반의 사유를 담은 에세이, 영화와 문화, 삶의 구석구석을 탐문하며 한 인간의 진상을 드러내려 한 인터뷰에서 그것이 확인된다. 이렇게도 써놓고 우리들을 그토록 구박했는가, 따지고 싶어지는 기자 초년병 시절의 경직된 글도 있다. 잡지쟁이, 글쟁이로 생을 보낸 이지훈에게 이런 '잡스러움'은 부끄러움보다 자랑이 되리라는 것이 우리들의 추정이다. 미추의 기준을 들이대는 것이 머쓱해지는 삶의 잡스러움, 문화 취향의 융, 복합을 입증하는 갈지자 사유의 꼴을 반영한 글과 패션을 통해, 인간은 그토록 모순적이고 미스터리한 존재라는 것을 이지훈은 보여주었다. 삐뚤삐뚤하나마 그것은 물경 42년에 달하는 인생 체험 또는 문화 편력의 결산이며, 한국 영화 저널리즘의 복마전을 관통하며 정력을 소진한 글쟁이의 고투의 흔적, 영화 잡지의 흥망사 과정에서 여기저기 흩어져 있던 사료들의 복원으로서도 의미를 두고 싶다.

아울러 밝혀두고 싶은 것은 책 출간을 도운 사람들이다. 유족들의 지원과 격려가 컸음은 두말할 나위가 없다. 무엇보다 선뜻 출간을 결정하고, 시간과 에너지를 들여준 이매진 출판사에게 진심으로 감사의 뜻을 전한다. '이지훈 유고집 추진위원회'라는 유령 단체를 만들어 여기저기 출판사들을 접촉하는 와중에 이매진은 이 책의 뜻을 가장 정확하게 읽어냈을 뿐 아니라 진정 어린 협업을 약속했고, 또 전력으로 참여해줘 크게 수고를 덜었다. 20년 가까이 묵었고, 또 지금은 폐간된 잡지들이어서 어떤 글들은 부득이하게 일일이 손으로 타이핑을 해야 하는 수공업적 과정이 필요했다. 시간을 쪼개어 이 과정을 도와준 디자인 사무실 'nirvana'의 김선화 씨, 허남웅, 조형주, 김태구에게, 자료 조사와 수집 과정에 도움을 준 김재철 씨, 일러스트 사용을 허락해준 김소영 씨에게 감사의 뜻을 전한다. 정성스러운 추모의 글을 써준 김영진 선배와 이동진 선배에게, 고인에 대한 기억을 더듬어 추도의 한마디를 보내주신 배창호 감독, 김용화 감독, 김조광수 감독, 김지운 감독, 봉준호 감독, 명필름 심재명 대표, 배우 박중훈과 김인권 씨에게, 인터뷰 게재를 허락해준 영화인들에게, 일일이 인터뷰 게재 허락을 받아준 동료와 후배들에게, 그밖에 출간까지 안팎으로 힘을 보탠, 이루 다 거명하지 못한 모든 분들에게 고마움을 표하고 싶다.

끝으로 《FILM2.0》이 폐간된 뒤 사분오열로 흩어진 우리들이 뭉쳐 신나는 일을 도모할 기회를 준 이지훈 선배에게 감사한다. 그가 생존해 있었다면, 지금까지 너희들이 한 일 중 최고로 잘한 일이라는 칭찬을 듬뿍 들었을 것이다.

장병원(영화평론가)

김·영·진

영화평론가

이지훈은 곧잘 자신을 천재라고 자랑하곤 했다. "전 천재예요." "너 그거 진담이냐?"
"그럼요. 당연하죠." "다른 사람들이 인정해줘야 천재 아니냐?" "상관없어요. 전 천재니까요."
그랬다. 이지훈은 천재였다. 그는 어마어마하게 많은 분량의 글을 썼고,
대체로 수준이 높았으며, 가끔 아주 뛰어난 글을 썼다. 그와 꽤 오랫동안 지금은 사라진
《FILM2.0》에서 한솥밥을 먹은 나는 그가 천재라는 걸 가슴에 손을 얹고 보증할 수 있다.
그는 《FILM2.0》 편집장을 맡기 전에 취재팀장으로서 많은 글을 썼고, 방송 원고도 썼으
며, 다른 매체에서 오는 원고 청탁도 마다하지 않았다. 술을 아무리 많이 마셔도 마감 시간
은 정확히 지켰다. 내일 아침 일찍 일어나 글을 써야 한다고 하면서도 술자리를
마다하지 않았다. 굉장한 총기와 체력의 소유자였다.
그런 그가 이제 나와 함께 사는 세상에 없다. 그는 변변한 흔적도 없이 지인들에만
기억될 뻔했다. 다행히 그가 헌신적으로 대하던 후배들이 그의 덕을 기려 자발적으로
유고집 발간에 매달렸다. 그가 뇌종양으로 쓰러진 뒤부터 나는 (내 후배들이기도 한)
후배들이 얼마나 열과 성을 다해 그를 보살피고 싶어했는지 안다. 나는 일시적으로
회복했던 시기의 그에게 "네 곁에는 너를 사랑하는 많은 후배들이 있다. 그것만으로도
네 인생은 성공했다. 나보다 네가 더 인생을 잘산 것 같다"고 말했다.
생전의 이지훈은 "선배, 걱정하지 마세요. 선배는 내가 챙겨드리죠"라고 말했다.
휴, 그는 약속을 지키지 않았다. 무정한 후배다.
여기 실린 글들은 천재이자 인격적으로 뛰어난 개인이자 무정한 후배였던 이지훈의
모든 것이 담겨 있다. 학자처럼 힘을 주고 난해하게 쓴 글도 있고, 깃털처럼 가벼운
필치로 단상을 적어낸 것도 있으며, 총기와 통찰이 절묘하게 조화를 이룬 뛰어난 비평도
있다. 무엇보다 그가 한 인터뷰나 배우에 관한 글을 나는 너무나 좋아한다. 이 글들이
아무쪼록 여러 사람에게 읽혀 그를 기억하는 사람들이 후배들뿐만 아니라 더 많아졌으면
좋겠다. 끝까지 총기를 펼치지 못한 그에게 나는 그의 글을 읽으며 끝까지
기억해주겠노라고 말하고 싶다. 안녕히 가십시오. 이지훈 씨, 아니 지훈아.

이·동·진
영화평론가

영화 글을 쓰는 이지훈이라는 사람의 이름을 처음 기억하게 된 것은 1990년대 중반이었다.
지금은 폐간된 월간지 《스크린》에서였는데, 몇 페이지에 걸친 꽤 긴 글이었는데도 무척이나
참신해서 (좀 엉뚱하기까지 했다) 일부러 이름을 확인했다. 몇 년 뒤 그가 동료들과 함께
창간한 《NeGA》는 꼬박꼬박 챙겨보는 잡지가 됐다. 그의 글에 대한 관심은 2000년에 창간된
《FILM2.0》을 통해 고스란히 이어졌다.

나 자신 말석에서나마 영화 글을 써온 사람으로서 영화에 대한 그의 평가와 시각에 언제나
동의한 것은 물론 아니었다. 하지만 특정 영화에 대한 생각이 정반대일 때도 그의 글은 항상
흥미로웠다. 그는 참 독특한 영화평론가였다. 오랜 세월 많은 영화에 관한 글을 쓰면서도,
당위에 발목 잡히지 않았고 허세에 물들지 않았으며 이름값에 현혹되지 않았다(그런 영화평을
찾기란 지금도 쉽지 않다). 그의 글은 정직하고 신선했다. 그가 쓴 영화평뿐만 아니라 일상의
자질구레한 일을 담은 글도 즐겼다. 누군가가 늘어놓은 자식 이야기는 대부분 지겨워하는
편이었지만, 그가 누차 늘어놓은 딸 이야기만큼은 매번 미소 지으면서 읽었다.

지난 세월의 어딘가에서 한동안 나는 그의 술친구였다. 그 모임이 어떻게 시작하게 됐고,
또 어떻게 끝나게 됐는지는 잘 기억이 나지 않는다. 하지만 2~3년간 이어진 어느 모임의
술자리에서 우리들은 무릎이 주저앉도록 마셨다. 그와 함께한 술자리는 늘 즐거웠다.
글뿐만 아니라 말 역시 깔끔하고 유려했는데, 화제가 떨어지는 적이 없었다. 예의도 발라서
실수하는 법도 없었다. 모두 그를 좋아했다. 하지만 그 술자리 모임은 거의 매번 내게
심각한 후유증을 남겼다. 주량이 굉장했던 그와 중반까지 비슷한 속도를 내던 나는
어느 순간에 이르면 번번이 무너질 수밖에 없었다. 객기였고 젊음이었으며 이상한 우정이었다.
직장에 사표를 낸 뒤 세상과 연락을 끊고 두어 달 은둔 중일 때였다.

그가 〈아버지의 깃발〉 시사회장에서 쓰러졌다는 소식을 나중에야 전해 들었다.
그 겨울, 자기연민에서 간신히 벗어나 그를 위해 몇 차례 기도했다. 이듬해 그가 회복해서
다시 《FILM2.0》에 글을 쓰기 시작했을 때 들뜬 마음에 호들갑스러운 문자를 보냈다.
그는 살가우면서도 담담한 감사의 답신을 보내왔다. 이후 몇 차례 반갑게 인사를 나눌 때마다
이제 완전히 회복하는 일만 남았으니 참 다행이라고 편하게 믿기만 했다.

작년 6월의 마지막 날. 그의 빈소에 갔다. 도착하고 나서도 들어갈 용기가 나지 않아
병원 주변을 몇 차례나 빙빙 돌았다. 영정 사진 속 웃음 짓는 그는 너무 밝았고 너무 젊었다.
새벽이 다가오도록 다들 아쉬움과 안타까움으로 한숨지며 술잔을 급하게 비웠다.
왜였을까. 그를 떠나보내는 것으로 이제 한 시절이 끝났다는 생각이 자꾸 들었다.

그리고 〈빅 피쉬〉가 떠올랐다. 그 역시 무척 좋아하던 팀 버튼의 이 영화에서 아버지는 아들에게
이렇게 말한다. "누군가가 한 이야기를 기억해준다면, 그는 영원히 죽지 않는 거란다."
하나의 삶은 결국 이야기로 남는다. 그를 따르던 후배들이 일일이 그의 예전 글을 타이핑해서
이 책을 만든다고 한다. 이 책이 다 완성되면 이제 우리들은 성실하고도 훌륭했던
어느 영화글쟁이에 대해 긴 이야기를 다시금 시작할 것이다.

심·재·명
명필름 대표

이지훈 《FILM2.0》 전 편집장을 생각하면, 까맣고 긴 속눈썹의 미소년풍 외모에 목소리도
행동도 서울깍쟁이 같은 인상이 떠오른다. 술을 꽤나 잘 마시는 것 같은데 별로 흐트러짐
없이 조목조목 이런저런 이야기를 하는 사람이었던 것 같다. 꽤 오랫동안 당연히
그의 존재를 알고는 있었지만 특별히 가깝게 지낸 사이는 아니어서 《FILM2.0》 평기자
시절과 편집장 시절에 단체 회식하듯 두 번 술을 마신 기억이 있다.
그가 쓴 영화 비평이나 인터뷰 기사는 언제나 균형감각을 잃지 않고 꼿꼿했으며 명쾌한
맛이 일품이었다. 영화에 대한 지식과 정보량의 수준도 상당했던 것으로 기억하는데,
살아생전 남긴 책이 한 권도 없다는 얘기를 뒤늦게 듣고 좀 의아했다. 글을 잘 쓰는
사람인데다가 영화 비평의 수준도, 세상의 현안을 바라보는 저널리스트로서의 눈도
만만치 않은 것 같아 줄곧 신뢰가 가는 사람이었다.
그가 매주 쓴 '편집장의 글'은 특히 기다려서 읽을 정도로 재미있었다.
그가 항상 '딸년'이라 부르던 아이와 함께한 일상과 가족 이야기, 밤늦게 혼자 냉장고에서
꺼내 마시는 맥주의 맛 등 사소한 일상사와 세상 이야기에는 중독성마저 있었다.
그리고 그가 어느 영화 시사회장에서 쓰러졌다는 놀라운 이야기를 들었고, 투병 소식도
전해 들었다. 시간이 지나 또 어느 강남의 시사회장 가는 길에서 많이 부은 얼굴에 어색한
머리 모양을 한 그와 마주쳤다. 불과 한두 해 전, 어느 여름 휴일 오후
수제 햄버거집 앞에서 반바지에 슬리퍼를 신고 그 '딸년'과 점심을 먹으러 나온
건강한 그와 우연히 마주친 기억과 오버랩됐다. 세상이 내 맘대로 되지 않는 것에 대한
안타까움과 속절없이 흐르는 시간의 쓸쓸함이 그의 달라진 얼굴과 겹쳐졌다.
그리고 또 시간이 흘러 그가 끝내 눈을 감았다는 이야기를 들었다.
장례식장 영정 사진 속 그는 다시 해사한 동안의 청년 얼굴로 우리를 바라보고 있었다.
그건 15년쯤의 담담한 인연의 마지막 장면이었던 셈이다.
그와 각별히 가깝게 지낸 사이도 아니고, 그를 유난히 잘 아는 나도 아니지만
기일을 맞아 그를 기억하는 책 한 권이 지인들의 손에 의해 나온다니 감회가 새롭다.
많은 사람들이 그를 다시 기억하기를 바란다.
그럼 세상 사는 일이 덜 쓸쓸하게 여겨질 것 같다.
이지훈 씨, 부디 그곳에서 잘 지내시길.
나는 여전히 영화로 밥 벌어 먹고 살고 있네요.

배·창·호
영화감독

이지훈 기자를 처음 만난 것은 그가 월간 《스크린》의 신입 기자이던 때였다.
미소년 같은 얼굴에 영민함이 깃든 눈빛이 인상적이던 그와 첫 인터뷰를 가졌는데
그 당시 촬영 중이던 내 자전적 영화 〈러브스토리〉에 대한 것이었다.
다음 해 완성된 〈러브스토리〉를 본 이지훈 기자는 이 영화를 통해 감독의 겸손함이
느껴졌다고 했다. 그가 《FILM2.0》의 중견 기자로 이름을 알리던 무렵 〈정〉의
시사회에서 영화를 본 후, 아름다운 장면에서 왜 눈물이 나는지 모르겠다고 내게 말했다.
이지훈 기자는 나와 영화관이 달랐을지라도 내 작품을 평상심으로 보았다.
내 영화를 깊이 있게 느껴주는 이지훈 기자에게 나는 더욱 친근함을 느꼈다.
그래서 그를 만날 때면 내가 구상하는 작품의 내용을 종종 들려줬는데, 이야기를 듣고
나서 건네주는 코멘트를 즐거이 받아들이곤 했다. 영화를 보며 감독의 겸손함을
느껴주고, 아름다운 장면에서 눈물을 흘리던 영화 기자 이지훈, 그가 병과 싸우다
지난해 하나님의 품으로 돌아갔다. 그가 좋아하던 내 영화 〈기쁜 우리 젊은 날〉의
주인공처럼, 예쁘고 사랑스러운 딸을 남겨두고 이 세상을 떠난 것이다. 영화를 너무나
사랑한 그는 영화와 영화인에 관한 많은 글을 이 땅에 남겼고, 이제 그 글들이 책으로
묶여진다고 한다. 이 책이, 우리들뿐만 아니라 그의 사랑하는 가족과 딸에게,
이지훈 기자를 기억하며 따스한 햇살 아래 읽을 수 있는 체취이자 흔적이 되길 바란다.

김·조·광·수
영화감독, 청년필름 대표

인터뷰를 다시 읽다가 울컥 눈물이 났다.
그의 질문에 나와 우리 회사 청년필름
그리고 〈질투는 나의 힘〉에 대한 애정이 묻어 있었다.
그때는 그걸 모르고 인터뷰를 한 것 같다.
미안한 마음에, 보고 싶은 마음에 울컥 눈물이 났다.
인터뷰 내용 중에 "감독은 안 할 거다"라는 게 있었다.
세월은 사람을 변하게 하는구나, 그런 생각을 했다.
세월이 흘러 그는 세상을 떠났고, 난 감독이 되었다.

박·중·훈
영화배우

이지훈 기자와 함께한 인터뷰를 다시 보니,
〈찰리의 진실〉 때
내가 저렇게 나르시시즘의 극치를 달렸나 너무 부끄럽다.
그렇게 계속 사람은 변해가는 거 같다.
이제 그는 세상에 없지만 그와 함께한 옛 기억을 더듬으며
지금의 나를 되돌아보는 계기가 됐다.
다시금 나를 환기시켜준 그에게 감사하고,
다시 한 번 삼가 고인의 명복을 빈다.

김·인·권
영화배우

혈기를 주체 못 하던 시절
경망스럽기 그지없어 외면받던 저에게
처음으로 귀를 기울여주신 이지훈 기자님.
그 자상한 얼굴과 목소리가 그립습니다.

NeGA FILE

자유분방한 글쓰기를 추구한
영화 월간지 《NeGA》만의
특색이 살아 있는 편집장 에세이.
1997년 12월(1호)부터
2000년 4월(29호)까지 집필.

왼손으로 만든
영화가 보고 싶습니다

"오른손 사용의 수명이 다한 뒤, 터져 나오는 영감들과 오로지 유희의 목적으로만 왼손을 쓸 것을 권유받았다고 가정해본다. 맨 처음에 무엇을 할지 생각해보라. 도저히 글자라고 할 수 없을 정도의 삐뚤삐뚤한 선들. 그러나 잠시 후 당신은 예전에 오른손으로 써내려가던 짧은 단어들과 문장을 왼손으로 하나씩 만들어내는 것을 즐기는 행위를 멈출 수 없을 것이다. 진부함과 평범함을 혐오하는 것 외에는 아무것도 남아 있지 않게 된다. 당신의 왼손이 만들어낸 볼품없는 작업이 갑자기 당신을 칭찬하는 핵심적인 주제가 되리라. 바로 이러한 관점에서 다시 펜을 오른손으로 옮겨보고 모든 사건들을 단지 즐김이라고 생각하자. 만일 당신이 다시 오른손으로 펜을 옮기지 않는다면, 당신은 아마도 이 삐뚤거리는 글씨들의 순진함과 사랑에 빠져버릴 것이다. 그 아름다움과…… 공포여!"

— 라스 폰 트리에

무식하고 용감한 놈이 제일 위험하다는 말이 있습니다. 그러나 이렇게도 경계해봅니다. 감히 타인의 행동과 의지를 일컬어 무식하다고 쉽게 평가하고 재빨리 돌아서 어딘가로 사라져버리는 자들을 경계합니다. 아무것도 하지 않으면서 행동하는 자들의 흔적만을 돌보는 자들을 경계합니다. 아무것도 하지 않은 것, 그리 함으로써 간섭하지 않는다고 자부하는 자들이 웅크려 있을 음습한 창고의 건조한 먼지가 보기 싫습니다. 그들이 오랜 세월 동안 안전하게 가꾸어온 작은 창고들이 우리 주변 여기저기에서 풍기게 될 침체의 냄새, 그리하여 무식하게 행동하는 자들보다 더 큰 영향을 끼치게 될 날들이 두렵습니다.

기준이 없다고 말하지는 않겠습니다. 그러나 기준을 쉽게 정하고 더더군다나 쉽게 집행하는 것이, 기준이 없다고 얘기하는 것보다 더 위험할 수도 있다고는 말하겠습니다. 누구도 우리 위에 군림할 절대 군주가 될 수 없다면, 제발 풀어주십시오. 무식한 자들이 용기 있게 행동하는 작태를 단죄하지 말아 주십시오. 무식한 자들의 실천을 겁내는 것이 스스로 자신을 모멸하는 길은 아닐까요? 자신 있게 행동하고, 당당하게 욕먹으며 활기차게 살아가는 것이 이 뒤통수 때리는 우울한 시대에 우리가 선택할 수 있는 즐거운 혼란은 아닐까 생각해봅니다.

아버지가 왼손잡이로 태어난 아들의 글쓰기를 교정해줍니다. 아들은 아버지의 매로 손등이 부르틈을 겪으면서 가까스로 펜을 옮겨 쥡니다. 그러나 자상한 아버지는 아들의 모든 것을 교정하지는 않았습니다. 먹고 쓰는 것이 오른손으로 전환되자, 아버지는 더 이상 간섭하지 않았습니다. 아들은 골목으로 나갑니다. 또래의 아이들이 공을 던지며 놀고 있습니다. 선천적인 왼손잡이는 자연스레 왼손으로 공을 집게 됩니다. 그가 던진 공은 해방의 자유를 통과해 그 누구의 공보다 멀리 하늘을 가릅니다.

아이는 세상에서 오른손으로 살아가는 편안함을 맛봅니다. 그러나 그의 몸에 퍼져 있는 신경 세포들이 자극되는 순간마다 왼손의 기개는 오른손만큼 당당하게 등장합니다. 어느 날, 최초로 누군가가 그에게 악수를 청했을 때, 그는 자신도 모르게 왼손을 내밀게 됩니다. 바로 그 순간입니다. 집으로 돌아온 아이는 왼손으로 글씨를 써봅니다. 분명히 오른손만 못하지만 기이한 곡선과 엉뚱한 비율들이 신기하기만 합니다. 점점 더 왼손으로 글을 쓰는 것이 익숙해진 어느 날, 아이는 양손으로 글을 써봅니다. 힘들지만 새로운 형태의 글씨들이 종이 위에 있습니다. 선천적인 오른손잡이들이 그의 곡예를 구경합니다. 따라해봅니다. 재미있습니다. 그렇습니다. 재미있는 것입니다.

최근에 우리는 구제금융의 나라 곳곳에 산적해 있는 진부함과 만날 수 있습니다. 새로운 어떤 것도 시도하지 않으려는 매너리즘이 널려 있습니다. 하늘 아래 새로운 것은 없다는 말은 살아가고 있는 우리들이 벌써부터 해야 할 말이 아닌 듯합니다. 설령 그것이 사실일지언정, 그래서 우리 모두 태어날 때부터 어차피 새롭지 못할 세상이라는 것을 절감하고 있을지언정, 그럼에도 불구하고 도전하는 것 자체가 생활의 즐거움은 아닐까요? 절대로 새로울 수 없는 세상에서 좌절의 경험을 예감하면서도 감히 창작해보는 것, 그 행동의 시간 속에서 느끼는 환희와 절망의 교차, 그 짜릿한 흥분의 경험들이 곧 우리의 삶을 유희로 채워주는 것은 아닐까요?

평범한 것을 혐오하는 마음이 있다면 우리는 모두 예술가입니다. 왼손으로 숟가락을 쥐다 국물을 흘려, 함께한 친구들의 웃음과 질시를 받는다면 성공한 겁니다. 오른손 글쓰기의 기준에서 왼손은 무식함을 뜻하지만, 오른손 글쓰기가 망조에 들어서고 있다면, 당당히 무식해져 봅시다.

우리는 영화를 봅니다. 그런데 근래에 경험한 태반의 영화는 새롭지 못할뿐더러, 새로워지려는 시도를 보이지 않고 있는 것 같습니다. 자연스레 즐거움도 사라졌습니다. 현실도 짜증나는데 영화마저 그렇게 되려는 것 같습니다. 표절 시비는 영화를 넘어서 대중문화의 곳곳에서 등장하고 있습니다. 그런데 안타깝습니다. 표절이냐 아니냐의 고귀하고 가치 있는 논쟁은 그럴만한 마당에서 이루어져야 하리라 봅니다. 베

끼는 것과 베껴지는 것 중에서, 우리의 아까운 사유가 고심하고 있는 요소요소들이 진부함의 고인 물속에 가라앉아 있는 것들이라면 굳이 시간을 낭비할 필요가 없습니다. 가뜩이나 지겨운데, 더 지겨울 필요가 있겠습니까? 그럴 시간에 한 편의 영화를 더 상상하고, 한 편의 영화를 더 제작하겠습니다. 한 편의 영화를 더 노력하고, 한 편의 영화를 더 즐기는 데 시간을 투자하겠습니다. 그 결과 다양한 창작의 와중에 가까스로 찾아낸 왼손의 서투름을 목격하겠습니다. 잠 못 드는 심야의 종일토록, 그 빛나는 쾌락의 자갈길을 걸어 다니는 삶을 만끽하겠습니다.

〈NeGA〉 1호.(1997년 12월)

내 잃어버린
시간의 어딘가에서

"영화는 세계를 모형화한다. 이 세계의 가장 중요한 특성은 시간과 공간이다. …… 만약 대상 세계에 담겨진 범주들을 예술 텍스트의 언어로 번역하는 일이 상황이나 약호 또는 미리 주어져 있기에 완전히 예측될 수 있는 체계 등과 같은 자동기제가 아니라, 창조 행위에 의해 규정된다면, 해당 모형의 내용성은 현저하게 증가할 것이다. 이 때문에 자연히 예술가는 세계의 시간-공간적 변수를 영화 속에 자동적으로 반영하는 것으로부터 자유로워지고자 노력한다."
— 유리 미하일로비치 로트만

"참된 직관적 형이상학은 단 한순간에 제 사물

의 총체를 포착하지 않는다. 그 대신 각 사물에 대하여 그것에 정확하고 오직 그것에만 적합한 설명을 한다. 그것은 세계의 체계적 단일성을 정의하거나 기술함으로써 일을 시작하지 않는다 — 세계가 실제로 하나인지 아닌지를 알 사람은 과연 누구인가? …… 결국 나는 순수한 내적 지속을 발견했다고 믿기에 이르렀다. 이 지속은 단일성도 아니고 다양성도 아니며 우리의 어떤 틀에도 맞지 않는 연속성이다."

— 앙리 베르그송

저 영화 왜 만들었을까? 무슨 얘기를 하고 있는 걸까? 저 얘기 뒤엔 뭐가 감추어져 있을까? 언제나 영화를 보면 습관적으로 하는 질문들입니다. 그런데 저는 꼭 한 가지를 덧붙입니다. 이 영화, 예술이라고 말할 수 있을까?

예술, 예술 하다 보니 옛날에 머리에 피도 안 마른 것들끼리 모여 앉아 영화 공부하던 시절, 예술론에 대해 스터디하던 밤이 생각납니다. 우리는 아주 원초적인 질문에서부터 좌절을 겪어야만 했죠. 도대체 예술이란 무엇인가? 뭐, 별 얘기 다 했지만, 그때나 지금이나 한 가지만은 시대를 넘어 확실하다고 생각합니다. 그건 새롭다는 것입니다. 예술은 어쨌거나 새로워야 한다는 것입니다.

자, 또 다른 문제가 나타나죠? 도대체 새롭다는 것은 무엇인가? 할 말들 많으시겠지만, 제 생각은요, 새롭다는 것은 두 가지 아닐까요? 첫째는 이전에 보지 못하던 새로운 것을 보게 된다는 소재와 대상의 새로움이구요, 둘째는 익숙하고 진부한 소재와 대상, 그 이전에도 무수히 창작의 재료가 되던 그것들을 새롭게 본다는, 곧 방식과 시각의 새로움이라고 말입니다. 저는 둘째 새로움을 좀더 가치 있는 새로움이라고 생각하고 있습니다. 로트만의 말을 빌

리자면 우리의 낯익은 세상은 시간과 공간을 본질로 하고 있는데, 이 세상을 얘깃거리 삼아 예술 창작을 하고 싶다면 무엇보다 당연히 시간과 공간을 보는 새로운 눈, 즉 시간과 공간의 변형과 왜곡이 있어야 한다는 거죠.

그래서 저는 시간과 공간이 변형된 영화들을 좋아하는데, 특히 시간에 주목하는 편입니다. 시간을 변형한다……. 시간의 성질은 길이, 방향과 순서, 속도 등이 있으니까, 변형과 왜곡이라면 뭐 대충 그런 것들을 바꾸거나 이용하거나 주제로 삼는 것이겠죠. 히치콕은 치밀한 시간조작을 통해 서스펜스라는 고도의 정서적 효과를 만들어냈구요. 장 뤽 고다르는 콜라주라는 기법을 통해 아예 시간의 순서를 엉망으로 뒤섞는 기괴하고 노골적인 변형을 보여주었죠. 꼭 그렇게 지식인 냄새 풀풀 풍기는 영화만이 시간 예술의 다는 아닙니다. 아, 정말로 저는 감동, 감동 또 감동을 받았던 몇 편의 시간 영화들을 기억합니다. 그중 하나가 이와이 슌지 감독의 〈러브 레터〉(1995)인데요, 이런 장면이 나와요. 저는 정말 이 장면 때문에 이 영화를 특히나 좋아합니다. 오타루라는 북해도 연안의 작은 도시로 답장의 주인공을 찾아 떠나는 와타나베 히로코. 거기서 그녀는 편지를 주고받은 상대 후지이 이쓰키와 우연히 만나는 상황을 겪게 됩니다. 넓은 도로변이었는데요, 1인 2역을 한, 두 명의 여배우가 교차하기 직전, 내레이션은 "그런데 흥미로운 정보를 하나 알려 드리겠습니다"였어요. 그리고 두 여인은 약간의 몽환적인 분위기 속에서 마주칩니다. 문득 정신을 차려보니 상대는 군중 속으로 사라지고, 다시 내레이션이 들립니다. "그런데 흥미로운 정보를 하나 알려드리겠습니다." 똑같은 내레이션이지요.

만일 이 두 개의 내레이션이 반복된 것이 아니

라, 한 번의 멘트였다고 생각하면, 두 사람이 만나는 상황은 시간의 간극 속에 실제론 존재하지 않았을 비현실적인 상황이라는 얘깁니다. 그래서일까요? 영화의 마지막에 주인공이 펼쳐든 책은 마르셀 푸르스트의 《잃어버린 시간을 찾아서》였습니다. 실제로는 존재하지 않았던 시간, 그러나 그 시간 동안에 벌어진 너무나 소중한 만남이 제겐 커다란 감정적 파동을 일으키며 다가왔습니다.

자, 그런데요, 제가 오늘 진짜로 하고 싶은 말은 바로 이 잃어버린 시간, 즉 남들은 모르지만 나만이 알고 있는 나만의 시간, 내 자신만이 가꾸어 온 비현실적인 세계 속에 존재하는 시간을 영화가 아니라, 우리들 현실 속에서 한 번 만들어보자는 겁니다. 지난달에 저는 이것을 체험했습니다. 원고가 많이 밀려 있던 1월 중순이었는데요, 아침에 눈이 많이 왔습니다. 회사로 출근을 하고 있었는데 눈은 그칠 생각을 하지 않았고, 저는 백색의 세상을 보며 문득 이 하얀 세계가 멈추지 않았으면 좋겠다, 나는 계속 이 세계 속에 있었으면 좋겠다는 생각을 했습니다. 그리고 결심했죠, 그래 1998년의 1월 31일이 아니라 30일이었다고 생각하자, 오늘 하루는 내 현실 속에 없던 날로 생각하자, 그리고 그 하루를 나만의 세계에 존재하는 잃어버린 시간이라고 생각하자구요.

그 순간 어떤 사람과 전화를 하게 됐고, 우리는 무라카미 하루키의 《세계의 끝과 하드보일드 원더랜드》에나 나올 법한 곳, 그리하여 '세계의 끝'이라 감히 부를 만한 곳에서 시간을 보냈습니다. 창밖엔 계속 눈이 내리고 있었고 날은 어두워지고 있었습니다. 그는 어린 시절, 뒤돌아보면 어두워져 있는 하늘이 그렇게 신기할 수 없었다고 말했습니다. 아무것도 생각할 것 없이 우리의 시간은 그저 그렇게 신기하게 흘러가고 있었고, 변함없이 세상은 백색이었습니다. 저는 너무도 편안하게 그 자리에 앉아 있을 수 있었고, 영원히 이 시간이 정지하기를 바라기조차 했습니다. 다시 현실로 돌아왔지만 여운은 아직도 가시지 않고 있습니다. 잃어버렸던 나만의 시간 속에서 발견한 그날 하루는 눈 오고 어둠이 지는 단순한 세상처럼 여백의 편안함을 하나 가득 내게 주었던 거죠. 저는 그날 내 잃어버린 시간을 함께 해준 그에게 너무나 감사합니다. 그도 나처럼 그날 그 시간이 그만의 잃어버린 시간이었기를 감히 바라고 있습니다. 아무도 예측할 수 없는 나만의 시간 속에서 아마 그는 영원히 내 순진한 안락과 즐거운 자극의 동반자로 살아 있을 것 같습니다.

정말로 권하고 싶습니다. 우리들 각자의 세계는 그 어느 누구의 세계와도 같지 않습니다. 우리의 세계는 그 어떤 틀로도 포착되지 않으며, 그 어떤 동일성으로도 파악되지 않습니다. 잃어버린 시간, 그것은 개개의 사람들이 혼자만의 세계 속에 만들어낸 그들만의 시간입니다. 그것은 물리적인 시간의 따분한 흐름에 방해받지 않는 마음의, 꿈의 시간입니다. 그 기이한 시간은 우리의 삶 자체를 예술적인, 곧 창조적인 기쁨으로 수놓을 수 있습니다. 그리하여 그 시간은 우리 모두에게 공통적으로 적용되는 일방적인 시간의 세계를 뒤바꿔 놓을 수도 있고, 우리는 그 잃어버린 시간의 힘으로 현실의 세계를 더 즐겁게 살아갈 수도 있습니다. 왜냐면 세상을 살아가는 것은 우리 스스로니까요. 우리는 기계처럼 삶을 강요받는 것이 아니라, 그 무엇도 아닌 나 자신으로서 세계에 대항하고 있으니까요.

잃어버린 시간이 우리에게 주는 것이 도피의 환락이든, 충전된 활력이든 뭐 무슨 상관이 있습니까? 진 그런 시간이 내게 있다는 것만으로도 감사합니다. 힘들고 지칠 때 그 시간 속으로 잠시나마 여행할 수 있다는 것에 감사합니다. 그런 시간을 만들 수 있는 내 자신을 소중히 여깁니다. 그것은 크나큰 즐거움이자 생을 살아가는 중대한 이유가 될 수도 있는 거니까요. 언젠가는 지금 제가 마음속에 생각하고 있는 것처럼, 내 물리적인 시간들이 나만의 시간에 의해 완전히 정복당하는 날이 올지 모르겠습니다. 그때를 기다리겠습니다. 그렇게 훌륭히 나 자신으로 살아가는 세상을 기다리겠습니다.

〈NeGA〉 3호(1998년 2월)

흔들리는 샘물 앞에서
자기도취에 빠지는 나르시스

"샘물의 거울은 따라서 열려진 상상력의 기회가 된다. 약간 어슴푸레하고 약간 창백한 반영은 관념화의 작용을 암시하고 있다. 자신의 이미지를 비추는 물 앞에서, 나르시스는 자신의 아름다움이 '계속되는' 것, 또 그것이 완성되지 않아, 완성시키지 않으면 안 된다는 것을 느낀다. 유리의 거울은 방의 강한 빛 속에서 지나치게 안정된 이미지를 준다."
— 가스통 바슐라르

정확히 몇 시쯤이었는지 기억이 나지는 않습니다. 오랫동안 보지 못한 친구를 만나기 위해 무더운 7월의 공기를 머금고 지방의 소도시로 내려간 날이었습니다. 우린 만나자마자 술판을 벌였고, 더위에 대한 짜증과 친구를 만난 반가움이 기묘하게 섞인 감정 덕택에 무모하게 술

을 들이부은 나는 그 누구보다 먼저 쓰러졌지요. 정확히 몇 시쯤이었는지 기억이 안 나는 그 시간은 바로 그렇게 쓰러져 있던 내가 어영부영 깨어난 순간이었습니다.

눈을 뜬 나는 주위에 아무도 없다는 것을 느낌으로 알 수 있었죠. 서서히 몸을 일으키고는 어슴푸레한 방안의 윤곽 속에서 눈을 좀더 크게 뜨고 정면을 바라보았습니다. 순간 짙어가는 어둠 속에서도 난 거기서 날 응시하고 있는 누군가의 얼굴을 만날 수 있었습니다. 그는 아무런 느낌이 없는 표정으로 날 보고 있었습니다. 깊어가는 암흑과 술이 덜 깬 내 눈동자 덕분에 도대체 정확히 그의 형태를 파악할 수 없었습니다. 나는 어둠으로 가려진 그의 형상 곳곳을 내 상상으로 채워 넣기 위해 애를 써야만 했습니다. 시간이 지났습니다. 어둠을 헤쳐 그의 모습을 또렷이 보려는 내 지친 눈동자와 순간순간 이동하는 형상의 빈자리를 메우기 위해 그림 그리기를 멈추지 않아야 했던 내 상상의 창고도 순식간의 분주한 시간을 서서히 마감하고 있었습니다. 이제 그는 명확하게 하나의 형상으로 정지해 있습니다. 눈치 채셨겠지만 그는 곧 술에 취해 쓰러져 있다가 깨어난 내 자신입니다. 거기엔 거울이 하나 있었거든요.

그날 밤 거울 속에서 만난 내 모습은 태고의 나르시스를 떠올리게 합니다. 아마 그 역시도 우연히 숲길을 걷고 있었을 겁니다. 황혼이 다가오는 저녁 기운에 취해 무엇엔가 끌리듯 집을 나섰겠고, 부드러운 흙이 맨발에 닿는 감촉을 즐기다가 물소리를 들었겠지요. 샛길로 빠진 그는 자그마한 샘물을 발견하고는 무릎을 꿇었겠고, 부드럽게 요동치는 물의 파동 위로 고개를 숙였겠지요. 아하, 바로 그 순간이군요. 나르시스는 훗날 자기의 이름을 따 만들어진 숭고한 환상, 나르시시즘이라 명명된 자기도취

27

에 흠뻑 빠지고 맙니다.

항간에서 나르시스는 자기 허영에 빠진 인물로 취급되곤 합니다. 나르시시즘은 긍정적 의미로 쓰이기보단 허영, 자기중심주의, 환상을 실체라고 착각하는 것 등등으로 받아들여지지요. 주위를 둘러보세요. 잘난 척하는 사람들이 좀 많습니까? 그런데 문제는 이런 사람들의 잘난 척이 다른 사람에 대한 멸시나 혐오로 이어지는 경우가 많다는 겁니다. 그저 자기 잘난 맛에 살면 됐지, 잘 알지도 못하는 다른 사람들의 삶에 대해 웬 말들이 그렇게 많습니까? 자기 잘난 맛에 산다……. 오늘 내가 하고 싶은 얘기는 바로 이겁니다. 자기 잘난 맛에 사는 거요.

이상한 시인이자 철학자이자 몽상가인 가스통 바슐라르의 말을 빌려 사람이 자신을 비춰보는 두 가지 거울을 생각해봅니다. 하나는 나르시스가 얼굴을 비춰보던 샘물이구요, 또 하나는 어느 집에나 하나는 꼭 있는 거울입니다. 자연 속에 흐르는 샘물은, 시시각각으로 변하는 햇빛의 각도와 크기, 바람의 강약에 따라 언제나 약간의 움직임을 가지고 있습니다. 거기에 얼굴을 비춰보는 사람은 사실 고정된 자기 얼굴을 볼 수가 없습니다. 계속해서 흔들리지요. 하지만 방 안에 있는 거울은 절대로 흔들리지 않습니다. 그 앞에 서면 우리는 고정된 내 얼굴을 명확히 볼 수 있지요. 나는 이렇게 생각합니다. 진정한 나르시스는 방안의 거울 앞에 선 자가 아니라 흔들리는 샘물 앞에 선 자라구요.

도대체 우리는 거울을 왜 봅니까? 그건 다른 사람들에게 내가 어떻게 보일까를 앞서 체크하기 위해섭니다. 그 앞에 선 사람들은 말쑥하게 얼굴을 단장하고 세상에 나가 잘난 사람이 되어 타인들을 만납니다. 이들은 자기 자신의 모습이 어떤지 확실히 파악하기도 전에 남들에게 비춰질 모습을 먼저 생각하게 되죠. 하지만 샘

물 앞에 선 자는 자기 얼굴이 대체 어떻게 생겼는지를 확실히 볼 수가 없습니다. 그의 얼굴은 계속 변하고 있으니까요. 그는 자기 얼굴이 남들에게 어떻게 보일까를 생각할 겨를도 없이 대체 내 얼굴이 어떻게 생겼을까를 먼저 고민하고 비워진 형태를 상상으로 채워 넣어야 합니다. 말하자면 이들은 남들에게 먼저 내 모습을 비추기 전에 나 자신에게 내 모습을 비춰보는 사람이라는 애기죠.

따라서 그는 내 잘남으로 남을 경멸할 여지가 없습니다. 그는 끊임없이 흔들리는 자신의 이미지를 가꾸기에도 시간이 모자라니까요. 그는 자신에게 마련된 여백을 지속적으로 채워 넣어야 합니다. 그러므로 만족이란 단어 역시 남들이 날 어떻게 볼 것이냐에 달려 있는 게 아니라, 내가 내 모습을 어떻게 생각하느냐에 달린 것입니다. 실로 '내 잘난 맛'에 살 뿐이지요. 나는 나르시스가 바로 그런 사람이었다고 추측해봅니다. 나도 될 수 있으면 나 잘난 맛에 살길 바랍니다. 그게 얼굴이든 삶의 방식이든.

나는 글을 쓰는 사람입니다. 한 달에 무수히 써대는 글들이 대부분 마음에 들지 않을 때가 많습니다. 하지만 만일 그 많은 글 중 단 하나라도 정말 내 맘에 든다면 난 충분히 남은 한 달을 즐거움 속에서 살아갈 수 있습니다. 힘들 때면 그 글을 읽고, 야 정말 잘 썼더라는 자기도취에 빠지는 거죠. 마감 때가 되면 얼굴이 초췌해지기 시작합니다. 아침마다 거울을 보면 머리는 떡이 되어 있고, 수염은 멋대로 자라 있으며, 피부는 상해 있습니다. 그러나 난 그런 내 모습에서 희열을 느낍니다. 아, 고통스럽지만 열심히 살고 있구나……. 그리고 다음 날 아침이 됩니다. 여전히 초췌하지만 어제와는 또 무언가가 아주 조금 틀립니다. 나는 내 얼굴에 반영되는 하루 동안의 삶을 반추해봅니다. 그러

고 나서 끊임없이 즐깁니다. 이렇게 계속 망가지는 얼굴과 하루만에도 무수히 변해가는 내 인생을요.

누구에게 보여주기 위해 사는 게 인생은 아니라고 생각합니다. 그럴 거면 남들 어떻게 사는지 관심 갖기 전에, 남들이 나 어떻게 산다고 생각하는지 관심 갖기 전에, 온전히 내 인생 내가 먼저 고뇌하고 비춰보고 만족하고 몰두하며 살아보는 건 어떨까요? 끊임없이 변화하는 내 인생의 이미지들, 내 생활의 모습들, 내 얼굴의 형상들을 살피고 고치는 가운데 스스로 만족하기에 충분한 나 자신으로 살아봅시다. 진정으로 샘물 앞에서 자기도취에 빠지는 나르시스가 되어봅시다. 그것만으로도 확실히 살 만한 가치가 있는 커다란 삶의 즐거움이 생성되지 않겠습니까?

〈NeGA〉 4호(1998년 3월)

무한한 해석의 바다에서 헤엄치기 위하여

"하나의 텍스트는 다중적 글쓰기로 만들어지며 다양한 문화에서 도출되어 대화, 패러디, 논쟁 등의 상호관계로 진입하게 된다……. 한 텍스트의 통일성은 그것의 근원에 있는 것이 아니라, 그것의 도착지에 있다……. 독자의 탄생은 저자의 죽음이라는 대가를 치러야만 한다."
— 롤랑 바르트

"솔로몬은 말한다. '지구 아래에 새로운 것은 없다'고. 따라서 플라톤이 생각한 것처럼 '모든 지식은 단지 회상일 뿐이다'. 이에 응해 솔로몬은 자신의 격언을 말한다. '모든 새로운 것은 단지 망각의 결과일 뿐'이라고."
— 프랜시스 베이컨

예전에 영화를 공부하는 친구들과 시나리오 워크숍을 한 적이 있습니다. 그때 내가 만든 이야기 중에 이런 것들이 있었습니다. 한 영화 잡지사 기자가 있습니다. 마감이 한창이던 어느 날 밤 그는 셔터가 밖에서 잠긴 탓에 어쩔 수 없이 하룻밤을 보내게 되는데, 밤새 그는 기괴한 사건들을 경험합니다. 벽에서 새어 나온 수십 개의 빛에 의해 몸에 구멍이 뚫리고, 바닥에 널린 뱀 같은 물체들에 의해 그 구멍으로 피가 짜여져 나옵니다. 끔찍한 사건들은 밤새 이어집니다. 다음 날 아침 건물 관리인은 온몸의 피가 전부 빠져나간 처참한 시체를 발견합니다. 이른 아침의 사무실 한쪽엔 비디오카메라의 불이 반짝이고 있고 바닥엔 폐기 처분될 필름들이 널려 있습니다.

또 이런 얘기도 있었습니다. 여자친구가 해대는 일상의 잡다한 이야기에 지친 남자 대학생이 있습니다. 그녀는 만나기만 하면 음식, 머리, 빨래, 옷에 대한 얘기뿐입니다. 이 짜증나는 대화의 지속으로 그는 신경쇠약에 빠지게 됩니다. 급기야 어느 날 저녁 그는 강의를 마치고 나오는 그녀를 기다려 학교 뒤쪽의 숲으로 데리고 갑니다. 밤이 깊어갑니다. 역시나 너무 많은 말을 하다 지친 그녀가 잠시 벤치에 앉아 쉬다가 잠이 듭니다. 남자는 주머니에서 칼 한 자루를 꺼내 그녀의 입에 내리꽂습니다. 동시에 그의 입이 열립니다. 그는 오늘 학교 구내식당에서 먹은 점심에 대해 끊임없이 늘어놓기 시작합니다. 칼은 쉴 새 없이 움직이고, 그의 입도 끊이질 않습니다. 어느덧 숲은 새벽의 싸늘하고 맑은 공기에 휩싸여 갑니다.

이 두 개의 이야기는 각각 재미있는 결과를 가져왔습니다. 첫째 이야기를 만들고 난 며칠 뒤 문득 예전에 본 영화 한 편이 생각났습니다. 로만 폴란스키 감독의 초기작인 〈혐오〉(1965)였습니다. 영화는 우연히 홀로 집에 남게 된 소녀가 성적인 환상에 시달려 자해하는 내용을 담고 있습니다. 이런…… 내가 만든 이야기는 바로 그 영화의 무의식적인 모방이었던 겁니다. 둘째 이야기는 사람들의 반응에 관한 것입니다. 물론 많은 사람들이 이 이야기를 듣고 커뮤니케이션, 일상의 강박관념 등 내가 의도한 주제들을 짚어주었지만, 그중 한 사람은 아주 다르게 해석했습니다. 그는 내가 학교 교정과 숲에 대한 기이한 감정에서 이 이야기를 만든 것이 아닐까라고 말했습니다. 순간 나는 정말 그랬을지도 모르겠다는 생각에 섬뜩하던 기억이 납니다.

나는 이 두 편의 이야기로 경험한 것들을 통해 '저자의 죽음'과 '독자의 해석'에 대해 말하려 합니다. 첫째 이야기는 저자의 죽음과 관련이 있습니다. 저자의 죽음이라…… 이 말은 물론 후기 구조주의 또는 포스트모더니즘이라 불리는 일군의 이론들에 의해 불거져 나온 것입니다. 그들은 모더니즘 시대에 절대적인 지위를 차지하던 '작가'들의 권력을 해체시킵니다. 그때까지 작가는 누구보다 뛰어난 윤리적 바탕과 우월한 지식을 가진 '완벽하고 유일무이한 개인'으로 인정받았고, '새로운 것을 창조한다'는 절대우위의 명분이 있었습니다. 따라서 그들이 만들어낸 작품을 해석하는 가장 올바른 길은 작가의 생각이 무엇인지를 파악하는 것이었죠. 그러나 포스트모더니즘은 저자를 '더는 예언자나 현인의 권위를 누리지 못하게 되고 기껏해야 다른 누군가의 텍스트를 끌어모아 재분배

하거나, 어디선가 비롯된 이미지와 경험을 취하는 기능을 할 뿐인 사람들'로 전락시키고 맙니다. 즉 작가의 작품이란 순전히 그 자신만의 창조적인 세계에서 생산된 것이 아니라 그 이전까지 존재하던 수많은 텍스트의 혼성모방 pastiche인 것이며, 작가의 사고체계는 우월한 정신세계를 가진 자신에 의해 구축된 것이 아니라 세상에 존재하는 수많은 관념과 경험, 구조, 관계들을 통해 무의식적으로 만들어진 거라는 얘기죠. 우리는, 그리고 작가들은 그 근원을 알 수 없는 수많은 언어와 이미지와 '기존에 존재하던 것들'의 축적물 또는 그물망 속에 살고 있을 뿐입니다. 이렇게 되면 작품은 작가만의 고유한 창작물로 귀속되는 것이 아니라, 그 자체가 새로운 세계를 여는 생명력을 갖게 됩니다.

자, 그럼 대체 이렇게 제멋대로 뛰어노는 텍스트는 어떻게 해석해야 할까요? 그것은 둘째 이야기의 경험과 연결됩니다. 해석이란 순전히 독자들의 몫입니다.

나는 텍스트(영화)를 보는 데 '유일한 하나의 해석'은 없다고 주장합니다. 작품 속에 작가도 모를 수많은 생각과 이미지들이 뛰어놀고 있다면, 그중 어떤 것을 선택해 작품을 해석하든 오류는 아니라는 생각에서입니다. 그렇기 때문에 100명이 영화를 보면 100가지 해석이 나오는 것은 당연하다는 것이죠. 롤랑 바르트의 말을 빌려, '현대 작가들을 읽기 위해서는 여유 있게 풀을 뜯듯이, 빈틈없이 이곳저곳을 방황하다가, 새롭게 발견해야 하는 것'입니다.

물론 포스트모더니즘에서 말하는 '저자의 죽음'에 대한 생각들 역시 하나의 조류일 뿐이고, 그 말이 전적으로 진리인 것은 아닙니다. 저자는 무엇보다도 그 텍스트를 만들어냈다는 훌륭한 업적을 인정받아야 합니다. 그러나 겸손

해져야 할 필요는 있습니다. 작가의 해석은 그 작품에 가해질 수많은 해석 중 단지 하나일 뿐입니다. 하지만 분명히 그가 수많은 독자들보다 한 개의 계단을 미리 밟고 올라서 있는 것은 사실입니다. 그것은 '내적인 논리'라는 계단입니다. 다양한 해석들은 얼토당토않은 억지가 아니라, 타당한 내적인 논리를 지니고 있어야 정당성을 부여받을 수 있습니다. 작가는 이미 자신의 사고를 거쳐 '작품'이라는 '논리'를 만들어낸 사람들입니다. 그러므로 그는 무한한 해석의 바다에 뛰어들 준비를 독자들보단 우선적으로 갖춘 셈이죠.

그러나 기죽을 건 없습니다. 만일 우리가 우리 나름대로의 해석에 탄탄한 내적 논리를 부여할 수 있다면, 그 해석이 아무리 엉뚱하고 작고 볼품없는 것이라 해도 위대한 가치를 지닐 수 있기 때문입니다. 그러므로 영화에 적극적인 해석자로 다가서고 싶은 마음이 있는 독자들이라면, 그리하여 세상을 견지하는 사고와 텍스트를 풀어가는 즐거움과 아름다움을 접하는 환희를 인생의 소중한 경험으로 지속시키고 싶은 독자들이라면, 내적인 논리를 구축하는 방법론을 끊임없이 공부해야 합니다. 그리고 나서 영화에 다가섭시다. 자신의 해석이 정론이라고 우기는 오만한 자들의 생각은 무시하고, 내 나름대로의 자신감 넘치는 해석을 가해봅시다.

다만 역시나 내 생각이 최고라고 타인들에게 강요하지는 맙시다. 함께 영화를 보고 난 뒤 나와 다른 해석을 가진 친구들과 만나 흥미롭게 얘기해봅시다. 비판은 나 또는 상대방이 보여주는 허술한 내적 논리에 향하게 하고, 찬사는 나 또는 그가 보여주는 '빛나는 엉뚱함'으로 향하게 합시다. 그것은 작품에, 작가에, 그리고 해석하는 우리들에게 모두 또 다른 생명력을 부여하는 행위일 것입니다. 지금도 영화는 극장 스크린에 걸려 바로 그런 우리들의 손길을 애타게 기다리고 있을 거라 감히 생각해봅니다.

《NeGA》 5호(1998년 4월)

섬광 같은 우연들이 우리의 삶을 영원한 백지로 만들 수 있도록

"오직 시인들만이 진정으로 우연성을 맛볼 수 있지 않을까 하고 니체는 추정했다. 필경 나머지 사람들은 인간 조건에 대한 참된 유일한 서술이 있고, 우리의 삶에 보편적인 유일한 문맥이 있다고 주장하여 철학자로 남고 말 것이다. 우리 범인들은 대담한 시인들처럼 우연성을 인지하고 맛보기보다는, 오히려 우연성에서 벗어나고자 삶을 허비하기 십상일 것이다."
— 리처드 로티

"우리는 누구나 우리의 연원인 정자와 자궁의 만남 그 이후로 우리의 삶과 관계된 모든 것이 사실은 기회에 불과하다는 점을 잊기 십상이다……. 우리는 모두, 레오나르도 다빈치의 말을 빌자면, '경험 속에 결코 들어올 수 없는 헤아릴 수 없이 많은 원인들로 가득 찬' 자연을 여전히 존경하지 않고 있다. 인간 존재란 누구나 다 이와 같은 많은 원인들이 경험 속에 발산하는 헤아릴 수 없이 많은 실험들 중 어느 하나에 대응된다."
— 지그문트 프로이트

이제부터 나는 내 인생에 찾아온 몇 번의 우연

을 이야기하려 합니다. 첫째 이야기는 재수 생활을 하던 10년쯤 전으로 거슬러 올라갑니다. 학원에서 돌아온 나는 매일 오후 6시쯤 독서실로 향하는 여정에 오릅니다. 사실 집에서 독서실까지는 걸어서 10분도 걸리지 않지만, 일부러 30분 정도를 돌아 독서실로 갔습니다. 그렇게 매일을 보냈습니다.

하지만 그 매일매일이 항상 똑같은 것은 아니었습니다. 집에서 독서실로 향하는 길의 종류는 무수히 많은 조합을 통해 거의 무한대에 가까웠고 나는 매일 거의 다른 길들로 다닌 것 같습니다. 때때로 그것은 이 신호등이 먼저 켜지나 저 신호등이 먼저 켜지나에 따르기도 했고, 관심을 끄는 여자에 좌우되기도 했으며, 딴 생각을 하다가 무심결에 정해지기도 했습니다. 때때로 나는 서늘한 봄날 저녁의 기운과 어둠에 휩싸여 가는 낡은 건물들에 취해 한없이 내 자신 속으로 침잠하기도 했고, 무엇보다 바로 그렇게 걷고 있는 동안을 사랑하기도 했습니다. 각기 다른 여정들을 모두 사랑하게 된 데에는 아마도 순간적으로 선택하는 내 모든 행동들을 나름대로 다 인정하기에 이르렀고, 그렇게 해서 어떤 선택을 하든 기꺼이 내 즐거움이 유지되리라는 여유가 있었기 때문일 겁니다. 나는 그 모든 우연을 사랑한 것이죠.

이윽고 과를 선택해야 할 날이 왔을 때, 나는 사회학과로 결정했습니다. 먼저 대학에 들어간 친구들이 추천해준 과였는데, 사실 그때까지 사회학과가 뭘 배우는 곳인지 정확히 알고 있지 못했습니다. 그러나 매일 다른 길을 선택해도 전혀 후회하지 않았던 것처럼, 어떤 과를 가더라도 후회하지 않을 것 같았습니다. 결정은 아주 순식간이었고, 지금 나는 사회학과를 다닌 동안 내가 보낸 시간들을 후회하지 않습니다. 군대를 갔습니다. 군대 생활 중에 '전투 체육'

이라는 시간이 있습니다. 말이 전투지 그냥 체육 시간입니다. 나는 군바리였지만 유난히 군대 체질이 아니었던 터라 전투 체육 시간마저 무지하게 싫어했습니다. 그런데 아주 우연한 사건이 나를 그 시간으로부터 해방시켰습니다. 그건 졸병으로 맞이한 첫 번째 전투 체육 날이었습니다. 워낙에 축구에 소질이 없던 나는 그날 우리 분대의 수비수 중 한 명으로 배치됐는데, 날아오는 공을 막으려다 그만 자살골을 넣고 말았습니다. 그 뒤 고참들은 될 수 있으면 나를 체육 시간에 부르지 않았고, 나는 그 시간을 이용해 부대 도서관에 처박혀 지낼 수 있었습니다(국방부 직속 교육 부대여서 도서관이 아주 빵빵했죠). 그 무렵 읽은 많은 책들은 지금 나에게 아주 큰 도움이 되어주고 있습니다. 군대를 제대할 무렵의 어느 날, 퇴근(전 방위였거든요)을 해서 집에 온 나는 어머니가 버리려고 모아둔 신문더미 한 귀퉁이에서 막 찢어지기 직전의 기사 한 조각을 발견했습니다. 무심코 집어든 그 기사는 '영화사랑'이라는 시네마테크에서 매 주말마다 보기 힘든 명작들을 심야 상영하고 있다는 기사였습니다. 그중 내가 본 것은 단 한 편도 없었고, 난 그곳에 가보고 싶다는 생각이 들었습니다. 결국 토요일 저녁 영화사랑으로 향했고 바로 그 심야 상영에서 레오스 카락스의 〈나쁜 피〉(1986)를 봤습니다. 영화가 끝나고 불이 켜졌을 때, 난 말 그대로 자리에서 일어날 수가 없었습니다. 한동안 그렇게 앉아 있다 새벽 거리로 나왔고, 뭔가 골똘히 생각하다 집으로 향했습니다. 한숨 자고 일어난 느지막한 일요일 대낮, 나는 영화를 해야겠다고 결심하기에 이릅니다.

자, 이야기는 이어지고 심야 상영은 계속됩니다. 어느 날 우연히 객석을 둘러보다가 매주 찾아오는 관객들이 늘 같은 사람들이라는 사실을 알게 됐습니다. 한 다섯 명 정도 되는 사람들이었는데요. 그렇게 같은 사람들과 매주 부딪히다 보니, 나중엔 이 사람들한테 인사를 해야 하나 말아야 하나 하는 고민까지 하게 됐습니다. 결국 우리들은 어느 주엔가 서로 인사를 하기 시작했고, 기왕 그렇게 된 거 영화에 대해 한번 얘기를 해보자는 말이 나왔고, 내친김에 모임을 만들기로 했습니다. 나는 현재까지 그 모임을 유지하고 있습니다. 우리는 영화 이론 연구, 시나리오 워크숍, 영화 분석, 제작 실습까지 다양한 활동을 했고, 급기야 그들 중 상당수가 지금 《NeGA》의 기자들이 되어 있습니다. 우리는 삶까지 공유하게 된 거죠.

이제 마지막 얘기입니다. 영화판에서 일을 하기 시작한 뒤 나는 어느 케이블 TV 방송국에 정기적으로 출연을 하게 됐는데, 그곳에서 FD 일을 보고 있는 아르바이트 남학생이 첫 날부터 내게 유독 친절한 관심을 보였습니다. 우리는 금세 친해졌고 어느 날 나는 그 아이를 집까지 데려다주게 됐습니다. 차 안에서 그는 자기가 내게 관심을 보인 이유를 설명해주었습니다. 자기가 2년 동안 사귀다 헤어진 남자의 이름이 내 이름과 같았다는 것입니다. 그는 자신이 동성애자임을 내게 밝혔습니다. 실연의 아픔을 감내하고 있던 터에 헤어진 연인과 이름이 같은 나를 우연히 만난 것이 우리가 가까워진 계기가 된 거죠. 나는 그 친구와의 거듭되는 대화와 만남을 통해 피상적으로만 알고 있던 동성애자들의 실상과 마음을 좀더 가까이에서 이해할 수 있게 됐습니다.

살아가다 보면 우리에겐 아주 여러 번의 우연이 찾아옵니다. 무심코 지나칠 수도 있는 가벼운 사건들이지만, 한 번 돌이켜 생각해봅시다. 혹시 하찮게 여기고 잊어버린 그 우연들이 인생의 중대한 행로를 결정하고, 우리의 사고체계와 우리가 세상을 바라보는 방식과 우리가 타인과 맺는 관계를 결정해오지는 않았나 하고 말입니다. 많은 경우 우리는 세상이 인정하는 가치들로부터, 그리고 우리가 '사회화'라고 부르는 메커니즘으로부터 중요한 것과 중요하지 않은 것, 떳떳하고 뽐낼 만한 삶과 무가치한 삶의 구분을 배웁니다. 그리고 우리는 그 필연성, 의무감, 타인을 의식하는 거울, 윤리, 사회가 인정하는 무엇이 되어야 한다는 선험적 논리에 지배당하기 마련이죠.

하지만 우리, 그 구속들에서 벗어나 봅시다. 그리고 삶을 살아가는 동안 우리에게 찾아오는 섬광 같은 우연들을 무시하거나 내다버리지 맙시다. 그 우연들이 내 마음의 깊은 파장으로 다가온다면 적극적으로 받아들입시다. 바로 그렇게 우리에게 침투한 우연들이 결국 필연의 고리마저 만들어내고, 우리 삶에 흥미진진하며 어디로 튈지 모르는 모험의 즐거움을 선사해주는 것 아니겠습니까? 그것이 바로 '기회'라고 불리는 것이라 여깁니다. 그 기회들이 우리의 보편적이고 예측 가능한 나머지 인생을 결정하도록 해봅시다. 우리 인생의 지도가 아무리 나이가 들어도 무한한 백지로 남을 수 있도록 자유로워 봅시다.

《NeGA》 6호(1998년 5월)

주저함 없는 들이킴으로 조금씩 더 강렬해지게끔

"생명현상은 적절한 자극에 의해 유지되며, 질병은 국소의 과도한 자극에 의해 시작되며 교감신경에 의해 점차 확대된다. 질병의 가시적 위치는 자극인지의 부착점에 지나지 않으며, 그 지점은 조직의 피자극성과 조직인자의 강도에 의해 결정된다. 결국 질병이란 자극에 대한 반응으로서 조직의 복잡한 운동일 뿐 본질적인 질병이나 질병의 본질은 더 이상 타당하지 않다."

— 프랑스와 조셉 브루새

"질병은 단순히 불균형이나 부조화일 뿐만 아니라 또한 그 무엇보다도 새로운 균형을 얻기 위해 인간 내부에서 자연이 시도하는 노력이다. 질병은 치유를 목적으로 하는 일반화된 반응이다. 유기체는 회복하기 위해 질병이 된다."

— 조르주 깡길렘

오늘은 술 얘기 좀 해볼까요? 정확히 말하면, 술버릇 얘기죠. 아마 이 글을 읽고 계신 독자 여러분은 '술버릇'이라는 단어를 보실 때부터 흥분되기 시작할 겁니다. 왜냐하면 여러분 각자의 삶 속에 또는 주변 사람들의 생활 속에서 술버릇에 얽힌 일화는 무궁무진하게 많을 테고, 대개 그런 경험담은 남들한테 얘기하지 못해 안달인 경우가 태반이니까요. 하지만 오늘은 그냥 제 얘기만 들어보세요.

저부터도 그렇거니와 제 주위 사람들은 대부분 내로라하는 술꾼들입니다. 한번 마시면 끝장을 보는데, 바로 그 끝장이라는 게 항상 좋지 않은 술버릇으로 드러나게 마련입니다. 일반적으로 가장 좋지 않은 술버릇 중 하나가 뭔가 깨부수는 것인데요. 그날은 막 원고 마감이 끝난 날이었습니다. 불쌍한 미술부 디자이너가 과로에 시달리고 있던 시각, 편집부 기자들은 동네 술집에서 술을 마시다가 급기야 사무실로 들어왔고 그중 한 명이 오바이트를 하겠다고 화장실

로 갔습니다. 이어지는 온갖 소리들……. 몇 분 후 내려가 보니 세면대는 잡물들로 흥건할뿐더러 막 나사가 풀리며 벽에서 떨어지기 직전이었습니다. 그 기자는 세면대를 부여잡고 오바이트를 하다가 그만 아예 부숴버리고 만 거죠. 화장실 바닥에 곤두박이치는 세면대와 잡물들…….

그때부터 매킨토시 앞에 앉아 교양 넘치게 마우스를 움직이던 디자이너와 나는 구멍이 모두 깨져버린 세면대를 가까스로 벽에 붙이느라 수십 분을 보내야 했습니다. 다음 날 아침 우리는 건물 관리 아저씨의 소리 하나하나에 간담이 서늘했고, 다행히도 아저씨는 "이거 드디어 떨어졌군"이라며 눈치를 채지 못하셨습니다. 하지만 며칠 뒤 건물 주인은 건물을 다른 사람에게 팔았다고 우리더러 나가라 했고, 아직도 우리는 혹시 세면대 때문에 쫓겨난 게 아닌가 하는 의심을 떨칠 수가 없습니다.

계속 하겠습니다. 내가 예전에 다니던 영화 잡지사의 여자 선배는 술만 마시면 길로 뛰어드는 버릇이 있었습니다. 평소엔 너무도 냉정 침착하고 이성적인 사람인데 술만 들어가면 2차선 도로든 8차선 도로든 가리지 않고, 트럭이 달려오든 자전거가 달려오든 상관없이 차도로 뛰어갑니다. 나머지 사람들도 극도로 긴장하고 그녀를 뒤쫓습니다. 술만 먹으면 사람이 왜 그렇게 모두 장사가 되는지 남자를 서너 명이 사지를 붙잡아도 그녀를 다시 길 밖으로 몰아내는 데는 상당한 시간이 걸립니다. 뛰어들기만 하면 다행이게요, 그녀는 뛰어들면서 소리까지 지릅니다. 지나가는 차들에게 하는 욕지거리는 문제가 안 되는데, 대부분 편집장 욕을 하곤 했습니다. 편집장이 함께 있는 날엔, 당사자야 정신이 없어 괜찮겠지만 주위 사람들은 대단히 곤혹스럽죠. 제가 직접 본 건 아니지만, 그녀는

지방 도시 촬영 현장에 취재를 나갔다가 밤에 술을 마시고, 중심가 사거리에 대자로 서서 큰 소리로 편집장 욕을 했다고도 합니다.

그밖에도 많죠 뭐. 화장실 변기 부여잡고 제사를 지내는 사람이 있는가 하면, 어떤 기자는 술이 들어갈수록 점점 더 진지해지는 동시에 말도 안 되는 질문들을 수도 없이 해대며 나를 당혹스럽게 하기도 합니다. 객원 기자 중 한 명은 술을 마시다가 갑자기, 자기가 1년에 딱 한 번 화를 내는데 그게 오늘이라며 주위 사람들에게 모두 영문 모를 화를 낸 적도 있습니다. 한국 영화계의 유명한 중견 감독 한 분은 술만 먹으면 옷 벗는 게 취미셨구요, 역시 한국 영화계의 저명한 제작자 한 분은 술만 드시면 옆 사람 만지는 게 특기셨습니다. 저도 몇 번 당했죠.

그런데 문제는 이렇게 술을 마시고 나면 다음 날은 꼭 망치게 된다는 것입니다. 사람들은 술이 덜 깬 하루 종일 헤매고, 사무실은 그들의 흔적으로 치울 엄두도 안 나기 마련이죠. 말하자면, 술버릇에 얽힌 이 모든 사연들은 일종의 '질병'인 것입니다. 정상적으로 회사가 돌아가고 원활하게 스케줄대로 업무가 진행되는 것이 '건강한' 상태라면, 술 마시고 며칠을 허비하는 것은 병리학적 현상이지요. 술 먹고 망가진 당사자는 일종의 '병균'처럼 사무실 전체에 작용해 나머지 사람들에게 전염병을 돌리고, 회사 전체는 얼마간 마비가 되기 십상입니다. 병든 닭처럼 말입니다. 만일 질병이라고 하는 것이 본질적인 부조화 상태라거나, 근원적으로 존재하는 해악이라면 육체의 건강한 유지를 위해 그리고 사회 전체의 원만한 활동을 위해 그 병균들은 뿌리부터 뽑아 몰아내야 합니다.

그러나 프랑스 의학자인 캉길렘과 브루새의 말처럼, 질병은 단순히 불균형이거나 본질적인 해악만은 아닌 것 같습니다. 질병은 새로운 균형을 얻기 위한 자연적인 노력이거나, 단지 조금 과도한 자극에 대한 조직적인 반응일 수도 있는 것입니다. 그렇다면 술 먹고 망가지는 것을 그저 해로운 것으로만 받아들일 수는 없습니다. 그들이 그토록 엄청난 양의 술을 소비하고 울고 싸우고 때려 부수는 행위는 분명 무언가의 자극 때문입니다. 아마도 그 자극이란 그네들 각자의 삶이 가지고 있는 개인적인 슬픔, 절망, 외로움, 번민, 짜증이거나 회사 생활 또는 타인에게서 받는 스트레스겠죠. 그리고 술을 마시는 행위, 곧 질병은 고통을 잊거나 스트레스를 효율적으로 날려버리기 위한 자연적인 치유 과정이구요. 실제로 나 자신부터 한 달에 몇 번 정도는 그렇게 술을 마셔줘야 제대로 생활이 되는 것 같은 느낌을 받기도 합니다.

질병이 정상을 위해 기여하는 부분에 대해 이렇게 보다 보면, 우리가 살고 있는 사회 속은 또 많은 부분들이 다시 보일 수도 있습니다. 한 예로, 마치 엄청난 사회적 해악이나 되는 양 치부되고 있는 에로비디오나 포르노 영화 역시 성적인 욕망의 자유로운 발현이 억제되는 관습적인 사회 내에서(즉 억압이라는 자극이 과도하게 적용되고 있는 상황에서), 그 구성원들의 감춰진 욕망을 대리 배설하는, 그리하여 만일 사회 전체에 작용하는 '욕망 균형점'이 있다면 그것에 다가가기 위해 자연스럽게 반응하는 치유와 회복의 기능체로 볼 수도 있습니다. 또는 여전히 제도권에선 윤리의 잣대로 성문화를 폐쇄시키고 음지에선 더욱더 타인을 희생시키는 폭력적인 성이 만연하는 현상을 지양하고, 좀더 '공리적인' 수준으로(자유롭게 개방함으로써 욕망의 음성적 폭발을 억제하고 모두 즐겁도록) 성문화로 끌어올릴 기폭제가 될 수도 있겠지요.

그렇다면 별로 문제될 게 없군요. 만일 질병이

과도한 자극을 보상하고 온전히 치유로 나아가는 수준을 벗어나 또 다른 병원균을 발생시키지만 않는다면 마음껏 술을 마십시다. 다행히 우리 앞에 놓인 조직은 의사들만이 알 수 있는 인간의 육체가 아니라, 우리가 매일 보내는 일터이며 공존의 마당인 친구들의 공동체, 사람들의 모임입니다. 잘 들여다보세요. 무엇이 과도한 자극인지도 다 보이지 않습니까? 마실 수 있을 때 열심히 마시세요. 그리고 조금씩 더 강해지세요.

《NeGA》 7호(1998년 6월)

영화,
삶의 경험과 느낌들,
그리고 사랑.
그 자체만을 위한
그것에 영원히 빠져 있기를

"말도 않고, 생각도 않으리.
그러나 한없는 사랑은 내 넋 속에 피어오르나니,
나는 가리라, 멀리, 저 멀리, 보헤미안처럼,
여인을 데려가듯 행복하게, 자연 속으로."
— 아르튀르 랭보, 《감각 Sensation》 중에서

"길에서, 겨울밤에, 잘 곳도 옷도 빵도 없는데, 한 목소리가 내 얼어붙은 가슴을 껴안았다. 약함 또는 힘. 너 거기 있구나. 힘이로다. 너는 네가 어디로 가는지, 왜 가는지 모른다. 너는 아무 데나 들어가고 모든 것에 대답한다. 사람들은 네가 시체일 때와 마찬가지로 너를 죽이지

못할 것이다. 아침에 내 눈초리는 너무나 멍하고 거동은 너무나 활기가 없어서, 내가 마주친 이들이 '필경 나를 알아보지 못했을 것이다.'"
— 아르튀르 랭보, 《나쁜 피》 중에서

글을 쓰고 책을 만들다 보면 가끔 아주 이상한 경험을 하게 됩니다. 영화 잡지란 곳에서 글을 쓴 지 어느덧 5년째가 되어가는 요즈음, 나는 다시금 그 가끔의 경험들이 되새겨집니다. 1995년 무렵이었습니다. 나는 S영화 잡지의 취재 기자로 일하고 있었고, 이제 막 정식 기자로 입사한 터라 좋은 글을 써야 한다는 부담감이 엄청나던 때였죠. 적어도 후회하지는 않을 만큼 정말 열심히 글을 썼습니다. 그중엔 물론 마음에 아주 쏙 드는 글도 있고 그렇지 않은 글도 많았습니다. 그런데 이상한 것은 항상 내가 만족한 글은 다른 사람들에게 별로라는 평가를 받았고, 만족스럽지 못한 글은 재미있다는 말을 들은 겁니다. 내가 만족한 글에 대한 타인들의 불만은 내 글이 답답하다는 것이었습니다.

그 뒤 몇 달간 나는 내가 정성에 정성을 들여 쓰고 만족까지 한 글이 왜 읽는 사람들을 답답하게 하는 것인지 고민했습니다. 1995년이 거의 다 지나갈 무렵 나는 드디어 한 가지 사실을 깨닫게 됩니다. 나는 그때, 모든 글에는 그 글을 이끌어가는 확고한 논리가 있어야 한다고 생각했고, 그 논리가 얼마나 타당한 것이냐와 그 글이 과연 설정된 논리를 얼마만큼 근거 있게 증명해주고 있느냐가 글의 관건이라고 생각했습니다. 그리하여 내가 세운 분명한 논리를 일관되게 유지하려 애썼습니다. 여기까진 그래도 좋습니다.

문제는, 논리의 타당함을 무너뜨리지 않기 위해 무의식적으로 내 논리의 허점들, 예컨대 내 논리를 반박할 수 있는 모든 가능성들, 모든

다른 논거들을 모조리 차단해가며 글을 쓰고 있었다는 사실입니다. 만약 이런 글을 읽게 된다면 독자는 내가 무엇을 말하려 하는지 분명하게 이해할 수 있습니다. 그러나 더 이상은 없습니다. 독자들은 내 글에서 행간을 읽는 묘미를 잃게 되고, 상상할 수 있는 여지를 박탈당하며, 글의 자유로운 재해석을 통해 좀더 창조적인 독서로 자기만의 사고를 할 즐거움을 상실하게 됩니다. 내 글이 바로 그런 글이었던 겁니다. 글은, 그것이 시든 소설이든 또는 다른 어떤 텍스트에 대한 비평이든, 그리고 글만이 아니라 모든 창작물들은 이른바 '열려 있어야' 한다는 사실을 그때 이후로 분명히 깨닫게 됐습니다. 논리는 존재해야 합니다. 그러나 그 논리에 가해질 비판의 가능성을 스스로 차단하는 글은 살아 있는 글이 아니라 오만하고 비겁한 아집에 불과합니다.

지난달엔 이와 정반대의 경험을 했습니다. 6월 호 얘긴데요, 솔직히 고백하건대 나는 그 책이 그동안의 어떤 책들보다도 마음에 들지 않았습니다. 새 사업을 시작하느라 책에 신경을 많이 쓸 여유가 없었고, 기자들도 각자 새 일을 시작한 터라 그 어떤 달보다 글이 마음에 들지 않았거든요. 시간도 부족했구요. 그래도 어쨌든 책은 나와야 하니까 만들긴 만들었는데, 속된 말로 '헐렁하게' 만든 거죠. 그런데 막상 책이 나오고 난 뒤 주의 평가가 들리기 시작하는데, 세상에나! 그 책이 그동안의 어떤 책보다도 재미가 있다는 겁니다. 아주 잠시 의아해한 뒤 곧장 그 이유를 알 수 있었습니다. 신경을 쓰지 못한 것이 오히려 책의 모든 부분들을 자유롭게 열리게 한 장점으로 작용한 것이죠. 1995년의 내 글들과는 정반대로 말입니다.

열려 있지 못한 답답한 글을 쓰는 것. 그것은 내 자신이 그 글을 통해 무언가를 '목적'했기 때문이라고 생각합니다. 목적. 그것은 물론 아주 좋은 말이고, 우리가 생을 살아가는 제1의 원동력일 수도 있습니다. 그러나 다른 모든 것을 버린 채 목적만을 지향하며 사는 삶은 고달프고 힘들고 재미없고 즐겁지 않다고 요즘은 생각합니다. 1995년 무렵 나는 좋은 글을 써야 하고, 그 글을 통해 내가 하려고 하는 얘기가 100퍼센트 전달되기를 바랐으며, 솔직히 그 글을 통해 나 자신의 능력이 인정받길 바라는 강한 '목적'에 사로잡혀 있었습니다. 그 강렬한 목적 지향은 내게 강박관념과 부담감만을 심어주었을 뿐이죠. 나는 좀더 즐겁게, 좀더 자유롭게, 좀더 여유롭게 글을 써야 했습니다. 내게 쏟아질 비판의 반작용들을 느긋하게, 그리고 오히려 기꺼이 기다릴 웃음이 필요했습니다.

그런 태도를 나는 '그 자체만을 위한 그것'이라고 부르고 싶습니다. 글쓰기는 다른 어떤 것을 목적으로 하기 이전에 글쓰기 그 자체만을 위한 것이어야 합니다. 나는 글쓰기를 통해 그 어떤 다른 목적을 성취하려고 하기 전에 글쓰기 그 자체에 즐겁게 빠져야 하는 것입니다. 그 자체만을 위한 그것. 나는 요즘 이 말이 아주 절실합니다. 지금처럼 뭐든지 그 자체만을 위한 것이 아닌, 무언가 다른 것을 의도하는 일로 가득한 요즈음에 말입니다. 나는 영화를 아주 많이 좋아합니다. 예전에 영화가 좋아 영화를 보러 다니던 시절, 곧 영화보기 그 자체만을 위해 영화를 보던 시절에는 그렇게 영화가 사랑스럽고, 그런 영화를 보는 내 자신이 그렇게 행복할 수가 없었습니다. 나는 지금 영화 잡지를 만들고 있습니다. 게다가 영화와 관련된 여러 가지 일을 하고 있습니다. 그런데 지금 나는 영화를 '이용'하고 있습니다. 영화를 통해 무언가 빽빽하게 늘어선 목적들을 성취하려고 애쓰고 있는 것입니다. 나는 진정으로 글 쓰는 그 자체,

영화를 보는 그 자체, 영화를 만들려고 하는 그 자체에만 빠져 여타의 속화된 목적들을 버리고 자유로워지길 바랍니다.

사랑, 그것도 마찬가지가 아닐까 생각합니다. 결혼, 인생, 성공, 그리고 사랑을 성취했다는 자존심, 상대방을 사랑하는 척하며 실제론 나 자신을 사랑하고 있는 허위에 이르기까지 사랑 그 자체의 가슴 떨리는 환희와 안타까움을 가로막는 목적과 가식들은 얼마나 많습니까? 우리는 얼마나 충실히 사랑 그 자체만으로 사랑을 하고 있습니까? 얼마나 많이 우리의 사랑, 그 아름다운 단어를 유린하며 살고 있는지요.

어느 날 새벽까지 술을 마신 뒤, 다시 회사로 출근하고 있었습니다. 아직 취기가 가시지 않은 몸은 투명한 듯 가볍고 나른했습니다. 차 유리창을 열고 한쪽 팔을 바깥으로 뻗어보았습니다. 이제 막 햇빛이 쏟아지려는 아주 잠시간의 서늘함이 강하지 않은 바람이 되어 내 팔로 흘러 들어왔습니다. 부드럽게 간지럽히는 바람이 내 몸으로 전달되면서 취기의 노곤함과 뒤섞였고, 그 느낌이 내 자신을 너무도 편안히, 어떤 다른 생각도 필요 없게, 웃게 해주고 있었습니다. 나는 한시라도 빨리 출근해서 열심히 일해야 했지만, 적어도 웃음 짓던 그때만큼은 출근하던 그 시간 자체에 푹 빠져 있던 겁니다. 영화. 나는 영화 그 자체만을 위해 영화를 대하고 싶습니다. 내 삶을 스치는 모든 경험과 느낌들. 나는 그 자체만을 위한 삶을 즐거이 채워가고 싶습니다. 그리고 사랑. 나는 정말로 사랑 그 자체만을 위한 사랑에 영원히 빠져 있기를 간절히 바라고 있는 것입니다.

(NeGA) 8호(1998년 7월)

현실계의 충실한 파트너, 또는 독단적이고 근본적인 나만의 유희

"그러므로 시를 통해서, 또는 시적 기분 중에서도 가장 매혹적인 음악을 통해서, 우리의 마음이 눈물을 흘릴 정도로 감동될 때 우리는 울어버리고, 시를 통해서 또는 음악을 통해서 우리가 순간적으로 희미하게나마 보게 되는 그 신성하고 감격적인 환희를, 모두, 지금, 이 세상에서, 당장에, 그리고 영원히 파악할 능력이 우리에게 없음을 참을 수 없어, 성난 슬픔을 느끼기도 한다."
— 애드거 앨런 포

"우리는 일상생활에서 우주의 의미를 무시하고 살아가는 것처럼 용의 의미 또한 애써 축소하거나 무시한 채 살아가고 있다. 그러나 인간의 상상과 일치되는 용의 이미지에는 확실히 어떤 의미가 있다. 그러므로 상이한 시대와 장소에서 용이 출현하는 것이다."
— 호르헤 루이스 보르헤스

어쩌다 문득 집으로 돌아가고 있는 초등학교 아이들과 마주칠 때가 있습니다. 대부분의 아이들은 온통 먼지를 뒤집어쓰고 친구들과 치고받으며 길을 걸어갑니다. 그런데 옆으로 눈을 돌리면 꼭 한 명쯤은 혼자 조용히 걸어가고 있는 아이를 발견할 수 있습니다. 그 아이는 친구들하고 어울리지도 않고 떠들지도 않으며 주변을 바라보지도 않습니다. 대체 무슨 생각을 하고 있는 걸까요? 나는 그런 아이들과 마주칠 때마다 내 어린 시절이 떠오르곤 합니다. 나도 그런 아이 중의 하나였거든요. 혼자서 길을 걸는 아이들이 대체 무슨 생각을 하는지 아무도 알 수는 없습니다. 다만 나는 내 경우에 대해서만 이야기할 수 있을 뿐이죠. 내 경우라……. 나는 아주 어릴 때부터 공상의 세계에 빠져드는 것을 좋아했습니다. 일부러 그런 것은 아니지만 친구들과 얘기를 하고 있다가도 어느새 슬그머니 공상의 세계로 들어갑니다. 수업 시간에 선생님 말씀을 듣다가도 조금씩 그 목소리가 잦아들며 눈앞엔 바로 조금 전 쉬는 시간에 그려놓은 공상의 환영들이 떠오릅니다.

공상을 시작하던 초창기 무렵엔 매시간 매일 그려지는 공간과 그 안에 들어차는 사물과 사람들과 색깔이 제각각이었습니다. 그런데 이렇게 몇 년 공상을 하다 보니, 어느 날인가부터 마치 도시 만들기 게임을 하듯 아주 커다란 공간을 미리 그려놓고 그 안에 내가 만들고 싶은 것들을 하나하나 차곡차곡 형상화하기 시작했습니다. 거기엔 내가 원하는 형태의 집도 있고, 농구 코트도 있으며, 내가 바라는 색깔대로 칠해진 내 방이 있습니다. 시간이 지나면서 나는 점차 현실에선 가능하지 않은 상상들을 보태기 시작했습니다. 문을 나서면 바로 앞에 푸른 바다가 한없이 펼쳐져 있고, 또 그 바다 한가운데엔 영화에서나 볼 수 있던 섬이 있으며, 섬에 솟은 두 개의 봉우리 사이로 갑자기 익룡이 울부짖는 소리가 들립니다.

때로 너무나 울창한 정글의 한가운데에서 느닷없는 UFO들과 인공의 미래 도시를 건설해놓기도 했고, 어느 날부터인가 공간은 우주로 확장되어 나는 내가 구축한 나만의 세계로 들어가자마자 아무런 운송 수단이나 장치도 필요 없이 공허하고 황량하고 아무도 없는 우주 한가운데를 여행하곤 했습니다. 유성들이 내 곁을 스치고, 한순간 중력 균형이 무너지는 블랙홀이 내게 접근해오지만 난 너무도 가볍게 그곳을 피합니다. 순간 어느새 나는 다시 내 집 정원의 잔디밭에 누워 한가로이 햇볕을 쏘이고 있습니다.

나이가 들면서 나만의 세계는 더더욱 다양하고 희한한 형태의 것들로 들어찹니다. 나는 책을 읽고 공부를 하고 사고를 하기 시작하면서부터 관념적이고 추상적인 것들, 말들, 생각들을 마치 형태가 있는 것인 양 내 세계에 배치하기 시작했습니다. 예컨대 '절대성'이라는 이름의 공간에 들어가면 온몸의 피가 다 빠져나가 건조해진 채 흐느적거리는 내 자신을 발견하고, '해체'라 불리는 호숫가에 이르면 한없이 다른 형태로 변하는 물방울들을 끝도 없이 관찰합니다. 더 시간이 지나면서 나는 내 세계 속에 일정한 이야기를 첨가시켜 한 편의 내러티브 공간을 만들어보기도 하고, 도저히 섞일 수 없을 것 같은 두 개의 관념 또는 두 개의 이미지를 아무런 제약 없이 혼합하는 일을 그곳에서 하곤 합니다. 나는 그렇게 어린 시절을 보냈고, 그렇게 청소년기를 보냈으며, 지금도 그렇게 살아가고 있습니다.

나는 지금 상상, 추상, 공상, 환상의 세계에 대해 말하고 있습니다. 이 세계는 현실적이고 구체적인 세상과는 너무나 다른 특수 공간입니다. 너무나 비현실적이고 너무나 황당한 동시에 너무나 열려 있고 그리하여 모든 것이 가능한, 심지어 관념과 감성조차 둘이 아닌 그런 세계입니다. 자기만의 세계를 갖고 있는 것이 나 하나만은 아닐 겁니다. 아마 지금 이 세상을 살아가는 대부분의 사람들은 어떤 형태로든 그 세계를 하나씩은 지니고 있을 겁니다. 다만 그 세계가, 혹여 자폐적이라 비난받을지도 모를 그 세계가 당사자의 삶에 얼마만큼의 영향을 끼치며 대체 얼마만큼의 비중을 차지하는가에서 차이가 나기는 하겠죠.

나로 말하자면 상당한 비중과 영향력을 나만의 세계에 부여하고 있는 편입니다. 비록 내가 살아보지 않은 형태의 삶이 어떤 것이었을까를 예측할 순 없지만, 그동안 내가 구축해온 나만의 세계가 구체적이고 현실적인 삶에서 무언가 결정을 내릴 때마다 그 주체가 되어온 것에 대해 결코 후회하지 않습니다.

내가 지금 상상의 세계를 치켜세우는 이유는 바로 내 개인적인 역사 때문이기도 하거니와, 만일 현실계와 상상계가 공히 가치가 있는 것이라면, 최근에 우리는 지나치게 상상계를 무시하며 살고 있는 것은 아닌가 하는 염려에서입니다. 현실계의 문제를 현실적인 방법과 수단으로만 해결하려다가 각박해지고, 결국은 끝도 없는 악순환에 빠져드는 모습을 자주 보게 되기 때문입니다.

상상계는 현실계를 움직이는 원동력이 될 수 있습니다. 이 말은 지극히 차별화된 두 세계이건만 결코 동떨어지지는 않았음을 뜻합니다. 무라카미 하루키의 《세계의 끝과 하드보일드 원더랜드》에서 나는 '세계의 끝'으로 명명된 관념 속의 세계와 '하드보일드 원더랜드'로 불리는 현실계를 보게 됩니다. 두 세계는 평행운동을 계속하는 듯싶지만 실은 서로 상대방의 결과이자 원인으로서 그 현실-비현실의 경계를 자연스레 허물고 있는 것이죠. 데이비드 린치의 영화 〈로스트 하이웨이〉(1997)에서도 상상계와 현실계의 상호 침투와 공존은 발견됩니다. 공상과 욕망으로 채워진 내면의 세계는 인간의 주위를 둘러싼 외부 세계의 합리적 질서를 얼마든지 유린하고 교란합니다.

소설이나 영화에서 발견되는 두 세계의 공존을 넘어 이제 상상계의 역량을 현실에서 찾아봅시다. 나는 엉뚱한 상상과 기괴한 환상이 역사를 이루어갔던 수많은 예를 언급하길 주저 없

이 뛰어넘어, 다만 나와 관련된 하나의 예를 찾으려 합니다. 그것이 바로 지금 이 글이 실린 《NeGA》입니다. 처음에 《NeGA》의 필진은 원래 있던 영화 잡지나 스트리트 페이퍼 그 어느 것과도 차별화되는 책을 만들길 원했습니다. 우리는 황당한 시각과 거침없는 형식으로 가득 찬 잡지를 만들려고 했지만, 사실 그것은 모험이었죠. 그러나 우리는 상상만 하던 그 계획을 현실로 옮기기로 했습니다. 정체된 우물에서 하는 신선한 상상이란 현실적으로 가장 효과적인 대안이라 여겼기 때문입니다. 그리하여 《NeGA》는 시작됐고, 우린 지금 만족합니다.

상상계는 현실계를 결정하기 때문에만 가치가 있는 것입니까? 꼭 그렇지만은 않을 겁니다. 어린 시절부터 내가 구축한 나만의 세계는 그것이 내 구체적인 인생을 결정했기 때문에 소중한 건 아니었습니다. 한 가지 더, 그것은 그 자체로 내가 그 어느 집단, 그 어느 오락에서도 느껴보지 못한 즐거움을 주었기 때문입니다. 곧 상상계는 그 존재 자체만으로 삶의 유희소이자 쾌락의 무대입니다. 우리는 지금 '엉뚱하게 영화보기'나 '감독쓰기' 같은 코너들을 통해 관념과 상상의 세계에서만 뛰놀고 있습니다. 우리의 글은 절대로 현실계에 다가가지 않습니다. 그러나 이 작업은 내가 해온 그 어떤 일들보다 즐겁고 유쾌하고 자극적입니다. 상상계. 나는 현실계의 충실한 파트너로서, 또는 독단적이고 근본적인 나만의 유희로서 그것을 사랑합니다.

《NeGA》 9호(1998년 8월)

오만과 순수를 빗겨 거침없이 뒹굴며 더러워지다

"순수란 요가나 승려를 위한 관념이다. 너희들 지식인들과 부르주아 무정부주의자들은 그것을 아무 일도 하지 않기 위한 구실로 사용한다. 손에는 벙어리 장갑을 끼고 팔을 내린 채 아무 행동도 취하지 않기 위해서 말이다. 그래, 내 손은 더럽다. 팔꿈치까지 오물과 피 속에 빠져 있다."

— 장 폴 사르트르

고등학교 2학년 어느 봄날의 일이었습니다. 수업이 끝났습니다. 반장인 나는 청소당번들에게 청소를 시킨 뒤 교무실에 갔다 올 일이 있었습니다. 한참이 지나 다시 교실로 돌아온 나는 청소라는 단어가 무색할 정도로 여전히 너무나 더러운 교실 바닥을 보며 분노를 느끼지 않을 수 없었습니다. 이미 아이들은 모두 집으로 돌아갔고, 난 혼자서 다시 청소를 하기로 마음먹었습니다. 대걸레로 교실 바닥을 닦길 수차례, 하지만 절대로 바닥은 깨끗해지지 않았습니다. 왜일까 고민하길 잠시, 결론은 간단하죠. 걸레가 워낙 더러웠기 때문입니다. 다시 수돗가로 내려간 나는 손으로 직접 걸레를 빨기 시작했습니다. 몇 개월 동안 묵은 때가 가득하고 하수구 근처와 걸레의 곳곳에 묻어 있는 이물질이 역겨웠지만 깨끗이 청소를 해야겠다는 생각만으로 힘껏 주물렀습니다. 비누도 없고 세제도 없던 터라 순전히 물과 손의 힘만으로 빨길 몇 분 뒤, 걸레는 점점 하얘지기 시작하더군요. 그리고 다시 닦은 바닥은 비로소 깨끗한 모습을 드러냈습니다.

누구라도 이런 경험이야 없을 리 없겠지만, 내 인생에서 그날은 대단히 중요한 시점으로 남아 있습니다. 그렇게 청소를 하고 난 몇 분 뒤 혼자 교실에 앉아 공부를 하던 나는, 순간 걸레를 빤 왼손이 너무나 더럽다는 느낌이 들었습니다. 정말 순간이었습니다. 걸레에 묻어 있던 온갖 더러운 것들이 전부, 고스란히 손에 남아 있는 것 같은 불쾌감을 느낀 나는 곧장 수돗가로 달려 내려가 손을 씻었지만 소용없었습니다. 갑작스러운 흥분 상태에 빠진 나는 걸레를 빤 뒤 왼손으로 만진 책, 볼펜, 노트 등 모든 물건을 다 버릴 수밖에 없었습니다. 자, 그리하여 그때부터 내 성장기를 지배한 '결벽증의 역사'는 시작됩니다. 물질적인 결벽증은 곧 정신적인 결벽증으로 확장되어 나는 주변의 모든 사고체계와 구체적인 생활을 아우르는 거대한 '더러움의 사유'에 빠지게 됐죠.

더러움이라……. 나는 이 간단한 단어 하나를 둘러싼, 정말 수만 가지 생각을 하고, 또 그만큼 다양한 생활의 규칙을 세운 것 같습니다. 나와는 좀 다른 종류의 결벽증이긴 하지만 〈이보다 더 좋을 순 없다〉(1997)에 등장하는 잭 니콜슨의 캐릭터를 떠올리시면 될 겁니다. 뭐, 기회가 있다면 더러움에 얽힌 이야기를 하나하나 풀어놓겠지만, 오늘은 걸레를 빨던 나의 최근의 어떤 현상을 엮어 한 가지 얘기만 해보겠습니다.

반장으로서 아이들에게 청소를 그저 '시키고', 내가 시키기만 하면 알아서 다 되어 있겠거니라고 생각하던 나는, 사르트르의 생각을 빌자면 지식인 또는 부르주아 무정부주의자이고, 지금 내가 하려고 하는 얘기에 비춰보면 '제도 권력자'라고 할 수 있을 겁니다.

제도 권력자. 그것은 현대 관료주의 사회에서 제도를 기획하고 제도를 만들어 그것을 사회에 집행하는 사람들을 일컫습니다. 청소란 구체적으로 무엇이며, 그것이 어려운 이유가 대체 무엇인지를 반장의 위치에선 결코 알 수 없던 고등학교 2학년 때의 나처럼, 제도 집행 권력을 쥔 자들은 자신들이 관념적으로만 이해하고 있는 세상일이 그저 '시키기만' 하면 알아서 다 될 것처럼 생각하고 있는 모양이라 참으로 안타깝습니다.

하지만 그렇게 뜬구름 잡는 식으로 기획된 '관념적' 제도가 집행되는 과정에서 실제로 그 갖가지 제도 항목들과 몸으로 부딪히고 있는 것은 무엇입니까? 그것은 '사회'니 '국가'니 '집단'이니 하는 추상적 개념들이 아니라, 바로 그 항목들이 고스란히 삶에, 일상에 영향을 미치는 사회 속의 구체적 개개인들입니다. 손으로 걸레를 빨아 무엇이 더럽고 무엇이 그것을 해결할 수 있을지 직접 경험하고 난 뒤에야 비로소 완전히 청소를 끝낼 수 있었던 나처럼, 제도 권력자들은 자신이 만든 추상적인 제도가 실제로 적용되는 개개인의 삶을 온전히 살피지 않으면 안 됩니다.

나는 그렇게 구체적인 현실을 체험하는 것을 오늘 이 글에서 '더러움'이라고 표현하겠습니다. 그리고 그저 책상에 앉아 머리로만 타인의 삶을 결정하려는 제도 권력자들의 행태를 '오만한 순수'라 말하겠습니다. 제도 권력자들은 관념계의 비겁한 순수에서 벗어나 삶의 실체들로 다가와야 합니다. 자신의 몸에 현실의 먼지가 묻는 것을 두려워 말고 과감히 온갖 것을 경험하며 더러워져야 합니다.

나는 최근 영화계의 이슈가 되고 있는 '스크린쿼터 공방전'에서 그것을 느낍니다. 한국 영화 의무 상영일수를 규정하는 스크린쿼터. 이것을 폐지하는 제도 권력자들은 수억 달러에 이르는 외자 유치의 왜곡된 환상에 빠져 있음은 제쳐두고라도, '시장경제의 원칙'이니 '자유경쟁의

논리'니 하는 관념적 순수에 빠져 있다고 보여집니다.

그들은 한국 영화가 실제로 경쟁력을 갖추기 위해 어떤 구체적 노력이 있어야 하는지, 또한 자신들이 거시적으로 규정하는 제도가 실제 집행됐을 때 거기에 직접 영향을 받는 영화인들의 생활이 어떨 것인지, 몸을 사리지 말고 살펴야 할 텐데 그러지 못하고 있습니다.

반대로 스크린쿼터를 유지하자는 쪽의 일각은 '한국 영화를 향한 맹목적 애정'이라는, 역시 무모한 순수에 빠져 있는 것도 사실입니다. 그들은 단지 애정만 호소하는 감상주의에서 벗어나 한국 영화의 자생을 위한 보호책이 유지됐을 경우 실제로 뭘 어떻게 해야 할지 생각해야 합니다. 눈물 어린 애정이라는 관념적 순수에서 벗어나 영화계의 현실에서 거침없이 뒹굴며 개선책을 찾으려는 태도를 보여야만 합니다.

더러움. 그것은 경험과 체험을 통해 삶을 이해하는 적극적인 행동입니다. 거침없는 벌판에 내던져진 그 충분히 멋진 태도는, 관념에만 머무는 오만한 순수가 타인의 삶을 해치는 것을 막아낼 훌륭한 방편 중의 하나인 것입니다.

《NeGA》 10호(1998년 9월)

더 이상의 미로는 존재하지 않을 가장 복잡한 미로는……

"신앙이 돈독한 사람들은 옛날에 바빌로니아 촌락들을 다스리는 한 왕이 있었다고 말한다. 그는 자신의 건축가들과 마술사들을 모아 어

찌나 복잡하고 교묘한지 가장 이지가 뛰어난 사람들도 감히 그곳에 들어가는 모험을 감행하기를 꺼리고, 들어간 사람들은 길을 잃게 되고 마는 그런 미로를 하나 건축하도록 명령했다. 이 작업은 사람들의 입에 오르락내리락하게 되었다. 왜냐하면 혼돈과 경이로움은 인간이 아닌 바로 하느님 고유의 속성이었기 때문이다. 시간이 지나 그의 궁전에 한 아랍의 왕이 찾아왔고, 바빌로니아의 왕은 (자신의 손님이 가진 단순함을 놀려주기 위해) 그로 하여금 미로에 들어가 보게끔 만들었다. 아랍의 왕은 오후 늦도록까지 모멸감과 혼돈 속을 방황했다. 그래서 그는 신의 도움을 청했고, 출구를 찾을 수가 있었다. 그의 입술은 어떤 불평도 뇌까리지 않았고, 단지 바빌로니아 왕에게 자신도 아라비아에 다른 형태의 미로를 가지고 있고, 기회가 닿는다면 언젠가 그것을 그에게 구경시켜주고 싶다고 말했다. 그런 다음 그는 아라비아로 돌아가 자신의 대장들과 족장들을 집결시켰다. 그리고 바빌로니아의 왕을 날쌘 낙타 위에 묶은 다음 사막으로 데려갔다. 사흘을 데리고 간 다음 그는 바빌로니아의 왕에게 말했다. "오, 시간의 왕이시고, 세월의 본질이자 비밀이시여! 바빌로니아에서 당신은 나로 하여금 당신에게 올라갈 계단들도, 밀칠 문들도, 내달아야 할 하염없는 복도들도, 당신의 앞길을 막을 벽들도 없는 나의 미로를 보여줄 기회를 부여하셨소." 그런 다음 그를 묶었던 포승줄을 풀어주었고, 그를 사막 한가운데 남겨 두었다. 바빌로니아의 왕은 거기서 굶주림과 갈증으로 죽었다. 영광이 바로 죽지 않은 '그분'과 함께하기를."

— 호르헤 루이스 보르헤스, 《두 왕과 두 개의 미로》 중에서

미로(또는 미궁)는 크게 두 가지 종류로 나뉩니다. 둘 또는 복수의 갈림길에 끝없이 펼쳐 있고, 여러 형태의 길이 복잡하게 얽혀 있으며, 때론 동일한 형태의 구조물이 간헐적으로 반복되거나 막다른 골목이 존재하는 혼돈의 미로가 그 첫 번째입니다. 우리가 일반적으로 상상하는 미로란 바로 이것입니다. 이런 형태의 미로에 일단 들어서게 되면 출구를 찾기 위한 엄청난 고뇌가 시작됩니다. 그 해답은 일정한 논리와 공식을 통해 얻어질 수 있으며, 그게 아니라면 순전히 신의 뜻이 있어야만 가능합니다. 이도 저도 아니면 한 번 들어간 자는 영원히 미로에서 빠져나올 수 없게 되죠. 이런 미로는 평면으로만 존재하지 않으며, 많은 문과 계단과 광장과 장애물과 다락방을 통과해야 하는 입체적 형태일 수도 있습니다. 움베르토 에코의 《장미의 이름》에 등장하는 도서관의 미로는 기호학적 추론을 통해 밀실로 통하는 외길을 열어줍니다.

두 번째 미로는 다소 의외롭습니다. 이 미로엔 갈림길이 없으며 일단 입구로 들어서면 선택의 여지가 없는 오직 하나의 길만이 끝없이 이어집니다. 이런 미로는 그 입구에서 목적지나 출구까지 가장 길고 긴 길을 돌아야만 나올 수 있게 설계된 것입니다. 갈림길과 막힌 골목이 없어 혼돈은 없지만, 주어진 공간을 최대한 활용해 가장 길고 지루한 길을 만들어내는 미로인 것이죠. 이렇게 설계되려면 청동기 시대의 핀란드 미로처럼 상당히 주기적인 운동을 반복해야만 합니다. 대개 미로의 상징처럼 인식되는 크레타 섬의 미궁, 영웅 테세우스가 사람의 몸과 황소의 머리를 한 괴물 미노타우로스를 처치하는 미궁 역시 이런 형태의 미로입니다.

문제는 바로 이 두 번째 미로입니다. 이것은 첫 번째 미로보다 훨씬 쉬우면서도 훨씬 어려운 미로이기 때문이죠. 두 번째 미로는 해법을 찾

기 위해 특별히 머리를 쥐어짤 필요가 없습니다. 아주 쉽죠. 그냥 앞으로 주어진 길을 걸어가기만 하면 됩니다.

그러나 그 길은 엄청나게 길고 지루하며 단조롭습니다. 만일 그 미로에 들어선다면 목적지에 도달하기까지 그 엄청난 시간 동안 우리는 순전히 여백만이 가득한 공간에서 상념과 고독과 회한에 빠질 겁니다. 아마도 우린 하나뿐인 그 길을 미처 다 걸어가기도 전에 사유의 혼돈과 좌절에 허덕이며 쓰러질지도 모릅니다. 거기엔 첫 번째 미로만큼 복잡한 구조물은 없지만, 그것보다 더 복잡한 우리 자신의 인생과 과거와 혼란과 불안과 부유함이 존재하는 것이죠. 흡사 눈에 보이는 미로로 가득한 바빌로니아 왕의 미로보다 눈에 보이는 것은 아무것도 없지만, 그 어느 미로보다 무서운 아랍 왕의 미로, 사막처럼 말입니다. 도대체 어디로 가야 할지 모를 그 미로는 도대체 해법이 보이지 않는 우리 자신의 인생이자 우리가 내 자신에게 파놓은 함정입니다.

미궁을 빠져나온 테세우스에게 질문이 던져집니다. "어렵고 복잡한 여행을 모두 끝마친 지금, 그 중심에 있는 것은 무엇인가?" 해답은 "나 자신"입니다. 우리의 주위를 둘러싼 그 무엇보다 헤쳐 나오기 어렵고, 그 무엇보다 우리를 지치게 만들며, 계속되면 될수록 더욱 복잡하게 꼬여만 가는 미로는 바로 나 자신이라는 미로입니다. 내가 나 자신이라는 미로에서 빠져나올 수 있다면 더 이상 미로는 없을지도 모릅니다.

〈NeGA〉 11호(1998년 10월)

가슴이 아프다
너 목이 메되
아무 소리도 내지 못하는
나의 아들이여……

"평균의 사용은 본질적으로 동요하기 쉽고 리드미컬한 생물학적 기능 현상의 특징을 지워버린다. 일정한 개인에 대한 맥박을 같은 날 수 차례 재고 그 측정치의 평균에 의해 진짜 맥박 수를 요구한다면 완전한 거짓 숫자밖에 얻을 수 없을 것이다. 이것은 정상과 병리에 관한 한 어떤 경우에도 통계적 평균에 기인하는 기술을 해서는 안 된다는 의미이기도 하다. 누구도 평균에 가까우면 정상이고 거기서 멀면 병리적이라고 주장할 수 없기 때문이다. 예를 들어, 통계적 평균에 따라 정의한다면 충치는 대부분의 사람이 앓고 있으므로 정상이고 이가 튼튼한 사람은 병자가 되는 것이다."
— 클로드 베르나르

〈아름다운 시절〉(1998)을 만든 이광모 감독님과 인터뷰를 하고 있을 때였습니다. 나는 이번 인터뷰를 위해 질문을 많이 준비했고, 그 질문들을 구상하기 위해 〈아름다운 시절〉이라는 영화 한 편을 한참 동안 요모조모 뜯어보기도 했습니다. 그러나 막상 감독님과 얘기가 시작됐을 때 나는 뭔가 이상한 것이(그러나 그동안 그리고 아주 오랫동안 내 분석의 틀을 쥐고 흔들던 무언가였음에 틀림없을 것이) 발동하고 있음을 느꼈습니다. 내가 묻고 감독님이 답했습니다. 이 과정을 되풀이하는 동안 나는 내가 〈아름다운 시절〉이라는 '개별적 텍스트'에 대해 말하고 있다기보다, 영화라는 거대한 '구조'를 언급하고 있다는 사실을 깨달았습니다. 내러티브를 전개해가는 시선, 카메라의 거리, 메시지를 전달하기 위해 선택하는 형식, 프레임 사이즈를 설정하는 개념, 개별적인 텍스트를 통해 작가 자신이 얻게 되는 그 무엇…… 이 모든 것을 묻고 듣는 동안 나는 〈아름다운 시절〉의 완벽한 설계도를 완성하고 있는 것이 아니라 영화 일반의 전체적인 구조를 상상하고 있었던 것입니다.

그리고는 지나간 달들의 인터뷰를 떠올려 봤습니다. 서은정 기자가 인터뷰한 〈정사〉(1998)의 이재용 감독님은 또 어떻습니까? 배우들의 연기를 연출하는 그 철학과 태도는 〈정사〉라는 개별적 텍스트에 국한된 것이 아니라, 이재용이라는 작가가 바라보는 감성의 미학 그 자체에 대한 것이었고, 그것은 다시 영화 일반이 지닌 감성적 구조로 나아가는 지점에 있다는 사실을 발견했습니다.

개별적 텍스트를 상대로 한 접근과 분석들은 끊임없는 집적의 과정을 거쳐 순간적으로 하나의 큰 구조를 연상시킵니다. 그 구조는 연역적으로 미리 구도화된 것이 아니라, 이와 같은 개별성의 중첩을 거쳐 결과적으로 상상되고 예측되는 것입니다. 그리고 결코 완성되지 않습니다. 우리는 그 어떤 시대 그 어떤 지식의 완성이 있는 날이 올지언정 영화라는 구조를 충분히 완벽하게 이해하지는 못할 것이기 때문입니다. 다만 그것이 어떤 모양새일지 추측할 순 있습니다. 그리고 그 부정형의 이상구조를 다시 각각의 텍스트와 비교해 조정할 수 있습니다. 개별적 텍스트는 기계적으로 정해진 구조의 틀 속에 정확히 꽂힌다기보다 그 개별성 각자가 주체적으로 틀을 변형, 완성시켜 나가며 구조의 모양새를 결정할 것입니다. 바로 그렇게, 결코 완성되지는 않으나 끊임없는 수정을 거쳐 이상적으로 상상되는 구조와, 그 잡히지 않은

완성형에 지속적으로 개별성을 대입시킴으로써 텍스트 각각의 지점들을 확인하고 다시 구조의 오차를 줄여가는 것, 그것은 긴장이자 즐거움입니다.

그러나 대단히 중요한 오해의 소지를, 지금 미리 막아야 할 것 같습니다. '구조'는 '평균'이 아닙니다. 우리는 우리가 아닌 자들의 삶을 돌이켜 보는 영화를 보며, 이런 유의 영화가 갖는 시선의 평균을 찾으려 하는 것이 아닙니다. 1950년대의 한국 시골 마을을 포착하는 카메라는 평균적으로 어떤 방법을 보여주는지를 알려는 것이 아닙니다. 우리는 불륜이라 불리는 남녀의 정열적인 사랑을 보며, 우리 시대의 비정상적인 사랑이 어떤 통계적 평균을 보여주는지를 결코 궁금해하지 않습니다. 그런 사랑의 감정을 담아내기 위해 어떤 기교를 부려야 평균에 친숙한 관객들을 사로잡을 수 있을지에 호기심을 갖지 않습니다. 우리는 경외해 마지않는 선대의 삶을 들여다보는 이광모 감독의 개체적 시선을 필요로 합니다. 우리는 열정적으로 서로 상대방에게 몰입하는 남자와 여자의 감정을 표현하려는 이재용 감독의 개별적 입장을 필요로 합니다.

그리고 그것을 영화 일반의 구조 중 '지난 시대의 삶을 바라보기'라는 챕터와 '진실한 사랑을 찾는 과정'이라는 챕터 속에 귀납적으로 기록합니다. 그 챕터들은 결코 완성되지 않으며 따라서 아무런 권력을 지니지 못하는 부정형의 것입니다. 그것들은 겸손하게 차곡차곡 쌓여갈 뿐, 아주 조금의 예문들만으로 섣불리 모든 개별적 텍스트들을 규정하려 하지 않습니다. 이것이 구조와 평균의 차이입니다. 평균은 거대한 '과정의 흐름' 속에서 너무나 거만하게 무엇이 정상이고 무엇이 비정상인지를 판단하고 규정하고 응징합니다. 구조를 바라보는 자는 다

만 양적인 우위에 있다 하여 그것을 우선시하지 않습니다. 그는 우와 열, 정상과 비정상, 도덕과 부도덕을 가리지 않고 전체와 부분의 긴장을 파악하여 끊임없이 즐기고 수정하고 깨닫습니다.

그리고 이것은 우리의 삶에도 역시 마찬가지입니다. 우리는 가끔씩 자신의 삶을 반추하거나 아주 자주 타인의 이야기를 듣게 됩니다. 그때마다 우리는 고립된 내 삶만을 생각하고 있습니까? 그 시점에서의 어느 한 친구의 삶만을 떠올립니까? 그렇지 않을 겁니다. 우리는 개별적인 예시처럼 다가오는 그 이야기를 들으며 '인생이란, 참……'이라고 생각합니다. 그것은 인생 일반이라는 거대한 구조의 모양새를 서서히 완성해간다는 뜻입니다.

우리는 아마 죽을 때까지 그것을 알지는 못할 겁니다. 그러나 내 나름대로 서서히 그 완성의 근사치에 다가가기는 할 겁니다. 그리고 살아가는 매 순간마다 그 상상의 이상형과 현재의 내 개별적 삶의 국면들을 비교하며 구조를 수정하거나 개별적인 경험들을 반성할 것입니다. 그러나 인생에서 역시 결코 평균에 동요돼서는 안 된다는 전제가 너무나 절실히 요구됩니다. 이런, 구조와 평균을 착각하는 그 모든 가련한 시선들에 흔들리지 않길 바랍니다. 평균이라는 허위의 미명으로 소중한 개별성들을 모독하는 것을 경계하기 바랍니다. 그리하여 그 소중한 개별성을 토대로 완성되는 기가 막히게 멋진 삶의 구조를 망각하는 비역스런 오만에 흔들리지 않길 바랍니다.

《NeGA》 12호(1998년 11월)

그날 그 여름 한밤중의 설악산에서 체험한 비밀

"조잡하고, 저급하고, 야만적이고, 게르만적인 유럽 문화에 비해 너그럽고, 신비스럽고, 자유로운 문명과 근 두 세기나 살을 비비면서 어떻게 그 유혹에 넘어가지 않을 수 있겠는가. 아니나 다를까. 1244년에 치명적이고 결정적인 예루살렘의 함락이 있었다. 150여 년 전에 시작된 전쟁에서 기독교가 패배한 것이다. 기독교도들은 평화의 노래와 레바논 송백 냄새가 풍기는 그 땅에 무기를 놓지 않을 수 없었다. 가련한 성당기사단이여. 그대의 허장성세가 덧없구나. 영광이 퇴색한 채 저만치 물러선 그들에게 남은 것은 우수뿐. 이렇듯 우수에 젖어 있는 그들이 회교 신비주의 교리, 감추어진 보고 같은 이교도의 진리에 귀를 기울이게 되는 것은 조금도 이상할 것이 없다."

— 움베르토 에코, 《푸코의 진자 2》 중에서

고등학교 2학년 때였습니다. 다섯 명의 친구들과 2박 3일 코스로 설악산 등반을 계획한 적이 있습니다. 산을 좋아하시는 아버지 덕택에 그전까지 꽤 많이 설악산을 올랐던 나는 그 여름의 산행 길을 자신하고 있었습니다. 대청봉까지 일정은 꽤 순조로웠습니다. 건강이 아주 나빠 걱정하던 친구도 무리 없이 설악산 최고봉을 밟았지요.

문제는 내려오는 길에 발생했습니다. 오전에 대청봉에 오른 우리는 그날 해가 떨어지기 전까지 오색약수 쪽으로 내려오기로 되어 있었습니다. 친구들 중 등산 경험이 가장 많았던 나는 일행의 맨 뒤에서 혹시나 생길지 모를 낙오자를 걱정하며 하산하고 있었습니다. 등산을 해보신 분들은 알겠지만 하산 길에선 일행이 흩어지기가 십상입니다. 속도를 마음대로 조절할 수 없는 내리막길에선 일렬로 늘어선 사람들조차 점점 사이가 벌어지기 마련이지요. 그날 맨 끝에서 가고 있던 나도 앞에 가는 친구들이 이미 보이지 않는 거리에 있었습니다.

그런데 한 4시쯤 됐을까요. 그 길을 가장 잘 안다고 자신하던 나는 그만 길을 잃고 말았습니다. 얼마 전 그 길로 내려왔을 때를 생각하며 무의식적으로 걸어가고 있었는데, 어느 순간 내 앞에서 길이 끊겨 있었던 겁니다. 대체 무슨 일이 생겨 내가 길이 아닌 곳으로 들어섰는지는 아직도 잘 모르겠습니다. 아무튼 길을 잃었다고 생각한 순간 저항할 수 없는 공포감에 휩싸이기 시작했습니다. 유난히 빨리 지는 산속의 해는 이미 빛을 잃고 있었고 나는 갑자기 홀로 남게 된 낯선 숲 속에서 한순간 움직이지도 못할 정도로 얼어붙고 말았습니다. 죽음의 공포를 비롯한 여러 가지 무서움이 한꺼번에 몰려 왔습니다. 영원히 길을 찾지 못하리라는 불안감, 추위, 낭떠러지, 산짐승, 귀신, 그리고 산에서 만나게 되는 것 중 가장 무섭다는 '사람'에 이르기까지…….

이윽고 완전히 날이 저물었습니다. 랜턴조차 지니고 있지 않던 나는 어둠 속을 헤매며 밑으로 내려가고 있었습니다. 그때 저 멀리 산 아래 쪽에서 희미하게 모여 있는 불빛들이 눈에 들어왔습니다. 나는 본능적으로 '아, 저기가 오색이구나'라고 직감했습니다. 순간 희망이 생겼습니다. 나는 그 불빛을 기준 삼아 정신없이 내려가기 시작했습니다. 길을 찾기 위해 발밑만 쳐다보며 내려가기 한 시간쯤 지났을까요. 문득 정신을 차려 다시 그 불빛을 바라보았습니다. 그런데 분명 한 시간은 내려온 게 분명한 그 지점에서 바라본 불빛은 한 시간 전의 거리와 똑같은 곳에 있는 게 아니겠습니까?

나는 아까보다 훨씬 더 공포감에 휩싸였습니다. 한밤중에 산속에서 흔히 그러하듯 제자리를 맴돌고 있었던 겁니다. 나는 한동안 그 자리에 서 있었습니다. 그런데 이상한 일이 벌어졌습니다. 가만히 서 있는 내 팔과 다리, 그리고 얼굴의 맨살에 설악산의 차가운 공기가 알싸하게 닿기 시작했습니다. 나는 갑자기 그 기운이 푸근하게 느껴졌습니다. 그리고 혼자 그 밤중에 그 숲의 그 자리에 서 있는 적막감이 기분 좋게 내 주위를 감싸고 있었습니다.

그날 내 공포감을 갑자기 뒤바꿔놓은 그 산기운이 대체 무엇이었는지 아직도 잘 모르겠습니다. 얼마 전 영화 〈강원도의 힘〉(1998)을 보다가 혹시 그게 강원도의 힘이 아니었을까 생각해보기도 했지만요. 아무튼 그 순간 이후로 내겐 두려움 대신 힘이 생겼고, 그 위치에서 한 세 시간쯤 후에 무사히 오색계곡에 도착하고야 말았습니다.

나는 지금도 내가 그날의 설악산 숲 속에서 무언가 알 수 없는 체험을 한 것이라고 느끼고 있습니다. 나를 오색까지 내려오게 한 것은 그 전까지 똑같은 길을 몇 번이나 내려온 내 경험도, 위기의 순간에 정신 차리고 유지한 냉정한 정신도, 주변의 상황을 합리적으로 판단해 최적의 코스를 찾아낸 내 이성도 아니었다고 생각합니다. 그건 분명 정확히 포착할 수 없는 어떤 기운이거나 한순간에 내 정신을 전혀 다른 것으로 바꿔버린 절대적인 힘이었을 겁니다.

나는 요즘도 글을 쓰다 보면 이와 비슷한 경험을 할 때가 많습니다. 원고량은 많은데 글은 안 풀리고, 시간은 점점 빨리 흐르고, 마감 날짜는 닥쳐오고……. 도저히 생각을 정리해 원고를 쓰는 데 필요한 시간에 비해 주어진 시간은 부족하기 그지없는 상황들. 그런데도 나는

매달 어김없이 글을 써냅니다. 한 권의 책이 나
오고 나면 내가 지나온 한 달을 돌이켜 봅니다.
그런데 재미있는 것은 분명 한밤중의 적막한
시간대 어디에선가 나는 그 밤 설악산에서처럼
무언가 알 수 없는 찰나의 힘을 부여받는 것은
아닐까라고 생각하는 것입니다. 매달 각각 다
른 생각들을 떠올려 전달보다 새로운 글을 써
내야만 하는 운명. 그런데도 그다지 후회 없이
그 산고의 시간들을 통과하게 하는 것은 아마
도 그 알 수 없는 힘일 거라고 생각합니다.

아마도 그런 힘은 생을 살아가는 우리에게 모
두 각기 다른 방식으로 존재하지 않을까 생각
합니다. 누군가에게 그것은 숲의 정기였을 것이
고, 또 누군가에겐 밤의 오묘한 기운일 것이
며, 또 어떤 사람에겐 자신의 절대적 믿음, 곧
신의 돌보심일 겁니다. 움베르토 에코는 《푸코
의 진자》에서 신비주의의 매력에 관해 이야기
하던 말미에 '비밀'에 대해 언급합니다. '어떤 음
모가 있다면 그건 비밀에 붙여져야 한다. 우리
의 좌절감이 해소되고, 구원에 이르게 될 비밀
이거나 그 비밀에 대해 알기만 해도 구원을 받
을 그런 비밀 말이다. 그런 눈부신 비밀이 과연
있을까? 물론 있다. 그 비밀이 영원히 알려지지
만 않는다면 말이다.' 신비로운 비밀, 그것은 그
정체를 파악할 수 없기에 더욱 강력한 힘을 우
리에게 주는 것이라고 여겨지는데요, 우리 모두
에겐 하나쯤 그런 신비스럽고 듬직한 힘이 있
어야 매일매일의 고달픈 삶을 살아갈 수 있는
것이 아닐까요?

《NeGA》 15호(1999년 2월)

O양 비디오와
도그마 95, 순수의 서약

도그마 95 순수의 서약
1. 촬영은 반드시 로케이션에서 진행되어야 한
   다. 소품과 세트를 끌어들여선 안 된다.
2. 사운드는 절대로 이미지와 분리해 만들어져
   서는 안 된다. 또는 그 반대도 안 된다
3. 카메라는 반드시 핸드헬드여야 한다.
4. 필름은 반드시 컬러여야 한다. 일체의 특수
   조명 사용은 허용되지 않는다.
5. 옵티컬 작업과 필터 사용을 금한다.
6. 영화는 피상적인 액션을 담아서는 안 된다.
7. 시간과 공간을 뛰어넘는 것은 금지된다.
8. 장르 영화는 허용되는 않는다.
9. 영화의 형식은 반드시 아카데미 35밀리여야
   한다.
10. 감독 이름은 크레디트에 올라가지 않는다.

최근 들어 '뭐'와 '뭐'의 공통점을 소재로 한 농
담들이 세간의 인기를 모으고 있습니다. 이런
유머 중 근래에 가장 재미있었던 건, 텔레토비
와 국회의원의 공통점을 조목조목 분석한 것이
었습니다. 돔형 지붕으로 만든 집에서 주로 생
활한다, 그 얼굴이 그 얼굴이다, 똑같은 말을
몇 번씩 되풀이한다, 자기들끼리 결정하고 나선
무지하게 즐거워한다, 가슴 한복판에 번쩍거
리는 걸 달고 다닌다, 떼 지어 몰려다닌다, 분
명히 인간 같지는 않은데 밥은 안 굶는 것 같
다……. 뭐 이런 내용이지요.

확실히 이런 식의 공통점 찾기는 무료하기 그
지없는 요즘 세상에 사이다 같은 구실을 하는
게 틀림없습니다. 게다가 이렇게 비교를 해놓고
보면, 우리는 양쪽을 다 더 잘 이해할 수도 있

는 부수적인 효과마저 얻게 됩니다. 텔레토비와 국회의원의 공통점을 통해 우리는 텔레토비의 문화적인 특성을 분명히 인식하게 되고, 국회의원의 성질들을 좀더 확실하게 재각인하게 됩니다.

그런데 텔레토비와 국회의원의 유머를 들은 뒤 나는 무의식적으로 뭐와 뭐의 공통점을 찾고 있는 나 자신을 발견하게 됐습니다. 그러다가 얼마 전 언더그라운드 유통업계에서 화제가 되고 있는 'O양 비디오'를 보게 됐죠. 내가 본 테이프는 32분짜리 버전으로 비교적 화질이 선명해서 그 안에 담긴 내용을 확실하게 볼 수 있었는데요.

재미있는 것은 이 테이프를 보고 난 며칠 뒤 토마스 빈터베르그의 '도그마 95' 선언작 〈셀레브레이션〉(1998)을 보다가 문득 그 테이프가 생각난 것입니다. 라스 폰 트리에와 토마스 빈터베르그 등이 연대해 선언한 도그마 95 순수의 서약. 이 서약이 O양 비디오와 어떤 공통점이 있을까가 문득 떠올랐습니다. 그리고 비교해봤더니 놀랍게도 열 개의 서약 조항 중 여덟 개가 정확히 들어맞는 게 아니겠습니까?

O양 비디오는 어느 자취방이라 추정되는 로케이션 장소에서 촬영됐고, 세트가 아니며 인위적으로 끌어들인 소품이 없습니다. 음향은 정확히 그때 그 장소에서 이미지와 동시에 녹음된 것이며, 음악조차 그 당시 그곳에서 흐르던 것입니다. 분명히 컬러이며, 특수 조명과 옵티컬 작업, 필터는 사용되지 않았습니다. 피상적이고 작위적인 액션은 없습니다. 시간과 공간의 장난이 없습니다. 장르 영화가 결코 아닙니다. 크레디트가 아예 없기 때문에 감독 이름도 없습니다. 장난 같긴 하지만 핸드헬드이어야 한다는 3번 조항과, 아카데미 35밀리이어야 한다는 9번 조항을 제외하곤 모든 게 들어맞습니다.

대체 나는 이 공통점을 통해 무슨 생각을 하고 있는 걸까요?

내가 그 비디오를 보고 있는 동안 내내 느낀 것은 자연스러움이었습니다. 나는 그 비디오에 등장하는 두 남녀가 서로 사랑하고 있다는 것을 느낄 수 있었고, 따라서 두 사람의 성행위가 너무나 자연스럽고 보기 좋았습니다. 두 사람의 행위엔 어떤 권력관계나 애정 이외의 다른 의도가 개입돼 있지 않다고 보였습니다. 그녀의 웃는 표정과 자연스러운 몸짓에서 그녀의 모든 행동들이 자발적이라는 것을 알 수 있었고, 둘 사이에 꽤 깊은 유대감이 형성돼 있다는 것을 느낄 수 있었습니다.

그리고 화가 나기 시작했습니다. 대체 그녀가 무슨 잘못을 했다고 언론은 저 난리를 부리고 있는가 하고 말입니다. 물론 아직 이 비디오에 관한 정확한 진실이 판명된 것은 아닙니다. 그러나 현재까지 밝혀진 사실들을 근거로 해봐도 나는 그녀가 전혀 잘못을 저지르지 않았다고 생각합니다. 그 나이에 섹스를 한 게 잘못입니까? 그녀가 오럴섹스를 할 정도로 적극적이었다는 게 잘못입니까? 그녀가 비디오를 찍은 게 잘못입니까? 이것들은 문화적인 기준에 비춰보아 결코 집단적인 도덕성과는 상관이 없는 것들입니다. 대체 그녀가 뭘 잘못한 건지 도대체 알 수가 없습니다.

그런데 언론은 사회적 물의니, 결자해지니, 자숙이니 뭐니 하며 그녀에게 추한 이미지를 덮어씌우고 있고, 그녀의 눈을 검게 가린 스포츠 신문의 사진들은 이번 사건을 마치 저질 에로 영화의 에피소드나 되는 듯 코드화하고 있습니다. 비록 10년 가까이 흐른 지금에 와서 돈이 궁한 남자가 이 비디오를 상업적으로 이용한 것인지는 아직 밝혀지지 않았지만, 적어도 그때는 사랑하는 두 남녀가 섹스를 했고, 그 모습을 스스로 비디오에 담은 것뿐입니다. 여기엔 어떤 상업적인 목적도, 악마적인 의도도, 부도덕한 행위도 없습니다. 나는 이것을 도그마 95의 연대자들이 순수한 서약을 한 목적과 연계시키고 싶습니다.

도그마 95의 감독들은 소비적이고 상업적인 목적을 위해 작위적으로 포장된 가짜 영화들을 거부합니다. 비록 내러티브만은 허위지만, 적어도 그들은 현실적인 영상의 질로 그 자체가 지닌 현실감, 그리고 그 현실감을 통한 진실한 정서를 원합니다. 도그마 95에 대한 평가가 어떻든 간에 나는 바로 그 반소비사회적 '순수'만큼은 인정하고 싶습니다.

그리고 내가 O양 비디오에서 느끼는 것은 그것입니다. 도그마 95의 영화들보다도 당연히 훨씬 더 '사실적'인 그 비디오, 그 현실감, 그 즉각적인 정서에서 내가 느끼는 것은 순전히 두 남녀의 공감대입니다. 따라서 나는 '그때 그곳'에서 두 사람은 순수했다고 인정합니다. 그리고 더불어 현실적으로 눈에 본 것 이외의 것들에 상상과 억측과 얇은 귀와 짜증나는 주관성과 허황된 흥분을 섞어 두 사람을 판단하고 단죄하는 언론과 대중의 어떤 시각들을 비난합니다. 참으로 어설프기 그지없는 단순한 분류화를 통해 정확히 알지도 못하는 사실을 마치 곁에서 본 것처럼 말하고 규정하는 파시스트적 재영토화의 무지한 시선을 경계합니다. 우리에겐 주기적으로 우리 자신의 헛된 망령을 제거시킬 '순수의 서약'이 필요합니다.

〈NeGA〉 17호(1999년 4월)

술보다 더 취했던 한 조그만 콘서트에서

"희열jouissance이란 우리가 기쁨을 분할시키지 않을 때 생기는 것으로, 꼭 어느 정도만큼만 즐길 수 있고 더 이상은 안 된다는 것을 의미하는 법률 용어인 용익권usufruct과는 반대의 뜻을 가지고 있다."
— 마샬 블론스키

몇 주 전 토요일이었습니다. 사촌 누나가 독주회를 한다는 연락을 받고 집안 식구 모두 그 연주를 보러 간 적이 있습니다. 비올라를 전공한 누나는 대학을 졸업하자마자 미국과 프랑스를 오가며 유명한 음악 학교들에서 수학했습니다. 팸플릿엔 누나의 학력과 경력이 주욱 나열돼 있었는데, 그야말로 한 페이지를 다 채우고도 모자랄 정도였습니다. 클래식을 좋아하는 아버지 덕택에 나도 클래식엔 그다지 문외한이 아니었던지라 누나가 얼마나 잘하는지 한번 보고 싶은 마음도 있었습니다.

그날이 왔습니다. 그런데 공연장 상황은 좀 의외였습니다. 그다지 넓지 않은 홀이었지만 객석은 꽤 비어 있었고, 그 자리를 채우고 있는 손님들 대부분은 거의 다 어린아이들이었습니다. 아버지 말로는 아마 누나의 레슨 제자들일 거라고 했습니다.

드디어 누나가 무대에 등장했습니다. 그런데 객석을 성의 있게 쳐다보지도 않은 누나는 그저 형식적인 인사를 한 뒤 연주를 시작하는 것이었습니다. 약 한 시간 반 동안 연주회가 진행됐는데요, 사실 전 뭐가 잘하고 뭐가 잘 못하는 연주인지 정확히 알지는 못하지만, 내 귀에도 그 연주는 꽤 많은 실수가 있었고, 더군다나 그 음악은 전혀 아무런 생명력을 지니지 못한 채 그저 비올라라는 기계에서 흘러나오고 있었습니다. 나는 도대체 이 연주회가 언제 끝나나 기다리고 있었죠.

드디어 독주회는 '성공리에' 끝나고 간단한 리셉션이 있었습니다. 마침 아버지가 아시는 음악평론가 한 분이 오셨고, 누나는 오래만에 만난 가족들의 인사를 대충 받더니 그분에게 달려가 연주회 평을 잘 써달라고 부탁하고 있었습니다. 나는 차려진 음식으로 배나 채우자고 생각하고 열심히 먹었습니다. 공연장을 나오며 아버지에게 연주가 어땠냐고 물어봤습니다. 꽤 전문가인 아버지는 연주가 형편없었는지, 뭘 물어보냐고 답하셨습니다. 그리고 이런 독주회는 학교에서 계속 강의를 맡으려면 의례적으로 해야만 하고, 그것도 순전히 자기 돈을 들여 형식적으로 치르는 것이라구요. 나는 대체 그 사람들에게 음악이 무슨 의미가 있을까 하고 생각했습니다.

그때부터 불과 사흘 뒤의 일입니다. 나는 오래 전부터 만나려고 했지만 서로 시간이 잘 맞지 않아 자리를 마련하지 못하던 가수 김창완 씨를 만나게 됐습니다. 우리는 함께 관련된 어떤 방송 일을 하고 있었지만 서로 글과 화면으로만 봤을 뿐 실제로 만난 적은 없던 사이였습니다. 때는 점심 무렵이었고, 둘이서 점심을 먹으러 가게 됐습니다. 김창완 씨가 살고 있는 동네의 단골 술집. 우리는 낮 1시부터 밥을 안주 삼아 술 한 병을 순식간에 비웠습니다. 처음 보는 사이였지만 이것저것 말이 잘 통해 얘기는 끊이질 않았고, 급기야 김창완 씨와 나는 각자 오후 스케줄을 모두 취소한 채 본격적으로 마시기 시작했습니다. 그때부터 저녁 7시까지 우리는 도대체 낮인지 밤인지 알 수 없는 시간을 통과하며 계속 술잔을 비웠습니다.

우리는 영화 얘기, 음악 얘기, 사는 얘기 등 입이 아플 정도로 떠들어댔죠. 누구 못지않게 술을 좋아하는 나였지만, 야 정말 세상에 나보다 술을 더 잘 먹는 사람도 있구나 하는 생각, 그리고 참으로 자유롭게 생각하고 느끼고 살아가는 사람이 저기 있구나 하는 생각에 즐거워하고 있었죠.

술자리가 파하자 김창완 씨는 나를 데리고 자기 집으로 갔습니다. 사모님 혼자 계셨습니다. 김창완 씨는 술을 더 마시고 싶어했지만, 저녁 9시부터 새벽 2시까지 라디오 녹음이 있었던지라 사모님은 극구 술은 안 된다고 하셨고, 잠잠히 계시던 김창완 씨는 난데없이, 그럼 나 콘서트할까 하더니 이내 기타를 튜닝하고 마이크 볼륨을 조정하기 시작했습니다.

그때부터 약 두 시간 동안 나는 산울림 시절부터 지금까지 김창완 씨가 부른 많은 곡을 직접 들을 수 있었습니다. 얼마 뒤엔 마침 김창완 씨의 콘서트가 있었는데요, 거기서 부를 곡들을 직접 들을 수가 있었습니다. 그는 어린아이 같은 표정으로 부르는 노래에 취해 있었고, 나는 듣는 노래에 취해 있었습니다. 그전까지 나는 그토록 자기 음악을 사랑하며 부르는 가수의 노래를 들은 적이 없었고, 그토록 깊은 울림이 전해지는 연주를 경험한 적이 없었습니다. 그 음악은 음악이라기보다 그분이 지나온 삶처럼 느껴졌고, 그분은 우리들의 반응에 따라 마음대로 가사를 바꿔가며, 중간에 몰래 술도 마셔가며 정말 '멋대로' 노래를 부르고 있었습니다. 나는 술에 취해, 그리고 음악에 취해 집을 나섰고 참으로 오래만에 느껴보는 푸근함을 안은 채 집으로 돌아왔습니다.

진짜 음악이 무엇인지, 진짜로 예술을 한다는 것이 무엇인지, 진정한 즐거움이 무엇인지, 그리고 정말 살아간다는 것이 무엇인지, 그 거대한 질문의 한쪽이나마 어렴풋이 만진 듯한 느낌이었습니다. 나는 아직 그분에 대해 잘 모르지만, 적어도 그날, 술에 취한 콘서트에서의 그분만큼은 잊지 못할 것 같습니다.

〈NeGA〉 18호(1999년 5월)

어쩌면 세상엔
우리가 모르는 힘이
존재할지도 모릅니다

이것은 실화입니다(내가 아는 시나리오 작가 형이 한 명 있는데, 이 형은 자기가 생각한 새 시나리오의 아이템을 남들한테 얘기하다가 사람들이 시큰둥한 반응을 보이면, "이건 실화야!"라고 우김으로써 정당성을 부여받으려 합니다. 그러면 남들은 더 썰렁해집니다. "그래서 어쨌다구.")

아버지가 어머니를 만나기 전, 그러니까 아버지 말씀으로는 첫사랑이었다는 어느 여인이 있었다고 합니다. 아버지가 막 대학에 입학한 시절의 얘깁니다. 의대에 다니던 아버지는 그녀와 젊은 날의 풋사랑을 나눴지만 결국 둘은 헤어질 수밖에 없었고, 그녀는 다른 남자와 결혼해 미국으로 갔답니다. 어느덧 세월은 흘러 아버지는 수련의 과정에 들어갑니다. 그 시절 아버지는 당시 건국대학교 부속 병원이던 민중병원에서 저녁마다 아르바이트를 했습니다. 아르바이트는 저녁 7시 30분부터 시작이었는데, 학교가 끝나고 곧장 병원으로 오면 정확히 7시였습니다. 30분이라는 남는 시간, 아버진 병원 주위를 산책하며 그 시간을 보내기로 결정합니다.

아르바이트를 시작한 지 얼마 지나지 않은 어느 날, 아버지는 우연히 병원 뒷동산으로 올라갔다가 거기서 아무런 묘비도 세워져 있지 않은 이름 모를 무덤 하나를 발견합니다. 대체 무슨 사연이 있길래 이런 곳에 묻혀 있을까 생각한 아버지. 그날부터 아버진 매일같이 30분이라는 남는 시간을 그 무덤가에 앉아 담배를 피우며 보냈습니다. 아무도 없는 황혼녘의 무덤가, 아버진 왠지 모를 편안함에 언제나 그곳을 찾았다고 합니다.

그렇게 몇 달의 시간이 흐른 뒤 아버지는 친구들에게 충격적인 소식을 듣게 됩니다. 미국으로 건너갔던 아버지의 첫사랑 그녀가 정확히 이유가 밝혀지지 않은 어떤 사건을 당하고는 자살했다는 것입니다. 그것도 꽤 오래전에. 친구들은 아버지가 충격을 받을까봐 일부러 그 사실을 숨겼구요. 그 얘기를 듣자마자 아버지는 곧장 그녀가 살던 옛집으로 달려갔습니다. 다행히 그녀의 집은 아직 예전 그곳에 있었습니다. 그리고 그녀의 부모님을 만났습니다. 그러나 어머님은 정확히 어떤 사건 때문에 그녀가 자살했는지 말하길 꺼리셨습니다. 다만 그녀가 묻힌 곳만은 가르쳐주겠다고 하셨습니다. 그리고 아버지를 데려간 곳, 그곳은 바로 매일 저녁 아버지가 황혼녘의 30분을 보내던 바로 그 무덤이었습니다. 매일 저녁 아버지가 그곳에 묻힌 사람이 누굴까 쓸쓸히 생각하던 그 무덤이 바로 머나먼 타국에서 객사했기에 묘비조차 세울 수 없던 그녀의 무덤이었던 것입니다. 지금으로부터 30여 년 전의 일입니다.

어느 날 저녁 식탁에서 이 얘기를 들려주신 아버지는 말을 마치신 뒤 "거짓말 같지?"라고 하시며 미소를 지었습니다. 그런데 그 거짓말 같은 일이 실제로 일어나니 세상은 참 신기하기만 합니다.

어쩌면 정말 세상엔 우리가 모르는 어떤 힘이 존재하는지도 모르겠습니다. 때때로 나는 해결해야 할 문제들이 끊임없이 밀어닥칠 때, 또는 사사로운 세상일의 고민이 자꾸만 불어나 급기야 어딘가로 도망가고 싶은 절박한 지경에 이르를 때, 한순간 갑자기 내 자신을 묶고 있는 현실적인 끈들을 모두 끊고 싶어질 때가 있습니다. 결코 그래본 적은 없지만, 적어도 심정적으론 가끔 그런 상태에 빠져들기도 합니다. 그러면 어느샌가 내 몸은 아무런 미련 없이 공중으로 떠오릅니다. 마치 〈매트릭스〉(1999)에서 센세이션을 일으키고, 그 뒤 수많은 국내 광고에서 모방한 그 공중 정지 화면처럼 말입니다(나는 이 장면이 중력과 원심력, 그리고 시간의 법칙에서 완전히 벗어난 순간적 자유를 그리고 있다고 생각합니다). 그 상태에 이르면 더 이상 날 구속하는 것은 없습니다. 다만 나는 전혀 알지 못하는 어떤 힘에 내 자신을 완전히 맡겨버립니다. 그리고 눈을 감아버립니다. 부유하는 나는 무척 편안하고, 그 힘이 날 어디로 이끌던지 흔쾌히 받아들일 것만 같습니다. 잠시 후 다시 눈을 뜨고 땅에 발을 디디면 어느새 난 새로운 기분으로 활기에 넘칩니다. 그렇게 나는 때때로 그 알지 못하는 힘을 느낍니다. 우리가 모르는 세계에서 날아와, 우리가 아는 세계의 틈새를 은밀히 채워주는 그 이상한 힘이, 마치 새벽녘의 대지 위에 내린 안개처럼 고요히 우리 주위의 어디에선가 서성이고 있다는 그런 느낌을 말입니다.

〈NeGA〉 21호(1999년 8월)

다시 쓰는 악마의 원칙

하는 일이 자꾸만 꼬이고 짜증나던 즈음, 우연히 책을 읽다가 벤야민 에라르트라는 독일의 의사가 쓴 글을 발견했습니다. 그 사람은 말하길, 인간은 언제든지 악마가 될 수 있으며, 악마가 되기 위해선 다음의 7가지 원칙을 지켜야 한다고 했습니다. 그렇게만 된다면 인간은 얼마든지 다른 사람을 괴롭히며 신나는 악마의 삶을 살 수도 있다구요.

1. 정직하지 말고 그럴듯하게만 보여라.
2. 타인의 소유권을 인정하지 말라. 하지만 소유권이란 신성불가침이라는 것을 알고 모든 것을 당신의 것으로 만들어라.
3. 당신의 목적을 위해 타인의 약점을 이용하듯이 타인의 도덕심을 이용하라.
4. 모든 종류의 죄악을 부추겨라. 하지만 동시에 도덕이란 반드시 필요하다고 생각하는 것처럼 행동하라.
5. 아무도 사랑하지 말라.
6. 당신에게 종속되지 않으려는 모든 사람을 불행하게 만들라.
7. 논리정연하게 말하고 생각하라. 당신의 자주성을 보이고 독립적으로 행동하라. 이것은 다른 사람들이 당신의 노예가 되도록 하는 데 가장 효과적인 방법이다.

이 글을 읽는 순간 나는 내가 알고 있는 사람들을 한 번씩 떠올려 봤습니다. 원래 마음이 가난한 자는 남 탓을 하는 걸까요? '야, 이거 내 주변에도 이런 악마가 살고 있는 거 아냐? 조심해야겠는걸. 저 놈 때문에 내가 지금 힘든 거야'라고 생각했습니다.

그러던 어느 날, 새벽 2시쯤이었나요, 집에 들어가려고 엘리베이터를 탔습니다. 우리 집은 20층이라 20이라고 쓰인 버튼을 눌러야 하는데, 그만 19층과 20층을 동시에 눌러버렸습니다. 이때부터 몇 초간 나는 굉장한 공포에 시달렸습니다. 19층에서 문이 열릴 텐데…… 아무도 없는 새벽 두 시의 낯선 복도라…… 혹시 무언가 엘리베이터 앞에 서 있지 않을까……. 그리고 드디어 문이 열렸습니다. 순간 저는 소스라치게 놀랐습니다. 거기엔 누군가 버려놓은 거울이 하나 있었고, 그 속엔 공포에 떨고 있는 내가 서 있었습니다.

그리고 다음 어느 날, 다시 에라르트의 글을 떠올리곤 피식 웃었습니다. 어쩌면 악마는 다른 사람들이 아니라 내 자신이었을지도 모른다는 생각에서 말입니다. 그래서 나는 에라르트의 7원칙을 다시 쓰며 한번 착하게 살아보자고 작정했습니다. 그런 날이 있었습니다.

1. 그럴듯하게 안 보여도 정직해라.
2. 타인의 소유권을 인정해라.
3. 타인의 도덕심을 이용하지 마라.
4. 모든 종류의 선행을 부추겨라.
5. 아무나 사랑해라.
6. 당신에게 종속되지 않으려는 사람을 그냥 내버려둬라.
7. 논리정연하고 독립적으로 행동하되 다른 사람을 내 노예로 만들겠다는 생각은 버려라.

〈NeGA〉 24호(1999년 11월)

그렇지 않다면 무엇이 우리를 일하게 할 것인가

며칠 전 영화 〈춘향뎐〉(1999)의 시사회가 있었습니다. 늘 그렇듯 한국 영화에 대한 관심은 많은 기자들을 시사회장으로 불러 모으지만, 유달리 많은 언론이 모여든 이날 시사회장은 참으로 북적거렸습니다. 야, 임권택이라는 이름이 이 정도구나 하는 것을 실감하며 자리에 앉았습니다. 잠시 후 제작자인 태흥영화사의 이태원 사장과 임권택 감독, 정일성 촬영감독, 두 주연 배우, 그리고 이 영화의 또 다른 주인공인 명창 조상현 씨가 앞에 섰습니다. 말할 나위도 없이 그 사람들 앞을 가려버린 엄청난 숫자의 카메라들과 눈부신 조명 장비들.

그런데 재미있는 것은 취재 열기에 사로잡혀 정신을 못 차리고 있는 기자들에 비해 앞에 선 제작진들은 참으로 여유로웠다는 것입니다. 잠시 후 이태원 사장이 특유의 강짜 섞인 어투로 말문을 열었습니다. 뭐, 이렇게 많들 와주셔서 고맙습니다. 날씨도 추운데……. 암튼 한번 보세요. 늘 그 목소리를 들을 때마다 느끼는 거지만, 세상이 온통 자기 거라는 느낌이 꽉꽉. 곧 마이크는 임권택 감독에게로 넘어갔습니다. 에, 나는 그냥 열심히 만들었지요, 춘향이 얘기야 뭐 다들 아는 거고……. 세상일에 아무 관심도 없는 듯 새어 나오는 목소리. 예전에 어느 공개 인터뷰에서 임권택 감독을 본 적이 있는데, 질문자가 뭐라뭐라 그의 영화에 대해 무지하게 해석을 하고는 답을 구하자 그가 하는 말, 거기에 뭐 그런 뜻이 있을라나……. 그는 언제나 그런 식입니다.

그리고 영화는 시작합니다. 장내의 불이 꺼져도

여전히 조명을 끄지 않는 몰상식한 TV 기자들을 무시하고 영화는 차분하게 이야기를 시작합니다.

영화 얘기는 다른 코너에서 다시 하기로 하고, 내가 이날 시사회장에서 무대 앞에 선 그들을 보고 느낀 것은 바로 '프로페셔널리즘'입니다. 물론 이들의 프로페셔널리즘에 수식어를 덧붙이자면 '연륜'이 그려낸 '여유'로운 프로페셔널리즘입니다. 우리는 한국 영화의 아주 오랜 시간 동안 이태원, 임권택, 정일성이 만들어낸 숱한 작품들을 보아왔습니다. 그 개별적인 영화들에 대한 각각의 변별적 평가는 뒤로 하더라도, 그것은 우직스럽게 영화를 만들어오고 든든하게 이 나라 영화의 한 자리를 지켜온 장인들의 모습입니다. 아무 의미도 없는 듯 무심히 찍어낸 이 땅의 모습들엔 철없는 내가 파악할 수 없는 이상한 깊이가 있고 알 수 없는 울림이 있습니다. 게다가 거기엔 자신이 포착하는 피사체에 대한 묵묵한 애정과 통찰이 있습니다. 나는 그것이 임권택의 영화라고 생각합니다.

프로페셔널리즘. 그건 단지 자신이 하고 있는 전문적인 일에 대해 정당한 금전적 대가를 받는다는 뜻만은 아닐 겁니다. 더불어 그것은 사회학자 막스 베버가 말했듯, 이 험난한 자본주의의 시대에 기독교적 윤리관을 넘어, 또는 그 두 가지 요소를 아우르는 '애정'과 '열정'이 필요한 것은 아닐까 생각해봅니다. 물론 생활고에 찌들어 돈만이 유일한 목적이어도 그것이 나쁘다는 뜻은 아닙니다. 그러나 그 시작에 열정이 아주 조금이라도 포함돼 있었다면 적어도 그 일을 하는 동안 그것은 사라져선 안 된다는 생각입니다.

우리는 이번 달 특집 중의 하나로 '자각몽', 곧 '스스로 꿈을 꾸는 줄 알면서 꾸는 꿈'을 선택했습니다. 나는 숱한 현실적 어려움에도 불구하고 영화가 꿈인 줄 알면서 뛰어드는 많은 영화인들을 봅니다. 어쩌다 술자리라도 있을라치면 아이 우유값이 어쩌고 전셋값이 어쩌고들 하며 술잔을 비우지만, 그들은 이내 초롱초롱한 눈빛으로 영화 얘기를 하고 다시 현장으로 돌아가거나 글을 씁니다. 비단 영화만은 아닐 겁니다. 이것은 참으로 눈물 나고 아름다운 모습들입니다.

영화에 관한 글을 쓰고 있는 나 자신도, 그리고 우리도 마찬가지입니다. 더불어 영화를 기획하고 만들고 포장하고 보여주는 자들도 마찬가지입니다. 우리의 정신적인 영역, 조금 더 과장하자면 영혼을 파고드는 영화와 글이라는 매체는, 만드는 자의 정당한 프로페셔널리즘이 삭제돼 있다면 쓰레기 같은 무용지물, 무섭도록 위험한 독소에 불과하다고 느낍니다.

나는 한 달 대부분을 책을 만들며 보냅니다. 마감 때 머리를 쥐어뜯으며 고민하는 후배 기자들을 볼 때면 눈물이 날 정도로 뭉클합니다. 나는 글을 쓰고 있는 동안 그들이 무엇을 고민하는지 잘 알고 있습니다. 이 영화를 어떻게 볼 것이며 어떤 책을 읽을 것이며 이번엔 또 어떤 새로운 형식을 창조할 것이며 어떤 단어를 어떻게 쓸 것인지를 고뇌하는 모습은 우리 책의 존재 의미를 상기시킵니다. 얼마 되지 않는 월급에, 숱한 밤을 지새워야 하는 육체적 고통에, 엄청난 생각들을 해야만 하는 정신적 피곤에, 친구조차 제대로 만날 수 없는 정서적 아쉬움을 떠안고 있지만, 그리고 늘 그렇게 뱉어낸 글들을 보며 다시 한 번 후회하고 고민하겠지만, 그 열정과 애정이 그들을 얼마나 빛나 보이게 하는지, 그리고 자신을 얼마나 풍요롭게 만드는지 점차 느껴갈 것이라고 생각합니다. 그리고 그렇게 태어난 글만이 독자들에게 보여질 자격이 있습니다. 그런 모습 앞에 만일 단순히 이 창조의 시간들을, 일하고 돈 받고 어떻게든 페이지를 채워 한 달을 보내고 또 보내고 하는 식의 태도가 존재한다면 그것은 퍽이나 애처로울 것입니다.

나는 아주 오랜 시간이 지난 뒤에도 여전히 맹목적으로 꿈을 사랑하고, 열정적으로 내 일에 뛰어들고 있기를 바랍니다. 그리하여 언젠가는 그 애정 가득한 프로페셔널리즘이 자연스레 연륜과 여유를 동반하기를 바랍니다.

〈NeGA〉 27호(2000년 2월)

신비의 섬
마라도에서 생긴 일

지난 설날 때였습니다. 워낙 명절을 챙기지 않는 '명절 콩가루' 집안인지라, 우리 가족은 빨간 날만 되면 식구끼리 단출하게 놀러 가거나 영화를 보는 등 하루 종일 '바깥'으로 돌곤 합니다. 그리하여 지난 설날 때도 어머니, 아버지, 아내, 그리고 나 이렇게 넷은 놀러 갈 계획을 세웠는데, 낙점된 곳은 바로 제주도. 2000년 2월 4일 아침 10시, 어느새 우리는 제주도로 향하고 있었습니다.

여기서 뭐 제주도가 어쨌네 저쨌네를 쓰자는 것은 아니니까, 중간 과정은 다 생략하기로 하고, 어쨌든 이번 제주도 여행 중 가장 핵심적인 것은, 우리가 모두 고대하고 있던 것은 바로 마라도에 갔다 오는 것이었습니다. 그동안 제주도에 몇 번 갔지만, 늘 한라산 등반을 하거나 술로 밤을 지새다 오기 일쑤. 이번엔 '국토 최남단'이라는 바로 그곳, 〈연풍연가〉(1998)에서

장동건이 갔다 온 그곳, 김국진이 짜장면을 시키던 그곳을 꼭 가봐야겠다고 마음먹은 거죠. 제주도에 도착한 다음 날 마라도행 배편을 알아봤지만 날씨 탓으로 운행 불가. 그리하여 서울로 돌아오는 날인 다음 날 아침, 우리는 혹여 오늘은 배가 뜰까 전화를 걸었고 다행히 오전에 배 한 척이 마라도로 간다는 정보를 얻게 됐습니다. 부랴부랴 짐을 챙겨 체크아웃하고 차를 몰아 부둣가에 도착한 우리들. 나는 한껏 기대에 부풀기 시작했습니다. 국토 최남단이라, 드디어 마라도엘 가보는구나, 주민들도 산다는데 대체 그들은 우리와 똑같은 족속일까, 거기서 도대체 매일매일 뭘 하며 살고 있을까, 마라도에 도착하면 혹시 뭔가 신비로운 일이 벌어지진 않을까, 거긴 우리가 전혀 예상치 못한 어떤 기묘한 세계가 아닐까, 그래 거긴 뭔가 분명히 다를 거야, 그곳은 분명 나를 깜짝 놀라게 해줄 미지의 무언가가 있는 땅일 거야…… 어딘지 정확하게 표시돼 있지 않은 마라도행 부두 역시 뭔가 신비스러운 경험을 기대하고 있던 내 마음을 더욱 부채질했고, 승선할 때 경찰이 일일이 신원 파악을 하는 것도 나를 완전히 들뜨게 했습니다. 망망대해로 나선 작은 배의 난간에서 거칠고 높은 파도의 물보라를 맞는 순간 급기야 나는 이미 신비의 땅에 먼저 들어서 있었습니다.

그리고 마라도. 야, 정말 장관이더군요. 어쩜 섬이 그렇게 생길 수가 있는 건지. 마라도라는 섬은 주위가 낭떠러지로 둘러싸인 평평한 대지로 이루어진 섬이었습니다. 마치 바게트 한 조각을 잘라 물 위에 띄워놓은 것처럼. 우리를 섬에 내려놓고는 한 시간 뒤에 돌아오겠다고 떠나는 배를 보며 이 고립된 섬 안에서 무언가 기괴한 사건이 생겼으면 좋겠다고 은근히 기대할 찰나, 우리를 가장 먼저 반기는 것은 평생을 마

라도에서 산 게 틀림없는 개 몇 마리. 평소 지옥을 지키는 신화 속의 개 '케르베로스'를 좋아하던 내게 그 개들은 이 낯선 '세계의 끝'을 지키는 영물로 보였습니다. 개들이 뛰어가는 쪽으로 한없이 따라가다 보면 저승으로 향하는 통로 앞에 도착할 것만 같은. 더불어 개들은 이 좁은 마라도의 평원을 세상의 전부로 알고 있을 걸 생각하니, 뭐랄까, '인식의 지평'이랄까 하는 단어가 떠오르기도 하더군요.

한겨울 태평양 끝자락의 엄청나게 거센 바람이 휘몰아치는 마라도, 나무 한 그루 없어 피할 곳조차 없는 이 '세상 끝의 대지'를 조금 더 가다 보니 신기하게도 말 몇 마리가 아무런 마구도 없이 그냥 야생 그대로 걸어 다니고 있더군요. 어쩐지 인간과 개와 말이 주종 관계를 벗어나 함께 살아가고 있는 이곳은 낙원에 근접하고 있는 초현실 속의 마을일지도 모른다는 생각이 들었고, 걸리버가 여행한 말들의 세계와도 흡사하다고 생각했습니다.

그리고 드디어 섬의 한가운데를 가로질러 도착한 마라도의 가장 남쪽 벼랑. 여기가 바로 '국토 최남단'이었습니다. 나는 위태로운 낭떠러지에 올라 배 한 척 떠 있지 않은 '진정한' 수평의 대양을 보았습니다. 멀지 않은 바다의 한쪽에선 수 미터에 달하는 파도들이 무섭게 오르내리고 있었고, 상당히 먼 거리의 저쪽 바다에선 구름 사이로 뚫린 거대한 구멍을 통해 내리는 태양 광선이 신비스러운 지점을 만들어내고 있었습니다. 그 낭떠러지에서 곧장 떨어지기만 하면 이내 나는 어딘가 전혀 다른 세계로 빨려들 것만 같았고, 하늘가의 구멍으로 치솟기만 하면 그토록 보길 원하던 신비스러운 존재들이 나를 기다리고 있을 것만 같았습니다. 순간 나는 이미 이 세상에 발을 붙이고 있지 않았고, 두 세계를 경계 짓는 얇은 막을 통과해 완전히 다른 차원으로 이동해 와 있는 것처럼 느껴졌습니다. 한동안 나는 그렇게 반쯤은 무의식 상태로 서 있었습니다.

자, 그런데요. 사실 제가 정작 하고 싶은 말은 그게 아닙니다. 이 얘기의 핵심은 어머니입니다. 마라도에 도착한 우리 네 식구. 아버지와 아내와 나는 정신없이 남쪽 경계를 향해 발걸음을 옮기고 있을 즈음, 어머니는 어딜 갔는지 아십니까? 글쎄, 독실한 기독교 신자인 어머니는 마라도에 도착한 순간 고원의 중앙부에 세워진 작은 교회 하나를 발견하신 겁니다. 그리고 어머니는 잠깐 그곳을 둘러보고 오겠다고 한 뒤 한 시간 내내 우리와 떨어져 그곳에 계셨습니다. 나에게는 온갖 기묘한 신비감으로 가득하던 마라도, 나뿐만이 아니라 대부분의 사람들에게 일말의 신묘한 기대감을 불러일으키게 하는 땅 끝의 섬, 그 낯설고 이색적인 오지에서조차 유일하게 어머니의 관심을 끈 것은 교회였던 것입니다.

제주도로 돌아갈 시간이 다 되어 어머니를 찾으려고 교회로 올라갔습니다. 기껏해야 내 방 정도의 넓이로 보이는 교회를 보며 참으로 많은 생각을 했습니다. 32살의 나이엔 건방진 말일지 모르겠지만, 문득 이런 생각이 들었습니다. 어쩌면 이게 인생인지도 모르겠다고. 그 '맹목적이고 유일한' 태도가 결국은 삶의 가장 굵은 줄기일지도 모르겠다고.

〈NeGA〉 28호(2000년 3월)

그대도 충분히……

지금으로부터 약 15년 전. 중학교 3학년 2학기가 거의 끝나가고 있었습니다. 당시, 지금 생각해도 남다른 우정을 나누던 제 친구들은 이듬해 봄이 오면 서로 다른 고등학교로 뿔뿔이 흩어져야 하는 터라 유난히 쓸쓸하던 늦가을을 보내고 있었습니다.

그러던 어느 날, 우리들 중 누군가가 겨울이 가기 전에 뭔가 '좋은 일'을 해보자고 제안했습니다. 그 친구가 제안한 좋은 일이란 바로 교외에 있는 한 고아원에 책을 모아 갖다 주자는 것이었습니다. 그때부터 우린 연합고사 준비에도 아랑곳하지 않고 쉬는 시간만 되면 각 반을 찾아다니며 친구들한테 헌책을 모았고, 집 안 책장 한구석에 처박혀 있는 책들을 끄집어냈으며, 방학이 되자 동네 이웃들에게서도 책을 모았습니다. 그렇게 수백 권의 책을 모은 뒤 일일이 책의 겉장을 종이에 싸고 제목을 써넣었습니다.

그리하여 몇 박스의 책 더미가 만들어지고, 겨울방학이 시작된 며칠 뒤 우리는 그 박스들을 들고 점해놓은 고아원으로 향했습니다. 꽤나 황량한 벌판에 있던 고아원으로 기억하는데요, 그날 유난히 바람도 많이 불었던 것 같습니다. 아직 이른 아침, 우린 그 박스들을 고아원 입구에 살짝 놓아두곤, 혹여 누가 우리를 볼까 봐 뒤돌아 정신없이 뛰었습니다. 그렇게 끝난 중학교 3학년 겨울의 책 모으기. 저는 찬바람을 맞으며 벌판을 뛰던 그때 그 기분을 잊지 못합니다. 그렇게 행복하고 벅찬 감정이 그 이후로도 그 이전에도 없었던 것으로 기억합니다.

자, 그런데 제가 하고 싶은 말은, 착한 일을 하면 기분이 좋아진다가 아니라, 그때 우리의 그 책 모으기에는 아무런 '돈'도 필요하지 않았다는 것입니다. 우리는 순전히 다리품을 팔아 책을 모았고, 책의 겉장을 싼 종이들도 전부 집에서 버리는 폐지를 이용한 것이었습니다. 물론 박스도 얻어온 것이었구요. 우리는 처음부터 그것을 의도하고 있었습니다. 그리고 우리 뜻대로 모든 일이 끝났을 때, 제가 느낀 또 하나의 감정은 바로 그것, 돈이 없어도 충분히 이 일을 해낼 수 있구나, 돈이 없어도 우린 충분히 남들에게 베풀 수 있고, 그래서 그 사람들도 우리도 따뜻함을, 행복을, 누군가 곁에 있다는 것을 느낄 수 있구나 하는 것이었습니다. 정말 그랬습니다.

그때부터 정확히 1년 전 겨울, 저는 세 명의 친구들과 함께 겨울방학을 알차게 보내기로 결심하고 뭘 할까 고민했습니다. 그래서 내린 결론이 바로 '테니스 배우기'. 친구네 아파트 단지 안에 테니스 코트가 있어서 거기서 테니스를 배우기로 한 것이었습니다. 자, 결심을 하긴 했는데 문제는 돈이었습니다. 중학교 2학년짜리 애들이 용돈이 있어봐야 얼마나 있었겠습니까? 그렇다고 테니스 배운다며 엄마한테 돈을 달라고 하기도 싫었습니다.

그러다가 문득 아이디어가 떠올랐습니다. 그해 겨울엔 유난히 눈이 많이 왔고 우린 친구네 집 창문을 통해 테니스 코치 아저씨가 땀을 뻘뻘 흘리며 눈을 치우는 모습을 본 것입니다. 우린 코치 아저씨한테 제안을 했습니다. 겨울 내내 테니스 코트에 쌓이는 눈을 우리가 다 치울 테니 그 대신 공짜로 테니스를 가르쳐달라고. 아저씨는 흔쾌히 응하셨고 우린 덕분으로 밤엔 아무 때나 와서 테니스를 쳐도 된다는 허락을 받았습니다. 그리하여 우린 돈 한 푼 안 들이고 테니스를 배울 수 있었습니다.

그때부터 대략 5~6년 전, 초등학교 저학년이

던 저와 동생은 매일매일 학교 앞 문방구에서 파는 떡볶이와 과자가 먹고 싶었습니다. 그래서 우린 학교에 가기 전이면 으레 엄마를 졸랐습니다. 엄마는 한참 뜸을 들이거나 꼭 뭘 하나 일을 시키고 나서야 돈을 주셨습니다. 그러던 어느 날, 갑자기 엄마는 현관 앞 탁자 위에 10원짜리가 가득 담긴 비닐 봉투 하나를 놓아두셨습니다. 그리고 말씀하셨습니다. 여기서 얼마든지 돈을 꺼내서 군것질을 하라구요. 우린 정말 뛸 듯이 기뻤습니다. 그런데 그렇게 엄마를 애써 조르지 않아도 엄청난 돈이 주어진 지 며칠 지나지 않아 아침에 우리가 봉투에서 꺼내가는 돈의 액수가 점점 줄어들기 시작했습니다. 아무것도 하지 않아도 그냥 돈이 생기기 시작하자 이내 우리는 돈에 질려버린 것이죠. 그렇게 하루하루 점점 돈을 쓰지 않게 되던 어느 날, 봉투의 돈이 반도 더 남았을 때 우린 더 이상 한 푼도 쓰지 않고 문방구 앞을 그냥 지나쳐 올 수 있었습니다.

그렇게 우리에겐 돈이 없어도 충분히 살 수 있고, 뭐든지 할 수 있고, 얼마든지 행복할 수 있던 시절이 있었습니다. 요샌 자주 그때 생각이 납니다. 그리고 그리워집니다. 그래서인지 요즘엔 세상에 돈이 너무 많다는 생각이 듭니다. 돈이 너무 많아서 그런지 돈만 생각하는 사람들도 너무 많아진 것 같구요. 행복도 보람도 만족도 기쁨도 없는데 돈만 널려 있고, 그 돈을 남들보다 먼저 가지려는 사람들만 늘어납니다. 실체는 없는데 온갖 허상들만 가득합니다. 그들에게 행복이란, 다른 데서 얻어지는 것이 아니라 돈이 많다는 데서 비롯되는 것만 같습니다. 뭐 그것도 여러 가지 행복 중 하나이겠지만 왠지 쓸쓸해집니다. 이렇게 세상이 조금만 더 가다간 모두 다 그럴 것 같아, 그리고 그렇지 못한 사람은 괜히 자기가 불행하다고 생각할

것 같아 안타깝습니다. 돈이 없어도 충분히 행복하던 그 시절의 그 순간들이 또 생각납니다.

《NeGA》 29호(2000년 4월)

THEME

매달 한 가지 테마를 정하고
여러 기자가 나름의 소주제를 정해서
자유롭게 써내려간
《NeGA》의 기획 특집.
내용과 형식에 제한이 없어
글쓴이의 개성이 잘 드러나던 글.

구멍 이야기 —
구멍만 있으면 됩니다

우리 엄마는 내가 군것질하는 걸 아주 싫어하셨습니다. 국민학교를 다니던 어느 날이었는데, 학교 앞에서 파는 떡볶이가 너무 먹고 싶어서 그만 먹고야 말았습니다. 학교 다녀왔습니다. 그런데 엄마가 대뜸 너 군것질했지? 아니요. 하지만 내 입가엔 벌건 떡볶이 자국이 흥건했습니다. 그날 저녁 아빠가 내 방으로 오셨습니다. 지훈아 영화 보러 갈래? 생각할 것도 없이 아빠를 따라나섰고, (피카디리로 기억하고 있습니다) 미성년자 관람 불가였던 어느 영화를 보게 됐죠. 늘어선 어른들의 줄 구멍 사이로 비집고 들어가 자리에 앉았습니다. 영화는 시작됩니다. 주인공은 그때도 또렷이 알고 있던 앤서니 퀸이었는데요(나중에 그 영화가 〈페세지〉(1979)라는 걸 알게 됐습니다), 조금 지나 한 독일군 장교가 여자 인질 앞에서 옷을 벗는데, 글쎄, 그가 입고 있던 빤쓰엔 나치 문양이 선명하게 새겨져 있었습니다. 그런데요, 난 그 빤쓰가 상당히 불거져 나와 있다고 느꼈고, 그 속엔 뭔가 다른 게 있지 않을까 하는 생각이 들었습니다. 나는 계속 성장합니다.

군바리 시절, 매일 반복되는 출근과 퇴근이 지겨워지는 고참 말년이 됐습니다. 하도 할 일이 없어 부대 뒤뜰에서 동대문 시장에서 산 토끼(한 마리에 5000원)를 치다가, 잡지에서 〈시계태엽 오렌지〉(1971)를 상영하는 시네마테크의 광고를 보게 됐습니다. 말로만 듣던 그 영화를 반드시 봐야겠다는 일념에 칼퇴근한 뒤 혜화동으로 달려갔습니다. 그리고 〈나쁜 피〉가 상영되던 어느 토요일 심야에 이르러 드디어 난 영화에 빠지고 맙니다. 영화에 빠진다…… 정말

그럴싸하죠? 나는 결심합니다. 어쨌거나 영화의 주변을 서성이며 살아보자구요. 왜냐면 주저 없이 끝없는 어둠 속에 내 두 발을 담그게 한 건 그때까지 없었으니까요. 나는 다른 종류의 성장을 계속합니다. 나는 마치 내 자신이 하나의 구멍인 것처럼 영화라는 구멍과 관계하기 시작했습니다. 내 몸에 뚫린 모든 구멍으로는 닥치는 대로 경험이 흡수되고, 그것은 영화의 배설물과 무리 없이 뒤섞였죠.

나는 몽상을 좋아합니다. 지금도 살아생전에 분명히 시간여행을 즐길 수 있으리라 확신하고 있습니다. 언젠가 학교에서 돌아오던 오후에 갑자기 소나기가 내리더군요. 쏜살같이 달려 집으로 뛰어가는데, 마치 〈매드 맥스〉(1979)의 황량한 도로 같은 공터에서 기이한 구멍을 발견했습니다. 비는 억수같이 오고 있는데, 지름이 1미터 정도 되는 어느 부분만 말라 있었습니다. 구멍 안에 들어갔습니다. 거기만 비가 안 오고 있었고, 난 그 안에 서 있는 몇 분 동안 다른 세계로 이동했다고 생각했습니다.

얼마간의 백수 시절, 시네마테크에서 만난 '구멍 동서'들과 〈사랑의 은하수〉(1980)(아, 이 영화는 정말 꼭 보세요)라는 영화를 봤습니다. 그런데 거긴 또 다른 구멍이 있더군요. 크리스토퍼 리브가 제인 세이무어를 만나러 시간의 구멍을 통과했고, 다시 그 구멍을 통해 내가 본 어떤 영화보다 안타까운 이별을 하는 것이었습니다. 최근에 〈콘택트〉(1997)를 봤습니다. 아직 열리지 않은 하늘의 구멍을 평생 동안 기다리던 조디 포스터는 급기야 '웜홀'이라 불리는 구멍을 통과합니다. 그것은 그녀의 성장에서 마지막 탈출구이자 새로운 삶의 시작이었고, 그런 그녀를 보고 있는 나 역시 지나온 20여 년의 기억들이 한 구멍에 담겨 있다는 것을 새삼 환기했습니다. 구멍은 착각이자 환상이고, 나르

시시즘이자 오만입니다. 하지만 구멍의 앞에 서 있든, 구멍을 통과하는 동안 내벽에 비추는 무엇인가를 보든, 구멍의 끝에서 미지의 누군가를 만나든, 그리하여 내가 지나온 구멍의 이편과 저편을 무지하게 헷갈리든 아무 상관없습니다. 구멍만 있으면 될 것 같습니다.

〈NeGA〉 1호(1997년 12월)

편집 이야기 —
주관성을 담보로
잡은 편집 미학,
어디까지 열릴 것인가

도대체 편집은 왜 하는 걸까? 그냥 카메라를 고정시켜 놓고 필름 한 롤이 끝날 때까지 커트를 나누지 않아도 되는데 말이다. 거장이라 불리는 감독들 중 상당수는 커트를 나누지 않는 '롱테이크'를 종종 사용하고 있지 않은가? 이것은 맞는 말이다. 물론 두 시간에 이르는 장편 영화의 길이를 생각해본다면 편집은 필수불가결한 형식이다. 기껏 4분여에 이르는 필름 한 롤이 영화 한 편을 찍을 만큼 길지는 않기 때문에 어쩔 수 없이 커트는 나눠야 한다. 그러나 이런 기계적 편집이 아니라 뭔가를 의도하는 편집이라면 반드시 필요한 것은 아니다. 그리하여 영화는 커트를 나누지 않고 가느냐, 커트를 나누며 가느냐에 따라 거대한 범주가 정해진다. 그리고 우리가 이야기해야 하는 편집이란 곧 커트를 나누고, 나눈 커트를 특정한 기준과 법칙, 의도에 따라 이어 붙이는 방식을 말하는 건데, 이때 가장 커다란 의미는 '주관성'이다.

커트를 나누지 않는 영화는 한 쇼트 안에서 사건, 인물의 행위, 대사가 오랫동안 보여진다. 연출자는 벌어지고 있는 사건에 아무런 개입을 하지 않고 그저 찍고 있는 것이다. 따라서 이런 영화들은 커트가 많은 영화들에 비해 '사실주의적'이고 '객관주의적'이라고 불린다(물론 극영화의 경우 한 쇼트 안에서 벌어지는 사건 자체가 연출자의 의도에 따라 꾸며진 것이기 때문에 완벽하게 사실주의적일 수는 없다. 다만 편집에 의한 사실성의 감소가 없다는 뜻이다). 한편 이때 관객은 커트가 나뉘지 않기 때문에 그 모든 정보를 오랫동안 인지할 수 있으며, 그 중에서 자신의 구미에 끌리는 것을 선택적으로 받아들이게 된다. 그러므로 커트를 나누지 않을수록 관객들의 주관적 해석이 개입할 여지가 많은 것이며, 좀더 '수용자 중심적'이 된다.

반면 편집이란 연출자의 의도가 그만큼 더 많이 개입된다는 것을 뜻한다. 예를 들어, 한 쇼트로 보여줘도 될 상황을 열 개의 쇼트로 나눠 보여준다고 생각해보자. 그 상황 중 어떤 부분을 골라 열 개로 나눌 것이며, 어떤 순서로 배치하느냐가 곧 편집인데, 그것을 정하는 것은 순전히 연출자의 몫이고, 그 과정에서 연출자의 주관성이 강하게 드러나는 것이다. 편집이 배제된 영화가 '관객의 주관성'을 지향한다면, 편집에 따른 영화는 '창작자의 주관성'을 지향한다는 커다란 차이점이 여기에 있는 것이다.

덧붙여 편집이라는 방식 자체가 어쩔 수 없는 주관성을 넘어 창작자가 편집 자체를 주제 표현의 적극적인 도구로 삼을 때 그 주관성은 훨씬 더 증폭된다. 이런 편집들은 단순히 상황을 자연스럽게 보여 주는 것에 그치지 않고 뭔가 부가적인 의미를 생산해낸다.

마르셀 마르탱은 단지 서술적 기능만 갖는 자연발생적 편집에 비해 이런 편집을 표현적 편집

montage expressif이라 하여 하나의 이미지 자체나 두 개의 이미지를 충돌시켜 감정, 사고를 표현하는 게 목적이라 했다. 장 미트리는 이것을 생산적 편집montage productif이라 하여 두 개의 쇼트가 독립적으로 만들어낼 수 없는 특별한 효과를 만들어내는 작업이라고도 했다.

바로 이런 생산적 편집은 곧장 영화가 세상과 맺는 근본적인 의미론을 건드리기도 하기 때문에 쉽게 넘길 문제가 아니다. 예를 들어, 사실주의적 영화를 옹호하는 앙드레 바쟁의 경우 한 사건의 핵심에 두 가지 이상의 행위 요소가 동시에 있을 때 편집은 금지되어야 하며, 편집은 행위가 더는 물리적인 연속성을 가지고 있지 않을 때만 허용해야 한다고 주장한다.

하지만 생산적 편집의 옹호자들은 창작자의 주관이 강하게 개입되는 결합과 배치 자체가 세상의 진실에 다가서는 적절한 방법이라 여긴다. 푸도프킨은 "영화 예술가들은 본질을 파악해야지 서로 관계없는 것들로 가득한 현실 세계의 단순한 겉모습만을 포착해선 안 된다"라고 말했다. 몽타주montage 이론의 아버지인 에이젠슈타인 역시 "현실은 사람들이 부여하는 의미와 그것에 대한 해석 이외에는 어떤 가치도 없다. 영화는 그 해석 수단 중 하나다"라며, 세상은 해석자의 주관적 시각에 의해서만 의미를 지닌다고 했다.

편집의 일반적인 양상을 가만히 생각해보면 아주 단순하게라도 이들의 견해를 이해할 수 있다. 영화는 과거, 현재, 미래라는 각기 다른 시간대를 편집이라는 장치를 통해 마구 뒤섞을 수도 있으며, 이것은 공간의 경우에도 마찬가지고, 심지어는 실제와 가상의 세계 또한 편집을 통해 충돌시키고 혼합시킬 수 있는 것이다. 그렇다면 관객들로선 창작자가 의도하는 주관적 해석의 세계, 주관적 표현의 세계가 지닌 거

부할 수 없는 힘을 받아들여야만 하는 것이다. 편집은 바로 그런 이유로 하는 것이며, 편집을 하는 것 자체가 세상에 누구나에게 동일하게 받아들여지는 근원적인 진리가 있다는 것을 거부하고, 세상이란 받아들이는 사람(즉 창작자)에 따라 그 본질이 달라지는 것이라는 뚜렷한 철학적 노선을 선택하는 것이다.

하지만 우리는 여기에서 한 발짝 더 나아가 편집을 바라볼 수도 있다. 파졸리니는 영화의 언어란 시적인 언어라 했다. 파졸리니에 따르면 이미지들은 고정된 형식과 법칙이 없으며 비합리적이고 몽환적이다. 그러므로 그들은 받아들이는 자에 따라 무한한 가능성을 획득하는 것이다. 이것은 편집이 많이 쓰인 영화라 해도 다를 바가 없다. 커트를 나누지 않은 한 쇼트에도 창작자의 주관성이 완전히 탈색될 수 없듯이, 생산적인 편집에 따른 영화라 해도 그것이 완전히 창작자의 의지 안에 복속되는 건 아닐 것이다. 창작자는 편집 과정에 자기도 모르는 무의식과 잠재적인 문화적 영향과 무수히 많은 미지의 요소들이 개입될 수 있다는 가능성을 받아들여야만 하며, 그 많은 요소들이란 사실상 수용자인 관객들과 공유하고 있는 것이다.

그렇다면 편집된 영화 역시 창작자의 의도와 수용자의 주관적인 해석이 충돌하는 장이 될 것이며, 그리하여 그 누구도 예상하지 못할 새로운 종류의 해석이 뜻밖에 창출될 가능성은 분명히 존재하는 것이다. 그렇기 때문에 편집이 주가 된 영화들은 오히려 더 많은 주관적 해석을 지향하며 열려 있는 영화가 될 수도 있다. 지금 우리 시대에 편집을 바라보는 새로운 태도는 바로 이 지점에 있다.

《NeGA》 7호(1998년 6월)

환절기 —
전위: 짧은 순간의 과정 속에서 끊임없이 꿈꾸고 선점하다

전위, 곧 아방가르드는 영화를 구성하는 각종 요소들과 부분들에서 혁명을 시작한다. 전위대는 관습의 용이함에서 탈피하며 꿈을 꾼다. 전위를 행하는 자들은 표현하고 싶은 것을 표현하기 위해 최적의 수단과 방식을 찾으려고 하며, 전복 그 자체가 갖는 파장의 효과를 원하기도 한다. 따라서 전위대는 영화의 제작과 관람으로 이루어진 거대한 틀과 타협하지 않는다. 이것은 다시 그 시작과 함께 공존해온 영화의 유일무이한 목적, 곧 자본주의적 이윤 창출의 목적과 타협하지 않는다는 것을 뜻하기도 한다. 때로는 운좋게, 때로는 무모하게 전위는 창작자의 생존과 예술품의 평가를 동시에 담보하며 등장한다.

전위는 어떤 부분에서도 발생할 수 있다(이 글은 아방가르드로 치부되는 극단적 전위 영화들의 범위를 침범하지 않기로 한다. 초현실주의와 다다에 이르는 예술적 담론도 배제하기로 한다. 우리는 다만 미약한 지면의 한계로 장편 상업영화 안에서 전위를 살피기로 하자).

구로사와 아키라가 〈라쇼몽〉(1951)을 내놓았을 때, 사람들이 놀란 것은 동양의 신비로운 숲속 이야기가 아니라, 영화가 다층의 시선으로 구성됐다는 점이었다. 동일한 사건을 각기 다른 처지에서 서술하며 반복시키는 것, 이것은 분명 단선형의 이야기 구조와 진실에 관한 선험적 가정을 유지해온 기존의 내러티브 구조에 대한 일종의 도전이었다.

미켈란젤로 안토니오니의 〈정사〉(1960)가 영화 역사에 있어 모더니즘의 시작에 끼친 전위적 역할 중 그 내러티브 구조의 파괴를 들지 않을 수 없다. 여주인공이 실종되는 미스터리한 사건이 발생하지만 이내 영화는 이 사건에 대해 아무런 진전을 보여주지 않는다. 오히려 영화는 소통되지 않는 현대인의 무기력한 공간을 구도화한다. 이런 식의 내러티브 구조는 사건 전개의 일반적 관습에 대한 관객들의 기대심리를 일순간에 무너뜨렸다. 그리고 이것은 관금붕의 〈지하정〉(1986)에서 미스터리 추리물의 장르가 무효화되며 다시 인간의 문제로 급격 전환되는 과정으로 이어진다.

장 뤽 고다르는 자신이 만든 세 편의 영화에서 몽타주, 곧 편집에 대한 전위를 꿈꿨다. 그의 공적품 〈네 멋대로 해라〉(1959)에서 고다르는 관객들의 심리를 거스르지 않는 관습적 콘티뉴이티, 곧 동일한 프레임 사이즈에서 동일한 대상을 커팅할 경우 30도 이상의 각도에서 다음 커트가 이어져야 한다는 불문율을 깨고 '점프 커트'라는 편집의 혁명을 실험했다. 고다르는 현대인의 심리적 병리 상태와 불안한 일탈의 반복을 점프 커트의 시간 파괴로 묘사한다. 얼마 뒤 또 다른 작품 〈미치광이 피에로〉(1965)에서 고다르는 한 시퀀스 안에서 커트들의 순서를 무작위로 뒤섞은 콜라주 편집을 보여준다. 이로써 현대 사회는 정상적인 인식이 가능하지 않은 곳으로 비춰진다. 〈주말〉(1967)의 세 번째 에피소드, 길게 늘어선 자동차 시퀀스와 수평 트래킹에서 고다르는 그 유명한 미장센과 몽타주의 결합을 시도한다. 일정한 간격으로 늘어선 가로수는 마치 프레임을 하나씩 구분짓듯이 존재하며 카메라는 트래킹한다. 고다르는 전경과 후경의 차별을 통해 공간감을 지니는 일반적인 영화, 곧 부르주아적 세계 인식의 시선을 제거하고 수평 트래킹을 통해 이차원

적 평면 세계를 만들었다. 이를 통해 우리는 관습적인 세계로부터 소격당한다. 편집을 통과해 촬영의 전위로 들어가면, 레오스 카락스의 〈나쁜 피〉에서 우리는 인물을 프레임의 측면에 위치시키는 비정상적 구도를 통해 고다르식의 변형된 소격화를 경험한다.

루이스 부뉴엘의 〈안달루시아의 개〉(1929)에서 칼로 사람의 눈알을 베어버리는 잔혹한 장면이 나오고, 피에르 파올로 파졸리니의 〈살로 소돔의 120일〉(1975)에서 변태성욕자들의 사도마조히즘 영상들이 이어지는 것을 떠올리며 이제 소재상의 전위로 들어가 보자. 확실히 위의 두 영화는 영화가 표현할 수 있는 한계, 곧 상상 속의 행위들을 실제로는 어디까지 시각화할 수 있느냐의 의문을 단박에 풀어버렸다. 잔혹성의 전위, 그것은 제한받지 않는 시각적 이미지의 문제다. 다시 우리는 소재의 선택 그 자체에서의 전위, 곧 철학적 담론의 무용담으로 자연스레 넘어간다. 우디 앨런의 〈당신이 섹스에 대해 알고 싶었던 모든 것〉(1972)에서 관음증, 페티시즘, 수간, 사도마조히즘, 오이디푸스 콤플렉스의 극단적 변형 등 성에 관한 금기들이 코미디의 형식을 빌어 등장한다. 얼마 후 짐 셔만은 〈록키 호러 픽쳐 쇼〉(1975)에서 억압받는 양성애자 프랭크 훠터를 등장시켜 성정체성의 금기를 깨버리기도 한다. 그리고 루이스 부뉴엘은 거지들의 난장판 만찬 장면을 보여줌으로써 예수와 열두 제자가 참석한 최후의 만찬, 곧 신성시된 종교적 아이콘을 비웃는 〈비리디아나〉(1961)를 만들었다.

소재상의 전위적 양상은 여기저기 널려 있다. 그 유명한 〈이지 라이더〉(1969)는 1960년대 후반의 미국 사회에서 마리화나, 인종 문제, 반체제, 히피, 바이크족 등 반문화적 행동양식을 선보였으며, 린제이 앤더슨의 〈이프〉(1968)는 학교에 총기를 난사하는 정신분열적인 학생을 통해 기존 체계에 반발하는 저항문화의 극단을 보여주었다. 존 맥노튼의 〈헨리: 연쇄 살인범의 초상〉(1986)에서 우리는 이유 없이 살인을 즐기는 병리적 인간들의 모습에서 도덕의 한계를 넘어서는 일종의 폭력적 전위를 경험하며, 다시 미카엘 하네케의 〈퍼니 게임〉(1997)에서 분노를 유발시키는 피폭력의 이야기가 관람 행위와 직접적으로 연결되는 불쾌한 경험을 한다.

자, 이제 말이다. 그 어떤 카테고리에도 속하지 않지만, 영화의 중심을 흐트러놓는, 그리하여 늘 이야기의 중심이던 인간과 사건을 소외시키는 전위를 보자. 이타미 주조의 〈담뽀뽀〉(1986)는 중심인물들을 내러티브에서 배제시킨다. 카메라는 주인공을 보여주다가 갑자기 우연히 스치게 된 주변 인물들을 따라간다. 그리하여 이야기는 의도적으로 중심을 풀어버리고 사건은 해체된다. 다만 거기엔 하나의 조건이 존재한다. 그것은 음식이다. 주변적인 인물들의 생활 속에서도 끊임없이 카메라는 음식을 포착하려고 한다. 이것은 예기치 않던 규칙과 기준으로 관습적인 중심을 해체시키는 전위다.

마찬가지로 피터 그리너웨이는 〈차례로 익사시키기〉(1988)에서 익숙한 영화적 경험을 파괴한다. 이 영화에서 중요한 것은 1부터 100까지의 숫자가 영화 속 어딘가에서 지속적으로 등장한다는 사실이다. 사건도 인물도 도대체 중심이 아니다. 문제는 이 일련의 수학적 규칙이 영화의 흐름을 전혀 다른 기준으로 규정하고 있다는 사실이다. 이렇게 해서 그리너웨이는 완전히 새로운 영화의 존재 방식을 만들어냈다.

예술적 패러다임의 전환과 치기 어린 장난의 백지장 사이에서 끊임없이 전위는 전복하고 선점한다. 전위는 틀이 없는 무형의 상태, 결과가 아닌 과정이며, 전환이 이루어지는 아주 짧은 순간이다. 변화마저 구조화됐을 때 패러다임은 교체되고 예술적 시기는 구분된다. 그러나 여전히 전위는 과정과 경계 위에 서서 위험한 웃음을 짓는다. 마치 환절기의 아주 짧은 긴장처럼.

〈NeGA〉 12호(1998년 11월)

1 —
항상 1등인 영화,
수줍게 대담한 나만의 기준

누구에게도 말하지 못할 사랑을 자기 안에 품고 사는 사람들이 있다. 그들은 사랑하는 대상에게조차 사랑한단 말을 못할 정도로 힘겨운 상황들을 겪어야 하고, 자신의 의지와는 상관없이 돌아가는 '세상의 이치' 때문에 고통받아야 하지만, 그러나 적어도 그들은 아무것도 사랑하지 않는 사람들보다 행복하다. 사람이란 결국 자기 자신으로 돌아오기 마련인데, 누군가를 사랑하고 있다는 벅찬 충만감은 바로 자기 자신을 그 어떤 존재보다 빛나게 해주는 조건이기 때문이다. 그는 자기 안의 사랑에 따라 자신의 인생을 그려 나가며, 그렇게 하고 있는 자신에게 미소 짓는다. 그에게 객관적인(물론 이 말은 다수결의 원칙에 따라 집합적인 동의를 얻은 기준이라는 의미일 것이다) 세상의 이치란 별반 중요한 것이 결코 아니다.

항상 1등인 영화에 관해 글을 쓰려고 하자 나는 사랑에 대해 바로 그런 생각들이 떠올랐다. 영화도 사랑과 마찬가지가 아닐까 하는…….
항상 1등인 영화라……. 서스펜스 분야에서 1등이라면 히치콕의 영화를 들먹거려야 하고, 몽타주라면 에이젠슈타인을 떠올려야 하는 걸까? 모더니즘 영화의 1등이라면 안토니오니의 몇몇 작품을 거론해야 하고, 혁신적이고 진취적인 영화라면 고다르를 언급해야 한다는 말일까? 대가다운 통찰력이라면 임권택을 말해야 하고, 신인다운 감수성이라면 이재용을 짚어내야 한다는 것일까? 이도 저도 아니고, 그냥 지금까지 나온 영화들 중에 항상 1등을 고르라면, 많은 평론가들의 '베스트 10'에 늘 1위를 차지하고 있는 오슨 웰스의 〈시민 케인〉(1941)이라고 말하면 되는 걸까? 그런데 대체 〈시민 케인〉과 나는 무슨 상관이 있는 걸까? 에이젠슈타인의 〈전함 포템킨〉(1925)과 나는 과연 무슨 관계를 맺고 있는 걸까?

만일 객관적인 기준에 따라 항상 1등인 영화를 거론하려고 한다면 누구나 이런 식의 곤경에 빠질 수밖에. 대체 객관적으로 어떻게 항상 1등인 영화를 감히 언급조차 할 수 있단 말인가? 따라서 나는 다시금 '누구에게도 말하지 못할 자기 안의 사랑'을 떠올린다. 그것만큼 극단적인 주관성을 보이는 게 없지만, 그것만큼 그의 인생을 행복하게 하는 것이 없고 그것만큼 그의 생활을 안정시켜주는 게 없는 바로 그 조건을 말이다. 항상 1등인 영화란, 꼭 그런 사랑처럼 내 안에 있는 남의 영화, 그렇게 가장 주관적인 경험에 따라 나와 가장 친밀한 영화라 말할 수 있지 않을까? 그런 영화라면 영화에 관해 내가 생각할 수 있는 모든 영역에서 나만의 기준이 되어줄 수 있을 것이며, 그렇다면 그것은 늘 나만의 1등인 셈이기 때문이다.

나한테 늘 1등인 영화는 레오스 카락스의 〈나쁜 피〉다. 대략 5년 전쯤 무엇을 하며 먹고 살까 갈팡질팡하고 있을 때 영화를 평생의 업으로 삼게 만든 작품이며, 지금까지 서른 번이 넘게 보고 또 봐도 늘 자리에서 일어나기 힘든 전율적 감동을 쏘아대는 영화이기 때문이다.

나는 수도 없이 쏟아지는 이런저런 멜로 영화들을 감상하고 멜로 영화에 대한 접근을 하려고 할 때도 주인공 알렉스가 터질 것만 같은 사랑의 고통에 거리를 질주하던 장면을 우선 떠올린다. 미장센과 프레임의 파격에 관한 글을 쓸 때도 화면 하단부에 간신히 머리를 걸치게 프레임을 만들어낸 카락스의 의도를 생각한다. 무채색과 원색의 조화와 부조화에 관해 골치를 앓을 때도 모노톤의 벽에 한 줄의 빨간 색이 그어져 있던 막스의 집이나 창백한 얼굴에 새빨간 스웨터를 입고 있던 안나의 모습을 상상한다. 쉽사리 맺어지지 않는 사랑이나 오해가 빚어내는 의미화의 과정을 분석하려고 할 때도 언제나 버스에서 만난 흰 옷 입은 여인을 안나로 착각하던 알렉스의 거대한 오류를 그 어떤 영화보다 가장 먼저 생각해내는 것이다.

내 안에 존재하는 나만의 1등 영화. 그 누구도 접근할 수 없는 천상천하 유아독존의 제1기준. 그런 영화가 이미 당신의 안에 존재한다면 당신은 영화에 관한 모든 담론과 개념과 구체적 실현을 바로 그 영화로부터 시작하고, 충분히 공부하고, 무엇보다 상큼하게 종결지을 수 있을 것이다. 바로 그것이 항상 1등인 영화다.

엽기 —
고상함은 악취미의 기괴한 미소로 인해 후퇴한다

이 지구상의 어딘가에선 아무렇지도 않게 인간의 신체가 난도질당하고, 끔찍한 대상을 상대로 극단적인 성애가 자행되고, 전혀 예상치도 못한 지점에서 삶의 유희들이 축제를 벌인다. 역겹고 추하기 그지없는 어떤 것들, 잔혹하고 공포스럽고 음습한 또 어떤 것들, 바로 그런 것들이 말이다. 데이비드 크로넨버그의 영화는 저리 가라 할 인간 육체의 섬뜩한 훼손과 기이한 변형들, 폭력의 의미를 무위화시키는 현대 사회의 제의들. 게다가 더욱 충격적인 것은 바로 그런 현상들이 악취미에 빠진 개인들의 일상적인 삶이나, 전혀 다른 의미에서 그것들을 받아들이는 문화적 개별주의에 갇혀 있지 않고, 공개적인 이미지로 구축되어 전파되고 있다는 사실이다. 이젠 누군가의 악취미를 감상하는 것 자체가 악취미가 되어버린 것이다. '기괴한 것을 좋아하고 찾아다님'을 의미하는 '엽기'는 직접적으로 그런 자극성을 쫓는 데에서 출발한다. 그것을 쫓아 즐기는 데에서 시작한다.

그러나 그것이 다는 아니다. 아시아의 숨겨진 어느 곳에서 누군가가 동족의 피와 살을 먹고, 현대성이 극도로 만연한 서구 사회의 어떤 후미에서 대머리 아저씨들이 이상한 방법으로 성욕을 채우고, 아프리카의 어딘가에서 완전한 어른이 되기 위한 아이들이 끔찍한 짓을 벌이는 것, 그리고 그 감춰진 역사를 들춰 집단적으로 관람하는 것만이 엽기적인 것은 아니다.

이 고상하지 못한 악취미는 어쩌면 바로 우리의 근방에서, 우리가 정상의 역사라고 부르는 바로 거기서 더욱더 살벌하게 자행되고 있는지도 모른다. 살육의 전장을 TV로 중계하던 걸프전의 '뉴스 다큐멘터리', 혹 그것은 인간의 사지를 절단하는 괴행보다 훨씬 엽기적이지 않을 것인가. 자동차 안을 아이의 사진으로 온통 도배하고, '예쁘기 그지없는' 짓거리만 골라서 하는 한 남자 연예인이 자랑스레 그걸 언론에 공개하고, 언론은 또한 그것을 신화적인 이벤트로 구축하는 것, 그것은 엽기적이지 않을 것인가. 비대한 몸뚱이를 귀엽게 흔들며 똑같은 말을 반복하는 전파 뚱땡이 텔레토비들이 몸만 크고 머리는 성장하지 못한 미숙아적 성인들의 유아적 취미를 재생하고 있을 때, 아침마다 그걸 즐겨보는 우리들의 모습은 정말 심각하게 엽기적이지 않을 것인가. 그리고 전혀 다른 얘기지만, 혹 사랑하는 연인을 위해 목숨을 바치는 '기인'들의 모습은 이제 엽기라고 비춰지지는 않고 있는가.

그렇다면 엽기는 좀더 광범위하게 시대의 아우라에서 일탈하는 '비정상성'의 의미로 확장된다. 그리하여 비정상성, 그리 무섭지 않은 이 단어가 '기괴함에의 취미'와 동격어가 되는 세상이 됐다면, 이야말로 정말 엽기적인 시대가 아니겠는가?

그리고 그 안에서 우리는 모두 꿈을 꾼다. 감히 일상에서 자행하지 못하는 어떤 것을 대리만족함으로써 일탈과 해방의 꿈을 꾼다. 그리고 동시에 우리는 모두 안심한다. 생각하지도 못한 엽기들이 실제로 만연하고 있는 인류의 횡적 역사를 목도하면서, 순간순간 내가 정상이 아니지는 않을까, 나는 점점 미쳐가고 있지 않은가 하는 불안감에서 벗어나는 것이다. 그들에 비한다면 나는 여전히 정상인 것이다! 난 그들을 관람할 뿐이지 결코 그들이 아닌 것이다! 그리고 동시에 우리는 모두 불안에 떤다. 엽기는 저 멀리 떨어진 오지에서 현현하는 괴기가 아니라, 바로 내 자신의 정상성 한 귀퉁이에 서식하고 있는 비정상성의 응축물이고, 그리하여 우리가 보는 바로 저 엽기적인 것들은 비정상성의 욕구가 집단적으로 발현되는 통제 불능의 나, 그리고 우리인 것이다. 바로 그 동시적인 안심과 불안 속에 이 시대의 엽기는 점점 더 그 영역을 넓혀가며, 점점 더 그 형상을 교체해가며 여기저기에 널려 있는 것이다.

〈NeGA〉 22호(1999년 9월)

하드고어 ─ 신체 훼손의 인류학, 야만의 복귀와 죽음의 공포를 벗어던지기 위한 쾌락

아주 어릴 때 바로 눈앞에서 벌어진 교통사고를 목격한 적이 있다. 나보다 어린 아이가 커다란 쓰레기차에 치인 것이다. 순간 그 아이의 목 부분은 쓰레기차의 바퀴에 으스러졌고, 절단된 머리가 내 가까이로 굴러왔다. 나는 교통사고라는 단어를 들으면 조건반사적으로 그 아이의 절단된 목 부분의 붉은 색 이미지가 떠오른다. 얼마 전엔 최근 우리나라에서 벌어진 어떤 참사에서 아이를 잃은 부모가 당시 아이들의 흩어진 시신을 보지 못한 것을 후회하는 글을 읽은 적도 있다. 그 부모는 아이들의 손상된 시체에 대한 상상에서 헤어나지 못하는 듯했다.

실연을 당하고 나면 그(녀)의 육체적인 감촉을 한동안 잊지 못하는 것처럼, 어떤 이의 죽음 이후에도 우린 상당 부분 시체, 곧 죽음의 물질적인 이미지에 집착하는 것 같다. 그리고 사실 이것은 새롭거나 획기적인 발견이 아니다. 정신 또는 개념에 대한 집착과 함께 물리적인 육체에 대한 관심은 인류 역사의 커다란 두 축이다. 그 두 개의 축은 서로 우위를 가늠하며 이제껏 흘러왔지만, 사실상 상당 부분 정신은 숭상되고 육체는 폄하되어 왔다. 그런데 최근 '아랫것' 이던 육체에 대한 관심이 날로 높아지고 있고, 물질적인 것에서 비롯되는 세계의 구성 원리가 부각되고 있다. 하드고어. 주로 인간의 육체에 가해지는 극단적인 상해와 훼손을 시각화한 것들. 그것은 우선, 바로 그 물질적인 육체에 대한 호의적인 관심과 맞물린다.

하드고어의 시발점은 일단 우리가 '몸에 집착' 한다는 것이다. 그런데 그 의미를 탐구하자면 그것은 바로 '몸의 시대'로의 환원이다(혹시 에로 영화도 이런 심오한 이유 때문에 번성하는 게 아닐까). 정신의 머리 터지는 발달에 지친 우리는 지금 인류의 '대가리'가 더 이상 진화되지 않기를 바랄지도 모른다. 지식과 기술의 과도한 발전이 남긴 것은 무엇인가? 테크놀로지에 대한 불안과 디스토피아의 절망적인 예견뿐이다. 그리하여 우리는 다시 온전히 몸이 지배하던 '순수의 시대'가 그리운 것인지 모른다. 많은 SF 영화들은 결국 근육질의 신체에 의존하는 미래를 제시함으로써 은근히 '몸의 시대'를 찬미하고 탐한다. 〈에이리언〉(1979), 〈혹성탈출〉(1968) 같은 SF 영화에서 우리는 얼마나 많은 이미지들이 육체를 중심으로 펼쳐지는가를 확인할 수 있다. 원초적인 몸뚱아리의 에일리언 퀸과 알들, 그리고 리플리와 벌이는 육탄전. 거기선 그야말로 '모든' 것이 '육체적'이다.

자, 그래서 우리는 지금 우리 자신의 물리적인 육체에 집착하고 있다. 그런데 왜 하필 찢어발기고 자르고 쑤시고 난도질하는 것일까? 만드는 사람도 좋고 보는 사람도 좋게 그냥 매끈한 피부나 어루만지고 땀이나 흘리게 하지 왜 하드고어일까?

아주 쉽게 답을 찾아보자면 그것은 '정신'이 만들어놓은 역사에 대한 반항이다. 정신은 문화를 낳고 문화는 도덕률과 금기를 태동시켰다.

이제 그게 지겹다. 그래서 우리는 더 이상 도덕과 금기에 지배당하고 싶지 않아 '야만'을 불러들인다. 원초적이 되고 싶은 것이다. 그것도 아주 극단적인 형태로. 그것이 바로 하드고어다. 그런데 뭔가 다른 이유도 있을 성 싶다. 16세기부터 18세기에 이르는 동안 죽은 자의 육신은 과학적 호기심의 대상이었다. 돈 많고 할 일 없는 귀족의 일부는 자신의 저택 지하실에 해부실을 가지고 있었으며 거기서 인체의 각 기관들을 분리시켜 수집하고 장식하는 행위를 취미로 삼고 있었다. 혹시 미술사의 이면에 관심이 있는 분들이라면 루벤스의 그림 중 일부분이 시체의 부패 과정에서 진전되는 색채의 변화를 그리고 있는 것임을 알고 있을 것이다. 그리고 바로 그런 엽기적인 행동들은 오늘날까지 꾸준히 이어져 우리는 지금 〈양들의 침묵〉(1991)에 나오는 '피부 수집가'처럼 소수의 '미친 놈'들이 여전히 취미 생활을 즐기고 있다는 것을 알고 있다.

그런데 그건 단지 그놈들만의 취미일까? 하드고어 영화에 등장하는 잔혹스러운 신체의 변형을 보며 즐기는 우리는 그놈들과 얼마나 다른 사람들일까? 그리하여 우리는 그 악취미에 동참하고 있는 우리 자신의 무의식을 들여다봐야만 하는 것인데, 그것은 바로 죽음에 대한 두려움을 잊기 위해서라 할 수 있을 것이다. 즉 우리는 이미 죽어버린 육신을 단지 과학적인 해부나 자연현상의 일부로 관찰하는 '객관적인 시선'을 유지하려 한다. 그것은 내 자신에게도 곧 닥칠 끔찍한 '생사의 분리'를 상징하는 것이 아니라, 다만 하나의 물질인 것으로 애써 받아들이는 것이다. 따라서 그 육신들은 의도적으로 훼손되고 절단나고 망가진다. 그 끔찍한 형상은 반복될수록 어느새 코믹하게 변질된다. 그러면 그럴수록 우리는 더욱더 죽음이 지닌 심각한 공포를 잊게 되는 것이다.

자 그리고 그것은 스크린 위에 고스란히 투영돼 우리는 하드고어 영화를 관람하게 되는데, 여기서 또 하나의 과정이 첨가된다. 그것은 바로 현대 영화에 있어서 '이미지의 스펙터클'이다. 실체가 아닌 가짜들의 이미지와 그 소비만으로도 충분히 생존과 쾌락이 가능한 후기 산업사회 속에서 영화는 모든 실체들을 자유자재로 변화시켜 스펙터클한 이미지들로 제공하는 데 선도적인 구실을 해왔다.

이제 거의 모든 것들이 그렇게 됐는데 남은 게 하나 있다. 바로 우리 자신, 인간의 육체다. 그것은 이미지 전복의 최후 대상으로, 우리는 우리 자신의 몸체가 이리저리 뜯기고 피 흘리는 이미지에 마주 서며 대단히 자극적인 쾌락을 감지한다. 예전엔 돈 많은 귀족들의 지하실에서 소수의 즐거움을 위해 봉사하던 잔혹한 신체 변형의 형상들은 이제 영화라는 매체에 의해 '대량 복제'된 이미지가 되어 만인 앞에 보여진다. 그리하여 죽음의 공포를 잊기 위한 악취미는 이제 대중의 쾌락으로 확장되는 것이다. 하드고어 영화에서 인간의 육체는 극단적으로 훼손되지만, 우리는 그것을 보며 점점 죽음의 추상적인 두려움을 잊어간다. 그리고 남는 것은 가짜임을 이미 알고 있는 신체 조직의 변형을 보며 깔깔거리거나, 내 피부로 칼날이 스며드는 듯한 마조히즘적 쾌락을 즐기는 일뿐이다.

하드고어 영화의 존재론. 그것은 오만에 빠진 정신문화를 전복시키려는 '야만적인 몸의 복귀'로부터 시작해, '신체의 훼손 이미지를 즐기는 쾌락'을 배가시켜 '죽음에 대한 두려움을 제거'시키려는 무의식적 열망의 결과물인 것이다.

〈NeGA〉 24호(1999년 11월)

우주 그리고 영화 — 우주의 시간: 영화를 본다는 것은 광속에 근접하는 시간여행이다

쌍둥이 형제가 있다. 그중 하나가 5년 동안 광속에 근접하는 속도로 우주를 비행하고 귀환했다. 그런데 남아 있던 그의 형제는 나이 90의 노인이 되어 있다. 자, 과연 이 둘은 여전히 나이가 같은 쌍둥이 형제인가? 이것이 그 유명한 시간여행의 '쌍둥이 패러독스'다.

백수십억 년으로 추정되는 우주의 역사 속에서 우리는 '시간'이라는 테제에 주목한다. 그것은 우주를 있게 하는 근원적 요소인 동시에, 친숙한 지구적 시간과는 분명한 차이를 보이는 미지의 본질이기 때문이다. 우주적 시간. 그것을 말할 때 반드시 짚고 넘어가야 할 것은 아인슈타인의 '속도'와 '광속', 그리고 '상대적 시간' 개념이다. 속도에 관해 아인슈타인의 특수상대성이론은 고속으로 운동하는 존재에게 시간은 팽창, 곧 느리게 흐른다고 말한다. 속도는 거리 나누기 시간이기 때문에 속도가 높아지면 시간은 짧아지고, 시간이 짧아진다는 것은 그 시간대 내부에 속한 존재에게 시간이 느리게 흐른다는 것을 의미한다. 그는 우리가 근접할 수는 있되 결코 도달할 수 없는 한계 속도로 광속, 즉 빛의 속도를 언급하는데, 광속은 시속 10억 8000만 킬로미터. 우주선이 광속의 99퍼센트 속도로 비행하면 시간의 속도는 7분의 1이 된다. 그리하여 광속의 99퍼센트로 우주를 비행하고 날아온 사람이 우주선 안에서 10년밖에 늙지 않은 사이 지구에 남은 사람들은 70년의 세월을 보내게 되는 것이다. 이것은 그 본질적 길이가 '상대적'으로 수축 또는 팽창하는 시간을 말하는 것이고, 따라서 지구에서 통용되는 '절대적 시간'과는 큰 차이를 보인다(물론 실험에 의해 시속 900킬로미터 정도의 비행기 안에서도 시간은 느리게 흐른다는 게 증명됐지만 광속과는 비할 바가 못 된다).

한편, 아인슈타인의 광속 개념은 우리가 무엇을 '본다'라는 행위와도 관련된다. 우리의 눈에 들어오는 모든 것들은 빛의 반사로 형성된 이미지인데, 그렇다면 빛이 피사체에 반사되어 우리 눈으로 들어오는 속도 또한 광속이다. 우주상에 널려 있는 별들은 서로 수 광년에서 수백만 광년까지 엄청난 거리로 떨어져 있는데, 1광년, 즉 빛이 1년 동안 운동하는 거리는 대략 9조 2232억 킬로미터다. 따라서 우리가 지구에서 10광년 떨어져 있는 별을 밤하늘에서 본다는 것은 그 별의 10년 전 상태를 보고 있는 것이다. 한편, 내가 3미터 떨어져 있는 친구를 본다는 것은 1억 분의 1초 전의 모습을 보고 있는 것이다(빛의 초속은 3억 미터다). 자, 이건 대단히 무서운 진실 하나를 우리에게 증명하고 있다. 그것은 '우리는 언제나 이미 벌어진 과거의 사실만을 보고 있다'는 것이다. 과연 지금 우리가 보고 있는 저 과거의 별이 현재는 소멸했는지, 내 앞에 보이는 저 친구가 1억 분의 1초 전에 이미 죽었는지 우리는 결코 알 수 없다. 즉 현재적 존재와 그것이 우리에게 인식되는 이미지 사이에는 결코 넘을 수 없는 시간의 간극이 발생한다(흥미롭게도 이 점은 자크 데리다의 기호학 개념인 차연differance, 즉 '기표와 기의는 결코 일치되지 않고 끊임없이 차이와 연기를 반복한다'는 것과도 연결된다).

그런데 신기하게도 광속과 상대성의 시간을 이해한다는 것은, 우리가 '영화를 보는 행위'와 유사하다. 결코 그 현재적 존재를 볼 수 없는 우리 세계의 광속적 이미지들, 그것이야말로 초당

24프레임의 잔상 효과를 통해 존재가 가능한 영화 그 자체가 아니겠는가? 정지된 이미지들이 끊임없이 잔상되며 연속적으로 보여짐으로써 마치 그것이 움직이는 것처럼 느껴지는 활동사진, 곧 영화. 우리는 끊임없이 바로 직전에 우리 뇌리에 박혔던 과거의 프레임 이미지를 기억한 채 다시 24분의 1초 뒤에 날아오는 또 다른 과거의 이미지를 받아들인다. 그런 식의 연속이 자연스레 움직이는 영상을 낳고 있는 것이다. 뤼미에르 형제는 이것을 알았을까? 영화란 우리의 본질을 규정짓는 우주적 시간의 가장 상징적인 매체라는 사실을. 그리고 나는 우주적 시간과 영화의 또 다른 연관성 하나를 상상한다. 고속으로 비행을 하면 우린 시간의 팽창 속에 진입해 나이를 적게 먹는다. 그러나 정작 우주선 속의 우리는 시간이 느리게 흘러가고 있다는 느낌을 받지 않는다. 극장에 들어간다. 엄청나게 확장되고 팽창되는 시간과 공간, 역사와 이야기들이 스크린 위에서 벌어진다. 그러나 극장 바깥의 '지구적 시간'으론 단지 두 시간 정도일 뿐이다. 그렇다면 우리가 영화를 본다는 행위 자체는 마치 우주를 여행하는 것과 같지 않을까? 그 무한대로 팽창하는 소우주를 빠른 속도로 경험한다는 것은 시간여행을 즐기는 것과 무엇이 다를 것인가? 영화가 끝나고 극장 문을 나섰을 때, 우린 남들보다 최소한 몇 초 정도는 더 젊어 있는 것은 아닐까?

더불어 아인슈타인이 특수상대성 이론을 정립했을 때, 거기엔 정치적이고 도덕적인 함의도 포함돼 있었다. 그의 대전제는 누구라도 광속을 초월할 수 없다는 사실이고, 그것은 결국 그 누구도 광속보다 빠르지 않다는 점에서 모두 동등한 지위에 있다는 것을 의미한다. 그렇다면 이 거부할 수 없는 자연의 법칙은 누가 사용해도 마찬가지가 되며, 이런 전제 아래 사회

체제 속의 계급 구조, 또는 특권 계층이란 별 가치가 없는 것이다. 그렇다면 나는 이 '특권 해체적' 우주와 유사한 영화에 대해 동일한 기대를 한다. 부르주아적 영화니 프롤레타리아적 영화니 하는 변별을 제쳐 두고 영화는 만인에게 동등한 예술이어야 하지 않겠는가? 영화란 누구나 극장 안에 들어서면 지위고하를 막론하고 무한대의 시간을 맛볼 수 있는 계급 해체의 매체가 되어야 하지 않겠는가? 그 거대하고 광활한 우주처럼 말이다.

《NeGA》 25호(1999년 12월)

상상동물 이야기 ─
숭배, 외압, 성스러운 폭력,
불사의 희구, 악마성

대부분의 상상 동물들이 고대부터 전승되어온 것을 생각해볼 때, 상상 동물은 인류의 거울이라 할 수 있을 것이다. 자, 그럼 대체 인류는 왜 그따위 괴상망측한 동물들을 상상하는 데 시간을 허비했을까? 나는 별로 검증된 적이 없는 몇 개의 '상상'들을 주저리주저리 늘어놔볼까 한다.

우선 첫 번째, 그것은 '숭배와 경외의 대상'이라는 외피를 뒤집어 쓴 '외압'의 상징이 아니었을까? 우리가 익히 잘 알고 있는 《아라비안 나이트》의 로크 즉 무인도에 버려진 신밧드가 그 다리에 터번을 묶고 탈출한 거대한 새 로크(어릴 적 그 만화와 멜로디가 생각나지 않는가)는 마르코 폴로의 《동방견문록》에도 등장한다. 이 책에 따르면, 마다가스카르 섬의 주민들은 1

년 중 어느 특정 기간이 되면 남쪽으로부터 독수리를 확대한 듯한 엄청난 몸집의 새가 날아온다고 전한다. 이 새의 이름이 로크다. 로크는 새끼들에게 코끼리를 먹일 정도로 거대한 새다. 로크는 마다가스카르 주민들에게 숭배의 대상이었다. 그런데 이렇게 그들이 살고 있는 세계의 '바깥'으로부터 등장하는 존재는, 흡사 주기적으로 외국과 전쟁을 일으켜 국가 내부의 분란을 잠재우는 정치 기술과 비슷하다. 그렇다면, 기괴한 형상을 하고 주기적으로 인간들을 찾아오는 상상 동물들은 아마도 인간 사회 내부의 현실적 문제들을 신화적인 공포심을 통해 일거에 잠재우려는 음모의 소산이 아니었을까? 자, 그런데 이것에 대해선 정치적인 분석 외에 문화인류학적인 해석도 가능할 것 같다. 프랑스의 철학자 르네 지라르는 《폭력과 성스러움》에서 '희생의 정화 기능'에 관해 논한다. "만약 희생물에 대한 만장일치의 폭력이 정말 위기를 종결짓는다면, 이 폭력은 분명히 인간이 보존하고 있는 모든 소중한 것들의 실질적인 기원을 이루게 된다. 다른 신화적 인물에 의해 한 신화적 인물이 살해되는 것으로 끝나는 모든 기원 신화가 은연중에 단언하고 있는 것이 바로 이것이다. 이 사건이야말로 문화 질서의 창립자로 여겨진다." 이것은 사회체제를 유지하고 사람들의 마음을 종교적으로 안정시키기 위해 주기적으로 '제물'을 바치던 행위에 대한 것이다. 그 제물은 흔히 동물이거나 또는 '처녀' 같은 '순수한 인간'이었다. 그들에게 가해진 집단적인 폭력, 곧 살인은 결코 해로운 폭력이 아니라 제의적인 정당성을 가지고 있었다. 그런데 많은 경우 그들이 제물을 바치는 대상은 추상적인 신이거나 상상 동물이었던 것이다. 즉 인간들은 자신들이 가하는 폭력의 주체를 상상 동물로 상징화함으로써 폭력의 책임을 상상동물에게 전가하고는 정당하게 사회를 유지시킨 것이다. 그렇다면 상상 동물은 단순한 외압의 상징뿐만이 아니라 사람들의 폭력 행위를 대리 실현시켜주는, 역으로 그 자체가 일종의 '사회 심리학적 희생물'이었던 셈이다.

두 번째로 생각해볼 수 있는 상상 동물의 탄생 원인은 '불사'. 죽지 않고 영원히 존재하고 싶은 인간의 바람이다. 고대 중국을 비롯한 많은 문화권에서 불멸장생은 모든 권력을 다 가지고도 도달할 수 없는 영원한 이상이었다. 불로장생의 풀, 젊음의 영약, 불사의 신선들이 살고 있는 금지된 지역의 신화가 영원히 살고싶은 인간들의 심리에 따라 상상됐는데, 상상 동물 역시 바로 그런 바람의 소산인 것이다. 17세기 중국의 화학의료가 손사모는 "나는 고설을 두루 읽었다. 책이면 책마다 대가의 몸에 날개가 돋고 공중 부양을 하는 것이 환단의 효능이라는 데 입을 모으고 있다"고 말했다. 몸에 날개가 돋고 공중 부양을 하는 것, 그것이야말로 중국인이 불사의 상징으로 추앙하던 '봉황'의 이미지이며, 이집트인이 상상하던 불사조 피닉스의 형상이다. 이집트인은 파라오의 불멸을 꿈꾸는 피라미드와 함께 영원히 죽지 않고 순환하는 피닉스를 그려낸 것이다. 머나먼 환상의 섬에 살고 있는 불사의 신선들을 만나는 것은 중국 고대 황제들의 최후 관심사였다고 하는데, 아마도 그들이 섬에서 만나려고 한 것은 상상 동물이었을지도 모른다. 바로 이렇게 상상 동물은 인류가 꿈꾼 불사의 영약, 환단의 상징이었던 것이다.

자, 그런데 흥미로운 것은 바로 세 번째로 들수 있는 생각이다. 이것은 '불'과 관련된 단상이다. 불, 그것은 인류의 문명을 밝혀준 기원인 동시에, 인류의 사악함을 태동시킨 시초로도 의미가 있다. 여기서 고대 아수르 족에 관한

신화를 하나 얘기해보자. 아수르 족은 지구상에서 처음으로 철을 용해한 민족이다. 아수르 족의 대장장이들은 불을 다루는 최고의 기술자들이었다. 그런데 그들이 만든 용광로의 연기가 아수르 족의 신 싱봉가의 심기를 불편하게 해 그들은 결국 불에 타 죽는다. 그리고 이 일에 관해 주변 종족들은 그 심판이 마땅하다고 생각했다. 이것은 그만큼 '대장장이'라는 존재가 적대적인 증오의 대상이었다는 말로 귀결되는데, 이것은 사실 바로 그 대장장이들에 의해서 시작된 인류 역사의 어떤 시대, 곧 '철기시대'에 대한 비난으로 이어진다. 철기가 생산되면서 인류는 전쟁, 학살, 권력 구조, 빈곤의 역사를 심화시켰기 때문에 철기 시대는 "가장 비극적이고 야비한 시기"로 '지금까지도' 이어지고 있는 것이다. 따라서 인류는 철과 관계된(그리하여 불과 관련된) 존재들을 일종의 '악마'로 규정짓는다. 대장장이들의 악마성을 뒷받침하는 것 중엔 그들이 좋은 철을 만들기 위해 산사람을 철과 함께 용해시켰다는 전설이 있다. 그만큼 불에 의한 금속의 용해는 인간을 희생시키는 악마성을 지니고 있던 것이다.

그런데 '불'은 곧 상상 동물들의 상당수와 관련이 있는 물질이다. 동서양의 용을 비롯한 수많은 상상 동물들이 입에서 불을 뿜어 사람들을 해치는 이야기는 귀가 닳도록 들어왔다. 그렇다면 이것은 불을 다루는 대장장이들의 악마성이 불을 뿜는 상상 동물들의 이미지로 전이됐을 수도 있다는 생각을 하게 한다. 불과 철, 그리고 철기 시대가 이룩한 극악무도한 세상에 회의를 느낀 인간들은 전 시대부터 계승되어온 상상 동물들의 모습에 불의 형상을 추가하고는 그들을 절대적인 공포와 불안의 상징물로 구현해냈을 것이다. 그리고는 그들을 비난함으로써 인류 역사가 밟아온 악마성에의 비판을

대신한 것이다. 바로 그렇게 상상 동물은 인류의 악마성을 대리 상징하는 존재다.

상상 동물과 불의 악마성이 가지고 있는 연관성은 대장장이와 상상 동물의 외형적 공통성에서 찾아진다. 전통적으로 대장장이의 신은 '애꾸눈의 신'으로 불렸다. 대장장이의 도제 시스템은 그들을 주관하는 신의 형상을 본 따 애꾸나 외다리 같은 '불구의 기형적 신체'를 일종의 통과의례로 받아들였다. 게다가 철을 다룬다고 하는 것은 비교 및 야금술과 관련되는 것으로, 그것을 행하는 자들은 일반인들이 접근하기 힘든 험준한 산악지대나 오지에 살고 있던 것이다. 금지된 구역에 살고 있는 기형적인 존재들. 그것이야말로 정확히 상상 동물의 이미지가 아니고 무엇이겠는가? 그것이야말로 환상의 세계 속에 존재하며 온갖 추하고 기괴한 변형-조합의 형체를 지니고 있는 상상 동물 외에 달리 무엇이겠는가?

노아의 방주에 들어가지 못했는데도 끈질기게 살아남아 중세 때까지 인류를 괴롭혔다고 전해지는 상상 동물 '펠루다'는 이 모든 것을 종합한다. 머리는 뱀에 거북의 발을 하고 날카로운 가시가 돋았으며 몸뚱이에는 푸른 털이 가득했다는 이 기형적 괴물은 화가 나면 화염을 내뿜었으며, 처녀나 아이들 같은 순결한 인간을 잡아먹었다고 한다. 순결한 인간을 희생시키며 불을 뿜는 기형 괴물. 펠루다는 상상 동물에 관한 몇 가지 생각들의 완결판이다.

숭배와 경외, 외압, 성스러운 폭력, 불사의 희구, 철기 시대를 은유하는 악마성. 자, 이것이 상상 동물의 태동 이유다. 그런데 그들은 지금까지도 여전히 인류를 사로잡고 있는 것일까? 그 해답은 바로 영화다. 현대 인류에게 상상 동물을 끊임없이 주지시키고 있는 흥미로운 매체는 바로 영화다. 고대부터 이어진 상상 동물의 이

미지들은 영화 속에서 지속적으로 변형, 재창조되며 우리를 둘러싸고 있다. 더불어 고대적인 상상 동물의 존재 이유들은 현대 영화 속에 몇 가지 두드러진 카테고리로 구분되며 재등장한다. 자, 이제부터 우리는 영화 속에 등장하는 상상 동물들의 갖가지 형상들에 적나라하게 마주 선다.

《NeGA》 26호(2000년 1월)

영화 속의 전설과 영웅들 — 전설과 영화는 동일한 지점에서 만나고 있다

예수가 자신의 제자들과 최후의 만찬을 벌인 식탁에서 사용한 잔은 그가 십자가 위에서 대속의 피를 흘렸을 때 받는 데에도 사용된다. 얼마가 지난 뒤 이 잔을 간직하고 있던 요셉은 이것을 영국으로 옮기게 되는데, 왜 예수의 잔을 영국으로 가져갔는지는 불분명하다. 오래지 않아 요셉이 죽고 잔은 행방불명이 됐는데, 이때부터 이 잔의 행방은 영원한 미스터리로 남는다. 천 년이 넘는 시간이 흐른 뒤 영국인들은 예수가 피를 받던 이 잔을 '성배'라 부르기 시작했고, 어딘가에는 존재하고 있을 이 성배를 찾는 일은 기사로서 할 수 있는 최고의 영예라고 생각했다. 우리가 익히 알고 있는 것처럼 아더왕 시절의 기사들을 비롯한 많은 영웅들이 성배를 찾는 모험길에 오른다.

성배를 찾는 기사들의 영웅담은 영국인에게 일종의 민족적 자긍심 같은 것으로 남아 있다. 예

수의 성배가 자신들의 조국 어딘가에 묻혀 있다는 사실도, 또한 그것을 찾기 위해 선대의 영웅들이 목숨을 걸고 뛰어들었다는 것도 상당히 뿌듯한 전설임에는 틀림없다. 많은 경우 전설은 이렇게 어떤 집단이나 민족, 국가의 정신적인 토대로 작용할 때가 있다. 그만큼 전설이 사람들에게 끼치는 영향력은 막대하다는 얘기다. 그러나 한편으론 전설이나 영웅담이라는 것이 언제나 긍정적인 환상으로만 작용하지는 않는다. 민간에 전승되는 여러 가지 전설들 중엔 어리석은 인간들을 응징하는 내용이 많고, 인간의 행동을 위축시키는 공포스러운 이야기들도 많다. 〈전설의 고향〉에 등장하는 많은 이야기들은(현실적인 개연성을 가지고 있는 내용들만을 추려봐도) 다 여기에 속하는 전설이라 할 수 있다.

이렇게 전설은 어느 시대에나 상존하는 고통을 치유하는 '거대한 환영'인 동시에 사람들의 윤리적 가치관을 재정립시키는 '도덕률'의 기능을 하고 있다. 현실적인 문제에 늘 부딪히며 살아가는 우리는 꽤 많은 몽상의 시간에 전설 속의 영웅을 꿈꾼다. 그들은 세상을 바꿔주기도 하며, 때론 나 자신이 영웅이 되기도 한다. 현대 사회에서 전설과 영웅담은 어딘가로 탈출하고 싶은 인류의 욕망을 대변한다. 한편 전설은 법제적인 통치에 익숙하지 않던 고대 사회부터 그것의 통제를 거부하고 싶은 작금에 이르기까지, 사람들의 혼란스러운 정신세계를 규율하는 행동 지침으로서도 충분히 작용해 온 것이다.

그리하여 전설과 영웅은 인류의 현실적인 역사와 영원히 동반하고 지금 우리들의 영혼 깊숙한 곳에까지 깃들어 있다. 그런데 지금 우리에게 그런 전설과 영웅들의 생생한 이미지를 재현시켜주는 것은 바로 영화다. 놀랍게도 영화는 수천 년 동안 전설이 인류에게 행사하던 바로 그 기능, '판타지'와 '도덕률'의 기능을 전승하고 있다고도 볼 수 있다. 현대 인류의 상당수는 영화를 통해 꿈을 꾸고, 영화를 통해 자각한다. 그리하여 거의 비슷한 역할을 수행하는 영화와 전설의 만남, 그 교집합의 관계는 상당히 흥미롭다. 그것은 인류를 향해 배가되고 증폭된 전설의 형상이며 지금 우리의 적지 않은 관심사가 되고 있는 것이다.

《NeGA》 27호(2000년 2월)

쌈마이 —
쌈마이 '정신'의 부활

19세기 고고학자들이 이탈리아의 고대 유적들을 발견했을 때, 사람들은 고대 이탈리아인이 벽에 그려놓은 저질스러운 성교 장면들을 보고 경악했다. 노골적인 성기 노출과 성교에 대한 묘사들, 윤리적인 제약에서 완전히 자유로운 벽화들, 그리고 도기에 그려진 그림들에서 급기야 '낙서 문화'에 대한 논쟁이 촉발됐다. 시대의 집단적 이데올로기와 정치적 가치, 그리고 고급 예술의 강박관념에 물들지 않고 자유로운 개인의 정서를 마음껏 표출한 그림들. 분명하게 그것들은 당대의 저급한, 그러나 솔직하고 서민적인 관심사의 표출이었고 젠체하며 체면을 따지는 위선적인 지배계급에 대한 저항정신을 보여주고 있었다. 그리하여 이것들을 가리키는 말인 '낙서graffiti'는 어느덧 '솔직한 자기감정의 표현'이라는 뜻을 갖게 됐다.

공중화장실 칸막이 문 안쪽엔 별별 쌍소리들이 담긴 낙서들이 가득하다. 심지어 거기엔 일정한 내러티브의 수준까지 갖춘 낙서들도 즐비한데, 과연 이 모든 것들은 부정적인 것일까? 그 낙서들이 대부분 성과 정치에 관한 것이라는 사실은 의미심장하다. 그 제도되지 않은 '매체'는 이 땅에 살고 있는 수많은 대중들의 솔직한 심정이 아닐 것인가? 그 '익명적 솔직함'은 곧 '대중성'과 동의어이지는 않을 것인가?

1728년 런던에서 초연된 극작가 J. 게이와 작곡가 J. 페푸시의 오페라 〈거지 오페라〉엔 창녀, 거지, 장물아비, 강도 등 사회 '저低명' 인사들이 떼거지로 등장한다. 이 오페라는 당대의 영국 사회를 살아가는 보통 사람들의 진솔한 욕망과 현실적인 범죄들을 노골적으로 보여주는 가운데, 실은 당시 총리이던 R. 월폴의 추잡한 여성 편력과 거지보다 더 더러운 정치판의 현실을 풍자하고 있었다고 한다. 이 오페라를 통해 오페라 하면 예술적인 클래식 선율, 시적인 대사, 운명적이고 극적인 귀족들의 이야기, 현실에서 멀찌감치 떨어진 인간 그 자체에 대한 신화적 해석만을 떠올리던 사람들에게 새로운 개념의 오페라가 정립된다. 이 '저질' 오페라는 오페라의 대중문화화에 기여한 동시에 강한 풍자정신을 표방한다. 이듬해 후속편으로 제작된 오페라 〈폴리〉는 월폴 총리가 공연을 금지시킨다. 대중들의 강한 힘에 대한 정치권의 위기의식인 것이다. 〈거지 오페라〉를 브레히트가 개작한 것이 바로 1928년의 〈서푼짜리 오페라〉다.

지독한 대공황으로 영화관을 찾는 관람객의 수가 급격하게 줄어든 1930년대의 미국. 그러자 미국의 메이저 영화사들은 다시 관객들을 극장으로 불러 모으기 위해 이른바 '동시 상영'이라는 아이디어를 고안해낸다. 마치 권투의 본 경기 이전에 신인들이 나와 오픈 게임을 하듯이, 원래 상영할 예정인 본 영화 앞에 한 시간 정도 분량의 짧은 영화 한 편을 덧붙이는 것이다. 이것이 바로 'B급 영화'의 시작이다. 본 영화를 A급 영화로, 동시 상영용 영화를 B급 영화로 부른 것이다. 대개 B급 영화들은 동시 상영의 프로그램을 채우기 위해 만들어지던 것이었으므로 스튜디오들은 큰돈을 안 들이고 마구 만들기 시작했고, 이렇게 해서 '저예산 영화'라는 개념도 도출된다. 처음엔 메이저 영화사들이 B급 영화도 함께 제작을 하다가 나중엔 독립 프로덕션들로 그 제작 주체가 옮겨진다.

말하자면, 그저 시간 때우기용 싸구려 영화로 시작한 B급 영화. 그런데 시간이 지나면서 이 '저질' 영화들은 또 다른 정체성을 갖추기 시작한다. 마치 권투의 오픈 게임에 나서는 신인들이 장래의 챔피언을 꿈꾸고 있듯, B급 영화는 장래 최고의 메이저 감독으로 부상하려는 신인 감독들의 실험적인 장이 되었던 것이다. 아울러 B급 영화는 예술적 완성도를 제대로 검증하지 않고 양산해내다 보니, 주변에서 흔히 볼 수 있는 통속적인 이야기를 극화시킨 것이 대부분이었는데, 이것이 나중에는 오히려 사회의 적나라한 현실을 직접적으로 풍자하는 것으로 탈바꿈하게 됐다. 우리가 흔히 B급 영화 하면 떠올리는 로저 코먼의 영화들이나 싸구려 공포물, 말도 안 되는 SF 영화들은, 사실상 메이저 영화가 오락성에만 급급하고 있을 때 당대의 현실을 은밀히 묘사하고 풍자하고 은유하는 것으로 자신의 정체성을 찾아간 것이다. 그리하여 지금 대부분의 평론가들은 B급 영화들에서 가장 첨예한 현실 비판의지를 찾아내며 그 가치를 인정하지 않을 수 없게 됐다.

1920년대의 대한민국. 가만히 서서 수다를 늘어놓는 남자가 등장한다. 그 이름, 신불출. 이른바 '만담'의 시작이다. 그의 만담은 1950년대의 김윤심, 1960년대의 김영운, 장소팔, 고춘자로 이어져 찬란한 '만담의 시대'를 개척한다. 그런데 만담은 단순한 말장난이 아니다. 서민들이 사회에 대한 울분을 쉽게 발언하지 못하는 정치적 현실 속에서, 만담은 그것을 우회적으로 대리 배설해주는 풍자정신을 강하게 띠고 있던 것이다.

자, 이탈리아의 성적인 그림과 공중화장실의 낙서, 영국의 거지 오페라와 B급 영화, 그리고 우리의 만담은 모두 '저질 삼류' 문화라는 공통점을 가지고 있다. 그러나 오히려 그렇기에 자유롭게 시대를 풍자하고 위선자들의 베일을 속시원히 벗기는 힘을 지니고 있었다. 이것이 바로 '쌈마이 정신'이다. 쌈마이 문화, 그것은 분명 노골적인 저질성으로 인해 부정적인 측면을 강하게 띠고 있음이 사실이지만, '어떤 쌈마이'들은 그렇지 않다. 그것이 나는 지금 못내 아섭다. 혼탁하게 돌아가고 있는 요즘 세상에서 세상을 진솔하게 공격하고 해부하는 쌈마이 정신이 참으로 그립다. 어쩌면 우리에겐 지금 제도화된 여론 형성이나 진지한 사회 비판 운동의 한쪽에 이런 쌈마이적 공격력이 필요할지도 모르겠다.

《NeGA》 29호(2000년 4월)

우리가
사랑할 수밖에 없는
나쁜 영화

남들이 '나쁜 영화', '싸구려 영화'라고
손가락질하는 작품을 적극 옹호하는
이지훈의 최후 변론.
자신의 '일화'를 세상의 '영화'와
연결 짓는 기발한 발상이 돋보인 인기 코너.
《FILM2.0》 창간호(2000년 12월 19일 발행)부터
51호(2001년 12월 4일 발행)까지 1년간 연재.

무식한 저개발의 기억

〈버닝 The Burning**〉**
감독 토니 메일람 | **출연** 브라이언 매튜, 레아 아이레스,
브라이언 베커 | 1981년 | 미국

내가 백인 여자의 풍만한 가슴을 처음 본 것은,
그러니까 〈버닝〉에서였다. 캠프에 놀러온 여고
생 하나가 어슴푸레한 새벽에 샤워를 하고 있
었다. 처음에 카메라는 그녀의 목 위를 비추고
있었는데 차츰 가슴팍으로 내려오는 것이었다.
어린 나이에 '설마 가슴을 보여줄까' 하면서도
조금만 더 내려와주면 참 고맙겠다고 생각했
다. 그러더니 비눗물에 미끄덩거리는 젖가슴을
떡하니 보여주는 게 아닌가? 헉.
중학교에 다니던 1980년대 초반의 일이다. 당
시 여의도에 있던 A비디오란 곳에선 지하 쪽방
에 무수히 많은 B자 베타 비디오들을 숨겨두
고 있었는데, 주인 아저씨의 측근이라 할 몇몇
불량소년들만이 그 비디오를 빌려 보는 특권을
누렸다. 〈버닝〉도 그때 본 것이고 내 영화 감상
에 축적된 저질 문화의 기억들은 그렇게 만들
어지고 있었다.
나는 아직도 야심한 밤의 엘리베이터가 무섭다.
스르르 닫히는 문 사이로 갑자기 시퍼런 칼날
이 들이닥쳐 내장을 후벼 팔지도 모른다는 공
포다. 칼날에 대한 공포. 이것도 〈버닝〉의 작두
만한 정원 가위가 시작이었다. 감독도 기껏해
야 〈스톤 스콜피오〉(1992) 같은 졸작을 만들
었을 뿐인 이 영화는, 분명히 바로 전해에 나
온 〈13일의 금요일〉(1981)의 형편없는 아류작
이다. 숲 속 캠프를 무대로 벌어지는 살인마의
잔혹극은 대부분 하향 모방된 것에 불과하다.
하지만 물컹거리는 뱀 비늘처럼 섹시한 가위날

과 숨 막히게 흔들거리는 젖가슴의 기억 때문
에 어린 시절의 나는 공포와 에로로 뒤범벅이
된 하위문화의 풍성함을 계속 사랑하고 또 향
유했다.
의외로 〈버닝〉엔 〈13일의 금요일〉류와 조금 다
른 특징이 있다. 범인의 실체가 나중에야 밝혀
지는 대부분의 공포 영화에 비해 〈버닝〉의 살인
마는 처음부터 그 정체가 드러난다는 것이다.
게다가 몇 번 가짜로 놀라게 한 뒤에 벌어진 첫
살인 이후로 일사천리의 도륙이 한순간에 몰아
친다. 국내 비디오판엔 많이 잘렸지만, 살인 방
법은 지나치게 끔찍하다. 말하자면 이 영화는
팬시리 드라마로 장난을 치는 시건방을 떨지
않고 무식하게 잔혹한 이미지 자체에 집중하는
것이다. 〈버닝〉엔 슬래셔 호러의 육질적 '진심'
이 있다.

《FILM2.0》 창간호(2000년 12월 19일)

기차를 잘못 탔다?
그래서 어쩌라고?

〈폭주기관차 Runaway Train**〉**
감독 안드레이 콘찰로프스키 | **출연** 에릭 로버츠, 키일
헤프너, 존 보이트 | 1985년 | 미국

인간이란 징그러울 정도로 간사한 존재다. 하
루에 세 시간 남짓밖에 자지 않으며 일할 땐 새
벽 3~4시에도 거뜬했는데, 크리스마스 연휴엔
저녁 9시에도 졸음이 쏟아졌다. 한없이 느려진
이틀간의 타임머신을 타는 동안 내 몸은 약삭
빠르게도 그새 생리주기를 바꾼 것이다. 하지

만 다시 쾌속선을 타는 일도 그리 어렵지 않다. 불과 몇 시간 만에 다시 헤모글로빈이 치솟고 모공이 바짝 조여든다. 이렇게 살다간 남들보다 빨리 죽을 것 같긴 하지만, 어쩌겠나? 세상이 나를 돌봐주지 않는 한, 인생 선배들이 당근은커녕 채찍만 휘둘러대고 있는 한, 내가 세상을 봐주며 살아야지.

결코 치밀하지 않은 교도소 탈출기이며, 절대 세련되지 않은 질주 영화 〈폭주기관차〉에서 알래스카의 중범 형무소를 탈출한 매니와 버크 역시 무작정 질주하는 인생길에 오른 사람들이다. 혹한의 눈밭을 가까스로 관통한 두 사람은 기차에 오르지만, 영화 속 대사처럼 그들은 "기차를 잘못 탔다." 기관사도 없고 브레이크도 망가진 기차는 시속 140킬로미터의 폭주를 계속한다. 주목해야 할 건 매니와 버크가 폭주의 원인을 알지 못한다는 것이다.

지금 내가 그렇다. 막연한 인생의 목표는 있지만 구체적으로 지금 이 엄청난 속도의 원인을 알지 못한 채 그저 편승하고 있다. 기차를 잘못 탔을 수도 있다. 하지만 그걸 생각할 여유는 없다. 내가 탄 기차가 140킬로미터의 속도로 질주하고 있다면 나도 140킬로미터로 달릴 수밖에 없다. 감독 안드레이 콘찰로프스키는 셰익스피어의 말을 빌려 "짐승에게도 자비심은 있다. 그것도 없는 난 짐승조차 아니다" 운운하며 인간성 풍자를 들먹이고 있지만, 사실 이건 진짜 이야기가 아니다. 중요한 건 기차에 올라탄 순간 매니와 버크는 엄청난 속도감을 체득하며 생존을 위해 숨 가쁘게 머리를 굴린다는 사실이다. 돌이킬 수 없는 시간의 지배를 받으며 전혀 다른 리듬을 육신에 우겨넣는 것이다.

여기엔 이중적인 속내가 담겨 있다. 세파에 휘둘리는 인간이 불쌍하면서도, 언제든지 인간은 세상에 아부하며 나름대로 살아남을 수 있다는 얘기다. 좀 비굴하지 않은가? 하지만 어쩌겠는가? 이렇게라도 질긴 목숨 부지하지 않으면 손해 보는 건 나 자신 뿐인데. 어쨌거나 달려가련다. 결국 매니는 승리에 도취하며 죽음을 선택했고, 버크는 자유와 여자를 얻었다. 나도 둘 중의 하나는 얻겠지. 질주 끝에 멈춰선 순간 내가 세상을 이겼다고 자위하거나, 그렇게 달리는 동안 주워 모은 떡고물에 눈 오는 날의 개처럼 좋아 날뛰거나.

《FILM2.0》 3호(2001년 1월 2일)

송구영신? 허튼소리

〈**그로잉 업**Eskimo Limon, Going All The Way〉
감독 보즈 데이비슨 | 출연 애너트 애츠먼, 조너선 시걸, 이프타크 카저 | 1978 | 이스라엘

내가 처음으로 성교육을 받은 건 언제였을까? 관련 업종에 종사하는 아버지 덕택에 이론적으론 일찌감치 눈을 떴지만 실전은 어른이 되고도 한참 뒤에나 했으니, 그 사이 내 타는 목마름을 채워준 시청각 교재는 무엇이었을까? 중학생이 된 후엔 여성지에 실린 체험 고백을 읽으며 상상력을 키웠지만 포르노를 보며 심박수를 증가시킨 건 비교적 늦은 고등학교 때였으니, 대관절 그 사이에 무엇이 있었을까? 그것은 바로 〈그로잉 업〉이었다.

거기서 친구들은 차례로 뚱보 아줌마의 배 위에 올라타 달뜬 표정으로 극락정토를 왕래했다. 그것은 정녕 내 꿈이었다. 탈의실에 둘러서서 누구 물건이 제일 큰지 자로 재는 주인공들

의 모습은, 스무 살이 가까워 올 때까지 내 물건의 성장 과정을 30센티미터 자로 꼼꼼히 확인하게 만든 모범 교안 같은 것이었다. 〈그로잉 업〉은 나를, 그리고 내 그놈을 '그로잉'시키고 '업'시킨 위대한 걸작이었으며, 끝내 나는 사내 녀석들이 그릴 수 있는 가장 순수한 욕망의 성화였다. 그것이 다는 아니다. 어울리지 않게 〈그로잉 업〉의 스토리는 신파조다. 벤지가 사랑하는 니키는 바비의 아이를 임신하지만 바비는 니키를 차버린다. 벤지는 버림받은 니키를 정성껏 보살피고 니키도 그에게 의지한다. 그러나 니키에게 줄 반지를 손에 든 벤지가 부엌문을 열었을 때 목격한 것은 다시 만난 바비와 니키의 뜨거운 키스였다. 벤지는 힘없이 돌아서 길을 걷는다.

인생이란 놈은 이렇게 잔인한 걸까? 종종 인간은 마음 한쪽에 절대 사라지지 않을, 그것 때문에 죽을 수도 있는 상처를 담아놓지만, 그래도 묵묵히 살아간다. 〈프루프 오브 라이프〉(2001)에서, 구출된 남편에게 돌아가야 하는 멕 라이언은 진정으로 사랑하는 러셀 크로에게 "내 맘 안다고 말해줘요"라는 한마디 말을 가까스로 건네곤 돌아서야 한다. 그래도 그녀는 계속 살아갈 거다. 뒤죽박죽된 감정의 덩어리지만, 인간은 그것을 떠안고 살아갈 수밖에 없는 복합적인 존재다. 새해다. 송구영신이란다. 하지만 대체 무엇을 묵은해에 버리고 떠날 수 있었을까? 아무것도 없다. 모든 것이 다 영원히 지고 가야 할 인생의 무게다. 그 삶은 혼란스럽다. 하지만 버릴 수 없다. 왜? 그 모든 것이 만취 뒤의 오바이트보다 더 나를 들끓게 하는, 살아 있음을 느끼게 하는 가장 큰 이유니까.

《FILM2.0》 4호(2001년 1월 9일)

그녀의 눈은
고양이의 눈을 닮았다

〈닥터 기글〉Dr. Giggles〉
감독 매니 코토 | 출연 래리 드레이크, 홀리 마리 콤즈, 글렌 퀸 | 1992년 | 미국

아버지는 엄청난 피를 보고 사는 산부인과 의사다. 그래서인지 웬만한 병은 병으로 보지도 않는다. 군대 시절의 일이다. 하루는 눈알이 시뻘게지는 게 심상치 않아 아버지한테 좀 봐달라고 했다. 아버지는 시큰둥하게 내 눈을 보시더니 감기라는 진단을 내렸다. 감기 기운? 전혀 없었다. 다음 날 내 눈은 점점 토끼눈이 돼가고 있었다. 다시 아버지에게 부탁했다. "아버지, 한 번만 더 봐줘요." 이번엔 황사 현상에 의한 감기라는 약간 더 전문적인 진단을 내렸다. 일주일 뒤 내 눈은 완전히 빨간 당구공이 돼 버렸다. "아버지, 제발 한 번만 더 봐줘요." 그제야 아버지는 날 병원으로 데려갔고, 홍체염이라는 사실이 밝혀졌다. 안과 의사는 내 눈알에 큼지막한 주사 바늘을 꽂았다. 삶은 달걀에 포크를 찍는 기분이었다.

당신은 의사를 믿는가? 내 친구 중에도 의사가 몇 놈 있지만 그렇게 공부 안 하는 녀석들은 처음 봤다. 하지만 〈닥터 기글〉의 '닥터 이반'에 비하면 그놈들은 정말 의사다. 어머니의 사망으로 정신착란에 빠진 이반은 온갖 의료기구들을 동원해 사람들을 죽이고 다닌다. 예를 들어, 위세척하는 기구를 뱃속에 집어넣고는 내장을 전부 들어내는 것이다. 몸이 아프다고 이반을 찾아갔다간 아픈 몸 전부를 잘라내는 낭패를 겪어야 한다. 귀엽다는 느낌이 들 정도로 단순 무지하고 허술한 엽기 난도극 〈닥터 기글〉. 하

지만 실은 의미심장한 구석이 있다. 병을 치료 받기 위해 전적으로 몸을 맡기는 의사가 나를 죽인다……. 이것은 바로 '안전 속의 공포'라는 세상의 숨은 진리를 피력하는 것이기 때문이다. 몸과 마음에 문제가 생기면 찾아가는 '안전한' 사람들이 있다. 부모, 형제, 배우자, 의사, 간혹 경찰. 그러나 과연 이 사람들을 믿는 게 옳은 일일까? 그렇지 않다. 때로 이 사람들은 생면부지의 남보다도 더 폭력적이고 배타적인 태도로 나를 역공하기 일쑤다. 세상은 가끔 그렇게 우릴 배반한다. 그 서늘한 진리를 깨달아가는 게 성장의 숨은 의미라는 걸 생각하면 쓸쓸하지만, 다 그런 거다. 그렇다고 무조건 그들이 나쁘다는 게 아니라, 결국 세상은 나 혼자 살아가는 거란 얘기다. 누구한테도 의지하지 말고 꿋꿋이 혼자서 버티자. 오늘도 새벽녘에 물을 마시러 나왔다가 부엌에서 배회하고 있는 어머니의 눈과 마주친다. 음침한 어둠 속에 빛나는 퀭한 그녀의 눈은 왠지 고양이의 눈을 닮았다.

《FILM2.0》 5, 6 합본호(2001년 1월 16일)

괜찮다, 괜찮다,
막 나가도 괜찮다……

〈**이유 없는 반항**Romper Stomper〉
감독 제프리 라이트 | 출연 러셀 크로, 재클린 맥켄지, 대니얼 폴락 | 1992년 | 호주

머리가 깨져본 적이 있는가? 고등학교 1학년 겨울, 구들장이 따사로운 방 안에서였다. 나는 공부를 하고 있었고, 나보다 몸집이 큰 동생은 야구 방망이를 휘두르고 있었다. 순간 예리한 칼날이 머리통을 가르고 지나간 듯한 따가운 느낌이 들었다. 동생의 방망이가 내 머리를 강타한 것이다. 잠시 후 머리에서 피가 솟구쳤다. 머리통 한가운데의 찢어진 피부 사이로 뿜어져 나온 피는 약 1미터 상단의 천장을 향해 분수처럼 솟아올랐다. 아버지가 손가락으로 구멍을 막을 때까지 피는 한참동안 천장을 적셨다. 그 시간 동안 묘하게도 나는 내 안에 존재하는 강한 힘을 느꼈다. 혈압이었다. 겉으로 보기엔 약해빠진 인간의 육체 속에는 언제나 작은 틈만 생기면 분출을 노리는 혈압이 꿈틀대고 있었던 것이다. 흡사 그것은 어떻게든 자제하고는 있지만 언제라도 터져 나올 폭발적인 본성 같은 것이다.

그런 놈들만 골라서 보여주는 영화가 있다. 잔뜩 웅크리고 있다가 어느 순간 대책 없이 폭발하는 놈들. 러셀 크로의 초기작 중 한 편인 〈이유 없는 반항〉이 그렇다. 할 일 없이 빈둥대는 호주 빈민가의 양아치 스킨헤드 족들은 점점 상권을 장악해가는 아시아계 이민족들이 팬스레 못마땅하다. 어느 날 베트남 사람들이 근처 술집을 인수하자마자 분노가 폭발한다. 이때부터 영화에서 스토리는 지워진다. 격정적으로 양측의 전쟁을 밀어붙이는 영화의 힘은 대단하다. 보고만 있어도 피가 끓는다. 결론은 뻔하다. 자멸이다. 그래도 한 번 터져 나온 혈압은 멈추질 않는다. 무모한 인생의 전형인 것이다.

하지만 묘하게도 그걸 보고 있는 나는 통렬하다. 늘 대책을 생각하며 인생을 살고, 타인과의 관계를 떠올리며 근성을 다독거리는 삶이 지긋지긋할 때가 있다. 가끔은 막 나가는 파탄이 그립다. 지금 생각해보면 피가 솟구치던 그 순간, 난 오히려 아주 편안했던 것 같다. 천성이 소심한지라 본성을 폭발시켜 봐야 술 먹는 일

이 고작인 나는 대학교 때 다음 날 수업을 생각하지 않고 맥주 2만 시시를 마신 적이 있다. 직장 생활을 시작한 뒤론 내일의 출근을 무시하고 폭탄주로 양주 세 병을 비운 적도 있다. 며칠 동안 위가 뒤집히고 편집장한테 신나게 깨지긴 했지만, 인생을 돌이켜 봤을 때 기억나는 건 그런 일들이다. 〈번지점프를 하다〉(2001)에서 이은주는 벼랑 아래로 떨어지면 푹신할 것 같다고 말한다. 나 역시도 산에 올라 자주 그런 느낌을 받았다. 무모하게 바닥으로 추락한다 한들 별일 없을 거라는 이상한 안도감. 살아간다는 것은 어쩌면 그 몇 번의 터닝 포인트가 부여하는 통쾌함 때문이 아닐까.

〈FILM2.0〉 7호(2001년 1월 30일)

나는 결코 사라지지 않는다

〈사랑의 은하수 Somewhere In Time〉
감독 지낫 스왁 | 출연 크리스토퍼 플러머, 크리스토퍼 리브, 제인 세이무어 | 1980년 | 미국

죽어버릴 것만 같은 느낌이 드는 경우는 여럿이다. 글은 안 풀리는데 옆에 담배가 없어도 죽을 맛이고, 생각보다 빨리 사정을 해도 죽고 싶을 만큼 당혹스럽다. 하지만 때론 고상한 죽고 싶음도 있다. 내 힘으론 아무것도 할 수 없는 아득한 세계에 빠질 때다. 어린 시절부터 자주 꾸던 꿈이 있다. 여러 개의 사다리로 이루어진 끝없이 높고 낮은 수직 공간에서 갑자기 추락한다. 맨 밑에서 올려다보는 저 위는 너무나 아득해 결코 올라설 수 없다. 엄청난 무게의 좌절

과 무기력이 몰려온다.

〈사랑의 은하수〉에서 주인공 리처드는 1912년의 과거로 날아가 엘리즈라는 여인을 만나 사랑에 빠진다. 열정적인 사랑은 아름답고 가슴 벅차지만, 어느 순간 리처드는 시간의 문에 빠져 그녀에게서 멀어진다. 손을 뻗지만 닿지 않는다. 그녀는 대단한 속도로 멀어진다. 시간여행의 물리학적 타당성으로 보나 멜로드라마의 전형으로 보나 썩 훌륭한 영화는 아니다. 하지만 엘리즈에게서 순식간에 멀어져 가던 리처드의 시점 쇼트는, 세상에서 낙오되고 추락해 결코 다시 행복한 순간으로 돌아갈 수 없을 것 같은 그 공포는, 끝끝내 나를 사로잡는다. 우울하게도 이 아득함은 매일의 일상에서 몇 번씩 찾아온다. 주위의 모든 것들이 나를 압박할 때 순간적으로 아득한 구멍 속에 빠져 추락한다. 결코 다시는 정신을 차리지 못해 이것으로 나는 세상에서 사라질 것만 같다.

하지만 아주 사소한 환기로 인해 나는 다시 돌아온다. 아득한 공간에서 추락하는 악몽도, 깨고 나면 그만이다. 현재로 돌아온 리처드는 수십 년의 세월을 고스란히 살아 할머니가 된 엘리즈를 만난다. 논리적이지 않은 시간여행 이야기가 마련한 한 가지 어부지리는 바로 그 '끝이 없는 순환'이다. 두 사람의 시작과 끝이 계속해서 순환한다는 느낌은 나쁘지 않다. 꼭 그렇게 나도 아득한 추락과 정신 차림을 반복하며 인생을 살고 있다. 묘한 순환이다. 추락은 불쾌하지만 순환은 좋다. 대개는 언제든 다시 시작할 수 있다는 오만한 자존이 거기에 있고, 가끔은 또다시 찾아올 추락이 기다려지기까지 한다. 슬슬 사는 재미가 없어지니 그 알다가도 모를 인생의 아이러니 자체가 즐거워지나 보다.

〈FILM2.0〉 8호(2001년 2월 6일)

그렇게 사는 건
뭐 쉬워 보이나?

〈**퍼시픽 하이츠**Pacific Heights〉
감독 존 슐레진저 | **출연** 매튜 모딘, 멜라니 그리피스,
마이클 키튼 | 1990년 | 미국

독일선 남자아이들에게 남의 집에 가서 소변을 볼 땐 변기에 앉아서 보라고 교육을 시킨단다. 서서 일을 보면 아무래도 소변이 튀기 마련이고, 그러면 남의 집 화장실 바닥이 더러워지기 때문이다. 예전에 백남봉이 TV에 나와 똑같은 말을 한 적이 있다. 결벽증이 있는 그는 자기 집에서도 변기에 앉아 소변을 본다고. 튀어봐야 얼마나 튄다고, 또 튄다 한들 눈에 보이지도 않는 방울이 얼마나 바닥을 더럽힌다고 앉아서 소변을 보는 걸까? 이유는 하나다. 어떻게든 남에게 피해를 주고 싶지 않아서다. 역으로 이것은 나 역시 남들한테 어떤 피해도 받고 싶지 않다는 얘기다. 그러니까 가능한 한 어떤 피해도 주지 않고, 또 어떤 피해도 받지 않고 살겠다는 말이다. 하지만 이건 결코 쉬운 일이 아니다.

마이클 키튼이 세입자로 나와 주인집의 매튜 모딘과 멜라니 그리피스 부부를 괴롭히는 〈퍼시픽 하이츠〉는 남들에게서 피해를 받고 싶어 하지 않는 사람들의 심리와, 반대로 그러기가 영 쉽지 않다는 것을 동시에 보여주는 영화다. 어렵게 마련한 부부의 집은 타인의 발자국조차 허락할 수 없는 완벽한 '그들만의 공간'이다. 그러나 마이클 키튼이 아래층에 세를 들면서 이 공간은 마음대로 농락당하고 부부에게 더 이상 프라이버시의 영역은 없다. 이때부터 영화는 모든 것이 헝클어진 혼돈의 해프닝 속으로

빠져든다. 서로 피해를 안 주고 안 받으며 평화롭게 살면 별 문제 없지만, 이 불문율이 깨졌을 때 세상은 걷잡을 수 없는 아수라장이 된다는 얘기다. 사람들은 〈이보다 더 좋을 순 없다〉를 보며 잭 니콜슨의 변화를 재미있어 했지만, 나는 오히려 남들과 결코 접촉하지 않으며 독수공방에 칩거하는 그의 원래 생활이 보기 좋았다. 비약이 섞이긴 하지만, 사랑에 빠지는 순간 그는 얼마나 많은 불필요한 영향과 과장을 타인과 주고받으며 피곤한 삶을 살 것인가?

인생에 뭐 대단한 목표는 없다. 하지만 변치 않는 바람 하나는 있다. 될 수 있으면 남들한테 피해 안 주고, 가능한 한 나 역시 피해 안 받으며 공평하고 해피하게 살아야겠다는 것이다. 메말라 보이는가? 이기적으로 보이는가? 남들과 축축하게 뒹굴며 사는 것이 인간다워 보이는가? 하지만 나는 적어도 이렇게 사는 것조차 얼마나 힘든가라고 생각한다. 인류에 뭐 대단한 공헌을 할 게 아니라면 최소한 서로 피해라도 주지 말고 살자. 그러기는 뭐 쉬워 보이는가? 그렇게만 살아도 나는 만족한 인생을 살았다고 자부할 것이다.

《FILM2.0》 11호(2001년 2월 27일)

오독? 정보화 사회에선?

〈**내가 쓴 것**What I Have Written〉
감독 존 휴즈 | **출연** 마틴 제이콥스, 질리언 존스, 앤지 밀리컨, 제색 코먼 | 1996년 | 호주

중3 때까지도 군산 할머니집 근처엔 가끔씩 변

사가 나와 대사를 읊는 극장이 남아 있었다. 조금은 영어를 알아들을 수 있는 중학생으로서 변사의 해석을 따로 듣는다는 건 재미있는 일이었다. 영화 속에서 "Hey, boy"라는 대사가 나오면 변사는 "야, 이 새끼야"라며 갑자기 소리를 질렀고, 주인공이 친절하게 "Have a nice day"라 말해도 "그래, 어디 잘 먹고 잘 살아봐라"라며 분위기를 이상하게 몰고 갔다. 그것은 분명 잘못된 해석, '오독誤讀'이었다.

오독 하면 떠오르는 영화는 〈내가 쓴 것〉이다. 이 영화는 처음부터 끝까지 관객이 이야기 전체를 잘못 읽게 만들면서, 뻔뻔스럽게도 중간중간 오독에 대해 슬쩍 말을 흘린다. 하지만 그걸 눈치챈다 한들 그 호기심에 전적으로 빠져들 수 없을 만큼 영화는 예술적 찬란함으로 관객을 홀린다. 소설가 크리스토퍼의 아내 소렐은 사고를 당한 남편이 혼수상태에 빠진 뒤 그의 친구 제레미한테 남편이 최근에 썼다는 소설의 원고를 건네받는다. 그 소설에서 그녀는 남편에게 연인이 있었다는 것을 알게 된다. 아니, 그렇게 착각하고 관객도 소렐처럼 착각한다. 영화 속에서 제레미는 레오나르도 다빈치의 성화 '성 안나, 마리아와 아기 예수'를 엉뚱하게 해석한다. 그는 이 그림이 동성애에 빠진 성 안나와 마리아가 음모를 꾸며 아기 예수를 죽이려는 모습을 담고 있다고 오독하는 것이다.

제레미의 다빈치 '잘못 읽기'와 관객의 〈내가 쓴 것〉 잘못 읽기는 모두 '창의적인 오독'이다. 원작자의 의도와는 별개의 해석을 내리는 오독은 종종 정독이 발견하지 못하는 새로운 상상을 열어줄 뿐 아니라 흔히 맛볼 수 없는 재미를 준다. 오독은 작품 자체와 정독 비평을 동시에 재료 삼아 완전히 엉뚱하고 새로운 세계를 창조해낸다. 〈내가 쓴 것〉의 착각된 오독은 풍성한 예술적 감흥을 불러일으키고, 어린 시절의

변사는 '그릇된 간섭'으로 영화에 이상한 묘미를 부여한다. 정보화 사회란다. 모든 것이 객관적인 정보의 차원에서 평가받고 유통된다. 그런데 만일 정보화 사회에서 또 하나의 예술을 만들어낸다면 그것은 정보의 오독을 통한 창작이 아닐까? 정보란 것들은 세상을 움직이는 본질로 기능할 뿐 아니라, 그것을 뒤틀어 정서적 충격을 주는 신예술의 단위일 수도 있지 않을까?

《FILM2.0》 12호(2001년 3월 6일)

한순간이다

〈토마토 공장에서 생긴 일Teresa's Tattoo〉
감독 줄리 시퍼 | 출연 토머스 하웰, 낸시 맥키온, 루 다이아몬드 필립스 | 1994년 | 미국

아버지의 진료실은 병원 2층 맨 구석에 있었다. 그곳에 가려면 긴 복도를 지나야 했는데, 무슨 생각에서였는지 아버지는 복도의 양쪽을 온갖 기형아들이 담긴 유리병으로 채워놓았다. 머리가 두 개 달렸거나 아예 몸통밖에 없는 아이들의 시체가 즐비했다. 그곳은 죽음과 고통의 퇴적물들이 쌓인 침울하고 고요한 지옥문과도 같았다. 신기한 것은 그 복도에서 코너 하나만 돌면 금세 산 사람들의 소란스러움이 가득한 밝은 복도가 나온다는 것이었다. 두 세계는 너무 멀었지만 사실은 한 발짝 차이였고, 왕래는 한순간이었다.

할머니가 돌아가셨다. 우리는 3일 동안 할머니의 시신을 거실 한쪽 방에 모셔놓았다. 나는 어

느 날 밤 혼자서 할머니를 만나러 갔다. 조용히 문을 열고 들어가 흰 천을 제쳤다. 할머니의 차갑고 딱딱해진 얼굴에 내 얼굴을 대고 한참을 있었다. 그 시간 동안 나는 생명의 기운이 사라진 황량하고 낯선 땅에 들어서 있었다. 역시 이상하던 것은 방문을 열자마자 나는 다시 떠들썩한 사람들의 세계로 진입할 수 있었다는 것이다. 한순간이었다.

악당들에게 붙잡혔다가 죽어버린 인질과 닮았다는 이유로 그 인질과 똑같은 사람이 되어가는 여자의 이야기. 악당들은 인질 글로리아와 닮은 주인공 테레사를 찾아내 그녀의 몸에 글로리아의 문신을 입히고 머리 색을 바꾸는 등 하룻밤새 그녀를 완전히 다른 세계 속에 몰아넣는다. 정신을 차릴 수가 없다. 그냥 바뀐 대로 어떻게든 사태를 뚫고 나가야 한다. 별 신통치 않은 코미디 영화이긴 하지만 〈토마토 공장에서 생긴 일〉이 예사롭지 않았던 건 바로 그 '눈 떠보니 모든 것이 바뀌어 있는' 순식간의 변화였다.

변화란 늘 갑작스럽게, 한순간에 찾아온다. 삶과 죽음의 영토를 한 발짝에 넘나드는 것처럼 완충 지대나 적응 기간 따위의 사치는 좀처럼 가질 수 없다. 서서히 진행되는 변화? 조금씩 변해가는 인생? 나는 그런 것을 믿지 않는다. 한순간에 변하고, 변한 즉시 대응해야 한다. 내가 한 사랑도 다 그랬다. 한순간에 사랑에 빠졌고, 하룻밤에 싫어졌다. 준비하고 적응할 여지, 고민을 거듭할 충분한 시간은 주어지지 않는다. 급격한 변화가 언제나 어리둥절하지만, 직관에 따라 즉각 판단하고, 변화의 정당성을 찾는 대신 변화 그 이후를 생각하는 편이 훨씬 낫다. 삶은 우리에게 그렇게 친절하지 않다.

《FILM2.0》 13호(2001년 3월 13일)

유오성, 장동건, 송강호, 양택조

〈몬스터 침공Monster!〉
감독 존 라피아 | **출연** M. 에멧 월시, 브랜던 코웰, 토비어스 메러 | 1999년 | 미국

아는 선배 중에 영화만 보면 대사를 따라 하는 선배가 하나 있다. 그가 요즘 잘 쓰는 말은 〈친구〉(2001)에서 유오성이 장동건에게 하는 "많이 컸네, 동수"다. 입만 열면 그 소리다. 가끔 변화를 준다는 게 "내가 니 시다바리가?"다. 역시 〈친구〉의 장동건 대사다. 선배는 자기가 정말로 유오성을 닮은 것 같다고 고백한 적도 있다. 예전에 〈넘버 3〉(1997) 때는 송강호의 "배신이야, 배신!"으로 6개월을 간 적도 있단다. 얼마 전까지는 귀엽고 개성 있게 생긴 후배에게 "너 어느 별에서 왔니?"를 남발하곤 했으며 최근엔 자신이 〈투캅스〉(1993)의 양택조라는 철 지난 버전을 개발하기도 했다.

그 선배를 보고 있으면 어릴 때 〈슈퍼맨〉(1978)을 보고 나서 빨간 보자기를 두르고 다니던 내 모습이 생각나기도 하고, 쉬는 시간에 "김수한무 거북이와 두루미~"를 외쳐대며 이상한 춤을 추던 까불이 친구들도 떠오른다. 선천적으로 그런 사람들이 있다. 그들은 자신이 영화 속 주인공이라는 생각에 빠져 있거나, 영화나 TV와 현실을 구분하지 못한다. 〈몬스터 침공〉에 등장하는 노인 로이도 마찬가지다. 그는 마을에서 열리는 몬스터 영화제에서 공포 영화를 보게 되는데, 영화에 등장하는 괴물이 실제로도 존재한다며 경고하고 다닌다. 누구도 그 말을 믿지 않는다.

이런 사람들의 특징은 무척 집요하다는 것이

다. 선배는 지겨울 정도로 "많이 컸네"를 부르짖으며, 로이는 미친놈 소리를 들어가면서까지 마을을 헤집고 다닌다. 그런데 나는 가끔, 어쩌면 그들이 맞을지도 모른다는 생각을 한다.

〈몬스터 침공〉에서도 로이의 말처럼 영화 속 괴물이 현실에 나타나며 마을은 아수라장이 된다. 선배의 영화 대사 따라 하기를 계속 듣고 있다 보면 어느새 나와 선배 사이에 영화 속 인물들간의 관계와 비슷한 무엇이 형성되는 느낌을 받을 때가 있다. 섬뜩하기도 하지만 즐거운 느낌이다. 현실에만 매몰돼 살아간다는 것은 아무리 생각해도 억울하다. 가끔은 지금 이 현실과 전혀 다른 상황에 놓이고 싶은 때가 있다. 우리가 모두 가지고 있는 '판타지에의 열망'이며, 우리가 영화를 보는 근본적인 이유이기도 하다. 모두가 무시할지언정 갈 데까지 가는 선배의 행동이 가끔은 싫지 않은 건 그 때문이다.

《FILM2.0》 15호(2001년 3월 27일)

어차피 버둥거리는 인생이다

〈욕망의 인파이터 Tough Enough**〉**
감독 리처드 플레이셔 | 출연 데니스 퀘이드, 워렌 오츠, 팸 그리어 | 1983년 | 미국

얼마 전에 만난 한 영화사 사장은 "최고의 마케팅이란 최대한 누수를 막는 것"이라고 했다. 좋은 마케팅이란 기발한 기획을 해 '크게 터뜨리는 것'이 아니라, 가능한 한 빈틈을 막고 평상 상태를 유지하는 거라는 얘기다. 며칠 뒤 한 여행사 사장한테서도 비슷한 말을 들었다. "가장

성공적인 여행업이란 비수기에 가장 적게 손해를 보는 것이다." 성수기에 '확 땡기는' 것보다 비수기에 '빠지는' 물량을 최소화하는 편이 훨씬 낫다는 말이다.

이것이 비즈니스의, 그리고 세상의 원리임을 조금은 알겠다. 하지만 이것이 삶의 원리로까지 이어져, 무모한 도약을 꿈꾸기보다 평균 이하로 떨어지지 않기 위해 신중히 걸어가는 게 좋은 인생이라고 말한다면 결코 동의할 수 없다. 선택의 기로에 선 대부분의 인간은 기존의 삶이 최대한 위협받지 않는 가운데 이익을 취하는 '안전빵'을 택한다. 하지만 어떤 인간들은 이런 거 저런 거 따지지 않고 훌쩍훌쩍 새로운 일, 위험한 전환 속으로 뛰어든다. 거기선 지금까지의 평균을 유지할 수 없다. 추락하거나 비상하거나다. 그래도 뛰어든다.

〈도라 도라 도라〉(1970), 〈만딩고〉(1975), 〈재즈 싱어〉(1980) 같은 고전들을 만든 리처드 플레이셔 감독이 67세에 만든 영화가 있다. 〈욕망의 인파이터〉다. 이 영화에서 데니스 퀘이드가 분한 주인공 아트는 신통치 않은 나이트클럽 가수다. 그래도 이렇게 계속 살려고 하면 살 수는 있다. 그러나 아트는 초라하나마 아주 조금씩 쌓아온 지금까지의 평균적 삶의 속도를 무시하고 완전히 다른 세계에 진입해 일확천금을 노린다. 그가 새롭게 뛰어든 일은, 권투다. 세상에, 가수가 권투라니. 아주 오래전에 본 〈욕망의 인파이터〉가 아직도 기억에 남아 있는 건, 일흔이 다 된 감독이 평정심 운운하는 대신 거칠고 한탕주의적인 삶의 유동성을 주시하고 있기 때문이다.

지금까지 살아온 경험에 따르면 인생이란 어차피 버둥거림의 연속인 것 같다. 뭘 하든 버둥거려야 하는 게 기본이라면, 뭐하러 굳이 쩨쩨하게 재가며 버둥거리는 쪽을 택하나? 〈친구〉에

서 유오성이 한 대사가 생각난다. "쪽팔려서."
그거다.

《FILM2.0》 20호(2001년 5월 1일)

잊혀지지 않는 마지막 눈길

〈**코난** Conan the Barbarian〉
감독 존 밀리어스 | 출연 제임스 얼 존스, 아놀드 슈워
제네거 | 1982년 | 미국

나는 잔혹하고 끔찍한 신체 훼손의 이미지에
둔감한 편이다. 하드고어 영화도 멜로를 보듯
푸근한 마음으로 본다. 기형적인 발톱 탓에 발
톱 절단 수술을 몇 번 받아봤지만, 피부와 발
톱 사이로 메스를 넣어 뿌리 부분을 잘라내는
광경도 무심히 감상하곤 했다. 어쩌면 살아오
는 동안 겪은 남다른 경험들이 그런 이미지에
익숙해지게 만들었는지도 모른다. 그중 하나가
초등학생 시절 쓰레기차 바퀴에 어린아이의 목
부위가 뭉개지며 머리가 몸통에서 떨어져 나간
사건을 목격한 일이었다. 그런데 그 순간 나는
튕겨져 나간 머리에서 그 아이의 눈을 봤다. 죽
음을 몇 초 앞둔 인간의 눈과 마주친다는 것은
잊지 못할 기억이다.

잠시 후면 죽음의 세계로 떠날 인간의 눈과 마
주친다는 것. 나는 몇 년 뒤 아놀드 슈워제네거
의 출세작 〈코난〉에서 다시 그 광경과 마주쳤
다. 첫 장면에서 어린 코난의 부족은 악의 제왕
툴사 둠의 전사들에게 전멸당한다. 도륙을 끝
낸 툴사 둠은 코난과 그의 어머니 앞에 선다.
그러더니 한칼에 어머니의 목을 벤다. 어린 코

난은 땅에 떨어지는 어머니의 머리를 본다. 죽
음의 세계로 떠나는 어머니의 눈을 보고 있는
것이다. 아마도 코난의 대복수극은 그 마지막
눈길 탓이리라.

비약이 난무하는 줄거리와 싼 티 나는 대사 때
문에 그리 훌륭한 작품은 아니다. 그러나 나는
〈코난〉을 아직도 내 베스트 목록에 포함시킨
다. 남자다움이 뭔지도 모르는 나이에 받아들
인 마초 이미지가 가끔 감상적인 호기를 부추
겨 정신적 회춘을 도와주기도 하고, 신화적인
아우라에 휩싸인 인간들의 성정에 매력을 느낀
탓도 있지만, 가장 큰 이유는 바로 어머니의 죽
음 장면 때문이다.

희열이든 공포든, 이 세계에서 저 세계로 진입
하기 직전의 인간에게선 위압적인 '기'가 발산
되는 것 같다. 경계에 선 그들은 무엇을 봤고,
또 눈을 통해 무엇을 말하려 했을까? 나로선
절대 경험할 수 없으니 궁금할 따름이다. 하지
만 그들의 찰나적인 시선을 통해서라도 피안
의 세계를 떠올릴 수 있으니, 진입 불가능한 세
계를 인식시키고 상상하게 만들며 오랫동안 그
존재감을 기억하게 하는 이 '낯선 교류'의 원리
는 참으로 경이롭다. 어쩌면 신세계를 꿈꾸는
예술도 여기서 출발하지 않았을까 하는 막무
가내 생각도 든다. 자주 얘기하지만, 세상은 참
으로 묘하다.

《FILM2.0》 21호(2001년 5월 8일)

세상엔 키 큰 사람도
키 작은 사람도 없다

〈6현의 사무라이 Six-String Samurai〉
감독 랜스 먼지아 | 출연 제프리 팔콘, 저스틴 맥과이어
| 1998년 | 미국

영어를 처음 배울 무렵 나를 헷갈리게 한 건 'e'
의 필기체 소문자와 'l'의 필기체 소문자를 도저
히 구분할 수 없다는 거였다. e는 조금 낮고 l은
조금 높을 뿐, 둘 다 타원을 그리는 모양새에선
차이가 없었다. 만일 e와 l 사이의 중간 높이로
그린다면 그건 e일까, l일까? 당시 공부 잘하기
로 소문난 대학생 사촌 형에게 수도 없이 물어
봤지만 돌아오는 거라곤 경멸 섞인 짜증뿐이었
다. 분명히 e는 e고 l은 l인데 넌 어째서 그 둘이
비슷하게 보이느냐는 거였다. '분명히'라……
어떻게 e와 l을 '분명히' 구분하지? 내 눈엔 크
기라는 '정도'의 차이일 뿐 e와 l은 구분할 수
없는 문자였다.

구분은 세상을 편리하게 살아갈 수 있는 방편
이다. 하지만 나는 그 구분이라는 게 싫다. 계
량화된 척도가 있는 경우엔 얘기가 달라지지만
세상사의 대부분은 그런 객관적 기준을 가지고
있지 못하다. 많은 구분들은 암묵적인 동의와
주관적인 인상에 따라 정해지곤 한다. 하지만
그건 너무 무지하고 나태하며 단조롭고 재미없
는 일이다. 구분할 수 없는 것들은 구분하지 않
은 채로 그 자체를 바라볼 필요가 있다. 세상에
서 키가 제일 큰 사람과 제일 작은 사람을 제
외하곤 그 누구도 '크지도 작지도 않다'.

〈6현의 사무라이〉를 좋아하는 건 그 때문이다.
엘비스가 죽은 뒤 혼란에 빠진 세계를 평정하
고자 숱한 뮤지션들이 결투를 벌인다. 단순하
기 짝이 없고 편집은 형편없는 영화다. 하지만
이 영화엔 웰 메이드 영화의 완성도를 넘어서
는 엉뚱한 뚝심이 있다. 그것은 바로 영화와 관
련된 모든 구분을 무시하자는 것이다. 주인공

버디는 구세주인 동시에 세상에서 가장 나약
한 인물이다. 목숨을 내건 대결엔 피 끓는 전운
이 감돌지만 막상 그 대결이란 건 현란하고 아
름다운 기타 연주다. 잔인함과 아름다움, 긴장
과 평안의 구분이 없는 것이다. 이야기 자체는
엄청나게 서사적인데, 신 하나하나는 또 아주
서정적이다. 전체적으로는 초현실적인 어리둥
절함과 지독하게 현실적인 고단함이 공존한다.
〈6현의 사무라이〉는 그냥 〈6현의 사무라이〉지,
'음악 영화'라거나 '초현실적인 영화'라는 꼬리
표를 달지 않아도 된다. 사람들은 이쪽과 저쪽
을 구분하고 그 사이에 선을 하나 쫙 그어놓는
다. 하지만 사실 세상의 모든 것들은 그 선 위
에 있다. 그리고 조금만 들여다보면 그 선은 엄
청난 면적으로 확장되며 이쪽과 저쪽을 밀어낸
다. 애매모호함. 이렇게 사랑스러운 말이 또 있
을까.

《FILM2.0》 22호(2001년 5월 15일)

나는 잘생긴 천재

〈바스키아 Basquiat〉
감독 줄리앙 슈나벨 | 출연 제프리 라이트, 게리 올드먼,
데이비드 보위 | 1996년 | 미국

글을 쓰다 보면 종종, 제대로 파악하지 못한 영
화를 평할수록 글에 '본질'이라는 단어가 자주
등장함을 깨닫는다. 모르는 것일수록 '본질적'
이라고 말하는 게으른 버릇과 얼치기 지식인의
함정에 빠져 있는 것이다. 하지만 모를수록 자
꾸 본질로 간주하는 데에는 다른 이유도 있는

것 같다. 그것은 어쩌면 본질이란 게 원래 텅텅 비어 있는 허깨비이기 때문이 아닐까.

본질이란 인간에게 헛된 '의미의 망상'을 심어온 허위의 괴물이 아닌가 생각한다. 내 경우 지금까지 본질이라 여겨오던 그 어떤 것도 그것의 표면보다 정직하지도, 올바르지도, 풍요롭지도, 분명하지도 않았다. 본질 대신 숱한 피상적 관계와 주관적 인상이 세상을 채우고 있지만, 그것들만으로도 충분히 진정한 삶이 가능하다고 생각한다. 많은 사람들이 복제된 이미지와 가짜 실체가 판치는 세상을 염려하지만, 받아들이기에 따라 어쩌면 피상과 거죽을 떠도는 태도가 위선적인 본질 탐구보다 나을지 모른다. 거죽 세계를 떠도는 태도 중 으뜸은 '착각'과 '환영幻影'이다. 내 노트북 화면 보호기엔 "나는 잘생긴 천재"라는 문구가 쓰어 있다. 물론 나는 잘생기지도 않았고 천재도 아니다. 그러니까 이것은 내 자신에 대한 착각이자 환영이다. 하지만 그렇지 않다는 본질 역시 어디에도 없으며, 내가 잘생긴 천재가 아니라는 사실을 깨달아봐야 더 좋아질 것도 없다.

천재 화가 장 미셸 바스키아와 앤디 워홀이 등장하는 영화 〈바스키아〉도 마찬가지다. 신표현주의 화가이기도 한 줄리앙 슈나벨 감독은 애정과 회한을 듬뿍 담아 이 영화를 만들었다. 따라서 27세에 요절한 바스키아의 이야기는 시청각적 감상성으로 덕지덕지 채색돼 있다. 하지만 나는 두 가지 이유에서 이 영화를 좋아한다. 우선, 영화 속에 묘사된 바스키아는 즉흥적이고 우발적인 감성에 빠져 있다는 것이다. 그의 그림 속엔 삶의 본질에 접근하려는 일말의 시도도 없다. 주관적인 감성으로 표면 위에 머무는 태도, 나는 그것이 좋다. 또 하나는, 이 영화가 마치 바스키아와 워홀을 세상의 주인인 것처럼 그리고 있다는 것이다. 슈나벨은 세상의 그 어

떤 것도 천재 화가들의 삶과 예술만큼 아름다운 권력을 소유하고 있지 못하다고 말한다. 이것은 분명 슈나벨 자신의, 그리고 아마도 바스키아와 워홀의 착각과 환영이다. 하지만 그래서 뭐가 어떻단 말인가? 착각 좀 하고 살면 어떤가? 남에게 피해만 주지 않는다면, 어차피 본질이 없는 세상에서 착각과 환영에 빠져 자족하는 삶은 너무나 유효적절하다.

《FILM2.0》 23호(2001년 5월 22일)

세상의 모든 머리 아픈 아침

〈살인나비를 쫓는 여자〉
감독 김기영 | 출연 김정철, 김자옥, 남궁원, 김만 | 1978년 | 한국

죽기를 작정해 우울증에 빠진 남자의 집에 어느 날 2000년 된 유골이 들어오더니 스르르 처녀로 바뀌어 다짜고짜 결혼을 청한다. "서방님은 성씨가 뭐예요?" "서방님이라니, 김영걸이다." "어머, 나도 김씬데. 같은 성씨는 결혼을 못하잖아요." "걱정 마, 금년에 동성동본도 결혼할 수 있는 법이 생겼다." "그렇군요. (동성동본이 결혼하는 데) 2000년이나 걸렸으니 우리 민족은 너무 완고해요." 김기영 감독의 1978년작 〈살인나비를 쫓는 여자〉의 한 대목이다. 처음부터 끝까지 죽음에 대한 철학적 탐문과 불길한 기운을 바탕에 깔고 있는 영화치곤 실소를 금할 수 없는 대화다.

이것은 〈살인나비를 쫓는 여자〉가 지닌 온갖 정서의 공존을 보여준다. 그런데 바로 이 '공존'

이야말로 김기영 영화의 내밀한 화두다. 영화가 시작하자마자 주인공 영걸은 독약을 마시고 죽다 살아나는데, 그 뒤로 죽음에 매혹당해 자꾸만 자살하려 한다. 하지만 그럴 때마다 웬 책장수가 나타나 "삶의 의지만 있다면 인간은 결코 죽지 않는다"는 말을 되풀이한다. 영걸은 그를 죽이지만, 해골이 되어서까지 책장수는 '삶의 의지로 버티며' 죽지 않는다. 삶의 의지. 중요한 말이다. 마지막에 영걸은 "귀찮지만 더 살아줘야 되겠다"라고 말한다. 살기 싫은 세상이지만 어쩔 수 없이 살 수밖에 없는 패배적 실존주의로 당대의 시대정신을 대변하고 있는 것이다. 살아 있으나 죽은 것과 다름없는 개인들. 그런데 이것을 뒷받침하는 게 바로 삶과 죽음의 공존이다. 곰곰이 따져보면 애초에 독약을 마신 시점에 영걸은 이미 죽었다고 볼 수 있다. 그러니까 이후 모든 상황은 죽었지만 살아 있는 영걸의 환상이다. 결국 이 영화는 삶과 죽음을 포함한 온갖 공존의 무중력 지대를 상상한다. 그 무형의 혼돈은 공포스럽고 위협적이지만, 그게 세상의 실체라고 김기영은 말한다.

나에겐 가끔 잠에서 깨어나기 직전, 의식과 무의식의 공존 시간이 꽤 길게 지속되는 아침이 있다. 그 시간 동안 나는 꿈과 현실, 상상과 체험 속에서 만났던 온갖 사건과 인물들이 뒤섞여 등장하는 상황에 놓인다. 그런 날은 잠에서 깨고 나면 견딜 수 없을 만큼 머리가 아프고 하루 종일 두통이 가시질 않는다. 나라는 개인이 감당하기엔 너무 복잡한 세계가 한순간에 짓눌렀기 때문이리라. 아마도 이것이 〈살인나비를 쫓는 여자〉의 주인공 영걸이 경험한 환상 속의 고통일 것이며, 감독 김기영이 바라본 세상의 참모습일 것이다.

《FILM2.0》 24호(2001년 5월 29일)

'휙' 허공을 가르던 치와와

〈**공포의 묘지**Pet Sematary〉
감독 메리 램버트 | 출연 데일 미드키프, 프레드 권츠, 미코 휴스 | 1989년 | 미국

어린 시절 거대한 셰퍼드와 작은 치와와를 동시에 기른 적이 있는데, 어느 날 셰퍼드가 치와와를 물어 죽인 사건이 벌어졌다. 울 만큼 운 나와 동생은 다음 날 아침 마당 한구석에 묻어 줄 요량으로 치와와의 시체를 곱게 수건에 싸 놓았다. 하지만 정작 다음 날 아침이 됐을 때 나는 경악하고 말았다. 현관문을 열고 마당으로 나선 순간, 골목길을 지나가던 쓰레기차를 향해 치와와를 '휙' 던지는 엄마의 모습을 목격했기 때문이다. 아직도 '휙' 허공을 날아가던 치와와의 모습을 잊을 수가 없다. 지금 생각해보면 내겐 치와와의 죽음보다 그 시체의 방치, 곧 '죽음의 경시'가 더욱 끔찍했던 것이다. 개의 생명엔 존엄성 따위란 없단 말인가? 그날 이후 나는 방 안에 파리가 있으면 식빵 봉지로 잡은 다음 창 밖에 풀어줬으며 정 잡히지 않으면 파리가 알아서 나갈 때까지 차라리 내가 딴 방에 가 있었다.

메리 램버트의 〈공포의 묘지〉에서 의사 루이스의 가족은 외딴 교외로 이사를 온다. 그런데 기분 나쁜 징조가 한둘이 아니다. 그중 하나가 집 뒤쪽에 있는 애완동물 공동묘지다. 하지만 마을 사람들은 이 묘지에 특별한 믿음을 가지고 있다. 여기에 애완동물의 시체를 묻으면 다시 살아난다는 전설을 신봉하고 있는 것이다. 처음엔 이들을 못마땅해 하던 루이스. 하지만 아들이 죽자 그 역시 시체를 묘지에 묻고 다시 살아나길 기다린다. 과연 아들은 부활한다. 하지

만 되살아난 아들은 살의에 사로잡혀 마을 사람들을 죽이고 다닌다. 과장 없이 소름 돋게 하는 연출력도 기대 이상이고 잠재해 있던 공포의 감정을 파열시키는 폭발력도 대단한 영화다. 하지만 무엇보다 마음에 드는 건 '인간이란 동물만도 못한 놈들'이라는 자괴감이다. 마을의 주술적 믿음은 동물의 생명을 경외하지만, 정작 인간의 생명에 대해선 놀랄 만큼 냉소적이다. 다시 살아나봐야 살인마가 돼버리는 어린 소년. 이 영화는 인간에게 생명의 연민을 느끼지 않으며, 차라리 영원히 사라져버리는 게 낫다고 말한다.

최근에 나는 애완동물의 시체가 '가정용 일반 폐기물'로 분류됐다는 소릴 들었다. 따라서 개의 시체는 쓰레기봉투에 담아 쓰레기차에 버려지며, 땅에 묻으면 불법이라는 얘기다. 희한한 세상이다. 아무리 인간이 세상의 주인이라지만 이건 좀 너무하다. 환경? 그것도 웃기는 소리다. 세상에 끼치는 해악으로 말하자면, 개의 시체보다는 살아 있는 인간이 더하지 않은가? 비교가 좀 과장됐지만, 종종 나는 나 자신이나 주변 사람들을 쓰레기차에 휙 던져버리고 싶을 때가 한두 번이 아니다.

《FILM2.0》 25호(2001년 6월 5일)

다가오지 마

〈기쁜 우리 젊은 날〉

감독 배창호 | 출연 안성기, 황신혜, 전무송, 최불암 | 1987년 | 한국

내가 〈양들의 침묵〉을 좋아하는 건 한니발과 클라리스의 예사롭지 않은 관계 때문이다. 둘 사이엔 유리벽과 쇠창살 같은 벽이 가로놓여 있고 무엇보다 영혼과 정신에서 쉽사리 만날 수 없는 장벽이 있다. 그럼에도 불구하고 둘은 서로 관심을 보인다. 두 사람의 관심은 장애물을 사이에 두고 있기에 매우 특별하고 미묘하다. 그것은 다가가고 싶지만 다가갈 수 없는, 따라서 간접적인 언어와 은유적인 제스처, 먼발치에서의 주시, 상대의 속내를 짐짓 파악하고 자기 안에서 스스로 용해시키는 태도만이 유일한 소통이 되는 기이한 사랑의 형태다. 한니발이 클라리스에게 창살 사이로 서류를 건네줄 때 두 사람은 딱 한 번 손이 스치는데, 이 장면이 섬뜩하게 아름다운 것은 오묘한 '거리감'과 '간접성' 탓이다.

나는 바로 이 거리감과 간접성을 높이 사는 편이다. 친구는, 연인은, 가족은 모든 것을 허물없이 터놓고 모든 것을 공유하며 상대방의 삶에 깊게 개입해야 진정한 관계라고들 한다. 나는 그 말에 동의하지 않는다. 세상의 그 어떤 바람직한 관계도 '직접성'과 '완전 개입'에서 오지 않는다는 게 내 생각이다. 적당한 거리감과 간접 소통, 각각 아무도 침투하지 못할 자기만의 세계를 유지한 채 맺어지는 관계를 더 선호한다는 얘기다. 지나치게 가까운 관계가 주는 부담도 문제려니와, 일정한 거리를 두고 맺어진 사이에서 발생하는 '관계'와 '개인'의 오묘한 긴장감이 더더욱 재미있는 삶을 보장해주는 게 아닐까.

같은 이유로 〈기쁜 우리 젊은 날〉을 좋아한다. 이 영화에서 남자 주인공 영민은 결코 사랑하는 혜린에게 다가가지 않는다. 감독은 그와 그녀 사이에 많은 장벽을 설치해놓는다. 영민은 항상 안경과 유리창 너머로 혜린을 바라볼 뿐이며, 그녀가 다른 남자와 결혼하거나 죽었을

때도 추구하거나 변하지 않는다. 표면적으론 영민의 수줍음과 외사랑의 설레임 탓이지만 이 영화의 한복판을 가로지르는 건 상대방의 세계를 건드리지 않는 두 개인의 독립된 사랑이다. 영민과 혜린은 멀리 떨어진 곳에서 자신을 제한한 채 상대의 세계에 간섭하지 않고 마음이 담긴 간접적 표식들을 어루만지며 특별한 사랑을 가꾼다. 혜린이 죽으면서 남긴 딸은 혜린을 대신하는 간접 징표로 작용하며 영민의 사랑에 충분히 영양분을 공급할 것이다. 이 영화를 '나쁜 영화'의 범주 안에 넣는 것은 지나치게 아름답고 순수하게만 그려진 멜로 영화이기 때문이고, 그 가운데 숨겨진 본심을 찾는 이 코너의 목적에 따르자면 그 뒤에 존재하는 간접성과 거리감의 전율적인 감격 때문이다.

《FILM2.0》 26호(2001년 6월 12일)

우리에겐 영웅이 필요하다

〈플로리스Flawless〉
감독 조엘 슈마허 | 출연 로버트 드 니로, 필립 시무어 호프먼 | 1999년 | 미국

1980년대 후반, 유럽 배낭여행을 마치고 서울로 돌아오려던 나와 40여 명의 사람들은 항공사의 착오로 비행기를 타지 못한 일이 있었다. 가이드도 없었고 항공사는 무심하게 책임을 회피했다. 누군가가 나서서 어디서든 좌석을 구하지 않으면 도통 서울엔 돌아갈 수 없을 것만 같았다. 순간, 나도 모르게 무리의 앞에 나섰다. 나는 10명씩 조를 짜 각각의 리스트를 이곳저

곳 항공사에 돌리며 좌석을 구하기 시작했다. 오후가 되자 어느덧 하나둘 자리가 나기 시작하더니 밤이 되자 거의 모든 사람들의 좌석을 구할 수 있었다. 하지만 결국 딱 한 명만큼은 그날 돌아오기가 힘들었다. 누군가는 희생해야 했다. 이번에도 내가 남겠다고 자청했다. 서울로 돌아가는 사람들은 내 손을 붙잡고 연신 고맙다는 말을 되풀이했다. 생각해보면 참 별일 아닌 해프닝이었지만 그날 나는 정말로 그들의 영웅이었고, 이 일은 태어나서 거의 유일하게 용기를 발휘한 내 일생일대의 사건이었다.

영웅이 없는 시대라고들 한다. 정말 그렇기도 하다. 거대한 사건에서도 일상에서도 좀처럼 앞장서 뭔가를 이뤄내는 영웅의 모습을 찾기란 힘들다. 하지만 그렇다고 영웅의 필요성이나 영웅에 대한 갈망이 없어진 건 결코 아닐 것이다. 그렇게 거창한 영웅이 아니더라도, 최소한 타인에 대한 배려를 환기시킬 이유에서, 또 누군가 나를 위해 자신의 그 무엇을 포기하고 있다는 감격을 위해서 영웅은 필요하다. 〈플로리스〉에서 로버트 드 니로가 연기한 왈트가 그런 인물이다. 이 작품은 제목처럼 그렇게 '흠이 없는' 것은 아니다. 하지만 마약 거래상이나 게이 같은 비주류 인생들의 뒷골목 일상에서조차 영웅은 필요하다는 담백한 웅변이 가슴을 설레게 한다. 매일같이 폭력과 위협에 노출돼 있는 그들의 상처받기 쉬운 삶을 지켜주는 경비 왈트가 바로 영웅이다. 그렇다고 왈트가 뭐 대단한 이력을 지닌 슈퍼맨은 결코 아니다. 그 역시 다른 어떤 영웅이 필요한 사람이다. 하지만 일단은 나선다. 달랑 총 한 자루 들고 조직폭력배들의 위협 앞에 몸을 던지는 것이다. 그렇게 영웅은 감격과 배려를 낳고 그것은 또 다른 영웅을 낳는다. 누군가는 영웅의 필요성에 대해 부정할지도 모르겠다. 그러나 인간이란 자주 나약한 존재라

종종은 서로 영웅이 돼주는 사건이 필요하다는 생각이다. 그날 이후 나는 한 번도 다른 누군가의 영웅이 되지 못한 채 주눅 들어 살고 있다. 하지만 언젠가는 다시 영웅이 될 날을 기다린다. 동시에 내 영웅이 되어줄 어떤 사람 또한 기다린다.

《FILM2.0》 27호(2001년 6월 19일)

"괜찮니?"

〈**킬러 나이트**Judgment Night〉
감독 스티븐 홉킨스 | 출연 에밀리오 에스테베즈, 쿠바 구딩 주니어 | 1993년 | 미국

고등학교 3학년 때였다. 새벽 3시경 인적 없는 골목길을 걷고 있는 내 멱살을 누군가가 낚아챘다. 그때부터 나는 네댓 명의 남자아이들에게 둘러싸여 신나게 얻어터져야만 했다. 얼마의 시간이 흘렀을까, 문득 그중 한 명과 눈이 마주쳤는데, 순간 그 입에서 나오는 말. "어, 지훈이 아냐?" 세상에, 그는 내 초등학교 동창이었다. "그만해, 얘 내 친구야!" 순식간에 주먹질이 중단됐고 정적과 고요가 내 부어오른 피부를 타고 흘렀다. 알고 보니 조금 전에 끝난 패싸움에서 진 그들은 누구라도 하나 걸리면 분풀이를 해야겠다고 마음먹었고, 마침 재수 없게 내가 걸린 거였다. 이내 아이들은 자상한 미소를 지으며 "괜찮니?"라고 물어왔고, 손수 먼지를 털어주었으며, 심지어는 밤길 위험하다고 집까지 바래다주었다.

그날 밤 이상한 느낌이 들어 잠을 이루지 못했는데, 그 느낌이란 폭력과 평온은 참으로 가까이에 있다는 것이었다. 일순간에 엄청난 위해를 가하다가도 또한 일순간에 친절과 배려의 표정으로 돌아서는 세상. 폭력과 평온은 마치 언제든 무대에 오를 준비가 된 쌍둥이 피에로처럼 가까이에 있다. 서로 전혀 어울리지 않는다는 걸 깨닫지 못한 채 말이다. 〈킬러 나이트〉의 주인공 프랭크, 존, 레이, 마이크의 일상은 평화 그 자체였다. 하루 일과를 마치고 시원한 맥주를 마시며 좋아하는 권투 경기를 보러 가기 위해 길을 나선 네 사람. 그러나 혼잡한 프리웨이를 피해 한적한 골목으로 들어선 순간, 이들을 둘러싼 공기는 한순간에 폭력과 살인의 악취로 변한다. 우연히 살인 현장을 목격한 네 사람은 살인마들의 추격에 시달리며 아무도 도와주지 않는 하룻밤의 고립된 지옥도를 경험한다. 극단적인 폭력과 평온이 무심히 공존하는 세상에 대한 서늘한 시선, 그것이 〈킬러 나이트〉다.

얼마 전에 미국에 사는 사촌 동생이 놀러왔는데, 동생은 종로바닥에 배치된 전경들과 무심히 그들을 지나치는 사람들을 이해하지 못했다. 곰곰이 생각해보니 내게도 일상이 돼버린 한국 사회의 그 표정이 새삼 낯설었다. 전경들의 방패와 진압봉엔 얼마 전에 있었던 폭력 사태의 흔적과 앞으로 있을 위협의 무서운 징후들이 가득한데도 평화를 즐기는 시민들은 상관없다는 듯 그들을 지나친다. 한국의 시민사회는 야만적 폭력에 관성적으로 무심해졌고, 그리하여 우리는 지금 폭력의 찡그린 얼굴과 평온의 미소가 연인처럼 공존하는, 그러다가 불쑥 어떤 사건이 터져도 아무도 문제를 제기하지 않는, 그러다가 또한 금세 그 모든 상황이 잊혀져 기괴한 평화가 찾아오는 이상한 나라에 살고 있다.

《FILM2.0》 28호(2001년 6월 26일)

듬성듬성 살자

〈미스터 빈Bean〉
감독 존 하워드 데이비스 | 출연 로완 앳킨슨, 로빈 드리
스콜 | 1997년 | 영국

나는 바보가 나오는 영화를 좋아한다. 〈덤 앤
더머〉(1994)의 짐 캐리와 제프 다니엘스처럼 천
성이 바보인 주인공도 좋아하고, 〈두 낚시꾼에
게 무슨 일이 생겼나〉(1997)의 대니 글로버와
조 페시처럼 어떻게 하다 보니 바보가 된 사람
들도 좋아한다. 물론 〈포레스트 검프〉(1994)처
럼 바보스러운 삶의 태도와 보수주의의 승리
를 노골적으로 연결시킨 영화엔 쉽게 동의하기
힘들지만. 바보 주인공을 좋아하는 데에는 여
러 이유가 있을 것이다. 나보다 모자란 인간들
의 좌충우돌을 보며 변변치 않은 우월감이나마
한껏 느껴보자는 심산도 있을 것이고, 바보들이
나오는 영화야말로 머리를 진공 상태로 만들어
휴식을 취하기에 더없이 좋다는 이유도 있을 것
이다. 하지만 그중에서도 특히 내가 바보 영화
를 좋아하는 것은 '듬성듬성 살아도 충분히 세
상은 굴러간다'는 다소 단순무식한 철학 때문
이다. 뒤집어 말하면 '디테일에 신경 쓰지 않아
도 대세엔 아무 지장 없다'는 삶의 태도가 보기
좋은 것이다.

〈미스터 빈〉 시리즈의 빈도 마찬가지다. 1997
년에 장편 영화로 만들어지기도 한 유명한 TV
시리즈 속에서 미스터 빈은 디테일에 약하기로
둘째가라면 서러운 인물이다. 그의 모든 에피
소드는 디테일의 실패담과 관련이 있다. 식당
에 밥을 먹으러 가도, 교회에 예배를 하러 가도,
물가에 수영을 하러 가도, 치과에 이를 뽑으러
가도, 심지어 간단한 주차를 할 때도 미스터 빈

은 일반화된 행동의 세세한 사항을 제대로 이
행하지 못한다. 〈미스터 빈〉 시리즈가 웃긴 이
유는 앳킨슨의 캐릭터 때문이기도 하지만, 그
바탕엔 일반인이라면 실수 없이 처리할 디테일
을 제대로 해내지 못하는 상황의 묘미가 깔려
있다. 그러나 중요한 것은 소소한 실수에도 불
구하고 결국 미스터 빈은 자신에게 닥친 상황
을 그럴 듯하게 빠져나온다는, 때로는 칭찬까
지 받는다는 사실이다. 디테일에 목매지 않고
듬성듬성 살아도 세상살이에 큰 지장은 없다.
어느 일이나 마찬가지겠지만, 글을 쓰다 보면
그 디테일이라는 것이 참으로 사람을 괴롭힌
다. 전체적인 틀에 덧붙여 디테일까지 뛰어난
글이라면 더 바랄 게 없겠지만, 때로 디테일에
대한 집착은 글 전체를 강박증에 휩싸이게 해
형편없는 결과를 낳을 때가 있다. 그럴 때 세세
한 부분들을 무심히 지나치면 의외로 읽기 편
하고 좋은 글이 나오기도 한다. 꼼꼼하고 결벽
적인 사람들에겐 죄악과도 같은 듬성듬성 사는
태도, 하지만 때로 그것이 올바른 길을 열어줄
때도 있다.

《FILM2.0》 30호(2001년 7월 10일)

나 오늘은 술 마시기 싫어

〈나인스 게이트The Ninth Gate〉
감독 로만 폴란스키 | 출연 조니 뎁, 프랭크 란젤라 |
1999년 | 미국, 프랑스

술이란 마시고 싶을 때 마시면 세상에 그렇게
즐거운 게 없지만, 반대로 마시기 싫을 때 마

시면 세상에 그렇게 곤혹스러운 게 없다. 억지로 긴 술자리에서 당당하게 마시기 싫다고 말할 수 있으려면 술의 대가가 돼야 할까, 술의 문외한이 돼야 할까. 전자라는 생각이다. 나는 '한술' 한다고 정평이 나 있는 사람이다. 선천적인 혈통과 풍부한 경험 탓에 어느덧 술꾼으로 인정받게 됐다. 그러자 어느 순간 내 뜻대로 술을 마시거나 마시지 않을 수 있게 됐다. 원치 않는 술자리에서 마시기 싫다고 말해도 사람들은 '아, 오늘은 쟤가 컨디션이 안 좋나 보다. 안 그러면 저런 술꾼이 술을 마다할 리 없지'라고 생각하며 더 이상 술을 권하지 않는 것이다. 하지만 보통 사람이 술을 거절하면 필시 사람들은 그가 술을 마실 때까지 끈질기게 권하기 마련이다. 일단 술꾼으로 인정받고 나면 그 다음은 내 마음대로 술을 마실 수 있다. 그러면 내 마음도 편하고 대작하는 사람들의 마음도 편하다.

약간의 비약을 섞어 결론을 내자면, 어느 분야건 전문가로 인정받고 나면 그 이후의 활동은 무척 자유로워진다는 것이다. 파격도 가능하고 실수도 부담 없다. 예컨대 영화평론가나 영화기자가 실력 있는 사람으로 만인의 평가를 얻은 뒤엔 실수조차 전문가의 여유로 받아들여지니, 쓰는 사람이건 읽는 사람이건 농담같이 자유로운 관계를 유지할 수 있다. 감독도 마찬가지다. 한 번 거장은 영원한 거장이라고, 거장의 졸작은 그를 추종하는 마니아들에 의해 종종 귀엽게 용서받을 수 있는 것이다.

로만 폴란스키의 〈나인스 게이트〉가 그런 영화다. 〈혐오〉(1965) 〈악마의 씨〉(1968) 〈차이나타운〉(1974) 등 범접할 수 없는 명작을 만든 이 대가의 1999년작 〈나인스 게이트〉는 형편없이 단조롭고 허술한 영화다. 하지만 그의 거대한 아우라를 기억하고 있는 관객들에겐 얼마든지 용서할 수 있고 애정조차 가질 수 있는 사생아가 되는 것이다. 재미있는 것은 일단 시선이 그렇게 설정되고 나면 이 영화가 치졸할 정도로 평면적으로 보여준 이야기는 폴란스키 자신의 필모그래피의 총정리처럼 보인다는 것이다. 과연 루시퍼의 저서를 찾아나선 딘 코르소의 이야기는 악마, 초현실주의, 악녀, 세상을 지배하는 저층부의 절대적인 힘 등 로만 폴란스키 영화의 핵심 요소들에 밑줄을 긋는 여유롭고 느긋한 회고담이다. 아무쪼록 전문가로 인정을 받으시라. 심지어 소변 보는 자세까지 대가로 인정받는다면 가끔 옆사람 바지에 오줌을 튀겨도 무사히 화장실을 나올 수 있을 것이다.

《FILM2.0》 32호(2001년 7월 24일)

문명이라고?

〈욕망을 파는 집 Needful Things〉
감독 프레이저 C. 헤스턴 | **출연** 에드 해리스, 막스 폰 시도 | 1993년 | 미국

지난주, 엄청난 폭우가 쏟아지던 새벽, 회사 동료들과 술을 마시고 있었다. 어마어마한 양의 폭우만큼이나 엄청난 양의 폭탄주를 마셨다. 그리고 집에 가는 길. 어쨌거나 차를 그 자리에 세워둘 순 없어 나와 선배는 각각 집으로 차를 몰았는데, 이런, 도로로 나서자마자 폭우 때문에 완전히 마비돼버린 도시와 마주치게 됐다. 곳곳이 침수된 바람에 서울 시내의 주요 도로는 모두 통제됐고, 그나마 통행이 가능한 도로엔 물에 빠져 허우적대는 차들로 가득했다. 그 차들은 시동이 꺼진 채 점점 물 밑으로 가라앉

고 있었다. 집으로 가는 대부분의 도로가 물에 잠긴 터라 나는 여기저기의 도로를 하염없이 배회해야만 했다. 그러다 갑자기 이상한 느낌이 들었다. 대체 이 정도의 비로 아수라장이 된 이곳이 과연 이성과 기술이 발달한 문명사회가 맞나 싶은 생각이 든 것이다. 아주 잠깐 동안 쏟아진 자연의 폭력에 속수무책으로 널브러진 도시. 그날 새벽, 우리가 문명이라고 생각하는 것, 과학적 진보가 이룩해놓은 테크놀로지의 사회, 합리적인 질서와 이성에 대한 믿음, 그런 건 다 허상이었다.

〈욕망을 파는 집〉에도 그날 새벽 같은 도시가 나온다. 교외의 고요한 도시, 문명사회의 질서가 차분히 내려앉은 듯한 캐슬락에 한 노인이 조그마한 가게를 연다. 이름하여 '욕망을 파는 집'이다. 사람들은 이 가게에서 자신이 욕망하는 것들을 사기 시작한다. 욕망. 그것은 결코 사회 친화적이고 타인을 배려하며 표면적으로 유지되고 있는 질서에 부합하는 것이 아니다. 그것이야말로 문명사회의 통제에 감금된 채 언제든 폭발할 준비를 하고 도사린 야수와 같다. 과연, 이 가게가 들어선 이후 도시는 점점 미지의 사건들에 의해 붕괴해간다. 사람들의 욕망이 마구 실현되며 환란의 도시로 변화하는 것이다. 많은 오컬트 호러는 밀교 신앙이나 주술 같은 반문명적 원리가 현대 사회에서도 여전하다고 말한다. 하지만 문명을 거스르는 건 그런 것만은 아니다. 〈욕망을 파는 집〉은 바로 욕망을 소유한 우리 각각의 실체가 애초부터 문명적 질서와는 거리가 멀다고 말한다.

하지만 그것은 결코 공포로만 받아들일 건 아니다. 그날 새벽 나는 초문명과 비이성이 한순간에 뒤바꿔놓은 공포스러운 마을을 통과하고 있었는데 이상하게도 상큼하고 시원한 쾌감에 젖어들었다. 우리는 순식간에 이 사회를 균열시

킬 반문명의 지뢰밭을 걸고 있지만, 종종 그 지뢰들이 터져줘야 숨통이 트이는 것이다. 반문명이란 얼마나 사랑스러운 단어인가? 욕망이란 아무리 파괴적이어도 얼마나 귀중한 것인가?

《FILM2.0》 33호(2001년 7월 31일)

무슨 근거로?

〈엘리베이터를 내려서 왼쪽으로 Agauche En Sortant De L'ascenseur〉
감독 에두아르 몰리나로 | 출연 엠마뉘엘 베아르, 피에르 리샤르, 리샤르 보링거 | 1988년 | 프랑스

지난주 토요일, 시내 극장들을 돌아다녔다. 굵직한 작품들이 개봉한 주말이라 오랜만에 극장가 표정을 보고 싶었다. 이곳저곳을 다니다가 영화 관계자들을 만났다. 영화를 개봉한 영화사 사람들도 있었지만 개봉과 상관없는 사람들도 많았고 기자들도 있었다. 그런데 그들 중 몇몇과 이야기를 나누다가 그만 불쾌해지고 말았다. '대박'을 터뜨린 〈엽기적인 그녀〉(2001)에 대한 대화였다. "야, 이런 영화만 터지니 한국 영화 이래서 되겠어?" 이런 영화. 여기서 '이런'이란 '잘나가는 신세대 배우들을 내세워 말초적이고 트렌디하고 질 낮은 코미디에 몰두한 생각 없는 오락 영화'라는 뜻이다. 불쾌하고 어이없었던 건, 그렇게 말하는 사람들의 대다수가 아직 그 영화를 보지 않았다는 사실이다.

편견이었다. 영화를 자기 눈으로 확인한 '정보'와 그 정보에 바탕을 둔 '판단'이 부재한 상태에서, 표면적으로 드러나는 몇 개의 사실들을

그동안의 한국 영화가 보여준 통계적 경험(이 것 또한 얼마나 허상인가?)과 인상만으로 재단한 편견. 신세대 배우들이 나오고 피시 통신에서 유행하던 연재 소설을 원작으로 하고 있으니 그렇고 그런 영화임이 뻔하다는 생각인 것이다. 물론 영화야 보는 사람 나름이겠지만, 적어도 내가 보기에 이 영화는 그 사람들의 편견보다 훨씬 더 정직한 미덕이 있고, 무엇보다 표피적인 트렌디에 야합하지 않았다.

다시 보고 싶은 프랑스 코미디 영화 〈엘리베이터를 내려서 왼쪽으로〉의 얀과 에바도 편견에 휘말린 사람들이다. 에바와 화가 얀은 같은 아파트에 사는 이웃. 어느 날 에바가 남자친구 보리스를 배웅하기 위해 속옷 차림으로 문밖에 나왔다가 그만 문이 안에서 잠기고 만다. 곤란한 지경에 빠진 에바는 옆집의 얀에게 도움을 청하고 얀은 발코니를 통해 그녀의 집으로 들어가 문을 열어준다. 하지만 이 순간 뭔가를 두고 간 보리스, 얀의 집에 방문하기로 한 플로렌스, 심지어 경찰까지 차례로 들이닥치며 얀과 에바는 오해를 받는다. 자신이 출근하자마자 옆집 남자와 속옷 차림으로 함께 있는 연인. 보리스는 자신의 머릿속에 각인돼 있는 '상투적인 정황 증거'에 입각한 편견으로 에바를 오해한다. 이 영화는 편견과 오해가 오가는 광경을 숨가쁜 코미디로 보여주지만, 실상 그 모습은 폭력에 가깝다.

편견은 그것을 품은 자를 어리석게 만들고, 때론 폭력적으로 돌변하게 한다. 상투적 인과성에 몰입한 자신만의 무모하고 피상적인 판단체계가 얼마나 다른 사람들을 할퀴게 되는지 다시 한 번 생각해볼 일이다. 어리석은 자들의 편견은 늘 진실에서 미끄러진다.

《FILM2.0》 34호(2001년 8월 7일)

모두 각목 들어!

〈**더 이상 참을 수 없어** Can't Hardly Wait〉
감독 데보라 카플란, 해리 엘폰트 | 출연 제니퍼 러브 휴이트 | 1998년 | 미국

자주 보는 고등학교 친구들과 술판을 벌였다. 그날의 만남이 특별했던 건 '낯선' 친구가 동석했기 때문이다. 고교 시절 '모범생' 그룹에 속해 있던 우리와 달리 그 친구는 당시 학교의 내로라하는 학원 갱이었다. 우리는 그 친구에게서 한 번도 들어본 적이 없는 이야기를 들었다. 동네 폭력배들과 학교 조직원들 간의 패싸움, 보스가 되기 위해 자해공갈을 서슴지 않던 서열 투쟁, 수학여행 간 경주에서 벌어진 폭력 사태 등 이른바 '물 위'의 역사를 살던 우리가 전혀 모르던 또 하나의 생생한 역사가 버젓이 존재했던 것이다. 심지어 우리가 4층 교실에서 수업을 하고 있는 동안 1층 화장실에선 살인까지 벌어졌단다. 왜 〈친구〉나 〈신라의 달밤〉(2001) 같은 영화가 잘 되는지 알 것도 같았다.

분명 우리와 그 친구는 함께할 수 없는 경계의 이쪽과 저쪽에 나뉘어 살고 있었다. 그런데 얘기를 하던 도중 우리는 모두 하나의 접점을 발견하고 놀라워했다. 학교 축제 때의 일이다. 당시 우리 학교는 서울 시내 학교 패권 1, 2위를 놓고 S상고와 다투고 있었는데, 우리 학교 축제날 S상고 애들이 떼로 몰려와 축제를 훼방 놓을 거란 정보가 입수됐다. 급기야 학생주임은 학생회, 선도부, 학도호국단 등 교내 공식 단체는 물론 학교 깡패들까지 모두 불러다 각목을 나눠줬다. S상고 애들이 담을 넘어 공격해 오면 무슨 수를 써서라도 막으라고. 축제날 밤 공부 잘하는 학생회 간부들은 물론 학교 폭력

배 수십 명은 무너뜨릴 듯이 담을 넘어오는 S상고 애들과 맞서 싸웠다. 나도 그 친구도 거기에 있었다. 우리는 축제가 무사히 치러져야 한다는 공통된 목적을 가지고 연대했다. 전혀 다른 세계의 모범생과 깡패들은 공통된 사랑을 받았던 축제를 위해 그 순간 같은 세계에 존재했던 것이다.

나는 그것이 '축제'의 매력이라고 생각한다. 묘하게 어떤 계층의 사람이라도 똑같이 흡수해 마력적인 도취와 유희를 제공하는 축제. 고등학교 졸업식 후의 파티를 소재로 한 〈더 이상 참을 수 없어〉에서도 모든 사람을 한 덩어리로 흡수하는 축제 분위기를 만날 수 있다. 아이들은 각기 다른 목적으로 마지막 파티에 동참하지만 하룻밤 새 그들은 백일몽과도 같은 몽롱한 해프닝에 빠져 유쾌한 동지가 된다. 〈풀 몬티〉(1997)의 마지막 스트립 쇼가 사람들을 묶는 것도, 〈록키 호러 픽쳐 쇼〉의 기괴한 변태 파티가 관객을 사로잡는 것도 모두 '축제 정신' 때문이라고 생각한다. 매일매일 분열과 난투가 벌어지는 세상이다. 한순간에 어깨동무하고 광란의 동지의식을 확인할 축제가 그립다.

《FILM2.0》 35호(2001년 8월 14일)

뭔가 날려주고 싶다

〈폴링 다운 Falling Down〉
감독 조엘 슈마커 | 출연 마이클 더글러스, 로버트 듀발, 바바라 허시 | 1993년 | 미국

일상에서 가장 많이 느끼는 감정 중의 하나는 분노다. 특히 개개인의 감정 발산을 최대한 억제해야만 원활히 유지되는 현대 사회의 거대한 시스템은, 역으로 그렇기 때문에 더더욱 개개인에겐 마치 분노가 삶의 유일한 에너지인 것처럼 자주 솟아오른다. 분노를 제어하고 얌전히 침묵하지 않으면 살 수 없는 세상이지만, 그렇기 때문에 분노하지 않을 수 없는 세상이기도 하다. 화가 나는 그 시스템이란 건, 대개 실체가 없는 것이기 때문에 어떤 식으로든 사회화된 개인들 각자의 태도 속에 투영돼 도사린다. 따라서 그들이 우리에게 보여주는 돼먹지 않은 행동의 뒤엔 사회가 있고, 우리가 타자에 대해 느끼는 분노는 곧 사회에 대한 분노가 된다. 이 기기묘묘하게 꼬인 사회인들의 숙명이여.

다른 건 말할 것도 없고, 단지 핸들을 잡고 길거리에 나가볼까? 나는 매일매일 전장의 포화 속을 통과해야 한다. 그토록 버스 전용 차선 준수를 부르짖으면서 정작 자기들은 3차선에서 1차선까지 직각으로 운행하며 중앙선이 버스 전용 차선인 양 활보하는 버스 운전사들, 편도 1차선 도로에서조차 손님이 부르면 막무가내로 차를 세워 뒤에 늘어선 차들이 잠시 시동을 끄고 휴식할 여유를 만들어주는 택시 기사들, 골목길에서 튀어나올 땐 카 레이스를 즐기고 도로에 나와선 사우나탕에 앉은 듯 꼼짝을 않는 90퍼센트 이상의 아줌마 운전자들, 그리고 무엇보다 서울 시내의 신호등 체계. 매일 밤 집에 돌아오면 오늘도 살인을 저지르지 않은 것에 감사해야 할 지경이다.

가끔 폭발할 수 있으면 좋으련만. 〈폴링 다운〉의 주인공 '디펜스'처럼 말이다. 아내와의 이혼, 성실하게 일해온 직장의 해고 통보, 도로 위엔 가위에 눌린 듯 한 발짝도 움직이지 않는 자동차들의 교통대란, 캘리포니아의 태양열은 보닛을 녹일 지경인데 정작 에어컨이 고장나 활활

타오르는 차 안의 열기, 거스름돈을 주지 않는 상점 주인. 모든 것이 그를 배신하자 디펜스는 핸들을 놓고 무기를 들어 난사를 시작한다. 그의 분노는 즉각적인 것이지만, 또한 현대인의 일상이 온통 부조리와 부정으로 가득 차 있다는 환기의 결과이기도 하다. 따라서 디펜스의 분노는 오늘 우리가 이 빌어먹을 사회에 대해 느끼고 있는 것과 같은 종류의 것이다. 그는 사회에서 버림받은 패배자이지만, 동시에 사회에서 버림받은 우리 모두의 영웅이기도 하다. 나는 정체된 교차로에 비집고 들어와 사방 도로를 전부 장악한 채 무표정하게 앉아 있는 차들을 향해 뭔가 날려줘야 한다는 생각을 할 때가 한두 번이 아니다.

《FILM2.0》 36호(2001년 8월 21일)

그게 다 기억이었을까

〈텔 미 썸딩〉
감독 장윤현 | 출연 한석규, 심은하, 염정아, 장항선 | 1999년 | 한국

그녀가 보고 싶었다. 헤어지고 나서는 크고 동그란 눈, 거무스름하고 윤기 나는 피부, 굴곡이 많이 진 분홍빛의 입술을 가진 여자를 보면 그녀 생각이 났다. 얼마가 지나자 그녀와 인상이 비슷한 여자를 보면 그녀 생각이 났다. 시간이 좀더 흐르자 여자만 보면 그녀 생각이 났다. 기억이란 신기한 것이다. 한동안 그녀가 좋아하던 베르베르의 소설을 들추면 그녀 생각이 났다. 어느 날 그 옆에 있던 쥐스킨트의 책을 보고는 또 그녀와의 옛일을 떠올렸다. 한참 뒤에 나는 그녀가 한 번도 쥐스킨트의 소설을 읽은 적이 없다는 사실을 생각해냈다. 기억이란 얄궂은 것이다. 다른 여자를 만나기 전까지 내 머릿속에 남아 있던 그녀는 세상에서 가장 착한 사람이었다. 얼마간의 시간이 흐르자 새로 만난 여자와 싸우고 나면 꼭 그녀의 화난 얼굴이 겹쳐졌다. 기억이란 무자비한 것이다.

"어떤 복도에서 나는 일정한 방향을 가리키고 있는 화살 하나를 보았다. 나는 그 무해한 상징물이 한때는 쇠로 된 물건, 치명적이고 가혹한 발사처였다는 생각에 이르게 됐다. 이 세상에 단 하나도 망각이 지워버리지 않거나, 또는 기억이 변형시켜놓지 않는 게 없고, 아무도 그것이 미래에 어떤 영상으로 바뀔지 모른다"고 보르헤스는 말한다. 때로 기억은 머릿속에서 빠져나와 마치 눈앞에 살아 있는 실체처럼 우리의 물리적 육체 또한 좌지우지하면서도 대개는 여러 개의 이미지로 자신의 참모습을 감춘다. 우리는 어리둥절해하면서도 진짜일지 가짜일지 모를 연상의 다리를 건너고 또 건너며 결코 악동 같은 기억의 장난에서 헤어나지 못한다. 우리가 분열된 자아, 혼란스러운 세상, 가혹한 운명이라 불러온 것들은 아마도 기억의 또 다른 이름들이리라.

〈텔 미 썸딩〉이 아주 나중에 다시 환기된 것도 기억의 이상한 장난 탓인 듯싶다. 어느 날 문득 나는 이 영화가 기억에 대한 슬픈 흔적들을 더듬고 있다고 생각했다. 아버지에 대한 수연의 평면적인 기억들이 전면에 나서고는 있지만, 마치 〈구멍〉(1999)이 주인공 '나'의 기억으로 난도질된 세상을 비추고 있는 것처럼 〈텔 미 썸딩〉은 수연에 대한 조 형사의 기억이 시시각각 천사와 악마의 얼굴을 뒤바꾸는 형상을 취하고 있다. 그는 그녀를 믿을 수도 있었고 믿지 못할

수도 있었다. 하지만 그녀에 대한 그의 뿌옇고 이중적인 기억은 마치 오래전부터 그의 의식을 지배해온 모든 것이었던 것처럼 권좌에 앉는다. 그 혼돈과 애매모호함이 만들어낸 광분과 슬픔, 연민이 스크린을 떠돈다. 돌이켜 보건대, 뜻밖에 기이한 영화다.

《FILM2.0》 37호(2001년 8월 28일)

으아, 죽음이야

〈죽기 아니면 까무러치기 Short Time〉
감독 그렉 챔피언 | 출연 테리 가, 매트 프류어, 대브니 콜맨 | 1990년 | 미국

후배들을 태우고 운전을 하다가 죽을 뻔한 적이 있다. 차들이 쌩쌩 달리는 고속화 도로였는데 앞차가 느려터지게 가고 있는 바람에 옆 차선으로 빠르게 들어섰다. 순간, 길가에 서 있는 차를 발견했다. 조수석에 앉아 있던 후배는 "아악!" 하고 괴성을 질렀다. 시속 120킬로미터 정도의 속도였고 나는 급하게 핸들을 꺾었다. 다행히 아슬아슬하게 그 차를 스쳐 지금 이렇게 글을 쓰고 있다. 후배는 가슴을 쓸어내리더니 "삶과 죽음은 종이 한 장 차이"라며 도인 같은 소리를 하곤 목적지에 도착할 때까지 몇 번이고 한숨을 쉬었다. 정말 그랬다. 죽는다는 건 한순간이고, 죽음은 일상의 구석구석에서 배회하고 있다. 하지만 충돌을 피한 직후 묘한 쾌감이 다가왔는데, 돌이켜 보건대 그건 두 가지 감정이었다. 방금 죽음의 문턱에서 돌아선 안도감과 함께, 죽기 직전 삶의 극한을 맛본 짜릿한

희열. '죽음이란 두려우면서도 매혹적인 것이 아닐까'라는 건방진 생각이 든다. 그렇다면, 언제 죽을지 모르는 삶, 어찌 보면 곧 죽을 여생을 살고 있는 우리의 인생 자체가 그렇게 매 일상 극한의 순간을 제공하는 짜릿한 것이 아닐까? 이번 주에 〈1850 길로틴 트래지디〉(2000) 프리뷰를 썼다. 주인공은 죽음이 유보된 상황에서 삶의 특별한 마지막 터널을 통과한다. 〈죽기 아니면 까무러치기〉의 주인공 버트 심슨에겐 여생이 조금 남다르다. 어리숙하고 잔꾀에 능한 형사 심슨은 정기 건강진단 결과 자기 삶이 2주밖에 남지 않았다는 사실을 알게 된다. 걱정도 잠시, 아내에게 돈이나 남겨주자며 생명보험을 들곤 죽기 위해 안간힘을 쓴다. 직업이 형사니 죽기도 쉬울 법하지만, 이 영화의 주제대로 '세상사는 뜻대로 안 된다'. 난동을 피우는 범인 앞에서 '깝죽'대봐야 돌아오는 건 그를 검거한 포상뿐이다. 수차례의 질긴 명줄을 확인한 뒤 드디어 고층 빌딩 옥상에 매달려 이제는 죽겠다고 '안심'하는 찰나, 동료와 건강진단 카드가 바뀌었다는 사실을 알게 된다.

〈죽기 아니면 까무러치기〉는 죽음이 가까운 인간의 해프닝 속에 바로 그 매 순간 삶과 죽음의 문턱을 넘나드는 묘한 느낌을 웃음으로 포장한다. 이 영화에서 죽음은 두려운 게 아니라 '충분히 즐길 만한' 것이다. 그것은 죽음에 대한 악마적 종용도, 자포자기한 심정의 퇴폐적 탐미도 아니다. 누구에게나 닥칠 죽음을 삶의 한 부분으로 여유 있게 포용하자는 것이며, 죽음이 은유하는 삶의 이례적 자극점들을 기꺼이 즐기라는 것이다. 살면서 자주 "으아, 죽음이야"라는 말을 내뱉는다. 그 말을 튀어나오게 한 바로 그런 일들 말이다.

《FILM2.0》 38호(2001년 9월 4일)

얼굴 좀 보자

〈섀도우Tenebre〉
감독 다리오 아르젠토 | 출연 안소니 프란치오사, 크리스티안 보로메오 | 1982년 | 이탈리아

자동차를 몰고 도로에 들어선다. 눈에 보이는 것이라곤 앞차의 뒤꽁무니와 그 차를 운전하고 있는 사람의 뒤통수뿐이다. 도로 위에선 도대체 사람의 얼굴이란 걸 구경할 수가 없다. 한 가지 유일한 예외가 있다. 갑자기 내 앞으로 끼어드는 차를 발견했을 때다. 절대 참고 있어선 안 된다. 순식간에 기어를 바꾸고 페달을 밟아 그놈을 쫓아간다. 부릉부릉거리며 차를 옆으로 댄 뒤 반드시 해야 하는 행동이 있다. 고개를 옆으로 돌려 그 얼굴을 확인한 뒤 인상을 찌푸리며 노려보는 것이다. 이런 응징의 행위는 당연하고 통쾌한 것이지만, 내 생각에 이것은 현대 사회의 속성에 대한 미묘한 반작용 중 하나다.

그놈이 그렇게 난폭 운전을 할 수 있는 건 아무도 자기 얼굴을 볼 수 없다는 '도로의 속성' 때문이다. 자동차 도로는 현대 사회의 대표적인 '익명 공간'이다. 운전자들은 밀폐된 차 안에 은닉함으로써 어떤 비행도 마음놓고 저지를 수 있는 기회를 얻는다. 최근 일본의 한 교통 문제 연구소에선 만일 차 밖에 운전자의 이름과 주소를 대문짝만하게 써놓는 걸 법제화하면 난폭 운전이 상당히 감소할 거라는 보고서를 낸 적도 있다. 그런데 아까와 같이 놈을 쫓아가 얼굴을 확인하는 순간, 나는 분노가 사라짐과 동시에 이상한 안도감을 느낀다. 게다가 대개 그런 놈들일수록 무척 양순한 얼굴을 하고 있다. 나는 이것이 익명적인 도로에서 백일몽처럼 벌어지는 '실체의 대면', 곧 서로 자아를 교류하는 감격적인 순간이라고 생각한다. 현대 사회의 익명성에 지친 개인들의 상대방에 대한 그리움이 이런 식으로 표출되는 것이다.

나는 영화가 끝날 때까지 살인마가 드러나지 않는 대부분의 공포 영화가 같은 정서를 깔고 있다고 본다. 대개 가면을 쓰거나 어둠 속에 가려진 그들은 현대 사회의 무미건조하고 소름 끼치는 익명성이 시각적 공포로 현현한 것이다. 〈스크림〉(1996)의 가면 쓴 범인이 나올 때마다 우리는 그 가면을 벗기고 싶은 충동에 사로잡히는데, 그것은 기필코 그 녀석의 얼굴과 대면해 익명성의 공포에서 탈출하고 싶은 욕구인 것이다. 그중 대표적인 공포 영화가 이탈리아 고어 호러의 거장 다리오 아르젠토의 〈섀도우〉다. 고도로 구조화된 영상이 극도의 공포감을 선사하는 이 영화에서 감독은 범인의 모습을 목소리와 신체의 일부만으로 보여준다. 익명적 공포 연출의 극치인 것이다. 게다가 살인이 일어나는 장면에서는 누군지 알 수 없는 그놈의 시점 쇼트가 등장한다. 이 무시무시한 익명적 시선. 우리는 그가 누구인지 빨리 알고 싶다. 극적인 카타르시스 때문이 아니라, 어서 빨리 실명의 그들과 마주하고픈 향수에서 말이다. 아, 정말 우리는 서로 얼굴이 보고 싶다.

《FILM2.0》 39호(2001년 9월 11일)

지식의 미로

〈장미의 이름Der Name der Rose〉
감독 장 자크 아노 | 출연 숀 코너리, 크리스천 슬레이터 | 1986년 | 프랑스, 독일, 이탈리아

방위 시절, 내 보직은 국방부 산하 모 교육 '특수' 부대의 군사학 교육처 조교였다. 하지만 별다른 일이 없는 부대였던 탓에 1년 6개월 동안 하루도 빼놓지 않고 파묻혀 산 곳은 바로 영내 도서관이었다. 군바리 시설 안에 그런 곳이 있을까 의아한 사람들도 많겠지만, 우리 부대 도서관은 군부대 중 최대의 장서를 자랑하는 곳이었으며 일반 도서관까지 합쳐서 순위를 매겨도 5위 안에 꼽히는 곳이었다. 그곳엔 "적을 알아야 백전백승한다"는 강령에 따라 사회주의나 공산주의 서적, 불순 이념 관련 출판물 또한 엄청나게 많았다.

나는 1년 6개월 동안 그 이전까지 읽은 책들보다 훨씬 많은 책을 읽었다. 행복하게도 나는 대한민국 대부분의 청년들이 시간을 낭비하는 군복무 기간 동안 지나칠 정도로 알찬 정신적 풍요로움을 누린 것이다. 그 뿌듯함은 책의 권수에서 오는 것만은 아니었다. 건물 하나가 통째로 도서관인 그곳은 제법 미로처럼 얽힌 동선과 높은 천장의 고풍스러움을 자랑했다. 거의 아무도 이용하지 않았던 터라 오래된 책 냄새와 퀴퀴한 먼지의 퇴적이 피부로 느껴지기도 했다. 미로의 맨 끝, 보통 사람들이라면 잘 찾아오기도 힘든 구석 테이블에서 나는 방대하게 공간을 휘감고 있는 '지식의 이미지'를 체감했다. 당시에 나는 그것을 '지식의 미로'라고 스스로 이름 붙였다. 조용히 서가에서 잠자고 있는 듯하면서도 들끓는 인류의 온갖 지식은 마치 미로처럼 그 안에 들어온 사람들을 압도하면서 정신적 성장을 종용했고 나는 활자들 사이를 헤매며 그 안에 앉아 있는 것 자체가 행복했다. 개인적으로 〈장미의 이름〉을 별로 좋아하지 않는다. 장 자크 아노의 깊이감 없는 서사 해석을 별로 좋아하지 않을뿐더러, 에코의 원작과 비교해봐도 손색이 많은 영화라 생각하기 때문

이다. 하지만 딱 한 시퀀스, 윌리엄 수사와 아드소가 기하학적으로 배치된 도서관의 미로 속을 헤매는 장면만큼은 좋아한다. 그 낡고도 복잡한 공간 속엔 음험하게 인간을 압도하는 지식의 위압감이 매력적으로 스멀거리고 있기 때문이다. 그 도서관의 가장 후미진 방에선 미스터리의 실체가 발원한 동시에 인류의 정신사를 좌지우지하는 결단이 이루어졌다.

'지식의 미로'야말로 혼탁한 세파를 제압하는 동시에 때로 그 세파에서 벗어나 정신의 안락을 꾀할 수 있는 행복한 공간이 아닐까 생각해본다. 그런데 요즘 우리는 지식의 미로 대신 온갖 불순하고 치졸하며 멍청한 미로 속을 헤매고 있는 것 같아, 나를 포함한 모든 사람이 안쓰럽다.

《FILM2.0》 43호(2001년 10월 9일)

난간 극장의 비밀

〈침실의 표적 Body Double**〉**
감독 브라이언 드 팔마 | 출연 크레이그 왓슨, 멜라니 그리피스 | 1984년 | 미국

내가 다닌 고등학교의 건물 뒤쪽은 주택가와 담장 하나를 사이에 두고 붙어 있었다. 여름만 되면 주민들은 에어컨 대신 창문을 열어놓고 지냈는데, 문제는 그중 한 집 2층의 남녀가 매일 밤 버젓이 창문을 열어놓고 애정 행각을 벌였다는 것이다. 그 집을 들여다보려면 학교 건물 2층 난간 밖으로 나가 한 손으로 난간을 붙잡고 최대한 고개를 빼야만 했다. 당시 입시를 준비하느라 늦게까지 학교 도서관에 남아 있던

우리에게 '난간 극장'은 빼놓을 수 없는 일과 중 하나였다. 시간이 지나자 차츰 거기에 중독돼 하루라도 난간에 매달리지 않으면 못 견디는 녀석들이 생겼다. 그들이 난간에 매달린 우스꽝스러운 모습을 보기 위해 일부러 찾아가는 아이들도 생겼다. 얼마 후 수위 아저씨가 난간의 비밀을 알아차렸다. 난간파 중 한 명이 수위 아저씨의 고함과 손전등 불빛에 놀라 떨어져 다리가 부러지는 사고도 생겼다. 하지만 며칠 뒤 의도적으로 수위 아저씨가 순찰을 도는 시간에 난간에 매달려 관전의 쾌감은 물론 수위 아저씨와의 스릴을 동시에 즐기는 녀석들도 생겨났다. 당시 우리에겐 난간과 관련된 꽤 여러 종류의 중독이 존재한 것이다. 그 모든 광경을 보며 문득 나는 세상이란 게 참 묘한 기운에 휩싸여 있다고 생각했다. 각자 자기만의 집착에 사로잡혀 누가 누구를 탓할 것도 없는 '병증의 총체적 만연', 그것이 세상이 아닐까 하고 말이다.

내가 히치콕의 영화를 좋아하는 것은 그런 이유 때문이다. 〈다이얼 M을 돌려라〉(1954), 〈현기증〉(1958), 〈사이코〉(1960), 〈토파즈〉(1969) 등 그의 모든 영화 속에는 세상을 휘감고 있는 이상한 무기력과 그 무기력에 짓눌려 있으면서도 꽤 교묘하게 발산되는 병증의 혼재가 있다. 그런 세상을 바라보는 시선이 위력적이면서도 매혹적이다. 히치콕 영화를 즐겨 패러디하는 브라이언 드 팔마의 영화 중 〈침실의 표적〉을 잊지 못하는 것도 같은 이유다.

걸작 〈이창〉(1954)을 패러디한 〈침실의 표적〉에서 얼마간 친구의 집에 묵게 된 주인공 제이크는 이웃집 여자가 밤마다 창가에서 누드 쇼를 펼치는 모습을 보게 된다. 그녀는 포르노 배우 홀리(멜라니 그리피스도 한때는 섹시했다는 걸 확인할 수 있다)다. 제이크는 자기 안에 숨은 관음증에 중독되고, 홀리는 노출증과 패배적 퇴폐주의에 빠져 있다. 얼마 뒤 제이크는 홀리의 지갑을 훔친 도둑을 쫓아 터널 속으로 들어가려다 멈칫한다. 자기에게 폐소공포증이 있다는 사실을 알게 된 것이다. 세상이 온통 정신질환에 걸려 있다. 하지만 그래서 '기호'라는 게 생기고, '변질'의 쾌락이 존재하며, 모두 좀더 겸손하게 서로 존중하며 즐겁게 미쳐갈 수 있는 것 같다.

《FILM2.0》 44호(2001년 10월 16일)

나의 배냇저고리

〈젊은 날의 초상〉

감독 곽지균 | 출연 정보석, 배종옥, 이혜숙, 전인택 | 1990년 | 한국

딸아이가 태어날 무렵이 되자 엄마는 내게 비닐봉지에 담긴 뭔가를 건네주셨다. 펼쳐보니 아주 오래된 배냇저고리였다. 내가 세상에 태어나자마자 제일 먼저 입은 옷이란다. 엄마는 그걸 빨지도 않은 채 고스란히 간직해오셨다. 얼굴 가까이 대자 엄마 뱃속에서 갓 나온 내 몸에서 묻어난 체취가 흘러나왔다. 서른이 넘어 세상 첫날 그대로의 나와 만난다는 건 묘한 일이었다. 그때의 나와 지금의 나 사이를 잇는 시간의 연속성, 또는 시간의 영속성 같은 게 느껴졌다. 그건 마치 지금까지 살아온 세월의 풍경들을 저 아래에 두고 하늘 높은 곳의 이쪽에서 저쪽으로 눈을 감은 채 유연하게 비행하는 느낌이었다. 그러니까 다른 무엇과도 동떨어진 채 그냥 '나'라는 존재에만 푹 빠져 있는 듯한.

산다는 건 모든 것이 연결된 거대한 고리 속에서 흘러가는 것인 게 틀림없다. 이 일을 하려면 저 일이 걸리고, 이걸 선택하려면 저걸 염두에 둬야 한다. 진심도 종종 눈치를 보고, 선의도 자주 조건이나 대가와 함께한다. 그래서 난 늘 '단절된 느낌'을 그리워한다. 다른 것들과 연결된 매듭을 전부 풀어버리고 그냥 이 일 하나만, 이것 하나만, 지금만 생각하는 단절 말이다. 내 배냇저고리와 만났을 때의 그 단절된 시간 속의 평안은 〈젊은 날의 초상〉이 주는 느낌과 비슷한 구석이 있다. 몇몇 장면이 가끔 떠오르는데, 그중 하나가 주인공 영훈이 두 친구와 주점에서 술을 마시는 장면이다. 한 친구는 술을 마시면서도 이념을 논하지만, 현실이 끔찍한 또 한 친구는 아무 생각 없이 그저 술만 마신다. 예전엔 나도 자주 빠져들던 그 순수하고 맹목적인 취기의 공간은 이런저런 삶의 다른 일들과 아무런 상관없이 단독으로 존재한다. 문학과 사랑에 지친 영훈은 무작정 길을 떠나 시골 술집에서 일하게 되는데, 그의 여정은 비록 과거의 아픔에서 비롯됐을망정 미래를 생각하지 않는 무모함, 앞뒤 생각하지 않는 단절된 객기 속에 있다. 그가 만난 칼 가는 사내나 술집 작부도 어딘가 세상과는 동떨어진 채 하나의 의지, 또는 무의지에 따라 흘러가고 있음은 마찬가지다. 돌이켜 보면 우리 젊은 날의 초상이란 다 그랬을지 모르지만, 지금은 그렇게 살기 쉽지 않으니 너무나 그립다.

아이가 태어났다. 아내는 출생 직후 병원에서 아이에게 채워준 팔목의 이름표를 곱게 싸두었다. 언젠가 내 딸도 엄마한테 그걸 건네받고 뭔가를 생각하게 될 것이다.

《FILM2.0》 46호(2001년 10월 30일)

"결혼은 언제 해야 돼요?"

〈스완의 사랑 Eine Liebe von Swann〉
감독 폴커 슐뢴도르프 | 출연 제레미 아이언스, 오르넬라 무티 | 1984년 | 프랑스, 서독

얼마 전 여자 후배 한 명과 술을 마시는데, 대뜸 묻는 말이 "그런데 결혼은 언제 해야 돼요?"라는 것이었다. 웬만히 취해 있던 나는 이 질문이 갑자기 마음에 들어 후배 앞으로 의자를 바짝 당겨 앉아 '썰'을 풀기 시작했다. "음, 결혼이란 걸 언제 해야 하냐면 말이야. 우리가 사는 게 다 이기적이잖니, 저녁에 이렇게 술 마시는 것도 다 나 즐겁자고 하는 거고. 그런데 살다 보면 어느 순간, 정말 어느 순간이야, 갑자기 아 이렇게 나만을 위해서 사는 게 지겹다, 이렇게 느껴질 때가 있어. 그리고 갑자기 내가 행복해지는 대신 내가 어떤 일을 해서 다른 사람이 행복해지는 걸 보고 흐뭇해지고 싶다, 이런 생각이 들게 돼. 바로 그때 결혼을 하는 거야. 결혼이란 건 타인에 대한, 그리고 타인의 행복에 대한 배려야. 네 나이엔 이해가 안 되겠지만, 그런 때가 다 와, 걱정하지 마."

자못 진지하고 흥분된 목소리로 떠들어대면서도, 사실 속으론 엄청 웃었다. 타인의 행복에 대한 배려? 그런 때가 온다고? 결혼 생활을 몇 년째 하고 있는 나도 아직 그런 때를 만나지 못했으며, 여전히 가정이란 평생의 족쇄가 아닐까 의심스러워하고 있는데, 후배 앞에서는 너무나 자신만만하게 말하고 있었던 것이다. 경험한 바에 따라 솔직히 말하자면, 결혼이란 여전히 이기적인 남자와 이기적인 여자의 투쟁이다. 내 것과 그녀의 것, 그리고 가정이라는 공동의 것, 이 트라이앵글에서 밀고 당기는 게임. 하지

만 내심은 타인의 행복에 나를 헌신하는 삶이 그리웠기에 후배에겐 그리 당당하게 말했을 것이다.

결혼의 진실에 대한 영화는 많다. 그런 영화들 중에서도 아주 고전적인 작품 중 하나가 폴커 슐뢴도르프의 〈스완의 사랑〉이다. 마르셀 프루스트의 《잃어버린 시간을 찾아서》를 각색해 만든 영화라 알 듯 모를 듯 미묘하고 중층적인 심리 묘사가 남다르다. 주인공 스완이 사랑하게 된 여자는 아름답지만 방탕한 오데트. 스완은 그녀와 하는 결혼에 불안해하면서도 어쩌면 성스러운 결혼을 통해서 둘의 사랑은 완성될 수 있으리란 맹신에 빠진다. 말하자면, '타인에 대한 배려' 운운하는 술 취한 내 모습이 결혼 직전의 스완에게 있었던 것이다. 하지만 이미 결혼을 경험한 관객이라면 그 어느 누가 이 순진무구한 남자의 소망이 이루어질 수 있으리라 기대하겠는가. 결국 결혼을 하긴 했지만, 이때부터 스완의 삶은 이기심과 분노와 배려할 수 없는 단절감으로 범벅이 된다. 이런 게 결혼이라면 대체 누가 하고 싶겠냐마는, 알면서도 속아주고 뻔히 눈앞에 늪이 보이는데도 굳이 걸어가 빠지는 게 인생이니 어쩌겠는가.

《FILM2.0》 47호(2001년 11월 6일)

수군수군 쑥덕쑥덕

〈가십Gossip〉
감독 데이비스 구겐하임 | 출연 제임스 마스덴, 레나 히디, 노먼 리더스 | 2000년 | 미국

"홍상수 감독 왜 죽었대?" 이 말은 몇 달 전 잠시 동안 우리를 들쑤셔놨던 사건의 시작이었다. 토요일, 나와 선배는 누군가를 인터뷰하고 있었다. 순간 선배의 핸드폰이 울렸고, 전화기 저쪽에서 들려오는 말, "홍상수 감독 왜 죽었대?" 저쪽에선 이미 홍 감독의 죽음을 모두 알고 있는 사실인 양 말하고 있었다. 전화를 끊은 선배는 "야, 홍상수가 죽었대! 오늘 인터뷰 못해! 당장 홍 감독 왜 죽었나 알아봐!"라고 말하고 사무실로 전화를 걸어 취재팀 모두 퇴근하지 말고 비상 대기하라는 지시를 내렸다. 그때부터 나와 선배는 여기저기 전화를 돌리며 "홍상수 감독 왜 죽었대?"를 반복했지만 아무도 그 사실을 알지 못했다. 그러면서도 선배 하는 말, "자살일 거야. 틀림없어. 왠지 홍상수하고는 자살이 어울려. 그래, 그 사람이 죽으면 꼭 자살로 죽을 것 같았다니깐". 우리는 이미 그의 죽음에 깊게 빠져 있었다. 이날의 '홍상수 사망 사건'은 한낮의 해프닝으로 끝났다. 사실인즉슨 홍 감독과 이름이 비슷한 노감독의 별세가 와전돼 이상하게 소문이 돌고 만 것이었다. 그날 저녁 이미 모든 사태가 진압된 뒤에도 나는 내 스스로 여기저기 전화를 걸어 뿌려놓은 헛소문의 더 부풀려진 결과들과 만나며 실소하지 않을 수 없었다. 소문이란 언제나 황당무계에 일파만파다.

자기가 일하고 있는 업계 안에선 항상 이런저런 소문이 돌아다닌다. 누구는 동성애자라네, 누구는 숨겨진 애가 있다네……. 최근엔 곧 있을 우리 회사의 조직개편과 관련된 소문을 밖에서 들었는데, 아예 자기들끼리 누구는 퇴사시키고 누구는 입사시키는 등 남의 회사 인사이동을 마음대로 주무르고 있었다. 그런 소문들은 재밌기도 하지만, 때로 당사자들에게 엄청난 피해를 주기도 한다. 〈가십〉의 나오미와 보

우처럼 말이다. 커뮤니케이션 과목을 함께 수강하고 있는 룸메이트 존스, 트래비스, 데릭은 소문의 확장에 대한 리포트를 쓰기 위해 진짜로 황당한 소문 하나를 만들어내기로 한다. 그 대상은 학교 안에서 유명한 커플 나오미와·보우다. 나오미는 혼전 성관계를 거부하는 여학생이고, 이 사실은 친구들도 다 알고 있다. 세 주인공은 보우가 만취한 나오미를 강간했다는 소문을 퍼뜨린 뒤 결과를 지켜본다. 다음 날 아침부터 교내에선 사건이 엉뚱한 형태로 확장돼 소문이 돌고, 나오미조차 보우가 자신을 강간했다고 믿는다. 소문은 타인에 대한 당연하고도 지나친 관심, 곧 커뮤니케이션의 본질적 부조리를 보여주는 상징적인 행태다. 종종 인간관계의 완전한 단절과 철저한 개인적 생활을 보장받고 싶은 때가 있는데, 엉뚱한 소문이 돌 때 또한 그런 때다.

《FILM2.0》 50호(2001년 11월 27일)

역시 문제는 상상력이다

《심야의 화랑Night Gallery》
감독 스티븐 스필버그 외 | 출연 조앤 크로포드, 오시 데이비스 | 1969년 | 미국
《환상의 우표여행Tommy Tricker and the Stamp Traveller》
감독 마이클 루보 | 출연 루카스 에반스, 앤서니 로저스 | 1988년 | 캐나다
《버뮤다 트라이앵글Bermuda Triangle》
감독 이안 토인튼 | 출연 샘 베런스, 수잔나 톰슨, 리사 야쿱 | 1996년 | 미국

이 글은 1년간의 '우리가 사랑할 수밖에 없는 나쁜 영화'를 마무리하는 최후 기사다. 무엇으로 멋지게 끝을 낼까. 딸아이가 태어난 뒤로 이 코너에서 자꾸만 그 아이 얘기를 하니까 사람들이 너무한 거 아니냐고 핀잔을 줬지만 아무래도 마음에 드는 끝맺음엔 그것만한 것이 없다. 태어난 지 두 달이 채 안 된 녀석에겐 눈을 말똥말똥하게 뜨고 가만히 있는 게 유일한 놀이다. 이때 옆에선 가만히 있지 말고 끊임없이 이야기를 들려줘야 뇌 발육에 좋단다. 그래서 녀석의 엄마와 할머니는 이야기를 지어내 들려주기 바쁘다. 둘 사이엔 차이가 있다. "어젯밤엔 무슨 꿈 꿨어? 토끼가 쫓아왔어? 아이구 무서워라. 빨리 도망가서 귀여운 병아리랑 놀자"가 엄마의 버전이라면, "우리 별을 세볼까? 별 하나, 별 둘, 별 셋, 별 넷……"은 할머니의 버전이다. 엄마의 이야기가 공포와 서스펜스와 유토피아를 담고 있다면 할머니의 이야기는 평화롭고 고전적이다. 두 사람의 세대와 직업에 따라 차이가 있다는 얘기다. "토끼보다 병아리가 더 무섭다"라고 대꾸를 하면서 머릿속에 드는 생각은, 역시 우리에게 중요한 건 상상력이라는 것이다.

그동안 한 편씩 소개해온 관례를 깨고 이번 주엔 파격적으로 상상력에 관한 세 편의 영화를 소개할까 한다. 마지막답게. 우선, 그림에 관한 세 편의 에피소드 연작 《심야의 화랑》이다. 화랑에 걸린 세 개의 그림에서 출발해 명화를 수집하는 맹인 부인의 이야기, 은둔 생활을 하고 있는 나치 전범의 이야기, 갈등에 휩싸인 가족의 공동묘지 이야기가 각각 펼쳐진다. 환상적이면서도 현실에 일침을 놓는 아이디어가 기막히다. 다음은 우표 속 세상에 관한 이야기 《환상의 우표여행》이다. 두 소년이 우표 속으로 빨려들어가 멋진 여행을 한다는 줄거리로, 방구

석에 앉아 공상할 수 있는 상상의 세계가 보기
좋게 펼쳐진다. 마지막으로 버뮤다 미스터리를
나름대로 해석한 영화 〈버뮤다 트라이앵글〉. 버
뮤다 삼각지대에서 실종된 사람들이 실은 환상
의 섬에 다 함께 모여 살고 있다는 상상을 들
려준다. 오랫동안 인류를 사로잡았던 기억에
대한 행복한 상상인 셈이다. 언제나 문제는 상
상력이다. 한국 영화의 영원한 화두도 상상력
이고, 일상을 풍요롭게 해줄 최상의 것도 역시
상상력이다. 그것이 없다면 영화를 볼 이유도,
삶을 살아갈 이유도 없다.

《FILM2.0》 51호(2001년 12월 4일)

DVD 천일야화

매주 출시되는 신작 DVD 본편과
서플먼트의 특징을 소개하는 코너.
세상에서 가장 따뜻하고 친근하던 DVD 비평.
《FILM2.0》 123호(2003년 4월 22일 발행)부터
161호(2004년 1월 13일 발행)까지 연재.

너 이 영화가 무섭니?

〈센과 치히로의 행방불명千と千尋の神隠し〉
감독 미야자키 하야오 | 애니메이션 | 2002년 | 일본

세 살 된 조카 녀석에게 〈센과 치히로의 행방불명〉 DVD를 틀어주고 술을 마셨다. 녀석의 혼을 빼놓을 뭔가가 있지 않으면 평화롭게 술을 마실 수 없기 때문이었다. 한 '깡'에 한 자존심 하는 녀석인데 영화 시작하고 몇 분 후 슬그머니 내 손을 잡았다. "큰아빠, 무서워." "너 이 영화가 무섭니?" 극장 개봉 당시 만난 배창호 감독은 이 영화에 "일본적인 귀기가 서려 있다"며 아이들에게 보여주기엔 좋지 않은 영화라고 말한 적이 있다. 갸우뚱했다. 귀기가 있는 건 알겠는데 그렇다고 아이들이 보기에 마땅치 않을까. 조카를 보니 알 것도 같았다. 이 신비롭고 이상하고 아름답고 무섭고 눈물 나고 오싹하고 신나고 슬픈 영화는 보기 나름, 느끼기 나름, 해석하기 나름이란 생각이 들었다.

그 생각에 쐐기를 박아준 건 스페셜 피처에 들어 있는 '예고편 모음'이다. 여기 들어가 보면 일본과 한국에서 극장용으로 제작된 예고편을 볼 수 있는데, 두 편이 어찌나 다른지 예고편만 봐서는 전혀 다른 영화를 기대하게 될 것이 분명하다. 그걸 비교해보라고 떡 하니 집어넣다니 영화에 대한 여러 해석에 흥미를 느낀 제작진의 배려일까 장난일까. 우선, 한국판 예고편을 보자. 치히로가 마을로 들어가는 장면과 함께 '인간에게 금지된 신들의 세계'라는 자막이 뜬다. 뭔가 궁금증을 유발시킨다. 이어 '한 번 들어오면 절대 나갈 수 없다'는 자막이 뜬다. 절대성, 극단성, 절박한 감정, 긴장감, 미스터리를 증폭시킨다. 그 다음에 뜨는 자막은 '금지된

모험을 시작한 소녀'와 '사랑을 위해 운명을 거역한 신'이다. '금지', '모험', '운명', '거역'이라는 단어들은 이 영화에 음험한 기운이 서려 있으며, 복합적이고 거대한 서사가 개입돼 있고, 그것이 매우 드라마틱하다는 것을 기대하게 만든다. 여기 사용된 영상들은 이 영화에서 가장 역동적인 장면들이며 심지어 클라이맥스와 엔딩도 다 보여준다.

일본판 예고편은 분위기가 전혀 다르다. 맨 먼저 등장하는 자막은 '이름을 빼앗긴 채 이상한 마을에서 일하게 된 10살의 치히로'다. 담담하고 건조하게 영화적 설정 그대로를 서술하고 있으며 '이름을 빼앗긴'이라는 철학적인 화두를 던지고 있다. 이어 '원작, 각본, 감독 미야자키 하야오'라는 자막이 뜬다. 일본 사람들에게 이 이름이 얼마나 중요한 것이며 이 영화의 첫 번째 마케팅 포인트 역시 미야자키 하야오임을 알 수 있는 부분이다. 이 예고편은 영화에서 가장 평온하고 느린 장면들로 구성돼 있으며 그 위로 '생명의 수수께끼', '죽음의 수수께끼', '미야자키 하야오의 청결한 영혼이 한 소녀의 고독한 영혼을 뒤흔든다'는 자막이 뜬다. 한국판 예고편이 치히로에게 던져진 미스터리 액션 어드벤처를 강조하고 있다면, 일본판은 드라마에 깔린 삶과 죽음과 영혼에 관한 철학을 전면에 내세우고 있다. 우열을 가릴 수는 없다. 어차피 예고편이란 관객에게 던지는 미끼니 두 나라의 상업적인 정서가 매우 다르다는 것이 재미있고, 결국 한 영화가 이렇게 달라지니 즐거울 따름이다.

《FILM2.0》 131호(2003년 6월 24일)

"여러분들에게도
저런 순간이 있었습니까"

〈클래식〉
감독 곽재용 | 출연 조승우, 손예진, 조인성, 이기우 |
2003년 | 한국

〈클래식〉 DVD 서플먼트는 디테일의 승리다. 남
들 같으면 메이킹 필름 안에 전부 구겨 넣을 것
들을 요리 콩 조리 콩 아기자기하게도 나눠놓았
다. 메이킹 필름 따로, 주요 장면별 촬영 현장 따
로, 소품 따로, 로케이션 공간 따로. 뿐이랴, 콘티
와 실제 촬영 장면을 비교하는 메뉴도 있고, 팬
들과 곽재용 감독의 대화도 있다. 심지어 기자
시사회 때 무대 인사 한 것까지 죄다 찍어서 올
려놨다. 서플 만들다 죽은 귀신이라도 붙었나
보다. 그러나 전체 스페셜 피처를 넘어서는 진정
한 디테일의 승리는 곽재용 감독의 코멘터리다.
곽 감독은 본편 시작과 동시에 시시콜콜 불만
을 늘어놓기 시작한다. 남들은 조용히 숨죽이
고 있는 회사 로고 장면에서부터 딴죽을 건다.
CG 작업을 급히 하느라 로고가 제대로 안 나
왔다는 것이다. 이걸로 끝이 아니다. 출연진, 스
태프 자막도 포커스가 안 맞아 뿌옇다고 투덜
거린다. 음악회가 끝나고 준하(조승우)가 주
희(손예진)에게 꽃다발을 주는 장면에선 조승
우 뒤통수의 가마가 거슬리고, 준하와 주희가
계단에 앉아 있는 장면을 보다가는 "어, 색깔
이 튀네 이거"라며 코멘터리를 하다 말고 불평
이다. 그렇다고 이 코멘터리가 불만투성이라는
얘기는 아니다. 곽재용은 관객이 미처 알지 못
했던 소소한 것들을 가르쳐주며 영화를 채워간
다. 지혜(손예진)가 집안 정리를 하는 장면에서
카메라가 흔들리는 건 준하의 유령이 보고 있

기 때문이라는 것, 준하와 주희가 만날 때면 항
상 주희는 공간의 위쪽에 준하는 아래쪽에 서
있다는 것, 상민(조인성)의 마음을 알게 된 지
혜가 빗속을 뛰어가다 ROTC 패거리와 마주치
는 건 비 오는 날 우산 없이 다니는 애들끼리
만나면 재미있겠다 싶었다는 것을 상세하고 친
절하게 설명해준다.
하지만 진짜 '곽재용 디테일'의 정수는 다른 곳
에 있다. 그것은 곽재용 자신과 이야기와 영화
의 감정을 세밀하게 되짚어나가는 감성적인 회
상이다. 곽재용은 시나리오를 쓸 때부터 상민
과 지혜가 빗속을 뛰어가는 장면에서 가슴이
설레었다고 말한다. 뛰어가는 순간순간들을 붙
잡고 싶었으며 그런 마음을 반영하는 영상으
로 그 장면을 찍었단다. 그리고 갑자기 관객을
향해 말한다. "여러분들에게도 저런 순간이 있
었습니까?" 준하가 주희의 집 앞 가로등 불빛
을 깜박거리는 장면에선, 이 장면을 찍을 무렵
에야 비로소 스태프들이 〈클래식〉이라는 영화
에 젖어들었다고 말한다. 촬영 과정을 이런 식
으로 기억하는 감독은 별로 없다. 준하와 주희
가 포크 댄스를 추다 은밀하게 눈을 마주치는
장면에 대해 곽재용은 "이 많은 사람들 중에 우
린 서로 사랑해"라는 꼬리표를 달아준다. 하아,
감동이 불끈 솟아오른다. 닭살? 여기 〈클래식〉
에 대해 통속적이고 상투적이며 감상적이라 비
난하던 사람들에게 곽재용이 주는 대답이 있
다. 베트남전에 파병되는 준하와 배웅하는 주
희의 (통속적인) 기차역 신이다. "통속적인 장면
은 피해 가기가 찍기보다 더 힘듭니다. 이런 장
면은 용기와 노력이 필요합니다."

《FILM2.0》 134호(2003년 7월 8일)

수다쟁이 스페셜 피처

〈지구를 지켜라!〉
감독 장준환 | 출연 신하균, 백윤식, 황정민, 이재용, 이
주현 | 2003년 | 한국

기인인 것처럼 알려진 장준환 감독은 말을 걸
어도 딴 데만 쳐다보고 있을 것 같지만 실은
그렇지 않다. 처음 그를 만난 사람들은 다들
놀란단다. 말이 너무 많다고. 나도 그랬다. 수
다스러울 정도로 시끄럽게 떠들지는 않지만 자
분자분 오래 얘기하는 것이 장준환의 특징이
다. 부천영화제에 취재간 탓에 DVD를 못 봤
다. 천일야화 아이템으로 뭘 하면 좋을까 후배
에게 추천 하나 하랬더니 스페셜 피처가 좋다
며 〈지구를 지켜라!〉를 골라줬다. 하나하나 서
플을 살펴보며 여긴 무슨 욕망이 있을까 생각
하는데, 문득 뭔가가 떠올랐다. 듣자 듣자하니
이 서플은 말이 너무 많은 것이다!

〈지구를 지켜라!〉 스페셜 피처는 다종다기한
메뉴들로 가득하다. 그런데 그 메뉴들 속속마
다 엄청 많은 말들이 들어차 있다. 우선 메이킹
은 영화 속 순이 역의 배우 황정민이 내레이션
을 깔았다. 보통의 메이킹에 나오는 내레이션
에 비해 훨씬 충실하고 정다운 동시에 말이 끊
이질 않는다. 대개의 스페셜 피처들은 인터뷰라
는 메뉴 안에 인터뷰를 몰아넣어 두지만 〈지구
를 지켜라!〉는 인터뷰가 안 나올 것 같은 메뉴
구석구석에도 인터뷰를 숨겨놓았다. 주연 배우
들과 감독 인터뷰는 물론이요, 각종 스태프들
의 짧고 긴 인터뷰가 여기저기서 튀어나온다.
뿐이랴. CG감독 장성호와 음악감독 이동준의
해설은 왜 그리 착실하고 긴지. 이만하면 됐겠
지 싶은데 이번엔 관객들이다. 비하인드 스토

리에 들어가 보면 장 감독의 골수 팬들이 그를
에워싸고 던지는 많은 말을 들을 수 있다. 이
것으로 끝? 메뉴를 탐색하다 보면 시사회 직후
다른 감독들이 한 말들도 쏟아져나온다. 정초
신 감독은 "내가 박찬욱의 영화를 본 건가?"라
고 말한다. 놀랍게도 이 메뉴는 정초신의 말에
대해 다시 장준환의 답변을 듣는다. 말이 많을
뿐더러 집요하기까지 한 것이다. 류승완 감독
은 "기대를 많이 했는데 기대를 저버릴 정도의
걸작"이라 하고, 박찬욱 감독은 "내가 본 한국
영화 중 제일 재미있다"고 한다. 그런데 여기 인
상적인 말이 하나 있다. 이무영 감독은 이렇게
말한다. "놀라운 영화다. 이 영화가 많이 얘기가
됐으면 좋겠다."

많이 얘기가 된다……. 그렇다. 〈지구를 지켜
라!〉는 본 사람들이 얘기를 많이 하게 만드는
영화다. 할 말이 많은 영화다. 감독도 배우도
스태프도 관객도 다른 감독도, 모두 모두 이 영
화에 대해 하고 싶은 말이 너무 많다. DVD 스
페셜 피처는 바로 그 특징, 이 영화가 가진 바
로 그 남다른 특징을 무의식적으로 반영하고
있다. 영화에 대해 할 말 많은 사람들을 모두
다 담다 보니 어느새 방대한 서플이 되어버린
것이며, 그새 서플 자체가 영화에 대해 끊임없
이 말을 하고 있는 것이다. 하나 더 있다. 제작
진이 자기 영화에 대해 말을 많이 하는 건 두
가지 경우다. 첫째는 없는 것을 포장하기 위해
서, 둘째는 애정이 너무 많아서. 근래 〈지구를
지켜라!〉 서플만큼 뭉클했던 서플은 없다.

《FILM2.0》 136호(2003년 7월 22일)

과거를 기억하지
못하는 그녀에게

〈그녀에게〉Hable Con Ella〉
감독 페드로 알모도바르 | 출연 하비에르 카마라, 레오
노르 발팅, 다리오 그란디네티 | 2003년 | 스페인

〈그녀에게〉 DVD를 본 것은 순전히 영화가 보고 싶어서였다. '천일야화'를 쓰기 위해 스페셜 피처를 체크하는 짓 따위는 별로 안중에 없었다. 왜 그렇게 보고 싶었냐면, 개봉 때 이 영화를 본 후배들이 백이면 백, 침 튀기고 혈관 세우며 흥분들을 해댔기 때문이다.

네 남녀가 주인공이다. 마르코는 여자 투우사 리디아와 사랑에 빠지지만 그녀는 경기 도중 사고를 당해 코마 상태에 빠진다. 리디아가 입원한 병원에 몇 년째 식물인간으로 누워 있는 알리샤와 정성껏 그녀를 돌보는 남자 간호사 베니그노가 있다. 알리샤를 지극히 사랑하고 소통하는 베니그노는 그녀가 모든 말들을 듣고 모든 일들을 느낀다고 믿는다. 하지만 사고 전부터 리디아와 완전히 소통할 수 없었던 마르코는 베니그노처럼 할 수가 없다.

후배 하나가 과거를 기억하지 못한 채 몇 년 만에 깨어난 알리샤에 관해 얘기했다. 진짜 소통의 단절은 그녀에게서 일어난 건지도 모르고, 그건 끔찍할 수도 있지만 딱히 그렇게만 말할 수는 없는 기묘한 사건이라고. 나도 코마 상태에서 벗어난 알리샤를 생각해봤다. 지나온 일을 알지 못하는 그녀는, 그래서 불행할까. 알리샤에게 과거란 긴 잠 뒤의 나른함 같은 망각의 형태로 사라졌다. 그 나른함은 모호하고 뿌듯한 나른함이다. 인간에게 망각이란 불가능에 가까운 축복이다. 〈그녀에게〉는 누구라도 망각

할 수 있다고 얘기한다. 알리샤가 망각한 것처럼 마르코도 망각했다. 그는 과거의 애인이 뱀을 무서워했다는 사소한 기억조차 잊지 못하고 눈물을 흘릴 정도로 삶을 버거워했다. 하지만 깨어난 알리샤와 만났을 때 그는 리디아와의 거대한 슬픔조차 망각할 수 있는 사람이 됐다. 영화는 기억하지 않아도 된다는 것의 기쁨으로 종결된다.

망각과 함께 〈그녀에게〉를 관통하고 있는 또 하나의 축은 예의다. 이 영화는 코마 상태에 빠진 절망적인 알리샤의 모습조차 고결하게 표현한다. 화면의 어느 구석에도 피곤함과 무료함은 배어 있지 않다. 그것은 삶에 대한 예의이며 빠른 속도로 지나가는 빛나는 순간들의 품위를 지켜주는 것이다. 그런데 그 순간들은 망각된다. 망각되는 것들에조차 예의를 차릴 수 있다면 다가올 것들로 가득한 삶에 대한 경배는 대단한 것이다.

현실 속에서 순식간에 흘러가는 순간들은 좀처럼 인식되지 않지만 지나고 나면 잊혀지지 않는다. 이상하게도 현실은 파악하지 못하는 순간들이 농축된 무거운 기억으로 우리를 살게 한다. 반대로 〈그녀에게〉는 마구 흘러가는 순간들을 붙잡아 보여준 뒤 그렇지만 잊을 수 있다고 말한다. 순간을 사랑하고, 버거움에서 벗어난다. 추석 특집 멜랑콜리 천일야화였다.

《FILM2.0》 143, 144 합본호(2003년 9월 23일)

무서운 영화

⟨28일 후 28 Days Later...⟩
감독 대니 보일 | 출연 킬리언 머피, 나오미 해리스, 노아 헌틀리, 브렌단 글리슨, 메건 번스, 크리스토퍼 에클레스턴 | 2003년 | 영국

공포에 관한 기억. 대학 입학 시험 합격자 명단에서 내 이름을 발견하지 못하고 터벅터벅 걸어 내려오던 날이다. 난 붙을 줄 알았다. 내가 떨어졌다는 사실을 안 순간 주위의 모든 것들이 돌변했다. 몇 달 뒤면 행복하게 걸어 다닐 거라 생각하던 대학 교정의 공기 분자들은 갑자기 냉랭하게 나를 밀어붙여 압사라도 당할 것 같았다. 붙은 사람들의 표정은 지구인의 것이 아니었고, 낙심한 사람들은 각자 살 길을 찾아 비열한 모략을 꾸미고 있는 것처럼 음산하고 역겨웠다. 저 아래서 아들을 기다리고 있는 아버지의 얼굴에선 해법이 보이지 않는 순열 조합 문제가 백 개쯤 읽혀졌다. 돌아오는 차 안에서 바라본 서울의 거리는 겨울답지 않게 후끈한 땀내가 났다. 모든 것은 너무 낯설고 공포스럽게 변해 있었다.

나는 공포 영화가 무섭지 않다. 공포 영화는 현실에 없는 가상의 공포를 만들어냄으로써 역으로 모든 현실은 안전하다는 위안을 주기 때문이다. 주인공이 어두운 거실에서 이상한 소리를 듣는다. 순간, 집안의 모든 것이 무서워진다. 소파 밑을 들여다본다. 아무것도 없다. 방문을 열어본다. 텅 비었고 고요하다. 공포 영화는 뭔가가 나타난 순간 그 공간 전체를 공포의 도가니로 만들어버리며 마치 우리 세계의 본질이 위협으로 가득 차 있는 것처럼 호들갑을 떨지만, 다음 순간 차례차례 그 모든 것은 아무것도 아님

을 증명해버린다. 결국 공포란 작가가 만들어낸 어떤 것 딱 하나다. 그런데 그건 허구니 대수롭지 않다.

나는 ⟨28일 후⟩가 무서웠다. 분노 바이러스에 감염된 좀비들이 설치는 세상이 무서웠던 게 아니다. 이 영화는 세상의 모든 것들이 우리 삶의 가장 위협적인 것들임을, 문득 체감하게 한다. 깊은 잠에서 깨어나 보니 아무도 없다, 모노톤의 도시는 냉랭하게 나를 쳐다본다, 어느 날부터 밖에는 계속 장대비가 쏟아진다, 빨간 눈을 한 동물들이 빠른 속도로 뛰어다니며 툭툭 내 어깨를 친다, 가까스로 만난 사람들은 똑같은 군복을 입은 사람들이다, 그들은 섹스에만 몰두한다, 밖에서 누굴 만나면 무조건 죽여야 한다, 이 세계는 살아가면 갈수록 점점 피곤해진다, 다른 곳과의 소통은 완전히 봉쇄돼 있다, 바이러스에 감염됐건 안 됐건 간에 내가 언제 어떻게 변할지 예상할 수가 없다. 이 모든 것들은 어느 날 찾아온 이상 현상이 아니다. 다 그냥 지금 우리가 사는 모습이다. 여기에 하나 더. 대니 보일은 평상 속도와 차이가 나는 리듬의 영상으로 현기증을 만들어낸다. 그건 이 영화에 등장한 모든 공포 요소들의 총합과도 같다. 머리가 뱅뱅 돈다. 이 영화는 공포가 아닌 듯 웅크리고 현실에 관한 진짜 무서운 공포 영화라고 나는 생각한다.

⟨FILM2.0⟩ 153호(2003년 11월 25일)

돈 안 나오면
형들이 맞는 거예요

〈카우보이 비밥 극장판 Cowboy Bebop — The Movie-
Knockin' on Heaven's Door〉
감독 와타나베 신이치로 | 애니메이션 | 2003년 | 일본

한동안 〈카우보이 비밥〉 극장판과 TV 시리즈
OST에 절어 살았다. 간노 요코의 그 음악이
좋았던 이유는, 음악이 참신하기 때문은 아니
었다. 간노 요코의 음악은 사실 이미 존재하는
익숙한 장르들의 변주로 이루어져 있을 때가
많다. 그것보다는 영상과 부조화를 이루는 음
악, 그래서 들을 때면 언제나 영상과 충돌하는
마찰음이 함께 느껴지기 때문에 좋았다. 예컨대
간노 요코는 긴박한 액션 장면에 늘어지는 재
즈를 붙여놓곤 한다. 그런데 이 상큼하게 삐걱
거리는 느낌을 한마디로 표현하면 뭘까.
〈오! 브라더스〉(2003) DVD를 보다 해답을 찾
았다. 서플 중에 '비디오 코멘터리'라는 것이 있
다. 김용화 감독과 이정재, 이범수가 몇몇 장면
들을 보고 얘기를 나누는 피처. 그중 이정재
가 이문식 앞에서 노래 부르는 장면이 있는데,
김용화 감독이 "정재 연기, 자연스럽지는 않았
지만 자유스러웠어"라고 말한다. 간노 요코의
음악은, 액션은 한 호흡으로 달려가는데 음악
은 여기저기 산만하게 둘러보며 어슬렁거리는
꼴이다. 부자연스럽다. 깔끔하지 않다. 하지만
자유롭다. 뭐 별로 아무것도 고려하지 않는다.
그래서 좋다. 자연스러운 것보다 자유로운 것
이 한 수 위라는 느낌이 〈카우보이 비밥〉 신드
롬의 정체가 아닐까 싶다. 게다가 이런 식의 시
도는 영화 전체의 심드렁하고 제멋대로인 정서
를 만들어낸다. 자유로운 것들의 총화는 세계

전체의 성격까지 좌우할 수 있다는 얘기다.
자연스럽다는 것은 익숙하다는 것의 다른 말이
기도 하다. 게다가 영화 속에서의 자연스러움
이란 수없이 만들어진 영화들이 내적으로 창조
해버린 영화적 리얼리티의 관습이기도 하다. 대
체 그게 뭐가 좋단 말인가, 생각한다. 중학교
시절 집으로 가던 길에 서너 명쯤 되는 깡패들
을 만난 적이 있다. "야, 있는 거 다 내놔." "없는
데요." "너, 만약 뒤져서 돈이 나오면 10원에 한
대씩 맞는다." 돈은 있었다. "죄송해요, 생각해
보니 돈이 있네요"라고 말하는 게 무리가 없었
을 것이다. 그런데 나는 순간, "그럼 만약에 뒤
져서 돈이 안 나오면 형들이 한 대씩 맞는 거
예요"라고 말했다. 미친 소리였다. 살면서 자유
롭다는 건 이런 것이기도 하겠구나 싶다. 한번
은 길을 가다 소나기가 오길래 멈춰 섰는데, 이
상하게 내 몸이 하나도 젖지 않았다. 땅을 보니
내가 서 있는 반경 50센티미터 원 안으론 빗자
국이 없었다. 먹구름 속에 정확히 그만큼의 구
멍이 뚫려 있었나 보다. 〈엑스 파일〉에나 나올
것 같은 이런 자유로움도 있다.

《FILM2.0》 157호(2003년 12월 16일)

연희의 두 개의 결혼

〈결혼은, 미친 짓이다〉
감독 유하 | 출연 감우성, 엄정화 | 2003년 | 한국

"야, 100원만 줘봐." 옆에서 졸고 있던 친구에게
말했다. 100원이 왜 필요했냐면 빵을 사먹기 위
해서였다. 밤 10시였다. 빵을 왜 사먹어야 했나

면 먼 길을 떠나야 했기 때문이다. 고3 초겨울이었다. 좋아하던 여자애가 있었다. 독서실에서 공부를 하다 갑자기 보고 싶었다. 나는 여의도에 있었고 그 애는 잠실에 살았다. 100원짜리 빵을 입에 물고 자전거 페달을 밟았다. 내가 아는 유일한 길은 그 애와 함께 타본 적 있는 버스 길이었고, 겨울바람은 무지하게 아팠다. 몇 시간이 걸려 집 앞에 도착했다. 한참 동안 창만 바라보다 돌아왔다. "만났어?" 친구가 물었다. "아니." 아니라고 대답했다. "야, 거길 어떻게 가냐. 노량진까지 가다가 힘들어서 돌아왔어."

왜 거짓말을 했을까. 살을 찢는 추위를 뚫고 여의도에서 잠실까지 갔다 왔다면 대단한 사랑을 하는 거고, 창만 보고 왔다면 당대의 로맨티스트였을 텐데. 미련하고 생각 없는 녀석들 사이에서 그냥 영웅이 될 수도 있었는데. 나는 그 밤의 자전거 여행을 뭔가 모호하고 중첩된 느낌으로 남기고 싶었던 것 같다. 분명히 벌어진 일이지만 한편으론 벌어지지 않은 것 같기도 한 겹겹의 느낌. 그래서 이것도 저것도 아닌 어떤 지대에 내 기억들을 쌓아두고 싶은 본능. 그렇게 되면 내가 만든 내 사건들은 누군가 이미 분류해놓은 세계에 배치되는 대신, 나만이 만들고 나만이 알고 있고 나만이 들어갈 수 있는 특별한 세계에 가장 뿌듯하고 곱게 남아 있게 되는 것이다.

〈결혼은, 미친 짓이다〉를 봤을 때, 연희가 반가웠다. 분방하게 사랑하고 똑 부러지게 현실적인 연희는 조건 좋은 남자와 결혼을 했지만, 동시에 준영과 가상의 결혼을 한다. 둘은 만나고 사랑하고 여행하기를 선보고 결혼하고 신혼여행 가듯 한다. 유하 감독은 이야기 자체를 그런 식으로 비유해간다. 미친 결혼에 염증을 느낀 연희가 마음속 깊은 곳에 넣어둔 준영을 상대로 진짜 사랑을 하고…… 뭐 그런 게 아니다.

연희는 때가 되어 자기에게 닥쳐온 결혼이라는 분명한 개념을 흐트러뜨리고 싶었을 게다. 기왕에 해야만 하는 결혼이니 하긴 하겠지만, 그래도 결혼에 내가 속하는 대신 결혼이 내게 속하게 만들고 싶었을 게다. 연희는 준영과의 가상 결혼을 부가해 자신에게 씌워진 현실적 결혼을 모호하고 불명확하며 세상에 존재하지 않는 비현실적인 것으로 해체해버린다. 그렇게 해서 결혼이라는 것은 그녀만의 것이 되어버린다. 어떤 일이 벌어졌을 때 그것을 여러 개의 정체로 받아들이고 싶어질 때가 있다. 당신은 그 일을 무지하게 사랑하는 것이다.

《FILM2.0》 159호(2003년 12월 30일)

예쁜 사랑 영화의 아이러니

〈봄날의 곰을 좋아하세요?〉
감독 용이 | 출연 김남진, 배두나 | 2003년 | 한국

얼마 전, 개봉을 앞둔 멜로 영화의 제작자와 이런저런 얘기를 나눈 적이 있다. 그의 고민은 그 영화의 어떤 점을 부각시켜 홍보해야 할지 난감하다는 것이었다. 예쁜 영화였다. 화면도 소품도 예뻤다. 주제도 좋았다. 감동도 있었고, 멜로드라마의 틀을 넘어선 많은 생각들을 차분하게 담고 있었다. 하지만 '팔려고' 생각하니 나라도 고민스러웠다. 감동적인 사랑 이야기라고 내세우자니 요즘은 그렇게만 홍보했다간 구닥다리 소리 듣고, 예쁘고 감각적이라고 포장하려니 요즘 그런 영화가 어디 한둘인가. 제작자와 얘기를 하던 중에 〈봄날의 곰을 좋아

하세요?〉가 떠올랐다. 역시 예쁜 사랑 이야기였지만 흥행엔 성공하지 못했다. 이 영화가 택한 마케팅 전략은 CF 출신 감독이 연출한 예쁘고 감수성 넘치는 작품이라는 점을 부각시키는 것이었다. 예쁜 느낌의 포스터도 그랬고, 카피도 그랬고, 무슨 얘기인지 알쏭달쏭 호기심을 자극하는 제목도 그랬고, 실제 내용도 사랑 그 자체보다는 사랑을 둘러싼 이미지들과 살짝살짝 설레며 핵심으로 정면 돌파하지 않는 감정들에 맞춰져 있었다.

나는 이 영화를 좋아했다. 영화 자체에 딴지를 걸고 싶지는 않다. 하지만 사랑 그 자체로부터 멀어지고 있다는 느낌은 아쉬웠다. 원인은 사랑 그 자체의 빛을 감소시키는 다른 빛의 존재다. 〈봄날의 곰을 좋아하세요?〉에서, 그리고 제작자를 난감하게 한 또 다른 영화에서 그것은 '예쁘다'는 느낌이었다. 닭살 돋게 얘기하자면, 사랑은 그 자체로 예쁜 것이기 때문에 다른 어떤 예쁜 것이 필요하지 않다. 다른 어떤 예쁜 것이 나서는 순간 예쁜 사랑은 사라진다. 비슷한 예를 많은 영화들에서 본다. 산악 멜로, 미스터리 멜로, 해양 멜로, 코믹 멜로……. 결국은 다 사랑 이야기면서 다른 점을 갖기 위해 자꾸 배경을 바꾸고 설정을 바꾸고 뭔가로 포장한다. 가지가 바깥으로 뻗어갈수록 사랑의 뿌리는 더 깊이 내리지 못한다.

사랑 이야기는 시대를 불문하고 감동적이다. 하지만 매 시대마다 늘 같은 얘기를 할 순 없으니 뭔가가 필요하긴 할 것이다. 그러나 그 뭔가는 사랑 그 자체의 뿌리에서 새어 나오는 힘에 겸손하게 밀착할 때 두 번째 빛을 발한다. 물론 첫 번째 빛은 사랑이다. 〈8월의 크리스마스〉(1998)에서 한석규와 심은하가 한 우산을 들고 걸어가는 장면이 기억난다. 한석규는 심은하에게 마음이 있지만 어깨에 손 한 번 올리

지 않고 걸어간다. 둘의 거리는 가깝지도 멀지도 않다. 화면 사이즈도 너무 멀거나 가깝지 않다. 묵묵하고 담담하다. 없는 듯 있는 그 태도가 영화를 예쁘게 만들었다.

《FILM2.0》 161호(2004년 1월 20일)

딸년이랑
테레비 보기

세상에서 가장 사랑한 딸 신형이를
키우면서 써내려간 TV 비평이자
육아일기. '딸년'이라는 표현에 대한
일부 독자의 거부감에도 아랑곳하지 않고
이지훈은 자신이 좋아하는 애칭 '딸년'을 고집했다.
《FILM2.0》 107호(2002년 12월 31일 발행)부터
122호(2003년 4월 15일 발행)까지 연재.

최고의 권모술수

〈대망〉이 끝났다. 송지나 작가의 후회나 기대에 못 미치는 시청률(이거야 뭐 별로 중요한 기준은 아니지만), 모호한 스토리 전개에 대한 비판에도 불구하고 나는 이 드라마를 좋아했다. 애초에는 박휘찬(박상원)의 두 아들 시영(한재석)과 재영(장혁)이 각각 이끄는 거대 상단과 소규모 상단의 대결이 될 거라 했지만, 나중엔 엉뚱한 이야기로 흘러버린 이 예측 불허의 드라마가 뭣 땜시 그렇게 좋았더냐. 단칼에 잘라 말할 수 있다. 재영 때문이었다. 이놈은 정말이지 징그럽게 순진하고 순수한 놈이다. 이놈은 하고 싶은 일이라면 물불 가리지 않고 뛰어드는데, 그 하고 싶은 일이라는 것이 몽땅 겁나게 착한 일들뿐이다. 이놈에겐 원대한 계획이랄 게 없는데, 왜냐면 매일매일 주변의 불쌍하고 핍박받는 사람들을 위해 해야 할 일이 너무 많아 딱히 뭔 계획을 세울 시간이 없기 때문이다. 그런 재영은 갖은 고생을 해가며 친구도 돕고 굶어 죽어가는 백성들도 돕고 사랑하는 여진이도 돕고 폭탄쟁이 두이 아저씨도 돕고 세자도 돕다가 결국 계급도 갈등도 가난도 불안도 없는 작은 마을을 건설한다.

어떤 사람들은 이런 점 때문에 〈대망〉을 욕할지도 모르겠다. 세상에 그렇게 착한 사람이 어딨냐고, 그렇게 말도 안 되는 이상향이 어딨냐고. 맞는 소리다. 그런데 재영의 그 황당한 순수 지수는 너무 높고 강력해서, 뻔한 선악 대결 드라마를 두고 말할 수 있는 이러저러한 비판의 모든 경지를 넘어선다. 세상엔 악당밖에 없다고 말하는 아벨 페라라 영화에서 감동받듯, 세상의 지극한 선에 대해 말하는 〈대망〉에서 나는 감동을 받은 것이다. 땅바닥에 내려놓

으면 귀신같이 알아채고 잘 자다가도 울어젖히는 나의 '버티칼 리미트vertical limit'한 딸년을 안고 마지막 회를 보며 생각했다. 흑흑, 정말 저런 놈이 필요한 세상이야. 딸년이 남자 고를 나이가 되면 저런 놈들만 판치는 세상이었으면 좋겠어.

지나치게 착하기만 한 재영의 의지가 점점 생명력을 얻고 세상을 바꿔가는 이야기엔 두 가지 다르고도 같은 얘기가 담겨 있다. 그만큼 선한 세상을 희구한다는 게 하나고, 당최 착한 짓거리가 희박한 세상이기 때문에 역설적으로 그것이 인생 최대의 노하우가 된다는 것이 다른 하나다. 손예진이 연기하는 남장 여자 동희는 재영에게 이런 말을 한다. "최고의 권모술수란 솔직한 거야." 이거다. 뭔 일이 닥쳐도 아무 계획도 하지 않고 일직선으로 무작정 뛰어들기만 하는 재영의 무뎃포 정신이 바로 내가 감동 먹은 것의 정체다. 착하고 안 착하고는 일단은 별로 중요한 것이 아닐지도 모르겠다. 착한 놈 숫자보다 막가파 숫자가 더 적어 고민되는 세상인지도 모르겠다. 하도 세련된 세상이라 모든 사람이 돌리고 또 돌려 생각하지 않으면 손해 본다 여기는 세상이라 정작 쉽고 빠르고 뿌듯하고 정신 건강에 좋은 길은 외로이 울고 있는지도 모르겠다. 그 저돌적인 돌쇠 정신이 재영에게 후광을 쏘아주어 나는 정신을 못 차렸던 것이다.

앞뒤 안 가리고 돌파하는 거라면 내 딸년 따라갈 자가 없다. 나무 숟가락에 필요 이상으로 집착하는 딸년은 며칠 전 숟가락을 쥐고 탁자 위에 올라갔다가 숟가락이 방바닥으로 떨어지자 조금의 주저함도 없이 수직 낙하했다. 다행히 목뼈가 부러지거나 하는 사태는 발생하지 않았지만, 딸년 무지 울었다. 그래, 솔직한 세상이 도래하기 위해선 희생이 필요한 거야. 니가

오늘 겪은 그 아픔은 더 나은 너희들의 세상을 만들어가는 데 밑거름이 될 거야.

《FILM2.0》 109호(2003년 1월 14일)

류승범을
사랑할 수 있었던 이미숙

처음에 나는 〈고독〉에 시큰둥했다. 류승범이 유학까지 갔다 와 연상의 여자를 사로잡는 지적이고 차분하고 쿨한 남자를 연기하는 게 영 마땅치 않았던 등의 이유였다. 그랬던 내가 뒤늦게 이 드라마에 고개 숙이게 된 건 종영 직전의 한 장면에서였다. 병든 경민(이미숙)이 영우(류승범)와 함께 살고 있는 외딴 집 마당에서 그를 기다리고 있다. 영우가 차를 타고 돌아온다. 바람도 찬데 왜 나와 있느냐는 걱정에 경민이 말한다. "조금이라도 빨리 보려고." 크아. 그때 이미숙은 정말 류승범을 사랑하고 있는 여자처럼 보였다! 그때 류승범은 정말 이 여자의 사랑을 충분히 받아도 될 만큼 원숙해 보였다! 나는 이 그윽하고 사랑스러운 드라마 앞에서 지순한 애인 버리고 실컷 놀다 돌아와 참회하는 탕자처럼 비로소 울컥했다.

내 회한은 경민의 캐릭터가 매우 입체적이라는 사실을 그제서야 깨달았다는 데서 나온 것이다. 애초에 나는 과연 시청자들이 이미숙의 얼굴에서 류승범을 사랑하는 표정을 찾아낼 수 있을까 의심했다. 이미숙이라면, 연하의 남자이기 때문이 아니라 연하의 남자라 해도 〈정사〉의 이정재쯤은 돼야 그 표정이 나올 수 있지 않을까 생각했다. 그런데 그 장면에서 이미숙은

애초의 저어함을 다 부숴버렸다. 경민은 상대에 맞춰 모습이 변하는 캐릭터다. 영우를 사랑하면서는 그 나이 또래의 젊은 여자가 되고, 옛사랑인 은석(홍요섭)과 재회하면서는 대학 시절 사모하던 남자 선배에게 편지 쓰고 낙엽 밟던 서클 후배가 되고, 나이 차가 별로 나지 않는 시아버지 앞에선 친구 같은 며느리가 되고, 진영(서원) 앞에선 여자들만의 삶의 비밀을 가르쳐주는 선배가 되고, 딸 정아 앞에선 엄마 같기도 하고 고민 많은 언니 같기도 한 엄마가 되고, 그리고 죽음을 만나면서는 삶의 꼬리를 붙잡고 있는 사람의 표정을 짓고.

사람은 다른 사람에게 반사된 나를 통해서 산다는 것을 이미숙은 조용하게 보여주고 있었고, 다른 사람에게 반사된 자신을 사는 사람으로 인해 그 다른 사람 역시 어느새 변해간다는 것을 작가 노희경은 벌써부터 말해오고 있었던 것이다.

그렇게 서로 반사시키며 변해가는 사람들은 마음만이 아니라 외모까지도, 정말 변해가는 것 같다. 그래서 부부는 닮아간다 하고, 아기는 엄마가 미워하던 사람의 얼굴을 닮는다고 하는 건가. 그러고 보니 내 딸년은 나랑 있을 땐 나를 제일 많이 닮은 것 같고, 할머니랑 있을 땐 그 눈이 딱 할머니며, 지 엄마와 찍은 사진에선 영락없이 그 어미에 그 딸년이다. 딸년을 본 사람들 중 반은 날 닮았다 하고 반은 아내를 닮았다 하는데, 딸년의 얼굴은 보는 사람들의 마음에도 반사가 되는 모양이니 세상의 반사란 이중삼중인가 보다. 〈고독〉의 잊을 수 없는 또 한 장면. 영우가 경민에게 말한다. 우리 내일은 하루 종일 강가에서 산책해요, 그 다음 날은 하루 종일 서로 얼굴만 쳐다보고 있고, 그 다음 날은 정아한테 전화하고, 그 다음 날은 하루 종일 잠만 자고. 이 단세포적이고 무료한 행위

들은, 그러나 사랑하는 사람과 함께 하고 싶은 가장 벅찬 행위들이 아니던가. 변비로 똥배 나온 딸년아, 우리 내일은 하루 종일 똥 싸자. 오밤중이고 새벽이고 아무 때나 일어나 꺄꺄거리며 노는 딸년아, 우리 내일은 하루 종일 잠 좀 자자. 기저귀 채우고 옷 입힐라 치면 번개같이 도망가 코웃음 치는 딸년아, 우리 내일은 하루 종일 옷 좀 입고 살자.

《FILM2.0》 110호(2003년 1월 21일)

마루치와 뿡뿡이

딸년은 어린아이라고 하여 특별히 만화영화를 좋아하지는 않는다. 성숙한 딸년은 드라마를 위주로 테레비 시청 스케줄을 짜는데, 그중에서도 월화, 수목, 주말 드라마처럼 일주일에 두 번밖에 안 하는 드라마보다는 적어도 5일은 틀어주는 일일 드라마를 선호한다. 〈인어아가씨〉의 테마 음악만 나오면 로봇처럼 테레비 앞으로 전진하는 딸년과 "예영이 누나, 예영이 누나" 하며 브라운관을 덮치는 두 돌 지난 사내 조카 녀석이 함께 테레비를 보는 풍경은 하여튼 가관이다. 그러니 만화영화라면 언제나 나 혼자 볼 수밖에 없었는데, 설 연휴 때 역시 그렇게 본 것이 바로 추억의 〈태권동자 마루치〉(1988)다.

그 이름만 들어도 가슴이 콩닥콩닥 뛰는 소시적 영웅 마루치와 아라치. 딸년이 콘트라스트 전혀 없는 그림빨을 보고 큰소리로 호통을 치며 헬로 키티 자동차를 타고 부엌으로 사라진 사이, 드디어 첩첩산중에서 수양 중이던 마루치와 아라치가 분연히 떨쳐 일어난다. 빛의 형태로 분화구에서 솟아오른 마루치와 아라치가 구름을 뚫고 수직 상승해 허공에서 제 모습을 보인다. 그런데 서로 기를 주고받는 순간, 충격적인 대사가 마루치 입에서 터져 나온다. "올바른 삶을 위해 자유를 배우자!" 식은땀이 흐른다. 그것은 정의 수호니 지구를 지키느니 하는 일반적인 만화영화의 변신용 주문과는 차원이 다른 것이었다. 마루치와 아라치는 다만 지구를 위협하는 악의 세력을 궤멸하는 것이 문제가 아니라 어떻게 사는 것이 바르게 사는 것인가를 중심으로 한 광범위한 철학적 질문에 봉착해 있었고, 그것을 당대의 어린이 시청자들과 함께 고민하고 있었던 것이다.

마루치와 아라치가 던지는 화두는 매우 추상적이고 관념적인 것이었다. 올바른 삶과 자유, 대체 그게 무엇이란 말인가. 그러고 보면 예전의 만화영화들은 선악이 분명히 갈린 작품들이라기보단 선악을 포함한 모든 추상적인 개념들이 매우 노골적으로 등장하던 작품들이었다 하는 편이 더 어울릴 것이다. 그래서인지 당시의 만화를 보고 자란 내 동세대인들은 지금도 뜬구름 속에 지내고 있는 것 같다. 순수하지 않다고야 할 수 없지만, 구체적인 세상살이와 그 세상을 바라보는 관념적인 시선을 별개의 것으로 놓고 살아간다는 얘기다.

딸년은 요즘 텔레토비에 이어 혜성처럼 등장해 삽시간에 영웅이 된 '방귀대장 뿡뿡이'에 심취해 있다. EBS에서 매일 아침 10분씩 해주고 비디오까지 나와 불티나게 팔린 이 프로그램은 놀이를 통해 숫자와 글자를 익히고 스스로 옷을 입거나 변을 보는 등의 행동을 아이들이 자연스레 익히도록 가르치는데, 교육이 아닌 척 교육하는 그 교묘함이 워낙 신기에 가까워 모든 아이들이 깜빡 속고 테레비 앞에 앉고야 마는 것이다. 지난 설에도 우리 식구는 뿡뿡이 비디오와 '펑구' 비디오(이것에 관해선 다시 언급할 기회가 있을 것이다)를 틀어 딸년과 조카 녀석을 마취시킨 뒤 밤새 고스톱을 쳤다. 구체적이고 실질적인 행동 양식과 적응 노하우를 가르치는 뿅뿅이에 물들어 자란 요 녀석들은 허공의 철학자 마루치에 환호하던 우리들과는 좀 다를 것이다. 좋기도 하고 나쁘기도 하겠지. 그런데 딸년, 그렇게 죽치고 앉아 본 게 있으면 이제 슬슬 실천 좀 해야 하지 않나. 혹시 평생 그렇게 가만히 앉아 이 아빠가 뿅뿅이처럼 밥도 하고 청소도 하고 아양도 떠는 걸 구경만 하고 살 속셈인가?

《FILM2.0》 113호(2003년 2월 11일)

미자 씨, 화이팅!

장딴지에 힘이 붙어 의자고 밥상이고 닥치는 대로 기어 올라가느라 자정 넘기기가 일쑤인 딸년에게 퀭한 눈으로 묻는다. "우리 딸, 이제 그만 우유 먹고 둘자(여자 둘리 인형)하고 꿈나라로 갈까?" 딸년, 땀 뻘뻘 흘리며 기어오르다 홱 돌아보며 답한다. "꺄아!" "신형아, 그 위에 올라가는 게 그렇게 좋아?" "꺄아!" "신형이, 아빠 사랑해?" "꺄아!" 꼬마 고질라 딸년, 뭘 물어도 괴성만 지른다. 말귀 알아먹는 두 살배기 조카라고 다를 건 없다. "크아빠, 하버지가 오래." "할아버지가 큰아빠 부른다구?" "네."(조카는 항상 네도 아니고 예도 아니고 녜라고 대답한다) "신후(조카 이름이다), 거짓말이면 큰아빠한테 죽어." "네."

동문서답이지만 딸년은 나하고 묻고 답하는

놀이를 즐기고, 그래서인지 퀴즈 프로그램들의 묻고 답하는 놀이도 즐겨 시청한다. 딸년이랑 내가 즐겨 보던 프로는 〈생방송 퀴즈가 좋다〉와 〈도전, 골든벨〉. 그런데 최근 우리들의 일요일 퀴즈 시청 목록에 하나가 더 추가됐다. KBS의 〈퀴즈! 대한민국〉이 그것이다. 이공계 인재 육성을 위해 마련된 이 프로그램에 내가 주목한 이유는, 하지만 이공계 인재들 때문은 아니었다. 몇 주 전 우연히 리모컨을 누르다 만나게 된 그 얼굴, 아줌마 도전자 백미자 씨 때문이었다.

그녀는 그 몇 주 전에 퀴즈 왕 도전에 실패했다. 그리고 패자 부활전을 통해 재도전해 퀴즈 왕이 됐고, 지난주에 똑똑하게 생긴 대학생 도전자를 맞아 방어전에 실패했다. 사무실 없이 전화로 건축 관련 무슨 일을 한다는 남편이 있고 몸이 아파 입원 중인 어린 아들이 있는 그녀는 상금으로 분식집 차리는 게 꿈인 아줌마였다. 처음에 나를 놀라게 한 것은, 나는 문제의 배경조차 파악을 못하고 있는 시사 문제들을 척척 풀어내는 그녀의 모습이었다. 대단한 아줌마라고 생각했다. 하지만 두 번째로 그녀를 봤을 때 나는 그녀가 문제를 들은 직후 허공을 보며 뭐라 뭐라 계속 중얼거리고 있다는 걸 발견했다. 그녀는 문제를 이해하고 있다기보다 그동안 죽어라 외운 단어들 중에서 그 문제에 맞는 것이 무엇인지 찾고 있었던 것이다. 원래 그녀는 무식한 사람이었음에 틀림없다. 하지만 뭔가를 위해 순전히 필사적인 노력으로 퀴즈 왕까지 도달했다. 퀴즈 왕이 되던 날, 표정 어색하고 말 더듬거리던 그녀는 눈물을 보였다.

이번 주에 그녀는 영어 문제를 놓쳐 퀴즈 왕 자리를 내주고 말았다. 허블 우주 망원경의 이름을 딴 천문학자 에디윈 파웰 허블을 영어로 묻는 문제에 그녀는 마릴린 먼로라고 답했다. 문제 중에 "스타"라는 말만 귀에 들어와 그렇게 답한 것이다. 애초부터 실력은 없던 그녀에게 이 문제는 불가능한 것이었다. 하지만 주어진 환경이 제공한 풍요로운 실력만이 장땡이 아니라는 걸 노력쟁이 소시민 백미자 씨는 보여줬다. 그녀가 시간에 쫓겨 엉뚱한 답을 말했을 때 나는 가슴이 울컥했다. 얼마 전부터 일반인을 테레비에 등장시키는 쇼 프로그램들이 늘어났다. 그 프로그램들은 연예인에 식상한 시청자들에게 일반 시민의 얼굴을 통해 엑조티시즘을 제공한다. 하지만 일반 시민은 낯선 얼굴과 어눌한 말투 때문이 아니라 꼭꼭 숨겨놓고 사는 꿈과 남이 보면 부끄러울 정도의 힘하고 진척 없는 생의 분투 때문에 감동도 주고 즐거움도 준다. 백미자 씨는 일반 시민이 등장하는 테레비 프로그램의 진수가 무엇인지도 보여줬다.

《FILM2.0》 114호(2003년 2월 18일)

방글라데시의 비밀

주말에 딸년과 조카를 데리고 롯데월드에 갔다. 원래 그런 데는 사람 구경하러 가는 거라지만 정말 징글징글하던 차, 동남아시아 남자 하나가 눈에 들어왔다. 딱 봐도 돈 벌러 한국에 온 노동자에 휴일이라 나름대로 차려입고 나온 모양인데 돈은 없어 입장은 못 하고 난간에서 구경만 하고 있었다. 그 남자는 손에 쥔 작은 뭔가를 계속 들여다보고 있었는데 뭔가 하고 다가가니 스티커 사진이었고 내가 가까이 가자 황급히 품 안에 사진을 숨겼다. 아마도 그 사진은 큰맘 먹고 거금 들여 찍은 것일 테고 돈

없이 대한민국 휴일 나들이를 기웃거린 남자를 행복하게 해준 유일한 것이었으리라.

그 남자를 보다 전날 밤에 본 MBC의 〈! 느낌표〉가 생각났다. 이 프로그램은 요즘 한국과 독일에서 동시에 가출 청소년에 대한 일반 시민들의 반응을 실험하고 있고, 또 하나, 한국에서 일하고 있는 동남아시아 노동자들을 그들의 가족과 만나게 해주는 이벤트를 벌이고 있다. 가출한 척하는 소년이 가게에 들어간다. 독일 사람들은 가출 청소년 보호센터에 가보라며 손수 전화까지 해주고 밥도 준다. 한국 사람들은 여기 장사하는 데니까 나가라고 한다. 그렇다고 한국과 독일이 확연히 구분되는 건 아니다. 한국 사람들도 소년을 도와주고 싶어하지만 방법을 모른다. 바로 이 사실, 마음은 있지만 방법은 모른다는 사실을 확인했을 때 MC들은 화들짝 안심한다. 그런데 여기엔 이런 프로그램들이 기본적으로 깔고 있는 하나의 판단이 있다. 그 판단은 우리 사회가 제도적으로 문제가 있다는 것이 아니다. 그것은 온기가 흐르는 프로그램의 분위기와는 정반대로, 우리 사회에 더 이상 어떤 종류의 '마음'도 존재하지 않는다는 염세적인 판단이다. 그러니 혹시 마음이 남아 있나 한번 찾아보기나 하자는 심정으로 거리에 나선다. 역시 대부분의 시민들은 차가운 피부로 스쳐간다. 그러다 마음이 있는 사람을 만나면 카메라는 날듯이 기뻐한다. 하지만 매주 마음이 남아 있는 세상을 확인하기 위해 안간힘을 쓰는 방송은 서글프다. 우린 이미 인간이 아닌 것들끼리 모인 곳에서 살아가고 있다는 걸 우리 스스로 매주 인정하고 확인하고 있는 셈이다. 동남아시아 노동자 처우 문제도 마찬가지다. 카메라의 목적은 그들의 생활 환경이나 근로 조건에 있지 않다. 과연 마음이 사라진 이 세계에서 그들이 가축이 아닌 인

간으로 인정받을 수 있을 것이냐 없을 것이냐를 두고 벌이는 끔찍한 실험인 것이다. 지난주 방글라데시 노동자 비쭈의 가족을 찾기 위해 그 나라로 날아간 MC 윤정수가 빈민촌을 배경으로 무심코 던진 말이 있다. 자기 나라에 사는 것이 얼마나 행복하냐는 질문에 한국 사람들은 세계 56위인데, 세계 1위는 바로 방글라데시 사람들이라는 것이다. 인간의 행복은 주어진 환경에 대한 제한된 정보에서 나온다는 사회학적인 문제가 아니다. 이 이벤트는 마음이 존재하는 사람들이 많이 살고 있는 이상향을 찾고 있는 것처럼 보인다.

햄버거를 먹고 있는데 자다 일어난 조카가 부들부들 떤다. "신후 추워?" "안 추워!" "에이, 추운 거 같은데." "안 추따니까!" 알고 보니 바지에 오줌을 쌌다. 패스트푸드점 길다란 의자에 녀석을 올려놓고 바지를 벗기니 오줌이 주르륵 내려와 옆자리에서 수다 떠는 아가씨 엉덩이 쪽으로 슬금슬금 흘러갔다. 마음이란 놈도 이렇게 스멀스멀 번져가면 좋으련만.

《FILM2.0》 117호(2003년 3월 11일)

"눈" "아니, 눈" "눈이라니까!"

딸년은 요즘 "눈", "코", "입" 하면 얼굴을 찌르느라 정신이 없다. 슬슬 말귀를 알아먹어가는 중이라 눈 하면 눈 가리키고 코 하면 코 가리키는 건데, 아직 손가락 테크닉에 정확도가 떨어져 눈 하면 뺨 찌르고 코 하면 입 찌르느라 얼굴은 하루 종일 못 먹는 감이 되는 것이다.

그게 귀여워 하도 시켰더니 화가 났나 오늘 아침엔 눈 했더니 배 찌르고 코 했더니 내 코를 찌른다. 일요일 낮 2시, 온 국민이 테레비를 지켜본 시각, 원래 테레비 화면 찌르는 게 특기인 딸이 지 얼굴과 테레비를 번갈아 찌르고 있는 사이, 화면 속에도 엉뚱한 데다 손가락 쿡쿡 찌르고 있는 사람들이 떼로 앉아 있었다.

유사 이래 한 번도 해본 적이 없어 공식 명칭조차 없는 대통령과 검사들의 대화. 시민들의 반응이 구구절절 옳으니 같은 얘기 또 할 건 없겠다. 대신 이 사건이 대한민국 검사들의 두 가지 치부를 드러냈다는 사실에 입이 간질간질하다. 이날의 대화는 처음부터 끝까지 대통령이 '먹어준' 싸움이었다. 왜냐면 머리 좋은 대통령은 검찰의 하수구를 구체적으로 들춰내 공격하는 품위 없는 행동이 결코 국민들의 환심을 사지 못하리란 걸 알고 있었다. 하지만 검사들은 "대통령은 토론의 달인이고 우리는 아마추어", "징계위원회가 아닌 대화에 불러주셔서 감사합니다" 같은 의미심장(하다고 그들은 생각)한 멘트들을 날렸다. 이 말이 국민들의 속을 긁어줄 거라 생각한 모양이지만, 너무 긁어줘서 뒤집힐 노릇이다. 이런 천박한 화술은 국민들이 이 대화를 집단 이기주의의 발동으로 충분히 판단할 만한 상황에서 그들이 얼마나 얄팍한 수로 상대를 제압하려 하는가를 드러낼 뿐이었다.

또 검사들은 대통령과 그 형의 미심쩍은 행동들을 들춰내며 상대를 정서적으로 위협하려 했다. 하지만 이 엉뚱한 찌르기로 그들이 밝혀낸 것은 대통령의 치부가 아니요, 얻어낸 것은 국민들의 지지가 아니다. 이 행동들은, 대한민국 검사들이 용의자를 수사하고 자백을 받아내고 형을 받아내기 위해 기가 찬 방법으로 그들을 깔보고 조롱하고 약점을 부풀려 겁주고 협박하고 있다는, 매일매일 검찰청 "밀실"에선 지금 그들이 대통령과의 대화에서 보여준 그런 방식의 수사가 진행되고 있다는 걸 드러내버린 것이다.

또한 대통령은 언성을 높이거나 개인적인 얘기를 할 때도 그것이 철저하게 자신의 공적인 직무와 연관돼 있음을 주지시켰던 반면, 검사들은 그러지 못했다(나 지금 손바닥 비비는 거 아니다. 나 대선 때 다른 사람 찍었다). 그들은 대통령이 말하는 "신뢰할 수 없는" 검찰의 실체가 그들이 되받아친 정치권 외압에 의한 기능마비보다 훨씬 더 광범위한 것이라는 사실을 알아채지 못했으며, 뚝뚝 떨어지는 점수를 만회하기 위해 허둥지둥 신파극을 공연했다. 결과, 그들이 증명한 사실은 두 가지. 하나는 참머리가 나쁘다는 것과 또 하나는 생각보다 더 나쁘다는 것. 검사들은 자신들의 모두 발언처럼 정말로 그들이 (매사에) 아마추어라는 사실을 확인시켜주고 대화를 마쳤다.

평소엔 나를 깔보는 딸년이지만 내 검은색 구두만 보면 겁에 질려 울음을 터뜨린다. 그 구두를 신는 내 실체는 허리가 약해 비실거리는 힘 없는 사람이지만 검은 구두만 신으면 으스스한 권위라는 게 불쑥 솟아나나 보다. 이젠 그 구두를 벗어던질 때가 된 모양이다.

《FILM2.0》 118호(2003년 3월 18일)

〈올인〉과 〈눈사람〉의 차이

얼마 전 MBC 미니시리즈 〈눈사람〉이 끝났다. 초중반까지는 열혈 팬이었지만 후반부로 갈수록 다소 시큰둥해진 데에는 이 드라마가 가진 수많은 장점에도 불구하고 눈에 띄는 하나의 결점이 작용했기 때문이다. 공교롭게도 그 결점엔 같은 시간대에서 현재까지 방송 중인 SBS의 〈올인〉과 비교해 이야기할 부분이 있다.

〈눈사람〉의 그 결점이란, 드라마의 터닝 포인트가 되는 주요 정보들을 모조리 같은 패턴의 우연을 통해 제공한다는 것이었다. 연욱(공효진)이 형부 필승(조재현)을 사랑한다는 걸 성준(김래원)이 알게 되는 건 연정(오연수)이 혼수상태로 입원 중인 병원을 찾았다가 연욱의 친구 상희가 큰 소리로 떠드는 걸 우연히 들었기 때문이다. 상희가 연욱의 형부 사랑을 안 것은 또, 아픈 연욱을 찾아온 연정이 연욱을 다그치는 걸 시간차를 두고 들어오다 우연히 들었기 때문이다. 필승이 연욱을 속이기 위해 가짜로 결혼한다는 사실을 연욱이 입원한 병원 주차장에서 성준이 우연히 듣게 되는 장면에선 기분이 우울해졌다. 우연은 〈올인〉에도 엄청 나온다. 주로 인하(이병헌)와 수연(송혜교)이 재회하는 부분들이다. 7년간 감옥에 있다 나온 인하와 수녀 생활을 청산하고 딜러가 된 수연이 카지노에서 만나는 장면도 그렇고, 누명을 써미국으로 밀항한 인하와 공부 때문에 미국으로 건너온 수연이 마피아 두목 팔코네의 집에서 만나는 장면도 그렇다.

〈눈사람〉과 〈올인〉의 우연은 많이 다르다. 〈눈사람〉의 우연은 이 드라마가 사건을 꿰어가는 방식에 영악하지 못함을 증명함으로써 스스로 매우 사소하고 주변적인 것이 되지만, 〈올인〉의 우연은 그 자체가 이 드라마의 거대한 테마인 운명의 힘을 유도하고 있기 때문에 스스로 매우 비장하고 값진 것이 된다. 그건 물론 〈올인〉이 '제대로 친 뺑'의 효과를 실감나게 내고 있기 때문이다. 그러니까, 거짓말도 그럴 듯하게 구사하면 세상이 극적으로 변한다는 것이다. 이렇게 우연은 〈눈사람〉에서 추락하고 〈올인〉에서 부상한다. 어려운 얘기 몇 마디 해보자. 알튀세르는 "기대하지 않았던 우연적인 요소가 절대적으로 작용해 인간 행위의 연속성을 깨뜨린다"고 했고, 로티는 "존재하는 모든 것들의 성립은 우연에 의해 결정된다"고 했다. 물론, 〈올인〉의 우연 얘기하면서 이런 말들 갖다 붙이면 분개하는 철학자들 여럿 있겠다. 하지만, 그 우연과 이 우연이 정확히 일치하지는 않는다 한들, 우연이라는 게 상당히 중대한 것이며, 그것을 어떻게 대하느냐에 따라 삶의 질이나 행복지수가 하늘과 땅으로 갈라진다는 것만큼은 분명하다 이 말이다.

요즘 딸년과 애증의 관계에 들어섰다. 애교 떠는 거 보면 한없이 사랑스러운데 새벽 두세 시까지 잠 안 자고 깔깔거리는 거 보면 누구 닮아서 저러나 싶다. 그런데 그 아이와 이 아빠를 맺어준 딱 한 번의 우연을 어떻게 받아들일 거냐에 따라 나와 딸년의 인생은 많이 달라질 것이다. 끊임없이 감사할 수도, 점점 짜증을 낼 수도 있다. 거기서 우연에 대한 두 얼굴이 나온다. 최초의 절대적인 우연을 비롯해 삶의 계기들마다 결정적으로 등장하는 우연들이 있다. 우연은, 버릴 수도 가질 수도 있지만 어떤 경우에도 힘을 발휘한다. 그걸 눈물나는 운명으로 만들 거냐 혼돈의 씨앗으로 만들 거냐는 다 자기 몫이다.

《FILM2.0》 119호(2003년 3월 25일)

기관총 사수의 미소

방송 4사(YTN 포함)의 이라크 전쟁 보도가 점점 재미(? 이런 저주받을 표현을!)있어지고 있다. 가장 두드러진 변화는 연합군(이 표현도 참……)이나 이라크 측 발표에 대해 예전엔 '보도'라는 표현을 쓰던 것을 이제는 '주장'이라는 말로 바꾼 것이다. 가령, "미 중부사령부 대변인은 오늘 새벽 00시를 기해 바그다드에 1000기의 크루즈 미사일을 발사했다고 보도했습니다"라고 하던 것을 "백악관 대변인은 오늘 있었던 바그다드 시가전에서 미 보병사단이 1000명의 이라크군을 사살했다고 주장했습니다"라고 하는 것이다. 이 전쟁이 여론 전쟁임을 인식해 그 어느 쪽의 보도도 객관적으로 받아들이지 않겠다는 발 빠른 대응이다.

암튼 그러는 와중에 딸년이랑 테레비 보는 이 아빠, 평소 테레비에서 누가 웃기라도 하면 저도 따라 박수치고 깔깔거리는 딸년과 함께 매우 해괴한 웃음 하나를 보게 됐는데, 그것은 바그다드 시내로 진입하는 미군 탱크 위에서 촬영한 화면에서였다. 같은 연합군 측인 영국 BBC 방송조차 "폭력으로 폐허가 된 미국의 도시 같다"고 비아냥거린 이날의 시가전에서 미국은 별 볼 일 없는 공화국 수비대의 저항을 초절정 화력으로 뻥뻥거리며 제압하고 있었다. 그런데 탱크 위에 앉은 기관총 사수가 자기 등 뒤쪽에서 이 광경을 포착하던 카메라를 향해 고개를 돌리는 것이었다. 그러더니 손가락으로 자기가 쏘고 있는 저 앞쪽을 한 번 가리키곤, 순간, 갑자기, 스윽, 미소를 짓는 것이 아닌가! 그러더니 다시 앞쪽을 보곤 기관총을 뻥뻥, 신나게 갈겨댔다. 딸년은 너무 순식간에 지나간 웃음이라 미처 알아채지 못했지만 나는 등짝에서 식은땀이 주르륵 흘렸다. 전쟁 보도가 무슨 게임 중계하는 것 같다느니 하는 문제와는 천지차이의 극악무도함이 그 웃음 속에 있었다.

전투에서 자기가 죽인 적국의 전사들을 향해 제를 올렸다던 고대의 전쟁 이야기가 떠올랐다. 나이가 들어가면서 세상을 사는 데에는 충이나 효니 의니 하는 것보다 예禮가 가장 중요하다는 생각이 점점 더 많이 들고 있다. 어떤 경우에도 상대방을 향한 예를 저버려선 안 된다는 생각이다. 그것이 결국은 이 비열하고 남루한 세상에서 내 자신을 건져 올릴 수 있는 거의 유일한 방법이라고도 생각한다. TV 칼럼 '딸년이랑 테레비 보기'는 개편에 따라 이번 주가 마지막이다. 그동안 "너 혼자 애 키우냐?"는 반응도 있었고, "육아의 디테일이 잘 살아 있는 훌륭한 글"이라는 사탕 발린 소리도 있었다. 어느 쪽이든 매우 감사하다. 독자들 중 몇 분이 내게 보낸 메일 속의, 또 나를 아는 사람들과 나눈 대화 속의, 특히 딸을 키우고 있는 분들의 공감 속의 그 말들에 내가 특히 감사하는 것은 나와 내 글을 향한 예를 지킴으로써 그분들 역시 스스로 품위를 높이셨기 때문이다. 더불어 졸린 눈 까뒤집어가며 아빠 테레비 볼 때 함께 봐준 딸년 신형이에게 감사한다. 이 아이에게 특별히 감사하는 것도, 어떤 경우에도 내가 내 딸년을 무한히 아끼듯이, 심지어 녀석이 지 손뼉 치는 걸로 모자라 내 뺨을 칠 때조차 아빠를 향한 정이 느껴졌기 때문이다. 이것은 나와 내 딸년 사이에 흐르는 예다. 마지막이니 대패 미는 말 좀 해도 용서들 하시라. 신형아, 사랑한다. 이 아빠에게 누군가를 위해 사는 행복이 뭔지 알게 해줘서 고맙다. 너는 내가 평생에 걸쳐 가장 공들여 쓰고 있는 이 아빠 최고의 글이다.

《FILM2.0》 122호(2003년 4월 15일)

편집장의 말

매주 《FILM2.0》 독자들이 가장 먼저 읽고,
가장 많이 웃고, 가장 깊이 공감하던 페이지.
기존 잡지 에디토리얼의 관습을 깨는
글쓰기로 많은 사랑을 받았다.
《FILM2.0》 153호(2003년 11월 18일 발행)부터
208호(2004년 12월 7일 발행)까지,
284호(2006년 5월 23일 발행)부터
319호(2007년 1월 23일 발행)까지 집필.

어느 날 화장실에서

하루는 화장실에 앉아 있는데 어디서 칙, 하는 소리가 났다. 배수관에서 나는 소린가……. 잠시 후 또 칙, 하는 소리가 났다. 주위를 둘러보니 없던 기계 하나가 눈에 들어왔다. 마누라가 사다 놓은 자동 감응 센서 방식의 방향 기계였다. 그러니까 이놈은 제 코로 이상한 냄새가 들어왔다 치면 어김없이 향기를 발사하는 것이다. 그날 이후 놈이 무서워졌다. 들어가서 앉으면 한 치의 오차도 없이 칙, 이다. 수치심이 밀려온다. 나는 놈의 감시 시스템 속에서 철저하게 무시당하며 더러운 녀석이 된다. 테크놀로지가 인간을 억압한다는 소리를 수도 없이 글에다 써 왔는데, 생활에서 체감되기는 놈이 유일하다. 그래도 놈 덕분에 항상 깨끗하게 살아야겠다는 난데없는 각성을 한다. 잠시 후 두 살 난 딸아이가 화장실 문을 벌컥 열더니 반갑다고 달려든다. 얘는 도대체 뭔가. 코가 엉덩이에 달렸나. 확실히 인간은 기계보다 모험심이 강하다. 그런데 난 얘를 대체 어떤 자세로 안아야 하나.
한동안 회사 화장실에만 들어가면 없던 향기가 전신에 퍼져 왔다. 처음엔 창밖에서 들어온 건가 싶었지만 계속 그러기에 아무래도 남자 화장실에 여자 귀신이 살고 있을지도 모른다는 생각에 빠졌다. 향기 나는 귀신이니 무섭지는 않았다. 나는 내가 만든 주술에 도취해 화장실 향기 귀신과의 데이트를 계속했다. 하루는 동료들에게 그 얘기를 했다가 엄청 무시당했다. 동료 중 하나가 나를 끌고 화장실로 가더니 조용히 천장 구석에 달려 있는 기계를 가리켰다. 역시, 그놈이었다. 하지만 놈 덕분에 이상한 사랑 한번 징하게 한 셈이다.
이번 주부터 편집장이다. 소식을 들은 집안 식

구들은 가문의 영광이라고 하지만 나한텐 색즉시공일 뿐이다. 그저 공하기 전에 색이나 많이 해보고 싶다. 즐길 색이 많은 좋은 잡지 만들어보겠다. 테크놀로지의 각성과 주술의 마성이 동시에 존재하는 《FILM2.0》 한번 만들어보겠다.

《FILM2.0》 153호(2003년 11월 25일)

출근길의 그녀

집에서 회사로 출근하는 길목에 사창가가 하나 있다. 아침이니 영업을 하지 않을 것 같지만 그렇지 않다. 그중 바깥에서 두 번째 집에 서 있는 한 여인이 눈길을 끌었다. 다른 집은 아무도 없기도 하고 매일 다른 여인들이 서 있기도 하는데, 그녀만큼은 하루도 빠지지 않고 같은 자세, 같은 표정으로 서 있다. 골목 옆에는 파출소가 하나 있고 서너 명의 경찰들이 길가에 나와 담배를 피우고 있다. 초입 구멍가게엔 그 시간에 새로운 물건들이 들어온다. 언제나 똑같은 이 모습들은 어느새 출근길의 고정된 풍경이 돼버렸다. 그녀는 사람이 아니라 작은 건물로 굳어졌다. 나는 내 하루를 채우는 연속된 몇 개의 변하지 않는 풍경 중 하나에 그녀를 붙박아놓았다.
어느 순간 내가 그녀에게 못할 짓을 하고 있다는 생각이 들었다. 그녀는 내가 지나간 직후에 자세를 바꾸고 표정을 바꾸고 변화무쌍한 자신의 하루를 살아갈 것이 분명하다. 그녀는 결코 내 풍경화 속의 건물이 아니다. 접하는 모든 대상들을 쉽게 판단하고 내것으로 가두며 숨 쉬지 않게 하는 것은, 내게는 상상의 죽음이요 그들에겐 보이지 않는 폭력이며, 내가 속한 세상을 무시하는 일이다. 그런 일들이 하나둘 쌓여 인생은 모두 똑같이 예측하고 세상은 똑같이 죽어간다.

김광석의 라이브 앨범 〈인생 만들기〉엔 객석을 향한 그의 목소리가 담겨 있다. "친구들한테 환갑 때 뭐 할 거냐고 물어봤습니다. 어떤 친구는 한적한 곳에 오두막을 짓겠다 하고 어떤 친구는 회춘 쇼를 하겠다 하더군요. 저는 환갑 때…… 연애를 하고 싶습니다." 환갑을 살리기엔 이것도 좋은 방법이다.

《FILM2.0》 154호(2003년 12월 2일)

천국과 지옥

딸애를 봐주시는 우리 집 베이비시터는 예순이 다 되어 가는 권사님이시다. 어머니는 손녀가 보고 싶어 하루에도 몇 시간씩 우리 집에 와계신다. 두 분은 사이가 별로 안 좋으시다. 정확히 말하면, 어머니가 권사님을 못마땅해 하신다. 당신은 수십 년째 집사님인데 권사님은 권사님인 이유도 있고, 당신께서 사 오시는 딸애의 알록달록 꽃무늬 옷들을 권사님이 잘 안 입히시기 때문이기도 하다.

며칠 전 어머니가 회사로 전화를 거셨다. "애, 지금 너네 집에 왔는데 신형이가 없다." "권사님이 데리고 산책 나가셨겠죠." "그래? 내가 나가서 찾아봐야겠다." 5분 뒤. "애, 아무 데도 없다. 이 앙큼한 것이 애 끌고 지 볼일 보러 어디 간 거 아니냐?" 앙큼한 것……. 나이 예순 잡수신 앙큼한 것…….

그날 밤 집에 돌아와 보니 편지 한 장이 놓여 있었다. 권사님께서 쓰신 글이었다. 내용인즉슨, 신형이 엄마 아빠 보세요, 오늘은 신형이를 본 이래 가장 감동적인 날이었습니다, 걷기 시작한 지 얼마 안 된 신형이가 오늘은 아파트 공원에서 한 시간 동안 딱 두 번만 넘어지고 까르르거리며 돌아다녔습니다, 놀이터에서 한참 모래 장난을 치다가 손에 묻은 모래를 보더니 날 쳐다보더군요, 이제 그게 더럽다는 걸 신형이가 안다는 게 느껴졌습니다, 엄마 아빠가 보지 못하는 하루 내내 신형이 정말 훌륭하게 크고 있습니다, 내가 사진을 찍을 수만 있다면 매일매일 사진을 찍어 보여드리고 싶습니다, 내 힘이 다하는 날까지 사랑하는 신형이를 열심히 키울 생각입니다……. 앙큼한 것의 무한한 사랑. 하루 반나절 동안 천국과 지옥이 오갔다. 재밌는 세상이다.

《FILM2.0》 155호(2003년 12월 9일)

평생 숙원 사업

한때 나는 음주 운전의 황제였다. 이 말은, 음주 운전을 자주 한다는 뜻이 아니라 음주 검사에 걸리지 않는다는 뜻이다. 어떻게 가능할까. 친구 중 한 놈은 경찰에게 넌지시 "저 가족인데요."라고 말하는 수법을 썼다. 경찰 가족이라는 뜻이다. 어디 어디 경찰서 누구 누구가 가족이라고 아무렇게나 둘러대면 대개의 경찰들은 속아 넘어가던 시절이 있었다. 하지만 내가 쓴 방법은 그런 치사한 수법은 아니었다. 나는 음주 검사 기계에 걸리지 않는 호흡법을 나름대로 개발했다. 어떻게 하는 거냐면, 속에서 올라오는 술 기운 대신 바깥의 신선한 공기를 내뿜기 위해 코로 공기를 들이마신다. 그런 다음, 속에서 올라오는 술 기운을 막기 위해 식도와 기도를 닫는다. 그리고 자신감 있는 표정으로 힘껏 부는 것이다. 끝없는 연습의 결과, 매번 무사통과. 나는 내 자신이 너무나 자랑스러웠고, 이것이야말로 기계가 지배하는 시대에 저항하는 삶의 방식이라고 생각했다.

최근 10여 년간 음주 검사 호흡법에 일로매진하던 시간들을 떠올렸다. 그냥 차를 두고 오면 될 것을, 그게 뭐 대단한 거라고 평생 숙원 사업처럼 매달렸는지. 그건 그냥, 존재하지도 않는 가치를 스스로 만들어놓고 그 함정 속에서 허우적대며 살아온 것에 불과하다. 그런 함정들은 곳곳에 널렸고 사는 건 점점 치졸해진다. 지난주 월요일 새벽에 눈이 내렸다. 마침 깨어 있었다. 세상의 검은 구멍들이 점점 사라져갔다. 딸아이도 눈을 떴다. 아이를 안고 창밖을 보며 말했다. "신형아, 저게 눈이야. 예쁘지?" 아이의 눈엔 순식간에 공기를 들이키고 식도를 막고 기계와 대적하는 아빠의 모습이 보이지 않았을 것이다. 그나저나 최근 새로운 음주 측정 기계가 등장했다. 어쨌든 새 호흡법을 개발해야겠다.

《FILM2.0》 157호(2003년 12월 16일)

히말라야의 염원

요즘 MBC 뉴스 앵커들은 소식을 전하며 노골적으로 견해를 드러낸다. "조류 독감으로 농민들의 피해가 막심한데도 보건복지부에선 해결책을 내놓고 있지 않습니다. 보건복지부 장관은 농민들 힘든 생활 도와주라고 뽑은 것 아닙니까?" "한 중년 가장이 자식들을 강물에 던져 살해한 사건이 발생했습니다. 아버지는 지금 후회하고 있답니다. 이제 와서 말입니다." 미안하지만, 섣불리 견해와 태도를 드러낸다는 건 엄정한 사실 보도가 주는 효과에 결코 미치지 못한다. 자식 던진 아버지에 대한 사실 보도만으로도 "이제 와서 말입니다"보다 큰 반향을 얻어낼 수 있다. 언론의 객관 보도란 그래서 중요하다. 공정성 때문이 아니라 객관적 사실 보도 그 자체만큼 강한 의견을 표현할 수 있는 게 없기 때문이다.

뉴스를 보다 문득 '라닥 사진전'에서 본 원형의 통이 생각났다. 소원을 빌 때 쓴다는 원통형의 회전 기구로(이름은 잘 생각나지 않는다), 라닥 사람들은 히말라야의 허공을 향해 평생 동안 그것을 돌리며 소원을 빈다고 한다. 중요한 것은 각자의 소원들은 아무에게도 알려지지 않은 채 소리 없이 대기를 향해 번져 나간다는 사실이다. 염원의 내용이 중요한 게 아니라 중단 없이 뭔가를 염원하고 있다는 사실 자체가 그들의 행복일 거라고 생각했다. 언론의 보도라는 것, 견해와 취향이 만연하는 시대에 서로 의견을 나누고 뭔가를 주장한다는 것에도 그런 구석이 필요하다는 생각이 들었다. 활기찬 의견들의 축제는 소란스러운 수다로 만들어지지 않는다. 그러다간 요란한 빈 수레 되기 십상이다. 그것보다는 의견이란 게 끊임없이 존재하고 있다는 묵묵하고 묵직한 확신이 더 필요하다.

《FILM2.0》 160호(2004년 1월 13일)

할머니의 투신자살

지난 1월 6일 서울 강남구 도곡동 타워팰리스 47층에서 86세의 할머니가 투신자살한 사건이 발생했다. 경찰은 할머니가 작은 환기창을 통해 투신한 것으로 보인다고 발표했다. 유가족들에 따르면 할머니는 평소 심한 우울증과 고혈압에 시달렸고, 유서의 내용은 '미안하다. 마음이 불안하고 머리가 무겁고 몸이 아파 살 수가 없다'였다.

이 사건은 몇 가지 상징적인 의미로 다가왔다. 문제는 높이다. 타워팰리스는 좁아터진 서울에서 더 이상 주택이 들어설 곳은 하늘뿐이라는 현실적 조건을 넘어, 마치 높이 그 자체가 권력을 상징하고 삶의 방식을 규정하듯 압도적으로 지상을 내려다보고 있다. 할머니의 죽음은 흡사 높이의 문화가 야기한 후유증처럼 느껴졌다. 게다가 사방이 밀폐된 그곳에서 유일하게 열리는 작은 환기창으로 할머니가 뛰어내렸다는 사실은, 그리고 할머니가 그 작은 창으로 나갈 수 있었던 건 고령이라 몸집이 작았기 때문이라는 사실은, 마치 주류 문화에 편승하지 못한 채 사라져가는 존재들의 유일한 저항이던 것처럼도 느껴진다. 높이를 지향하는 지금의 어떤 현상은 점점 누군가를 땅바닥으로 추락시키고 있는 건 아닐까.

9·11 테러로 폐허가 된 자리에 프리덤 타워라는 새 건물이 들어서는데 그 높이가 무려 541미터에 이른다고 한다. 프리덤이라는 이름처럼 서방 민주주의 진영의 자유를 상징하게 될까. 혹, 미국이 소외시키고 있는 수많은 문화와 민족과 현상들을 내려다보는 신 권력의 상징이 되지는 않을까. 할머니의 집엔 중국 동포 출신의 파출부가 있었다고 한다. 높디높은 현대의 건축물들은 점점 고대의 탑처럼 그 위용을 자랑해가고 있다.

《FILM2.0》 161호(2004년 1월 20일)

천국에 오르는 계단

밥집 TV에서 드라마 〈천국의 계단〉이 나오고 있었다. 택시를 타고 멀어져 가는 안암 걸린 정서(최지우)를 보며 송주(권상우)가 "정서야!"라고 외친다. 그러자 택시 안에 있는 정서가 "송주 오빠 목소리가 들리는 거 같애……"라고 말한다. 순간, 밥 먹던 사람들이 박장대소를 터뜨린다. 〈천국의 계단〉은 각종 작위적 신파로 빈축을 사고 있는 드라마다. 그런데도 시청률은 상종가다. 고대 그리스 희극에 '데우스 엑스 마키나'라는 작법이 있다. 이리저리 산만하게 이야기를 벌여놓고 막판에 절대자를 등장시켜 갑자기 모든 걸 정리해버리는 연출이다. 작위적이긴 했지만 신비주의 효과는 만점이었다고 한다.

재벌가의 후계자인 송주는 늘 시꺼먼 보디가드들을 대동하고 다닌다. 송주만 나오면 패키지로 몰려다니는 녀석들의 무시무시한 모습엔 송주의 계급 우월적 남성성 이상의 과도함이 있다. 단도직입적으로 말해, 그냥 막 나가는 것이다. 거기에 사람들은 채널 고정으로 화답한다. 우린 지금 해도 해도 너무한 것들이 필요한가 보다. 모든 게 사고의 범위를 넘어 엉망진창으로 무너져가는 모습에서 쾌감을 느끼고, 그 폐허 더미에서 갑자기 피어나는 초자연적인 위안을 만끽하고 싶나 보다.

그 허무한 신비주의가 우리들의 천국일까.

《FILM2.0》 164호(2004년 2월 10일)

빨래 너는 남자

얼마 전 아이 봐주시는 분이 흑룡강 출신 중국 교포 아주머니로 바뀌었다. 그런데 빨래하는 스타일이 마음에 안 들어 빨래는 내가 하겠다고 했다. 세탁기를 돌리고 있는데 어머니가 찾아오셨다. "왜 빨래를 니가 하니?" 빨래를 꺼내고 있는데 일주일에 한 번씩 집 청소하러 오시는 아주머니께서 들어오셨다. "놔둬요 애기 아빠, 내가 할게." "아니에요, 제 취미예요." "그럼 그냥 널지 말고 탁탁 제대로 털고 너세요." 부담감을 느끼며 빨래를 널기 시작했다. 흑룡강 아주머니, 딸애에게 하는 말. "저거 봐라, 아빠가 여자일 하신다." 동시에 청소 아주머니와 어머니가 다가오셨다. 일순간 세 여자가 나를 빤히 쳐다봤다. 손끝이 떨리기 시작했다. 나는 살 떨리는 긴장감 속에 빨래를 털어야 했다. 모두 그런 나를 주시하고 있었다. '여자 일'을 잘하나 못하나 감시하듯이. 어머니는 흑룡강 아주머니를 탐탁치 않게 생각하신다. 흑룡강 아주머니는 어머니가 너무 자주 들르신다고 불만이다. 흑룡강 아주머니와 청소 아주머니는 서로 못마땅해 하는 사이다. 그런데 이 순간 세 사람은 '빨래 제대로 터는 사람들'로 똘똘 뭉쳤다. 종종 사람들은 잊고 있던 어떤 기준으로 일순간에 연합한다. 그 기준이 건설적인 것이기만을 바랄 뿐이다.

《FILM2.0》 168호(2004년 3월 9일)

ㄱㄴㄷㄹ

친구에게 두 아들이 있다. 하나는 초등학교 1학년, 하나는 유치원에 다니는데, 유치원 아이는 오후 2시 반에 끝나는 반면 초등학교 아이는 오전 11시 반에 끝난단다. 유치원에서 더 많은 걸 가르친다는 얘기다. 유치원 아이는 이미 한글도 다 떼고 지금은 영어를 배우는 중이란다. 그럼, 초등학교 아이들은 뭘 배우고 있느냐. ㄱㄴㄷㄹ을 열심히 쓰고 있단다. 그 아이들은 이미 책을 읽는 수준인데 말이다. 학부모들이 학교에 찾아가 항의를 했단다. 교사 왈, "이게 다 아이들 성장에 도움이 됩니다." 무슨 성장? "ㄱㄴㄷㄹ을 쓰다 보면 손가락 힘도 길러지고 악력도 커지는 거죠." 손가락 힘을 키울 거면 차라리 '똥침' 연습이 낫고, 악력은 주먹질을 시키는 게 더 좋은 방법이다. 유치원 사교육과 초등학교 공교육의 제도적 괴리 문제를 넘어, 나는 여기서 '문자의 죽음'을 보았다. 택시를 탔다. 기사 아저씨 하는 말. "야, 탄핵 반대 열기가 대단합니다. 광화문은 정말 엄청나던데요. 혹시 손님도 탄핵에 반대하십니까?" 이 분위기에서라면 누구라도 "네"다. 그러자 아저씨, "그럼 나하고 이데올로기 싸움이 되겠네. 내가 이제부터 왜 탄핵이 정당한가를 말해보겠습니다." 이 사람, 말장난으로 날 엮였다. 불쌍하기 그지없는 글과 말들이다.

《FILM2.0》 173호(2004년 4월 13일)

어느 봄날의 칠순 잔치

고모부의 칠순 잔치가 있었다. 고모부는 평생을 일하지 않고 살아오신 분이다. 일은 고모가 다 했다. 내 기억에 고모부가 한 유일한 일은 한국보이스카웃연맹 간사인가 뭔가인데, 그것 때문에 어릴 적에 보이스카웃 경례 똑바로 못한다고 몇 번 혼났다. 우리 아버지 밥 드시며 말씀하시길, "어이구, 평생 놀고먹고도 칠순상을 받네그려". 잔치에 참석한 사촌 동생 하나는 이번에 민주노동당 국회의원 후보로 나간 녀석이다. 그전엔 죽 야학 교사로 일했다. 녀석은 곧 결혼할 예비 신부를 데리고 왔다. 신부는 지금 민주노총에서 일하고 있다. 녀석이 이날 행사의 사진을 담당했다. 열성 노동당원이 평생 무위도식자의 사진을 찍느라 무릎을 구부렸다. 밖에서 담배를 피우고 있는데 잠시 후 녀석도 나왔다. "왜 나왔어?" "고모부가 노래시킬까봐." 평생 무노동 알코올리즘에 빠져 사시던 고모부는 '빽' 하면 조카들을 동춘 서커스 단원으로 만들곤 하셨다. 이제 우리 모두 나이가 서른이 넘었는데도 역시 재주를 넘으란다. 구석에선 두 살 난 딸내미가 벽을 쳐다보며 마이크를 들고 열심히 몸을 흔들고 있었다. 요즘 중국 출신 아줌마가 봐주시는 덕분에 연변적 양 갈래 머리를 하고 있고, 볼은 날 닮아서 툭 튀어나와 있다. 기괴한 칠순 잔치였다.

《FILM2.0》 178호(2004년 5월 18일)

인터뷰 블루스

지난주에 몇 개의 방송 인터뷰 요청을 받았다. 그중 하나는 최근 한국 액션 영화의 다양한 행보에 관한 것이었다. 작가가 전화를 했다. "인터뷰 해주실 거죠?" "그런데요, 영화 기자들도 다 자기 전문 분야가 있는데, 전 액션 전문이 아니거든요." "괜찮습니다." 다음 날 카메라가 사무실로 왔다. 뭘 물으려나 질문지 좀 보자고 했다. 종이 맨 위엔 이렇게 적혀 있었다. '전문가가 아니니 대충 물어볼 것.' 몇 시간 뒤에 칸 영화제에 관한 또 다른 인터뷰 팀이 왔다. 한국 영화 선전의 의미가 뭐냐고 물어왔다. 이래 가지고 저렇게 된 건데 이렇게 보는 것보단 저게 옳다고 봅니다. "조금만 요약해서 다시 해주실래요?" 그게 이래서 저래서 요건 그겁니다. "저, 조금만 더 짧고 분명하게 다시 해주시죠." 이게 저겁니다. "그것보다는 국제 영화제에서 한국 영화의 선전은 매우 의미 있는 일이다, 이렇게 말씀해주시죠." 난 결국 그쪽에서 준비해온 멘트를 그대로 읽는 앵무새가 돼버렸다.

시대의 화두로 등극한 영화 분야에 있어 아직 세상은 좀 두루뭉술하고 대충대충이다. 작금의 한국 영화를 설명하기 위해선 좀더 정확하고 구체적인 잣대들이 있어야 한다. 한국 영화 활황의 의미엔 '의미 있다' 그 이상의 말이 필요하다.

《FILM2.0》 181호(2004년 6월 8일)

왕자 콤플렉스

SBS 주말 드라마 〈파리의 연인〉이 첫 회 시청률 26.7퍼센트라는 놀라운 기록을 세웠다. 월요일 아침에 회사에 왔더니 다들 그 얘기다. 드라마의 내용은 파리에서 가정부 일을 하며 어렵게 살아가고 있는 여주인공 태영(김정은)이 명품으로 도배한 자동차 회사 지사장 기주(박신양)와 만나 사랑에 빠진(아직 안 빠졌지만 곧 빠진단다)다는 거다. 이 드라마는 〈결혼하고 싶은 여자〉가 살려놓은 자립 여성의 자존심을 뭉개고 신데렐라 열풍을 불러일으킨다 하여 걱정을 사고 있다. 귀엽고 발랄하고 예쁘장하기만 하면 갑부 왕자의 간택을 받아 행복한 노후가 보장된다니 이것보다 더 여성을 무시하는 처사는 없겠다. 하지만 여자도 아니고 신데렐라는 더더욱 아닌 나로선 귀여운 표정 짓기 훈련만 열심히 하면 인생 핀다는 건 먼 얘기다. 그것보다는 신데렐라의 반대편에 서 있는 왕자의 고뇌가 피부로 다가온다. 귀엽고 발랄하고 예쁘장한 여자랑 사랑할 기회를 얻으려면 돈 많이 벌고 멋진 차 몰고 만져만 봐도 감이 다른 옷으로 빼입고 파리의 고급 주택가에 살아야 한다니. 신데렐라 콤플렉스란 여자만 가두는 고정관념이 아니다. 그녀들이나 그들이나 자폭을 권유받긴 마찬가지다. '결혼하고 싶은 남자'라는 드라마 극본이라도 방송국에 보내야 하나.

《FILM2.0》184호(2004년 6월 29일)

대신맨의 비애

〈개그콘서트〉 '신봉숭아 학당'에 '대신맨'이라는 캐릭터가 등장한다. 학생들이 선생님에게 어려운 걸 시키면 어김없이 등장해 대신 해주는 사람이다. 지난주엔 식빵에 고추장 듬뿍 바르고 청양 고추 통째로 집어넣은 샌드위치를 대신 먹어줬다. 얼마 전엔 어린아이용 수영복을 억지로 몸에 끼워 입고 흉측한 몰골을 과시했다. 대체 왜 이것이 코미디가 되어야 하는가. 볼 때마다 불쾌함을 감출 수 없고 곱씹을수록 해괴하다. 누군가를 가학하는 악행을 보고 웃어야만 하는 엽기적인 시절이 쓸쓸하다. 나쁜 건 모두 대신시키는 떠넘김도 슬프다. 무조건 달려드는 속성을 이용해 함정에 빠뜨리는 악취미도 안타깝다. 정상인은 영원히 우아하고, 이상한 걸 대신하는 인종은 따로 있다는 악마적 계급주의와 소수자 학대에 이르면 분노가 터진다. 그 소수자가 망가져가는 자신의 처지를 깨닫지 못하는 걸 보고 있으면 절망감이 몰려온다. 원래 슈퍼맨, 배트맨, 스파이더맨 같은 맨들은 정상인은 해결하지 못하는 모순을 타파하는 존재들이었다. 하지만 대신맨은 모순을 강화하고 사회를 계급적으로 분리시킨 뒤 영원한 부조리의 세상을 즐기라고 말한다. 결코 코미디라 부를 수 없는 이 눈물의 서커스는 정말 코미디다.

《FILM2.0》185호(2004년 7월 6일)

에이씨……

인간이 지식을 습득하고 세상을 인지해가는 과정은 경이롭고 또 우스꽝스럽다. 내 딸은 요즘 말 배우기가 한창이다. 최근에 배운 말 중 걱정스럽게도 "에이씨"라는 게 있다. 만날 보는 어른이 나, 엄마, 베이비시터, 셋인데 그중 욕을 가장 잘하는 게 나니 필시 내가 하는 말을 배운 거 같다. 얘가 잘하는 말 중에 또 하나는 "밥"이다. 굶기며 키우는 것도 아닌데 하루 종일 밥밥밥 거리고 다닌다. 어느 날 이 두 개의 말이 그녀의 머릿속에서 합체했다. TV를 보고 있는데 저쪽에서 놀던 아이가 스르르 걸어오더니 "에이씨……밥!" 이러는 게 아닌가. 에이씨밥? 에이씨×? "이런 십장생 같은 놈"도 아니고 이것 참. 요즘 '명바기 〈옹박〉 포스터 패러디'나 '시내버스 공짜로 타는 비법' 같은 걸 보고 있으면 내 딸이 생각난다. 세상과 어우러지는 지식이 경이롭고도 우스꽝스럽게 펼쳐지고 있는 것이다. 지식이 세상을 꼬집는 효과에 앞서 지식 자체의 천변만화가 흥미로운 요즘이다. 다행히 딸이 에이씨밥의 의미는 모르고 있다 생각했는데, 어느 날 청천벽력이 내리쳤다. 워낙 밖에 나가는 걸 좋아하는 딸인지라 하루는 신발 신기며 신나게 나갈 채비를 하고 있는데, 때마침 방문 교사가 문을 열고 들어섰다. 이 순간 튀어나오는 딸아이의 말, "에이씨밥".

《FILM2.0》 187호(2004년 7월 20일)

자전거를 탄 풍경

자전거를 샀다. 딸아이 태우고 신나게 달리기 위해서였다. 그런데 자전거에 올라탄 순간 뭔가 이상했다. 안장에 앉아 세상을 바라보는 내 눈의 높이가 매우 낯설었다. 버스에 탔을 때보다는 낮고, 자동차를 운전할 때보다는 높고. 최근 들어서 한 번도 본 적이 없는 틈새의 세계였다. 확실히 지나치는 풍경의 느낌이 미세하게 달랐다. 디지털로 가득 찬 세상 속에서 자전거라는 아날로그가 펼쳐 보이는 신세계가 아닐까 생각했다. 내 딸은 오죽했을까. TV를 보는 눈높이보다는 높고, 고층 아파트에서 내려다보는 세상보다는 낮고. 자전거는 순전히 내 힘으로 굴러가는 기계다. 다리에 드는 힘의 고통도 자동차 운전과는 비교도 되지 않는다. 아날로그는 인간의 육체와 감정을 가장 근거리에서 투사하는, 그래서 언제나 돌아가길 염원하는 곳인지도 모른다. 부천에서 오시이 마모루의 〈이노센스〉(2004)를 봤다. 사이버 세계의 기계들마저 논리 너머의 감정을 찾고 있다는 얘기 같았다. 드라마 〈겨울연가〉에서 배용준이 흘린 눈물이 일본 사람들의 삭막한 삶의 방식마저 바꾸고 있단다. 모두 다 자전거다. 틈새의 신세계는 인류의 마지막 유토피아가 아닐까 하는 거창한 생각도 든다. 아침마다 딸을 태우고 자전거를 탈 생각이다. 나는 매일 신세계를 만끽한다.

《FILM2.0》 190호(2004년 8월 10일)

정은임

사고를 당하기 2주 전쯤 시사회장에서 정은임을 만났다. 안녕하세요, 안녕하세요. 북적거리는 틈바구니에서 스친 탓에 그 말밖에 나누지 못하고 멀어졌다. 그게 내가 마지막 본 정은임이었다. 나는 그가 8년 만에 다시 시작한 라디오 프로그램 〈정은임의 영화음악〉에 패널로 출연했다. 다시 방송을 시작한 정은임은 영화와 세상을 오가며 거침없이 에너지를 뿜어내던 1990년대 초반의 모습과는 달라 보였다. 말투는 신중했고 표정은 부드러웠으며 세상에 대해 말하기보단 세상을 살아가는 것에 대해 말하는 게 더 중요하다고 느끼고 있는 것처럼 보였다. 음악이 나가는 동안 이런저런 얘기를 했는데, 그중 아이 키우는 것에 관해 나눈 대화가 기억이 난다. 나도 그도 중국 교포 분에게 아이를 맡겨 키우면서 공통적으로 겪게 되는 것들이나 아이들이 커가면서 우리가 느끼게 되는 어떤 것들, 그런 이야기들이었다. 사고를 당했다는 소식을 들었을 때 겉으론 의식을 회복하지 못했지만 그의 머릿속에선 여전히 그런 이야기들이 떠돌고 있을 거란 생각이 들었다. 내가 본 정은임은 그냥 살아가고 있는 한 사람이었다. 지금 그리운 것도 그랬던 사람의 그 웃음이다. 가슴이 아프다. 병상에 누워 있던 마지막 날들이 고통스럽지 않았기를 바랄 뿐이다.

〈FILM2.0〉 191호(2004년 8월 17일)

〈파리의 연인〉

〈파리의 연인〉 마지막 회를 온 식구가 모여 함께 봤다. 태영이 파리로 떠난 2년 뒤 기주도 날아가 〈첨밀밀〉적으로 엇갈린다. 태영이 앉아 있는 가게 뒤로 기주가 빵을 산다. "어머 어머! 저 뒤에 있는데!" 어머니가 소리치신다. "저놈은 말투가 왜 저래?" 기주가 드라마의 맨 처음 설정처럼 태영과 마주치며 날리는 대사에 아버지가 반응하신다. 아버지는 몇 주 전 내가 〈파리의 연인〉 안 보고 〈PD수첩〉 본다고 하자 매국노 대하듯 하신 양반이다. 모든 게 태영의 시나리오였음이 밝혀졌다. 제수씨가 말한다. "어떻게 끝나든 무슨 상관이에요. 박신양인데." 인류가 남긴 스토리텔링의 온갖 클리셰들을 더욱 클리셰하게 펼쳐놓고, 지극히 허구적인 이야기를 더욱 허구적으로 몰아붙이더니 아예 그 모든 것조차 허구라고 못 박는 액자형 허구로 결말을 지은 〈파리의 연인〉은 판타지적 판타지의 정수를 심어놓고 종영했다. 이 노골적이고 뻔뻔한 판타지가 대중을 휘어잡은 메커니즘은 두고두고 연구 대상이다. 같은 집에 있긴 했지만 식구들은 모두 각자의 방에 따로따로 앉아 TV를 봤다. 뫼비우스의 띠를 이룬 집단적 중독과 개인적 몽상도 이 판타지의 정체 중 하나일까. 집에 가려는데 딸아이가 열심히 엔드 크레디트를 보고 있다. "애기야 가자."

〈FILM2.0〉 193호(2004년 8월 31일)

유승민은 누구인가

아테네 올림픽 탁구 남자 단식에서 유승민이 금메달을 땄다. 방송에선 이 쾌거를 여러 꼭지로 나눠 보도했다. 어김없이 나오는 게 있다. '유승민은 누구인가?' 누가 메달을 따면 방송은 언제나 서너 번째 꼭지로 '인간 누구누구'를 다룬다. 지난 8월 22일, 뭉크의 명화 〈절규〉와 〈마돈나〉가 도난당하는 사건이 발생했다. 방송은 사건 보도 직후에 '뭉크란 누구인가?'라는 꼭지를 내보냈다. 사건도 안 났는데 뭉크를 소개할 순 없는 일이고 메달도 안 땄는데 모든 선수들의 인간 역경기를 다룰 수도 없는 거지만, 이런 '순서'는 묘한 상념을 남긴다. 뒤늦게 '거기에 인간이 있었다'는 걸 깨닫는 것 같아서 말이다. 언제나 사건 먼저 인간 나중이다. 인간은 휘황 뻑적지근한 사건의 덕을 입어야만 자기 존재를 알릴 수 있는 걸까. 우리는 우리 자신이 아닌 다른 무엇을 앞세워야만 살아갈 수 있는 '후퇴적 생존'의 세상을 살고 있는 걸까. 어쨌든, 유승민은 "제가 금메달을 따서 한국에서 탁구가 인기 종목이 됐으면 좋겠습니다"라고 말했다. 옛날엔 탁구 참 많이 쳤다. 대학 시절, 〈애란〉(1989)에서 정력이 딸려 매번 고개 숙이는 박영규를 보고 저렇게 되지 않으려면 정력을 키워야 한다며 선택한 운동도 탁구였다. 탁구 치자. 변심하지 말고 꾸준히 치자.

《FILM2.0》 194호(2004년 9월 17일)

인도의 폭소 클럽

EBS국제다큐멘터리페스티벌에서 〈인도의 폭소 클럽〉이란 작품을 봤다. 어느 날부터인가 공원에 모인 사람들이 삼삼오오 짝을 지어 이유도 없이 웃기 시작하면서 삶의 활력을 찾고 그게 수만 명의 폭소 클럽을 형성했다는 것이다. 인터뷰에 응한 한 회원은 처음엔 웃길 일도 없는데 웃는다는 것이 이해가 안 갔지만, 시간이 갈수록 왜 인간은 타인에 의해 웃어야만 하는가, 자기 자신에 의한 웃음이 더 자연스러운 것 아닌가 하고 생각하게 됐단다. 며칠 뒤 TV에선 삶의 희망을 잃은 북유럽 사람들이 "당신 멋있어요", "당신 예뻐요"라고 말해주는 기계 앞에서 위안을 받는다는 뉴스가 보도됐다. 기막힌 일이다. 서구 복지 사회의 수동화된 인간의 정체성과 약동하는 아시아의 주체적 기운을 상징하는 걸까. 어쨌든 시작도 끝도 모두 자기 자신이라는 사실에 더 이상 어색해할 필요는 없겠다. 이번 페스티벌에서 가장 감동적이었던 작품은 레니 리펜슈탈의 자연 다큐 〈신비로운 바다 여행〉이었다. 사망 직전 100세가 넘은 나이에 직접 바다 속에 들어가 촬영한 노작가의 이 유작은 이름도 모르는 물고기들이 스스로 생을 개척하는 모습으로 눈시울을 적셨다. 다큐멘터리의 종점은 세상도 현실도 아닌 바로 거기다. 그건 우리에게도 마찬가지다.

《FILM2.0》 196호(2004년 9월 21일)

〈빈 집〉 베니스 수상

〈빈 집〉(2004)의 김기덕 감독이 올 초 〈사마리아〉(2004)로 베를린 국제영화제에서 감독상을 받은 것에 이어 베니스 국제영화제에서도 감독상을 탔다. 방송은 난리가 났다. 축하할 일이고 기쁜 일이지만, 이 경사를 대하는 방송의 시각엔 문제가 있다. 우선, 공중파 3사 프라임 타임 뉴스는 〈올드보이〉(2003)의 칸 수상까지 합쳐 "세계 3대 영화제 석권"이라는 표현을 썼다. 국제 영화제가 무슨 그랜드 슬램인가. 세계 문화축제로서 영화제의 본질은 수상에 있지 않다. 게다가 '석권'이란 말엔 〈빈 집〉이 대한민국 대표 선수라는 낡고 착오적인 '국가주의'의 그늘이 서려 있다. '국제' 영화제란 국제이기 때문에 국가 간 경계와 경쟁은 해체한다는 속뜻을 담고 있다. 〈빈 집〉은 김기덕 개인의 영화이자 〈빈 집〉만의 남다른 주제로 평가받을 영화지, 대한민국의 영화가 아니다. 또 SBS는 이 기사를 "한국 영화는 올해 최고의 해"라는 말로 시작했다. 한국 영화 최고의 해를 결정 지을 조건은 한두 가지가 아니고, 2004년은 한국 영화가 내적인 부실과 과도기적 양상을 숱하게 드러낸 한 해다. 방송 3사의 〈빈 집〉 수상 소식은 쌀 개방 반대 시위보다 앞서 보도됐다. 스크린쿼터까지 아우르는 쌀 개방 문제는 현재 가장 중대한 현안이다. 기쁨은 당연한 것이되, 그 정체까지도 당연한 것이었으면 좋겠다.

《FILM2.0》 197, 198 합본호(2004년 9월 28일)

추석 여행

연휴의 시작, 온 가족이 여행을 떠났다. 잔디밭에서 딸아이와 놀고 있는데 아버지가 배드민턴 채를 들고 오시더니 치자고 하신다. "너하고 30년 만에 배드민턴을 치는구나." 과연 그랬다. 어언 30년의 세월을 넘어 아버지와 감격스러운 배드민턴 상봉을 한 것이다. 셔틀콕에서 눈물이 떨어지는 것만 같았다. 연휴 나흘째, TV에서 〈트루먼 쇼〉(1998)가 시작하고 있었다. 아버지께서 말씀하신다. "영화평론가, 저 영화 재밌냐?" "좋은 영화죠!" "그래? 야, 쟤가 좋단다. 딴 거 보자." 채널은 가차 없이 〈지존무상 2〉(1991)로 돌려졌다. 〈지존무상 2〉를 무시하는 건 아니고, 몇 년 전 〈유주얼 서스펙트〉(1995)를 강추했다가 극장에 다녀오신 아버지에게 호되게 야단을 맞은 뒤로 영화에 관한 내 말들은 언제나 이 모양 이 꼴이다. 추석의 시작과 끝, 가족은 모든 것이 어우러진 환상 속으로 여행을 떠났다 현실의 갖가지 조건들 속으로 다시 돌아온다. 송편과 향토 특산물을 물신화시키고 막힌 고속도로를 가족 제의의 경건한 집단 수행으로 인식시키는 추석은 주기적으로 복용해야 하는 환상의 약물인 동시에, 가족만큼 복잡하고 모호한 두 얼굴의 딜레마는 없음을 환기시키는 절호의 기회다. 그 추석이 올해도 제구실을 충실히 수행하고 우리를 지나갔다.

《FILM2.0》 199호(2004년 10월 5일)

자크 데리다

'해체주의 철학자'로 통칭되는 자크 데리다가 췌장암 투병 끝에 지난 10월 9일 세상을 떠났다. 데리다는 포스트모더니즘과 후기 구조주의 시대의 중심에 있던 인물로, 그의 지적 영향은 곳곳에서 발견되지만, 무엇보다 나는 투병 중에도 죽기 직전까지 세상을 향한 폭넓은 발언에 게으르지 않았던 '성실한 의무감'에 경의를 표한다. 2003년 6월에 출간된 《테러 시대의 철학》에는 독일 철학자 위르겐 하버마스와 데리다가 9·11 테러와 세계시민주의 질서에 대해 언급한 내용이 담겨 있으며, 2003년 5월 둘은 비폭력 세계 재편에 관한 선언문을 발표한다. 사망 얼마 전인 8월 19일엔 《르몽드》와 한 인터뷰에서 '결혼'이라는 말 대신 '시민 결합'이라는 단어를 쓰자고 제안했으며, 얼마 전엔 '평화선언 2004 세계 100인 미술가전'에 미술평론가 알랭 주프루아와 함께 문화적 다양성에 관한 공동 선언문을 보냈다. 그리고 지난 8월 데리다는 《르몽드》와 한 인터뷰에서 '투병의 시간이 주는 실제적 긴장이 나를 만들어내고 살아가게 하며 또 죽게 할 것'이라고 말하며 자신의 죽음에조차 독해와 발언을 늦추지 않았다. 제안과 발언은 곳곳에 존재하지만, 발언의 내용만큼이나 발언의 필요와 책임을 인식하는 것이야말로 데리다의 위대한 유산이리라 생각한다.

《FILM2.0》 201호(2004년 10월 26일)

짐승

성매매특별법에 따른 단속 중지와 공창제 시행을 요구하는 집창촌 종업원들의 시위가 계속되고 있다. 그 이면엔 남성들의 음성적 성욕 해소를 제도적으로 묵인한다는 전제가 깔려 있는데, 얼마 전 한나라당의 어느 의원은 "성매매특별법 시행으로 남성들이 성욕을 해소할 방법이 없어졌다"고 말했으며, 헌법재판소 전효숙 재판관은 "남성의 성욕은 신체적으로 여성과 차별되니 성매매특별법의 후속 조치로 남성 성욕 해소 대책이 마련되어야 한다"고 주장하기도 했다. 바야흐로 남자가 짐승이냐 아니냐를 따지게 될 참인데, 그 결과 남자를 짐승으로 보는 것에 합의가 된다면 이것 참 난감한 일이다. 혹여 남자가 여자보다 성욕이 강하다는 생물학적 근거가 용인된다 하더라도 그것을 사회적으로 인정하는 건 전혀 다른 얘기이기 때문이다. 방법은 두 가지다. 인권 대신 생존권을 부르짖는 집창촌 종업원들의 논리에 십분 근거, 여성들의 성욕도 공평하게 해소할 남성 집창촌을 육성하든가, 성매매특별법으로 더욱더 음성화된 남성 성욕을 끝까지 추적해 잠재우든가. 문제는 어떤 신념을 최종 신념으로 선택하느냐 하는 것인데, 최소한 이 사회가 생물학적으로까지 가부장제를 다지는 짐승의 길만큼은 가지 말아야 하기 때문이다.

《FILM2.0》 202호(2004년 11월 2일)

가장 잊을 수 없는 기억

성수대교 붕괴 등 대형 참사 생존자들의 생활을 취재한 프로그램이 MBC에서 방영됐다. 구사일생으로 목숨을 건졌으니 둘도 없는 행운아들일 것 같지만 실은 정반대였다. 그들 대부분은 '외상 후 스트레스 장애'라는 정신질환을 앓고 있는데, 그것은 끔찍한 기억에서 비롯된 극도의 우울증과 불안, 정신분열, 인지 능력 상실, 대인 기피 같은 것들이다. 점점 자신의 감정을 통제할 수 없게 되어 가는, '생존'이라는 단어가 무색한 삶이 거기에 있었다. 그들 중 대구 지하철 참사에서 살아 나온 한 남자가 그때의 일을 "평생 가장 잊을 수 없는 기억"이라고 표현했다. 이 남자에겐 가장 잊을 수 없는 기억이 가장 끔찍한 기억이 되어버린 것이다. 인간에게 생존의 목적은 '평생 가장 잊을 수 없는 기억'을 '가장 행복한 기억'으로 만들려는 투쟁이리라 생각한다. 하지만 그 남자에게서처럼 도통 세상은 행복한 기억을 만들어주지 않으니, 감동적 사랑을 주사하는 멜로드라마가 차라리 행복하고, 이것이 '문화'라고 부르는 것의 환각적 정체성이기도 할 것이다. 그리고 기억이란 역시 현실과 몽환의 중간 어딘가에 있으니, 기억과의 투쟁으로 문화를 생산하며 사는 우리들의 삶이란, 결코 그것을 허위라 단죄할 수 없는 '거대한 환영'인지도 모를 일이다.

《FILM2.0》 203호(2004년 11월 9일)

동창 모임

고등학교 동창들을 만났다. 졸업 후 무려 16년 만이었다. 대략 5시간에 걸친 술자리의 대화 주제별 시간 배분은 이랬다. 그간의 안부를 묻는 시간 5분, 건설교통부에 있는 친구에게 땅값 오를 곳을 물어보는 시간 30분, 성매매특별법 이후 어딜 가야 하는지 토론하는 시간 4시간 25분. 우리들의 관심사는 딱 두 개, 땅 투기와 섹스였다. 인간은 환경과 교육의 동물이라는 명제에 동의한다. 그런데 우리들의 사회적 환경과 교육은 시간이 갈수록 우리들을 매우 협소한 동물로 만들어놓는다. 주말에 TV에서 〈로봇의 시대〉라는 프로그램을 방영했다. 로봇들이 각종 교육을 통해 점점 인간에 가까워지고 있었다. 로봇이 받는 교육은 매우 다양한데, 정작 그들이 닮아가고 있는 인간은 매우 좁아지고 있다. 로봇이 인간을 지배하는 암담한 미래 사회는 여기서 시작되고 있는 것이 아닌가 싶다. 심리학자 안톤 에렌츠바이크는 '흐릿한 시점을 공허하게 바라보는 것이 예술가가 세부의 덫에 걸리지 않으면서 작품을 전체적으로 바라볼 수 있게 한다"고 말했다. 비약을 섞어 빗대자면, 협소해진 세부 교육에 걸리지 않으면서 삶을 통합적으로 바라보고 무한한 가치들을 무의식적으로 흡수하는 것, 거기에 인간 존엄성이 설 땅이 남아 있는 게 아닐까.

《FILM2.0》 205호(2004년 11월 16일)

다른 기준

나는 한국 영화가 이제 상징적으로나마 '형법적인 국면'에 들어섰다고 생각한다. 영화 한 편의 경제 효과가 심하겐 나라 전체를 흔들 수도 있는 작금의 상황 속에 100억 원대를 넘나드는 제작비를 쓰면서 형편없는 영화를 찍어대는 제작자와 감독은 경제 사기범이라 불러도 마땅하다는 말이다. 또 다른 사기도 떠올린다. 순전히 돈을 벌기 위해 제작되는 상업영화의 경우 건드릴 수 있는 소재와 없는 소재가 따로 있다고 본다. 죽음이나 사랑의 문제처럼 우리 삶의 본질을 구성하는 요소들을 돈벌이 수단으로 이용하는 건 상업주의가 결코 저질러선 안 될 정신적 사기라고 생각한다. 아무리 상업주의가 영화의 본질이라 한들 그것이 스스로 존엄해지며 영속하기 위해선 도리어 상업주의와 멀어지는 역설을 거쳐야 한다. 그렇다면 이제 우리에겐 상업적, 장르적, 허위의 작가적 기준 외에 다른 기준이 필요하다. 〈발레교습소〉(2004)를 봤다. 이런저런 기준으론 흡족하지 않은데, 좋았다. 진심이라는 게 느껴졌기 때문이다. 진심. 애초부터 무시하거나 불가능하다고 치부해온 모호하고 추상적인 것. 그러나 앞으로 나는 오락성과 작품성에 별점을 매기는 대신 진심성에 점수를 주는 이상한 시대가 도래하길 바란다. 그 외의 미래란 미래라 볼 수도 없기 때문이다.

《FILM2.0》 206호(2004년 11월 23일)

배용준과 아줌마 400명

방송사 피디들과 술을 마시다 최근 연예 정보 프로그램들의 변화에 관한 얘기가 나왔다. 과거엔 어떤 사안에 대해 짧은 코너로 요약 편집해 내보내던 것이 요즘은 있는 그대로 전부 중계하고 있다는 것이다. 배용준이 핸드 프린팅을 했다 하면 예전엔 행사의 주요 내용만 정리했는데, 요즘은 배용준이 도착하는 장면부터 행사가 끝난 뒤 배용준이 앉은 의자에 차례로 앉아보는 400명 일본 아줌마 팬들의 모습을 전부 보여준다는 거다. 늘어난 연예 프로그램의 길이를 때우기 위한 방편으로 치부하기엔 시청자들의 기호 자체가 달라지고 있다고 피디들은 입을 모은다. 술자리의 모든 사람들이 이 현상을 개탄했지만, 그럴 것만은 아닌 듯싶다. 뉴스 보도의 형식은 대중의 기호와 시대를 반영하고, 시청자들의 눈이 모이는 곳엔 분명 달라진 시대의 패러다임이 숨어 있다. 시청자 전부가 400명 아줌마들을 그저 몽롱한 눈으로 쳐다보고 있을까. 배용준의 사소한 모든 것들이 시대를 설명할 수 있는 새로운 창구를 개설하고 있는 건 아닐까. "아빠 좋아"라고 말하는 딸의 모습 대신 뒤돌아 나가며 다른 무엇을 가지고 놀지 더 궁금해지는 요즘의 나처럼 말이다. 렌즈 앞의 피사체가 달라지고 있다. 옛날처럼 살다간 죽도 밥도 안 될 것 같다.

《FILM2.0》 207호(2004년 12월 7일)

개편

나는 결벽증 환자다. 고등학교 때부터 시작된 내 결벽증은, 남들이 알고 있는 것만 모아도 어처구니가 없을 만큼인데 남들이 모르는 것까지 전부 밝히면 난 정말 사람도 아니다. 그래서 웬만하면 안 밝히고 정신적인 것, 육체적인 것 통틀어 대략 20년을 그렇게 결벽증 공산주의자처럼 살아왔다. 그러던 어느 날 아침이었다. 그날도 내 방이 어떤 이유로 더러워졌다는 생각에 마루에서 자고 있었는데, 잠결에 아버지 어머니의 대화가 들려왔다. 나 보고 하는 소리였다. "저거 잘못 키웠어." 잘못 키운 놈······. 그놈의 결벽증 때문에 나는 그날부터 잘못 키운 나쁜 놈이 됐다.

그때부터 나는 내가 무슨 생각을 하고 무슨 행동을 하든 간에, 나는 결벽증 환자이기 때문에, 근본적으로 그런 비정상적인 나쁜 놈이기 때문에, 그건 전부 잘못된 생각과 행동이라고 여기게 됐다. 그리하여 지금껏 뭘 생각하든 그건 나쁜 생각이니 남몰래 접어버리고 남들 하라는 대로 하자, 이렇게 살아왔다. 그런데 최근, 그 결과로 오늘날 이 모양 이 꼴이 됐다고 생각하게 됐다. 돌이켜 보니 그냥 내가 하고 싶은 대로 했어도 아무 문제가 없었다. 그건 틀리거나 나쁜 게 아니었다. 나는 결벽증이 있는 좀 다른 종류의 사람일 뿐이지 결벽증 환자가 아니었다. 나는 아프지 않다. 이제는 당당한 결벽주의자의 삶을 충실하게 살아가련다.

저녁 무렵 혜화동의 한 극장에서 〈마이 제너레이션〉(2004)을 봤다. 꿈이고 미래고 나발이고 떠올릴 겨를도 없이 경제적 함정에서 허우적대느라 아무것도 하지 못하는 우리들의 현실이 거기에 있었다. 그런데도 영화가 밝고 재미있고 뭐 그런 걸 떠나 참으로 가슴이 아팠다. 집으로 돌아가려고 버스를 탔다. 옆자리에 버스 안에서 물건을 파는 아저씨가 한가득 짐을 싸들고 앉아 있었다. 휴대전화를 꺼내 들더니 집으로 전화를 걸었다. "어, 아빠야. 아직 밥 안 먹었지? 아빠 들어가면 같이 먹자. 그런데 아빠가 부탁이 하나 있는데, 오늘 아빠가 너무 피곤해서 그러는데, 밥 먹고 네가 설거지만 좀 해주라. 뭐? 못 하겠다고? 아니 이 녀석아, 아빠가 힘들어서 그렇다는데 그것도 하나 못해주냐, 에이 이 녀석아." 확 전화를 끊고 한 1분쯤 시간이 흘렀다. 창밖만 보고 있던 아저씨가 다시 전화를 걸었다. "어, 아빠야. 어제 먹었던 그거 오늘도 남아 있지? 어, 그거. 저녁 먹고 아빠랑 공원 가서 한 바퀴 돌고 오자. 손? 그래 그래, 안 잡을게. 약속. 그냥 걷기만 하자. 그래, 아빠 금방 간다."

이제 세 살을 갓 넘긴 내 조그만 딸아이는 남들과 다른 세계에 살고 있다. 남들보다 아주 느리거나 아주 빠르게 말을 하고, 살금살금 걷다가 갑자기 막 뛴다. 남들이 쓰지 않는 이상한 발음으로 얘기를 하고, 남들 밥 먹을 땐 뒹굴거리다가 슬그머니 저 혼자 밥 먹는 시간에 식탁에 앉는다. 모든 아이들이 다 잠을 잔다는 자정 무렵에 집 안에 있는 모든 책을 꺼내놓고 놀기 일쑤고, 노인네처럼 새벽잠도 없어서 일곱 시 전에 베란다로 나가 아침마다 창문을 두드리는 까치를 기다리고 서 있다. 웃기는 녀석이다. 어느 날이었다. 무슨 사은품으로 받은 커다란 숨은그림찾기 그림을 함께 보고 있었다. 뭐 하나를 못 찾았다. 나는 아무리 봐도 찾지 못한 그것을 딸아이는 대번에 손가락으로 짚었다. 그 아이의 눈에는 우리가 안 보이는 것들이 보이는 모양이다. 최근 가위바위보를 가르쳐줬다. 다른 건 손으로 잘 따라 하는데, 가위만 잘 못한다. 아무래도 가위는 좀 힘드니까. 그런데 모양을 잘 만들고 말고를 떠나, 좀 다르다는 걸 발견했다. 내 가위는 상대방의 보를 이기기 위해 공격적으로 앞을 향해 내미는데, 딸아이의 가위는 손바닥을 내 쪽으로 보이고 손가락을 위로 올리며 마치 "보다시피 나는 가위야, 넌 뭐니?"라고 묻는 것 같았다.

이번 주는 《FILM2.0》의 창간 4주년 기념호이고, 아울러 개편호이기도 하다. 개편이면 응당 그렇듯이, 몇 개의 코너를 바꾸고 뭐 그랬지만 그런 건 별로 중요하지 않은 것 같다. 우리의 개편이 위의 이야기들과 같았으면 좋겠다는 생각을 했다. 재미있게들 보셨으면 좋겠다.

《FILM2.0》 208호(2004년 12월 14일)

화장실

"안녕하세요, 처음 뵙겠습니다." 중학교 3학년 때였다. 당대로선 조숙하던 필자였던지라 이미 뜨거운 첫사랑을 시작한 터, 드디어 어머님의 허락이 떨어져 여자친구의 집을 첫 방문한 참이었다. 어머님은 소파에 앉으라고 말씀하시더니 곧장 그녀의 어린 동생을 호출하시어 춤을 춰보라 하셨다. 녀석은 교회에서 배웠다는 춤을 추기 시작했다. 비보이스럽게 전신을 요동치는 이상한 교회 춤이었어도, 아무튼 어색한 분위기는 사라져갔다. 순간, 오줌이 마렵기 시작했다. 그래도 화장실에 갈 수는 없었다. 이 거룩한 분위기 속에 차마 쫄쫄거리며 오줌 떨어지는 소리를 낼 수는 없었다. 나는 그녀의 고결하고 기품 넘치는 연인이어야 했다.

집을 나섰다. 일단은 다행이다. 하지만 바래다준다며 함께 나선 그녀와 버스 정류장에 서자 또다시 엄습해왔다. 더는 참을 수 없었다. 곧장 건물 화장실로 들어가 해결을 했다. 자, 이제 어떡하지? 화장실에 갔다 왔다고 사실대로 말해? 역시 그럴 순 없었다. 나는 그녀의 낭만적인 기분을 훼손하지 않을 방법을 생각해냈다. 다시 그녀 앞에 섰다. "어디 갔다 왔어?" 그리고 말했다. "으응, 건물 뒤 공터에. 친구가, 너하고 함께 있는 순간에 너에게 쓴 편지를 태워 날리면 네 마음이 영원히 변치 않을 거라고 했거든. 그래서 편지 태우고 왔어." 으아, 뭔 소리를 한 거냐 이지훈. 아무리 중3이었다 한들 넌 그때 반장까지 했는데.

드라마 〈봄의 왈츠〉가 종영했다. 생각보다 시청률은 안 나왔지만 〈겨울연가〉부터 이어진 윤석호 피디의 폭력적 로맨티시즘은 여전했고, 서도영의 뇌쇄적 외모와 중3 시절 그녀를 닮은 한효주의 어여쁨, 그리고 그의 팬티 모델 시절 광고까지 사랑하게 된 다니엘 헤니 때문에 나는 〈봄의 왈츠〉를 좋아했다. 첫 회에 오스트리아의 눈 내린 풍광을 배경으로 우연히 만나는 극중 재하와 은영의 낭만적 스펙터클은 나를 완전히 사로잡았더랬다. 둘이 옛날에 오빠 동생 하고 지내던 사이였든, 재하가 우여곡절을 겪어 지금 완전히 딴사람이 됐든 말든 상관없었다. 윤석호 피디의 장점은 어느 순간 잡다한 드라마를 몽땅 산화시키고 우리를 한순간의 정신착란적 황홀경에 빠져들게 하는 힘에 있었다. 첫 회의 오스트리아 풍경과 피아노 소리가 바로 그 매개체였다.

그러나 마지막 회는 실망이었다. 이나와 결혼을 약속한 재하는 한국에서 마지막 콘서트를 열고, 그 콘서트에 은영도 찾아온다. 재하는 그녀와의 기억이 담긴 물건을 쓰레기통에서 꺼내려다 깨진 전구에 손가락이 다친다. 위험한 상황인데도 은영을 위해 기어코 피아노를 친다. 그는 상처 때문에 다시는 정상적으로 피아노를 치지 못하게 된다. 재하와 이나는 오스트리아로 떠나고, 재하를 놓아줘야겠다고 생각한 이나는 한국으로 돌아와 은영에게 재하의 손가락 사건 전말을 밝힌다. 얘기를 들은 은영은 깜짝 놀라 오스트리아로 날아가 재하를 만난다. 둘은 교외의 멋진 다리 위에서 재회한다. 그리고 결혼한다.

결혼은 말았어야 했다. 드라마는 다리 위의 포옹으로 끝났어야 했다. 재하가 손가락을 다치고 그것 때문에 은영이 재하에게 간다는 설정도 불필요했다. 그런저런 구실들이 없어도 이미 두 사람은 충분히 사랑하는 사이였으니까. 마지막 회 초반, 재하의 친부는 뒤틀린 관계를 정리하기 위해 갑작스러운 교통사고로 사망했다. 이것도 불필요했다. 그 정도 미결 에피소드야 얼마든지 아우르고 가는 게 이 드라마의 힘이었다. 〈봄의 왈츠〉는 그냥 아무것도 없이 이야기를 끝냈어야 했다.

그녀와 나의 본격적인 연애가 시작된 중3의 그날도, 〈봄의 왈츠〉의 마지막도 당초의 매혹만 있으면 충분했다. 그런데 뭔가 잡다구리 하게 불필요한 게 안개처럼 자욱했다. 《FILM2.0》이 개편을 했다. 이번 개편을 한 단어로 요약하자면 '슬림'이다. 당초에 이 나라 영화판에서 우리만의 색깔을 만들어갈 자신이 있었기에 창간도 했다. 그것으로 여러분을 향해 안개를 걷고 슬림하게 다가간다. 나는 그녀 앞에서 오줌을 쌀 것이고, 재하와 은영은 다리 위에서 포옹을 하다 황장군처럼 얼어 죽을 것이다.

《FILM2.0》 284호(2006년 5월 30일)

당신을 혼내줄 거야

"아빠 요염해요! 아빠 요염해요!" 그래, 아빠 은근히 요염해……. 뭔 소리인가 하니 올해 다섯 살 난 딸내미, 날 보고 하는 말이다. 그녀에겐 아직 확실히 발음되지 않는 몇 개의 단어가 있는데 그중 '위험'이란 말이 있다. 그리하여 어느 날 가파른 내리막길로 차를 모는데 그걸 본 딸아이, "아빠 위험해요!"라고 말해야 하는 걸 그만 제 아빠를 중년의 포르노 배우로 만들고 만 것이다. 딸내미의 그릇된 어록은 이것 말고도 여럿이다. 예전 다른 사람 부르는 호칭이 헷갈릴 땐 한동안 날 "아빠 아저씨, 아빠 아저씨"라고 부른 적도 있다. 아빠 아저씨? 그럼 네 엄마랑 거시기해서 널 낳은 내가 실은 네 옆집 아저씨? 또 한동안은 날 아빠라 부르는 대신 오빠라 부르기도 했는데, 딸내미 버릇 중 하나가 자고 일어나면 꼭 내 침대로 달려와 "아빠 안아줘"라고 말하는 것이다. 그런데 이 말이 그만 "오빠 안아줘"로 나왔으니, 30대 중반 때 이른 갱년기에 들어선 이 아빠, 아침마다 기분 참 설레었다.

딸내미의 발음, 호칭 부정확은 의미 부정확, 행동 부정확으로 이어지기도 했는데, 이 아이는 지금까지도 '설마'라는 단어의 정확한 뜻을 모르고 엉뚱한 데다 쓰곤 한다. 가령 "아빠 안 먹어, 설마~" "아빠랑 안 놀아, 설마~" "아빠 잠꾸러기, 설마~" 이런 식이다. 그러니까 딸아이는 설마라는 말을 무슨 욕 같은 걸로 알고 있는 모양인데, 암튼 뭔가 공격적인 어조로 나오다 제 말을 스스로 부정하는 '설마~'라는 단어로 끝을 맺어줄 때면 이 아빠 기분이 확 상하다가도 어쩔 줄 모르게 웃음이 터진다. 이런 일도 있었다. 하루는 집에서 할머니와 전화를 하다 어린이집에서 '참 잘했어요' 도장 받은 걸 자랑하던 참이었다. "할머니, 저 '참 잘했어요' 도장 받았어요." "아이구, 기특하구나." "보실래요?" 보셔? 어떻게 보셔? 이어지는 딸아이의 행동, 수화기를 '참 잘했어요' 도장에 갖다 대는 것이었다. 으아, 내 피를 물려받아 AB형이더니, 과연 너는 비할 데 없는 또라이 아니면 천재다. 1993년 봄, 나는 제대를 하고 복학하기까지 혜화동에 있는 시네마테크 영화사랑이란 데를 다니고 있었다. 한번은 영화사랑에서 평론가 몇 분을 모셔 회원들에게 강의하는 시간을 마련했다. 그중에 영화평론가 정성일 씨도 있었다. 그분의 강의 시간이 다가오자 30명 남짓한 우리들은 설레었다. 당시도 지금도 그는 영화평론계의 거목이 아니던가. 또한 남다르게 그분은 미리 우리들에게 영화 평론 숙제까지 내주시어 그중 몇 편을 골라 강의를 하시겠다고 선언하셨으니, 참으로 치밀한 분이 아닐 수 없었다. 그분이 강의실로 들어오셨다. 그리고 서른 개의 숙제 중 네 개를 골라내셨다. 그중에는 최근 〈짝패〉(2006)를 만든, 당시엔 한없이 어리던 류승완 감독이 뤽 베송의 〈마지막 전투〉(1983)에 대해 쓴 평론이 포함돼 있었고, 내가 레오스 카락스의 〈나쁜 피〉를 자크 데리다의 해체주의적 시각에 입각해 분석한 글도 있었다. 감격이었다. 내 글을 친히 간택하시다니.

강의가 시작됐다. "네 분, 글 쓰시느라 수고 많았습니다." 그래, 수고 많이 했지……. "모두 열심히 쓰신 흔적이 역력하군요." 혹시 당신 글보다 뛰어나서 어쩔 줄 모르겠는 거 아냐? "그런데 이 중 이지훈 씨 글은……." 그래, 특히 내 글이 그렇지? "의도적으로 이렇게 하신 건가요? 처음부터 끝까지 완전한 오독으로 이루어진 글이네요. 여러분, 오늘 제가 뽑은 네 개의

글은 뛰어난 평문이라서가 아니라 우리에게 참고가 될 예문이라 선택한 것입니다. 이지훈 씨가 쓴 이 글은 우리에게 영화 평론이 결코 나아가선 안 될 하나의 그릇된 이상향에 대해 말해주고 있습니다." 술 엄청 마셨다. 혈기왕성 류승완도 좋은 소릴 듣진 못한 터라 "그래! 액션 영화만 만들어 널 혼내줄 거야!"라고 외친 것 같고, 오독 뭐시기 소리를 골백번도 넘게 들은 나는 정말 엿 같은 기분에 소주잔만 연거푸 들이켰다. 잠시 후 류승완의 액션 영화처럼 나 역시 정성일에게 복수할 묘안이 떠올랐다. 그리곤 벌떡 일어나 소리쳤다. "그래! 난 앞으로 계속 영화를 틀리게 봐서 당신을 혼내줄 거야!"

부끄러운 시절이었지만, 돌이켜 보니 정말로 그놈의 '오독'이라는 건 지금껏 내 기자 인생의 중대한 화두 중 하나였음에 틀림없다. 오독도 제대로 하면 대박인데 제대로 못해서 그렇지, 비껴가고 미끄러지다 독창적인 뭔가를 발견해내는 것도 그럴듯했더라는 거다. 개편 1호를 내고 나니 더욱 그 생각이 난다. 위에선 자꾸 뭔가 새로운 걸 해보라 하고, 사실 새로운 걸 좀 해보고 싶은 건 내 마음이 더 간절한데, 대체 뭘 어떻게? 그래, 틀려보자. 어차피 영화 잡지가 그 무시무시하게 유식하던 황우석 논문도 아닌 마당에, 독자들과 난장판에서 뒹굴고 바보 되다 금딱지 하나 발견하면 즐겁지 않겠는가.

요즘, 아침마다 딸아이와 자전거를 탄다. 어제 집 근처 보라매공원 가파른 언덕을 내려가다 오랜만에 녀석이 그릇된 어록을 동시에 날려주셨다. "오빠, 요염해요!" 상쾌한 아침이었다.

《FILM2.0》 285호(2006년 6월 6일)

콘클라베

"이번 선거, 나는 무조건 전부 2번 한나라당이다. 지난번 대통령 선거 때 니가 노무현 찍으라고 해서 찍었다가 지금 나라꼴이 이게 뭐냐." "아버지, 투표라는 게 다 자기 소신대로 하는 건데, 이제 와서 제 탓을 하시면 안 되죠." 이때 슬그머니 여섯 살 딸아이가 다가와 한마디 거든다. "이신형 찍어, 이신형." 이신형은 자기 이름이다.

노무현 정권이 치국을 잘했네 못했네 따지자는 건 아니고, 5·31 선거가 있기 며칠 전 그저 아버지와 나 사이에 벌어진 대화의 한 풍경이다. 선거를 앞두고 있자니 문득 작년 4월 고 요한 바오로 2세 서거 이후 후임 교황 선출을 위해 115명의 추기경들이 모여 투표를 진행한 비밀회의, '콘클라베conclave'가 떠올랐다. 콘클라베는 교황 선출 권한을 지닌 추기경들이 비밀 투표장인 시스티나 성당에 모여 투표를 진행하는 '추기경단 비공개 비밀회의'를 뜻한다. 전임 교황 서거 후 15~20일 이내에 소집되는 콘클라베는 투표 기간 동안 해당 추기경들을 외부와 철저히 격리시킴으로써 공정성을 기하고, 투표인단 중 3분의 2 이상의 득표를 얻은 인물을 후임교황으로 선출한다. 그야말로 가톨릭 교단 최고의 엄밀하고 공정한 절차가 아닐 수 없다.

물론 콘클라베가 언제나 깨끗하게 치러진 것만은 아니다. 한때는 인접국 국왕이 추기경단을 매수해 부정 선거가 치러진 적도 있었고, 그것 때문에 속세의 권력으로부터 멀리 떨어져 있어야 하는 교단이 비리에 물든 때도 있었다. 하지만 현재의 콘클라베는 교단 스스로 정화 작업을 지속, 전세계 가톨릭 신자들이 모두 인정할 만한 행사로 거듭났다.

그런데 흥미로운 것은 콘클라베가 그 투표 결과를 대중에게 공표하는 방식이다. 콘클라베는 한 차례 투표가 진행되고 나면 그 결과를 투표용지를 태운 연기를 성당 굴뚝을 통해 피워 올림으로써 외부에 알린다. 이때 연기가 흰색이면 교황이 탄생됐다는 뜻이고, 연기가 검은색이면 선출에 실패했음을 뜻한다. 3분의 2 이상의 득표자가 없어 선출에 실패하면 추기경단은 재차 투표에 들어간다. 그런데 콘클라베는 왜 꼭 연기를 피워 올리는 걸까? 그냥 대변인이 나와 이러쿵저러쿵 해서 이번 투표엔 실패했다, 또는 드디어 신임 교황이 선출됐다, 이렇게 발표하면 되지 애들 장난도 아니고 뭔 연기를 피우는 방법을 택한 걸까? 투표용지 태우다 보면 눈도 맵고 재도 날릴 텐데.

그것은 바로 '의식의 힘'이다. 가톨릭 교단은 한 번 교황으로 선출된 인물에 대해선 그가 사망할 때까지 교황의 권위를 인정해주는데, 그 권위 중 '무류성'이라는 게 있다. 무류성이란 교황이 교단 최고의 스승으로서 신앙과 윤리에 관해 뭔가를 공표하면 거기엔 아무런 오류도 존재하지 않음을 인정하는 것이다. 이 정도면 정말 최고의 권위, 최고의 권력이 아닐 수 없다. 그런데 이만큼의 권력을 인정해주자면 단지 추기경단의 비밀투표 절차 외에 이를 상징적으로 공유하고 공표하고 인정할 만한 어떤 의식이 필요하다. 그것이 바로 연기를 피워 올리는 것과 같은 의식의 힘인 것이다. 이것은 흡사 라마교 수행자들이 실질적으론 아무 필요도 없는 고난의 수련 과정을 일정 기간 동안 거치면서, 그 과정의 의식적 행위 자체를 자신의 신앙 강건화의 상징적 과정으로 받아들이는 것과 마찬가지다.

생각해보면 그런 류의 '의식적 순결화'는 현대 사회를 사는 우리들의 생활 속에도 곳곳에 널려 있다. 일전에 회사가 이사를 하고 고사를 지낸 적이 있는데, 이때 제의를 올리는 자가 어느 어느 컵에 막걸리 세 번, 생수 세 번을 따르고, 절은 언제 언제 몇 번씩 올리고 하는 것도 마찬가지요, 요술공주 밍키가 뭔가 중대한 임무에 투입될 때면 매번 똑같은 변신 과정을 거치는 걸 굳이 매회 보여주는 것도 같은 이치다. 그런 의식을 거친다는 것 자체가 의식의 대상자나 관람자에게 모두 특별한 권위와 소명감, 절대 거슬러선 안 될 원칙과 임무의 각성을 무의식적으로 주입시키는 것이다.

5·31 선거, 특히 내가 살고 있는 수도 서울의 시장 선거를 떠올리며 생각했다. 권력이란 무서운 놈이다. 한 번 권력을 쥔 자는 필연적으로 부패하기 마련이다. 그가 부패하지 않는다면 그의 아버지, 아내, 동생, 장인이 부패할 것이다. 극단적으로 말해 정치가나 행정가를 선출한다는 건 일종의 '필요악'을 뽑는 것과 마찬가지 행위다. 그렇다면 그에게 적어도 일정 수준 이상의 권력을 남용해선 안 된단 의미의 의식적 절차를 우리도 행해야 함이 좋지 않을까. 가령, 새로 시장에 당선된 사람은 거세를 한다거나 머리털을 전부 뽑아버리는 그런 의식이라도 말이다. 며칠 뒤면 새 시장이 당선된다. 공약대로 살기 좋은 도시 한번 만들어주길 바란다.

《FILM2.0》 286호(2006년 6월 13일)

월드컵

월드컵 한국 대표팀의 마지막 평가전, 가나와 경기가 시작됐다. 요즘 아버지 집이 공사를 하고 있는 바람에 당분간 아버지와 어머니가 우리 집에서 기거하고 계시는 터, 가나전은 아버지와 함께 보게 됐다. 축구를 보면 심장이 뛰어 쓰러지실 것 같다는 어머니는 일찍 잠자리에 드시고, 요즘 댄스 삼매경에 빠진 딸아이는 마루 한쪽에서 혼자 춤을 추고 있는 사이, 수비수 김진규가 핸들링 반칙을 범했다. "아니 쟤는 지금 축구를 하는 거냐, 윗몸 일으키기를 하는 거냐?!" 결국 한 골. 후반 들어 이을용이 특유의 왼발 슛으로 동점을 만들었다. "그렇지! 왼발의 달인 이을용! 역시 이을용이야!"

그러나 판세를 뒤집을 줄 알았던 한국 대표팀은 시간이 갈수록 점점 더 빨라지는 무슨 로봇 같은 가나 팀을 결국 당해내지 못했다. 아버지는 더 이상 소리도 지르지 않으셨다. 경기가 끝났다. 아버지는 마지막 비명을 지르셨다. "야! 불 꺼! 빨리 자!" "네" "야! 불 끄라니까 왜 이렇게 안 꺼!" "지금 끄러 가고 있어요" "야! 서성거리지 말고 빨리 자라니까!" "아버지, 어떻게 갑자기 잠이 와요……."

아버지가 이토록 월드컵에 목을 매시는 데에는, 대한민국 모든 국민처럼 역시 2002년의 월드컵이 한몫을 했다. 이탈리아와의 16강전이 펼쳐진 날 밤, 집안 식구 모두 한자리에 모였다. 비에리가 짱돌 던지듯 헤딩슛을 성공시키자 일순간 침울해졌다. 하지만 이미 16강에 올라왔다는 사실에 충분히 흥분한 터, 아버지는 기죽지 않고 경기를 관전하셨다. 드디어 경기 종료 몇 분을 남기고 설기현이 동점골을 성공시켰다. "그렇지! 저 새끼 죽어라 따라다니는 건 잘하더니 결국 한 골 넣는구나!" 이어 연장전. 급기야 전반 페널티 킥을 넣지 못한 안정환이 마치 한민족 전체의 회한을 풀듯 역전골을 성공시켰다. 순간, 아파트 전체가 함성으로 진동했으며, 당시 아직 일어서지 못하던 어린 딸아이가 금세

다리를 뻗고 일어설 기적이라도 벌어질 것 같았다. 이때 아버지가 온 식구 귀청이 떨어질 큰 소리로 외치셨다. "내 인생에 이렇게 통쾌한 순간은 처음이다!!"

이게 대체 뭔 소린가. 그다지 고생도 하지 않고 살아오신 아버지 인생에서 안정환이 골 넣은 게 뭐 그리 통쾌한 순간이란 말인가. 내가 초등학교 피아노 콩쿠르에서 대상을 받았을 때도, 내가 압도적 지지를 받아 초등학교 어린이 회장에 당선됐을 때도, 내가 물경 12년간 반장, 부반장 감투를 놓치 않았을 때도, 내가 과외 한 번 안 받고 명문대에 합격했을 때도, 내가 대학 입학과 동시에 아르바이트를 시작해 내 용돈은 전부 내가 벌어서 썼을 때도, 내가 올 A를 받는 덕분에 아버지가 총장 공관에 초대를 받으셨을 때도, 내가 우수한 성적으로 우리 과에서 차석 졸업을 했을 때도, 내가 이력서 한 번 안 써보고 떡 하니 스카우트돼 사회생활을 시작했을 때도 아버지는 통쾌하단 말씀을 하신 적이 없었다(그런데 난 왜 대통령이 못됐지?). 그런데 내가 그깟 안정환보다 못한 자식이었단 말인가?

그것은 바로 판타지의 위력이다. 2006 월드컵을 앞두고 온 나라가 난리다. 언론과 기업체들이 합심해 2002년보다 더한 열기를 선동하고 있으며, 모든 TV CF는 완전히 월드컵 CF로 돌변해 심지어 현대자동차는 경기장 응원단 머리 위로 자동차가 밀고 지나가는 이상한 광고까지 만들었다. 문제는 문제다. 이것이 정녕 대한민국의 단합된 모습일 리 없으며, 이런다고 국력이 올라가지도 않을 것이고, 슬로건마냥 다시 하나가 된다는 것도 그렇게 쉬운 일이 아니다. 월드컵 열기가 뜨거워지고 있는 사이 불순한 이합집산은 판을 치고, 열정은 돈으로 환산되고 있다.

하지만, 그럼에도 불구하고, 월드컵은 필요하다. 그것은 바로 월드컵이 우리에게 제공해주는 판타지 때문이다. 우리 모두 아무리 현실에 발을 딛고, 현실적 성공을 위해, 그래서 안락한 삶을 위해 살아간다 한들, 결국 삶의 기쁨을 좌우지하는 중요한 계기는 판타지다. 무심코 살아가고 있는데, 어느 순간 우리의 모든 솜털을 곤추세우는 판타지가 등장해 우리를 도취시킨다면 그만한 기쁨이 따로 없다. 설령 그것이 실리와는 아무 상관도 없는 것이라 한들, 그 거대한 환영이 부여하는 취기가 현실적 성공보다 못한 것이라 누가 말할 수 있겠는가. 그래서 〈인정사정 볼 것 없다〉(1999)의 박중훈과 장동건이 한순간 떠올리는 곰탕의 판타지가 중요하고, 그래서 실은 어마어마한 판타지 덩어리인 그놈의 영화라는 것이 우리에게 그토록 소중한 것이 아닐까 생각해본다.

비록 국가적 단합이니 뭐니 하는 것과는 별 상관이 없다 해도, 그것이 모든 국민들 각각에 제 인생 나름의 개인적 판타지를 부여할 수만 있다면 그것으로 월드컵은 족하다.

《FILM2.0》 287호(2006년 6월 20일)

콩순이 컴퓨터

16일, 아르헨티나와 세르비아-몬테네그로의 경기가 열렸다. 역시 아르헨티나였다. 아르헨티나는 전반에만 이미 세 골을 뽑아냈다. 특히 무려 24번의 패스로 세르비아 수비수들을 농락한 뒤 크레스포의 절묘한 백힐 패스를 받아 캄비아소가 성공시킨 두 번째 골은 환상이었다. 게다가 후반 29분 교체된 18세 '제2의 마라도나' 리오넬 메시는 불과 13분 만에 두 번의 기적을 다시 만들어냈다. 메시는 교체 투입된 3분 만에 크레스포의 골을 어시스트했고, 10분 뒤 기막힌 골을 성공시켰다. 아르헨티나는 무려 6 대 0으로 세르비아를 대파했다.

하지만 경기를 보고난 뒤 난 허탈해졌다. 아르헨티나 팀은 '실력' 그 자체였다. 축구는 바로 저런 나라들이나 해야 맞는 게 아니냐는 생각이 불쑥 치밀어 올랐다. 한국 팀의 경기 모습이 떠올랐다. 비록 토고전을 2 대 1로 승리하긴 했지만, 이 승리는 실력의 결과라기보다 '투혼'의 결과였다. 하지만 대체 언제까지 투혼만 가지고 경기에 나설 건가, 실력은 나아지질 않는데 투혼만 불사르는 축구, 그 안쓰러운 모습이 대체 무슨 의미가 있단 말인가.

실력과 투혼. 그럼 난 대체 지금껏 무엇으로 인생을 살았나 싶기도 했다. 지금 《FILM2.0》의 편집장을 맡고 있는 나는 과연 실력으로 책을 만들고 있나 투혼으로 만들고 있나. 매주 책이 나올 때마다 도무지 만족이 되지 않는 걸 보니 분명 실력은 없는 것 같고, 그렇다면 투혼으로 만드나 싶지만 워낙에 술을 좋아하는 탓에 투혼은 술자리에 바치고 있는 나니 투혼도 별로 없는 것 같고. 돌이켜 보니 내 인생의 중요한 순간들은 거의 투혼 아니면 실력이었다. 고3, 되지도 않는 세상 고민으로 밤새 학교에서 친구들과 수다를 떨곤 새벽 안개에 취해 낭만에 빠져들다 결국 뒤늦게 공부를 시작해 대학에 떨어졌던 난 투혼의 시절을 보내고 있었다. 재수 기간, 정확히 3시 30분 학원에서 돌아와, 신문을 읽으며 독서실까지 산책을 한 뒤, 딱 11시까지만 공부하고 집으로 돌아와 충분한 점수로 대학에 붙은 난 실력의 시절을 보내고 있었다. 하지만 그렇다고 투혼의 고3 시절이 후

회스러운 것도 아니니, 이놈의 투혼과 실력이란 정말 알다가도 모를 놈들임에 틀림없다.

얼마 전 여섯 살 딸아이에게 '콩순이 컴퓨터'라는 걸 사줬다. 그 안엔 영어 공부와 산수 공부, 노래방과 낱말 익히기 등 다양한 메뉴가 들어 있었다. 하지만 워낙에 쉽지 않은 분류였던지라, 하루빨리 그 사용법을 아이에게 가르쳐야겠다고 마음먹었다. 그러나 결국 미루고 미루다 결국 단 한 번도 그렇게 하질 못했다. 그리곤 한 달 후, 기적 같은 일이 벌어졌다. 딸애가 내게 오더니 "아빠, 아빠는 영어로 파더." "응? 뭐라구?" "아빠는 파더라구. 엄마는 마더, 사자는 라이언, 사과는 애플, 동물원은 주……." 그렇다. 나는 물론이거니와 집안 누구에게서도 사용법을 배운 바 없는 딸은 혼자서 독학으로 컴퓨터에 들어 있는 영어 단어를 전부 외우고 있었던 것이며, 심지어 모든 사용법을 스스로 깨쳤던 것이다.

눈물이 났다. 올해로 태어난 지 만 5년이 되는 딸은 엄마, 아빠가 맞벌이를 하고 있는 탓에 지금껏 집에서 상주하시는 보모 아주머니의 손에서 자랐다. 엄마나 아빠나 주중 내내 12시가 넘어 술에 취해 들어오고 아침엔 아이가 일어나도 잠에서 깨질 않으니, 이 아이가 보고 살아온 건 아주머니뿐이다. 2년 전부터 어린이집에 다니고 있지만, 집으로 돌아오는 낮 2시쯤부터 잠이 드는 밤 10시까지 여덟 시간은 역시 또 아주머니와 단 둘뿐이다. 그러니 혼자 보내야 하던 그 많은 시간, 아이는 그 시간을 보내기 위해 본능적으로 뭔가를 찾아 헤맸음에 틀림없다. 컴퓨터 독학은 아이의 그런 투혼의 결과다. 아이는 분명 매일 어린이집에서 돌아와선 이 키, 저 키를 되는대로 누르며 필사적으로 사용법을 찾으려 했을 거다. 그러다 우연히 어떤 키를 누르면 영어가 나오고, 어떤 키를 누르면 숫

자가 나온다는 걸 알게 됐을 것이다. 그 우연은 반복 학습을 만들어냈을 것이고, 아무도 곁에 없는 가운데 하루 종일 아이는 컴퓨터만 들여다보며 영어를 외우고 노래를 따라 불렀을 것이다. 바로 그렇게 아이의 실력이란 것이 만들어졌던 것이다.

아르헨티나전 이후 무기력해졌던 난 딸애를 떠올렸다. 투혼과 실력, 어쩌면 그건 하나가 아닐까. 투혼이 먼저든 실력이 먼저든 어느 하나가 다른 하날 만들어가는 게 아닐까. 생각해보니 이천수의 토고전 동점골 이후, 프랑스전에서의 후반전, 한국 팀의 경기는 딱히 투혼과 실력을 가늠할 수 없는 묘한 형태를 띠고 있었다. 투혼과 실력의 그 알 수 없는 복합지대, 아마 나도 그들도 딸애도 모두 거기서 살고 있는가보다. 이 글이 독자 여러분께 읽힐 때쯤이면 한국의 16강행이 결정 나 있을 거다. 이기고 지고가 문제가 아니다. 투혼과 실력의 아수라 백작적 모습, 다시 한 번 보고 싶다.

《FILM2.0》 289호(2006년 6월 24일)

신문선

월드컵 열기에 SBS 신문선 축구해설위원이 된 서리를 맞았다. 지난 6월 24일 벌어졌던 한국과 스위스전에서의 '오프사이드 발언' 때문이었다. 사흘 뒤인 27일, 신문선 해설위원은 몇 시간 후면 호주와 이탈리아가 16강전을 벌일 카이저 슬라우테른에서 아침 산책을 하고 있었다. 잠시 후 SBS에서 전화가 왔다. "위원님의 오프사이드 해설 때문에 반국민적 정서가 조성되고 있으니 그만 들어오십시오. 부득이 위원님을 보호하는 차원에서 내려진 결정입니다." 신문선 위원은 곧장 짐을 싸 서울로 날아왔고, 더 이상의 해설 스케줄은 중단됐다(이상 《한겨레 21》과 신문선 해설위원의 6월 30일 인터뷰 내용 중).

문제는 온 대한민국을 분노로 들끓게 한 바로 그 골, 한국과 스위스전에서 스위스 공격수 프라이가 선심의 오프사이드 깃발에도 불구하고 이를 무시한 주심의 경기 진행에 따라 인정받은 두 번째 골 때문이었다. 순간 MBC 해설위원 차두리는 "이건 사깁니다"라는 격한 발언을 했고, 대다수의 한국 국민은 심판의 오심 때문에 경기에 졌다고 격분했으며, 많은 축구 전문가들 역시 그건 명백한 오심이었다고 평가했다. 하지만 유독 신문선만은 "볼이 우리 측 수비수 이호의 발을 맞고 프라이 앞으로 간 것이기 때문에 오프사이드가 아니다"라고 말했다. 이것이 네티즌을 비롯한 많은 국민의 반감을 산 것이다.

그날 새벽, 난 자전거를 타고 근처 아버지 집에 가 경기를 봤다. 골이 들어간 순간 나 역시 격분했다. 이후 허망한 기분에 다시 집으로 돌아오기 위해 밖으로 나왔는데, 글쎄 아파트 앞에 세워둔 내 자전거가 감쪽같이 사라지고 없었다. 필시 누가 훔쳐간 것이 분명했다. 그래도 화가 나지 않았다. 경기를 본 누군가가 나처럼 걷잡을 수 없는 분노에 휩싸여 우발적으로 그런 짓을 저질렀겠거니, 일종의 '동질감'이 생겼기 때문이다. 그날 저녁 아버지가 "그거 우리 쪽 선수 발 맞고 간 공이라 오프사이드 아니래"라고 말씀하셨을 때도 난 "아니에요, 아버지. 이미 스위스 선수가 패스를 할 목적으로 찬 공이면 그게 중간에 우리 선수 발을 맞았어도 명백한 오프사이드예요"라며 흥분해 되받아쳤다.

그날 그 두 번째 골이 과연 오프사이드였나 아니었나가 문제는 아니다. 설령 그게 오프사이드였더라도, 소신 있게 자기 생각을 피력한 신문선 위원에겐 박수를 보낸다. 문제는 이런 발언이 많은 사람들에게 일방적 질타를 받는 분위기고, 나아가 이것이 공공의 적으로까지 규명될 정도로 미디어, 인터넷 환경 등이 구조화되어 있는 국가적 상황이다. 이에 대해 '과잉된 민족주의'라는 말이 나오고 있다. 나는 여기에 '과잉된 열정'이라는 말을 추가하고 싶다.

열정은 물론 좋은 것이나, 때로 격양된 열정이 추동력을 얻을 때 문제는 심심치 않다. 대개 그 추동력이란 미디어의 선동 또는 다른 말을 할 수 없는 열정의 연대화다. 어느 순간 그것은 열정을 지속하고 있는 주체들을 향한 윤리적 잣대를 넘어 그 자체로 살아 숨 쉬며 대중을 압박한다. 주심의 오판으로 한국이 16강에 오르지 못했다 격분하는 대한민국 국민들 개개인에 도덕적 오류는 없다. 다만 아버지조차 무시하던 그날의 나처럼 이른바 감정의 과잉 상태로 형성된 절대 진리로서의 열정 그밖의 어떤 것을 용인하지 못하는 상태는 매우 건강하지 못한 환경을 탄생시킨다. 말하자면 그것은 그날의 두 번째 골이 오심이었나 아니었나를 균형 있고 다양하게 논의하고, 이를 토대로 대한민국 축구의 현주소를 냉정히 찬반할 생산적 환경을 만들어내지 못했던 것이다.

글 쓰고 잡지 만드는 걸 업으로 삼고 있는 내가 좋은 글이란 무엇인가를 생각하는 1차 기준도 그것이다. 때로 어떤 필자들은 자신의 글에 지나친 열정을 덧붙인다. 글의 말미로 갈수록 이미 근거와 논리를 통해 주장된 바 있는 주제는 필자 자신의 열정적 주석이 덧붙여지며 점점 흥분 상태에 빠져든다. 이것은 좋은 글이 아니다. 좋은 글은 무표정한 얼굴로 냉정하게 논리를 피력한 필자가 그 자체만으로 강렬한 메시지를 발산할 때 완성된다는 생각이다. 영화도 마찬가지다. 그것이 상업적 욕심이든 작가적 의욕이든 간에, 만드는 사람이 자기 영화에 과잉된 열정까지 드러낼 때 관객은 소외된다. 감독의 열정은 저만치 앞서 있는데 정작 보는 나는 동승할 기회를 놓친 채 저 멀리 춤추고 있는 열정을 구경만 해야 하기 때문이다. 진짜 열정은 무표정이다. 기자든 감독이든 한 발짝 뒤에서 자기 열정을 바라볼 때 좋은 열정이 나온다. 열정은 강요하는 것이 아니라 창조되는 것이다.

딸이 가장 무서울 때도 그럴 때다. "아빠, 물 줘." "응, 그런데 아빠 이것만 다 하고." "아빠, 물 줘." "그래, 그런데 아빠가 이걸 다 해야 하니까 조금만 기다려, 응?" "아빠, 물 줘." "글쎄 좀 기다리라니까!" "아빠, 물 줘." 그래, 그 열정 평생 변치 말아라.

《FILM2.0》 291호(2006년 7월 18일)

한반도

추적추적 비 내리는 저녁, 술 생각은 나고, 술을 마시자니 딱히 함께 마실 사람도 없던 터, 그래도 혼자 마실까 영화를 볼까 하다 영화를 보기로 했다. 마침 기자 시사회 때 놓친 〈한반도〉(2006) 일반 시사회가 있던 날, 버스를 타고 대한극장으로 향했다. 영화가 시작했다. 처음부터 한국 정세에 관한 무시무시한 자료 화면들이 뜨더니 남북이 경의선 공동 개통식을 열려 한다. 순간 일본 외상에게 걸려온 전화, 일본은 1907년 대한제국과 일본이 맺은 경의선 관련 조약에 근거해 개통을 허가할 수 없단다. 그리고 영화는 두 인물을 중심으로 이야기를 전개시킨다. 그 둘은 민족적 자긍심에 불타 고종의 숨겨진 국새를 발굴, 일본을 세계 법정에 세우겠단 대통령(안성기)과 일본과의 경제적·정치적 우호관계를 중시하는, 그래서 지금 대한민국이 여전히 일본의 식민지였어도 그게 뭐 대수냐는 태도의 국무총리(문성근)다. 그런데 영화를 보다 보니 뭔가 이상했다. 문제는 바로 대통령과 국무총리의 이념적 갈등이 빚어내는 '웅변조 영화'의 성격에 있었다. 〈한반도〉는 이른바 대통령의 민족주의와 국무총리의 친일주의를 상영 시간 내내 설파하는 형태로 연출된 영화다. 여기서 국새 발굴 프로젝트나 일본 자위대의 동해 출정 등의 드라마는 그리 중요하지 않다. 중요한 건 매 순간 민족주의와 친일주의가 서로 자신의 견해를 내세운다는 것인데, 특히 그것들이 드라마적 굴곡의 해결책으로라기보다는 거의 모든 장면에서 드라마보다 앞선 기준점으로 제시된다는 게 놀라웠다.

한 가지 단어가 떠올랐다. '간접성'이다. 무릇 예술이란 시대마다 저마다 다른 본질을 자기 정체성의 주요한 키워드로 내세운다. 가령 어떤 시대에 예술이란 종교성의 명분으로 등장했으며, 어떤 시대엔 퇴폐의 첨단으로 기능했다. 하지만 그 어떤 기준보다 내가 생각하는 예술의 본질은 간접성이다. 그것은 왜 작가란 사람들이 자신의 메시지를 광장에 나와서 웅변으로 말하지 않고 굳이 그림에, 선율에, 몸동작에, 누군가의 캐릭터에 심어놓은 뒤 종국에 가서야 대단원적 결론으로 전달하려 하는가의 해답이기도 하다. 예술이란 뭔가를 직접 설파하는 대신 예술 각각의 형식들을 통해 한 편의 미스터리 플롯을 거쳐 간접적으로 제시한다는, 곧 예술이란 메시지의 숨김과 밝힘이라는 절묘한 드라마를 통해 비로소 자기 정체성을 확립한다는 얘기다. 예술이 간접적 전달 방식을 택하는 이유는 두 가지다. 하나는 메시지가 숨겨진 미스터리를 따라가는 동안 사람들이 느낄 '쾌락'이고, 다른 하나는 그런 미스터리의 끝에 드러나는 메시지야말로 노골적 웅변보다 더 강렬한 힘과 감동으로 다가오기 때문이다.

우리 시대의 가장 영향력 있는 상업 예술인 영화에서의 간접적 형식이란 두말할 나위 없이 드라마와 영상, 그리고 소리다. 〈한반도〉는 이것을 도외시했다. 대통령의 야심은 국새 하나로 100년 한반도 역사에 대한 일본의 사과까지 이끌어내겠다는 것이고, 국무총리의 친일주의는 그 현실적 실체 없이 맹목적이고 단순하다. 그리고 영화는 이들의 웅변을 끝까지 밀어붙인다. 여기에 이른바 '팩션'으로서 〈한반도〉가 지닌 취약점이 결부된다. 무릇 현실을 토대로 허구를 가공한 팩션 드라마는, 실상 그 대척점에 서 있는 현실적 자료들보다 더욱 치밀하고 정교한 상상과 논리를 갖춰야 그 존재 의미를 갖는다. 팩션이란 현실론자들의 엄중한 기준들에 필적할 자기 논리를 제시하고, 이를 통해 사람들에게 상상적 쾌감을 제공해줘야 하기 때문이다. 그러나 한일관계나 대한제국의 숨겨진 역사에 관한 〈한반도〉의 팩션은 치밀한 논리 대신 극단적이고 자극적인 감상을 전면에 내세운다. 이렇게 해서는 〈한반도〉가 영화든 팩션이든 과연 제 기능을 수행하고 있는가에 재론의 여지가 다분한 것이다.

생각해보면 간접성은 굳이 예술만의 것은 아니다. 은유와 상징, 풍자와 비유, 암시와 특정 절차를 거쳐 쾌락과 감동을 갈구하는 마음은 그토록 많은 규칙에 힘겹게 맞서다 휴먼드라마를 만들어내고야 마는 스포츠에서도 발견되며, 우리가 굳이 비 내리는 밤 소주잔 앞에서 그토록 길고도 흥미로운 대화의 드라마를 엮어가는 것도, 결혼이니 회사 사규니 운전면허 발부 규정이니 하는 것들에서 그네들의 제도적 본질 너머로 얻게 되는 어떤 삶의 과정을 즐기게 되는 것도, 다 그놈의 간접성을 향한 본능 때문이 아닐까 싶은 것이다.

집으로 돌아왔다. 아무래도 술은 마셔야겠다 싶어 냉장고에 든 맥주병을 꺼냈다. 입으로 맥주를 들이키려던 찰나, 이걸 잔에 따라 마실까 그냥 마실까 고민이 됐다. 그래 잔에 따르자. 그런데 무슨 잔에 따르는 게 지금 내 기분에 어울리려나. 한 모금 들이키고 또 한 모금을 넘기려다 문득 땅콩 캔이 눈에 들어왔다. 지금 땅콩 하나를 먹는 게 더 운치 있을까, 그냥 맥주만 마시는 게 낭만적일까. 그러는 사이 냉장고 문 닫는 소리에 잠에서 깬 딸이 "아빠, 안아줘"를 기계적으로 뇌까리며 방에서 나왔다. 순간, 애도 맥주 한 모금을 마시게 해 아방가르드한 아빠가 될까 고민하다 녀석이 한눈을 파는 사이 내 방으로 도망쳐 들어와 잠이 들었다.

《FILM2.0》 292호(2006년 7월 25일)

박치기

2006 독일 월드컵 결승전에서 지네딘 지단이 이탈리아 수비수 마르코 마테라치의 가슴을 머리로 받은 일명 '박치기 사건'이 화제다. 사건 발발 초기엔 마테라치의 입 모양을 비디오 분석한 한 언론에 의해 '마테라치가 알제리 이민 세대인 지단을 테러리스트라고 욕했기 때문'

이라는 1보가 나갔지만, 마테라치가 기자회견을 통해 "난 워낙 무식해서 테러리스트라는 말이 무슨 뜻인지도 모른다"고 말해 2차 국면으로 넘어갔다. 문제는 대체 마테라치가 지단에게 무슨 말을 했기에 지단이 그토록 열을 받았냐는 쪽으로 모아지고 있다. 18일 현재까지 나온 가장 중요한 이유는 마테라치가 지단의 어머니와 누이를 모욕했다는 것. 하지만 흥미로운 건 과연 사건의 진실이 무엇이라기보다 이 사건을 둘러싸고 각종 언론이 내놓은 '분분한 해석들'의 정황이다.

첫 번째 해석은 사건이 있은 며칠 뒤 그동안 지단에 대한 다큐멘터리를 작업해온 한 작가에 의해 터져 나왔다. 그는 자신의 다큐를 통해 지네딘 지단은 전세계 모든 어린이의 선한 우상이기도 했지만, 동시에 종종 악마적인 성격을 드러내 경기를 험악한 분위기로 몰고 가기도 했다며 지단의 '인간성'에 관해 분석을 했다.

두 번째 해석은 13일 영국 일간지 《가디언》이 게재한 '언어학, 인류학, 심리학, 종교사 등으로 바라본 지단 박치기에 대한 고찰'이라는 어마어마한 제목의 기사에서였다. 《가디언》은 마테라치가 지단에게 '이 매춘부의 아들아son of a whore'라고 욕을 했다는 전제 아래 어머니에 대한 욕이 영국에선 그리 심한 욕이 아니지만 성모를 경외하는 가톨릭 국가인 프랑스, 스페인, 이탈리아 등에선 차마 입에 담아선 안 될 금기의 욕이라고 분석했다. 이 기사는 지단의 박치기를 '종교적'으로 해석한 셈이다.

세 번째 분석은 스웨덴 일간지 《아프론브라드》가 정신과 의사 펠스트렘의 말을 인용해 게재한 기사다. 펠스트렘은 사건 이후 상당 시일이 지나도록 지단이 마테라치의 발언 내용을 정확히 공개하지 않는 것에 대해 "이는 지단이 자기 가족의 사적인 부분이 공공연히 알려지는 것을 극도로 꺼리기 때문"이라며 일종의 '문화적' 분석을 내놓았다.

어떤 면에서 세상은 발발한 하나의 사건보다 그 사건에 접근하는 다의적 해석에 따라 흥미롭게 돌아간다는 생각이다. 그렇다면 사건이란 단지 하나의 화두일 뿐, 우리들의 거의 모든 삶의 그릇을 채우는 것은 그 사건을 바라보는 갖가지 사상과 문화와 시각의 충돌, 곧 중요한 것은 무슨 일인가가 벌어진다는 게 아니라 벌어진 무언가를 해석하고 판단하고 규정하는 것들의 공존이 되는 셈이다. 영화도 그렇다.

작년에 내가 알고 있는 방송가의 한 여자 지인과 바흐만 고바디의 〈거북이도 난다〉(2004)를 본 적이 있다. 영화는 이라크전 발발 몇 주 전을 무대로 쿠르드 난민들의 비참한 삶을 담고 있었는데, 시사가 끝나자 그녀는 대뜸 이라크군에게 집단 강간을 당한 어린 소녀를 언급하며 "아니, 도대체 남자들은 왜 그래요? 싸움이 끝난 것도 아닌데 어떻게 싸우다 말고 강간할 생각을 해요?"라며 분개했다. 한 명의 여성인 그녀에겐 쿠르드 난민들의 총체적 삶의 파멸보다 남성들이 여성을 강간하는 게 훨씬 더 크게 다가온 것이다.

아마도 이건 우리가 영화라는 하나의 텍스트를 대하는 기본일 것이다. 일종의 '벌어진 사건'으로서 영화는 관객을 향한 작가의 유일한 메시지를 담고 있지만, 그것이 스크린을 통해 세상에 던져져 많은 관객들과 접촉했을 때 그것이 건드리고 담아낼 세상의 형상은 무궁무진하다. 그렇다면 작가의 메시지는 그 여럿 중 하나가 되고, 우리는 다양한 해석의 바다에서 한 편의 작은 영화가 무한대의 의미로 확장되는 위대한 경험을 하게 되는 것이다.

얼마 전 아버지가 집 문턱에 하얀 페인트를 새로 칠하시곤 나와 동생에게 그날 하루는 문턱을 밟지 말라고 말씀하셨다. 아버지가 걱정하신 건 어릴 때부터 타고난 조심성으로 살아온 내가 아니라 덤벙덤벙 인생을 구가해온 동생이었다. 하지만 놀랍게도 문턱을 먼저 밟은 건 나였다. 하지만 아버지는 아무 말씀도 하지 않으셨다. 잠시 후 난 다시 한 번 문턱을 밟았다. 여전히 아버지는 가만히 계셨다. 세 번째로 동생이 밟았다. 그러자 아버지, "너, 내가 그럴 줄 알았다! 너 어릴 때부터 그렇게 사고만 치더니, 너 그거 밟을 줄 내가 알았다!"며 야단을 치셨다. 순간 아버지는 오랜 세월 가슴에 담고 사시던 '내 동생 무시 콤플렉스'를 드러내셨다. 나는 그 호통을 듣는 순간 아버지의 마음을 지배하고 있는 건 일개 동생에 대한 콤플렉스라기보다 우리 사회의 오랜 강박관념인 '장자 존중 사상'일 거라 추측했다. 어머니는 울컥해 방으로 들어가는 동생을 보며 말씀하셨다. 사람이 자기 가족에게 무시당하는 게 얼마나 서러운 건지 아냐고. 그러면서 이내 어머니의 이야기는 당신의 한 맺힌 일평생으로 넘어갔다. 아, 세상 이치를 한순간에 증명해준 멋진 가족들이여.

《FILM2.0》 293호(2006년 8월 1일)

월미도

"아빠." "응?" "나…… 바다가 보고 싶어." 일요일 오후, 문득 딸아이가 《마지막 잎새》의 주인공처럼 말을 했다. 순간, 여섯 살 그녀의 멜랑콜리에 잠시 '센치'해졌지만, 방금 전 아귀처럼 밥을 먹어 잔뜩 튀어나온 그녀의 배를 보곤 다시 현실로 돌아왔다. 아무튼 웬일인지 바다가 보고 싶긴 했나보다. 곧장 차를 몰아 인천 월미도로 향했다. 경인고속도로를 달리는 동안 딸은 튀어나온 뱃가죽에 손을 얹고 잠에 빠져 들었다.

도착하니 좋긴 좋았다. 끼룩끼룩 갈매기 날고, 어디서 왔는지 수십, 수백의 아이들이 도무지 위생 상태를 가늠할 수 없는 분수 물에 제 몸을 맡긴 채 황홀경에 젖고 있었다. 순간, 부웅~하고 뱃고동 소리가 울렸다. 딸이 말했다. "아빠, 배 타고 싶어." 안 그래도 그간 몇 번 월미도에 와봤지만 언제나 술에 취해 돌아간 기억뿐, 저 망망대해에 떠 있는 유람선은 거들떠보지도 않았다. 어쨌거나 그리하여 나와 아내, 그리고 딸은 드디어 '코스모스해양관광유람선'이라 명명된 그 배에 승선을 했다.

유람선은 대략 3층 규모로 이루어진 배였다. 1, 2층은 무슨 연회장 같은 홀로 이뤄져 있었고, 3층은 갑판 전망대였다. 우선 3층으로 올라갔다. 매점에서 꼬깔콘을 파는데 작은 건 안 팔고 대형 포장지에 든 것만 팔았다. 왜 그러나 했더니 갈매기 때문이었다. 이 유람선에 탄 사람들은 대부분 배를 따라 다니며 꼬깔콘을 갈구하는 갈매기들에게 과자를 던져준다. 대략 1시간 20분 동안 이어지는 운항 시간이면 꼬깔콘 큰 것 한 봉지야 순식간에 갈매기 입속으로 들어가는 것이다. 딸도 꼬깔콘을 던졌다. "아빠, 저 새는 뭐야?" "응, 갈매기." "갈머니?" 딸애는 왜 갈매기와 할머니가 합성된 '갈머니'란 단어를 연상했을까? 그녀에게 할머니는 뭘 끝도 없이 집어삼키는 갈매기 같은 존재일까?

얼마 후 우리는 2층 갤러시홀로 들어갔다. 마침 필리핀 밴드의 공연이 끝난 직후였고, 곧 러시아 포에버 무용단이란 사람들의 공연이 이어졌다. 네 명의 러시아 여인네들은 하나같이 아름다웠으며 남자들도 건장했다. 나름대로 예술적

인 공연이었다. 딸아이도 연신 엉덩이를 흔들며 춤을 춰댔다. 공연이 끝나자 무대에서 내려온 그들은 아직도 춤을 추고 있는 딸애 옆을 지나 어딘가로 사라졌다. 잠시 후 우린 1층 월미프라자란 곳으로 걸음을 옮겼다. 뭔가 심상치 않았다. 홀 입구부터 엄청나게 큰 소리로 "울렁울렁 울렁대는 가슴 안고……" 음악이 나오더니만, 드디어 모습을 드러낸 월미프라자는……. 바다 위의 거대한 카바레였다.

주민들인지 관광객인지 구분할 수 없는 아줌마, 아저씨 수십 명이 신나게 몸을 흔들고 계셨다. 내 눈에 들어온 건 그 사이에서 바람을 잡으며 춤을 추고 있는 서양인들이었다. 그런데 이게 누군가, 그들은 바로 몇 분 전 2층 갤러시홀에서 예술적 공연을 선보이던 포에버 무용단이 아닌가. 지금 이곳의 그들은 방금 전의 그들이 아니었다. 어느새 수퍼맨처럼 옷을 찢은 그들은 가냘픈 란제리룩에 몸을 맡긴 채 우량한 몸매를 뽐내고 있었다. 그중 특히 돋보이는 러시아 여인과 잔뜩 술에 취한 50대 아저씨의 커플 댄스는 매우 인상적이었는데, 잠시 후 또 다른 아저씨가 무대에 올라 스멀스멀 그녀를 낚아채는 광경 역시 스펙터클했다. 순간 지난주 TV에서 본 영화 〈내츄럴〉(1984) 속 로버트 레드포드와 킴 베이싱어의 감미로운 댄스가 떠올랐다. 정신을 차리고 보니, 어느새 글래머 그녀는 어린아이들을 무대로 올려 함께 춤을 추고 있었다. 그녀의 흔들리는 가슴과 아이들의 해맑은 웃음이 교차했다.

배에서 내렸다. 딸애를 업고 걷는데 유람선 승하선장 옆으로 기념 팻말 하나가 보였다. '1950년 9월 15일 인천상륙작전지.' 이런, 여긴 다름 아닌 맥아더와 7만여 부대의 역사적 상륙 지점이었다. 잠시 후 그 팻말 아래로 우람한 무용단 그녀들이 배에서 내렸다. '2006년 6월 25일 러

시아 포에버 무용단 인천 상륙지.' 그러고 보니 오늘은 한국전쟁 발발일인 6월 25일이다. 오늘날 대한민국엔 더 이상 병사들은 오지 않고 댄서들이 상륙 중이다. 금발에 파란 눈을 가진 그들은 이제 우리들을 구원하는 대신 쾌락을 선사한다. 댄서들이 상륙한 월미도엔 휴일을 맞아 돈 한 푼 없이 놀러 나온 동남아 노동자들도 제법 많았다.

시대가 바뀌었고 그들도 우리도 다 바뀌었다. 그들과 우리가 다 바뀌며 그들과 우리가 함께 숨 쉬고 있는 세상의 공기도 바뀌었다. 월미도 앞바다에선 러시아인들이 무릉도원을 펼치고 있는 시대, 그들이 인천에 상륙해선 필경 대한민국의 밤문화 어딘가로 발걸음을 옮기는 시대. 그들이 부여하는 쾌락의 기능을 송두리째 부정하고프진 않지만, 그들이 제공하는 오늘날 우리 시대의 쾌락이란 곧장 그것을 향유하는 우리들 자신의 거울이란 생각이 들었다. 그 거울에 비춰진 내 표정은 무얼까 떠올리며 서울로 차를 몰았다. 선상 댄스 파티에 온몸을 맡기던 딸애는 올 때와 똑같은 자세로 잠에 빠져들었다.

<FILM2.0> 290호(2006년 7월 11일)

불행한 그녀

얼마 전 집 앞에서 버스를 탔는데 다음 정거장에서 남자 고등학생 몇 명이 올라탔다. 녀석들 중 하나가 친구에게 말했다. "야, 아까 사회 시간에 필기한 거 좀 있냐?" "어 잠깐만…… 앗! 외국인이다!" "뭐? 외국인? 어디 어디?!" 정말

로 길에 외국인이 지나가고 있었다. 시대가 어느 시댄데 외국인 지나간다고 저 난리들인가. 우리 동네 수준 참……. 다시 대화는 사회 필기로 돌아왔다. "어 잠깐, 내가 가방 좀 찾아볼게……. 아 맞다! 나 원래 필기 안 하지." 너 학교는 어떻게 들어갔냐. 이어지는 녀석의 웃음소리, 크하하하!

주말에 채널을 돌리다 <노팅 힐>(1999)을 봤다. 마침 등장한 장면은 줄리아 로버츠가 연기한 극중 안나가 윌리엄(휴 그랜트)의 친구들과 누가 더 불쌍한지 대화를 나누는 부분. 누군가는 능력이 없어 해고를 당하게 생겼으니 자기가 제일 불쌍하다 하고, 사고로 휠체어에 앉은 여자는 아이도 못 낳으니 자기가 제일 불행하다 한다. 이걸 듣고 있는 안나의 표정이 심상치 않다. 분명 전부 못난이들인데, 그게 부러운 것이다. 순간, 세계적인 스타 배우 안나는 어릴 때부터 다이어트를 하느라 맛있는 건 아무것도 못 먹고, 꼬리표처럼 따라다니는 스캔들과 언론의 관심에 인생 한번 제대로 살아보지 못했다며 자기가 제일 불쌍하다 말한다.

맞다. 안나가 제일 불쌍하다. 여기서 해고 위기의 샐러리맨이나 불구가 된 여인의 불행과 직업적 특성 때문에 제 인생을 살지 못한 안나의 불행은 본질적으로 차이가 난다. 다른 못난이들의 불행은 매우 본성적인 것인 반면, 안나의 불행은 십수 년 동안 자신의 본질적 특징과 무관하게 쌓여온 사회적 외피로 인한 것이기 때문이다. 따라서 다른 못난이들의 불행은 그것이 아무리 통한의 조건이라 한들 받아들일 수밖에 없는, 그래서 차라리 초탈한 삶에 이르게 하는 반면, 안나의 불행은 마음먹기에 따라 순식간에 뒤바꿀 수 있는, 그런데 그게 잘 안 되니 더욱 안타까운 불행이더라 이 말이다.

작가 파트리크 쥐스킨트의 단편 중에 <장인 뮈

사르의 유언)이라는 것이 있다. 평생 보석 세공사로 일해온 주인공 뮈사르는 말년에 평화로운 전원 생활을 누리고 싶어 교외에 저택을 짓는다. 그러면서 땅을 파는데, 우연히 뭔가를 발견한다. 그것은 조개화된 석질들로 뒤덮인 표면 저 아래의 땅이다. 저택 이곳저곳을 파보니 역시나 온통 조개 석질들. 이참에 세계의 비밀을 밝혀보겠다 나선 여행, 과연 어딜 가나 땅만 파면 조개다. 그리곤 유언을 남긴다. 얼마 안 가 지구는 온통 조개에 묻힐 거라고. 태동기 지구는 무엇으로든 변할 수 있는 물질들로 가득했지만, 시간이 지나며 모든 건 굳어져가기 시작했고 이제 인류는 조개의 단단한 석질에 의해 마비 상태로 죽음에 이를 거라고. 뮈사르의 이 유언은 조개의 환영에 필요 이상 매몰된 강박관념을 풍자한 것이기도 하지만, 한편으로 바로 자기 자신의 것이 아닌 외적 조건들의 축적, 그 견고하고 거역할 수 없는 사회적, 제도적, 사상적 환경들의 무시무시한 지옥도를 온전히 그려낸 것이기도 하다.

우리는 굳어간다. 무수히도 꼬집혀온 이놈의 현대 사회가 결국 우리에게 원하는 것은 다른 아무것으로도 변형될 수 없는 완전한 석화, 결코 어떤 변화도 불가능한 마비와 정지의 상태다. 그렇다면, 벗어나고프다. 그래서 소설이든 영화든 원초적 세계로의 귀환과 석화 이전 유동적 세계로의 갈망이 그리도 매혹적인 게 아닐까. 숱한 공포 영화에 초현실적 귀신이 그렇게 많이 등장하는 것도 실은 우리들을 마비시킨 그 어떤 조건도 부재하던 전근대로의 갈망이 반영됐듯이. 〈괴물〉(2006)도 그렇다. 한강에 괴물이 나타나자 정부는 주인공 강두(송강호)의 가족을 제도적 테두리 안에 가둬버린다. 바이러스 퇴치니 괴물로부터의 보호니 명분은 좋지만, 실상 국가 권력은 딸 현서를 찾으려는 강

두 가족의 의지를 하나부터 열까지 방해할 뿐이다. 결국 가족은 현대 사회가 우리에게 부여한 패러다임을 벗어나기 위해 탈출을 감행한다. 이때 괴물 출몰 지역에 들어선 강두 가족은, 표면적으론 현서를 찾겠단 이유에서였지만, 실은 야만의 초원으로 돌변한 고수부지에서 마음껏 난동을 부리며 이른바 괴물로 대변되는 본성적 세계의 향취를 그리워했기 때문에 그곳으로 간 게 아니었겠나 싶은 거다. 명목상 총은 들었지만 결국 그들이 괴물에 맞서는 무기가 불, 활, 창인 것도 같은 이치다. 그들이 괴물에 맞서려 공권력의 테두리를 벗어난 순간, 영화의 주제는 이미 완결됐고 무엇으로도 변할 수 있는 괴물적 자유 또한 문이 열렸다.

천성적으로 필기를 하지 않은 버스 안 녀석의 화통한 웃음 역시 강두의 탈출과 매한가지다. 종종 여섯 살 딸아이에게 "야, 유치원에서 애들 때리면 안 돼. 그러면 걔가 엄마한테 가서 이를 거고, 그러면 넌 유치원 못 다녀. 아빠가 유치원에 널 보내는 이유는……." 점점 열이 오른 녀석이 한마디 날린다. "몰라, 아빠 맘대로 해!" 아빠 맘대로 했다간 너 큰일나.

《FILM2.0》 294호(2006년 8월 8일)

말

경마를 시작한 건 아버지 때문이었다. 인간은 어릴 때부터 세상 물정 알아야 한다며 초등학생이던 날 경마장에 데리고 가신 건데, 누구보다 흥분된 사행심으로 마권을 들고 경주를 지켜보시던 그분께서 가르치고 싶었던 세상 물정

이란 바로 그런 것이었을까. 아무튼 경마장은 신세계였다. 하루 수십억이 오가는 판돈과 우승 확률을 적어놓은 전광판도 그랬거니와, 승부가 갈리는 순간 허공으로 치솟는 마권들도 황홀경이었다. 누군가는 경주마들의 각종 기록이 실린 책자를 보고 열심히 승부를 분석하고, 누군가는 그런 누군가를 어깨 너머로 훔쳐보다 그가 거는 말에 걸고, 누군가는 그런 누군가를 따라 돈을 걸다 셋이 함께 땅을 치고, 그 한복판에 나 같은 어린놈이 미야자키 하야오 영화의 주인공처럼 천진한 눈망울로 서 있었으니 누군가에겐 그것도 신세계였을 거다.

하여튼 경마장에 처음 간 내 눈을 단박에 사로잡은 건, 바로 말이었다. 경마장은 경주마들이 경기를 치르는 트랙 외에 각종 공간들이 가득 들어찬 곳이다. 그중 대략 20분 뒤 경주에 나설 말들을 관중에게 선보이는 작은 전시장이 있다. 거기에 가면 아주 가까이서 말들을 관찰할 수가 있는데, 처음 그곳에 들어선 순간 미끈하게 뻗은 다리 하며, 기름기 촬촬 흐르는 엉덩이, 잔뜩 힘에 넘쳐 하늘을 향해 솟구친 갈기, 겁에 질린 듯 용기백배인 듯 이중적으로 빛나는 눈동자, 씩씩거리며 김을 뿜어대는 콧구멍, 곧 녀석들의 죽여주는 몸매가 나를 사로잡은 것이다. 나는 하루 종일 거기에 서 있기만 해도 행복할 것 같았다. 그건 그때부터 몇 년 뒤 대학입시를 준비하다 문득 자전거를 타고 고갯마루에 올라 바라보던 동네의 모습과 흡사했다. 그렇게 서 있으면 그것이 뿜어내는 정지된 시간의 아름다움, 다른 어떤 목적도 필요로 하지 않는 그 자체의 미학이 내 인생을 완성시킬 것만 같았다.

하지만 내 인생은 거기서 끝나지만은 않았다. 그렇게 말을 보았다. 그리곤 관중석으로 올라가 내가 찍은 말이 힘차게 트랙을 질주하는 모습을 줄기차게 바라보았다. 마지막 100미터 직선주로를 다른 말들과 경합하며 결승선을 향해 달려갈 때 나는 최고의 흥분 상태에 빠진다. 짜릿하다. 이길 것도 같고 질 것도 같다. 돈이 문제가 아니다. 이기느냐 지느냐가 문제다. 내 눈을 사로잡은 녀석이라면 반드시 경주에서도 이겨야 한다. 순간, 시간은 무한대로 잘게 쪼개지며 격렬한 숫자놀음과 승부욕의 또 다른 황홀경을 펼쳐 보인다. 이기면 구름 위에 있고, 지면 절망이 한 뭉텅이다.

졌다. 자살을 할까? 나는 다시 전시장으로 내려간다. 다음 경기에 출전할 말들을 바라보며 또다시 내 인생을 정지시킬 놈을 골라본다. 그리고 20분 뒤, 다시 아드레날린 백배다. 나는 경마장에 간 하루 내내 그 둘 사이에서 이리로 갔다 저리로 왔다. 그것이 아버지가 내게 가르치려 한 세상 물정이었을까. 나를 정지시키고 감상에 도취될까, 계속 뛰라 채찍질을 해댈까. 그런데 혹시 정지가 달음박질을 부추기고 달음박질이 정지를 부추기다 어느새 둘이 하나가 된다면?

새 영화 〈각설탕〉(2006)이 개봉을 한다. 말 영화다. 눈물 엄청 흘렸다. 무슨 눈물이었을까? 영화 속에서 주인공 시은은 엄마가 사랑하던 말 장군이가 낳은 천둥이라는 말에게 온 정성을 쏟아붓는다. 그런데 계속 그렇게 살다간 딸 인생이 말 때문에 망할 것 같아 아버지는 천둥이를 멀리 팔아 보낸다. 2년 뒤, 기수가 된 시은은 천둥이가 보고 싶어 미칠 것 같다. 세상은 자꾸만 자신을 궁지로 몰아넣으니 남루해져가는 그녀의 삶을 정지시킬 유일한 방법은 천둥이뿐인 것이다. 〈각설탕〉은 이렇게 시은과 천둥의 정지된 사랑을 향해 나아간다. 그런데 내게서 눈물을 훔쳐간 것은 어찌어찌하여 그 둘이 트랙을 달리던 순간이다. 그것은 다만 제주도의 광활한 목장을 달리며 삶의 희열을 느끼던 그 기분만의 질주는 아니다. '달려야 할 운명'으로 정리될 〈각설탕〉의 테마는 누구보다 강력한 열정으로 세상 끝에 선다는 욕망의 한 자락을 제 것으로 흡수하고 있다. 설 것인가 달릴 것인가, 아니 달리는 것이 곧 서는 것으로 합일하는 시온과 천둥은 어릴 적 내가 경마장에서 깨달은 세상 물정을 보란 듯이 증명해준 것이다.

그러고 보니 감동과 재미로 요약될 상업영화의 목적은 '서는 감동'과 '달리는 재미'의 오묘한 일체로 제법 건강한 정체성을 타고난 것인 듯도 싶다. 〈괴물〉 제작사에서 메일이 날아든다. 역대 최단기간 200만, 300만, 400만 돌파, 무시무시한 질주다. 더불어 미국에 대한 풍자나 봉준호 감독 특유의 유머에 대한 각종 해석도 여기저기다. 이 괴물 같은 영화, 그 모든 게 뒤섞인 한강을 유유히 헤엄치고 있다. 그 강물에 나도 풍덩 하고 싶다. 그런데 장마로 흙탕이 됐던 한강은 지금쯤 맑아졌을라나.

〈FILM2.0〉 295호(2006년 8월 15일)

관악산

지난 주말, 지인들과 관악산에 다녀왔다. 어려선 아버지를 따라 각종 산을 올랐지만 고등학교 이후론 도통 발길을 끊었으니 물경 20여 년 만이었다. 그런 나에 비해 함께 간 3인은 눈만 뜨면 배낭을 메는 자들이니 처음부터 게임이 되지 않았다. 과연, 여기가 관악산인지 에베레스트인지 분간할 수 없는 고공 암벽은 초장부터 나를 내리눌렀다. 게다가 중년의 A씨는

올라갈 땐 일주일 동안 몸을 잘못 굴렸다며 징징대다 내려올 땐 스파이더맨처럼 바위에 붙어 쏜살같이 사라지는 전략으로 약을 올렸고, 여인네인 B씨는 인간인지 날파리인지 알 수 없는 중력 극복형 산행으로 심기를 건드렸으며, 또 다른 중년 사내 C씨는 멋들어진 의상과 세계적으로 이름난 등산화, 그리고 배낭 가득 고추와 자두, 귤과 된장, 살얼음 낀 막걸리를 가져와선 무슨 인생의 교훈마저 주는 듯 나를 짓눌렀으니, 나는 그저 그가 가져온 막걸리를 벌컥벌컥 마셔대는 것으로 내 소임을 다해야 했다.

산행을 마치고 집으로 오는 길에, 어려서 산에 오르던 기억들이 떠올랐다. 어린 시절 아버진 극기 훈련을 시킨답시고 나를 개 끌듯 산에 데리고 다녔다. 난 프로야구 원년 OB베어스 박철순이 너클볼 비스름한 걸 던지며 22연승을 기록하는 장면도 지리산 아래 허름한 여관에서 흑백 TV로 시청했다. 아무튼 그해 3박 4일에 걸쳐 종주를 마친 지리산행은 적잖은 감흥을 안겼는데, 일단 능선에 오른 뒤 천왕봉 정상에 이르는 길은 무슨 득도의 아이맥스 영화 같았다. 그 길을 가던 중에 흡사 손오공이 살고 있을 법한 거대한 운해도 만났고, 찬송가를 부르며 종교의 힘으로 축지법을 쓰는 전도사도 만났으며, 기타 다양한 인간들을 만나며 어린 나이에 삶의 한 페이지를 넘겼다. 그건 마치 자연의 섭리와 마법이 공존하는 듯한 지리산 정경이 내게 부여한 초현실적 위안 같았다.

한라산도 좋았다. 특히 중1 때 벌어진 첫 번째 한라산 등반은, 얄미운 아버지가 자기는 비행기로 먼저 제주에 내려가고, 나한텐 목포까지 고속버스 요금과 목포에서 제주로 향하는 뱃삯, 그리곤 얼마간의 밥값만 쥐어주곤 제주항에서 만나자 했으니, 세상에 그렇게 공포스러운 여행이 없었다. 그러나 여정은 무리 없이 이

어졌으며 특히 갑판에서 보게 된 일몰은 더 이상 내가 제주까지 갈 필요도 없을 만큼 황홀했다. 한라산은 특출하기로 치자면 으뜸인 산이다. 우선은 앞뒤상하를 구별할 수 없는 나뭇길을 정신없이 걸어 올라간다. 그러다 문득 고개를 들면 어느새 나무라곤 한 그루도 존재하지 않는 대평원이 떡하니 등장한다. 그건 어떤 계기나 통로 없이 갑작스레 벌어지는 차원 이동과도 같았다.

일종의 조난을 당한 적도 있다. 고2 때 친구들과 함께한 설악산행, 결국은 비 때문에 진창이 된 길을 내려와야 했는데, 그러던 중 나는 그만 길을 잃고 홀로 산에 남게 됐다. 날이 어두워졌다. 순간, 저 아래 하행 목표지였던 오색 약수터의 불빛이 보였다. 한 시간을 내려갔다. 그런데 불빛과의 거리는 그대로였다. 또 한 시간을 내려갔다. 역시 그대로. 털썩 나무 가에 주저앉았다. 순간, 두려움보다 어떤 긴장된 희열이 느껴졌다. 눈을 감았다. 뺨으로 바람이 스쳐갔다. 그런 기분이라면 옆에 귀신이 와서 말을 걸어도 흥분될 것 같았다.

얼마 전 케이블TV에서 〈연인〉(2004)을 봤다. 그다지 세련되지 않은 플롯과 장이모우의 친정부적 뒷걸음주의에도 불구하고 나는 이 영화가 좋다. 이유는 단 하나다. 금성무가 장쯔이를 탈출시켜 함께 도망치던 순간의 그 숨 막히게 흘러넘치던 숲의 기운, 두 사람이 관군의 대나무 공격을 받는 시퀀스의 기하학적 미장센, 그리고 현실적 개연성을 완전히 상실한 채 천상에서 벌어진 금성무와 유덕화의 마지막 대결 때문이다. 한 편의 영화를 좋다 나쁘다 평가하는 기준은 여럿이지만, 최근 드라마의 합리성이나 연출, 연기의 완성도 등 전통적이고 총체적인 잣대가 전부는 아니라는 생각이 자주 든다. 그런 생각에 불을 당긴 영화 중 하나가 〈연인〉이

다. 예컨대 바로 그 숲과 대나무 공격과 마지막 대결에 흘러넘치던 정서적 기운, 비유컨대 내 어릴 적 산행을 다양한 쾌감과 위안으로 채색시켜주던 '정경의 카리스마' 역시 충분히 평가의 잣대가 될 수 있을 거란 얘기다. 영화 한 편에서 얻게 되는 어떤 감동이나 깨달음이란 게 반드시 그 영화의 텍스트적 완결성에서 오는 게 아니라는 생각에 동의한다면, 그보다 더한 건 하나의 기운과 뉘앙스, 내 가슴 속을 한순간에 뒤집어놓을 '압도적 정서'일 것이 분명할 테니 말이다. 마이클 만의 〈콜래트럴〉(2004)과 〈마이애미 바이스〉(2006)가 그토록 위력적인 기억을 내게 심은 것 역시 강철 기둥처럼 공명하는 도시의 기운과 중남미 풍광의 해탈적 미장센 때문임 역시 같은 맥락이다.

어쨌거나 관악산행에 동참한 우리는 다음 산행으로 9월 북한산 등반을 약속했다. 그날은 내가 막걸리 등을 준비해가기로 기약한 터, 무거운 배낭을 메고 성큼성큼 앞서는 체력을 선보이기 위해선 이기 오늘부터 팔굽혀펴기라도 해야 하지 않을까 싶다.

《FILM2.0》 296호(2006년 8월 22일)

감독

후배 기자들과 술을 마시다 요즘 한창 잘나가는 한국 영화의 감독 얘기가 나왔다. 그런데 글쎄, 지분 계약에 따라 그가 50억을 가져갈 수도, 100억을 가져갈 수도 있다는 거다. 순간, 도대체 내 인생은 뭐냐는 생각이 들었다. 이 글이 실제로 그 감독이 몇 퍼센트의 지분 계약을 맺어

얼마의 수익을 가져갈 것인가를 따져보자는 건 아니니 그쪽으로 관심 기울이진 마시라. 50억, 100억, 전부 과장일 수도 있다. 암튼 난 우울해졌다. 아니, 어떻게 영화 한 편 만들어 그렇게 부자가 될 수 있다는 거야? 게다가 감독은 내 대학교 과 선배이기도 하니, 흑, 똑같은 거 공부한 나는 대체 지금껏 뭘 하고 살아왔냐는 말이다.

얼마 후 영화계 지인과 술을 마시다 다시 그 얘기가 나왔다. 몇 주 전부터 자꾸 돈 5억만 있으면 필리핀에서 말년 20년을 허구한 날 골프나 치고 수영이나 하며 황제처럼 살 수 있다고 꼬셔오던 이 중년의 사내, 내 얘길 듣더니 소주잔을 벌컥벌컥 들이켰다. 그러더니 하는 말, "50억? 그럼 필리핀에서 200년 살겠네?"

감독 얘기를 하고 있으려니, 문득 예전에 함께 놀던 몇몇 감독들 생각이 떠오른다. 그중 한 감독은 말술이었던지라 만나기만 하면 술을 마셨다. 저녁 7시부터 삼겹살로 1차, 다시 갈치조림으로 2차, 그리고 감자탕 집에 들어가 3차를 해치운다. 그러면서 영화가 어쩌네, 얘기하다 보면 어느새 아침. 집에 갈만도 한데 그는 마지막으로 삼겹살에 해장술을 마시자며 24시간 고기집으로 날 끌고 들어갔다. 그렇게 4차까지 가는 동안 술값은 전부 내가 냈다. 이 극한의 술꾼 감독은 결국 극한의 상황에 처한 인간들 이야기로 데뷔작을 만들었다. 또 한 감독은 과거 내가 일하고 있던 잡지사 사무실로 늘 자전거를 타고 놀러왔다. 집안 형편이 어땠는지는 모르겠지만, 아무튼 그는 언제나 자전거를 타고 왔고, 자전거를 타고 온 남자처럼 조용히 얘기했으며, 자전거를 타고 집으로 돌아갔다. 그는 결국 몇 년 후 꼭 자전거 타는 남자의 이야기 같은 영화를 만들었다.

또 다른 감독은, 아니 감독님은 고등학교 시절부터 내가 무지하게 좋아한 양반이었다. 그가

1980년대에 만든 몇 편의 영화들은 충무로 상업영화의 역사를 다시 쓰기도 했는데, 아무튼 내가 그를 영광스럽게도 직접 만나게 된 건 이제 막 기자 생활을 시작한 1990년대 중반이었다. 수습기자 딱지 떼고 불과 1개월, 편집장이 갑자기 날 부르더니 그 감독을 인터뷰해오라는 거였다. 숨이 턱턱 막히는 흥분을 가슴에 품고 청와대 뒤편에 새로 차려진 그의 사무실로 향했다. 인터뷰는 좋았다. 그도 흡족해했다. 사진 촬영까지 끝내자 그가 말했다. "이 기자, 우리 두부 안주에 술 한잔 하지?" 그렇게 나와 그의 관계는 시작됐다. 이후 그는 영화가 실패해도 성공해도 나와 술을 마셨으며, 어느덧 이젠 충무로에서 영화 만드는 게 좀처럼 쉽지 않아진 지금도 종종 나를 만나 영화 만들기의 어려움을 토로한다.

예전의 감독들은 그랬다. 흥행에 성공해봐야 돈과는 무관했고, 그들의 뛰어난 상상력은 언제나 '영화사랑'이라는 대명제 속의 아름다운 낭만이었다. 그래서 '감독'과 '수익', '영화사' 이 셋은 결코 뛰어넘을 수 없는 가깝고도 먼 친구들이었다. 하지만 요즘은 사정이 다르다. 몇 년 전부터 한국 영화계엔 감독의 이름이 전면에 부각되는 영화들이 새롭게 등장하기 시작했다. 이 영화들은 스타 배우들보다 감독의 이름으로 관객을 불러 모았으며 자연스레 '수익'과 '감독'은 새로운 교분 관계를 맺었다. 그리하여 몇몇 감독들은 스스로 설립하거나 지분 참여한 회사를 통해 기존 영화사들과 공동 제작으로 영화를 만들고 있다. 자연히 흥행 수익의 상당수도 그들에게 돌아가는 것이다.

이것은 2000년대 들어 새로이 주목받고 있는 이른바 충무로 '신작가주의'의 가장 혁명적인 특성이다. 영화를 구성하는 다른 어떤 요소들보다 감독 개개인의 상상력이 중심이 되고, 결

국 그 상상력이 제값의 대가를 받는 것. 이것은 대한민국 대중문화의 선두주자로 부상하며 점차 합리적 상업주의의 기틀을 마련해가고 있는 영화가, 바로 그 상업적 분배의 가장 핵심적 조건이라 할 '상상력'에 정당한 대우를 하고 있음을 말해주고 있는 것이다. 50억, 100억에 열등감 팍팍이지만, 그래도 난 그 감독이 정말 50억, 100억을 가져갔으면 좋겠다. 그 감독이 아직 데뷔작을 찍지 않았던 오래전, 그와 나, 그리고 아까의 극한 말술 감독 셋이 만난 적이 있다. 뭐라 딱히 말을 꺼내진 않았지만 당시 우리 셋 모두 경제적으로 그리 행복한 형편은 아니었다. 그건 우리들의 개인적 잔고의 문제라기보다 한국 영화계의 어떤 구조적 한계상황 때문이었다. 이제 그런 만남은 사양이다.

그런데 한 가지 문제가 남는다. 바로 나다. 그래도 제법 괜찮은 기사 몇 개 썼다 자부하는데, 영화 잡지사는 편집장에게 지분 계약 같은 거 안 해주나. 희망은 내 딸이다. 이 녀석 대체 뭐에 소질이 있는지 지금부터라도 눈에 불을 켜고 찾아봐야겠다.

《FILM2.0》 297호(2006년 8월 29일)

전설

어디에나 전설은 있다. 특히 나처럼 유명한 깡패 고등학교를 다닌 사람에겐 그 시절 잊지 못할 전설이 한둘이 아니다. 워낙 깡패 학교였던 탓에 학교에만 가면 매일같이 오늘 뒷산에서 짱이 붙는데, 오늘 옥상에서 서열 결정전이 벌어진대, 오늘 다른 학교랑 한판 붙는대, 이런

소리가 하루 종일 교실을 오갔다. 그리고 다음 날이 되면 여지없이 들려오는 소리, 어제 짱이 18 대 1로 붙어서 하늘을 날랐대.

고등학교 2학년 때 벌어진 학교 축제에서도 전설은 탄생했다. 당시 우린 개교 이래 처음으로 광란의 록 콘서트를 계획했는데, 여기엔 걸림돌이 하나 있었다. 안 그래도 다른 학교에서 축제를 할라치면 괜스레 옆 학교 깡패 녀석들이 담을 타고 넘어와 시비를 걸던 당시, 록 콘서트를 연다는 소문이 퍼지자 사방 깡패 학교의 건달들이 그날 밤만을 고대하고 있던 것이다. 그러자 학생회 간부들은 계획을 세웠다. 축제가 열리는 바로 그 시간, 학생회, 선도부, 심지어 우리 학교 깡패들을 모두 동원해 학교 담 전체를 빙 둘러 각목으로 무대를 사수할 계획을 세운 것이다. 과연 축제가 시작되자 대공습이 시작됐고, 우리 학교 사수대는 각목을 휘두르고 피를 흘리며 결국 장엄하게 무대를 지켜냈다. 그런데…… 그런데…… 정신을 차리고 다시 그 시절을 돌아본다. 그랬더니, 어디에도 전설은 없다.

당시 우리 학교에 18 대 1로 하늘을 날랐다던 짱이란 애당초 존재하지도 않았으며, 뒷산에서 다른 학교 애들과 싸움이 붙었다 한들, 무슨 젖소 떼처럼 서로 몸으로 밀고 먼지 속에 나자빠지는 흉물스러운 싸움이 전부였다. 축제가 열리던 그 시각, 각목을 들고 담장 밑에 서 있었던 건 맞지만, 막상 녀석들이 넘어오자 우린 모두 각목을 버리고 도망을 쳤고, 상당수는 녀석들에게 걸려 흠씬 두들겨 맞았다. 혈투를 벌였던 서열 싸움? 그런 거 구경해본 적도 없다. 대신 쉬는 시간만 되면 옆 반의 누군가가 갑자기 칼 하나를 들고 교실로 들어왔다. 칼도 무슨 사시미 칼이 아니라 종이 자르는 작은 칼을 들고. 그러더니 소리를 지르며 자기 팔뚝에 상

처를 낸다. 대단한 상처는 아니고 살짝 피만 날 정도로. 그리고 말한다. "봤지? 오늘부터 내가 짱이야!" 그런 식의 가여운 자해 공갈이 학교 서열식의 정체였던 것이다.

조범구 감독의 〈뚝방전설〉(2006)이 그런 영화다. 정권, 성현, 경로 세 친구는 학교 앞 뚝방을 평정하며 전설로 남는다. 그리고 5년 뒤, 더 큰 물에서 놀겠다며 대도시 조직 폭력배에 가담했다 2년간 감방에 들어갔던 정권이 귀향을 한다. 두 친구는 그의 지난 조폭 생활이 궁금하다. 멋지게 주먹을 날렸을 거다. 발길질 한 번에 모두가 놀라 쓰러졌을 거다. 옥살이도 어떤 영웅적 무용담을 펼치다 그렇게 됐을 거다. 하지만 진실은 정반대다. 영화는 뚝방의 전설로 남았던 정권이 지난 5년간 자신의 전설을 무참히 짓밟아버릴 비겁하고 나약한 세월을 살아왔음을 보여주며 우리들에게 허황되고 쓸쓸한 전설을 설파한다.

우리에게 전설은 그런 종류의 것이다. 유하 감독의 〈말죽거리 잔혹사〉(2004)에서 어느 날 주인공 현수는 그동안 자신을 괴롭혀온 선도 부장에게 한마디를 날린다. "너, 옥상으로 올라와." 이 말, 고등학교를 다니던 모든 남자아이들의 로망이다. 하지만 실제의 우리들 중 이 말을 하고 졸업한 놈은 한 놈도 없다. 이것이 우리들의 낭만 청춘이다. 결코 찌질하게 살고 싶지 않지만, 영원히 찌질할 수밖에 없는 초라한 낭만. 하지만 여기서 한 번의 반전이 일어난다. 그렇게 졸업을 한 뒤 먼 세월이 지나 직장에서 다른 사람들을 만났을 때 우리는 마치 그런 전설이 실제로 존재하던 것처럼 말을 한다. 게다가 그 전설은 과장된다. 처음엔 5대 1로 싸웠던 나는 한 달이 지나자 10대 1, 또 한 달이 지나자 20대 1, 나중엔 나랑 싸우던 100명 중 누가 죽기까지 한다. 그런데 영원히 찌질할 수밖에

없는 우리들에겐 바로 이것이 사는 맛이더라 이 말이다. 추억의 먼 시절을 멋들어지게 그려내는 낭만. 거기에 뻥이 좀 들어가면 어떤가. 그런 허황된 전설이라도 안고 살아가는 것이 결국 모두들 자기만의 공상 속에, 멋진 인생을 살아가는 우리들의 제법 멋지게 유치한 인생이니 말이다. 〈뚝방전설〉도 결국 그 반전을 택한다. 한없이 찌질하기만 하던 세 친구, 하지만 무모하고 맹랑한 전설일지언정 그것조차 없는 인생보단 찬란하니, 세 친구는 급기야 분연히 떨쳐 일어서는 것이다.

우리 작은아버지는 평생 돈이라곤 벌어본 적이 없는 백수다. 어쩌다 그의 집엘 가보면 이불이 깔린 아랫목을 중심으로 TV 리모컨, 요강, 각종 비디오테이프와 책들, 1년 동안 버리지 않은 소주병, 맥주병 수백 개, 그리고 설거지라곤 구경도 해보지 못한 각종 접시와 밥그릇이 어지러이 널려 있곤 했다. 하지만 바로 그 자기만의 왕궁 속에서 작은아버진 오로지 책과 TV만으로 삶의 진리를 터득해 누구보다 방대한 지식으로 세상의 주인이 됐다. 한심하다. 하지만 행복하다. 우리들에게 전설은 그렇게 없고도 있다. 아, 우리들의 찌질하고도 찬란한 전설들이여.

《FILM2.0》 299호(2006년 9월 12일)

서커스

주말에 가족들과 함께 '샹그리라 그랜드 아이스 쇼'란 걸 봤다. 제목처럼 '샹그리라'한 느낌에 '그랜드'한, '아이스' 위에서 펼쳐지는 서커스

쇼였다. 전직 피겨 스케이팅 선수도 다수 포함 돼 있다는 단원들은, 역시 R석이 5만 5000원씩이나 하는 이름값에 걸맞게 기기묘묘한 기술들을 마음껏 선보였다. 그런데 이 기술이란 건 단지 관객들의 눈동자나 잠깐 홀리는 그런 잔재주 수준이 아니었다. 두 시간 동안 진행된 서커스는 매 에피소드마다 각각의 이야기와 각종 기술들을 절묘하게 결합해 관객의 혼을 쏙 빼앗아 갔는데, 그들이 보여준 그 환상적이고도 애수 어린 스토리와 기술들은 그 순간 마치 우리들을 초현실의 어떤 곳으로 이탈시키는 힘을 발휘하더라 이 말이다.

더욱 재밌었던 건, 이 서커스가 전체적으로 어떤 하나의 스토리라인을 가지고 있었다는 사실이다. 그 스토리의 시발점은 공연 맨 처음에 등장한 어떤 술 달린 줄(이하 '술줄')이 누군가에 의해 하늘 저 멀리로 사라져버린 사건이다. 술줄은 그렇게 천장에 매달린 도르래 줄에 의해 허공으로 붕 치솟아버렸다. 그런데 바로 그 술줄에 내 딸이 꽂혀버렸다. 딸은 술줄이 천장으로 올라간 그 순간부터 그것만 바라봤다. 다음 에피소드가 펼쳐지며 새로운 광대들이 등장할 때도 딸은 술줄만 쳐다봤다. 하도 늘씬한 미녀들이 거의 벗은 의상으로 무대에 등장해 아버지와 나와 내 동생은 물론이요 대개 이런 공연에선 잠을 청하시는 어머니마저 "쟤들은 뭘 먹어서 저렇게 삐쩍 꼴았대냐?"며 감탄한 그 순간에도 딸은 술줄만 쳐다봤다. 그리곤 내게 물었다. "아빠, 저건 누가 가지고 내려와?" 그걸 내가 어떻게 아니. "몰라. 그런데 신형아, 저것 좀 봐봐. 야, 끝내준다! 어쩜 저렇게 공을 잘 돌리냐!" "아빠, 그러면, 아빠가 가지고 내려와." 그런데 과연 내 딸의 집요한 관심은 결실을 맺었다. 서커스가 맨 마지막에 이르자 웬 초록 도깨비 하나가 나와선 정말로 그 술줄을 내려 이

야기를 끝낸 것이다. 순간, 이건 아주 의미심장한 사건이었다. 서커스, 그것은 단지 놀라자빠질 기술들의 향연일 뿐 아니라, 누군가에겐 그 안에 자신의 인생보다 더한 드라마와 극적 계기, 격정의 굴곡이 가득한 운명적 동반자일 수도 있기 때문이니 말이다.

그러고 보니 서커스는 각 나라에서 매우 중요한 문화적 전통으로 자리 잡고 있다. 가령 빔 벤더스의 〈베를린 천사의 시〉(1987)엔 서커스단에서 공중 그네를 타는 마리온이란 여자가 나온다. 주인공인 천사 다미엘은 바로 그녀 마리온에게 반해 인간이 될 것을 결심하는데, 그의 결심은 과연 천사로서의 무미건조한 삶 대신 풍요로운 인간적 감정을 동경했기 때문이었을까, 아니면 이승과 저승의 틈새에서 자기만의 세상을 비행하는 서커스단 광대 마리온의 황홀한 매력 때문이었을까. 페데리코 펠리니의 걸작 〈길〉(1954) 역시 마찬가지다. 앤서니 퀸이 연기한 차력사 잠파노를 비롯, 그와 여정을 함께한 젤소미나 등 이 영화는 전체적으로 우리 삶의 모든 것을 지배하고 있는 듯한 서커스의 세계 속으로 들어간다. 네오리얼리즘이라는 이탈리아의 영화적 전통을 주관적 심상이 강조된 뉴웨이브로 돌진시킨 이 영화는 바로 그것, 서커스라는 것이 품고 있는 어떤 이탈적 환희, 또는 운명적 슬픔의 환영에 사로잡혔기 때문이 아닌가 생각이 드는 것이다. 그렇다면 대체 내 인생의 서커스란 무엇일까.

며칠 전 부산국제영화제 프로그래머들, 홍보팀 사람들과 거나하게 술자리를 가졌다. 부산영화제가 시작되기 한두 달 전쯤이면 매년 벌어지는 연례행사다. 이렇게 놓고 보면 그다지 가기 싫은 형식적 술자리일 수도 있다. 하지만 나는 매년 그들과 부어대는 술자리가 좋다. 그토록 정해진 룰에 따라 같은 시기가 돌아오면 어김

없이 벌어지는 행사지만, 그 행사라는 것이 점 잔을 떠는 자리에 앉아 그들과 우리의 변함없 는 우정을 확인하는 것이 아니라, 저들이 아시 아 최고 국제 영화제의 지성적 프로그래머들이 맞나 싶을 정도로 미친 듯이 하룻밤을 보내는 광란의 축제인 탓에, 이건 바로 우리들의 약속 된 서커스, 오히려 정해진 룰과 공식적 일정의 틈새로 사라지고 싶은 광란의 평화처럼 여겨지 기 때문이다. 그리고 우리는 확신한다. 봐라, 열 한 번째 부산영화제는 이렇게 우리를 미친년놈 들의 세계로 이끌 것이다.

얼마 후 〈우리들의 행복한 시간〉(2006)이란 영 화가 개봉을 한다. 영화 속에서 우리들의 행복 한 시간이란 직접적으로 유정과 사형수 윤수가 일주일에 한 번 만나는 목요일 10시부터 1시까 지를 뜻하지만, 과연 나의 행복한 시간이란 뭘 까 생각해본다. 그건 아마도 우리들 모두에게 각기 다른 의미로 자리매김 된 서커스의 순간 이 아닐까. 무심히 살고 있는 우리들을 자꾸만 콕콕 찔러 부디 이 생활이 전부가 아님을 일깨 우는 서커스, 운이 좋으면 삶의 정당성마저 부 여해주는 그놈의 멋들어진 황홀경 말이다.

《FILM2.0》 300호(2006년 9월 19일)

숨은벽

9년 전 12월 25일, 할머니가 돌아가셨다. 당시 월간지 하나를 창간해 그 창간호를 마감하고 있던 나는 그날 새벽 할머니가 돌아가실 것 같 단 엄마의 전화에 서둘러 집으로 향했다. 기자 들에겐 마감 날 새벽이란 원래 좀 신비로운 기

운이 풍기는 것도 같은데, 바로 그날 할머니의 죽음을 맞으러 집으로 차를 몰던 나는 하여튼 뭔가 거역할 수 없는 것에 이중 삼중으로 휩싸 인 기분을 느꼈다.

집안 식구 모두 할머니 곁에 둘러앉았다. 아버 지는 할머니가 그날 새벽을 넘기시지 못할 거 라고 말했다. 새벽 4시쯤, 할머니의 숨소리가 가빠졌다. 아무래도 이제 돌아가시겠구나 싶은 기분이 드는 그 순간, 방 한쪽 구석에서 갑자기 개미들이 한 줄로 걸어 나오기 시작했다. 족히 수백 마리는 되어 보이는 개미들은 질서정연하 게 할머니를 향해 다가오더니 오른쪽 허벅지 위로 올라가 둥글게 똬리를 틀며 몇 개의 원을 만들기 시작했다. 그리고 멈췄다. 그 순간 할머 니의 숨도 멈췄다. 그러자 개미들은 다시 원을 풀더니 돌아온 길을 따라 올 때와 똑같이 방 한쪽으로 사라졌다.

그건 잊을 수 없는 광경이었다. 이게 과연 무 슨 현상일까. 사람이 죽고 사는 걸 동물들이 먼 저 안다고 하더니, 내 눈 앞에 펼쳐진 개미들의 행렬이 바로 그것이었을까. 어쨌든 난 할머니 의 죽음에 뭔가 심상치 않은 것이 감돌고 있다 고 생각했다. 그것도 그럴 것이, 독실한 기독교 신자였던 할머니는 평소 신앙에 무심하던 집안 식구들에게 부디 1년에 딱 하루, 그래 크리스마 스에라도 모여 가족 예배를 보자고 말씀을 하 시곤 했다. 하지만 우리 중 누구도 그 말을 귀 담아 듣지 않았다. 그런데 할머니는 생전에 말 씀하시던 바로 그날 크리스마스에 당신 자신이 세상을 떠나셨고, 우린 바로 그날 정말로 1년에 딱 한 번 모여 추도 예배를 드리게 된 것이다.

나는 할머니의 죽음이 벌어진 그날, 우리 집안 식구들에게 모두 어떤 불가항력적인 기운이 모 습을 드러낸 건 아닌가 생각했다. 다음 날 가 족들은 장례를 치르기 위해 할머니가 살고 계

시던 시골로 내려가 상객들을 맞았다. 새벽 4시, 객들도 돌아가고 상주들도 잠이 들었다. 순간 난 할머니와 특별한 이별을 해야겠다고 생각했다. 할머니가 계신 방으로 들어갔다. 시신을 가리고 있던 병풍을 걷고 할머니 얼굴에 덮여 있던 천을 열었다. 공기는 싸늘했고 할머니의 얼굴은 두려웠다. 하지만 난 그 차가운 얼굴에 내 얼굴을 대고 한참 동안 잘 가시라고 말했다. 할머니의 얼굴과 맞닿은 내 얼굴은 두려움에 떨고 있었지만, 그 공포를 극복할 만큼 시간이 지속되자 이별하지도 재회하지도 않는 듯한 중첩의 기운, 내가 지금 할머니를 보내지만 그 기운이 나를 영원히 감쌀 것 같은 푸근함이 밀려왔다. 난 다시 천을 덮고 병풍을 치고 방을 나왔다. 그날 나와 할머니의 이별은 내 삶에 남들과는 다른 힘, 내가 그것에 복종하고 있지만 동시에 그것이 나를 특별한 존재로 지켜주리란 믿음에 대한 내 나름의 제의였다. 우습게 들리겠지만, 난 지금도 현실의 논리나 과학적 설명으로 침해당하지 않는 어떤 기운이 나를 지켜주고 있다고 생각한다.

지난 주말, 두 달 전 급 결성한 산악회 지인들과 함께 1차 관악산에 이은 두 번째 산행에 나섰다. 이번 목표는 북한산 정상 근처 '숨은벽'. 이름 참 멋지다. 비까지 처벅처벅 쏟아지는 토요일, 우리는 그 벽을 향해 발걸음을 뗐다. 북한산 백운대와 인수봉 사이, 그러니까 사람들이 걸어서든 자일을 붙잡고서든 수없이 몰려드는 두 개의 봉 사이에 놓여 있는 숨은벽은, 그러나 막상 그곳에 도착하기 전엔 사람 눈에 보이지 않고 숨어 있다 하여 그토록 황홀한 이름이 붙었다 한다. 제법 어려운 코스였다. 특히 맨 마지막, 숨은벽에 도착하기 위해 죽을힘을 다해 기어 올라가야 하는 800미터는 내 몸의 수분을 전부 앗아갈 만큼 힘이 들었다. 그렇게 올라갔다. 정말 물기가 다 빠진 것처럼 산뜻해진 내 눈앞에 순간 숨은벽이 모습을 드러냈다. 불과 몇 분, 아주 잠깐 모습을 보이곤 다시 내 뒤로 멀어져 산 속에 숨어버린 그 벽은, 마의 800미터를 오르는 제의를 통해 만남을 허락하곤 우리 눈에 보이지 않는 영겁의 세월 동안 백운대와 인수봉을 통제해왔으며, 급기야 그들이 내려다본 서울의 수천 년을 지배한 것처럼 위압적이었다.

할머니가 돌아가신 날도, 숨은벽에 오른 날도 난 내 삶을 특별한 것으로 만들어준 어떤 힘과 짧게나마 서로 존재를 확인했단 생각을 한다. 추석이다. 집안에 일도 많을 거고, 세상에서도 별 일이 다 생길 거다. 매년 똑같은 추석 같지만, 그렇지 않다. 이런 특별한 날이 다가오면 생각한다. 숨은벽을 만나겠구나. 내 인생에 정체불명의 기운을 겹겹으로 둘러쳐줄 힘을 느끼겠구나. 그래, 이번 추석 내 숨은벽은 뭐지? 합본호를 만들었다. 누군가에겐 우리 책에도 그런 게 숨어 있었으면 좋겠단 바람이다.

《FILM2.0》 302, 303 합본호(2006년 10월 10일)

벤허

딸아이가 잔다. 소파에 앉아 있는 내게 장난을 치러 호랑이 가면을 쓰고 달려와 엎어지더니 미동도 하지 않는다. 가면을 들춰봤더니 그대로 잠이 들었다. 어떻게 이런 상황에서 갑자기 잠이 드나 싶지만, 어쨌든 잔다. TV를 켰다. 케이블에서 〈벤허〉(1959)가 나오고 있다. 어린 시절에 본 〈벤허〉는 여러모로 기억에 남는 영화다. 주인공 벤허가 숙적 메살라와 벌이는 전차 경주 장면도 기억에 남고, 배우로 치자면 아무래도 벤허 역 찰턴 헤스턴보다는 메살라 역 스테판 보이드가 기억에 남는다. 언제나 갈증에 목이 타는 듯 어정쩡하게 입을 벌리고 연기하는 찰턴 헤스턴은 어린 내겐 일종의 바보 배우였다. 그 배우보다는 깎아지른 조각 얼굴에 강인한 카리스마를 뿜어대던 스테판 보이드가 역시 배우 중의 배우였다. 〈벤허〉는 그 무시무시한 상영 시간으로도 기억에 남는다. 무려 3시간 40분에 이르는 상영 시간 덕분에 한국 극장 개봉 당시 중간에 쉬는 시간도 있었는데, 쉬는 시간마저도 길어 화장실에서 별 짓을 다 하고 와도 아직 영화가 시작하지 않았던 기억이 난다. 하지만 무엇보다 〈벤허〉에 오래 남아 있는 기억은 영화의 흥행 공식과 종교성을 절묘하게 버무렸다는 데 있다. 〈벤허〉는 유다 벤허가 메살라의 모함으로 겪게 되는 일련의 드라마를 대작 상업영화의 풍모에 걸맞게 완성한 영화다. 덕분에 로마제국의 거대한 위용, 벤허의 전차 경주 장면 등 보는 이의 눈길을 사로잡을 명장면이 가득하다. 그런데 이런 드라마 줄기 사이로 얼핏 예수가 모습을 보인다. 벤허가 노예로 끌려가는 장면에 등장한 예수는 그에게 물을 주고, 예루살렘에 도착한 예수는 벤허가 스치듯 지나가는 언덕 위에서 사람들에게 신의 말씀을 전한다. 그리고 마지막, 예수는 벤허가 보는 앞에서 십자가에 못 박힘으로써 그의 마음에 도사린 복수심 대신 용서와 자비의 대인으로 거듭나게 만든다.

얼핏 서로 뒤섞이지 않을 것처럼 보이는 흥행의 공식과 신성. 그러나 이 똑똑한 영화는 당대의 관객들에게 상업영화의 쾌락 속에 종교적 반추의 임무까지 수행케 하는 방법을 알고 있었다. 사람들을 현혹하는 영화의 힘에 신성의 무게를

실었던 〈벤허〉. 이 영화가 당대의 역작으로 남은 데에는 그런 이유가 존재한 것이다.

어느 시대에나 기억에 남는 영화가 있다. 그런데 그 영화들은 각 시대의 특성과 영화, 그리고 사람들의 진화 방향에 따라 각기 다른 이유로 기억된다. 그리고 그 기억은 다시 후대에 이어질 진화의 동력으로 작용한다. 추석을 맞아 여러 편의 한국 영화가 개봉했다. 그런데 역시 기억에 남는 건 이준익 감독의 〈라디오 스타〉(2006)다. 이 영화는 사실 그렇게 정교한 연출력을 선보이는 작품은 아니다. 프레임의 구도나 앵글은 무심하고 커트와 커트의 연결에도 관심이 없어 보이며, 에피소드와 에피소드의 접합 부위도 절묘하지 못하다. 게다가 도무지 이스트 리버라는 촌구석 밴드로는 보이지 않는 실제 록 밴드 노브레인의 놀라운 연주 실력이나 임백천, 김장훈의 카메오 연기까지 가세한 '대충 뭉개는 캐스팅'도 그리 세련되지 못하다. 그러니 채점표상의 점수론 그리 후한 평가를 받지 못할 이 영화가, 그런데도 몇 주가 지나도록 생각이 나는 건 바로 이것, 어떤 확고하고 압도적인 기운 때문이다.

〈라디오 스타〉는 자신이 말하려고 하는 궁극의 지점을 향해 영화 내외의 조건들을 일렬로 정렬시킨 채 똑바로 달려 나간다. 영화 초반, 한때 잘나가던 록 가수 최곤의 화려하던 시절과 쇠락한 현재의 모습을 대비시키며 자신이 무엇을 지향하고 있는지 일단 관객의 마음을 사로잡은 영화는 그 유일한 목표를 향해 모든 것을 배치한다.

카메오가 어색해도 괜찮다. 커트들이 이리저리 튀어도 상관없다. 영화는 관객이 자신에게 동의한 기운, 일반 영화의 잡다구리한 기준 따위와는 무관하게 어떤 순수 지평에서 그들과 내가 맺은 절대적 기운이 바로 그 순수한 활기의 끈

을 놓지 않는다면 아무 상관도 없다는 듯 질주한다. 여기에 배우 생활 50년을 맞은 안성기의 오래 묵은 연기가 힘을 보태고, 21년 박중훈 연기 역사의 잔상이 최곤에 덧입혀진다.

〈라디오 스타〉와 대중이 맺은 이 기묘한 관계는 오늘날 한국 영화의 새로운 기준점이 될지도 모르겠다. 영화가 앞서갈 것인가, 대중에 복종할 것인가. 아니다. 영화의 외피를 두르고 있는 모든 전통적인 기준들 밑에 한 편의 텍스트가 무의식적으로 작동시키고 있는 기운의 순수성을 인정받고 그것으로 대중성의 새로운 영토를 개척해가는 것. 닭살 돋게 말하자면, 이것은 비로소 대중이 영화의 영혼과 만난, 영화의 외모가 부여하는 1차적 환각을 넘어 그 정신적 생명력의 2차적 환각과 만난 혁명적 사건이 될 수도 있는 것이다.

〈벤허〉가 끝나자 딸아이도 스르르 잠이 깬다. "깼니? 우리 이제 어디 나갈까? 어디 갈까?" "할머니 집." 얘는 자나 깨나 할머니 집 타령이다. 대체 할머니 집엔 무슨 기운이 서려 있기에 이 어린 녀석에게 자꾸만 손짓을 하는 걸까. 그래, 어쨌든 나가보자.

《FILM2.0》 304호(2006년 10월 17일)

아버지

아버진 일평생 대단한 원칙주의자이자 빈틈 없는 절대 권력자로 주위 사람들을 압도해온 인물이다. 당신께서 고수해온 원칙에 한 치의 어긋남 없이 행동하는 사람이었으며, 거기에 맞지 않는 자들에겐 꾸짖음 또한 한 치의 어긋남도 없었다. 그 강인한 원칙론자 밑에서 30여 년을 성장해온 나, 그것이 함정과도 같은 고통으로 다가왔음은 물론이다.

얼마 전 추석 연휴에 가족들과 강원도로 여행을 다녀왔다. 모처럼 카니발을 렌트해 차 한 대를 함께 타고 길을 떠난 우리들의 첫 번째 목적지는 대관령 어디쯤의 양떼 목장. 그런데 굽이굽이 대관령을 오르던 순간 갑자기 짙은 안개가 덮이더니 순식간에 가시거리가 1미터도 되지 않는 진풍경이 펼쳐졌다. 그대론 앞으로 나아갈 수 없었다. 우리는 당장 멈춰 서 안개가 걷히길 기다리자고 아버지에게 말했다. 하지만 바로 앞 어디쯤에 목장이 있다고 확신하신 아버진 말씀하셨다. "계속 가."

그러나 도무지 어디가 어디인지 분간도 할 수 없는 지경, 아버진 갑자기 차를 세우라더니 안개 속 어딘가로 사라지셨다. 그러더니 잠시 후, "야, 내가 이정표 보고 왔어. 이 길로 쭉 가다 오른쪽으로 꺾어지면 양떼 목장이야"라며 돌아오시는 거다. 아무리 말려도 소용없었다. 게다가 더욱 기가 막힌 건, 역시 양떼 목장엘 가고 있던 다른 차 한 대까지 데려와 우리 차를 따라오라고 말씀하셨던 거다. 아니, 지금 우리가 누굴 데려가? 아버지의 무모한 용기는 곧 싸늘한 실패로 돌아왔다. 몇 미터 가지도 않아 우린 길을 잃었고, 졸지에 따라온 차까지 같은 신세가 됐다. 그러자 아버지 내게 말씀하시길, "야, 니가 저 사람들한테 가서 이제부턴 당신들이 알아서 가라고 말 좀 해라." 이제 와서 당신들이 알아서 가라고? "그럼 우린 어떡해요?" "우리? 야, 안개가 껴서 하나도 안 보이니까 아무 데서나 오줌 싸도 안 보이겠어. 가서 오줌 싸고 와. 좋네."

강철 부친의 뒤통수 치는 해프닝은 다음 날도 이어졌다. 펜션에서 하룻밤 묵은 다음 날, 우리는 근처 피닉스 파크의 어린이 놀이동산에 가기 위해 차에 올랐다. 잠시 후 피닉스 파크에 도착한 우리는 놀이동산 가격을 알아오겠다며 먼저 차에서 내린 동생을 주차장에서 기다리고 있었다. 잠시 후 동생 돌아오며 하는 말, "형, 관광센터 지하에서 사람들이 떡을 치고 있어. 애들 데리고 가서 떡 치는 거 구경해." 애들 데리고 떡치는 걸 구경해…… 아무튼 센터 지하에선 사람들이 송편을 만들기 위해 정말 떡을 치고 있었고, 아버진 그들이 나눠주는 떡을 가지고 오셔선 맛있게 드시기 시작했다. 잠시 후 점심때가 되자 아버지께 물었다. "아버지, 점심은 어떻게 하죠?" "점심? 야, 떡을 어지간히 먹어서 그런지 점심은 안 먹어도 되겠다. 그냥 가자." 우리 중에 어지간히 떡을 먹은 건, 가족은 안중에도 없이 혼자서 그 많은 송편을 전부 드신 아버지뿐이었다. 순간, 차 안에 있는 가족은 모두 폭소를 터뜨렸다. 세상에, 우리 아버지, 당신만 떡 많이 드시면 세상이 모두 배부르답니까.

그리고 이어진 오대산 관광길. 아버진 돌아오는 길에 값이 무척 싸다며 감자 1만 원어치를 사서는 본인의 발밑에 놓고 차를 타셨다. 잠시 후 그 감자가 먹고 싶어진 우리, "아버지, 감자요." 하고 말했다. 그러자 아버지 왈, "그래, 나도 좀 먹자. 하나 다오." 일평생 엄마가 드리는 감자만 잡숴온 아버지, 감자를 드린다는 게 아니라 아버지 발밑의 감자를 좀 달라구요. 우리 아버지의 이중적인 모습이다. 세상에서 가장 근엄하기도 하고, 세상에서 가장 우스꽝스럽기도 하고, 또는 우리 사회를 상징적으로 압축한 인물인 것도 같고. 하지만 어쩌면 강인한 철칙과 허점 많은 본질의 공존에 역시 우리 세계의 정체가 있는 것도 같아 이젠 그 웃음에 익숙하다. 얼마 전 내가 출연하고 있는 라디오 방송의 디

제이가 생방송 도중 갑자기 화장실이 급해 잠시 자리를 비운 적이 있다. 뭐 그럴 수도 있는 일이었지만, 어떻게 알았는지 인터넷 뉴스 매체의 기자 하나가 피디에게 전화를 해선 꼬치꼬치 정황을 캐물었다. 그러니까 화장실에 왜 간 거예요? 구토? 설사? 그런데 왜 갑자기 화장실에 간 거죠? 이거, 그날 인터넷에 당장이라도 뜰 판이었다. 아니나 다를까, 과연 그랬다. 하지만 기사 톤은 디제이를 추궁하는 것이 아니라 무슨 정겨운 추석 해프닝처럼 묘사돼 그나마 다행이었다.

요즘 '뉴스'라는 단어의 범위가 별별 것으로 확장된 것에 염려를 금치 못하겠지만, 어쩌면 이 정도의 허점 찾기는 역시나 우리 세계의 정체를 향해 나아가는 웃음의 한 종류일 것도 같아 마음이 편안해졌다. 부산영화제가 시작됐다. 나도 일이 있어 영화제 내내 부산에 내려가 있다. 올해 부산에서도 위대한 업적과 얄궂은 해프닝이 모두 웃음으로 다가오길 기대해본다.

《FILM2.0》 305호(2006년 10월 24일)

델마와 루이스

내 인생에서 TV란 딸내미만큼이나 값진 존재다. 채널만 돌려도 이 영화, 저 영화, 별의별 할 말 많은 영화들이 속속 튀어나오니 말이다. 아니나 다를까 이번 주에도 90년대 초반 혜성처럼 나타나 눈물을 한 바가지나 쏟게 하던 영화가 케이블에서 방영됐다. 리들리 스콧의 〈델마와 루이스〉(1991)가 그 영화다. 집에서 조용히 살림이나 하라는 남편이 보기 싫던 델마(지

나 데이비스)와 웨이트리스 일이 지겹기만 하던 루이스(수전 서랜든)은 어느 날 여행을 떠나자 마음을 먹고 불현듯 자동차에 오른다. 처음엔 마냥 신나기만 하던 여행, 하지만 좀 쉬어 갈까 도로변 휴게실에 들른 두 여자는, 웬 사내녀석이 델마를 위협해 강간까지 하려 하자 루이스가 이를 저지하려 그를 쏴죽이면서 엉뚱한 방향으로 흘러간다.

이제 둘은 지옥 같은 일상에서 탈출한 고귀한 여행자가 아니라 사람을 죽이고 달아나게 된 도망자 신세다. 형사 할 슬로컴(하비 카이틀)이 아무리 그들을 보호해주려 해도 핸들을 꺾어 다시 돌아가기란 불가능하다. 둘은 어떻게든 멕시코 국경을 넘기 위해 달리고 또 달린다. 중간에, 우연찮게 그들을 검문한 경찰을 트렁크에 가두기도 하며, 성희롱으로 일관하던 트럭 운전사를 혼내주기도 하지만, 무슨 일을 겪든 그들의 처지는 점점 더 좋지 않은 결과만 나올 뿐이다. 마지막 장면, 드디어 많은 경찰들이 추격하는 가운데 벼랑 끝에 서게 된 델마와 루이스. 이대로라면 꼼짝없이 잡혀야만 한다. 순간, 영화 내내 그토록 어수룩하기만 하던 델마가 루이스에게 말한다. "우리, 가던 길은 계속 가야지." 루이스가 환하게 웃는다. 그리고 자동차는 저 깊고 깊은 벼랑과 하늘을 향해 전속력으로 달려간다. 그곳은 멕시코보다 훨씬 더 새롭고 상쾌한 그들만의 세상이다.

남다른 시각화 재능을 지니고 있는 리들리 스콧의 영화를 보는 건 언제나 즐거운 일이다. 사각 프레임 안에 집어넣을 피사체의 크기나 앵글 면에서 보통의 영화보다 훨씬 더 스펙터클한 쾌감을 전해주는 그의 영화는, 덕분에 그저 델마와 루이스 두 여자의 얼굴만 잡았을 뿐인데도 그 어떤 대규모 전장의 모습보다 광활하고 짜릿한 느낌을 안겨준다. 하지만 〈델마와 루이스)가 한 바가지나 되는 눈물을 흘리게 한 건 바로 그 마지막 장면 때문이다.

이 순간이 오기까지 델마와 루이스가 자동차 페달을 밟게 한 건 두 사람의 의지와는 무관한 사회의 힘이었다. 델마와 루이스는 어서 빨리 도망치기 위해, 아주 작게 뚫려 있는 생존의 길을 찾기 위해 원치 않는 길을 달렸다. 날이 거듭될수록 둘의 존재는 사라지고 규칙과 편견과 강박이 지배하는 거대한 힘이 굉음을 내며 먼지를 일으키던 여행. 하지만 델마가 "가던 길은 계속 가야지"라고 말하는 순간, 둘의 여행은 남들의 것으로부터 그들만의 것으로 돌아선다. 외형적으로 그것은 자멸이자 자살이지만, 사실 그것은 그들이 세상의 힘을 자기들의 것으로 돌아 세운, 그리하여 그들이 가고자 하던 그들만의 의지를 완벽하게 완성시킨 황홀경에 다름 아니다.

영화를 본다는 것에는 여러 가지 이유를 댈 수 있겠지만, 그중 주인공이 어떤 원하지 않던 힘으로부터 벗어나 뜻대로의 세계로 들어간다는 건 확실히 멋진 이유다. 그리고 델마와 루이스의 이런 결단이야말로 우리를 감동시키던 과거 어느 한때 영화의 빛나는 궤적이다. 어땠을까 정확히 기억은 나지 않지만 우리를 강압하는 시대로부터 벗어나 나를 찾는 것에서 최선의 의지를 발견하려고 하던 그 시절, 〈델마와 루이스〉는 바로 그 상징적 사건처럼 나를 눈물의 골짜기로 몰아붙인 것이다.

최근 한국 영화 〈잔혹한 출근〉(2006)이 시사회를 열었다. 이 영화는 김수로가 분한 주인공 동철이 주식 실패로 인해 빠져든 사채 이자 인생에서 벗어나기 위해 어쩔 수 없이 유괴를 저지르는 이야기를 담고 있다. 처음엔 쉽기만 하던 여고생 유괴 사건. 하지만 같은 시점 누군가 동철의 딸을 유괴하고, 또 도무지 여고생 아버지와 담판이 쉽지 않아지며, 게다가 자기 딸이 사라진 걸 알게 된 동철 아내의 광분까지 더해지는 와중에 사건은 엉뚱한 방향으로 흘러간다. 결국 동철은 자기가 개시한 사건에서 더 이상 해당 사건을 통제할 수 없는 하나의 수동적 대상체로 변해간다. 도무지 자신의 의지를 펼칠 수 없는 주인공이 점점 곤경에 빠져드는 코미디, 이건 너무나 안타까운 상황이다. 어쩌면 이것은 지금 우리가 살고 있는 시대의 정황인 것도 같아 이 영화가 등장한 지금 이 시대가 안타까울 따름이다.

영화를 보며 생각했다. 동철, 어딘가를 향해 가속 페달을 밟아라. 그리고 김태용 감독의 〈가족의 탄생〉(2006)에서 전대미문의 가족을 스스로 탄생시킨 주인공들이 떠올랐다. 그런 힘이 지금 우리들의 영화에 필요한 것은 아닌가, 생각했다. "원하는 것은 무엇이건 얻을 수 있고 뜻하는 것은 무엇이든 될 수가 있는" 정수라의 〈아! 대한민국〉. 그때 참 많이도 따라 불렀다.

〈FILM2.0〉 307호(2006년 11월 7일)

배창호

지금껏 내가 가장 좋아하는 한국 영화는 배창호 감독의 〈기쁜 우리 젊은 날〉이다. 배창호 감독은 당대 한국 영화를 이끌며 〈적도의 꽃〉, 〈깊고 푸른 밤〉(1984), 〈고래사냥〉(1984) 등 숱한 화제작과 실험작, 흥행작을 연출했지만, 역시 기억에 가장 많이 남아 있는 건 〈기쁜 우리 젊은 날〉이다. 사랑이란 현실이든 초현실이든 상관없단 식의 과감 무쌍 낭만주의를 이 영화

만큼 밀어붙인 작품은 없었고, (그리고 보니 〈너는 내 운명〉(2005)의 황정민과 흡사한) 인간 순수의 극한 정수라 할 안성기의 캐릭터 역시 대단했다. 마지막 장면, 세상을 떠난 아내 대신 어린 딸과 함께 소풍을 나간 그의 고즈넉한 모습은 이후 나 역시 그렇게 살아야겠단 생각을 버리지 못할 만큼 아름다운 절망의 극단을 보여줬다.

어쨌거나 그리하여 내게 배창호는 〈기쁜 우리 젊은 날〉만큼이나 하늘같은 존재였는데, 1995년 영화 기자로 사회생활을 시작한 지 불과 몇 달 뒤, 배창호 감독을 인터뷰할 수 있는 기적 같은 기회가 주어졌다. 바보 같은 편집장은 이제 갓 수습 딱지를 뗀 나를 청와대 옆 낙엽이 스산하던 배창호의 사무실로 밀어넣었고, 거기서 나는 내 인생의 가장 위대한 아이콘과 첫 만남을 갖기에 이르렀다. 당시 배창호 감독은 본인과 아내가 주연한 〈러브스토리〉(1996)란 영화를 준비 중이었는데, 사람들이 하도 왜 당신 부부가 주연까지 맡느냐고 핀잔을 해대는 바람에 아마도 자신의 생각과 공명해줄 누군가를 찾고 있었는지도 몰랐던 터, 그가 내게 건넨 첫 마디는 "이 기자, 사랑해봤나?"였다. 물론, 해봤다. "사랑이요? 그럼요. 지금도 열심히 하고 있어요." 그와 나의 사랑관이 통해서였을까, 그때 이후로 지금까지 배창호와 나는 종종 만남을 가지며 제법 속 깊은 얘기들까지 털어놓는 사이가 됐다.

1998년인가, 99년인가, 찬바람이 쌩쌩 불던 겨울날이었다. 충무로 뒷골목 허름한 술집에서 만난 배창호는 안주에서 새어 나오는 김이 모락모락 가게 안을 덥힌 가운데 새로 구상 중인 이야기가 있다며 한번 들어보라 하셨다. "오늘 같은 밤이야. 보름달은 휘영청 하늘에 걸려 있는데 저기 멀리서 한 여인이 타박타박 걸어와.

고개는 숙이고 눈은 피곤에 젖어 있지만 서민 네들의 흰옷을 정~갈하게 입은 품새가 필시 무슨 사연이 있는 여인네인 거야. 순간 문득 고개를 들어 앞을 보는데, 야, 새하얀 메밀꽃 밭이 막걸리 한 사발을 뿌려놓은 듯 흐드러지게 펼쳐져 있는 거야. 흠칫 놀랐지. 뭐였을까. 메밀밭을 보며 그녀가 떠올린 게 뭐였을까……. 달빛은 무르익고, 향기는 은은히 퍼지는데, 여인은 뭔가를 결심해. 그리곤 다시 길을 떠나……." 어느새 나는 그의 이야기에 완전히 젖어들어 있었다. 얘기가 끝나고 그가 안주 한 점을 집어 들었을 때도 나는 휘영청 밝은 달 아래 메밀밭에서 멀리 떠나가는 그녀를 바라보고 서 있었다. 그리고 이 이야기는 얼마 뒤 〈정〉(1999)이라는 영화로 만들어졌다.

배창호는 타고난 이야기꾼이다. 그가 자신의 입으로 전해주는 이야기는 이렇게 글로 푸는 것으론 비교도 할 수 없을 만큼 운치가 넘치고 가락이 있으며 듣는 이를 몽롱한 취기에 사로잡히게 한다. 얼마 만에 한 번씩 그를 만나며 나와 배창호의 만남이 무엇을 의미할까 생각하곤 했다. 시간이 흐를수록 점점 영화 만들기 힘들어지는 현실을 개탄할 때는 그와 나의 만남이 흡사 충무로의 10년 역사를 정리하는 느낌도 들었으며, 그런 와중에도 영화 속 리얼리티란 어떻게 완성되는가를 끝없이 고민하는 모습을 보면서는, 역시 그는 내 영화적 스승이자 아이디어의 원동력이란 생각을 했고, 이제는 자기 분야의 장인으로 우뚝 선 모습에선 한 명의 인간 대신 어떤 결정적 완결체의 모세포가 저기 존재하고 있다는 감동도 받았다. 하지만 역시나 배창호가 내게 부여한 가장 큰 충격은 '이야기의 힘'이다.

최근 들어 스토리에 앞서는 여타의 영화적 장치들을 옹호하고, 한 영화를 평가하는 기준이 전통적인 것들에서 멀어져가고 있는 시대의 공기에 찬동하는 쪽이긴 하지만, 배창호를 만날 때면 우리를 감동시키는 어떤 원형적 이야기의 힘이란 여전히 건재하고 막강한 것임을 환기하곤 한다. 그건 흡사 우리가 내 자신의 삶을 끈질기게 부여잡도록 등을 떠미는 압도적인 생명의 본질과도 같은 것이다. 〈열혈남아〉(2006)를 보면서도 같은 생각을 했다. 무대 인사에 오른 설경구가 "이 영화 쌩으로 찍었습니다. 비주얼 전혀 없습니다"라고 말한 것처럼, 꼭 그만큼 이 영화는 어머니와 아들, 지옥 같은 사내들의 세계를 고결하게 감싸는 삶의 원류를 이야기상의 본원적 곡선을 통해 들려주고 있었던 것이다. 이런 생각을 하고 있자니 〈기쁜 우리 젊은 날〉((1987)) 역시 배창호의 원형적 이야기를 통해 모호한 시대를 돌파하는 극적 계기를 염원하던 게 아닐까 싶기도 하다. 그렇다면, 지금 나라는 입자를 포함하고 있는 극적인 세계, 하나의 운명적인 스토리란 무엇일까 궁금도 하다. 그 이야기가 어느 순간 망치처럼 내 머리를 가격해 본원적 깨달음을 줄지도 모를 일이니, 이것 참 오늘밤엔 마감이고 뭐고 술이나 진탕 마셔볼까 싶은 마음이 새록새록이다.

《FILM2.0》 308호(2006년 11월 14일)

1969년 여름

1969년 여름, 내가 태어났다. 살아 있었다면 우리 형이 됐을 아이가 엄마 뱃속에서 유산되고 얼마 후 생겨난 나이기에, 할아버지는 나를 밴 엄마가 비 오는 날 시골 기차역에 도착하자 혹여 발이 젖어 나마저 유산될까 20여 미터 흙길에 가마니를 깔았을 정도로 애지중지하셨다. 그러니 오죽이나 귀하게 컸을까 싶지만, 뭐 꼭 그렇지도 않았으니 기억에 남은 건 이런 일들이다.

1975년 봄, 유치원에 들어갈 나이가 됐다. 엄마는 유치원부터 학벌이 좋아야 한다며 당시 서울 장안에서 명문으로 통하던 중앙대 부속 유치원에 입학 원서를 내셨다. 하지만 워낙에 지원자가 많았던 터, 유치원 당국에선 시험을 하나 치렀는데, 기가 막히게도 그건 아이들 양발에 돌 주머니를 매달고 달리기를 시켜 무조건 마지막까지 남는 녀석들 순으로 합격자를 뽑았다는 거다. 이른 나이부터 운동하는 건 죽어도 싫던 나였지만 오기는 있어 돌무더기와 함께 죽을힘을 다해 달렸고, 정말 죽을힘을 다해 달렸던지 앞이 캄캄하고 하늘이 노랗게 변하던 무렵 뒤를 돌아보니 서 있는 놈은 아무도 없었다. 결국 그해 1등으로 시험에 합격, 1년 동안 중대 부속 유치원에서 날 건드리는 녀석은 아무도 없었다.

1980년 가을, 학교에선 그해 전국산수경시대회 학교 대표로 나를 선발했다. 그나마 공부 좀 한다는 놈이었기에 내가 선발된 사실이 그다지 이상한 일은 아니었지만, 정작 나는 학교에서 배우는 과목 중 산수가 제일 싫었다. 지금도 마누라와 매달 생활비 계산할 때마다 뭐를 어떻게 더하고 빼는지도 헷갈리는 나이니 오죽했으랴. 그래서 담임선생님께 그 대회 정말 나가기 싫다고 떼까지 썼지만, 막무가내였다. 하루하루 대회 날이 다가왔다. 드디어 나는 마지막 수를 쓰기로 결심했다. 대회 날 아침, 갑자기 학교 바닥에 쓰러진 것이다. 난 정신이 혼미한 척 눈까지 까뒤집으며 부르르 몸을 떨었다. 소스라치게 놀란 학교에서는 구급차를 불러

나를 근처 병원으로 이송했고, 담당 의사가 아무래도 쟤 아픈 것 같지 않다고 고개를 갸우뚱거릴 때도 난 계속 눈을 까뒤집으며 침대에 쓰러져 있었다. 결국 그해 난 무사히 대회에 나가지 않았고, 다음 해 학교는 날 대표로 선발하지 않았다.

〈품행제로〉(2002) 조근식 감독의 신작 〈그해 여름〉(2006)이 곧 개봉한다. 영화는 이병헌이 맡은 극중 윤석영 교수의 회상에 따라 1969년 여름, 대학생이었던 그가 농활을 하러 내려간 시골에서의 이야기를 펼쳐 보인다. 말도 많고 탈도 많고 이데올로기 다툼도 심하던 시대였던지라, 젊은 석영의 모든 날들은 당대의 공기로부터 자유롭지 못했지만, 그해 여름 수내리라는 시골에서 평생의 연인이 될 한 여인, 수애가 분한 정인을 만난다. 풋풋하고 상큼하기만 하던 석영과 정인의 사랑, 하지만 석영은 다시 시대의 압박 속으로 들어가고 여기서 밝히진 못할 어떤 사건으로 정인과 이별한다. 〈품행제로〉에서도 1980년대로 돌아갔던 조근식 감독은 〈그해 여름〉에서 석영의 한 시절을 통해 시대와 사랑이 변주되던 당대를 언급한다.

우리에게 추억이란 마냥 낭만적인 것은 아니다. 과거로 돌아간 많은 영화들이 애잔한 정서 속에 지나간 모든 것을 향수로 감싸자 말하지만, 그들이 돌아간 시대의 곳곳엔 당대의 공기가 우리를 압박하던 흔적들이 개개인들의 삶 속에서 불현듯 떠오른다. 물론 이 말이 우리들의 지나온 시대란 언제나 상처투성이였다고 말하는 건 아니지만, 상당수의 과거 영화들은 바로 이런 이유로 시대적 패배주의로부터 자유로울 수 없는 것 또한 사실이다. 중대 부속 유치원의 시험 담당관은 왜 아이들에게 돌덩이를 매달고 달리게 했을까. 그 무지막지한 시험에서 1등으로 통과한 나는 왜 유치원 생활이 그리도

순탄했을까. 내가 다니던 초등학교의 선생님들은 왜 하필 나를 산수경시대회 대표로 선발했을까. 혹여 내가 학교생활이고 뭐고 별다른 문제없이 살아가던 모범적 학생이었기 때문일까. 그리고 어째서 그 지옥 같은 대회 출전은 막무가내 쓰러지기라는 기형적 수법을 통해서만 저지될 수 있었을까.

하지만 그 혼돈의 시절을 통과하게 하는 건 역시 평생에 기억으로 남을 어떤 순간이다. 〈그해 여름〉의 압박적 시절 속에 빛나는 것도 석영이 한 계절을 보낸 바로 그 시골의 찬란한 순간들이었고, 나도 그랬다. 최근에 기억나는 한순간이라면, 5년 전 태어나자마자 몸이 아파 신생아 중환자실에 입원해 사망 선고까지 받았던 딸아이가 기적적으로 살아난 그날이었다. 무려 2주 동안이나 눈도 뜨지 못한 채 중환자실에 누워 있던 아이는 그날 처음으로 눈을 떴다. 그 눈을 바라보며 난 소리쳤다. "몸에 좋다는 건 다 먹여!"

그런 순간들이라면 시대를 이길 수 있는 걸까. 아무려나 〈그해 여름〉의 빛나는 햇볕도 좋고, 이제는 많이 건강해진 딸아이가 아침에 일어나 낄낄거리는 웃음도 좋다. 인생, 한순간이다.

《FILM2.0》 309호(2006년 11월 21일)

결핍 사랑

최근 《FILM2.0》은 중앙대학교 첨단영상전문대학원과 산학협동 프로젝트 하나를 진행하고 있다. 매주 한두 명씩 감독을 초청해 중대 대학원 강의실에서 이른바 '감독에게 듣는 영화'라는 질의응답 이벤트를 벌이고 있는 것이다. 학생들에게 미리 해당 감독에게 질문할 내용을 받아 정리하고 사회자가 그것을 감독에게 질문해 답변을 들은 뒤, 이어서 그날 강의를 들으러 온 학생들에게서 직접 질문을 받는 그런 행사다. 거기서 《FILM2.0》은 무엇을 하는고 하니, 특정 기자와 평론가들이 사회자나 토론자 자격으로 행사에 참여하는 것인데, 관련해 지난주 금요일 난 사회자 자격으로 〈송환〉(2004) 김동원 감독과 〈쇼킹 패밀리〉(2006) 경순 감독의 행사에 참석하게 됐다.

〈송환〉은 비전향 장기수 할아버지들의 이야기를 무려 12년간이나 기획·제작해 완성한 다큐멘터리고, 〈쇼킹 패밀리〉는 〈민들레〉(1999)와 〈애국자게임〉(2001) 등을 만든 경순 감독이 자신을 포함 촬영감독 세영, 포토그래퍼 경은, 이렇게 세 사람 가족의 실제 이야기를 다큐멘터리로 만든 작품이다. 경순 감독은 남편과 이혼한 채 초등학생 딸 수림과 살아가는 사람이고, 경은은 이혼을 앞두고 어린 아들을 만나러 정기적으로 유치원에 찾아가는 여자이며, 세영은 대한민국에서 가장 전형적인 엄마와 아빠를 가족으로 둔 사람이다. '쇼킹'이라는 제목에서도 뭔가 풍겨오듯, 이 세 사람의 가정은 이른바 '정상적'이라 불리는 대한민국의 일반 가정과는 사뭇 다르며, 이 영화가 말하려 하는 것 역시 바로 그 '다양한' 형태의 가족을 있는 그대로 인정하자는 것이다.

하여간 이 두 영화감독을 대상으로 행사는 시작됐다. 두 시간여에 걸친 사전 질문 응답 시간이 끝나고 드디어 객석과 감독들의 자유 대화가 이어졌다. 흥미로운 사건은 바로 이 시점에 벌어졌다. 대학원 학생이기도 한, 한 수녀분이 번쩍 손을 드시더니 경순 감독을 향해 질문 하나를 던진 것이다. "〈쇼킹 패밀리〉에서 경순 감독님의 가족은 감독 본인과 딸 수림이, 이렇게 단 둘뿐입니다. 하지만 한 가족에게 있어, 또 성장과정의 어린아이에게 있어 아버지의 존재는 매우 중요하고 필수적입니다. 그런데 영화엔 정작 아버지 얘기가 쏙 빠져 있습니다. 감독님께선 어떻게 해서 이혼을 하게 된 건지, 지금 수림이가 아버지의 부재에 대해 느끼는 감정은 무엇인지, 그것이 지금 감독님 가정에 어떤 영향을 끼치는지, 바로 그것이 매우 중요한 문제인데 말입니다. 그걸 의도적으로 배제한 채 가족에 대해 말하는 건 적절하지 못하다고 생각합니다."

자, 수녀님의 의미심장한 질문에 경순 감독의 답변이 이어진다. "매우 좋은 질문입니다. 왜냐면 전 바로 그 문제 때문에 이 영화를 만들었다 해도 과언이 아니기 때문입니다. 그렇습니다, 수림이에겐 현재 아빠가 없습니다. 그런데 우스운 건, 수림이를 동네 무슨 행사나 모임 같은 데 내보내면 사람들이 꼭 하는 말이 '아유, 아빠가 없어서 참 힘들겠다' '수림이, 아빠가 없어서 어떡해' '쯧쯧, 너무 안됐다' 이러더라는 겁니다. 제 딸 수림이는 아빠가 없어서 불쌍한 아이가 아니라, 그냥 아빠가 없는 아이입니다. 세상엔 수림이에게 아빠가 없듯, 뭔가가 없는 사람들이 대부분입니다. 전 바로 이것, 비어 있는 것의 긍정과 그것을 삶의 조건으로 받아들이는 것이 지금 우리 사회에 매우 필요하다는 생각에 이 영화를 만들었습니다."

결핍 사랑. 〈송환〉이 그 정치적 태도 등의 이유에도 불구하고 많은 이들의 감동을 샀던 것과 달리, 〈쇼킹 패밀리〉는 찬반이 극명하게 갈릴 정도로 논쟁적인 다큐멘터리다. 요는, 그럼 대한민국의 모든 일반 가정이 그토록 애타게 꾸려가려는 행복이란 전부 허상이냐는 것인데, 경순 감독의 답변에서 이 주제는 분명하게 가려진다. 그는 대대수를 차지하고 있는 전형적인 가족의 형태를 마구잡이로 공격하자는 게 아니라, '충만'만큼이나 '결핍'도 우리들의 본질 그 자체라는 사실을 그저 인정하자는 것이기 때문이다. 그리고 보니 살아간다는 건 꼭 뭔가를 채워야 한다는 강박관념의 산물이었던 것도 같다. 하지만 잠시 뒤집어 보면 채워야 할 것 만큼이나 비어 있는 건 많았고, 그 비워진 여백들로부터 내 인생이 꾸려져 온 게 아닌가 싶다. 약간 비약을 섞어 얘기하자면 최근 등장한 연예인 자연산 가슴 주장 사건, 방송 중 가슴 노출 해프닝에 그토록 관심이 모아지는 것도 어쩌면 꼭 뭔가를 채워야만 안심이 된다는 강박의 결과는 아닐까 생각되기도 한다.

어쨌거나 너무 채우려다 사고치는 세상은 잠시 물러나 있어도 좋을 것 같다. 더불어 비우는 척 채우는 영화들도 밉상이다. 가뜩이나 돈도 별로 없고 가진 것도 없는 내 인생, 비우면 득도한다는 불가의 말처럼 어쩌면 세상에서 제일 잘난 인생일 수도 있겠다.

《FILM2.0》 310호(2006년 11월 28일)

006과 미녀

초등학교 시절, 한때 나는 006으로 불렸다. 사실 007 시리즈를 많이 본 건 아니었지만 당시로선 영화를 봤든 안 봤든 간에 아이들 사이엔 자신들의 삶을 좌지우지할 어떤 기준이 필요했는데, 어느 동네는 이소룡이 인기였다면 어느 동네는 007이 인기, 그런데 우리 동네의 영웅은 007이었으니 아이들은 007식으로 삶의 향방을 정하곤 했던 것이다. 아무튼 내가 왜 006이었나 기억을 더듬어보면 사실 잘 생각은 나지 않는다. 그래도 잘난 척을 한답시고 아이들 모두 008이나 009처럼 007보다 뒷 번호를 택하진 않았고, 친구 중 누군가 자신이 005임을 먼저 천명한 바람에 내가 006이 된 것으로 어렴풋이 기억한다.

하여간 우리 모두 007에 놀아나던 시기였기에 내가 자란 동네와 골목은 온통 첩보 작전을 펼치던 프라하의 음습한 거리이자 햇빛 찬란한 지중해의 바닷가였다. 거기서 우리들이 타고 다니던 고물 자전거는 당대 최고의 무기 전문가가 발명한 신무기였으며, 우리 집 옥상은 배신자를 처단하거나 자신이 본드걸이라 주장하는, 그러나 본드걸과는 전혀 닮지 않은 여자아이와 로맨스를 나누는 환상의 공간이었다.

당시 007에 동화된 우리는 모두 자기 자신을 005라 부르든 006이라 부르든 간에 그런 외적인 동일화를 부여했을 뿐 아니라, 살아가는 태도 역시 제임스 본드의 멋들어진 품새와 연결시키곤 했다. 가령, 저쪽 골목 어귀에 숨어 있는 악당 녀석과 대치를 할라치면, 이쪽 골목 귀퉁이에서 주변을 살피는 내 모습은 내 생각에 영락없이 세계 최고의 첩보원이었고, 지나가는 사람들이 내 긴장되고 날카로운 눈빛을 본다면 분명 진정한 감탄사를 연발할 것이라 정말로 생각한 것이다.

그것뿐만 아니다. 내 기억에 007은 본드걸과 잠자리를 갖다 알몸인 상태로 동료에게 들키던 장면이 있었는데, 어느 날 밤 집에서 100미터 정도 떨어진 목욕탕에서 나오던 나는, 요행히 한밤중이라 지나가는 사람도 아무도 없는 터, 도저히 해서는 안 될 민망한 짓을 해보자고 결심을 하기에 이르렀다. 그 짓이 무슨 짓인지는 차마 밝히지 못하겠고, 아무튼 나는 그런 자세로 집까지 걸어가면 내가 정말로 006이 될 거란 생각에 기어코 그 미친 짓을 하고야 말았던 것이다.

아무튼 나는 행복했다. 내가 만든 하나의 완결적 세계 속에서, 어떤 의심도 사지 않은 채 우리를 지배하던 단 하나의 낭만적인 기준 속에 세상을 주도해간다는 건 어느 누구 부럽지 않은 최고의 인생이었다. 하지만 그 시기는 채 1년을 넘기지 못하고 사라졌다. 이후 나에겐 그리 반갑지 않은 새로운 기준들이 찾아왔다. 중학교에 입학을 할 시기, 당시 좀 못사는 동네에 살던 나와 친구들은 잘사는 옆 동네 중학교에 배정을 받았느냐, 우리 동네 중학교에 배정을 받았느냐에 따라 계급적으로 갈라졌고, 잘사는 동네 중학교에 입학한 뒤에도 그 동네 아이들에게 난 그래도 비교적 부잣집 아이라는 사실을 부각시키기 위해 별 허망한 짓까지 서슴지 않았다. 그 뒤로도 세상의 많은 기준들이 내게 도착했지만 어느 것 하나 행복하지 않았다. 돌이켜 보면, 007만한 절대 기준을 스스로 찾지 못한 이후 세계의 기준 난립이 내 인생의 가장 무의미한 시간들이었다 싶기도 한 것이다.

〈미녀는 괴로워〉(2006)를 보며 같은 생각을 했다. 김아중이 분한 주인공 한나는, 비록 95킬로 그램에 육박하는 세상천지의 뚱보 못난이이긴 했지만, 그렇게 뚱보임을 인정한 채 자기 기준으로 삶의 방식을 꾸려가는 모습은 006이던 내 모습과 흡사했다. 하지만 어느 날 그녀에게 찾아온 사랑의 상처로 한나는 대 성형수술을 하기에 이른다. 자, 이제부터다. 과연 한나는 006에서 벗어나 세상 속에 파묻히던 나처럼 꽃미녀 지상시대 속에 제 한 몸을 팔 것이냐, 아니면 그녀만의 새로운 기준들을 찾아 나설 것이냐. 솜씨 좋은 김용화 감독은 전자에서 시작해 후자로 들어선다. S라인 명가수 제니로 변신한 한나는 한동안 세상의 기준에 호사를 누리지만 이내 그 기준이 허망한 것이란 생각에 대반전을 하기에 이르고, 그 순간 세상은 다시 한나의 것으로 돌아선다. 이 영화는 자기만의 기준을 찾지 못하던 한 여인네가 사실은 자기만의 기준 속에 살던 과거의 영광을 회복하는 매우 그럴 듯한 이야기로 이렇게 거듭나는 것이다.

그리하여 〈미녀는 괴로워〉는 006과 일심동체가 됐다. 이번 주엔 007 대특집을 마련했다. 편집을 하고 있자니 자꾸만 006 시절이 떠오른다. 괜스레 기대도 생긴다. 언젠간 내가 정말 006이 될지도 모르겠단 기대가 말이다.

《FILM2.0》 314호(2006년 12월 26일)

퍼포먼스

크리스마스 이브, 모처럼 가족들과 외식을 나갔다. 아내가 몇 번 가봤다고 하는 일식집에 갔는데, 코스로 나오는 음식들을 먹고 있자니 갑자기 주인아저씨가 들어와선 산낙지 세 마리를 뭉텅뭉텅 썰어대기 시작했다. 오우, 저걸 썰지도 않고 집어삼키던 게 〈올드보이〉의 최민식이었지 생각하고 있던 순간, 함께 들어온 조수는 갑자기 이름도 모를 느물느물 생명체를 통째로 말아선 손수 내 입에 집어넣었다. 아니 이게 무슨 에로틱한 상황인가 싶었지만, 아무튼 받아먹지 않을 수 없었던 그 친근한 분위기 속에 맛은 상당히 버렸다.

밥을 먹은 우린 "앞으로 더욱 열심히 하겠습니다! 충성!"이라고 경례까지 붙이는 주인아저씨를 뒤로 한 채 일곱 살짜리 조카 녀석이 공연을 하기로 돼 있는 동네 교회로 차를 몰았다. 아기 예수의 탄생을 축하하는 이 공연은 예년과 똑같은 공연이었고, 교회 불을 전부 끈 상태로 20여 명의 아이들이 무대에 오른 뒤 단 한 명도 서로 손발이 맞지 않는 춤을 춘 것도 예년과 같았다. 하지만 그럼에도 불구하고 1년 내내 신앙과 담 쌓고 지내던 나마저 성스러운 감동을 느낀 것도 예년과 같았으니, 이것 참 알다가도 모를 일이다.

크리스마스 당일, 1997년 바로 이날 세상을 떠나신 할머니 덕에 매년 크리스마스가 되면 추도 예배를 드리러 모두 한자리에 모이는 우리 집 30여 명 대식구는 이날도 어김없이 아버지 집에서 예배를 드렸다. 그 예배라는 것 역시 매년 똑같은 것이어서 작은어머니께서 맨 먼저 부를 찬송가 번호, 설교 대신 대독할 성경 구절, 마지막으로 부를 찬송가까지 적어 내게 주시면, 장손인 내가 사회자를 맡아 모두 한 마음 한 뜻으로 할머니를 기리는 것이었다.

올해도 어김없이 추도 예배는 경건하게 치러졌다. 예년과 똑같이 예배 중 한 아이가 울었고, 우는 아이를 황급히 뒷방으로 데려간 뒤 모두 더욱 경건한 마음자세를 다잡는 것도 예년과 같았다. 식사를 마친 뒤엔 각 집안의 꼬마 아이들이 어른들 앞에 나와 예년과 똑같이 노래를 불렀다. 내 딸은 제목도 알 수 없는 몇 개의 동요를 예년과 똑같이 고래고래 목청을 높이며 신나게 불러댔고, 예년과 똑같이 초등학생 조카 녀석은 노래 부르는 게 창피하다며 옆방으로 도망쳤다. 아이들이 모두 노래를 마친 뒤, 그래 우리 집안은 여전히 행복해, 라는 표정을 지으시는 어른들의 모습 역시 예년과 똑같았다. 아니 세상에, 어쩌면 이렇게 모든 것이 예년과 똑같을 수 있단 말인가.

이건 모두 일종의 '퍼포먼스'다. 손님상에서 산

낙지를 썰어대며 충성을 맹세하는 일식집 아저씨나 교회의 공연, 할머니 추도 예배의 모든 풍경이 다 퍼포먼스다. 연말연시는 특히 퍼포먼스의 계절이어서, TV만 켜면 매년 같은 시점에 등장하는 프로그램들이 부활해 연예인들이 똑같은 퍼포먼스를 펼쳐 보인다. 그런데 이 퍼포먼스라는 거, 참으로 무섭다. 우리 시대의 퍼포먼스란 일종의 주기적 제례 의식과도 같다. 한 해 동안 이어지는 TV 편성 스케줄은 설날, 여름휴가철, 추석, 크리스마스, 연말 같은 주요 기점들을 중심으로 시청자들의 흩어진 마음을 환기시킬 퍼포먼스를 준비한다. 퍼포먼스는 우리들의 일상에서도 주요하게 작동하는 괴물과 같은 것이어서, 가령 누군가와 연애를 한다고 할 때 그녀와 만난 지 100일째 되는 날에, 그녀의 생일에, 심지어 그녀가 회사에서 칭찬을 받은 날에 멋진 선물과 고백을 행하는 퍼포먼스야말로 그저 흘러가는 무수한 연애의 시간들을 다 잡는 환희와 각성의 기준점들과 같기 때문이다. 그렇게 놓고 보자면, 일정한 시점에 행해지는 우리 세계의 퍼포먼스들이란 그것을 행하는 것 자체가 흡사 시대의 하수인이 되는 것과도 같은 일종의 사회적 표상이요, 모두 하나의 집단에 동일한 사고로 엮여 있음을 스스로 증명하는 보수적 의식과도 같다. 하지만 바로 그런 의미에서 때 되면 행해지는 퍼포먼스가 조금씩 달라지면 어떨까 하는 기대를 해본다. 사실, 당초 '퍼포먼스'라는 용어 자체가 초현실주의자들, 미래주의자들, 현실 저 너머의 이상을 꿈꾸는 자들의 전위적 공연을 뜻하는 것이었음을 떠올려볼 때, 크리스마스의 난데없는 SF 판타지 공연, 100일째 되는 날 사랑의 폭력적 본질에 대해 연인과 대화를 나누는 것, 할머니 추도 예배가 끝난 뒤 온 식구가 술판과 고스톱판을 벌이는 것 같은 도발적 퍼포먼스가 은근히

기대되는 것이다. 2007년엔 영화계에도 기점마다 퍼포먼스가 여지없이 행해질 것이다. 거기서 변화와 개혁의 기운이 감지돼 한 해 전체가 요상하게 돌아간다면, 그것 또한 흥미진진하리란 생각이다.

〈FILM2.0〉 316호(2007년 1월 9일)

성형

지난 월요일, 아는 회사의 지인들과 술을 마셨다. 스테이크마냥 두껍게 썰려나온 삼겹살에 갈비탕 국물을 곁들여 먹는 이상한 술자리였지만, 아무려나 거나하게 취했을 무렵, 드디어 500만 고지에 올라선 〈미녀는 괴로워〉 얘기가 나왔다. 〈미녀는 괴로워〉라……. 이미 기자 시사 때 한바탕 눈물까지 쏟아내며 열광하던 터라 나로선 생각만 해도 기분이 좋은 영화였건만, 이런, 자리에 참석한 두 여성에게서 호된 비난이 쏟아졌다.

"이 편집장님, 〈미녀는 괴로워〉가 좋은 영화예요? 아, 저도 물론 재미있게는 봤어요. 그런데 보다 보니까 점점 불쾌해지더라고요." "아니 왜요? 김아중이 너무 예뻐서?" "아니 그게 아니구요, 아니 맞죠, 그것도 맞는 거죠. 그러니까 말이에요, 이 영화는 겉으론 아닌 척하면서 성형도 얼마든지 괜찮다, 결국은 외모지상주의를 옹호하자 그런 영화잖아요. 주진모가 김아중을 왜 좋아하겠어요. 반성을 했건 어쨌건 간에 성형을 해서 이미 예뻐지고 난 후니까 좋아하는 거잖아요."

옆에 앉은 제2의 여인한테서 도움말이 쏟아졌

다. "맞아요. 특히 말이에요, 그 마지막 장면, 김아중 친구 김현숙이 자기도 성형하겠다고 의사 찾아가는 장면 기억나세요? 그 장면이 결정적이에요. 그게 바로 이 영화가 성형을 주장하는 영화다, 그걸 증명하는 거 아니겠어요?" 다시 제1 여인의 도장 찍기. "전 말이에요, 이 영화가 지금 한국 사회에 아주 뿌리 깊게 박혀 있는 외모지상주의를 너무 노골적으로 편들어주고 있다고 생각해요. 사실 현실이 그렇잖아요. 직장 내 여성을 대상으로 한 외모지상주의는 정말 짜증나요. 저만 해도 이 회사에서 얼마나 피해를 입었다구요. 남보다 더 좋은 기획안을 내도 예쁘지 않단 이유로 자르더라니까요." "아니 누가요?" "저기 저 사람이요." 내가 보기엔 여인이 손가락질 한 남자가 오히려 외모지상주의의 피해자처럼 보였지만, 아무튼 여인의 분노는 거침없이 쏟아졌다.

아닌 게 아니라, 〈미녀는 괴로워〉와 외모지상주의, 그리고 성형수술의 문제는 개봉 직후부터 불거져 나왔다. 인터넷 사이트에서는 뚱보 김아중이 S라인 김아중으로 변신하는 데 총 6000만 원 정도의 수술 비용이 든다는 기사도 흘러나왔고, 제작사 사람들 역시 성형수술에 대한 관객들의 문의가 게시판을 채웠다고 말하기도 했다. 하지만 나로선 도무지 이해가 되지 않는 얘기다.

그렇다면 어디서 이 영화에 관한 두 가지 의견이 서로 등을 보이며 갈라선 걸까. 여인 1, 2의 말을 들은 나와 또 다른 한 사람, 얼마 전 《FILM2.0》에서 퇴사한 전 취재 기자 김세윤은 다음과 같은 말로 응대했다. "우린 그렇게 생각하지 않아요. 이 영화에서 중요한 건 '성형' 스토리가 아니라 '성공' 스토리라고 봐요. 물론 성형이 매우 중요한 소재로 등장하지만, 그건 성형을 옹호하기 위해서가 아니라 그것이 지금 우리 현실에 만연한 하나의 거부할 수 없는 조건이기 때문인 거죠. 그러니까, 이 영화를 보는 가장 적합한 방법은 현실의 조건들에 필요 이상의 의미를 부여하는 것이 아니라, 대신 이 영화가 그 너머에서 감성적으로 관객에 호소하는 무엇을 발견하는 것이리라 생각해요."

안 그래도 최근 그런 생각을 많이 한다. 여인네들과 나, 둘 중 누가 영화를 제대로 본 것이냐의 문제가 아니라, 과거 현실적이고 이성판단적인 주제에 집중적으로 파고들던 영화 관람의 형태는 이제 조금씩 바뀌고 있다는 것이다. 이른바 관객과의 가장 근접한 만남을 최우선 과제로 생각하는 '대중 영화'들에 있어 현실적 조건들은 흡수 가능한, 곧 그것에 지나치게 함몰하는 건 불필요한 요소들로 자리를 바꿔가고 있다. 물론 언제까지나 그 주제들이 우리 삶에 개입할 것은 분명하지만, 이 모든 걸 인정하며 하나의 완결적 매개로 완성된 영화는 거기에 대한 어떤 태도를 취하느냐를 넘어 대체 어떤 일관적 감성으로 관객과 호응할 것이냐가 더욱 중요한 시대로 나아가고 있단 얘기다. 이렇게 된다면 해당 시대의 사회적 쟁점과 영화적 변용에 집중하던 과거 영화 평론의 매우 주요한 패러다임에 한 가지 요소가 덧붙여진다. 그건 해당 영화의 일관된 감성을 방해하는 주변적 감성, 곧 관객의 통일된 이입과 연대를 방해할 또 다른 감성요소들의 오류적 난립을 얼마만큼 제거할 수 있을 것이냐의 문제다.

나는 이것이 최근 개봉한 많은 영화들에서 공통적으로 주목되는 징후라 생각한다. 일관된 감성적 리듬을 따라가는 와중에 그 아래 복속된 것들까지 자연스레 재배치하곤 다시 거대한 모함母艦으로 돌아와 거기서 다시 전쟁을 주관하는 것. 흐우, 아무래도 이 얘긴 다음 주 편집장의 말까지 이어질 것 같다.

(그러나 이지훈의 '이 얘긴' 다음 주로 이어지지
못했다. 319호를 펴낸 뒤 뇌종양으로 쓰러졌고,
더 이상 '편집장의 말'을 쓸 기회는 오지 않았
다 — 편집자.)

《FILM2.0》 319호(2007년 1월 30일)

이지훈의
어퍼컷

2007년 뇌종양이 발병했지만
10시간이 넘는 대수술을 받고 기적처럼 회복,
1년 5개월 만에 다시 복귀해 격주 기고하던 대중문화 비평.
《FILM2.0》 391호(2008년 6월 10일 발행)부터
417호(2008년 12월 9일 발행)까지 집필.

짱다운 짱이 되어라

여름방학을 며칠 앞둔 고등학교 1학년 때였다. 점심시간이 되어 도시락을 까놓고 친구들과 밥을 먹고 있는데 갑자기 웬 녀석 하나가 우당탕 교실 문을 열고 들어왔다. "잘 봐! 내가 지금 뭘 하는지 똑똑히들 봐!" 그러더니 녀석은 가지고 들어온 유리 조각 하나로 자기 팔목을 획 그어버리는 게 아닌가. "야, 쟤 지금 뭐하는 거냐……" 녀석의 팔에선 피가 철철 흘러내렸고 교실은 웅성거렸다. 그리곤 녀석의 호기 어린 일성이 이어졌다. "다들 봤지!! 이제부터 내가 이 학교의 짱이다!!!"

이른바 '자해공갈형 짱먹기'가 만연하던 우리 학교의 모습이었다. 누가 누구랑 싸워서 이겼네 마네 할 것도 없이 그냥 이렇게 자기 팔에 누가 더 세게 상처를 내느냐로 서열이 나뉘던 학교였다. 내가 입학하기 전엔 팔에 줄긋기가 아니라 머리로 유리창 깨기가 유행이었다는데, 아무려나 3년 내내 피 흘리는 팔 보고 있기도 참으로 지겹던 시절이었다. 하지만 그게 그렇게 만만히만 볼 건 아니라는 영화 한 편이 개봉을 한다. 남들 앞에선 별별 짓거리로 잘난 척하다가 집에 가면 참으로 한탄스러운지 인생 절망하고 통탄하겠지 싶었던 고놈의 녀석들이, 어쩌면 나보다 훨씬 잘난 삶을 살아가고 있었는지도 몰랐을 거란 영화다. 일본의 대표적인 엽기폭력 감독 미이케 다카시의 신작 〈크로우즈 제로〉(2007)다.

상영 시간 내내 수업 중인 교실 풍경이나 선생님들의 모습이라곤 눈을 씻고 찾아봐도 보이질 않는 스즈란 고교. 이 학교는 교내 곳곳이 K-1 격투장스럽고, 여기서 짱을 먹으면 야쿠자들도 인정해줄 만큼 폭력과 싸움질이 학업의 전부인 곳이다. 어느 날 이곳에 야쿠자 보스의 아들 다키야 겐지가 전학을 온다. 녀석이 스즈란 고교에 나타난 이유는 조만간 당대 고수들을 모조리 물리치고 학교 짱이 되기 위해서다. 주먹질이라면 당대 최강임을 자부하는 겐지. 하지만 스즈란엔 세리자와 다마오라는 절대 강자가 있으니 영화는 수십, 수백 양아치들의 싸움판으로 두 시간을 평정한다.

홀연히 나타난 주인공이 당대의 양아치들을 물리치며 학교 짱을 향해 달려가는 이 영화는 한마디로 우리들의 지난 세월에 대한 송가라 부를 수 있다. 이런 영화, 한두 번 본 건 아니다. 하지만 이런 영화, 한두 번조차 보지 않았던 것도 사실이다. 생각해보자. 중학교, 고등학교 시절 양아치, 깡패들이 나름대로 학원가를 평정하겠다며 양 주먹 불끈 쥐고 일어섰던 이야기들은 그 결말에 이르러 모든 것이 하나의 해프닝이었다 말하고 끝을 맺는다. 지들은 나름의 명분과 자존심을 가지고 싸움판에 나섰겠지만 그래 봐야 유치뽕짝 날라리들에 불과했고, 지금 모두 어른이 되어 되돌아보니 남은 건 추억뿐이었단 거다. 그 추억이 지금의 우리에게 무엇을 남겨줄까? 시간은 과거의 그 시절에 정지해 있고, 그저 그랬던 한 시절에 대한 향수와 시대적 풍경이 한 장의 회화처럼 남아 있을 뿐이었다.

하지만 〈크로우즈 제로〉는 처음부터 다른 길 위에 서 있다. 이 영화에 등장하는 당대 학원 강짜들의 이야기는 과거에 봉인된 채 추억 속의 그것으로만 기능하지 않는다. 미이케 다카시는 그들 사이에 벌어지던 짱먹기 대혈투를 현재진행형의 그것으로 찬동하는 동시에, 진정한 짱으로 인정받기 위해 그들이 마음속에 품었던 결기와 열정을 인생 다른 어느 시절의 그것보다 가치 있던 것으로 인정해 마지않는다.

다만 할 일 없는 깡패 새끼들, 나중엔 기껏해야 사회부적응자나 될 놈들의 의미 없던 주먹질이 아니었다. 세상의 어떤 일이든 그것이 벌어지는 순간의 확고부동한 믿음과 질주는 그것이 후대의 삶에 비추게 될 추억과 향수보다 훨씬 더 커다란 가치로 다가온다. 겐지와 놈들에겐 그것이 있었다. 그 쓰레기 같은 학교에서 짱을 먹은들, 졸업하고 나면 대체 뭘 할 거냐고? 그건 그 나이가 되면 또다시 시작이 될 거다. 또 다른 사건들이 벌어질 것이고, 또 다른 선택이 이어질 것이며, 또 다른 무언가가 만들어질 것이다.

우리들에게 과거란, 더 나은 현재와 미래를 위한 준비의 과정으로만 인식되기 일쑤지만, 시간의 패러다임이란 그렇게만 흘러가지 않는다. 과거는 과거의 시간 그 자체로, 현재는 현재대로, 미래는 미래대로 순간순간마다의 목적과 결과를 가져온다. 그러니 첫사랑에 실패했다고 그리 낙담하지 말자. 첫사랑은 죽음에 이르기까지의 내 모든 인생에 걸쳐 있어야 했기에 아름다운 것이 아니라, 그것이 발생하고 진행되던 내 삶의 그 시절을 채워주었기에 아름다운 것이다. 그러니 첫사랑에 실패했다고 통탄하지 말고, 혹여 첫사랑을 열성껏 제대로 하지 못했는가를 후회하시라.

《FILM2.0》 393호(2008년 6월 24일)

말보다 앞선 세상

며칠 전 딸아이가 갑작스레 입원을 하는 바람에 최근 내 거처는 사무실이 아니라 세브란스 병원이 되어버렸다. 애비랍시고 하나 있긴 한데 딱히 뭘 해주는 건 없고, 그냥 애 얼굴 앞에 내 얼굴 들이밀어 아빠가 항상 네 곁에 있다는, 참으로 닭살 돋는 퍼포먼스라도 해줄 심산에서였다. 하지만 매일 보는 아빠, 이젠 당신 얼굴 쳐다보기도 귀찮다는 듯한 딸아이의 심드렁함이 서글퍼지던 어느 날, 친하게 지내는 후배 하나가 병문안을 왔다가 함께 저녁을 먹게 됐다. 메뉴는 그녀 된장찌개, 나 낙지덮밥이었다.

회사를 그만두고 최근 영상대학원 공부 삼매경에 빠진 그녀는 당초에도 엄청난 독서량을 자랑했음은 물론 온갖 책들과 자료, 화집들을 사모아 혼자 사는 집 안에 쌓아두는 것으로 유명했다. 그랬던 그녀, 찌개 한 술을 뜨며 말문을 연다. "엊그제 책을 읽다 불현듯 뭔가가 내 머리를 스치고 지나갔어요. 그건, 아 내가 그동안 그렇게나 많은 책들을 사 모으며 찾아 헤맸던 내 최대의 관심사, 그건 바로 이미지였구나 하는 생각이었어요." 보기보다 매워 죽겠는 낙지 쪼가리들을 집어 삼키는 동안 그녀는 언어에 지배당하던 20세기와 온통 이미지 천국인 21세기에 대해 장구한 상념들을 설파했다.

순간, 그녀의 머릿속을 번쩍 뜨이게 한 뭔가가 된통 섭지지도 않는 낙지 다리들과 함께 내 대가리를 강타했다. 그럼 그동안의 나를 지배하고 있던 내 최대의 관심사는 무엇이었을까? 길게 생각할 필요도 없었다. 나름의 생명력과 에너지를 창조하고 방출하는 그것, 바로 '자생성'이었다. 예컨대 나는 영화의 주제랄까 감동이랄까 뭐 그런 것들이 꼭 스토리에서만 만들어진다고 생각하지 않는다. 사실 뭐 그건 꼭 나만의 생각도 아니다. 인류 역사상 가장 물질적이고도 형식 지향적인 이놈의 영화라는 매체는 그 물리적 표현이나 형식적 장치를 통해서도 제 나름의 창의적 감성과 감동을 창출해낸다. 얘가 쟤를 사랑한다? "오오 너는 나만의 뜨거운 태양, 오오 너는 나만의 겨울 바다"보다는 그냥 얘가 재를 그윽하게 바라보는 눈빛을 클로즈업 하는 것이 훨씬 더 커다란 감동을 안겨준단 얘기다.

난 그런 영화들이 좋다. 그런 영화들은 스토리 중심의 고전적 영화들이 익숙한 감동만을 만들어낼 때 뭔가 새로운 것을 생산해내기 위해 맨 삽을 들고 사막으로 나아간다. 거기서 얘가 재를 어떤 스토리 속에 죽음으로 몰아넣는가를 고민하는 대신 어떤 앵글과 어떤 조명, 어떤 쇼트 바이 쇼트가 관객으로 하여금 죽음의 공포를 느끼게 할 것인가 연구한다. 가장 본질적이면서도 자주자주 잊는 영화 매체의 이 기본 얼개는 어쩌면 미래의 영화가 책임져야 할 가장 중대하고도 본연적인 숙제가 아닐까 생각해보는 것이다.

최근 개봉한 몇 편의 영화가 이 영역에 속해 있어 한동안 기분이 좋았다. 〈해프닝〉(2008)이 그랬고 〈원티드〉(2008)가 그랬다. 가령 〈원티드〉에서 원형으로 돌아 발사되는 총알의 이미지는 그 자체로 형식적 쾌감과 이미지의 자생성을 만들어 관객을 즐겁게 해준다. 끊임없이 새로운 뭔가를 표현하려고 애쓰는 할리우드 액션 영화의 최근작 〈원티드〉는 미션 임파서블한 이미지의 구현을 통해 형식적 쾌감을 창출, 그 자생적 구동력으로 관객의 시선을 잡아채려 한 것이다. 〈해프닝〉의 도입부, 도시의 사람들이 갑자기 자해를 시작한다. 카메라가 공사 중인 건물 아래로 이동하면 갑자기 옥상에서 사람 하나가 픽 하는 소리와 함께 추락한다. 놀란 인부가 옥상을 쳐다본다. 순간, 수많은 사람들이 아래로 떨어진다. 이 급작스럽고도 아무런 설명 없이 벌어진 참극의 이미지는 인류의 자해적 미래에 관한 주제와 관련해 더 이상의 내러티브적 시간 낭비 없이도 압도적인 공포감을 전해주는 것이다.

자생적 형식주의가 우리에게 던져줄 각성은 논리적인 대신 감성적이다. '이명박 각성하고 미친 소 재협상하라'는 논리적 구술보다 더욱 강하게 우리의 마음을 흔드는 건 수십만 개의 촛불이 불야성을 이루는 이미지와 그것을 건물 상단부에서 촬영한 초거대 롱 쇼트다. 미래의 인류에게 가장 강력한 인식의 수단은 바로 이것일지 모른다.

생각해본다. 이제는 지 아빠보다 〈짱구는 못말려〉가 더 좋은 저 되바라진 딸내미, 그녀에게 아빠란 자의 얼굴은 과연 어떤 얼굴일까? 요즘 독실한 크리스천인 우리 엄마는 교회를 혐오하는 아버지를 악마라고 부른다. 설마 딸아이가 날 악마라고 생각하진 않겠지, 그냥 나 혼자 가슴을 쓸어내려본다.

《FILM2.0》 395호(2008년 7월 8일)

살거나 또는 죽거나

배가 아파 병원에 입원한 딸아이의 병실 생활이 어느덧 3주째다. 아직도 한 주 정도는 더 있어야 한다니 우리 집 전체를 통틀어 가장 긴 입원 기록을 세우고 있는 셈이다. 3주씩이나 병원에서 살다 보니 종종 동료들도 병문안을 오고, 가족들도 얼굴을 비치신다. 그중에는 물론 아버지도 있다. 아버지는 일을 마치고 손녀딸을 보러 오시는지라 언제나 저녁때가 되어야 병실 문을 열고 들어오신다. 그날도 그러셨다. 그리고 나와 아버지, 단둘의 저녁 식사 시간이 이어졌다.

아버지의 메뉴는 바지락 손칼국수. 칼국수란 걸 입에 넣어보신 게 무려 15년 전이라는데, 그 날은 왠지 드시고 싶으셨단다. 숟가락으로 뜨거운 국물을 잡수시며 컥컥거리시던 아버지, 갑자기 영화 얘기를 꺼내신다. "너 〈핸콕〉(2008) 봤냐?" "예." "그게 대체 뭔 영화냐? 그래서 뭘 어쩌라는 얘기야?" "……" "그리고 그 주인공 걘 왜 그렇게 드러워?" "아니 그게요, 요즘 영화의 주인공들이 뭔가 안티 히어로……." "안티는 무슨. 그리고 내가, 〈핸콕〉을 보기 전에 영화 한 편을 더 봤어, 같은 날에. 그게 〈원티드〉였거든. 넌 그거 재밌었냐?" "네, 전 그 영화 정말 재미……." "그게 뭐가 재밌냐?! 어떻게 총알이 휘어져서 나가?!! 이젠 아주 별 쓰레기 같은 영화들만 나와!! 요즘 젊은 것들은 그런 게 재밌나 보지? 야, 너 옛날 영화중에 〈자칼〉(1997)이라고 아냐? 그 국제 첩보조직원들과 킬러의 사실적이고 치밀한 대결. 명색이 영화라는 게 그래야 하는 거 아니냐." "아버지, 칼국수 다 식어요……."

뭔가 일이 터지면 세상에서 가장 극단적으로 반응하시는 아버지. 과거 볼만한 영화 하나 추천해달라시기에 〈유주얼 서스펙트〉를 강추했더니 극장에 가 영화를 보시고 돌아오셔선 "니가 영화평론가 맞냐"며 때려죽일 듯 나를 쳐다보시기도 했고, 드라마 〈엄마가 뿔났다〉를 보다 장미희가 나와 별 변태 교양을 나불거리자 "만약에 저런 년이 세상에 실제로 존재한다면 냅다 끌어다 63빌딩에 목매달아버려야 돼"라고도 하셨으며, 〈무한도전〉에 포복절도하던 나와 내 동생 앞을 지나치시며 "저런 프로 보는 새끼들은 당장 잡아다 눈깔을 뽑아버려야 돼"라고 극악 멘트를 날리시던 아버지. 그런데 내 생애 40년 동안 보아온 아버지의 그런 극단적 포스, 타협이고 중재고 깡 무시하고 무조건 가장 악

독한 해결책을 내놓으시는 아버지의 말은 사실 언제 들어도 기분이 좋다.

그런 포스 가진 사람, 세상 속에도 있다. 대표적인 인물이 전 《월간조선》 편집장 조갑제다. 17일 방송통신심의위원회가 MBC 〈PD수첩〉에 광우병 보도 관련 사과 방송을 내보내라는 중징계를 내리자, 조갑제는 기다렸단 듯 "아예 MBC의 방송 허가마저 취소해야 한다"고 강력히 주장했다. 미국산 쇠고기의 광우병 염려와 불안 심리를 비합리적으로 부추기고 불법 시위마저 비호했으니, 이것은 "건국 이래 처음 보는 민주적 기본 질서에 대한 정면 공격이자 대한민국이란 공동체의 공익과 질서에 대한 현존하는 명백한 위험"이라고 쏘아붙인 것이다. 조갑제는 언제나 이런 식이다. 사건 하나 터지면 가장 오른쪽 끝에 그가 서 있다. 물론 위험하고 어이없기로 따지면 그만 한 자가 없다. 하지만 만약 조갑제 같은 자들이 사방 각지에서 각자 다른 의견으로 들고 일어선다면 그만큼 스펙터클하고, 그만큼 균형감 잡힌 민주주의도 별로 없을 거라는 게 내 생각이다.

병원에서 3주를 살다 보니 별별 의사들과 마주친다. 그들 중 태반은 하루하루 달라지는 딸아이의 치료 상태에 이렇다 저렇다 확실한 말 한마디 없이 이럴 수도 있고 저럴 수도 있다며 얼버무린다. 하지만 또 누군가는 오늘은 어제보다 나아졌으니 안심하라 말하기도 하고, 이 아이의 마지막 치료는 중학교 3학년쯤에 마무리될 거란 예언자적 발언을 하기도 한다. 물론 그 반대로 향후 며칠간 상태가 좀 안 좋을 거란 얘기로, 모호한 답답함보단 차라리 속 시원한 포기를 안겨주기도 한다. 내게 어떤 의사가 사랑스러운진 두말할 필요가 없다.

요즘 변태들이 그리운 건 같은 이유이기도 할 거다. 그냥 나와서 있는 대로 소리 지르고, 쌍

욕에 손가락질에 말도 안 되는 얘기들 좀 팍 팍 내질러주길. 그럼 다 알아듣고 당신들이 만들어놓은 이 거대하고 평화롭고, 무엇보다 평등스럽기 짝이 없는 공화국에서 참된 민주주의 팍팍 누리며 잘 먹고 잘 살 테니 말이다.

《FILM2.0》 397호(2008년 7월 22일)

시사회

얼마 전 〈좋은 놈 나쁜 놈 이상한 놈〉(2008) 기자 시사회장에 갔다가 말문이 막혀버렸다. 김지운 감독에 송강호, 이병헌, 정우성 주연, 게다가 칸 영화제에서 격찬을 받은 작품이라 하니 내 딴엔 한 30분 전까진 가야 그나마 표 한 장 얻지 않을까 싶었는데, 이게 웬일, 좀더 서둘러 40분쯤 전에 도착한 그 시점, 극장 안은 온통 시사회를 보러 온 인파로 아수라장을 이루고 있었고, 그러나저러나 이미 시사회 티켓은 모두 동이 나 있었으며, 아직 표를 구하지 못한 수백 명의 사람들은 이대로 돌아가야 하나 어째야 하나 근심 반 걱정 반 얼굴로 서로 쳐다봤다. 어떻게든 표를 구해봐야지 싶어 인파 사이를 뚫고 지나가던 나, 여유롭게 티켓을 들고 있는 후배 하나를 만났다. "어, 지금 오셨어요? 에이, 한 시간 전엔 오셨어야죠." "넌?" "전 그때 왔죠." "남는 표 없나?" "없는데요." "이런 된장." 대관절 이게 뭔 놈의 시사회냐 싶었다. 이 아수라장 속에 꾸역꾸역 비집고 들어가선 나름의 안도감을 가지고 영화를 본다 한들 그건 또 뭐겠냐 싶었다. 순간, 영화 기자로 입문한 10여 년 전이 생각났다. 영화 먼저 보여주고 기사 잘

써달란 본래의 목적이야 당시나 지금이나 변함이 없겠지만, 그때의 기자 시사회는 지금같지 않았다. 살짝 양념 좀 뿌려 얘기하자면 멋과 낭만이 있던 시사회였으니, 여유롭고 느긋하고 빈자리도 많던 그 당시, 청년 이지훈은 한가롭던 오후 공짜 관람을 즐기곤 나름의 멋스러운 필체로 리뷰를 쓰곤 하지 않았던가 말이다.

그러고 보니 당시의 시사회장엔 재밌는 일도 많았다. 어떤 유명 남자 기자가 미모의 여인네와 함께 시사회장에 나타났는데 심상치 않아 보이는 두 사람, 대체 무슨 사이냐 일파만파 소문이 퍼지기도 했고, 한 일간지 기자가 아직 도착하지 않았다며 20분이 넘도록 영화를 틀지 않고 있던 영화사, 급기야 화가 난 다른 매체 기자들이 아무도 못 들어오게 문을 걸어 잠그곤 어서 영화를 틀라며 호통을 치던 시사회도 있었다. 그런가 하면 한 중년의 일간지 기자 선배는 시사회장에 오면 언제나 신발을 벗고 책상다리로 앉아 관람을 하곤 했는데, 도무지 그 발냄새를 견딜 수 없어 그 선배 주변 반경 2미터 안엔 아무도 앉지 않았던 기억도 있으며, 어떤 수습기자 한 분께선 기자 시사회장에 친구들 10여 명을 데려와놓고 왜 표를 주지 않느냐며 영화사 직원과 실랑이를 벌이다 선배 기자에게 된통 야단을 맞았던 적도 있다.

메가박스나 CGV, 멀티플렉스 서울극장 등 요즘 시사회가 열리는 삐까번쩍한 극장은 단 한 개도 없던 시절, 남산감독협회 시사실이나 아주 작은 크기의 충무로 '길' 시사실처럼 후줄근하고 시골스러운 곳에서 주로 벌어지던 각종 기자 시사회는, 그런 촌스러운 우여곡절과 에피소드들 덕분에 오히려 친근하고 정감 어린 곳으로 기자들 곁에 머물러 있었다. 그런 시사회장에선 별달리 형식적인 과정도 필요치 않아, 예컨대 영화를 만든 감독과 평론가, 기자 사이

의 인터뷰 같은 건 딱히 공식적인 절차 없이도 시사 후 밥 한 끼, 식사 후 술 한잔 자리에서 이러니저러니 사는 얘기를 하다 이미 할 만큼 다 해버리곤 했던 것이다.

하지만 요즘의 기자 시사회는 그렇지 않다. 매체가 많아 기자도 많아진 건가, 아니면 영화에 대한 관심이 이토록 높아진 건가, 도통 시사회라는 자리 자체가 치열한 전장처럼 변해버렸고, 직배사 시사회엔 아예 검은 정장, 이어폰 차림의 보안요원들이 등장, 불법 촬영을 단속하려 기자들 핸드폰 동영상 렌즈 부분에 이상한 테이프를 붙이곤 검색봉으로 온몸을 수색하기도 한다. 거기다 각종 온라인, 오프라인 매체 기자들은 치열한 기사 경쟁에 점점 웃음기가 사라져가니, 어쨌든 변해가는 시대, 시사회도 변하는 게 당연하다 싶긴 하면서도 왠지 서글프고 쓸쓸한 기분 지워지질 않으니 그것이 지금의 몇몇 기자 시사회임을 부인하기는 힘들다. 최근에 영화 두 편을 봤다. 〈소림소녀〉(2008)와 〈님스 아일랜드〉(2008). 두 영화 모두 꿈꾸는 소녀의 이야기요, 어찌 보면 그녀들처럼 꿈꾸고 싶어 시사회장을 찾은 나 자신의 모습이기도 하다. 《FILM2.0》 창간할 때 주위의 한 선배가 이런 말을 한 적이 있다. "취재원과 기자 사이에 정나미가 사라지면 기사도 개판되는 거야." 정이라는 게 이 정에서 저 정까지 별 정이 다 있는 것이긴 하지만, 그래, 아무려나 어떤 정이든 철철 흘러넘치는 기자 시사회, 앞으론 좀더 많아지면 안 될까.

《FILM2.0》 399호(2008년 8월 5일)

좋은 놈? 나쁜 놈? 이상한 놈!

400호 특집호다. 400이라니. 1년 52주에 설날 합본호, 추석 합본호 만들고 대략 50권의 책을 만든다 치면, 《FILM2.0》이 창간한 지 벌써 8년이 됐다는 얘기다. 그동안 대체 뭘 했나 뒤집어 생각해보면, 참 많은 것도 했을뿐더러 별별 특집에 개편에 기획에 기자들 피 빨아먹기 딱 좋은 아이템들로만 8년을 채운 것 같다. 그런데 재미있다. 인간이라고 하는 족속은 뭐가 많이 쌓이면, 숫자가 많이 올라가면, 세월이 많이 흐르면 그걸 기념하고 자축하는 데 그리도 온 힘을 내쏟는다는 거다. 우리라고 달랐을까.

《FILM2.0》 100호 특집은 '한국 영화를 만드는 100인' 인터뷰였다. 미쳤던 게 아닐까. 세상에, 달랑 일주일치 주간지 하나 만드는 데 100명을 인터뷰하다니! 그러니까 우리 역시 100호 특집, 200호 특집, 300호 특집을 연속으로 만들며, "야 우리 책이 100호를 만들 때까지 살아남았네?!!" "야 우리 회사가 200호를 만들 때까지 안 망했네?!!" "야 우리 회사 2000호도 만들고 20000호도 만들겠네?!!" "야 우리 모두 이 회사에 있다가 정년퇴직하고 늙어 죽겠네?!!" 이렇게 환호하고 자축하며 지금껏 살아왔던 게 아닌가 싶은 거다.

하지만 그 어떤 경우에도 불구하고 매 호마다 우리가 진정으로 기뻐한 건 늘어나고 불어난 숫자, 그러니까 과거로부터도 자유롭지 못하고 다가올 미래로부터도 안전하지 못하던 시간의 강박이 아니었다. 대신 어느 한곳에 줄기차게 머물러 있는 하나의 정지된 시간이 우리에게 진짜 기쁨을 안겨주었으니 그건 바로 매 호마다 우리가 얼마나 창간호의 초심을 잃지 않왔던가에 관한 위안과 자축, 바로 그것이었다. 어느새 400호에 다다른 《FILM2.0》. 그 각 권의 책에 첫 번째 책을 만들던 당시의 멈춰선 시간의 그림자가 드리운다. 그 그림자는 수십 명의 사람들에게 우리가 왜 이 책을 만들어야 하는지에 관한 자명하고도 극명한 사명감과 자부심을 안겨주었던 터, 그 그림자가 영원토록 이 책과 함께하기를 우리는 100호 때도 200호 때도, 그리고 300호 때도 바라 마지않았던 것이다.

그럼, 이제 한 가지 의문이 생긴다. 2000년 12월, 《FILM2.0》 창간호가 나오던 그 겨울, 우리가 만들고 싶었던 책이란 대체 무엇이었을까? 《스크린》이란 정통 월간지도 있었고, 《씨네21》이란 주간지가 성공적으로 창간한 지는 어느덧 5년의 세월이 지나 있었으며, 게다가 여기저기서 주간지 창간 소문들이 무성하게 들려오던 그 시점, 우린 그 틈새에서 어떤 책을 만들고 싶었던 걸까? '영화에 대한 전문적이고도 대중적인 비평', '진정으로 관객에게 도움이 되는 가이드', '충실한 영화 정보와 인터뷰' 이런 말들은 다 그저 그랬다. 원하는 건 간단했다. 우린 '남들과 다른' 잡지를 만들고 싶었던 거다.

요상한 일이다. 어느 사회에서나 이런 일은 주기적으로 발생하곤 하는데, 그놈의 관습이요 전통이란 것은, 그것이 좋은 것이든 나쁜 것이든 상관없이, 다만 후대인들에 의해 깨지기 위해 등장한 것처럼 우리 곁에 존재한다. 《FILM2.0》이 가려고 한 길 역시 바로 그 길이었다. 좋은 길과 나쁜 길 사이, 아직까진 아무도 들어서지 않았던 그 '이상한' 길 말이다. 그런데 그 이상한 놈의 길을 찾겠다는 욕망은 기자들만의 바람은 아니었던 것 같으니, 생각해보면 모든 시대의 모든 예술가들이 찾으려고 하던 것 역시 바로 그것이 아니었나 싶은 것이다. 영화 잡지에 글을 쓰는 기자들의 속성

인 동시에 모든 문화 생산자들의 공통된 색깔로 존재해왔던 그것, 그건 아마도 누구보다 뻐딱한 사생아를 낳고 기르고 싶었던 소망이었을 게다. 문화적 사생아를 낳고 싶다는 바람이 꼭 마약에 음주에 방황에 자살까지를 포함하는 건 아니었겠지만, 위대한 예술가일수록 유독 그런 일들에 많이 휘말렸고 그런 사람들을 향한 마니아들의 사랑 역시 너무나 열광적이었던 걸 떠올려보면 확실히 그 이상한 길에 대한 욕망은 당대의 어떤 사회적 무의식보다 큰 것이 아니었을까, 뭐 이런 생각이 들기도 하는 것이다.

영화라고 다를 것인가. 영화 기자 생활만 십수 년을 해온 덕분에 웬만한 시사회는 빼먹지 않고 참석했다. 하지만 두 영화의 시사회가 같은 시간 다른 극장에서 열려 어쩔 수 없이 한 영화는 포기해야 한 적이 종종 있었는데 그때마다 내가 버리는 영화는 주로 할리우드 블록버스터였다. 이유는, 그런 영화들이란 개봉 직후 TV와 케이블 등에서 줄기차게 틀어댈 터, 꼭 그 시사회에서 봐야 할 필요는 없었기 때문이다. 그런 이유 때문에 난 아직까지 〈인디펜던스데이〉(1996)도 못 봤다. 간혹 케이블에서 몇몇 장면을 보긴 봤는데, 세계를 지키는 미합중국의 대통령이란 사람이 그것도 비행기 조종사 출신이어서 자기가 직접 전투기를 몰아 지구를 침략한 외계인에 맞서 싸운다는 내용이었다.

물론 이처럼 일반적인 스토리에 예상 가능한 스펙터클로 중무장한 영화들 또한 당시의 시대상을 읽는 중요한 기능을 하지만, 아무려나 그들과 함께 백여 년 세계 영화를 지켜온 상당수의 작품들은 세상을 살아가는 수많은 인종의 가려진 습성과 사고방식, 상상력을 들추고 헤아려왔으니, 이 문학적이고도 비문학적인 변종 매체의 본질은 앞서 말한 사생아 소망에 다른

어떤 예술보다 가까이 접근해 있었는지도 모를 일이다. 피터 잭슨의 초창기 저예산 SF 〈고무인간의 최후〉(1987), 로베르트 로드리게즈의 〈엘 마리아치〉(1992)는 얼마나 이상 야리꾸리한 영화들이었던가. 김기영 감독의 〈하녀〉(1960)에 나오는 음산한 집, 그리고 임권택 감독의 〈안개마을〉(1982)에 나오는 공포의 산골 마을에 누가 감히 들어가 살고 싶겠는가.

최근에 개봉한 영화들에서도 이상한 놈들은 가지가지로 출현하고 있다. 〈쿵푸팬더〉(2008)의 주인공 포는 도무지 쿵푸완 어울리지도 않는 몸집과 정신세계의 국숫집 아들내미였다. 하지만 마을의 대사부가 그를 쿵푸 비법의 차기 전수자로 지목한 뒤 그는 누구도 감히 가려 하지 않던 세계에 빠져들어 드디어는 가공할 내공으로 세상을 평정한다. 쿵푸를 하려면 반드시 소림사에 들어가야 하는 것도, 튀어나온 뱃살을 빼야 하는 것도, 바짓단 터지는 엉덩이를 어떻게든 제거해야 하는 것도 아니다. 저 놈의 뚱보 판다조차 우리를 구원할 수 있다면 도대체 지금 우리에게 불가능할 게 어디 있겠나 싶은 마음이 영화 보는 내내 내 마음에 쏙쏙 박혀오는 것이다.

〈무림여대생〉(2008)의 소휘와 그의 아버지, 그리고 일영과 흑범 등의 무술인들은 그들 자신과 전혀 어울리지 않는 지금 시대의 일상 속에 내려와 기묘한 천 한 겹을 관객들의 눈동자 위에 살포시 씌워놓는다. 그 천을 통해 세상을 보니 여긴 무도 달인들이 날 선 검을 들고 선과 악을 오가며 정의를 지키고 평화는 아슬아슬하게 유지되는 위험천만한 전쟁터다.

이런 식의 일탈자들은 폭력적이며 게으른 영웅이라 할 〈핸콕〉의 핸콕도 있고, 휘어져 발사되는 총알로 삼차원 시공간을 뒤틀고 변형시키는 〈원티드〉의 저격수들도 있으며, 역시나 평온하고 잠잠한 우리들의 시대를 광포하고도 낭만적인 벌판으로 뒤바꿔놓은 〈크로우즈 제로〉의 고삐리 양아치들도 있다. 어디 〈겟 스마트〉(2008)는 그렇지 않고, 〈좋은 놈 나쁜 놈 이상한 놈〉은 영화 자체가 이상하지 않으며, 〈소림소녀〉의 주인공 린은 무림여대생 소휘와 무엇이 다른 그녀이던가.

이런 영화들 속에 등장하는 세상은 별 놈의 녀석들이 곳곳에 처박혀 있는 기이한 공간이다. 흡사 블랙홀처럼 드러나는 시공간의 균열로부터 이상한 놈들이 튀어나와 눈에 보이는 모든 걸 헤집고 뒤트는 난장의 세상이다. 그런 놈들이 우리 주변에 널려 있을까? 나이 들어 시력이 떨어졌는지 잘 보이지 않는다. 그런 놈들이 언젠가 내 인생을 좀더 편안하고 행복하게 만들어줄 수 있을까? 40년을 사는 동안 나름의 파란만장한 곤경과 불운이 겹치며 일어났으니 그것도 좀 의심스럽다. 그래서 나는 이상한 놈들이 등장하는 영화를 즐겨 본다. 고놈들을 보고 있으면 내가 사는 세상도 바뀔 것이라 믿기 때문이다. 그래서 또 나는 이상한 방식으로 연출된 영화를 보고, 이상한 소리만 늘어놓는 영화를 본다. 그런 영화들을 보고 있으면 자꾸만 똑같은 정상인이 되라 윽박지르는 세상을 향해 꼭 그러지 않아도 우리 모두 잘살 수 있다고 웃으며 얘기할 수 있기 때문이다.

이상한 영화와 이상한 잡지, 이상한 예술들이 찾아들고 만들어가는 이상한 놈들의 길. 좋은 놈도 아니고 나쁜 놈도 아니고, 좋고 나쁘고 기준 따윈 필요하지도 않은 각종 사생아들의 시대. 어쩌면 그게 400호부터 다시 한 번 심호흡할 《FILM2.0》의 욕망인지도 모르겠다. 혼자서 생각해본다. 아무려나 400호라니. 창간 전부터 폐간 소식이 들리던 《FILM2.0》으로선 이보다 더한 영광의 순간이 또 있을까, 이것도 혼자서 한 번 생각해본다.

《FILM2.0》 400호(2008년 8월 12일)

더욱 어두워진 기사들

〈다크 나이트〉(2008)는 꼭 아이맥스 관에서 보고 싶었다. 크리스토퍼 놀란 감독이 〈다크 나이트〉를 찍으며 아이맥스 카메라를 여러 번 활용한 것에 대해 어린아이처럼 자랑했던 소문도 들려오고, 게다가 기자 시사 때 영화를 본 후배들이 "선배, 꼭 아이맥스에서 보셔야 돼요"라고 극구 종용을 했으니 대체 어떤 영화기에 내 발길을 아이맥스로 내모는지 꼭 확인하고 싶었던 것이다. 그래서 아이맥스 관이 있는 극장으로 갔다. 괜히 갔다. 평일 오후 2시, 제법 한적한 시간에 극장에 갔는데도 그날 아이맥스 관전 좌석은 이미 몽땅 매진된 채로 나를 비웃고 있었다. 그럼 내일 거 예매해? 그럴 순 없었다. 도대체 네 놈의 정체가 뭐기에 이리도 초 호황세를 누리는지 당장 확인하지 않으면 견딜 수 없었기 때문이다. 아이맥스여, 며칠만 기다려라. 오늘은 일단 일반 상영관으로 들어가고 다음엔 널 보러 다시 이 극장에 올게.

아이맥스를 배신한 건 천만 다행한 일이었다. 평단과 관객이 동시에 격찬을 아끼지 않고, 미국 내에서만 〈타이타닉〉(1997)에 이어 역대 2위의 흥행 순위에 성큼 올라섰으며, 인터넷 영화 데이터베이스 'IMDB'에선 개봉과 동시에 세계 영화 인기 순위 3위를 차지한 이 영화 〈다크 나이트〉는 아이맥스고 뭐고 간에 보는 이들의 경탄을 자아내게 하기에 더없이 적절한 작품이었

다. 상영 시간이 두 시간 반을 넘는데도 불구하고 도무지 지루할 틈을 주지 않는 〈다크 나이트〉. 대체 무엇이 너에게 이토록 강렬한 에너지와 카리스마를 주었던 것일까.

하기야 〈배트맨〉 시리즈는 1989년 팀 버튼이 첫 번째 작품을 만들 때부터 언제나 세간의 화제가 되던 작품이다. 슈퍼맨이나 스파이더맨처럼 누구누구가 멋들어진 초능력을 부여한 슈퍼 영웅이 아닌 탓에 옷이고 총이고 자동차고 몽땅 제 스스로 만들어 써야만 하는 나약한 인간 브루스 웨인. 게다가 어린 시절 거리의 악당들에게 부모를 잃은 강박적 기억에, 고담 시를 구하기 위해 망토를 길게 늘어뜨린 공공적 사명감이란 사실 개인적 원한이 발현된 사사로운 복수심에 다름 아니었으니 이처럼 초능력 슈퍼 히어로와 평범한 인간으로서의 이중자아, 그리고 사회적 영웅인 동시에 복수심에 불타는 한낮 개인이란 이중자아로서의 정체성은 세상 누구보다 배트맨 그 자신을 비참하고 어두운 캐릭터로 변모시키고야 말았던 것이다.

하지만 〈다크 나이트〉에 다다른 배트맨은 더 이상 그런 거 가지고 고민할 필요가 없다. 전편 〈배트맨 비긴즈〉(2005)를 끝으로 브루스 웨인의 사사로운 감정들은 더 이상 그 자신의 세계에 진입하지 못한다. 크리스토퍼 놀란 감독은 크리스천 베일이 연기한 배트맨에게 지금껏 어떤 시리즈보다 강력한 힘과 의지를 장착시켰다. 이제 브루스는 더 이상 제 자신의 오랜 강박과 피 끓는 기억에 고통받고 숨죽일 이유가 없다. 그는 〈배트맨〉 1, 2편에서의 남루한 안티 히어로도 아닌 동시에, 〈배트맨과 로빈〉(1997)의 스펙터클 액션 스타도 아니다. 그런 면에서 〈다크 나이트〉는 그간의 시리즈와 더더욱 색다른 지점으로 나아간다. 이제 그가 신경 써야 할 건 오로지 고담 시 전체의 구원과 평화다. 그에

겐 모든 것이 다 마련돼 있다. 수족 알프레드와 폭스가 차근차근 준비해준 첨단의 무기들, 그리고 고담 시 전체를 좌지우지할 재력과 권력 또한 브루스의 것이다. 그는 단지 고담 시에서 가장 선한 영웅의 모습으로 이 도시를 위협하는 모든 악당들 위에 그저 군림하기만 하면 되는 것이다.

하지만 바로 이것, 거대한 고담 시를 구원해야 할 선과 악의 싸움에서 배트맨은 뜻하지 않았던 함정에 빠진다. 문제는 바로 조커다. 전통적으로 배트맨은 선을, 조커는 악을 대변하는 캐릭터로 우리 앞에 등장해왔지만, 둘의 이런 선악 구분은 〈다크 나이트〉에서 모호한 혼돈에 휩싸이고 만다. 배트맨의 선이 강해지자 조커의 악도 강해지고, 조커의 악이 강해지자 배트맨의 선도 강해지는 아이러니 속에 점점 더 그의 선은 고담 시민을 불안하게 할 거대한 공포의 그림자로 변질되어버린 것이다. 조커는 비디오와 방송을 통해 배트맨에게 경고한다. 하루 빨리 가면을 벗고 경찰에 자수하지 않으면 자신이 납치한 인질들의 숨통을 하나씩 끊어놓겠다고. 조커의 위협에 배트맨이 순순히 응할 리 없으니 둘의 싸움은 고담 시를 점점 더 폭력과 죽음의 도시로 몰아넣고, 배트맨은 갈등하기 시작한다. 혹시 이 모든 악의 시작이 나 때문이 아니었나 하고 말이다.

이것은 〈배트맨〉이라는 하나의 시리즈에 있어 매우 극명하고 상반된 태도의 전환이라 볼 수 있다. 전통적으로 대부분의 역사적 분기점들은 그것이 사소한 개인의 심리적 분열 때문이냐 아니면 사회적이고 조직적인 틀의 균열 때문이냐에 따라 그 결과와 의미, 그리고 가치를 다르게 평가받아왔다. 로마 제국의 멸망은 지나치게 비대해진 국가의 치명적 약점 때문이었을까, 그렇지 않으면 방탕하고 무자비하던 황제들의 개인적 탐욕 때문이었을까. 2차 대전 발발의 주동점은 여타의 유럽 민족보다 집단적이고 오만하던 게르만 민족 때문이었을까, 아니면 숱한 심리적 방황 속에 개인적 약점들을 폭력과 살육으로 상쇄하던 아돌프 히틀러의 광기 때문이었을까.

그런데 여기서 한 가지 흥미로운 사실이 발견된다. 배트맨은 고담 시를 구하겠단 자신의 의지가 도리어 시민을 위협한다는 사실을 알게 되지만, 영화는 그것이 어떤 식으로든 배트맨의 입지를 좁히게 만든다거나 다시 한 번 고담 시가 빠지게 될 위태로운 지옥문의 열쇠처럼 그려 나가지 않는다는 것이다. 배트맨은 더욱 강한 어조로 목소리를 내뿜고 더욱 강력해진 팔과 다리로 조커를 위협하고, 심지어 자성의 그림자를 밟아가는 것조차 더욱 강경해진 심상 위에서다. 그는 점점 더 강해지고, 고담 시엔 뭔가를 뒤돌아보고 슬픔에 젖을 여유가 사라져버렸으며, 크리스토퍼 놀란 감독은 이것을 지금까지의 그 어떤 전작들보다 강력한 에너지와 스피드와 음악과 공간감으로 포장해간다. 이상하다. 왜 그랬을까. 배트맨은 어째서 과거의 그 어느 때보다 당당하게 거리에 나서고, 또한 그 어느 때보다 활기차게 사라져버렸을까.

그 답은 선과 악의 구분과 혼돈이 개인의 영역에서 벌어지느냐, 아니면 사회의 영역에서 벌어지느냐에 달려 있다. 〈다크 나이트〉는 그 영화적 완성도는 물론 선악이 하나로 뒤엉키는 형상에 대해 평단의 격찬을 받은 작품이지만, 동시에 이 영화는 브루스 웨인이 고담 시 최고의 재력을 갖춘 재벌이란 점에서 자본주의자들의 권력 남용을 옹호하는 영화가 아니냐는 비판을 듣기도 했고, 9·11 테러 이후 적대국에 공격적으로 응사하는 미국식 전투의지를 감싸고 있단 쓴소리를 듣기도 했다. 그런데 바로 여기에 점점 더 강력해지는 배트맨과 관련된 아이러니한 메시지가 담겨 있다.

개인의 영역과 사회의 영역은 그 본질부터가 남다른 덕분에 동일한 사안에 대해서도 서로 다른 결과물을 내놓는 데 주저함이 없다. 가령 〈님은 먼곳에〉(2008) 같은 '개인적' 영화는 베트남전이라는 사회적 전쟁을 다루고 있으면서도 이를 남편 만나러 전장 한복판에 뛰어든 시골 여인 순이의 시각으로 풀어헤치며 눈물과 회한, 그러니까 개인적 심상과 정서를 자아내게 만든다.

〈다크 나이트〉는 정반대의 길을 걸어간다. 당초 배트맨과 함께 고담 시를 구원할 것처럼 등장한 하비 덴트 검사는, 그러나 뜻밖의 사고를 겪은 뒤 개인적 광분 속으로 들어가지만 이것도 잠시일 뿐이다. 이 영화는 개인적 심리로부터 사회적 결정으로 변환되어가는 사유체계의 흐름을 따르며 그 색깔의 차이를 놓치지 않는데, 그것이 바로 어느 때보다 활기찬 배트맨의 형상이며 동시에 그와 함께 고담 시의 위협체계를 구축해놓은 조커 일당의 폭력성이다. 그렇다. 우리들의 고민이 우리들의 마음에서 벗어나는 순간, 문제는 냉혹해지고 사회는 무표정하게 우릴 바라본다. 배트맨의 카리스마, 그건 아주 멋지고 강력하게 다가오지만, 동시에 그건 점점 더 거역하기 힘들어지는 사회 영역의 빈 틈 또는 모든 걸 조직적, 사회적 문제로 치부하고 몰아붙이는 세태에 대한 역설적 반항에 다름 아니다. 거기에 〈다크 나이트〉를 우리 시대 최고의 영화로 감히 인정할 이유가 있다.

따지고 보면 미국산 쇠고기 수입 문제도, 촛불시위 문제도, 또 교육 문제와 부동산 문제 등등도 점점 더 조직적 균열의 한 틈으로 밀려들어가며 어떤 식의 항의도 가능하지 못할 지경에 다다르고 있다. 그곳에 들어가는 순간 철문은 닫혀버리고 정부는 어쩔 수 없는 문제에 왈가왈부하지 말라고 타이른다. 그런데 더 이상 아무 손도 쓸 수 없는 지옥은 바로 그곳이다. 배트맨이 자기 몸을 던져가며 우리에게 일러준 것, 그것은 사회, 국가, 조직이라는 단어가 우리에게 전하는 허상의 얼굴이 아닐까.

《FILM2.0》 402호(2008년 8월 26일)

듣고 달리고 보고 달리고

엉덩이가 들썩거리기 시작했다. 아무리 디지털 상영을 하는 최첨단 극장이라지만 우리 줄에 앉은 관객 모두 엉덩이를 들썩거리니 내 엉덩이라고 품위를 유지할 리 없었다. 안 그래도 실은 누구보다 먼저 내 엉덩이가 움직이고 있기도 했고. 〈맘마미아!〉(2008)의 상영관이다. 개봉한 지도 벌써 몇 주째, 게다가 평일 대낮인데도 극장은 거의 매진 상태다. 사실 이 영화 별로 기대하지 않았다. 뮤지컬로 먼저 만들어진 이야기, 스크린에서 다시 보는 게 달갑지 않았고, 더군다나 난 이 영화 전체의 오리지널 뮤직으로 활용된 '아바'의 팬이 아니었기 때문이다. 그런데 이게 어찌 된 일일까. 곧 결혼을 앞둔 소피(아만다 사이프리드)가 고요한 바다 위에서 〈아이 해브 어 드림I Have A Dream〉을 부르는 첫 장면부터, 메릴 스트립, 피어스 브로스넌 등이 아바의 옛 복장으로 노래를 부르는 마지막 장면까지 난 1970년대 전세계인을 매료시키던 아바의 세계 투어 콘서트장에 와 있었다. 대체 니들이 뭔데, 내겐 아무것도 아니었던 니들이 뭔데, 이 난리의, 이 감동의 정체는 뭐냔 말인가.

어릴 때부터 내 인생을 지배해온 건 순전히 음악이었다. 아버지가 부유하던 덕분에 동네 친구들보단 쪼끔 더 잘살았던 우리 집, 클래식을 좋아하는 아버지는 내게 피아노와 바이올린을 가르치셨으니 물경 유치원 때부터 난 그 비싼 악기들을 집에 들여놓곤 창밖의 친구들이 딱지치기니 구슬 따먹기니 뭐 그런 놀이들을 하며 좋아라 어울릴 때 깽깽거리고 '도레미'거리며 클래식의 세계에 빠져들었던 것이다. 하지만 그건 어디까지나 아버지의 바람이었다. 바이올린도 피아노도 아버지가 좋아하는 악기였고, 무엇보다 클래식 자체가 아버지가 좋아하는 음악이었다. 베토벤이니 모차르트니 누가 누군진 알고 있었지만 내가 왜 그 사람들의 이 어렵고 지겨운 음악을 연습해야 하는 건지 슬슬 화가 나기 시작했다.

중학교 3학년 무렵부터 본격적으로 난 아버지에게 대들기 시작했다. 그렇다고 "아버지! 클래식만이 능사가 아니에요! 세상에 좋은 음악이 얼마나 많은데요!" 뭐 이렇게 반항을 한 건 아니다. 예나 지금이나 아버지는 세상에서 제일 무서운 양반이었으니, 그저 아버지가 들어라 내어주신 클래식 LP는 저쪽에다 치워두고 어느 때부터인가 모으기 시작한 나만의 LP를 줄기차게 들어 제끼는 것이 바로 내 반항이었다. 그때 내가 관심을 가지고 있던 음악은 하드 록과 헤비메탈, 쉽게 통칭해 헤비메탈이었다. 그다지 특이할 건 없었다. 솔직히 당대를 통과하던 대한민국 사내아이들 중 한 번쯤 헤비메탈 좋아하지 않았던 자가 누가 있으랴. 드럼 때려 부수고, 이빨로 기타 치다 내던져버리고, 보컬은 별의별 소리 내지르다 담배 피우고 술 마시고, 또 누군가는 닭대가리 내리쳐 피투성이 되고, 가뜩이나 살벌한 학교, 가뜩이나 무서워 죽겠는 학생주임, 에라, 헤비메탈 한 방으로 스트레스나 풀어보자는 게 우리들 모두의 마음이었음은 두말 할 필요가 없었던 것이다.

하지만 그럼에도 또한 나의 헤비메탈은 특별했다. 내게 헤비메탈은 그저 학교에서 받는 스트레스 해소용 음악, 분명 그 이상이었다. 고등학교에 올라가자 아버진 내게 한 달에 5만 원씩 용돈을 주셨다. 난 그 돈 중 1만 원만 잡비로 할애하고 나머지 4만 원은 꼬박 헤비메탈 LP판을 사는 데 써버렸다. 그것도 원판으로. 1980년대 당시 서너 곳이 성업 중이던 서울의 원판 가게, 그러니까 사실상 불법적으로 외국의 LP 원판을 들여와 몰래 몰래 장사를 하던 곳 중 난 소공동 언저리의 한 가게에서 장당 1만 원씩 하는 원판을 월 4, 5장씩 구입했다. 그리하여 고3 여름방학이 됐을 때 내 컬렉션은 원판만 300장에 다다라 급기야는 학교 축제 때 그것들을 전시하는 특별 이벤트까지 열게 된 것이다. 그만큼 내게 오지 오스본, 주다스 프리스트, 레드 제플린, 블랙 사바스, AC/DC, 아이언 메이든, 머틀리 크루, 에어로스미스는 중요했다. 오지 오스본의 〈굿바이 투 로맨스Goodbye To Romance〉만큼 내 가슴을 후벼 판 곡도 없었으며, 콰이어트 라이엇의 〈컴 온 필 더 노이즈Cum On Feel The Noise〉를 들으면서는 전부 다 될 대로 되라는 식의 막가파 기질이 튀어나오기도 했다. 기타리스트도 빼놓을 수 없었다. 처음엔 레드 제플린의 지미 페이지나 잉베이 맘스틴의 기타 속주에 매료됐다가, 시간이 흐르자 소아마비로 태어나 25년의 짧은 삶을 살다 비행기 사고로 숨진 천재 기타리스트 랜디 로즈가 내 오랜 연인처럼 가슴에 새겨졌다. 고등학교 3학년, 돌이켜 보건대 그 무엇보다 내 세계를 채운 건 음악들이었다.

엉덩이가 또 들썩거렸다. 이번엔 저 앞 스크린에 나오는 여주인공처럼 어깨까지 덩달아 들썩거렸다. 극장 안 모든 사람의 어깨가 들썩거리니 여기가 극장인지 월드컵 경기장인지 구분도 되지 않았다. "자 그럼 이제 한번 놀아볼까요!! 나~나나나나~나나나나~나나나~나나나~나나나나!" 기타 치며 미친 듯이 노래를 부르는 건 조승우요, 신나게 어깨 흔들며 고고댄스를 추는 건 신민아다. 〈바이 준〉(1998), 〈후아유〉(2002), 〈사생결단〉(2006)의 최호 감독이 네 번째로 내놓은 영화 〈고고70〉(2008)이다. 1970년대 실존했던 소울 밴드 '데블스'에 관한, 시대와 음악과 젊음이 섞여 있지만 있는 그대로 즐기고 놀자는 생각이 아주 많이 반영된 작품이다. 걱정도 많던 영화다. 우리나라에서 변변한 음악 영화 한 편이 제대로 대박 친 적이 없었으니 대체 이 영화의 무엇이 사람들의 흥을 돋우게 할 것인가.

〈고고70〉 제작사인 보경사 심보경 대표는 한 술자리에서 후반작업 당시의 고충에 대해 이런 말을 했다고 한다. 극중 데블스가 공연하는 장면들을 여러 대의 카메라를 놓고 촬영했는데, 그 많은 커트를 어떻게 정확히 음악과 이어 붙일 것이냐가 가장 큰 고민 중 하나라고 말이다. 답은 거기에 있었다. 어떻게 정확히, 그러니까 어떻게 가장 음악 영화답게 격정적으로 들끓는 리듬과 템포를 만들어낼 것인가. 다시 말해, '음악 영화'라는 장르명 그대로 얼마나 음악 영화답게 음악을 만들어낼 것인가. 가장 음악 영화다운 음악 영화, 다른 무엇에 빚질 것 없이 데블스가 꾸려갔던 1970년대의 열기가 고스란히 관객들에게 전해지는 음악 그 자체로서의 영화, 그것이 〈고고70〉의 성패를 가늠할 잣대였던 셈이다. 결과는 일단 성공적이다. 오랜만에 기자 시사회에서 박수와 환호 소리가 터져 나왔다. 웬만해선 남 칭찬 잘 안 하는 기자들 사이에서 말이다.

학교에서 내게 전시회 공간을 마련해준 건 순전히 기괴하고 섬뜩한 LP 원판 표지 사진 때문이었다. 예컨대 트위스티드 시스터의 한 앨범 표지는 멤버 중 하나가 피 뚝뚝 떨어지는 소 다리뼈를 손에 들고 절규하는 듯한 자세를 취하고 있다. 너무나 섬뜩하고 적나라한 커트인지라 이 앨범의 국내 라이선스 표지는 소 다리뼈만 쏙 빠진 채 어정쩡한 자세를 취한 멤버의 모습만 남아버렸다. 그런데 이건 단지 심의상의 문제로만 치부하기엔 찝찝하다. 왜냐하면 헤비메탈에서 시작해 스래시 메탈, 둠 메탈, 데쓰 메탈 등 모든 관련 장르에 이르는 음악들의 가장 중요한 요소 중 하나는 바로 '볼거리'였기 때문이다. 그렇다. 그네들의 앨범 표지든 내 3년의 고등학교 생활이든, 절대로 빼놓을 수 없었던 건 바로 그 볼거리였다.

키스의 모든 멤버들은 왜 얼굴에 그토록 기괴한 분장을 떡칠했을까. 왜 거의 모든 헤비메탈 밴드의 멤버들은 길고 구불구불한 머리를 흔들어대며 미친 듯이 무대를 뛰어다닌 걸까. 이건 카라얀의 오케스트라가 장중한 클래식 음악을 연주하기 위해 모두 똑같은 나비넥타이 정장을 입었던 것과 마찬가지의 경우다. 그건 객석에 대한 예의나 성실성의 표현이 아니라 그들이 들려주려고 한 음악의 색깔과 격조를 상징하는 것이었다. 소리와 이미지는 그렇게 만나고, 청각 이미지와 시각 이미지는 바로 그들의 음악, 그들의 콘서트 현장에서 공명하며 증폭된다. 메탈 밴드 멤버들의 길게 헝클어진 머리카락은 세상을 향해 내지르는 파괴적 쾌락주의자들의 함성과 일치하며 그 효과를 배가시켰던 것이다.

〈맘마미아!〉와 〈고고70〉도 마찬가지다. 아바의 음악 중 20여 개의 대표곡을 선정해 스토리를 만든 〈맘마미아!〉는 놀랍게도 가사의 내용이 드라마의 감성과 공간성에 정확히 일치하는 결과를 낳으며 객석을 흔들어놓는다. 〈고고70〉은 가히 음악만으로는 충족되지 않았을 1970년대의 갈망과 광란을 이에 정확히 들어맞는 콘서트 스펙터클과 이미지를 통해 구체화시킨다. 새삼스럽긴 하지만, 영화와 음악의 본질 중 하나는 바로 이것이다. 들리는 것과 보이는 것 양방의 공감각적 효과를 대중문화의 폭발적 영역 안으로 끌고 들어오는 것. 나아가 똑같은 방식을 통해 미래의 현실에 어떤 식으로든 영향을 끼치는 것 말이다.

다시 한 번 〈고고70〉이 보고 싶다. 이 영화는 소리와 이미지 사이의 간극과 격차를 줄인 매우 상징적인 영화로 내 머릿속에 남을 것 같다.

《FILM2.0》 407호(2008년 9월 30일)

영웅이여,
보이지 않는 곳으로

어느 날 갑작스레 내가 알고 있던 100명의 사람들과 그들의 가족들에게 이상한 옷을 입은 특수요원과 비행선이 도착한다. "아시아 지역 총사령관님의 지시입니다. 지금 당장 비행선에 탑승하시기 바랍니다." 사람들은 영문도 모르고 각자의 비행선에 탑승한다. 잠시 후 비행선은 히말라야 산맥의 어디쯤을 지나 땅속 수 킬로미터 안쪽의 지하 벙커에 도착한다. 사람들은 요원의 안내에 따라 중앙 광장에 모인다. 순간, 중앙 게이트가 열리며 일군의 사람들이 등장한다. 그 한가운데에 내가 있다. 그런데 나는 평소의 나보다 다리도 훨씬 길고 다부진 몸매에 샤프한 모양새를 갖추고 있다. 나는 곧 입을 연다.

"안녕하십니까, 전 지구방위대 아시아 지역 총사령관 이지훈입니다. 아마 여러분께선 절 초등학생 이지훈 정도로만 알고 계실 겁니다. 하지만 사실 전 외계인들의 지구 침략에 대비해 창설된 지구방위대의 아시아 지역 총사령관입니다. 이런 비밀을 노출시키지 않기 위해 그간 부모님께도 제 정체를 감추며 신분을 위장해왔습니다. 하지만 이제 여러분 앞에 제 진짜 모습을 보여드려야 할 위기가 닥쳐왔습니다. 현재 37-25 은하계의 부속 행성군 싸이클론에서 출정한 대규모 지구 침략 부대가 전지구를 둘러싸고 공격 준비를 하고 있습니다. 이에 아시아 지역 총사령관인 저는 제게 허용된 100인의 지인 방어 시스템에 따라 여러분을 이곳 안전 벙커에 대피시키고, 그들과의 전쟁을 준비하게 된 것입니다."

초등학교 시절 내내 내 머리를 사로잡은 신나는 상상극이다. 당시 내 꿈은 아시아를 수호하는 지구방위대의 아시아 총사령관이었고, 그것보다 더 큰 꿈은 평소의 날 그저 그런 놈팽이로만 알던 사람들에게 실은 내가 무진장 멋지고 매력적이며 잘생긴 천재라는 사실을 마치 엄청난 진실을 밝히듯 알려주는 것이었다. 난 그 꿈을 매일 밤 상상한 외계 침략 에피소드로부터 신바람 나게 이루어갔고, 점차 내 꿈은 하나의 단어로 정리돼갔다. 그건 바로 '영웅'이었다. 로보트 태권브이, 마징가 제트, 심지어 아수라 백작에 요괴 인간 뱀, 베라, 베로 등 당대의 어린이들 마음을 지배하던 각양각색 영웅들에 심취돼 급기야 나도 한 번 영웅이 되어보자 생각한 것이다.

상상 속의 내 모습은 더 이상 비할 자가 없을 만큼 매력적이고, 더 이상 그 누구에게도 지구의 안전을 맡기지 못할 만큼 어마어마한 능력의 소유자이며, 그럼에도 결코 거만하거나 시건방진 대신 한껏 겸손한 말투와 매너 넘치는 몸짓, 그리고 자신을 낮춘 은은한 미소로 좌중을 압도하던 영웅이었다. 그런 상상은 현실 속의 내 모습에도 겹쳐지는 불상사까지 발생시키니, 가령 동네 골목에서 친구들과 전투 놀이를 하던 내가 강렬한 눈빛으로 저 뒷골목에 숨은 적군을 경계하면, 지나가던 사람들이 나를 보고 '와, 저 아이 정말 대단한데! 지구가 위험해지면 저 아이에게 임무를 맡겨야겠어'라 생각하며 가던 길조차 더 이상 가지 못하는 카리스마를 발휘할 것 같은 그런 불상사말이다.

영웅은 세상을 구성하는 중요한 요소 중 하나다. 세상에 도무지 얼마나 많은 영웅들이 존재하는지 걔네들 볼 때마다 감탄사를 연발해야 하는 나로선 감당조차 하기 힘든 숫자다. 세상에 그토록 많은 영웅이 등장하는 건, 가령 어린 시절 총사령관이 되고 싶었던 나 같은 사람들이 각자 자기만의 대리 만족을 위해 누군가를 부추겨 영웅화시키는 경우도 있겠지만, 또한 시국이 어지러워 누군가 앞장서 사태를 수습해야 할 혼란 정국 때문이기도 하다. 이럴 경우 국가나 대륙마다 특정 정치 집단이나 민족 연대, 사상과 철학을 공유하는 사람들이 집단적으로 나서기도 하지만, 그것보단 그 사람들에 앞선 단 한 명의 개인이 영웅적으로 나타나기 마련이니, 이야말로 우리 시대 영웅 등장의 가장 일반적인 경우라 할 수 있을 것이다.

그런데 여기서 중요한 건 바로 그 영웅이란 명칭이 붙은 자들의 '활용성 여부'다. 영웅이 활용될 가능성 여부는 크게 두 가지다. 하나는 영웅으로 등장한 자가 다른 아무런 연대도 필요 없이 자기 자신의 개인적 능력을 펼치며 지구를 구원하는 것이고, 다른 하나는 비록 영웅이란 이름을 달았으되 당대의 정치적 놀음에 하나의 희생양으로 이용되고 마는 것이다. 전자 중 하나가 새 미국 대통령으로 선출된 버락 오바마라면, 후자와 관련된 인물은 최근 좌파 논란에 휩싸인 배우 문근영이다. 비록 오바마는 8년간의 공화당 정권을 무너뜨리고 민주당 정권의 새로운 진보주의를 펼쳐 보일 대통령이자, 인종차별을 타파하며 미국 내 마이너리티에 대해 하나의 구원자로 등장할, 이른바 '정치적 연대'와 전혀 무관한 인물은 아니지만, 그것보다 더 중요하게 부각되는 건 젊은 시절 마약까지 하며 인생을 방황하던 그가 자기만의 각성과 열정으로 지금의 자리까지 오게 된 개인적 영웅의 역사다.

반면 문근영은 8억 5000만 원이란 거액을 지난 몇 년간 익명으로 기부한 영웅인데도 일부 보수 논객들한테 비난을 받고 있으니, 그 내용은 그녀의 외할아버지인 고 류낙진 씨가 전라도 광주 출신에 좌파 성향의 비전향 장기수이자 빨치산 활동까지 한 인물이라 그 손녀인 문근영도 좌파임은 분명할 텐데, 그런 그녀의 기부 행적을 미화하며 영웅으로 떠받드는 건 결국 우리 사회 내의 좌파들의 입지를 옹호하려는 고도의 전략에 다름 아니라는 것이다. 개인적으로 말씀드리자면, 세상에 이렇게 공포스러운 주장은 어디에도 없다. 할아버지가 좌파면 가족 모두 참수대로 끌려 나와야 하는 이른바 구시대적 '연좌제'는 한국 사회에 뿌리 깊게 박혀 있는 공포스러운 사상 중 하나다.

그것이 지금 시대의 숱한 대한민국 국민들을 옥죄고 있는 것에 난 혼자서라도 광화문에 나가 시위라도 해야 할 판이며, 더군다나 한국 사람들을 우빨, 좌빨 반으로 동강 나누며 한반도를 동강낸 한국전쟁의 결과적 폐단과 국민들 개개인의 사상적 자유를 하나로 묶어버리는 것 역시 우리 사회에 남은 무모하고 황망한 문제가 아닐 수 없다. 개인적인 말씀을 삼가해 말씀드린다 해도, 문근영은 영웅이다. 그는 정치적 활용의 한 도구로 희생되어야 할 '나이 어린 좌파'가 아니라 그저 돈 없어 불쌍한 사람들을 위해 제 가진 것을 내어준, 세상의 다른 어떤 정치적 사상과도 상관없이 그 자체로 빛을 발하는 영웅이다.

얼마 전 개봉한 영화 중에 윌 스미스가 주연한 〈핸콕〉이 있다. 극중 핸콕은 하루 종일 술에 쩔어 살며, 범인 하나 잡겠다고 하늘만 날았다 하면 건물에 도로에 다리에 기차 같은 건 아무렇지도 않게 부숴버리는, 이른바 '악질 영웅'이다. 말하자면 그는 대중 앞에 영웅의 형상으로 섰으되 가히 대중이 필요로 하는 영웅의 모습이 아니라, 그런 영웅들이 사용해온 폭력을 과하게 뿜어내며 역으로 비난을 받게 된 '영웅주의형 영웅'의 한 사례다. 그런 그를 PR 전문가 레이가 뒤바꾼다. 그는 핸콕에게 앞으론 자신이 디자인해준 유니폼을 입고, 사람들에게 욕설을 내뿜지 말며, 건물이나 도로 역시 절대 망가뜨리지 말라고 말해준다. 그가 디자인한 유니폼은 아무의 눈에도 쉽게 띄지 않는 무채색 검정톤이며, 겸손한 말투 역시 누구의 귓전도 자극하지 않는 평범한 언어, 그리고 건물이나 도로를 부수지 않는 것 또한 누구의 시야도 훼손시키지 않는 소시민들의 모습이다.

결국 레이가 핸콕에게 주문한 건 '보이지 않는 영웅'으로 살아가라는 것이다. 알록달록 슈퍼맨 의상 입고 이것저것 부수며 다니지 말고, 최대한 평범한 모습 속에 자신을 감추며 대중이 필요로 할 때 소리 소문 없이 나타나 그들을 구원하곤 또 조용히 사라지라는 것이다. 그리하여 결국 그가 선택한 건 세상은 구원하면서 결코 사람들 앞엔 나서지 않는 슈퍼 히어로

의 세계다. 이건 마치 기부자의 이름을 익명으로 해달라 부탁한 문근영과 같은 모양새다. 하지만 결국 그 둘은 후에 영웅으로 추앙받을 것이다. 그것이야말로 영웅의 두 가지 활용 여부 중 두 번째에 해당하는 것이며, 또한 지금의 우리에게 필요한 영웅 그 자체의 개인적 발현이라 말할 수 있다.

영웅은 그 자체로 끝이 나야 한다. 그들은 제각각의 의지와 철학으로 대중 앞에 서며 상징적 존재로 변해가야 한다. 심지어 그것이 일반 대중들의 모방 심리를 자극하며 더욱더 화려해질지언정, 그것이 가져올 효과는 영웅의 등장이 여타 사상적 분파들과 어울리며 만들어낼 치명적이고 위태로운 결과에 대한 불안과 위협보다 훨씬 더 강렬하고 긍정적이다. 그들을 어떤 식의 권력형 집단주의에 연관시키는 건 결국 그들의 영웅 지위를 박탈하는 것과 마찬가지다. 그리하여 점점 영웅이 사라져가는 세상, 그건 결국 대한민국 국민 중 상당수가 영웅이 존재하지 않는 세상에서 살아가야만 하는 비탄의 지경으로 그 자신들을 끌어내리는 것과 하등의 차이가 없기 때문이다.

《FILM2.0》 415호(2008년 11월 25일)

포뇨의 웃음, 대범한 웃음

난 〈포레스트 검프〉가 싫었다. 본디 두 시간이 넘는 영화는 그 길이부터가 사람 참 허망하게 하는지라 그것부터가 마음에 들지 않았지만, 결정적으로 이 영화는 러닝타임이 흘러가면 흘러갈수록 날더러 바보처럼 살면 잘살 거란 얘

기만 하고 있는 것 같아 그게 더 싫었다. 톰 행크스가 연기한 극중 포레스트 검프는 아이큐 75에 지능이 좀 모자란 아이로 태어난 외톨이 소년이다. 별달리 할 게 없어 그냥저냥 살아가던 포레스트는 점차 미국 현대사의 한복판으로 들어가는데, 그것도 우리 모두 구경한 미국의 역사를 역사나 곁에서 구경만 한 것이 아니라 포레스트 자신이 바로 그 역사의 주인공이 되어서 말이다.

포레스트는 지능이 모자란 대신 달리기 실력 하나는 끝내주는 소년이었다. 그의 달리기 실력은 미식축구 선수가 되는 길을 열어주었고, 그는 결국 고등학교, 대학교를 거치며 미국 최고의 초특급 미식축구 선수로 성장한다. 이후 한 번 익힌 동작은 누구보다 정확히 반복하는 포레스트는 탁구의 세계에 빠져 1971년 이른바 '핑퐁 외교'로 불리는 미국과 중국의 탁구 경기에 주역으로 참가해 전미국의 영웅이 된다. 얼마의 시간이 흐르자 포레스트는 세상 돌아가는 일에 관심 두지 않고 무심히 새우 잡는 데만 전념해 새우잡이 백만장자가 되고, 수염이 덥수룩해지도록 오직 달리기만 하다가 이후 세계적인 기업이 된 한 미국 회사의 로고 타입을 우연히 디자인해주기도 한다.

이처럼 손만 댔다 하면 대박이 터진 일평생 동안 포레스트가 한 일은 무엇이었을까? 경제 지식이 해박해서? 잔머리를 잘 굴려서? 인간관계가 뛰어나서? 아니다. 그저 아무 생각 없이 달리고 또 달렸을 뿐이다. 넌 무작정 달리는 걸 잘하니 그것만 하면 인생 복 터진단 얘기에 그 말 믿고 따라 하다 보니 어느새 창고엔 지폐가 가득 찼을 뿐이다. 나는 이 영화가 세계에서 가장 보수적인 국가 중 하나인 미국이 자신의 국민들에게 압도적으로 명명한 '착한 사람 되기'의 일환이라고 생각한다. 세상 돌아가는 데 쓸

데없이 참견하지 말고, 모든 건 정부가 다 알아서 해줄 테니 당신들은 그저 시키는 대로만 살다 보면 명예도 얻고 부도 얻게 될 거라는 것. 포레스트 검프의 화려한 인생은 그렇게 만들어진 것이다.

종반에 그가 결국 평생 사랑한 여인 제니를 만나고, 안타깝게 그녀가 사망하자 그녀의 아이를 홀로 키우며 살아가는 모습은 다시금 배창호 감독의 〈기쁜 우리 젊은 날〉을 떠올리게 했다. 영화 내내 혜린(황신혜)을 흠모한 영민(안성기)의 지고지순한 사랑은 결국 아이를 낳다 사망한 그녀를 떠나보낸 뒤 홀로 딸을 키우는 장면으로 마무리된다. 그러나 〈포레스트 검프〉와 〈기쁜 우리 젊은 날〉은 바로 그 점에서 확연히 차이를 보인다. 영민의 목적은 오직 혜린을 위해 자기 안에 남은 모든 사랑의 감정을 바치고 또 바치는 것이며, 이것은 그가 살아온 1980년대의 대한민국 정치, 경제 상황과는 아무런 관련도 없는 것이었다. 그러니까 〈기쁜 우리 젊은 날〉을 한 가지 단어로 표현하자면 그것은 오직 '사랑'이었던 것이다.

하지만 〈포레스트 검프〉는 다르다. 포레스트에게는 자기 자신의 미숙한 일면을 보충하고 제니의 아이를 키울 경제적 환경이 필요했다. 물론 이 영화의 한 측면이 영민에 버금가는 포레스트 검프의 영원한 사랑이었다 할지라도, 다른 한 측면에서 그것은 어떻게 하면 가장 바보같이 살며 가장 편안하게 부와 행복을 누릴 수 있을 것인가에 관한 무의식적 세뇌의 일환이기도 한 것이다.

바로 여기서 〈기쁜 우리 젊은 날〉이 〈포레스트 검프〉에 앞서 나갔던 한 가지 단어가 떠오른다. 그건 바로 '자체완결성'이다. 오직 영원무궁토록 사라지지 않을 사랑을 향해 맹진하던 영민의 모양새는 여타의 조건들과 이렇게 저렇게

맞물려야 했던 다른 종류의 영화들과 분명한 차이를 보인다.

자체완결성. 비할 데 없는 또 하나의 이름을 꼽자면 다름 아닌 미야자키 하야오다. 그의 최근작인 〈벼랑 위의 포뇨〉(2008)가 곧 개봉한다. 자국 개봉 몇 주 만에 1200만이 들었니 뭐니 하는 수치적 놀라움은 접어두고라도 〈바람계곡의 나우시카〉(1984), 〈이웃집 토토로〉(1988), 〈원령공주〉(1997) 그리고 〈센과 치히로의 행방불명〉(2001)으로 이어지는 애니메이션 감독 미야자키 하야오의 거대한 아성은 이번 작품에서도 변함없이 지속되고 있다는 사실에 나는 놀라지 않을 수 없었다. 포뇨. 그는 누구인가? 그는 누군가를 사랑하는 인물인가? 그렇다. 그가 사랑하는 인물은, 바로 자연이다. 그리고 그것은 미야자키 하야오 영화의 자체완결적 아성을 구축하게 한 일등공신이기도 하다.

당초의 포뇨는 깊고 푸른 바다 한가운데 살고 있던 빨간색 한 마리 붕어였다. 어느 날 수면 위가 궁금해 바다 위로 올라간 포뇨는 소스케란 이름의 다섯 살 소년을 만나게 되고, 급기야 둘 사이엔 깊은 호감이 형성되며 포뇨 역시 팔다리가 쑥쑥 자라난 인간 소녀로 변신한다. 하지만 좋아라 놀고만 있을 순 없는 법, 곧 도래할 바다의 시대를 준비하며 인간 세상의 더러움을 경계해온 포뇨의 아버지 후지모토가 이들을 공략하기 위해 바다 위로 올라온다.

〈미래 소년 코난〉(1978)을 만들고 1984년 〈바람계곡의 나우시카〉를 연출했을 때부터 미야자키 하야오에게 자연은 포기할 수 없는 궁극의 지향점이었다. 지금으로부터 1천 년 전 '불의 7일'이라는 전쟁 이후 황폐해진 지구를 배경으로 한 〈바람계곡의 나우시카〉에서 소녀 나우시카는 지구를 정화할 그 무언가를 찾아 군사제국 토르메키아에 맞선다. 〈이웃집 토토로〉에서

자연을 향한 미야자키의 무한한 애정은 마법적인 상상력이 동원된 도토리나무 요정 '토토로'를 탄생시키게 되고, 이것은 다시 〈원령공주〉를 통해 숲을 파괴시키려는 인간들을 향해 들개의 신 모로와 원령공주가 전쟁에 나선다는 이야기로 부활한다. 그리고 이것이 아름답고 깨끗한 바다의 이야기로 발전된 것이 바로 〈벼랑 위의 포뇨〉다.

세계 영화의 역사는 한 시절에 어떤 사건, 어떤 경향이 생길 때마다 각각의 대응책을 내놓곤 한다. 어떤 시대의 어떤 영화들은 좀더 정치적인 무장과 혁명적 단결을 주장하기도 하고, 또 어떤 시대의 영화들은 회피와 쾌락적 체념을 또 하나의 대안으로 제시하기도 한다. 그러나 대부분의 경우 이런 영화적 대응들은 현실 그 자체와 같은 수준에서 지분거리는 특성으로 인해 보다 광활하고 초월적인 인식 지평의 확장을 가져다주는 덴 그다지 큰 기여를 하지 못하게 되는데, 놀라운 것은 미야자키 하야오의 자연 친화 사상이야말로 그간의 어떤 영화적 지침보다도 관조적이고 광대하게 그런 기여를 하고 있단 사실이다.

사실 〈벼랑 위의 포뇨〉에 등장하는 인물 중 자연의 보존을 주장하는 자는 후지모토만이 아니었다. 그에게 인간계의 종자들과 현대적 기술의 발전은 분명 자연의 아름다움과 청결을 훼손하는 것이었지만, 그것이 모든 인간들의 천편일률적인 행태만은 아니었음이 포뇨와 소스케의 우정을 통해 하나둘 밝혀진다. 결국 이 영화에 후지모토의 적은 없다. 그의 적은 포뇨도 아닐뿐더러 인간들은 더더욱 아니다. 바다의 세계와 인간의 세계는 마법을 통해 대립하고 대홍수를 통해 난리통을 겪지만 그들이 모두 바라는 건 결국 자연 친화적이고 생명력 넘치는 세계였으니, 이는 급기야 어떤 종류의 적

과 갈등조차 감싸 안고 화해하는 미야자키 하야오 특유의 포용적 세계관이라 할 수 있을 것이며, 이것이 바로 다른 누구와도 비교할 수 없는 그 자신만의 '자체완결적 세계'임을 부인할 순 없을 것이다.

마치 〈기쁜 우리 젊은 날〉의 흐트러짐 없는 사랑지상주의처럼 미야자키 하야오의 영화들은 그들 자신 안에서 스스로 발화하고 진격해 그 안에서 모든 걸 완결지으며 시너지 효과를 발생시키는 묘한 힘을 지니고 있다. 그처럼 초월적이고 압도적인 힘은 지금의 시대를 살아가는 우리들에게 다만 그냥 바보처럼 굴기만 하면 남들이 다 해주니까 걱정하지 말란 식의 이야기와는 차원이 다른 충고를 일러준다. 미야자키 하야오의 세계는 단거리 속사포형 대응책이 아니라 광대한 평야를 향해 내지르는 원거리 야포형 치유책이다. 그의 포에서 발사된 포탄을 맞으면 우리에게 다가오는 건 잠시간의 안도가 아니라 세계의 구성에 대해 다시 깨닫는 안도감이며, 그 안엔 다만 자연의 소중함을 알게 되는 건 이상의 자연성, 곧 우리 자신이 저 먼 숲과 바다와 산과 들의 자연적 속성과 같은 종류의 마음을 지녔다는 초월적 인식이 담겨 있다.

〈벼랑 위의 포뇨〉를 보고 나오는데 동료 기자가 "하, 나 이것 참~"이라며 웃는다. 너무 착한 영화라 당혹스러워서? 아니면 자기 자신이 너무 착한 존재였단 걸 이제야 알게 돼서? 그를 보며 나도 웃었다.

《FILM2.0》 417호(2008년 12월 9일)

2부
비평

영화 읽기

한 편의 영화, 또는 하나의 주제로 엮을 수 있는
몇 편의 영화에 대한 집중 분석.
《스크린》, 《NeGA》, 《FILM2.0》에 실린
영화 특집 기사들과 단행본 원고를 모았다.
기자 초년기부터 원숙한 평론가로 활동하기까지,
시간, 공간, 심리에 대한 이지훈의 꾸준한 관심도 느낄 수 있는 글들이다.

⟨나쁜 피⟩

부유하는 자유로움, 그 속의 슬픔과 희망

이 땅의 시네마테크들이 그동안 보여준 활동들은 적어도 그곳을 드나들던 관객들에게는 미약하나마 영화 보기의 숨통을 트여주는 행위였으며 각양각색의 목적에도 불구하고 하나의 사명감을 공유하게 했다. 그것은 활동하던 시네마테크의 규모가 작으면 작을수록 오히려 증폭되던 현상이라고 생각하는데, 이 자리를 빌어 필자는 비록 어린 나이였지만 영화를 향한 맹목적인 열정으로 열심히 스크린을 마련하던 그동안의 군소 시네마테크 운영자들에게 실로 경의를 표한다. 다시 사명감 얘기로 돌아와, 그 사명감이란 좋은 영화를 보여주고 또 좋은 영화를 보겠다는 의지였는데, 이때 좋은 영화라는 것이 당국의 제도적 차단에 대한 저항에서부터 영리적 목적에 이르기까지 다양한 기준을 갖고 설정된 것이 사실이지만, 어쨌건 관객들로선 말로만 듣던 작품을 대할 수 있는 곳이 그곳이었다. 그렇게 상영되던 많은 영화들 중엔 여러 곳의 시네마테크에서 단골로 틀어대던 작품들이 있었는데, 그중의 하나로 뚜렷하게 각인돼 있는 것이 레오스 카락스 감독의 ⟨나쁜 피Mauvais Sang⟩(1986)다.

1. 레오스 카락스

1980년대 그리고 1990년대로 이어지는 프랑스 영화를 이야기할 때 누구나 들먹거리는 용어는 '누벨 이마주Nouvelle Image'다. 1959년에 시작된(그 조짐은 조금 더 전이지만) '누벨바그Nouvelle Vague'에 견줘 통일된 집단도 아니고, 그렇다고 그렇게 분류되는 감독들 사이에 공통된 특징이 뚜렷한 것도 아니며, 그 완성이나 가치에 대해 아직은 평가하기 힘든 것이 바로 누벨 이마주의 아이들에 대한 단상이지만, 그 통칭되는 이름이 뭐가 그렇게 중요하랴. 그래도 우리가 그 이름을 부르고 있다면, 아마 지난 시대에(지금도 여전히) 할리우드에 잠식당한 자국의 영화시장을 그나마 추켜세우고 싶은 프랑스의 자존심과 '새로움'에 대한 인간 본질적, 또는 영화관계자들의 전략적 포석을 인정하고서야 가능하리라. 중요한 건 이름이 아니라 그들 각자의 작품이다.

이 시대에 존재한 몇 명의 감독들은 작품부터 사생활에 이르기까지 세인들의 주목을 끌기에 충분했지만 그나마 '보통 사람'으로 보이던 다른 감독들과는 달리 유독 카락스에게는 특별한 관심이 쏠리게 된다.

레오스 카락스. 1960년 11월 21일생. 본명은 알렉스 뒤퐁. 주목할 만한 점은 그가 좀 젊다는 사실과 그의 본명이 자신의 작품들에서 주인공의 이름으로 차용된다는 정도. 꼭 동화 같은 그의 성장기는 그가 10대에 들어서며 시작된다. 학교에 잘 다니던 소년 알렉스는 '어느 날' 로베르 브레송의 영화 〈볼로뉴 숲의 여인들〉(1945)을 보고 '갑자기' 영화의 길로 들어설 결심을 한다. 서서히 그의 대화는 중단되기 시작하고 그는 복화술을 익히게 된다. 최소한의 의사소통만을 이어가며 자신만의 세계에 침잠하는 그에게 세인들은 자폐증이니 실어증이니 하며 곱지 않은 시선을 보냈지만, 카락스(이 시기에 이름도 바꿨다고 한다)는 오로지 흑백무성영화에 심취할 뿐이었다. 학교까지 관두고 영화에 몰두하던 그는 두 편의 단편 영화를 만들고 스무 살이 안 돼 《카이에 뒤 시네마》에 평론을 쓰기 시작하더니, 스물세 살인 1983년 첫 장편 영화 〈소년 소녀를 만나다〉를 내놓는다.

여기까지가 그에 대해 우리에게 알려진 '성장신화'다. 시간이 조금만 지나면 영화작가 성장기의 원형으로서 신화분석의 대상이 될 법도 하다. 어디까지가 정말로 믿어야 할 진실인지 알 수는 없지만, 만일 그의 작품으로 판단한다면 여론의 생각 없는 가벼움을 인식하고 나서도 그가 평범하게 살아왔다고 보기는 힘들 것 같다.

지금까지 발표된 장편 영화는 모두 세 편이다. 1983년의 〈소년 소녀를 만나다〉, 1986년의 〈나쁜 피〉, 1991년의 〈퐁네프의 연인들〉이 그것인데, 이 중 우리 극장가에 소개된 것은 세 번째 작품인 〈퐁네프의 연인들〉뿐이다.

타인에 대한 병적인 대화 거부라는 그의 특성 탓인지 언론 인터뷰를 통해 그의 영화미학이나 관점, 자신의 영화에 대한 견해들을 감지하기는 힘들다. 그는 인터뷰에서 그다지 성실(?)하거나 명확한 답변을 하지 않기 때문이다. 이런 사실은 우리가 오로지 그의 작품만을 통해서 카락스와 접할 수 있다는 결론을 도출함과 동시에, 이것이 관객으로서의 제한점이 결코 될 수 없다는 명제(?)마저 이끌어낸다. 예술가는 어째서 작품을 만드는가? 자신을 하나의 작품으로 표현하려 함이다. 그렇다면 우리는 작품을 통해 그 창조자와 만나야만 한다.

롤랑 바르트는 《S/Z》에서 텍스트를 '읽히는Lisible' 텍스트와 '쓰이는Scriptible' 텍스트로 구분한다. 읽히는 텍스트가 무한정한 소비의 대상이라면 쓰이는 텍스트는 독자의 직접적인 참여 속에서 새롭게 만들어진다. 바르트의 책 《텍스트의 즐거움》에서는 바슐라르에 힘입어 "작가들이란 결코 쓰지 않을 것 같다. 이상한 공백을 통해, 그들은 단지 읽혀진다"라는 말이 나온다.

두 가지 텍스트의 맹목적인 구별의 양태는 갖가지 이데올로기의 전쟁터에서 튕겨져 나온 시체더미와 같다. 한쪽에는 읽히는 텍스트 더미를, 다른 한쪽에는 쓰이는 텍스트 더미를 쌓아놓고 구별자는 관객과 흥정한다. 그렇다고 해서 그 구별 자체가 무의미한 것인가. 이데올로기에 봉사하려 하든 즐겁게 유희하려 하든 구별은 벌어지고 있으며 필요할지 모른다. 그러나 중요한 건 일단 텍스트에 다가가야 한다는 것. 그것이 성공하든 또는 실패하든, 그래서 구별이 가능하든 또는 불가능하든, 관객의 모험은 그 '이상한 공백'을 향해 시작된다.

2. 나쁜 피

〈소년 소녀를 만나다〉에 이어 〈나쁜 피〉는 전작과 비교하건대, 다소 거칠고 대담하게 제시된 많은 문제들을, 불과 스물여섯 살의 나이에도 불구하고 정교하게 다듬었다고 볼 수 있다.

장은 범죄 조직의 일원이다. 어느 날 그는 지하철역에서 의문의 죽음을 당한다. 신문에서는 자살이라고 보도되는 가운데 그와 같은 패거리였던 마르크(미셸 피콜리)와 한스(한스 마이어)는 장이 빚을 지고 있던 미국 여자가 그를 죽였을 것이라며, 자신들의 생명에도 위협을 느낀다. 곧 미국 여자가 찾아와 돈을 갚으라고 위협하고 두 사람은 미국 여자의 빚을 청산하기 위해 다레이 윌킨슨 사의 STBO 백신을 훔치기로 한다. STBO란 사랑이 없는 상태에선 애무만 해도 걸리는 죽음의 병이다. 두 사람은 장만큼 손이 빠른 그의 아들 알렉스(드니 라방)를 기억해내고, 함께 일하자고 제의한다. 알렉스는 야바위꾼으로 돈을 벌며, 오토바이를 타고 애인 리즈(줄리 델피)와 섹스를 하지만 왠지 버거운 일상에서 벗어나고 싶은 마음에 그들의 제의에 응한다.

어느 날 알렉스는 버스에서 우연히 어떤 여인을 보게 되는데 그 순간 그녀의 모습은 마음속에 깊게 각인된다. 마르크와 한스를 찾아간 알렉스는 그곳에서 마르크의 애인인 안나(줄리엣 비노쉬)를 만나게 되는데 그녀는 바로 버스 속의 여인이었다. 네 사람은 STBO 백신을 훔칠 계획을 하고 만일에 대비, 낙하 훈련을 하던 중 기절한 안나를 알렉스가 구하게 되고 낙하산에 함께 매달린 채 그는 안나에게 사랑을 느낀다. 저녁이 돼 집에 돌아온 알렉스는 안나에게 무심한 마르크와 싸우고, 이 일로 안나는 상심한다. 그녀를 위로하며 함께 밤새 이야기하던 알렉스는 마르크에 대한 그녀의 사랑에 슬픔을 감추지 못한다.

그들의 계획을 앞두고 미국 여자가 알렉스를 찾아온다. 백신을 훔쳐 자신에게 넘기면 두 배의 배당금을 주겠다는 제의였다. 드디어 알렉스는 다레이 윌킨슨 사에 들어가게 되는데, 친구였던 도마의 밀고로 경찰에 포위되지만, 리즈의 도움으로 백신을 가지고 무사히 탈출한다. 리즈가 잠든 사이, 마르크 일행에게로 돌아오던 알렉스는 미국 여자 일당의 총격을 받는다. 네 사람은 외국으로 떠나기 위해 비행장으로 가지만, 그곳에 도착하자마자 알렉스는 숨을 거둔다. 뒤따라오던 리즈는 오토바이를 타고 되돌아 달리고, 안나는 허공을 향해 팔을 뻗은 채 힘차게 뛰어간다.

이야기 구조와 형식

전체적으로 〈나쁜 피〉는 범죄물의 형태를 취하고 있다. 분명히 주인공들의 목적은 STBO 백신을 훔치는 데 있고, 이야기는 그 과정 속에서 진행된다. 그렇다면 그 어두운 조명의 암울한 분위기, 게다가 미래의 어느 시점인 듯이 보이는 시대적 배경을 감안해 SF 누아르라고 불러야 할까?

하지만 〈나쁜 피〉의 범죄물적 이야기 구조는 한 꺼풀 밑에 또 하나의 이야기를 숨기고 있다. 그건 리즈와 알렉스, 안나, 마르크, 게다가 도마까지 관련된 사랑에 관한 이야기다. 그렇다면 범죄물의 형식은 사랑 이야기를 드러내기 위해 일단 차용한 극적 장치일 뿐이다. 이것은 히치콕의 〈사이코〉(1960)에서 여자가 돈을 훔쳐 달아나는 사건이 또 다른 이야기를 마련하려고 준비된 것과 비교될 수 있다. 그러므로 〈사이코〉에서 돈뭉치는 일종의 극적 효과를 위해 장치된 맥거핀McGaffin일 뿐이고, 역할이 끝난 뒤 소멸된다. 마찬가지로 STBO 백신 역시 전반적인 극의 목적으로 작용하지만, 외면적인 장치이기에 종반부에 가서는 그 행방이 아무런 의미가 없게 처리된다.

이 작품은 전작이 평가받듯이 장 콕토적인 감성의 분위기에서 몽롱하게 진행되는데, 아마도 안나의 뽀얗고 순수한 얼굴빛과 미세한 표정들은 그와 같은 시적인 바탕을 이루는 중요한 요소로 작용할 것이다. 그러므로 영화는 다분히 환상적이다. 무채색의 배경에 부분부분 존재하는 원색의 색감이 그렇고, 알렉스가 보여주는 복화술과 마술이 그렇다. 이쯤되면 마술적이라는 표현도 가당치 않은 것은 아닐 게다.

여기까지 정리해보면 〈나쁜 피〉는 마술적이고 환상적인 시정 넘치는 화면 속에서 알렉스와 안나의 안타까운 사랑의 이야기를 다루고 있다. 그러나 이야기 구조의 껍질 벗기기는 조금 더 진행돼야 한다. 두 번째로 사랑 이야기의 꺼풀을 젖혔을 때 우리는 그 범죄와 사랑의 이야기를 구성하던 형식들이 새롭게 내용으로 발화되는 순간을 체험할 수 있다. 구체적인 이야기는 조금 있다가 해보기로 하자.

그렇다면 그 형식이란 어떤 모습인가? 우선은 색채에 관해 밀할 수 있다. 서의 모든 것이, 배경도 피부색도 옷도 무채색인 반면, 몇 가지가 진한 원색으로 존재한다. 안나의 빨간 스웨터와 파란 가운이 그렇고, 알렉스의 노란 재킷이 그렇다. 그리고 마르크의 집을 구성하는 벽면의 빨간 선과 빨간 램프가 그렇다.

또한 거침없는 대접사Extreme Close-Up의 사용이 있다. 영화 전체적으로 롱 쇼트는 몇 번 되지 않는 대신, 인물과 사물로 다가선 카메라의 정적인 클로즈업은 사실 이 작품의 전반적인 '닫힘'의 분위기를 고조시킨다. 게다가 클로즈업이 목뒤를 대상으로 화면을 꽉 채울 땐(누벨바그의 작품에서도 볼 수 있다) 닫힘 미학이 그 절정을 이룬다. 특이한 것은 카락스의 클로즈업이 상당 부분 롱테이크와 함께 쓰인다는 점이다. 그러니 관객으로선 그 답답함 속에 갇힌 채 전체적인 공간을 상상해낼 수밖에 없다.

여기에 초점을 이용한 대상 차별과 침묵을 구성하는 사운드의 배제, 의도적인 정상 구도의 파괴와 속도의 왜곡 등의 형식들이 존재하는데, 주목해야 할 것은 이야기 구조가 보여주는 인과 구조의 느슨함과 결합돼 형식들이 스스로 이야기한다는 점이다. 카락스를 누벨 이마주의 기수로 평가하는 데에는 아마도 영상 형식을 이용한 화법에 상당한 근거를 두고 있을 것이다.

한편 〈나쁜 피〉에서 대화는, 즉 음성 발화로 진행되는 대화로는 어느 경우에도 대화주체들 간의 원만한 의사소통을 담보해내지는 못하는 반면 독백조의 분위기 속에서는 고립된 하나의 의미를 형성해낸다. 그러므로 서정적인 대사들의 어느 지점엔가에서 관객은 영상 형식과 함께 이야기하는 그들을 만나게 된다.

부유하는 관계

도마는 리즈를 사랑한다. 리즈는 알렉스를 사랑한다. 그러나 알렉스는 버스에서 스친 흰 옷 입은 여인, 곧 안나를 사랑한다. 하지만 안나는 마르크를 사랑한다. 사랑이라는 단어를 '지향'으로 바꾼다면 이들 간에는 일방적인 화살표가 그려지는 셈이다. 다시 거꾸로 가보면 마르크는 안나에게 의지하고 있다. 안나는 알렉스에게 연민을 잊지 못한다. 리즈는 도마와 관계를 맺는다. 이번에 그려지는 화살표는 사랑보다는 약한 최소한의 관계로서 규정된다. 그러니 〈나쁜 피〉 속에는 명확하게 일치하는 관계의 '맺음'이 없지만 결코 그것이 전적으로 고립돼 있지는 않다. 지향성을 내포하고 있지만 결코 도달할 수는 없다. 그러나 그들 간엔 최소한의 유인력이 존재한다. 사랑 이야기의 이면에는 사랑을 관례로 설정하고 진행되는 또 하나의 이야기가 있다. 독립할 수도 없는 관계의 부유성이다. 부유하는 관계의 어설픈 그물망 속에 존재하는 모든 주체들은 그러므로 자유로울 수 없다. 관계가 설정하는 근본적인 구속인 셈이다. 안타까움에 알렉스는 배를 치며 뛰어보지만 지나치는 벽면의 수직선들은 끊임없이 그를 붙잡고 그는 뒤돌아 올 수밖에 없다.

의사소통의 단절 — 언어

〈나쁜 피〉의 원래 제목은 '교수형 당한 언어'였다고 한다. 무슨 이유에서인지는 모르지만, 결국 제목은 〈나쁜 피〉로 결정됐다.

카락스 자신의 대화 거부 성향을 재현이라도 하듯 〈나쁜 피〉는 언어와 의사소통에 대한 거부로 인해서 관계 간 발화의 통로가 모두 차단돼 있다. 극에서 주가 되는 대화는 마르크와 알렉스의 싸움이 있던 날 밤, 안나와 알렉스가 주고받는 그것이다. 하지만 엄밀히 얘기해서 그 대화는 주고받음이 아니다. 안나는 자신의 이야기를, 알렉스는 알렉스의 이야기를 할 뿐이다. 그러므로 그들 간의 대화에서 상대방의 의사 표시로 인해 내 사고가 변하거나 형성되는 과정은 존재하지 않는다. 서로 마주본다는 대화의 기본 원칙마저 어기고서, 그들의 이야기는 각자의 지나온 시간에 대한 고정된 기억일 뿐이다.

단절은 음성발화적 의사소통의 삐걱거림에서 그치지 않고 형식 속으로 녹아든다. 면도기, 카드, 동전, 담배 그리고 얼굴에 가해지는 극단적인 클로즈업과 그로 인한 신체 부위의 잘림은 단절을 표출시키는 또 하나의 장치다. 초점 역시 이 부분에 기여하는데, 한 프레임 내의 가까운 거리에 존재하는 두 사람에게까지 심도의 변화를 줘 한쪽을 탈초점시키는 것은 극중 인물 사이에 넘기 힘든 벽을 쌓는다. 하지만 이 벽은 관객에게까지 진행되는데, 예를 들어 알렉스가 다리 위에 서 있는 장면에서 인물이라곤 알렉스 혼자지만 초점은 후면의 강물에 가 있어 흐릿한 존재가 사람인지조차 알아보기 힘들다. 사실 이와 같이 관객을 대상으로 한 단절감은 앞서의 잦은 클로즈업과 쉽게 받아들여지기 어려운 파괴성의 구도, 그리고 기나긴 쇼트의 호흡으로 인한 일종의 소외 효과에 따라 더욱 증폭된다. 이런 주제는 〈소년 소녀를 만나다〉에서도 마찬가지로 드러나고 있으며, 부엌에서 진행되는 알렉스와 미레유의 대화는 안나와 알렉스의 대화와 너무나 비슷하다.

종합해보면, 카락스의 세계에서 상호작용하는 개인들은 그 자취를 감춘다. 오직 단독적으로 존재하는 개체들이 있을 뿐이다. 이에 대해 카락스는 그런 개체들만이 모여 사는 세계 또한 여전히 존재할 수 있다고 보는데, 그 가능 원리는 마술적인 힘에 의존하고 있다고 보여진다. 라디오를 켜기 위해 알렉스가 안나에게 숫자를 물어봤을 때, 안나는 "크와quoi(뭐)?"라고 말하지만, 알렉스는 '트르와trois(3)'로 듣고 라디오를 켠다. 그의 마술적인 라디오 켜기에 의해 개별 자아들 간에 벌어진 의사소통의 빗맞음은 무리없이 지속된다.

이미지 — 실체의 표상

영화 속에는 수없이 많은 이미지들이 존재한다. 영화라는 매체 자체가 현실의 표상으로써 기능한다는 점을 뛰어넘어 〈나쁜 피〉에선 극중의 이미지가 극중의 실체를 표상한다.

알렉스는 터질 듯한 마음을 표현하려는 듯 전속력으로 질주한다. 안나의 첫 등장은 그녀의 빨간 스웨터로부터 틸트업tilt up되어 인간의 얼굴이 아닌 듯 뽀얀 꿈의 이미지로 제시된다. 안나를 위로하는 알렉스의 마술 신에서 알렉스의 위로에 동화되는 안나의 마음은 알렉스가 던지는 물건의 색깔에 맞춰 변하는 안나의 휴지색으로 보여진다(알렉스의 위로와 안나의 휴지 사이로 엿보는 시선은 〈소년 소녀를 만나다〉에서도 아이에 대한 위로와 미레유의 시선으로 보여진다). 마르크에 대한 안나의 모성애와 여기에 편승하려는 알렉스의 근원적인 위태로움은 아기와 어머니, 알렉스로 구성된 장면을 통해 말없이 제시된다.

무엇보다도 이미지의 표상은 극이 가지고 있는 근원적인 '오해'에 침투한다. 알렉스는 총에 맞아 피를 흘리며 비행장으로 가던 도중 옆으로 스치는 길가에서 흰 옷 입은 여인을 보게 된다. 그녀는 안나가 아니었던 것이다. 극의 원초적 인과의 시작은 오해에서 비롯됐다. 그것은 어째서인가? 알렉스는 버스 속에서 어두운 조명 아래 유리창에 비치는 그녀의 얼굴을 봤고, 그녀의 머리와 흰색의 옷은 안나의 머리와 순결하고 뽀얀 피부에 연결됐다.

오해는 이미지가 실체를 표상하는 과정에서 벌어졌다. 이미지는 실체를 있는 그대로 표상하지 않고 무언가에 의해 왜곡되기 때문이다. 카락스에게 있어 왜곡의 원인은 이데올로기가 아니라 마술적인 운명인 듯하다. 이 점에서 그의 알 수 없는 주술지향성은 다시 한 번 발휘된다. 그렇다면 왜곡된 이미지들로 가득 찬 이 세계는 마술적인 힘에 의해 작동되며 인정할 수밖에 없는 '현상'으로 구현된다.

의미의 과열

STBO가 만연하는 미래의 어느 시점, 어느 공간에서 대지는 헬리 혜성의 영향으로 과열된다. 안나는 그 땅에 발조차 디딜 수 없다. 뚜껑을 열어젖힌 자동차의 고속 드라이브에도 사람들은 웃통을 벗어야 한다. "책을 많이 읽어서 조숙한, 그래서 브라운관처럼 터질" 알렉스로 대표되는 의미의 대상으로서의 인간들은 그토록 많은 지식이 배태시키는 의미의 과열 현상을 경험한다. 의미의 과열이 열에 의해 포화된 물리적 존재인 대지 위에서 그들은 무기력하기만 하다. 그러나 발도 디디질 못하는 안나 앞에서 그 대지 위를 유유히 걸어가는 고양이는 작위적인 어떤 의미도 경험해보지 못한 존재로서 그들을 조롱하는 듯하다.

관계는 커뮤니케이션의 단절 속에서 부유하고, 개체들은 고립돼 방황한다. 모든 것은 이미지화돼 오해의 여지를 남기고, 어느 것을 선택해도 우리의 의지는 소멸된다. 알고자 하는 게 오히려 내 자신을 해체시키려는 욕구로 나아갈 때 카락스의 선택은 무엇인가?

영화 속의 사물들을 바라보는 감독의 시선은, 그들의 실존을 인정해주는 듯하며, 그 시선 속에서 사물들은 본래의 기능체로서가 아닌 존재의 당당함으로 나선다. 이와 같은 시선은 사물을 대하는 감독의 방식이 직관적이라는 것을 암시해주는데, 이때 직관은 본질적인 기능을 해소하고 어떤 상황에서 그 사물이 지니는 실존의 의미를 포착한다.

〈소년 소녀를 만나다〉에 등장하는 많은 사물들, 예컨대 핀볼 기계, 커피, 타자기, 전화박스, 우유, 스카프, 가위 그리고 투명한 유리벽. 〈나쁜 피〉의 오토바이, 낙하산, 담배, 이불, 전화, 메모지, 권총, 책. 이 모든 것들은 소리도 들리지 않고 동작도 없는 정적인 영상 속에서 필연적으로 받아들여져야 할 '거기에 있는' 존재들이다. 이런 사물들이 필경 지시하는 의미가 있음으로 해서 일종의 기표로 인식될 수도 있겠지만, 문제는 그 의미가 영화의 바깥으로 생산되지 않고 텍스트 안에서 활동한다는 데 있다. 그러므로 모든 것은 텍스트 안에서 스스로 지시하고 지시당한다. 대상으로 존재하고 있는 사물들은, 그러므로 '대상'이라는 어원적 한계를 뛰어넘어 엄연히 존재한다.

이 점에 있어 다른 사물들과 함께 대상화되는 사람들 역시 마찬가지다. 〈소년 소녀를 만나다〉에서는 다리 위에 정물화처럼 서 있는 인물들이 등장하는데, 이 경우에도 그들은 알렉스를 둘러싼 배경에 불과하지만, 감독의 시선은 어쩔 수 없이 그들이 거기에 있음을 인정한다.

그러므로 이와 같은 대상의 실존, 그리고 텍스트 내부에서의 활동은 감독으로 하여금 존재하는 여러 요소들이 결국은 상호작용할 수밖에 없음을 인정하라는 강요가 될 것이다. 그렇다면 카락스는 자신의 시선에 걸린 대상들에게 도전을 받는 셈이고, 그는 여기에 진지하게 답해야 할 것이다. 그리고 그가 만일 답했다면, 우리가 그것을 찾을 수 있다면, 그건 관계의 부유성이다.

아버지 죽이기

오이디푸스는 아버지를 죽여야만 했다. 그가 새로운 인생을, 아니 적어도 자신의 인생을 살기 위해서 가장 원초적인 권력자인 아버지를 죽여야만 했다. 오이디푸스의 아버지 죽이기는 항상 근원을 좇아 회귀하는 이 세상의 모든 이야기들을 차단해버리는 결과를 낳는다. 아버지는 권력자이면서 사실은 우리의 기원이다.

에덴 동산과도 같은 숲에서 벌거벗고 누워 있던 알렉스와 리즈는 어느새 옷을 입고 이제 시작될 세상으로 나갈 준비를 한다. 순결하던 그들은 그 순결을 버리려 한다. 아버지가 죽었지만, 알렉스는 관심이 없다. 그의 무관심은 '정말로' 아버지를 다시 죽였다. 의미의 과열로, 너무 복잡한 언어와 관계로 더 이상 순결하지 않은 이 세계에서 알렉스가 발견한 여자는 아버지 친구의 애인이었다. 그는 전 세대의 아내, 즉 그의 어머니뻘을 사랑하고 있는 것이다. 그러므로 그는 아버지를 죽여야 했다. 친부는 이미 죽었지만, 그들 세대는 아직 남아 있다. 더욱이 알렉스가 이 세계에 들어선 것은 아버지, 미국 여자, 마르크, 한스 등 전 세대들 간의 싸움을 그가 해결하도록 고용됐기 때문이 아닌가? 그러므로 그는 전 세대의 더러움을 씻어내고 안나를 그들로부터 분리시켜야 했다.

결국 그가 선택한 길은 가출한 자식들을 언급하며 그에게 다가오는 경찰관을 총으로 쏴버리는 것이었다. 그렇게 해서 꿈에 나타나던 묘지 속의 아버지들, 그들의 음성들은 사라져야 했다. 하지만 그가 에덴을 떠나 전 세대의 유물 속에 들어온 순간 그의 피는 순결함을 버렸고 상징적인 아버지의 죽음은 아무런 해결도 되지 못한다. 그는 흘러나오는 나쁜 피를 움켜쥐고 여전히 다레이 윌킨슨에 들어갈 준비를 해야 했던 것이다. 그러므로 나쁜 피는 아버지한테서 도망치려는 소년의 갈망과 그 안에 흐르는 아버지의 피가 빚어낸 상징물이고 소년은 죽어야만 그 고통에서 해방될 수 있었다.

물리적 세계로부터의 탈출

카락스가 보여주는 영상의 모습은 현실을 재현하려고 하는 영화의 당위성으로부터 해방된 표현의 자유로움이자 작위성의 인정이었다. 예술지상주의라 욕을 먹든 어쨌든 그는 〈나쁜 피〉를 통해 마음껏 자신을 춤추게 한 것 같다. 한편 〈나쁜 피〉에선 물리적인 한계로부터 탈출하려는 많은 시도가 행해진다. 너무도 명확하게 카락스는 시간에 대해 적극적으로 도전한다. 작위적으로 축약되거나 확장된 시간의 길이들, 또한 블랙 커트를 통해 구현된 시간의 침잠과 반복의 미학, 그리고 정물적인 세계의 비시간성들은 이를 대변한다. 아울러 그는 중력에서도 탈피, 자동차를 가뿐하게 들어올리려 한다.

표현의 자유 속에서 행해진 이런 물리적 세계에 맞선 도전은 그가 구현하려고 하는 세상에 대한 조그마한 실마리를 제공해준다. 〈나쁜 피〉의 모든 내용들은 결국 현실의 다양한 제한 조건들과 억압의 노출이고, 그 속에서 살고 있는 인간 존재들의 슬픔에 대한 집착이다. 그러므로 〈나쁜 피〉는 슬픈 영화다.

그러나 감독은 그런 슬픈 현실이 드러내는 모든 제한성들을 탈피, 자유롭고자 한다. 지금까지 현실이 의미와 인식으로 이루어진 과학의 세계였다면, 카락스의 지향은 아마도 자유로운 마술의 세계인 듯싶다. 결론을 내려 보자면, 그런고로 〈나쁜 피〉는 과학과 마술이 결합돼 표현되고, 그 경계 선상에서 자유롭게 이동하는 레오스 카락스의 슬픔이자 희망이다.

〈스크린〉 1994년 12월호

시간으로 읽는 영화
시간의 해체, 영화 예술의 본질 회귀

우리들의 세상살이는 대부분 시간에 따라 규정되고 있다. 1345년에 시간을 분, 초 단위로 나눠 추상적인 양의 개념으로 변환시킨 뒤부터 근대 사회의 모든 인류는 시간에 따라 삶을 꾸려오고 있다. 학교 시간표, 직장의 업무 스케줄, 몇 분, 몇 시간, 며칠, 몇 주, 몇 달, 몇 년 단위의 계획……. 따지고 보면 어느 것 하나 시간이 개입되지 않는 게 없다. 하지만 조금만 신경 써서 생각해보면, 전세계 수십억에 달하는 인류에게 시간은 동등하게 규정되고 동일하게 부여되고 있음을 알 수 있다. 이른바 '객관적 시간'이라 부를 수 있는 이양적 개념을 우리는 '정상 시간'이라 이름 붙이기로 하자. 그렇다면 논의의 출발점은 비교적 간단해진다.

정상 시간과 왜곡 시간

하나의 축을 생각해볼 수 있다. 두 가지 상반된 개념이 지도 위에 그려진다. '정상 시간'과 '왜곡 시간'이다. 비정상적이고 비객관적이며 비균등한 시간이 왜곡 시간이다. 우리들의 일상적인(그래서 정상적인) 생활 속에서 왜곡 시간이 허용될 여지는 전혀 없다고 봐야 한다. 적어도 근대 인류의 보편적 세계인식은 이성, 상식에 의해 긍정적으로 판단되는 정상 생활과 정상 시간을 완벽하게 일치시켜 놓았다.

그러나 사실 비객관적인 왜곡 시간은 일상의 곳곳에서 발견된다. 예를 들어 A라는 사람은 운전을 할 때, 앞차의 브레이크 등에 불이 들어오면 0.5초 안에 자기도 브레이크를 밟는다고 생각해보자. 어느 날 A가 친구 B의 차에 탔는데, B는 앞차 브레이크 등이 켜진 지 1초 뒤에 브레이크를 밟는다면, A는 위협감을 느낀다. A의 신체리듬은 자기만의 습관에 의한 자기만의 시간이 지배하고 있는 것이다. 그러나 이런 개별적 시간들은 사회 안에서 결단코 인정받지 못한다.

시간의 왜곡은 결국 꿈과 환상, 몽상과 잡생각 속에서나 가능하다. 이 '미치고 쓸데없는' 망상 속에선 누구나에게 똑같이 부여되는 시간의 공포가 없어지고, 각기 자기가 느끼고 싶은 만큼의 시간을 느끼고 싶은 부분에서 느낀다. 꿈속에서 우리는 1초도 안 되는 시간만큼 공부하고, 24시간도 넘는 만큼의 시간 동안 이성 친구와 수영장에 갈 수 있다. 뭔가 생각나는 게 있다. 바로 아인슈타인의 상대성 원리다. 물리학의 석학들은 항상 정상을 벗어난 어딘가에 탐구의 대상이 있을 것을 기대해왔고, 시간도 예외는 아니었으며, 아인슈타인은 그 목적을 이루어낸 셈이다. 헛된 망상과 물리학적인 탐구가 '왜곡 시간'에 집착하고 있다. 하나 더 있다. 바로 예술이다.

예술 ― 현실 모방을 뛰어넘는 재구성

예술을 규정하는 제1원칙은 현실과의 관계다. 예술이 단순히 현실을 반영하느냐, 아니면 현실을 뛰어넘어 앞서 나가느냐의 문제는 영원히 해결될 수 없는 딜레마일 것이다. 조심스러운 결론은 근대 사회의 태동기에 형성되던 '리얼리즘'의 규정 방식을 현실과 예술의 관계에 대입하는 것이다. 리얼리즘은 당대의 사회적 현실을 반영하면서도 이상적인 진리를 제시해, 현실과 이상이라는 두 가지 요소가 접목될 수 있기를 바란 문예사조다. 이상적인 예술의 형태는 세계가 진행되는 방식을 담아내면서도 결코 단순한 모방으로 그치지 않는 변형된 창조의 모습이다. 시간에 초점을 맞춘다면, 예술이란 세계를 규정하는 1차 원리인 시간에 집착하면서도 결코 정상 시간의 객관성에 머무르지 않을 것이다. 시간을 왜곡하는 대표적인 분야는 바로 예술이다. 그리고 당연히 우리의 관심은 현대 사회의 가장 주목받는 예술인 영화가 어떻게 시간을 왜곡하는가에 있다.

러시아의 영화 기호학자인 유리 로트만은 이렇게 말한다. "대상으로서의 세계를 모형화해내는 영화는 하나의 창조행위를 수행한다. 창조행위라면 기계적인 자동 반영을 거부하고 자유로워져야 한다. 그런데 대상으로서의 세계의 가장 중요한 특성은 시간과 공간이므로, 예술 행위의 성질은 시간, 공간에 대한 창조와 변형에 있다." 미학자인 보링거의 말을 빌자면, 예술 작품을 대하는 인간의 기본적인 욕구는 감정이입과 추상충동이라는 양면성을 띠는데, 이때 추상충동이란 오성과 일상적인 관습이 제공하는 시공간적 틀을 넘어서려는 욕구를 말한다. 영화가 시간을 왜곡하는 정당성을 찾자면, 첫째는 시간 왜곡이 예술이 지녀야 할 기본적인 요소이기 때문이고, 또 하나는 그것이 절대주의의 위험성을 뚫고가야 할 전략적 사명으로 기능할 수 있기 때문이다.

쇼트 내부의 뒤틀린 시간

영화에 있어 시간의 왜곡은 길이와 빈도, 순서를 통해 이루어지며 그 단위는 크게 세 가지로 나뉜다. 첫 번째는 한 쇼트 안에서 이루어지고, 두 번째는 쇼트와 쇼트, 신과 신을 잇는 편집의 수준에서 발생하며, 세 번째는 시간 자체를 주제적으로 탐구하는 몇몇 특징적인 영화들에서 일어난다.

한 쇼트 안에서 시간을 왜곡할 때 대부분의 연출자들은 시간의 길이에 집착한다. 흔히 말하듯 '빠른 움직임fast motion'과 '느린 움직임slow motion'이 여기에 해당한다. 현대 영화의 정상적인 속도는 초당 24프레임이다. 즉 1초에 24장의 정사진이 영사됨으로써 움직임이 창조되는 것이다. '빠른 움직임'은 초당 24프레임 이하의 속도로 촬영해 초당 24프레임의 정상 속도로 영사함으로써 얻어낼 수 있다. 반대로 '느린 움직임'은 초당 24프레임 이상의 속도로 촬영해 정상 속도로 영사한다.

빠른 움직임은 불필요한 상황을 축소한다는 단편적인 목적 이외에 고정된 배경을 무대로 비정상적인 움직임을 행하는 인물의 모습에서 웃음을 유발하는 데에도 사용된다. 이장호 감독의 〈천재선언〉(1995)의 경우, 수시로 등장하는 빠른 움직임은 주인공들의 어리석은 행위를 풍자하기 위해 사용됐다.

느린 움직임은 더 이상 설명할 필요도 없을 것 같다. 하나의 상황을 실제보다 긴 시간으로 확장시켜 미세한 변화를 추적하는 이 기법은 긴장감, 신성함, 또는 특별한 목적으로 관객들의 주의를 끌기 위해 사용된다. 〈영웅본색〉(1986), 〈첩혈쌍웅〉(1989)을 기억해보자. 주인공들이 문을 박차고 들어오는 장면이나 바닥에 쓰러지며 총을 난사하는 대부분의 장면들이 슬로 모션으로 처리됐다. 느리게 진행되는 화면을 보는 동안 관객들은 주인공들의 행위가 얼마나 의미심장하고도 애통한 것인가를 충분히 생각할 수 있는 시간적 여유를 갖게 된다. 또 하나의 왜곡은 시간적 '정지' 화면이다. 정지된 하나의(하지만 실제로는 동일한 프레임의 반복 상영) 쇼트는 마치 한 장의 스틸 사진처럼 앞뒤의 시간적 인과 관계를 제거하지만, 실은 관객으로 하여금 시간의 단편적인 한 조각을 통해 어느 방향이든 시간의 흐름을 감지시키려는 의도를 지닌다. 어떤 쇼트가 갑자기 정지했을 때 관객들은 고정된 하나의 이미지로 존재하는 화면을 보며 그 화면이 있기까지의 과거와 그 화면 이후의 미래를 순간적으로 감지하려 애쓰는 심리적 반응을 보이게 된다.

쇼트의 충돌, 시간의 재배치

편집을 통한 시간의 왜곡은 영화 예술이 가지고 있는 핵심적인 요소다. 왜냐하면 영화 자체가 편집 예술의 한 측면을 지니고 있기 때문이다. 편집은 그 기초적 발전단계에서부터 시간과의 투쟁을 지속해왔다. 시간의 편집은 관객들이 편안하게 영화를 볼 수 있게 배려하느냐, 아니면 불편함과 충격의 새로운 경험을 맛보게 하느냐로 나뉜다. 그리피스의 연속 커팅 이래 미국 영화의 편집은 수동적인 관객들을 양산해냈다. 1930~40년대에 완성된 할리우드의 고전적 편집은 극적 집중과 감정적 고조를 통한 심리적 현실을 구성하기 위해 시간을 왜곡하기 시작했다. 유럽에서 편집은 미국의 그것과 다른 양상을 띠고 발전했다.

미국에서 편집은 커팅Cutting(원치 않는 부분을 깎아내기)으로 표현되지만, 유럽의 편집은 몽타주Montage(모아 붙이기)의 성격을 띤다. 유럽에선 독일 표현주의와 러시아 몽타주 이후 '구성'의 개념으로 편집을 발전시켰다. 영화학자 마르셀 마르탱은 서술적인 기능을 지니는 '자연발생적 편집'에 대비시켜 하나의 이미지 그 자체나 두 개의 이미지를 충돌시켜 감정이나 사고를 표현하는 '표현적 편집' 개념을 생각했다. 이는 벨라 발라즈나 장 미트리가 말하는 '생산적 편집'과도 연관되는 개념이다. 유럽의 편집은 이런 이론적 사고를 토대로, 정상적인 현실 세계를 그대로 반영하지 않는 새로운 영상적 무질서를 창조해왔다. 장 뤽 고다르의 많은 영화들이 여기에 해당한다. 이런 식의 편집은 관객들이 마음 편히 극장에 앉아 영화를 오락으로 즐기는 것을 방해했다. 세계의 본질로서 시간은 이들의 편집에 의해 갈라지고 쪼개지고 재구성됐다.

쇼트와 쇼트의 시간적 관계에 주목한 편집은 빈도와 순서의 측면에서 좀더 효과적이다. 여기에 관해 프랑스 학자 주네트의 정리는 많은 도움을 준다. 순서Order에 있어 시간의 왜곡은 주네트의 표현으론 '시간착오적 연쇄'다. 이것은 스토리 순서=플롯 순서를 표방하는 '정상적인 연쇄'에 반하는 개념이다. 표현상으론 흔히 플래시백Flash back(회상, 소급 제시)과 플래시 포워드Flash forward(예시, 사전 제시)를 들 수 있다. 알다시피 회상은 스토리상으론 먼저 일어난 일이 플롯상으론 나중에 보이는 경우를 말한다. 로버트 저메키스의 〈포레스트 검프〉(1994)가 최근에 상영된 영화 중 대표적인 경우에 해당한다. 주인공 톰 행크스는 벤치에 앉아 과거를 회상하는데, 영화의 4분의 3 지점까지 그의 회상으로 채워진다. 회상은 많은 전략을 내포하고 있지만, 대부분은 지나간 일들을 낭만적인 하나의 에피소드로 포장하려는 숨은 의도를 지니고 있다. 〈포레스트 검프〉의 경우 회상은 보수주의로 대표되는 포레스트 검프와 진보주의를 상징하는 여자친구의 갈등과 안주의 시기를 낭만적인 미국의 과거로 표현하려는 보수적 전략의 일환이었다.

플래시 포워드, 즉 예시는 회상보다 훨씬 세련된 기법이다. 이것은 스토리상으론 나중에 벌어질 일이 앞서 보이는 경우인데, 단순하게는 잠시 후 벌어질 일을 관객이 예감하게 하려는 이유도 있지만, 많은 예술영화들에 있어 이 방법은 시간의 흐름을 해체해 정상적인 스토리 시간이 관객에게 부여하는 일방적인 주입 효과를 차단하기 위한 목적으로 사용된다. 크지쉬토프 키에슬로프스키의 〈세 가지 색 — 화이트〉(1994)에서 문을 열고 들어가는 줄리 델피의 모습이 먼저 등장했을 때, 관객들이 느낄 수 있는 것은 사건의 짐작이 아니다. 사실 그 장면은 아무런 플롯 포인트가 되지 못하기 때문이다. 그 장면이 도발적으로 제시된 순간, 관객들은 아무 생각 없이 몰입하던 스토리에서 한 발짝 벗어나 현재 진행되고 있는 영화가 하나의 허구이며, 이야기임을 객관적으로 볼 수 있게 된다. 말하자면 이 기법은 일종의 '소외 효과'가 되는 셈이다. 이런 식의 회상과 예시는 영상의 수준에서만 벌어지지는 않는다. 영상과 소리 중 하나는 현재로 진행하고, 하나를 과거나 미래로 보내 이 효과를 창출할 수도 있다.

빈도Frequence의 측면에서 왜곡은, 단일한 스토리를 복수의 영상으로 표현해내는 경우와 복수의 스토리를 단일한 영상으로 표현하는 경우가 대표적이다. 후자는 일반적인 시간의 압축, 상황의 축약 제시에 맞물리는 개념일 때가 많은데, 특징적인 것은 전자의 경우다. 예를 들어 주인공이 아파트 옥상에서 뛰어내려 자살을 하는 경우, 많은 감독들은 다양한 각도에서 이 장면을 포착해 반복적으로 보여준다. 그만큼 심각하고 주목할 만한 부분임을 직접적으로 드러내는 것이다. 이런 '중복 편집Overlapping Editing'은 시간의 문제와도 불가분의 관계를 갖는데, 많은 경우 중복은 시간의 확장을 수반하기 때문이다. 실제로 아파트에서 땅에 떨어지는 시간이 3초라고 했을 때, 중복 편집은 10초 이상까지 이 장면을 끌고 나갈 수 있다.

좀더 세련된 '반복'은 하나의 상황을 복수의 시점에서 보여줄 때 발생한다. 이런 방법은 구로사와 아키라의 〈라쇼몽〉(1950)에서 대표적으로 쓰였다. 숲 속을 지나던 무사와 그의 아내가 산도둑을 만나게 된다. 세 사람 사이에 무슨 일인가가 벌어졌다. 결과는 산도둑에 의한 아내의 강간과 무사의 죽음이다. 영화는 산도둑과 아내, 현장을 발견한 나뭇꾼, 그리고 죽은 무사의 귀신이라는 네 개의 시점에서 하나의 사건을 재현해낸다. 이런 식의 반복 영상은 주체가 되는 중심적 시점을 해체시킴으로 해서 영화가 의도하는 하나의 진실이 허구임을 밝히는 효과를 창출했다. 좀더 매력적인 효과는 레오스 카락스의 〈소년 소녀를 만나다〉의 마지막 장면에서 연출됐다. 주인공의 죽음은 맨 처음 그녀의 등 뒤 카메라를 통해 보여진다. 구체적으로 사망 원인이 뭔지 관객들은 알 수가 없다. 그러나 이 장면은 한 번의 상황이 보여진 뒤에 다시 한 번 정면(영화 속에선 건너편 집 사람들의 시점)에서 보여진다. 그때서야 비로소 진실은 명확해진다. 이 신은 영화가 표방하는 제한된 서술에 대한 가벼운 조롱이며, 동시에 시간에 대한 예술적 변형의 매우 뛰어난 예로 남을 것이다.

전면적인 주제로서의 시간

시간 자체를 주제로 삼는 많은 영화들이 존재해왔다. 이런 종류의 영화들은 기법적으로 시간을 사용한다기보다는 서술적인 의미의 면에서 시간을 도입해왔다. 무엇보다 독보적인 하나의 장르는 흥미진진한 시간여행에 관한 것이다. 오락적인 영화로선 대표적으로 로버트 저메키스의 〈백 투 더 퓨처〉(1985) 시리즈가 있다. 이 영화는 재미도 재미지만 물리학적으론 많은 이야깃거리를 제공하는 하나의 연구 사례가 될 수 있을 것이다. 이 영화에는 '병행 우주'와 '미래의 과거 결정'이라는 심각한 문제들이 코믹하게 제시됐다. 재미있는 사실은 애초에 감독은 시간여행의 매개체로 냉장고를 생각했다는 점이다. 빙점 이하의 온도에서 시간을 정지시키는 냉장고가 시간여행의 수단으로 상상됐다는 점은 흥미롭다. 아쉽게도 감독은 영화를 본 많은 아이들이 냉장고 속에 들어가 나오지 않을 것을 염려, 좀더 일반적인 자동차를 이동 수단으로 선택했다. 관금붕의 〈인지구〉(1987)와 지놋 스왁의 〈사랑의 은하수〉(1980)는 시간을 뛰어넘는 사랑의 이야기를 그려낸다. 더 심각한 문제는 〈사랑의 은하수〉에서 발견됐다. 몇십 년의 세월을 정상적인 시간의 흐름을 따라 고스란히 늙어온 여자와 시간 이동을 통해 한꺼번에 건너 뛰어버린 젊은 남자의 만남으로 영화는 시작된다. 이 만남으로 남자는 과거로 떠나는 여행을 계획하게 되고, 과거 속에서 사랑이 싹트는 계기가 된다. 영화는 미래가 과거를 결정하고 과거가 미래를 결정하는 순환의 고리를 설정한다. 적어도 이 영화에서 시간의 일방향성은 그 구속의 고리를 철저하게 거부당한다. 이 점에 있어 뒤질 수 없는 또 하나의 영화는 제임스 카메론 감독의 〈터미네이터〉 시리즈다. 이면에 숨겨진 의미 면에서 이 영화는 〈사랑의 은하수〉 스타일의 시간 해체를 표방하고 있으면서도, 〈사랑의 은하수〉가 놓친 물리학적 패러독스의 해결을 양자역학의 다세계풀이 방식을 통해 해결하고 있다. 이른바 병행 우주의 가능성이 엿보인 작품이다.

최근 들어 많은 영화들이 타임머신과 상관없이 시간에 집착하고 있다. 〈열혈남아〉(1987)와 〈아비정전〉(1990), 그리고 〈동사서독〉(1994)을 통해 이미 시간의 문제를 영상화해온 왕가위는 기법적인 면이나 서술적인 면에서 공히 시간의 굴레를 타개해온 대표적인 감독으로 꼽힌다.

뭐니 뭐니 해도 뛰어난 하나의 영화는 쿠엔틴 타란티노 감독의 〈펄프 픽션〉(1994)이다. 스토리 시간상 먼저 일어난 일이 영화의 맨 마지막 부분을 형성하는 독특한 플롯으로 구성돼 있는 이 영화는, 곰곰히 생각해보면 특별할 것도 없지만 단 한 가지, 시간의 순서를 넘나든다는 사전 정보를 관객에게 차단했다는 것만으로 독창적인 영화를 구현했다. 많은 관객들이 영화의 중반부쯤 브루스 윌리스의 총을 맞고 죽은 존 트라볼타가 후반부에 다시 등장했을 때, 죽은 사람이 어떻게 다시 살아났냐며 혼란을 겪었다고 한다. 이 영화는 먼저 나온 플롯 속에서 무심코 지나친 어느 부분만큼의 시간을 동일 인물들의 다른 시점을 통해 제시했는데, 이것은 소외된 시간의 무한정한 확장에 대한 영화적 게임이었다.

또 하나의 독보적인 영화가 최근 한국 극장가에도 걸렸다. 바로 밀코 만체프스키 감독의 〈비포 더 레인〉(1995)이 그것이다. '말Words', '얼굴Faces', '사진Picture'이란 각각의 제목이 붙은 세 개의 에피소드가 한 영화 속에 나열돼 있다. 그러나 시간은 순환적인 고리를 타고 연결된다. 시간적으로 두 번째 에피소드는 첫 번째 에피소드 다음이고 세 번째는 두 번째 다음이다. 그런데 재미있는 것은 첫 번째 역시 세 번째 다음이라는 것이다. 시간의 직선을 하나의 고리로 묶는 역할은 단 하나의 매개체, 즉 키릴과 자미라가 찍힌 사진 때문에 발생한다. 의미를 따지는 와중에 순환과 반복의 시간성은 마케도니아와 알바니아가 처한 전쟁의 상황적 악순환이나, 그럼에도 불구하고 거부할 수 없는 민족 전통의 초시간성을 드러낸다. 하지만 영화를 보는 관객의 입장에서 재미있는 사실은 매개체가 하나의 '영상 이미지'라는 점이다. 어떤 면에서 이 영화는 한 장의 기록장치로 축소된 영화 예술이 지닌 시간 해체의 가능성을 전면적으로 자부하고 있다.

일반적인 영화가 보여주는 일반적인 시간에 대한 풍자는 많은 코미디 영화에서 간간히 발생한다. ZAZ 사단의 〈특급비밀〉(1984) 중 서점 안의 한 쇼트를 생각해보자. 거꾸로 움직이고 거꾸로 촬영돼 결과적으로는 정상적인 움직임을 보여주고 있지만, 이 장면은 우습게도 지구 중력의 상식적 보편성을 단 몇 초 안에 뒤집어 보여주고 있다. 얼마 전에 개봉한 권칠인 감독의 〈사랑하기 좋은 날〉(1995)은 어느 공간 어느 시간대에 존재하는지 알 수 없는 최민수의 내레이션으로 이끌어진다. 내레이션으로 시작해 내레이션으로 끝나는 많은 영화들은 하나의 닫힌 영화적 굴레를 가지고 있다. 그러나 이 영화의 종반부는 그렇게 끝나버릴 것이라는 일반적인 기대를 뒤집는다. 최민수의 마지막 내레이션은 자신과 여주인공 지수원이 안타깝게 헤어졌음으로 종결된다. 그러나 내레이션이 끝난 뒤에 두 사람은 예의 그 카페에서 너무나 흐뭇하게 다시 만난다. 내레이션의 주체도 예상하지 못한 일이 내레이션이 끝난 직후에 벌어지고 있다. 이 영화는 내레이션을 도입한 많은 영화들이 관습적으로 빠지는 내레이션의 시간적 절대 통제를 해체한 좋은 예가 될 것이다.

시간의 해체 — 순수예술과 새로운 가능성

시간을 왜곡하는 많은 영화들은 영화가 지닌 순수예술로서의 본질을 찾아간다는 면에서 대단히 긍정적인 의미를 지닌다. 이런 현상은 영화에 있어 미시적인 수준에서 감행되던 기술적인 실험들이 끝나고, 바야흐로 시간의 문제에 좀더 깊이 집중하는 영화들이 배태될 시기가 됐음을 알리고 있다고 보여진다. 물리학적, 철학적인 많은 시간 명제들과 함께 이런 시간의 해체는 절대주의와 오만한 주체의 해체로 곧장 이어진다. 그것은 예술이라 명명할 수 있는 많은 매체들이 형상화해야 할 하나의 의무처럼도 여겨진다. 한편으로 이런 현상은 더 이상 새로울 것이 없는 표현의 시대에 '시간의 장난치기'를 통해 새로움을 찾으려는 하나의 전략으로 인식될 수도 있다. 이것은 존재 방식의 본질을 담보로 쾌락을 추구하는 욕구의 차원에 관련된다. 새로움의 추구는 예술이 지닌 또 하나의 본성이다. 그러나 그것이 다른 목적(이를테면 자본의 획득)을 위한 하나의 수단으로 전락한다면, 분명히 여기엔 문제가 있을 것이다. 피에르 파올로 파졸리니의 언명이, 수단으로 전락할지 모를 시간의 왜곡에 하나의 경고로 작용할 수 있을 것이다. "영화의 언어는 시적 언어다. 시적 언어로서 이미지-기호들은 비합리적이고 구체적이며, 몽환적인 방법을 통해 무한한 가능성을 획득할 수 있을 것이다." 1995년 세계 영화의 한가운데에 시간의 모든 화살들이 순수예술과 다양성과 새로움과 변화와 모든 개별 자아들의 주체되기를 위해 예측할 수 없는 방향으로 쏘아질 준비를 하고 있다.

순환적 시간과 선형적 시간

고대 사회의 시간 개념은 순환적이었다. 창조로 시작해서 파괴로 끝나는 일정한 주기가 끊임없이 반복되는 가운데, 환생이 가능하며 동일 사건이 반복해서 발생한다고 믿는 영원회귀설이 시간관을 지배했다. 그리스에서는 이 주기를 3만 6000년으로 봤으며, 그 이름은 '거대한 해Great Year'였다. 플라톤은 행성의 운행이 곧 시간이라고 보고, 시간은 천계에서 관찰되는 주기적 운동과 불가분의 관계가 있다고 생각했다. 베다기(B.C. 1500~1600)의 인도 철학은 '주기 안의 주기'가 있다고 믿었으며, 중국의 전통사상은 음양의 주기적 교대를 우주라고 인식했고, 마야 문명은 순환적 시간과 순환적 파국의 고리를 신화 속에 형상화해냈다. 순환적 시간관은 19세기에 들어 영원회귀와 순환시간의 개념을 철학적 토대로 삼은 니체에 의해 새롭게 조명됐다. 한편, 선형적 시간관이란 한 번의 창조가 한 번의 파괴로 이어지는 과정을 세계로 인식하는 시간관이다. 유대교와 그리스도교의 영향을 받아 발전했으며, 천지창조와 지구 종말의 종교관에 기초한다. 선형적 시간관을 통해 비로소 진보와 진화의 개념이 형성됐지만, 이 시간관은 반복되지 않는 역사상의 주요 특수 사건을 강조함으로써, 절대 권력의 명분을 확보하려는 전략으로 응용됐다.

객관적 시간

13세기 이전까지 농경 사회 단계에 머무르던 인류에게 시간이란 농사를 짓는 주기에 일치되는 계절적 단위였다. 요즘이야 한낮에도 닭이 울지만, 그 당시 닭의 목청은 새벽과 함께 하루의 시작을 알리는 주요 시간 매체였다. 해와 달과 별의 변화가 시간을 암시했다. 아직까지 시간은 인간을 규정짓는 절대적 단위로 나서지 못하고 있던 시기였다. 추상적인 시간관이 형성된 것은 14세기에 들어서다. 시간을 시, 분, 초 단위로 정확히 분할하고 양적인 개념으로 인정한 이 시기 이후에 세속적인 시간의 중요성은 증가하고 영혼에 대한 중세의 선입관은 경멸의 대상이 됐다. 일례로 그 이전까지 돈을 빌려주고 이자를 받는 대금 행위는 시간을 팔아 이득을 얻는 행위이므로 금지였다. 왜냐하면 시간은 전적으로 신의 소유라고 생각됐기 때문이다. 그러나 추상적이고 양적인 시간관이 성립된 이후 자본가들은 시간을 마음대로 사용할 수 있는 것이라 여겼고, 대금행위도 허용됐다. 시간이란 더 이상 신의 소유물이 아니라, 노동과 고용, 임금을 측정하는 절대적 단위가 됐다. 바야흐로 시간이 개인 생활의 미세한 부분까지 규제하기 시작한 것이다.

순수지속으로서의 시간

베르그송H. Bergson은 역학적으로 측정할 수 없는 인간적인 시간이 실재한다고 생각했다. 그것은 의식의 본질과 지속으로서의 시간이며, 직관을 통해 파악되는 시간이다. 그가 비판한 인물은 제논인데, 제논은 운동을 정적인 일련의 점들로 분할, 파편화시킴으로써, 시간이 공간 속에 실재하는 위치에 있으며, 시간의 불연속적인 단위 구간이 있다고 생각했기 때문이다. 제논의 생각은 수학적이며 물리학적인 '동질적 시간'의 개념으로 이어졌다. 베르그송은 이런 시간을 '의식의 그림자를 떠도는 공간의 환영'이라 표현했다. 그가 말하는 '순수 지속으로서의 시간'은 하나의 연속적인 흐름이며, 의식에 의해 파악되는 생명의 유동과 일치한다. 그의 시간은 과거, 현재, 미래로 분할되지 않는 참된 시간으로, 그가 '창조적 진화'의 핵심 요소로 구상하던 '생의 약동elan vital'에 이어지는 생명의 흐름이다.

시간의 물리학적 방향 해체

양자역학에 따르면 소립자 세계에서 시간의 정방향과 시간의 역방향은 수학적으로 동일하다. 즉 하나의 입자가 과거와 미래로 동시에 진행될 수 있는 것이다. 그렇다면 시간은 과거에서 미래로 일방통행하는 것이 아니다. 이런 생각을 전제로 하면 과거가 미래를 결정한다는 절대주의 사고도 경계의 대상이다. 미래가 과거를 결정할 수도 있다. 시간여행에 관한 많은 영화들이 미래에서 과거로 시간의 역방향 운행을 상상하는 것도 물리학의 이론 속에선 가능한 일이다.

아인슈타인의 특수상대성 이론은 어떤 물체가 빛의 속도보다 더 빨리 운동했을 때, 시간은 과거로 흐른다고 말하고 있다. 하지만 이 이론은 광속이 접근은 할 수 있지만 넘어설 수는 없는 한계속도임을 전제적으로 표명하고 있다. 한편, 모토롤라의 새로운 호출기 이름으로 친숙한 '타키온Tachyons'은 광속도보다 빠른 입자를 가리키는 단어인데, 이 입자는 에너지를 완전히 잃으면 무한대로 속도가 증가한다고 계산되고 있다. 그렇다면 우리는 그것을 신호의 발신으로 사용하여 과거로 통신을 보낼 수 있는 것이다. 시간의 역방향성은 시간의 해체를 의미하며, 인간의 존재 방식이 시간에 의해 결정됨을 생각해본다면, 존재 방식의 다각적인 해체까지를 의미한다.

시간 이동의 패러독스와 그 해결점

인간이 빛의 속도를 뛰어넘어 과거나 미래로 시간 이동을 마음대로 할 수 있게 된다면, 몇 가지 문제가 발생한다. 그중 가장 커다란 문제가 역사 변화의 패러독스다. 〈터미네이터〉(1984)에서 2029년의 지구를 대전쟁에서 구해내는 것은 미래에서 온 카일리스라는 전사의 1984년의 노력 때문이다. 〈백 투 더 퓨처〉에서는 1955년으로 날아간 마티 맥플라이 때문에 그의 부모가 결합하고 결국 1985년의 그가 생존할 수 있게 된다. 그렇다면 이미 전쟁이 발발한 미래와 카일 리스의 개입으로 전쟁이 저지된 미래는 동일한 것인가, 다른 것인가? 미래에서 온 아들 때문에 결합된 부부의 미래와 그가 오지 않았을 경우 결합하지 못했을 부부의 미래는 같은 것인가, 다른 것인가? 만일 미래에서 날아온 사람이 젊은 시절의 자기 어머니와 결혼을 한다면, 대체 그 미래는 어떻게 결정되는가? 이른바 미래에 의한 과거 결정에 의해 야기되는 이 혼란을 타개하기 위해 물리학에선 몇 가지 해결이론을 제시하고 있다.

첫 번째는 빛의 반사와 관련된 것이다. 우리가 어떤 대상을 볼 수 있는 이유는 그것에 빛이 비추고, 우리의 눈은 그 사물에서 나오는 반사광을 인식하기 때문이다. 그러므로 우리가 빛의 속도보다 빠르게 이동을 한다면, 바로 조금 전에 반사된 내용을 볼 수 있다. 그런 식으로 더욱더 빠르게 광속을 초과한다면, 먼 과거에 발생한 일들도 현재에 벌어지고 있는 것처럼 볼 수 있는 것이다. 하지만 단지 볼 수 있을 뿐이지, 절대로 개입할 수는 없다. 이것은 과거로 뛰어들어 역사를 변화시키는 패러독스의 가능성을 미리 차단할 수 있다는 장점을 지닌다.

두 번째는 '양자역학의 다세계 풀이'와 관련된다. 이 이론에 따르면 소립자는 확률함수에 의해 존재할 수 있는 가능태일 뿐이다. 그러므로 한 인간의 존재 방식은 다양한 가능성을 지닐 수 있다. 이런 원리에 따르면 미래의 인물이 과거에 개입했을 경우 각기 다른 다양한 종류의 '병행 우주'가 생성될 수 있다. 지금 여기의 '나'와는 다른 온갖 종류의 다양한 '나'가 지금 여기 내가 존재하고 있는 우주와는 별개의 우주에서 또 다른 생존 방식으로 삶을 이어가고 있는 것이다. 시간의 역방향 운동과 절대성의 해체가 전략적으로 의도하는 주체의 해체와 다양한 존재 방식은 양자역학의 다세계 풀이에 의해 더 구체화되고 있다.

〈스크린〉 1995년 9월호

〈데드 맨〉
이탈된 시공에서 맛보는 죽음의 형상

클리블랜드에서 출발해 물과 하늘이 맞닿는 곳에서 종결되는 윌리엄 블레이크의 여정, 곧 〈데드 맨Dead Man〉(1995)의 공간적 바탕은, 클리블랜드에서 시작된 에바의 플로리다 여행, 곧 〈천국보다 낯선〉(1984)의 공간성을 일종의 형식적 원형으로 차용한다. 그러나 에바와 두 명의 남자가 탈산업사회적 꿈과 평온의 공간인 플로리다에서 다시 클리블랜드의 무료함을 발견하는 것과 비견한다면, 블레이크의 행로는 짐 자무시의 정신적 바탕, 또는 관심이 현실적 제한을 넘어 갑작스레 확장되는 것을 보여준다.

나른한 혼계로의 공간 이동

〈데드 맨〉에 등장하는 최초의 공간은 클리블랜드에서 떠나온 회계사 윌리엄 블레이크가 취직을 위해 '머쉰 타운'이라는 마을을 향해 타고 가고 있는 기차다. 또 다른 시네마스코프처럼 보이는 현시적 외부 세계에 비해, 정적인 인물들로 채워진 실내와 기차 바퀴를 보여주는 극단적인 클로즈업, 그리고 과장된 앵글은 현실적인 공간으로부터 힘겹게 분리되고 있는 기차의 비현실성을 드러낸다. 과연 웨스턴의 전형성을 비틀어 구성된 머쉰 타운은 죽음의 공간, 즉 현실계를 이탈한 세계다. 이곳에서 블레이크는 우연히 만난 텔이라는 여인의 집에서, 찰리라는 전형적인 인물과 총격전을 벌이고, 심장에 총알이 박힌 채 숲으로 도망친다. 이 시점은 영화적으로 매우 중요하다. 그가 인디언 노바디의 도움으로 다시 숲에서 깨어났을 때, 실제로 관객들은 블레이크가 죽지 않은 것인지, 죽은 것인지 확실히 알 수가 없다. 더군다나 그 뒤 펼쳐지는 숲 속의 시퀀스들은 그것이 웨스턴의 전통적인 추격 교차 편집으로 이루어져 있는데도 불구하고, 최소한의 긴장감마저 박탈당한 채 묘사된다. 만일 블레이크의 죽음을 가정한다면 숲과 강, 인디언 부락, 그리고 바다로 이루어진 이 공간은 죽음 이후의 영적 공간, 즉 저승으로 가지 못한 영혼이 떠도는 혼계의 경계선인 셈이다. 그렇다면 바다 저 끝, 블레이크의 카누가 향해 가는 곳은 완전한 혼계다. 〈천국보다 낯선〉이 허망한 꿈의 절망적인 나른함으로 후반부를 장식하고 있다면, 〈데드 맨〉의 이탈된 공간은 죽음이라는 이미지가 주는 몽환적인 나른함, 그 관조적인 분위기에 지배되고 있는 것이다. 공간적으로 블레이크는 구체적이고 물리적인 세상에서 나와 죽음의 세계에 들어갔다가 영혼의 방황을 경험하고, 다시 죽음 이후의 영적 공간으로 이동한 셈이다.

기원으로 확장되는 시간

짐 자무시의 영화에서 시간은 공간을 보여주기 위해 마련되는 형식적인 장치로 기능해왔다. 플랑 세캉스는 〈천국보다 낯선〉의 황량한 공간들에 봉사했으며, 영화만이 가질 수 있는 위대한 기능, 시간의 착오적인 편집은 〈미스터리 트레인〉(1989)과 〈지상의 밤〉(1991)이 의도하는 변별성의 가치들을 효과적으로 부각시켰다.

〈데드 맨〉에서 시간은 그 무한한 확장으로 인해 공간의 흐름과 전적으로 일치된다. 자무시는 다섯 가지 시간대를 보여준다. 하나는 머쉰 타운의 총격전이 있기까지 현재 진행형으로 흐르는 스토리 시간이고, 또 하나는 블레이크가 숲에서 깨어난 뒤 바다 저 멀리로 사라지기 전까지 시간이며, 셋째는 인디언 노바디가 회상하는 과거의 시간이다. 넷째는 물과 하늘이 맞닿는 머나먼 영계, 즉 흐르지도 않고 순환하지도 않는, 모든 시간대를 흡수하는 텅 빈 영원이며, 마지막으로 당연히 관객들이 존재하고 있는 시간, 관람의 바로 그 시점으로서의 현재다.

자무시는 흑과 백이 보여주는 차별적인 이미지들을 각 시간대에 배치함으로써 시각적으로 시간을 재현한다. 일례로 물과 하늘이 맞닿는 완전한 백색의 이미지는 곧장 무한의 넷째 시간대를 고스란히 영상화하고 있는 것이다. 더군다나 도통 이 '흑백 영화'라는 것은 천연색의 관객 시간대와 넘어설 수 없는 시간적 소격을 지니고 있는 것이다. 무채색의 조절을 통해 끝없이 과거로, 또는 그 기원으로 확장되는 시간은, 종국적으로 모든 죽음이 출발한 탄생 이전의 장소, 그 시원적인 곳으로 확장되는 공간과 전적으로 일치하는 모습을 보여준다.

개념의 혼재, 그 이탈과 불협

이 현실계로부터 멀리 유리된 세계, 머쉰 타운과 그 숲의 양상들은 무엇을 말하는

가? 때때로 자무시는 아주 현실적인 이야기들에서조차 비현실적인 개념들을 나열하는 방식을 취해왔다. 〈지상의 밤〉에서 택시 기사와 손님 간의 단발적인 대화들은 각 도시의 사실적인 삶들에 깊이 뿌리박고 있는 것이지만, 다섯 개의 공간이 대비됐을 때 그것은 각각의 공간들이 일반적으로 인식되고 있는 관념적인 형상의 차이를 보여주던 것이다. 마찬가지로 〈데드 맨〉이 보여주는 탈사실적이고 신화적인 시공간은 전적으로 관념의 산물이다. 자무시는 이 공간 안으로 죽음에 관해 자신이 익히 들어오던 것들, 그래서 동의하던 것들을 불러들이고, 현실적인 모든 색채들을 탈색한 채 자유로운 관념의 놀이를 보여주고 있는 것이다.

이상하게도 블레이크의 여정은 적어도 동양인인 우리들에게는 친숙하다. 굳은 표정을 하고 앉아 있는 혼령들로 가득 채워진 저승행 기차, 황량한 저승의 경계, 끝없이 멀리 펼쳐진 몽롱한 혼계, 그리고 흔히 '물'로 표현되는 곳, 망각의 강을 건너듯 사후 세계로 떠나는 카누 속의 블레이크, 영혼으로서 자신을 인정하기 시작한 그가 대지의 노루와 자신을 일치시키는 윤회적인 이미지, 기가 막힌 상상력으로 시작해 현실계에 대한 관조적 자세를 결과지운 동양적인 생사관이 〈데드 맨〉에서 체현되고 있는 것이다.

스타일에 관한 자무시의 병적인 집착 탓에 〈데드 맨〉 역시 갖가지 종류의 문화적 산물들이 콜라주된 '펑키'한 영상을 보여준다. 이런 스타일 덕택에 자무시가 구도하는 것은 오히려 '이탈'과 '불협' 그 자체다. 산업사회에서 초월적인 시공간으로의 이탈, 곧 물리적인 현실에서 관념적인 비현실로의 이동, 그리고 홀연히 자신의 초상화 앞에 나타난 디킨슨과 자신의 현상수배 포스터 앞에서 "저건 나야"(그렇다면 이렇게 말하는 블레이크 자신은?)라고 말하며, 소심한 회계사인 본래의 자신으로부터 이탈해 영국의 시인 윌리엄 블레이크의 그림자에 자신을 동화시키고, 급기야 웨스턴의 기이한 살인자가 되어가는 블레이크의 모습들은 모두 시공간과 존재의 이탈된 양상들을 증명한다.

이탈은 혼재된 문화적 산물들, 그리고 개념 간의 불협과 아울러 관객들에게 심한 정서적 충격을 불러일으킨다. 전형적인 웨스턴적 사건들, 예컨대 총잡이들 간의 결투와 비극적인 죽음, 추격 같은 상황들에서 감정적인 동화의 매개체들을 제거한 아이러니는 장르적인 속성이 가장 완고하게 구축된 형식을 왜곡한다는 점에서 효과적인 비전 형성을 달성한다. 덧붙여 카니발리즘과 부친 살해의 엉뚱한 서양적 신화성을 대변하는 전설적인 총잡이 콜 윌슨, 소유와 집착 그리고 서양 사회 특유의 보수주의를 극단적으로 부각시킨 디킨슨 사장, 자본의 논리에 귀속되는 생명의 한계 등 서양문화에 대한 혼성적 패러디는, 연이어 등장하는 불교적인 윤회사상이나 혼령에 대한 인디언의 주술처럼 비합리적인 동양적 사고방식들의 갑작스러운 공허함과 부딪쳐 미묘한 불협 효과를 발생하며 사그라든다.

이런 이탈과 불협은 모든 것을 단박에 해체해버리고는 절대적인 죽음에 대한 매혹적인 기다림을 불러일으킨다. 여기에 찰리 채플린과 버스터 키튼을 적당히 섞은 윌리엄 블레이크의 캐릭터, 알프레드 히치콕의 〈사이코〉로부터 머쉰 타운과 디킨슨사의 분위기를 구축하고, 구로사와 아키라의 〈라쇼몽〉, 그 진위가 혼합된 혼란의 숲으로부터 이미지를 빌려옴으로써 마련된 혼성 문화적 개념의 긴장 상태는 영계를 묘사하는 짐 자무시의 관조적인 농담을 확인하게 한다.

거대한 오류, 그려지는 죽음

동양적인 사고방식에 경도된 자무시는, 죽음을 '합리적인 인식이 불가능한 영역'에 머무르게 한다. 아울러 〈데드 맨〉을 관통하는 극적 맥락의 주된 요소이자 강렬한 하나의 메시지는 '거대한 오류'다. 앞에서 얘기한 것처럼 찰리와 벌인 결투에서 블레이크는 죽은 것인지 상처만 입은 것인지 확인할 길은 없다. 관객들은 일종의 착각 상태에서 블레이크의 여행을 관찰한다. 그러므로 사실상 〈데드 맨〉의 숲이 혼계인지 현실계인지조차 분명하지 않은 것이다(추적자 콜 윌슨은 블레이크가 죽인 보안관의 머리를 밟는다. 이때 그 머리는 마치 플라스틱처럼 가볍게 일그러진다. 물리적인 세계가 아닌 셈이다). 노바디(이름조차 존재에 대한 불확실한 단서를 제공한다)는 블레이크를 자신의 기억 속의 개념적 이미지인 영국의 시인 윌리엄 블레이크로 착각한다. 이 인식에 대한 암울한 불확실성은 여행 중에 블레이크가 이성적으로 얻어내는 것은 아무것도 없다는 사실로도 뒷받침된다. 어떤 인과적인 현상도 벌어지지 않으며, 그가 자신을 시인 윌리엄 블레이크로 인정하고, 또 죽음을 받아들이게 되는 것 역시 합리적인 수긍 때문이 아닌 감성적 동화, 아우라에 복속한 결과다. 블레이크와 노바디, 그리고 모든 관객에게 동시에 벌어지는 합리성의 붕괴와 오류의 잔치, 이 불가해한 현상과 경험들은 마치 죽음을 맞이하기 위해 필수적으로 거쳐야만 될 통과의례처럼 제시된다. 죽음이란 합리적인 사고의 틀로는 도저히 밝혀낼 수 없는 저만큼 먼 곳에 존재한다고 자무시는 말한다.

현실계의 각종 물리적 한계들을 일찌감치 초월하고, 다시 문화적인 산물들의 충돌로부터 고즈넉하게 벗어나기. 그러나 이 모든 과정들이 벌어지는 무대로서의 거대한 불가해성, 그리고 몇 장의 시각적 이미지처럼 묘사되는 것, 물리적인 시공간의 모든 간극과 경계를 흡수하며 무한대의 기원으로 돌아가는 관조적인 죽음. 이것이 〈데드 맨〉에서 확인할 수 있는 죽음이다. 최소한 짐 자무시는 죽음을 '그려보고는' 싶었을 것이다. 그것도 영화에 관해 관심을 두기 시작한 이래로, 자신이 배우고 터득한 최대한의 영화적인 능력들을 통해서.

〈스크린〉 1996년 6월호

〈L.A. 컨피덴셜〉, 〈타이타닉〉, 〈아미스타드〉
그들이 시간을 거슬러 올라간 이유는 무엇이었을까

최근 할리우드 영화들 중에 눈에 띄는 대작이자 얘깃거리도 많은 영화가 있다. 커티스 핸슨의 〈L.A. 컨피덴셜L.A. Confidential〉(1997), 제임스 카메론의 〈타이타닉Titanic〉(1997), 스티븐 스필버그의 〈아미스타드Amistad〉(1997)가 그것이다. 흥미롭게도 이 세 영화에서 공통적으로 발견되는 것은 '시간'이다. 우연히도 같은 시기에 나왔고, 현재 국내 극장가의 가장 큰 영화들이며, 미국 영화제들에서 경쟁 상대가 된 이 세 편의 영화들은 모두 '과거'라는 시간 속으로 거슬러 올라간다. 재미있는 일이다. 하필 세기의 끝을 목전에 둔 지금, 같은 시기에 나온 대작들이 손을 맞잡고 과거로 날아가고 있다니. 그러나 그 '같음'은 포장일 따름이다. 자, 함께 시간을 거슬러 되돌아가 보자. 거기에는 '다름'이 있다.

현실을 완전히 연소시키다

〈L.A. 컨피덴셜〉은 1950년대로 돌아간 영화다. 1950년대 로스앤젤레스를 배경으로, 그때였다면 당연히 저런 일들밖에 벌어지지 않겠지, 할만한 이야기들로 가득하다. 정말로 1950년대 미국에는 갱과 경찰, 그리고 이 사나이들 세계에 양념으로 뿌려진 창녀들밖에 없었을 것만 같다. 이렇듯 우리가 〈L.A. 컨피덴셜〉의 1950년대를 너무나 당연히 예측할 수 있는 건 누아르 장르에 의해 형성된 정형적 사고 때문이다. 익숙한 경로를 따라 추적된 지나온 시간으로의 회귀는 그러므로 당연히 향수이자 낭만으로 비친다. 절대로 현실과의 접목에서 영화를 받아들일 수는 없다는 얘기다. 커티스 핸슨이 이런 식의 유도장치를 의도하고 있는 것은 누아르 장르의 형식적인 이점을 뽑아 먹겠다는 심산일 것이다.

1950년대에 만들어진 1950년대 배경의 누아르였다면 다르다. 동시대 이야기는 시대적 반영의 테두리를 벗어날 수 없다. 현실과의 접목을 피할 수 없다는 말이다. 그러나 1990년대 말에 만들어진 1950년대 배경의 누아르는, 누아르가 그 태동 녘에 뿜어대던 현실 풍자와 현실 반영을 단연코 계승하지 않는다. 1990년대 판 누아르 〈L.A. 컨피덴셜〉은 그러므로 당연히 누아르의 현실적 공격력이 아닌 형식적 외피를 수혈받은 결정체라는 결론이 나온다.

이 영화는 누아르 장르가 수십 년간 갈고 닦아온 세련된 형식들만 탐미적으로 접합시켜 만들어낸 뛰어난 오락 영화다. 우리가 이 영화의 정교한 플롯에서 기분 좋은 반전의 묘미를 느낄 수 있는 이유는, 그때 L.A.에서는 저런 일들이 그네들의 삶을 이러쿵저러쿵 지배하고 있었구나, 깨달아서가 아니라, 이야기 자체의 전개 과정이 보여주는 품격 높은 오락 때문이다. 과거의 시간대 속에서 벌어진 이야기는 그 '구체적인 현실성'을 완전 연소시켜버렸다. 사실주의로의 지향은 결코 존재하지 않고, 오락으로서의 환상에 종속된 꿈으로서의 과거가 있을 뿐이다.

그러나 이것은 단점이 아니다. 한 방향일 뿐이다. 〈L.A. 컨피덴셜〉은 애당초 사실주의적으로 당대를 묘사할 어떤 의도도 없었기 때문이다. 요는 정교한 오락이 목표였던 것이고 그 목적은 영화의 완성도가 높게 나옴으로 해서 성공적으로 완수됐다.

보편 정서의 초시간성

〈타이타닉〉에는 구체적인 현실이 있었다. 타이타닉 침몰 사고는 버젓이 존재한 역사적 사건이기 때문이다. 그러나 〈L.A. 컨피덴셜〉처럼 〈타이타닉〉 역시 향수이자 낭만으로 과거를 그리고 있다. 게다가 이 영화는 현재와 과거를 낭만적인 디졸브로 처리하고 있다. 1912년의 과거에서 벌어진 그 이야기가 구체적인 현실이었음은 분명하지만 그 현실은 지금의 현실에 녹아 있는 것이 아니라 그때 끝이 났고(계층 갈등의 테마 역시 타이타닉의 침몰로 종결됐다는 식의 주장도 포함해), 그 기억이 현재의 상념, 또는 감상 속에만 녹아 있다. 그것은 로즈라는 한 여인의 상념이자 그녀와 관련 있는 몇몇 인물들의 낡은 추억처럼 간직된다. 현실적인 어떤 맥락에서도 치열한 연계가 존재하지 않는 것이다. 타이타닉의 현실을 다시 환기했다 한들 지금 다시 해결하고 접근해야 할 건 없는 것이다.

〈타이타닉〉의 드라마는 침몰 당시의 구체적 현실, 사실주의적 흐름에서 멀찌감치 떨어져 있고, 제임스 카메론은 탈색된 정형, 곧 인간의 근본적인 성향을 직시하는 가장 단순한 형태에 역사적 현실을 복속시켰다. 그건 러브스토리다. 그리고 그 러브스토리는 보편적인 정서에 토대를 둔 기본적인 공감대를 위한 것이다. 그리하여 '시간의 차이'는 배경 기능만 충실히 수행하고, 러브 스토리의 '초시간성'이 이 영화의 결정적인 주제가 되고 있다.

〈L.A. 컨피덴셜〉, 〈타이타닉〉은 둘 다 시간의 구체성, 곧 그 시간대의 '현실'에 다가서지 않는다. 사실주의적 부담과 시선은 의도적으로 간과됐고, 시간의 논리는 현실적 인과를 무시한 비시간성으로 전도됐고, 그 결과는 안전하고 순수한 오락 영화다. 그러나 이렇듯 과거 사건들에 굳이 구체적인 현실성을 포함하지 않은 것은 오히려 더 정당하고 합리적이며, 지금 우리의 시간대에 비춰보면 거꾸로 더 구체적이다. 1990년대의 현실에서 바라보는 과거 이야기는 절대로 우리의 구체적 현실이 될 수 없다. 그렇다면 이 다른 시간대를 현실이 아닌 다른 것으로 바라보는 것이, 일면 타당한 것이다.

이상한 함정에 빠지다

그러나 스티븐 스필버그의 〈아미스타드〉는 좀 다르다. 영화는 과거 속 사건을 감히 구체적인 현실, 곧 우리 피부에 맞닿은 '현실감 넘치는 현실'로 받아들이길 감히 주장한다. 실제로 거기에서는 무슨 일이 벌어졌는가? 그 사건은 지금 우리 시대의 현실에 얼마만큼 영향을 끼쳤는가? 우리는 대체 무슨 교훈을 거기서 얻어야 하는가? 뭐 이런 얘기들이다.

이 영화는 과거의 현실을 지금 우리의 현실로 받아들일 것을 요구한다. 과거의 현실을 지금과의 연계로 받아들이려면 그간 아미스타드 호 소송 사건이 지금에 이르기까지 이어져온 현실과 역사의 연쇄 고리들을 종합적으로 인식해야 한다는 것을 의미한다. 그래야만 이 영화의 설득력은 인정된다. 그 현실의 연쇄 고리란 물론 노예 문제에서 비롯된 미국 흑인 문제다.

영화 〈아미스타드〉는 스페인 국적 아미스타드 호에 실려 미국으로 이송되던 아프리카 흑인들이 선상 반란을 일으켰다 잡히고, 이들의 소유권을 둘러싼 법정 논쟁 끝에 결국 흑인들이 자유를 얻게 되는 과정을 담고 있다. 이런 역사의 연쇄 고리를 모두 감안하고 접근하는 시도는 대단히 지난한 문제이며 엄청나게 머리를 굴려야만 한다. 그렇게 하고 싶다면 '그 사건'이 시간의 연쇄 고리에 결정타를 먹여, 남은 후대의 상황들에 심각한 영향을 끼친 것으로 잡아내어야 한다. 그런데 만일 그 사건 자체가 역사적 현실의 중대한 분기점이 아닐 경우에는, 차라리 현실의 도미노에서 인과 고리를 끊고 무언가(오락, 근본적인 정서로의 이행……) 다른 것에 봉사해야 한다.

〈아미스타드〉는 이 두 가지 방향에서 모두 성공하지 못한 것으로 보인다. 일단 두 번째 목적은 결코 아니었다. 이 영화는 단연코 순수 오락 영화가 아니다. 그렇다면 첫 번째 방향에서 승부를 걸었어야 하는데, 많은 사람들이 지적하는 것처럼 아미스타드 호 사건은 현재의 흑인 문제를 짚어낼 결정적인 분수령이 아니다. 말하자면 단순히 그 사건에 주목했다는 것만으로 높은 평가를 받을 수는 없다는 얘기다.

그렇다 해도 대안은 있다. 바로 시선의 문제다. 아무리 소소한 사건일지라도 거기서부터 현재의 문제들을 반영할 단서들을 찾아낸다면 평가는 달라진다. 그러나 이 '시선의 문제'는 더욱더 〈아미스타드〉를 곤경으로 몰아넣는다. 스필버그의 시선은 어떤가?

안타깝게도 그는 흑인 문제에 담백하게 다가서지 못했다. 자신이 흑인이 아니라는 생태적인 특성을 감안하더라도 문제의 본질을 왜곡하고 있다. 일차적으로, 역시 많은 사람들이 지적하는 것처럼, 결국 백인 영웅들(매튜 맥커너히가 분한 변호사, 앤서니 홉킨스가 분한 전 대통령)이 흑인 문제를 해결하고, 이 과정이 미화된 것도 있다.

둘째, 흑인을 바라보는 스필버그의 시선이다. 많은 경우 서양인은 우리가 '오리엔탈리즘'이라 부르는 함정에 빠져 있다. 이것은 영화감독을 포함, 창작자들도 마찬가지다. 오리엔탈리즘이란 서양인은 아직 잘 알지 못하는 동양 문화를 마치 신비롭고 초현실적인 것으로만 받아들이거나, 반대로 그네들보다 대단히 저급한 미개의 문화로 받아들이는 양면적인 사고방식이다. 동양의 무술이나 종교, 참선, 신화를 합리적 이성에 찌든 서양 사회의 도피처로 받아들이는 관념이나, 동양인을 서양인과 동등한 인간으로 받아들이지 못하는 차별주의가 다 여기에 속한다. 만일 아프리카를 서양인의 시선에서 본 동양에 포함한다면, 스필버그는 오리엔탈리즘의 함정에 빠져 있다.

그는 영화 속에서 아프리카 멘데 족 사람들을 신비롭게 포장한다. 크게는 아프리카인에게서 새로운 깨달음(그러나 구체적인 이해와는 거리가 먼 단순한 감상에 따라)을 얻고 이 사건을 긍정적으로 해결한 것을, 단순히 흑인 문제의 진일보만이 아니라, 마치 전 인류적인 구원과 인간애의 메시지인 양 승화하려는 관점이 그러하며, 작게는 흑인들의 묘사가 신비롭게 구현되고 있다는 것이 그렇다.

초반 20분을 놓치면 이 영화에서 제대로 감동 받을 수 없다는 광고 문구처럼 바로 그 초반 20분 선상 반란에서 묘사된 흑인들 모습이 그렇다. 아미스타드 호 지하 감방에서 처참히 죽어가면서도 자신들의 아기를 손에서 손으로 쳐받들어 살리려는 모습이나, 백인 선원들을 처치하는 흑인 리더의 모습을 잡아낸 장면이 그것이다. 물론 그런 일이 실제로 있었을 수도 있다. 그러나 감독의 시선은 정황의 설정이 아니라, 그 정황을 어떤 형식으로 표현하느냐에 있다. 아기를 쳐받드는 흑인들 모습은 마치 인류의 마지막 아기를 살리기라도 하는 것처럼, 숭고함과 비장함을 의도한 앵글과 조명으로 처리됐고, 아기를 든 흑인들 손은 미학적인 형태로까지 묘사되고 있다. 백인 선원을 칼로 찌르는 흑인 모습은 로low 앵글과 푸르스름한 조명, 게다가 자연의 분노까지 등에 업은 신비로운 사건인 양 그려지고 있다.

피상적인 오리엔탈리즘을 배경으로 스필버그는 흑인의 이야기를 백인들과 동등한 눈높이에서 구체적으로 접근하지 못한 채 머무르고 있다. 이것은 현실적인 맥락의 인과율은 물론, 사태에 다가가는 내적 논리의 타당성마저도 상실하는 결과를 낳게 한다. 남는 건 얕은 수준의 인상주의이고, 인상주의만이 남게 되면 창작자는 어떤 대상을 묘사하고 있는 자기 자신의 모습에 탐닉하고 중독돼 정작 자신이 그리려고 하는 대상 자체를 치열하게 분석하는 것에서 그만큼 멀어지고야 만다.

그리하여 다시 우리는 시간의 문제로 돌아간다. 〈L.A. 컨피덴셜〉과 〈타이타닉〉은 오락과 낭만에 복속하는 그 하나의 목적으로 충분한 시간여행의 정당성과 완성도를 획득했다. 그들이 원한 결과를 위해 시간을 이용한 것은 적절한 것이었다. 그러나 〈아미스타드〉는 그들과 다른 목적으로 시간을 거스른 목적을 실패로 끝내고 말았다. 스필버그는 여정의 준비를 제대로 하지 못했고, 대상에 접근하는 태도를 정립하는 와중에 그 준비 부족으로 인한 심한 뒤틀림을 겪었다. 결국 그는 아미스타드로 가지 못했고, 흑인들을 만나지도 못했다. 여전히 그가 만난 것은 자기 자신이었으며, 만족한 것 역시 자신의 시선만을 애호하는 그 이상한 환상이었다. 그는 대체 왜 과거의 현실로 여행을 했단 말인가?

〈NeGA〉 4호(1998년 3월)

〈롤라 런〉

다른 무엇도 아닌 세계의 끝을 향해 롤라는 열심히 뛰어간다

예술은 반영하고 매개한다

한 시기의 예술 양식은 같은 시기의 사유 양식과 병진하거나 적어도 거기에 근접한다. 만일 이것을 대전제로 받아들인다면 우리는 어떤 종류의 예술 형태에서도 현실과의 끈을 파기할 수 없다. 정치·경제적인 현실과 사유 체계 그리고 문화적 인식들은 모든 시기를 관통하는 본질적인 힘, 또는 근원적인 움직임들의 강건한 바탕 위에 시간의 흐름에 따라 상대적으로 분할된다. 그러나 이것은 일련의 사소한 변화들이 이루어내는 순차적인 발전 과정에 있다기보다 거대한 덩어리가 응집력을 못 이겨 거시적으로 탈바꿈하는 형상에 따라 변화하며, 우리는 그것을 '패러다임의 변동'이라 부른다. 그리고 한 시기의 예술이란 바로 동시대의 패러다임에 직간접적인 영향을 받게 된다.

따라서 레이먼드 윌리엄스의 사유처럼 예술은 고정된 대상이 아닌 "현실적이고 입증 가능한 사회적, 역사적인 과정을 반영"하는 것이지만, 덧붙여 그것은 게오르그 루카치의 진술처럼 "시대에 따라 유동적으로 변화하는 상대적인 진리"의 지배를 받는다. 그리하여 우리는 현존하는 모든 예술 작품으로부터 윌리엄스의 반영 이론과 루카치의 상대주의적 리얼리즘이 지닌 상당한 지배력을 늘 입증하고야 마는 것인데, 이것은 현대 독일 영화의 한 편을 이루는 〈롤라 런Lola Rennt〉(1998)에서도 마찬가지다. 형식주의에 대한 적지 않은 경외와 영화 양식의 진화 과정에 대한 장난기를 충분히 인정하고서도 우리는 이 영화가 지닌 문화적인 발판을 전혀 무시할 수만은 없는 것이다.

처음부터 끝까지 롤라는 뛴다. 그녀가 뛰는 이유는 잠시 후에 사라질지도 모를 남자친구 마니의 목숨을 구하기 위해서이며, 이를 위해 10만 마르크라는 화폐의 무모함과 20분이라는 시간의 황당함은 전혀 중시되지 않는다. 게다가 그녀는 다짜고짜 아버지를 찾아가고 급기야 아버지의 은행을 털기까지 하는데, 이 과정에서 아버지의 경제력과 외도 따위는 아무런 문제가 되지 않는다. 가족 관계, 준법, 합리적인 사고는

경시되며, 그녀에게 중요한 건 오직 마니, 곧 사랑뿐이다.

　다른 어떤 것도 고려하지 않고 맹목적으로 사랑만을 지향하는 태도는 일면 젊은 세대가 보여주는 목적과 가치에 대한 허무주의적 사고방식을 반영하기도 한다. 인생의 점진적인 행보와 합리적인 인과를 통한 행복의 추구 대신 순간적인 생존과 간발의 목적들에 경도되는 의식의 진공상태가 거기에 있는 것이다. 그들을 옥죄는 20분이 세기말이든 무엇이든 간에, 그 실체를 정확히 파악할 수 없는 시대적 혼돈의 문화는 롤라라는 상징적 캐릭터로 집약돼 그녀가 무조건 뛰게 만드는 영화적인 장치를 구성하고 있다.

〈롤라 런〉은 자생한다

　그러나 〈롤라 런〉에서 보이는 이 필연적 고리, 반영체와 피반영체 간의 어쩔 수 없는 상관성을 인정하고 나서도 우리는 예술 양식의 독자성을 간과할 수 없다. 때로 왈츠의 리듬, 추상의 구도, 석면의 질감, 배우의 눈물은 아무런 매개 부담 없이 순전히 그 자체만으로 하나의 세계를 이루고, 또 그렇게 전달된다. 우리는 모든 영화를 통해 반영을 살피지만, 또한 동시에 그 모든 영화들에서 자기만족적인 세계로 나아가려는 한 경향을 본다. 영화라는 기표는 시대적 사유 체계라는 기의를 위해 존재하지 않으며, 각 신의 기호들은 순전히 다른 신의 대상들을 지시하거나 구성한다. 상징과 함의, 언어와 담화는 영화 밖으로 무한히 열린 현실을 담아내길 거부하며, 다만 그들이 기거하는 한 편의 영화 그 안에서 모든 시작과 끝을 이루려고 한다. 혹 그것은 영화 일반의 역사와 규범들조차도 무시한 채 순전한 개별적인 자기 영화 안에서 모든 행위를 종결지으려 하는 것이다.

　정도의 차이가 있을 뿐 영화와 같은 대중 예술을 포함해 모든 예술은, 창조된 현실과의 유기적 맥락을 사양하고 자생력을 갖춘 하나의 완결된 세계가 되려는 준생물적 의지를 가진다. 많은 영화들이 명확히 설명되지 않는 캐릭터들, 상상과 유추를 의도하는 내러티브, 현실적인 문제들과의 노골적인 연계성을 강조하는 장치들, 완벽하지 못한 유기성을 통해 현실로 나아가고, 심지어 완성도 높은 드라마 구조와 그 집합체인 장르적 속성들조차도 시대적 현상을 반영하는 마당에서, 또한 그만큼의 다른 영화들은 그 정반대의 방향을 선택하고 주인도 모를 생명력을 갖추는 것이다. 그리고 그 경향의 최근 예로 나는 〈롤라 런〉을 든다.

〈롤라 런〉은 롤라가 과연 위험에 처한 마니를 구할 수 있을 것인가 아닌가에 대한 세 사람의 에피소드로 구성된 영화다. 전화를 끊은 롤라가 아버지에게 달려가고 거절당하고 마니는 슈퍼마켓을 털고 두 사람이 경찰에 포위되고 오발로 롤라가 죽음에 이르는 첫 번째 에피소드 이후에 갑자기 영화는 현실(물론 이것은 시대적 사유 양식으로서의 현실이 아니라 이해 가능한 물리적 세계로서의 현실이다)적 개연성을 무시하고 다시 롤라가 마니의 전화를 받던 처음 시점으로 돌아간다. 길바닥에 엎어진 롤라는 이게 아니라고 뇌까리며 놀랍게도 엎질러진 물을 다시 담고 있는 것이다. 두 번째 에피소드에서 롤라는 아버지에게 달려가고 지하철에서 마니의 돈가방을 훔쳐간 거지와 부딪치고 아버지의 은행을 털고 마니 앞에 돈을 가지고 나타나지만 공교롭게도 롤라의 앞을 지나치던 차와 부딪쳐 이번에는 마니가 죽는다. 그리고 이렇게 끝날 수는 없다는 마니. 다시 영화는 세 번째이자 마지막 에피소드를 보여준다. 이번에는 롤라가 아버지를 만나지 못하고 우연히 카지노를 발견하게 되며 이상한 외침과 함께 순식간에 10만 마르크를 딴다. 그 즈음 마니 역시 돈을 가져간 거지를 만나 10만 마르크를 돌려받고 보스를 만나 무사히 그 돈을 전해준다. 결국 이 마지막 에피소드에서는 아무도 죽지 않고, 게다가 10만 마르크는 무사히 되찾았으며, 더욱이 여분의 10만 마르크마저 손에 쥐고 나서야 롤라는 그 뜀박질을 끝낸다.

그것은 자족적인 닫힌 세계다

자, 이것은 분명 비현실적인 설정이다. 그렇다고 그 비현실성이 〈롤라 런〉의 자기 완성적 세계를 증명하는 것은 아니다. 1999년의 시점에 이런 종류의 상상력은 이미 논의의 대상조차 아니다. 내가 주목하는 것은 그것의 비현실적 설정이 아니라, 하나의 사건이 두 번의 '시행착오'를 거쳐 세 번째에서야 '완성'된다는 점이다.

사회적 현실에 발을 딛고 있는 수많은 반영의 스토리들은 주인공의 목적이 성취되든 성취되지 않든 오직 한 번의 거대한 사건과 그 안에 부수되는 일련의 소사건들을 단 한 번씩 발생시킨다. 그리고 관객들은 그 목적이 성취되거나 성취되지 않거나 간에, 주인공의 캐릭터와 목적과 목적의 동기와 그 캐릭터가 살아 숨 쉬고 목적이 형성되는 세상과 목적의 전개 과정과 장애물과 갈등과 극복과 완성과 실패와 회한과 희망을 두루 거치며 우리가 살아가는 현실의 거울을 만난다. 그것은 드라마에 갇힌 주인공을 통해서도, 또는 주인공의 손길이 머무르는 도로변 카페의 조명을 통해서도, 또는 그런 방식으로 이야기가 전개되는 양식을 통해서도 발견되는 것이다.

그러나 〈롤라 런〉은 같은 사건을 세 번이나 보여줌으로써, 그것도 주인공이 의도한 것이 이루어질 때까지 인위적인 반복을 계속함으로써 순전히 자기만족적인 하나의 세계를 구축한다. 여기에 등장하는 각각의 에피소드는 바로 사회 반영적인 이야기로 유추될 수 있을 것이나, 그 '조합'은 거기로부터 이탈하고 있는 것이다. 영화는 롤라의 목적에서 시작됐다. 관객들은 그것이 실패로 끝나든 성공으로 끝나든 그녀가 달리는 한 번의 이야기를 보며 스토리의 바깥으로 나아가 주제를 탐구하고 의미를 형성할 수 있었다. 그러나 한 번의 에피소드가 끝나고 그녀가 다시 이야기를 되돌림으로써, 우리는 롤라가 보여준 첫 번째 시도의 모든 과정이 자연 발생적인 것이 아니며, 따라서 우리가 그 과정들을 통해 현실의 상징들을 발견할 이유조차 없다는 것을 알게 된다. 모든 것은 롤라의 의지에 따라 다시 조정, 조작되고 그 과정은 반복된다. 이것은 극중 인물인 롤라에 의해 인위적으로 배치된 것으로, 이 영화가 배태된 사회 현실을 직시하기보다 단지 드라마 내부의 목적을 위해 존재한다. 이렇게 해서 〈롤라 런〉은 자족적인 세계로 나아간다.

그것은 아주 작고 사소한 세계다. 그 세계의 지속 시간은 20분밖에 되지 않으며 거주자는 몇 명 안 된다. 처음에 마니의 돈을 훔친 거지가 롤라와 마주치고 결국 그 거지를 마니가 다시 만남으로써, 영화는 작은 세계 안에 갇힌 인물들이 결코 서로 상대방에게서 벗어나 다른 상징을 띠지 않게끔 설정한다. 롤라에게 다가온 빨간 차가 다시 마니를 들이받음으로써 이 세계의 결정적인 사건과 사물들은 역시 중심화된 몇몇 인물들 사이를 필연적으로 순환하며 다시 한 번 이 시공간을 자족화한다. 롤라와 마니가 등장하지 않는 장면은 비디오 모니터 영상이라는 차별화된 장치로 구획화함으로써 이야기는 순전히 그 안에서만 중심과 주변의 권력 배치를 마무리 짓는다. 이 세계에 롤라와 마니가 존재하지 않는다면 그것은 허구가 되는 것이며, 따라서 역시 이곳은 롤라와 마니를 중심으로 하는 자족적인 세계가 되는 것이다.

또한 롤라의 세계 속에서의 시간은 나름대로 충분히 합리적이다. 롤라가 아버지를 향해 뛰어가는 동안에 만난 장애물, 예컨대 계단 중간의 개 때문에 미세하게 시간에 차이가 나면서 롤라는 거지와 그냥 스치거나 부딪친다. 따라서 중간에 조우하는 우연적인 인물들의 미래는 정사진들의 몽타주라는 비현실성을 통해 세계 밖에 먼지로 흩어지며, 주인공들이 기거하는 공간은 그들 나름대로의 합리성을 지닌 채 존재 가능한 하나의 세계가 된다.

이제 권력은 캐릭터에 복속된다

그리고 무엇보다 우리는 이 영화에서 '롤라의 의지'가 가장 중심적인 '권력'이 되고 있음을 확인하게 된다. 첫 번째와 두 번째 모두 그녀는 아버지한테 거절당하지만 두 번째 에피소드에서는 포기하고 나오는 대신 은행을 털 결심에 이른다. 이 결정에는 다른 아무런 외적 조건이 관여하지 않으며 순전히 롤라의 의지만이 영향력을 발휘한다.

여기서 잠시 나는 '인터랙티브 시네마'라는 개념을 떠올려본다. 이것은 드라마의 결정적 분기점마다 관객들이 그 향후를 결정할 수 있는 영화를 뜻한다. 이미 미국에서 시행되고 있는 이 새로운 종류의 영화는, 예컨대 주인공이 상대를 살해할 것이냐 말 것이냐 같은 중요한 시점에서 이야기를 잠시 멈추고 관객이 그것을 결정하게 한다. 관객은 객석에 배치된 버튼에 따라 자기 의지를 표현할 수 있으며 컴퓨터 시스템은 관객이 누른 버튼을 종합해 다수결에 따라 영화의 다음 상황을 이어나간다.

미쉘 푸코는 해석을 누가 내리는가에 대한 다툼이 곧 권력 다툼이라고 했다. 기존의 단선적인 영화가 전적으로 창작자의 권력, 그리고 그 권력을 가능케 한 사회적 맥락의 권력으로 구성됐다면, 인터랙티브 시네마의 권력자는 곧 관객이다.

그런데 〈롤라 런〉에서 권력자란 바로 극중 인물인 롤라이고, 우리는 그녀와 마니가 처한 세계가 그들을 중심으로 얼마나 닫혀 있는가를 확인하게 된다. 에피소드의 막간에 침대인 듯한 곳에 누운 롤라와 마니는 느긋하게 권력을 행사하는 자족적인 세계의 주인이다. 그레마스의 기호학에 따르면, 현대의 신화란 만드는 자들의 의지에 따라 구성된 표상적 이미지와 동시에 담론이다. 〈롤라 런〉의 현란한 기교와 스타일은 드라마와 맞물리며 한 편의 이미지와 담론을 구성하는데, 그 신화의 창조자란 결국 자기 이야기를 스스로 만들고 뒤바꿔가며 열심히 내달리는 롤라인 것이다. 우리는 마치 동전만 넣으면 얼마든지 주인공이 되살아나고 같은 사건을 수천 번도 넘게 다시 경험할 수 있는 사각 모니터 속의 컴퓨터 오락처럼, 인공적으로 구성된 하나의 세계 속에서 아무런 외적 근거 없이 롤라의 권력에 휘둘린다. 그리고 마치 컴퓨터 게임에 빠지는 사람들처럼, 자기만족적이고 자기 구성적인 작은 세계에서 적어도 영화의 상영 시간 동안 그 세계가 구조화되는 일면의 변화들을 바라보며 충분히, 그리고 기꺼이 즐기게 되는 것이다.

〈NeGA〉 18호(1999년 5월)

〈춘향뎐〉과 〈철도원〉

우리에게, 그리고 그들에게 부활하고 있는 것은 무엇인가

영화 〈춘향뎐〉(1999)이 개봉한다. 재미있는 것은 〈춘향뎐〉이 개봉하는 비슷한 시기에 〈철도원ぽっぽや〉(1999)이라는 일본 영화 역시 개봉한다는 사실. 지난해 일본에서 전국 관객 400만 명 이상을 동원한 흥행 대작이다. 왜 〈춘향뎐〉과 〈철도원〉을 함께 이야기 하는가? 이 두 편의 영화가 상당히 비슷한 지점에서 시작해 너무나 다른 지점에서 끝나고 있는 것을 봤기 때문이다.

제복의 환상 속에 도사린 일본 정신

〈철도원〉으로 말문을 여는 게 좋을 듯싶다. 아사다 지로의 원작 소설을 바탕으로 후루하타 야스오 감독이 만든 이 작품에서 일본의 국민배우 다카쿠라 겐은 정년퇴직을 눈앞에 둔 시골 마을의 역장 사토 오토마츠를 연기한다. 영화는 이 우직하게 자신의 일에 충실한 사토의 지난 세월을 더듬는다.

평생을 철도원으로 보낸 사토의 지나온 인생. 그러나 그 인생은 행복하지만은 않다. 철도원의 직무에 너무나 충실한 나머지 생후 2개월 된 딸이 죽을 때도, 부인이 죽을 때도 역에 있었다. 자기 직분에 충실해야 했기 때문이다.

영화는 결코 사토가 자신의 인생을 후회하게 만들지 않는다. 오히려 정년퇴직을 앞두고도 기계적으로 일하는 그는 평생의 직분을 자랑스러워하는 듯이 보인다. 잊히지 않는 과거 속에 아내와 딸의 죽음이 있지만 사토의 기억은 낭만적으로 묘사되고, 의도적인 몽환성이 덧입혀진 홋카이도의 신비스러운 공간은 사토의 인생 여정을 '아름답게' 그린다. 그 어떤 사건에도 흔들리지 않고 자기 자리를 지켜온 한 사내의 인생은 관객들의 눈물을 받아내고, 이 진중하고 아름답고 관조적이며 인생의 깊은 속내를 드러내는 영화는 1999년 최고의 일본 영화로 등극한다.

그러나 〈철도원〉이 단순히 한 남자의 개인사만을 다루고 있는 게 아니라는 사실

은 명백하다. 사토의 순수하고 우직한 삶을 보며 일본인은 눈물을 흘렸겠지만, 나는 이 눈물의 의미가 대체 무엇인지 궁금하다. 분명하게 사토 오토마츠는 군국주의 이데올로기의 최전선에서 조국과 천황을 위해 자신의 일생을 바친 대일본 제국의 황병들을 상징하고 있다. 홋카이도의 외딴 시골까지 눈발을 헤치며 달려오는 기차는 동아시아의 가능한 모든 오지까지 천황의 이름을 날리려고 한 일본 군국주의자들의 이상이었고, 그 전체주의적 기동성을 전후 경제 발전과 국토 개발에 쏟으려고 한 산업 역군들의 맹목적인 꿈일 뿐이다.

상념에 사로잡힌 사토의 눈앞에 17년 전에 죽은 딸의 환상이 등장하는 장면에서는 군국주의에 대한 망상적 향수가 무섭기까지 하다. 딸 유키코는 아버지의 철도원 복장을 보며 이렇게 말한다. "제복이 참 멋있어요." 그의 제복은 황군의 이미지를 정확하게 재현해내며 군국주의 판타지를 고취시킨다. 딸은 정해진 시간까지 정확히 일을 마치고 들어온 아버지를 위해 정성스레 밥상을 차린다. 사토는 마치 오랫동안 전장에 나갔다 집으로 돌아와 가족이 차려주는 식탁에 앉은 병사처럼 눈물을 흘린다. 사토는 유키코의 환영幻影에게 자신의 지난 날을 용서해달라고 말한다. 그러나 아버지의 관모를 쓰고 절도 있게 경례를 하며 그녀는 다만 "아버지, 고마워요"라고 말한다. 참으로 소름끼친다. 가족을 돌보지 않고 전장에 나간 아버지에게 딸은 고맙다고 말한다. 집에 남은 가족들의 생활은 어떻게 되든 조국을 위해 일생을 바치는 아버지 모습이 자랑스럽고 고맙다는 딸의 모습은, 사실상 이 영화가 현재 일본의 모든 젊은이에게 바라는 강령인 듯이 보인다.

결국 그 이튿날, 사토는 폭설이 내리는 가운데 역을 지키다 죽음을 맞이하고, 동료들은 그의 시신을 기차에 싣고 달린다. 역시 눈발을 휘날리며 힘차게 달리는 기차와 사토의 모자를 쓰고 행복한 표정으로 경례를 하는 친구의 얼굴이 오버랩되는 마지막 장면은 동료의 희생을 딛고 끝끝내 전진하는 군국주의자들의 망령을 보는 것 같아 씁쓸하다.

〈철도원〉이 무엇을 말하고 있고, 일본인이 무엇을 위해 눈물을 흘렸는지 명백하다. 이 작품은 패전국 일본이 50여 년 동안 고민해온 정체성 문제를 신군국주의 이상으로 재정립하려는 시도이며, 1990년대 들어 까발려진 거품경제의 좌절을 전체주의적 단합과 희생으로 극복해보자는 신보수주의의 유령과 정확히 일치한다. 후루하타 야스오 감독은 〈원령공주〉(1997)처럼 극관조적 자연주의에 빠져드는 것도, 〈신세기 에 반게리온〉(1995)처럼 패배적 초현실주의에 탐닉하는 것도, 〈쉘 위 댄스〉(1996)처럼 도 피적인 개인주의를 제시하는 것도 지금 이 시대의 일본 영화가 할 일은 아니라고 짜 증내는 것 같다. 그것이 1999년, 파란만장하던 한 세기를 정리하고 새롭게 각오를 다 지는 〈철도원〉의 '일본 정신'이다.

흥겹고 정다운 사랑의 예찬

한 민족의 지난 세월을 돌아본다는 점에서 〈춘향뎐〉은 〈철도원〉의 의도와 일맥상 통하는 부분이 있다. 그러나 우리의 '대한 정신'은 일본의 그것과 사뭇 다르니, 이것은 대체 어떤 차이일까? 한국의 전통적인 판소리이자 전래되는 가장 대표적인 이야기로 손꼽히는 '춘향과 몽룡'의 테마를 다루고 있는 〈춘향뎐〉. 독특한 방식으로 제작된 예 고편에서 임권택 감독이 밝히고 있듯이 "〈춘향뎐〉은 어쨌거나 사랑 이야기지요."

영화는 리포트를 쓰려고 다섯 시간짜리 완본 판소리 춘향가를 들으러 극장에 들 어서는 대학생들로 시작된다. 마치 〈철도원〉을 보고 대오각성하길 바라는 일본의 젊 은 세대처럼, 이들은 춘향의 이야기가 지금 이 시점에서 우리에게 무슨 필요가 있는 지 깨닫길 바라는 우리의 신세대다. 곧 국창인간문화재 조상현의 〈춘향가〉가 시작된 다. 공연이 시작된 지 얼마 지나지 않아 영화는 정확히 그의 소리에 맞춰 내러티브를 짜가기 시작한다. 이것은 참으로 새롭고 놀라운 형식의 춘향전이다. 영화는 조상현의 소리에 맞춘 스토리의 빠른 전개가 마치 판소리 뮤직비디오처럼 전개되는 부분과 일 반적인 극영화 내러티브 전개 방식으로 보이는 부분이 번갈아 등장하는 형식을 취한 다. 눈길을 끄는 것은 바로 그 '판소리 뮤직비디오' 부분이고, 일단은 판소리 그 자체 다. 우리 전통문화인 판소리는 아주 당당하게 자신이 얼마나 흥겹고 정답고 아름다 운 동시에 공동체적인 융화를 지향하는 예술인지를 보여준다.

영화는 춘향과 몽룡의 이야기가 진행되는 와중에 간헐적으로 현재의 판소리 무대 로 돌아오는데, 처음에는 침묵을 지키던 관객들이 서서히 조상현의 소리에 박수를 치 며 동참한다. 그만큼 판소리 춘향가는 섬세하고 정교하게 리듬을 타고 정서를 호흡한 다. 구절구절 대목대목마다 등장하는 소리의 기교와 속도, 강약과 추임새는 보는 사 람을 완전히 마취시키기에 진정으로 충분하다.

더불어 임권택 감독은 이렇듯 세밀하게 묘사하는 춘향가의 부분 부분들을 꽤 파격적인 영화적 묘사를 통해 뒷받침한다. 예컨대 몽룡의 명을 받아 춘향을 부르러 가는 방자의 장면에서 조상현은 방자의 외모와 표정, 몸짓과 캐릭터를 대단히 흥겨운 단어들을 조합해 묘사하고 있는데, 임권택 감독은 이것을 다시 꽤 역동적인 카메라 워킹과 유치한 듯 정다운 줌인Zoom in 효과를 통해 변증적으로 흥을 더한다. 따라서 이렇게 재창조된 춘향의 이야기에서 관객들이 느끼는 것은 우리의 민족 정서 중 하나인 '흥', 곧 공동체적 즐거움의 향유다.

내용은 어떨 것인가? 비록 〈춘향뎐〉이 우리가 익히 알고 있는 스토리의 구석구석을 비교적 빠짐없이 짚어내고는 있지만, 감독이 어느 부분에 방점을 찍고 있는가는 자명하다. 이번 작품에서 변학도로 대변되는 관치 문화의 피폐는 그다지 두드러지지 않으며, 계급 사회의 부조리에 대한 서민적 울분 역시 강조되고 있지 않다. 고문을 받는 춘향은 변학도에게 항변하지만 그것은 계급 사회에 대한 저항이라기보다 사랑하는 연인에 대한 신의의 문제로 읽히고, 춘향을 가여워하는 기생들의 노래 또한 서민의 통한을 담아내고 있다기보다, 그녀의 사랑에 대한 예찬으로 느껴진다. 변학도를 처벌하는 어사 이몽룡의 출두 장면은 더욱 이를 확실케 하고 있으니, 몽룡은 우리에게 친숙한 방식대로 변학도를 내려치거나 바닥에 무릎 꿇지 않는다. 변학도 역시 마찬가지로 겁에 질려 머리를 조아리며 사정을 하는 대신 당당히 몽룡과 맞서 자신의 법적 정당성을 주장한다. 비록 몽룡이 변학도를 꾸짖고 있기는 하지만 이 장면은 분명히 관료로서 정중히 서로 의견을 교환하고 있는 듯이 보인다.

그리하여 춘향전을 둘러싼 두 개의 커다란 이야기, 곧 사랑의 테마와 계급 저항의 정신 중 무엇이 우선시되고 있는가는 분명해진다. 임권택 감독은 열여섯 살이라는 어린 나이에 단박에 눈이 맞아 곧장 합방을 치르는 두 남녀의 사랑을 대단히 노골적인 방식으로 묘사한다. 춘향과 몽룡이 나신으로 등장하는 춘향전은 처음이다. 성적인 면에서 그 농도가 짙다는 뜻이 아니라, 그만큼 이 이야기는 처음부터 끝까지 '사랑' 그 하나의 테마에 집중하고 있다는 얘기다. 그리하여 〈춘향뎐〉이 관객들에게 들려주고 있는 것은, '흥'과 '사랑'이다. 이 영화는 우리의 지난 수 세기를 돌아보는 가운데 정치적이거나 이데올로기적인 어떤 태도를 재무장하라고 말하는 대신, 우리 민족의 가장 보기 좋고 가장 즐거운 방식의 문화적 융화와 감성적 낭만을 통해 서로 애정과 공동체 의식을 재확인하라고 설파한다.

참으로 다르다. 바다 건너에서는 신군국주의 망혼이 부활하고 있는 지금, 우리는 놀랍게도 사랑의 정령이 되살아나고 있다. '무엇이 옳은 건지 판단을 유보하겠다'라고 끝내는 게 이런 형태의 글이 대부분 선택하는 결말이지만, 나는 분명하게 〈춘향뎐〉의 판단을 지지한다. 이미 한 번 실패한 역사의 종적인 가치 체계는 그녀들을 다시 한 번 망자의 길로 들어서게 할 것이 분명하지만, 결국 남는 건 바로 그 지겹게도 많이들 울궈먹는 '사랑'이다. 한민족의 공동체 의식은 타자의 희생을 전제로 하는 전쟁 강령이 아니라, 영존의 호혜적 가치일 것이다. 이것이 〈철도원〉에서 염려하고 〈춘향뎐〉에서 미소를 머금는 작금의 단상이다.

〈NeGA〉 27호(2000년 2월)

〈플란다스의 개〉와 〈반칙왕〉
일상으로부터의 탈출? 과연?

두 영화 모두 '일상에는 뭔가 문제가 있다'는 전제로 시작한다. 그리고 사실, 최근의 많은 영화들이 일상만 보면 딴죽을 걸 만큼, 우리의 일상이 그리 행복하지 않다는 것도 명백하다. 그러나 조금만 들여다보면 각각의 일상은 서로 너무나 판이하다. 서로 다른 일상의 성격은 결국 두 영화가 결코 같은 종류의 영화가 아니라는 것을 입증해 준다.

윤주의 일상과 탈일상의 실체

우선 〈플란다스의 개〉(2000)의 주인공 윤주(이성재)부터 살펴보자. 가장 인기 없는 신랑감 후보에 속한다는 인문계 박사 학위 소지자 윤주. 시간강사로 약간의 돈벌이를 하는 것을 빼면 현재 그는 거의 '실업 상태'다. 다행히 돈 버는 여자와 결혼한 덕분에 그는 '전업주부'로 새로운 노동을 구가 중인데, 슬리퍼와 추리닝이라는 '남성 전업주부'의 유니폼은 이를 단적으로 이미지화한다. 그는 평일 대낮에 분리수거를 하거나 슈퍼마켓에서 장을 본다.

사회적인 노동 구조의 관점에서 볼 때 윤주의 전업주부화는 그 자체로도 나름대로 대안적일 수 있다. 그러나 명색이 박사 학위까지 받은 대한민국 남자가 전업주부로 평생을 보낸다는 건 아직 인정받을 수 없는 현실이며, 이 영화가 그 부분에 정치적 관심을 가지고 있는 것도 아니다. 따라서 우리의 주인공 윤주는 어떻게든 일자리를 얻어야 한다. 실업자들에 대한 사회보장제도가 아직 확고히 마련되지 않은 한국의 노동 현실에서 장기간의 고용 불안정은 결국 인생이 좆 친다는 걸 의미하는데, 이것을 뒷받침하는 건 그의 아내가 임신 중이라는 사실이다. 한국의 지배적인 기업 문화에서 아이를 가진 여성 노동자는 곧 '해고'될 가능성이 크다. 따라서 이 부부는 조만간 '완전 실업' 상태에 놓이게 될 테니 반드시 윤주는 직업을 가져야만 하는 것이다.

자, 윤주는 어떻게 백수에서 탈출할 수 있을까? 그는 자기 스스로 혁신적 아이디어와 발상의 전환만으로 수백 억대 신흥 귀족이 될 수 있는 디지털 업무 종사자가 아니다. 대신 가장 전통적인 형태의 수직 구조에 편입된 그는 교수 자리를 보장해줄 수 있는 사람, 곧 대학의 학장에게 잘 보여야 한다. 그가 학장에게 잘 보이는 길? 두말할 필요도 없이 '돈'이다. 그는 일자리를 얻기 위해 1500만 원이라는 거금을 갖다 바쳐야 한다. 돈이 없는 윤주에게 결국 이 거액을 마련해주는 것은 아내다. 그녀는 남편을 위해 과감히 직장을 버리고 그 퇴직금으로 '뇌물'을 만든 것이다. 이런, 곰곰이 한번 생각해보라. 윤주가 '정상적인 사회인'으로 살아가기 위해 필요한 방법이란 바로 '비정상적인', 곧 '부정적인' 행위를 통해서다. 부정만이 고용을 보장해주는 이 사회 구조는 참으로 슬픈 우리의 현실이다.

그런데 주목해야 할 것은 바로 이 '부정 지향성'이란 곧 음성적인 '일탈'이라는 사실이다. 즉 윤주의 일상을 지배하고 있는 상황, 그것은 바로 사회적인 '일탈'이다. 이 상황에서 윤주는 어떤 행동을 취하는가? 갑자기 개 소리가 들린다. 짜증이 난다. 곧장 개 한 마리를 감금하더니 다시 또 한 마리의 개를 죽음으로 몰아넣는다. 이것은 명백하게 범죄 행위다. 윤주가 일상의 짜증에서 벗어나 취한 탈일상의 행위 역시 범죄라는 '일탈'의 형태를 띤다는 것이다. 이렇게 해서 윤주의 일상과 탈일상은 모두 '일탈'로 규정된다.

대호가 레슬링을 통해 얻으려고 하는 것

반면 〈반칙왕〉(2000)의 주인공 대호(송강호)는 어떤 인물인가? 그의 일상과 탈일상은 어떤 모습인가? 대호의 일상을 억압하고 있는 것은 바로 직장이다. 그곳에는 말단 은행원 대호의 무능력을 질책하며 폭압을 행사하는 상사와 '일상적 권태'가 있다. 대호의 이런 일상은 윤주의 일상처럼 '일탈적'인가? 명백히 아니다. 출근만 하면 고객 유치 실적을 들먹이며 대호를 위협하는 상사. 그러나 그것은 '기업 간 경쟁력을 강화하려면 기업 내 동료 사원 간의 경쟁심을 유발시켜야 한다'는 경영 논리에 충실한 행동이다. 물론 여기에도 비리는 있다. 대출 부적격자에게 대출을 지시하는 상사. 그러나 분명하게 이 사건은 대호하고는 아무런 관련이 없다. 이것은 그의 동료에게 벌어진 상황으로, 대호의 일상에는 아무런 영향도 끼치지 못하는 주변적 사건이다. 따라서 그의 일상을 지배하는 것은 '일탈적인 사회 현실'이 아니라, 자기 자신의 심리적 무료함이다. 곧 그의 일상은 '정상적'이다. 그가 레슬링을 시작하는 초기 원인, 즉 상사의 헤드록 역시 구조적인 폭력이라기보다는 사소한 심리적 불만의 요인일 뿐이다.

자, 그리고 드디어 대호는 레슬링을 시작한다. 〈반칙왕〉에서 대호의 탈일상이란 바로 이 레슬러의 또 다른 생활을 가리키는데 과연 이것은 일탈인가, 일탈이 아닌가? 답은 이것도 일탈이 아니라는 것이다. 그는 이 복고적이고 낭만적인 스포츠를 통해 진정한 보람을 느끼는 자아를 발견할 뿐, 결코 일탈 행위를 하지 않는다. 반칙왕? 그것은 일탈 행위가 아니라, 프로 레슬링이라는 엔터테인먼트를 유지시키는 순기능적 요소다. 오히려 레슬러로서의 탈일상은 대호의 진정한 보람과 살아 있는 자아의 존재감을 회복시킨다. 즉 그의 일상과 탈일상은 모두 일탈과는 관계가 없다.

대신 대호의 일상을 규정짓는 것은 사회학자 게오르크 짐멜이 이야기하듯 "화폐 경쟁의 팽창으로 인해 개인의 중요성이 감소된 사회, 곧 거대 문화가 팽창함에 따라 개인의 가치가 줄어든 경제사회"다. 결국 대호의 일상은 합리적인 자본주의 사회가 그 역사의 수순에 따라 '정상적'으로 발전시켜온 사회적 구조를 대변한다. 그렇다면 그의 탈일상 상태인 레슬러로서의 행동은? 역시 사회학자인 어빙 고프먼은 '연극적 분석 이론'이라는 것을 제시한다. "인간에게는 자발적 자아, 곧 '너무나도 인간적인 자아'와 사회적 구속을 받는 자아, 곧 '사회화된 자아'가 있다. 우리는 누구나 이 두 자아 사이의 불일치와 긴장을 경험한다. 이렇게 행동해주기를 바라는 사람들의 기대와 우리가 자발적으로 하기를 원하는 행동 사이에는 차이가 있는 것이다. 결국 자아는 안정된 자아상을 유지하기 위해 사회생활이라는 무대 위에서 사회 속의 청중을 위해 연기하는 가면적 존재가 될 수밖에 없다."

그렇다면 대호는 사회적 자아의 일상에 싫증이 나서, 자기 자신의 내면에 도사린 '자발적 자아'를 드러내고 싶어서 레슬러가 됐다고 할 수 있다. 게다가 처음에는 소심하기 그지없던 대호는 무대 위에서 '가면'을 써서 자신을 감추다가 결국 그 가면이 벗겨지고 마는데, 이 순간이 그의 자발적 자아가 당당히 드러나는 시점이다. 결국 영화 〈반칙왕〉은 제도화된 사회 속에서 억눌린 본연의 자아를 회복하겠다는 심리적인 노력이, 역시 제도적으로 인정받은 방법을 통해 발산되는, '정상적인 일상을 탈출하는 정상적인 비일상'을 조명하고 있는 것이다. 그리고 이미 사회적으로 충분히 만연되고 정착된 대호의 일상이야말로, '아무것도 변화될 게 없는 진정한 의미의 반복적 일상'을 보여주고 있는 것이다.

이것과 반대로, 〈플란다스의 개〉에서 윤주를 휘감고 도는 일상은 정확한 의미에서 아직 일상이라 말할 수 없다. 일상이란 '완성된 반복성'을 갖춰야 하는데, 윤주는 지금 새로운 일상으로 진입하려는 중이고 따라서 아직 그에게는 제대로 된 일상이라는 것이 마련되지 않은 것이다. 대신 이 영화에서 제시하는 것은 이렇다. '한국 사회의 직업 현실, 또는 노동 현실 속에서 누군가가 자신의 일상을 완성하려면 반드시 부정과 일탈이라는 반규범적 행위를 거쳐야만 한다. 그리하여 지금 매일매일 완성된 일상을 살아가고 있는 우리들은, 어쩌면 모두 그런 일탈의 순간을 경험했을지도 모른다'라고.

윤주는 이 현실이 정말 '×같다고' 느낀다. 그런 그에게 마침 사정없이 짖어대는 개가 걸려든다. 그는 역시 일탈적인 방법인 범죄행위를 통해 개들을 처치한다. 결국 그는 이 사악한 현실에 대한 분노를 나약한 존재인 개에게 동일한 방법으로 보복하고야 만 것이다. 따라서 엄밀한 의미에서 〈플란다스의 개〉는 일상과 탈일상에 관한 영화라기보다, 일탈에 관한 영화이며 그것이 사회 구조 전체와 그 안에서 살아가는 개인들에게 모두 검은 장막을 드리우고 있는 슬픈 현실에 대한 영화다.

그리하여 〈반칙왕〉이 제도화된 일상과 정상적인 비일상을 통해 정확히 일상과 비일상의 문제를 건드리고 있는 것과는 다르게, 〈플란다스의 개〉는 일상이니 비일상이니 하는 것과는 아무 상관도 없는 영화로 만들어졌다. 이 두 영화는 결코 같은 부류의 영화가 아니며 전혀 다른 종류의 메시지를 담고 있는 것이다. 좀더 그럴싸한 말로 끝내자면, 〈반칙왕〉에는 어떤 종류의 반칙도 등장하지 않으며, 〈플란다스의 개〉에는 제목만큼 동화적인 탈일상이 존재하지 않는다.

〈NeGA〉 28호(2000년 3월)

⟨아모레스 페로스⟩
나는 좀더 실패해야 한다

영화의 첫 번째 쇼트는 끊겼다 이어지기를 반복하는 도로의 차선 분리선이다. 엄청난 속도로 지속과 단절을 오가는 흰색 분리선은 가까스로 숨을 쉬다 이내 호흡을 지속할 수 없는 어떤 절박한 상황. 어딘가를 향해 일직선으로 질주하지만 그 목적을 알지 못한 채 비틀거려야 하는 답답함을 느끼게 한다. 다음 쇼트에서는 그 질주가 누구의 것인지 보여진다. 맹렬하게 추격하는 트럭을 피해 달아나는 두 청년의 자동차다. 몇 초 안 되는 연속된 두 장면에서 관객은 이 영화가 멈출 수 없는 질풍노도의 삶, 정신을 차릴 수 없는 스피드에 떠밀려 방랑하는 젊은이들의 광포한 위태로움을 그리고 있음을 알게 된다. ⟨반칙왕⟩의 임대호가 현대 사회가 퍼붓는 잽의 연타에 점점 코너로 몰리고 있다면, ⟨아모레스 페로스Amores Perros⟩(2000)의 청년들은 스트레이트 한 방에 저만치 나뒹구는 낭패를 당하고 있는 것이다.

너 어디 가니?

하지만 자동차의 뒷좌석에 누워 피 흘리는 개 한 마리를 발견하는 순간, 영화를 많이 본 관객이라면 알레한드로 곤잘레스 이냐리투 감독이 한껏 장난기를 발휘하고 있다는 것을 눈치채게 된다. 이 장면은 피 흘리는 동료를 뒷좌석에 태우고 경찰의 추격을 피해 달아나는 쿠엔틴 타란티노의 ⟨저수지의 개들⟩(1992) 첫 장면에서 따온 것이다. 그런데 개라니. 이 그럴싸한 농담은 직전까지의 위태로움에 "그렇다고 너무 심각해지지는 마"라고 킬킬거리는 이냐리투의 악동 같은 미소를 떠올리게 한다. 몇 분 뒤 영화의 또 다른 주인공인 비렁뱅이 킬러가 뒤적이는 신문 속에는 스페인의 영화감독 알레한드로 아메나바르의 ⟨오픈 유어 아이즈⟩(1997) 영화 광고가 실려 있다. ⟨아모레스 페로스⟩는 분명 현실의 거울이지만, 동시에 영화 속에 파묻혀 즐거움을 만끽하는 자들의 가벼운 유희여도 상관없다는 투다.

거칠고 빠른 질감, 흔들리는 카메라, 사운드의 단절과 폭발을 반복하던 추격전은 잠시 후 영화 사상 가장 잊을 수 없는 격렬한 충돌로 마감된다. 두 청년은 무엇을 피해 어디로 달아나고 있었던 걸까? 아니, 어디로 가고 있는지 알기나 했던 걸까? 충돌 직후 세 개의 에피소드로 구성된 영화의 첫 에피소드가 시작되면 한 여인이 집 앞에 도착한다. 문을 열자 개(아까 그 개다)가 튀어나와 어디론가 달려간다. "코피, 어디 가니?" 몇십 분 뒤 두 번째 에피소드의 또 다른 여인은 마룻바닥 밑으로 사라진 애견을 향해 말한다. "리치, 어디 있니?" 간격을 두고 배치된 이 두 개의 대사는 결국 〈아모레스 페로스〉의 주인공들을 향한 것이다. 그들은 자신들이 마루 밑의 어디에서 배회하고 있는지, 황량한 거리의 어느 뒷골목을 떠돌고 있는지 알지 못한다. 누구도 그들을 찾아줄 수 없고 자기 자신들도 결코 해결할 수 없는 혼돈과 부유, 정처 없는 추락과 절망의 삶. 37세 늦은 나이에 데뷔한 이냐리투 감독이 멕시코시티의 이글거리는 도로 위에서 발견한 것은 그것이다.

이 바닥이 원래 그래

도로 위를 달리던 두 청년 중 하나는 옥타비오이고 또 하나는 (별로 중요하지 않은) 그의 친구다. 〈아모레스 페로스〉는 각기 다른 제목의 세 에피소드로 구성돼 있고, 옥타비오는 첫 번째 에피소드 '옥타비오와 수잔나'의 주인공이다. 집 밖으로 달려 나가는 개를 향해 외친 여인이 수잔나다. 옥타비오는 마약 거래와 강도짓을 일삼는 형 라미로, 그리고 형의 아내 수잔나와 함께 한집에서 살고 있다. 나름대로는 제대로 살아보려는 꿈이 있지만 안타깝게도 위험한 사랑을 하고 있다. 형수인 수잔나와 사랑에 빠진 것이다. 옥타비오는 걸핏하면 수잔나를 구타하는 라미로에게서 벗어나 그녀와 새 삶을 시작하려고 한다. 그렇게 하려면 돈이 필요하고 옥타비오는 애견 코피를 투견장에 내보낸다. 과연 코피가 밀월여행의 스폰서가 돼줄 수 있을까? 다행스럽게도 코피는 싸움마다 연전연승, 옥타비오에 큰돈을 안겨준다.

하지만 옥타비오의 치부가 라미로의 강도짓과 크게 다른 것은 아니다. 투견장 주인은 옥타비오에게 "투견장은 세금도 노조도 파업도 없는 곳"이라고 말한다. 자기 개가 계속 코피에게 당한 동네 건달 자로코 역시 옥타비오에게 "이 바닥이 원래 그래"라며 야비한 미소를 짓는다. 원래 그런 바닥. 이냐리투는 뒷골목 이곳저곳에 산재한 이

블랙마켓과 잠재된 폭력의 전장이 지금 멕시코의 현실을 지배하고 있는 원동력이라고 말한다. 여기에는 어떤 종류의 규칙도 도덕도 존재하지 않는다. 옥타비오나 라미로나 무노동과 일확천금의 백일몽에 빠져 암흑 지대의 진창에서 뒹굴고 있기는 마찬가지다. 투견장 주인이 옥타비오의 부탁을 받아 라미로를 폭행하고 있는 사이 옥타비오는 땀을 흘리며 수잔나와 관계를 맺는다. 한쪽은 정당한 응징 같고 다른 한쪽은 불륜일망정 순수한 사랑 같지만, 이 두 장면은 결국 하나와 같다. 또 다른 교차 시퀀스에서 라미로는 마켓을 털고 옥타비오는 개싸움에서 연승한다. 이 둘도 다른 듯 같은 하나다. 모두 자기 자신에게 충실하게 살아가지만 그 기준의 정당성을 인정받을 수 없는 곳, 그곳이 멕시코다. 그들에게는 밝은 미래를 꿈꿀 건강한 에너지나 건실한 삶의 조건이 없다. 대신 잘하면 한탕 해 이 바닥을 뜰 수 있고 잘못돼도 계속 이렇게 살면 그만인 일종의 정신적 공황이 있을 뿐이다. 이것은 감히 미래를 언급하기조차 힘든 근심인 동시에, 개발도상국이 지닌 발전 논리의 붕괴이고, 잘근잘근 찢겨져 나가는 개인들에게 바치는 레퀴엠이다.

〈아모레스 페로스〉의 세 에피소드는 각기 다른 분위기와 스타일로 만들어졌는데, 도입부의 자동차 추격전에서 느낄 수 있었던 거칠고 빠르고 묵직한 카메라는 첫 번째 에피소드와 맞물린다. 선장 없는 배처럼 광포하게 항해하는 텅 빈 정신의 아이들은 여러 번 덧칠한 유화풍의 끈적거리면서도 불안정한 질감 속에 머문다. 그 브레이크 없는 질주의 결말은 충돌에 의한 정지뿐이다.

여기서 어떻게 살아?

첫 번째 에피소드가 끝나갈 무렵 영화는 옥타비오가 톱모델 발레리아가 출연한 텔레비전 토크쇼를 켜놓게 함으로써 두 번째 에피소드 '다니엘과 발레리아'와 연결 고리를 만들어놓는다. 영화적 완결성을 꾀한 흔적이지만 치기 어리고 귀여운 설정이다. '옥타비오와 수잔나'에서 개싸움은 명명백백하게 서로 치고받고 물고 뜯어야 하는 인간 사회의 야만성을 상징한다. 손에서 떨어지는 순간 흉포해져 생존의 전쟁을 치러야 하는 투견장의 개들은 고스란히 방향감각을 잃고 여기저기 총을 쏴대는, 무엇보다 머릿속에 아무 생각도 들어 있지 않은 그 주인들의 거울이다. 이 순박하고 노골적인 은유도 혈기는 넘칠망정 치기 어린 건 마찬가지다. 길거리 리얼리즘에 개싸움의 상징성을 덧입힌 이냐리투는 '다니엘과 발레리아'에서는 그 우화적인 성격을 더욱 강화한다.

멕시코를 대표하는 아름다운 모델 발레리아는 유부남 다니엘과 사랑에 빠져 있다. 토크쇼가 있는 날 다니엘은 아내와 결별하고 발레리아와 함께 살 아파트를 마련한다. "오늘부터 함께 있는 거야"라고 행복에 들떠 있던 몇 분 뒤 발레리아는 옥타비오의 차와 충돌해 불구가 된다. 하반신에 깁스를 하고 집에 돌아온 발레리아. 그런데 애견 리치가 그만 마룻바닥에 뚫린 구멍 밑으로 사라져 다시 나오지 않는다. 이때부터 발레리아는 로만 폴란스키의 〈혐오〉(1965)에서 빈집에 홀로 남아 스스로 미쳐가는 캐롤처럼 강박증에 시달린다. 리치는 혼자 남은 발레리아의 유일한 안식인 동시에 그녀의 행복을 상징하는 매개다. 돌아오지 않는 리치, 계속해서 끊기는 전화, 점점 서로 짜증을 내는 두 사람, 뻥 뚫린 마룻바닥, 그리고 절단된 다리. 이냐리투는 거리의 현실에서 모든 것이 갖춰진 안락한 아파트로 들어와서도 여전히 근심 어린 눈빛을 풀지 않는다.

첫 이야기보다 적막하고 고요한 두 번째 이야기에서 리치를 찾겠다며 다니엘이 온 마룻바닥을 망치로 내리치고 발레리아가 금속성의 비명을 내지를 때, 그 행복이 무너지는 파열음은 굉장하다. 섬뜩하게도, 사회적으로도 더 이상 성공할 것이 없고 이미 최고의 안락한 가정까지 맛본 다니엘과 톱모델이었던 발레리아에게는 앞으로의 그 어떤 행동도 그 이전보다 행복하지 못하다. 게다가 그들은 이미 최고의 열정적인 사랑까지 나눈 사이가 아닌가. 행복을 유지하고 싶은 그들의 행동은 점점 더 불행을 향해 나아갈 뿐이니, 이냐리투는 거리의 질척거리는 현실보다 더한 고통을 이들에게 안기고 있다. 점점 더 나빠질 수밖에 없는 상류층 연인의 기이한 아이러니, 스스로 자신의 행복을 붕괴시킬 수밖에 없게 만들어진 기괴한 인과 관계. '다니엘과 발레리아'의 고급스럽고 차분한 미장센은 도리어 그 내부에서 파멸하는 불길한 기운과 함께하니, 이 우화는 참으로 잔인하지만 설득력 있게 관객의 사고를 억류시킨다. 이런 곳에서 어떻게 사냐고? 그러게 말이다.

병원에서 다리를 자르고 돌아온 발레리아는 창밖 건너편 건물에 걸려 있던 자신의 광고 이미지가 철거된 것을 본다. 지금은 사라진 과거의 아름다운 아이콘을 바라보는 현재의 그녀. 두 번째 에피소드는 끊임없이 현재의 행복을 과거로 쓸어보내고 그 자리에 미래의 좌절을 채워넣으며 시간을 미끄러뜨려, 결국 이야기의 끝에 왔을 때 과거는 너무나 멀리 사라져 있고 행복의 순간들은 보이지도 않는다. 이 맞댈 수 없는 시간의 괴리, 행복의 불가능성은 그래도 어떻게는 해볼 수 있었던 첫 번째 에피소드의 현실적 좌절보다 더욱 무섭고 끔찍하다.

다시 돌아가지 않을래?

《빌리지 보이스》의 평론가 짐 호버먼이 이 영화를 가리켜 "벌 받아야 할 만큼 길다"고 비아냥거린 것은 아마도 세 번째 에피소드 '엘 치보와 마루' 때문일 것이다. 아무튼 관객은 첫 번째와 두 번째 에피소드에서 종종 지저분한 개들을 끌고 다니는 비렁뱅이 노인을 보게 되는데, 그는 세 번째 에피소드의 주인공 엘 치보다. 한때는 대학 교수였지만 공산주의 산디니스타 게릴라가 돼 정상 세계와 인연을 끊은 뒤 20년간의 감옥 생활 뒤 지금은 거지 행색의 살인 청부업자로 살고 있다. 그가 칩거하고 있는 빈민가 창고의 한쪽에는 낡고 오래된 신문 더미가 가득 쌓여 있다. 지금은 쓰레기가 된 퇴적된 문명에 대한 비웃음인 동시에 그럼에도 불구하고 결코 완전히 폐기시킬 수 없는 기억. 엘 치보는 '옥타비오와 수잔나'에 나온 개싸움과 함께 영화의 앞과 뒤에서 문명에 반하는 야만의 축제를 전시하면서도 언젠가 다시 돌아갈 수 있는 가능성을 열어두고 있는 인물이다.

앞의 두 이야기에서 잔혹함을 자랑하던 이냐리투는 엘 치보에게 "다시 돌아가지 않을래?"라고 은근슬쩍 권고한다. 첫 번째와 두 번째 에피소드에서 엘 치보는 종종 멀리서 젊은 여인을 지켜보는데, 그녀는 두 살 때 엘 치보가 버리고 나온 딸 마루다. 마루는 흡사 사라져버린 발레리아의 아름다운 광고 이미지처럼 어딘가에 존재하는 행복의 아이콘이고, 이제 엘 치보는 그것을 잡으려고 한다. 마루의 집에 몰래 들어간 그가 "세상을 먼저 바꾸고 너와 함께하려고 했는데 실패했다"라고 말하는 장면은 중요하다. 이 대사는 첫 번째와 두 번째 에피소드에서 포기했던 세상의 개선 여지에 완전한 종지부를 찍는 동시에 가능한 최후의 대안으로 미시적 평안을 내세우고 있다.

사노라면 언젠가는

〈아모레스 페로스〉는 세 에피소드 사이에 우연한 접점을 마련해 서로 연관시킨다. 이것 또한 쿠엔틴 타란티노의 〈펄프 픽션〉과 흡사하지만, 흥미롭게도 이렇게 형성된 우연의 인과 관계는 불행과 파멸을 심화시킨다. 도로를 질주하던 옥타비오의 차는 발레리아의 차와 부딪치고 사고로 다니엘과 발레리아의 행복은 균열이 시작된다. 라미로는 동료와 함께 은행을 털러 들어갔다가 엘 치보를 만난 직후 은행에 온 경찰들 손에 죽는다. 하지만 이 눈에 보이는 우연의 필연적 귀결은 에피소드 간 간섭의 거죽일 뿐이다. 문제는 각각의 에피소드마다 다른 에피소드의 인물들이 서로 스치면서도 그 어떤 화학작용도 일으키지 못한다는 것이며, 그 시간의 앞뒤가 복잡하게 재배치돼 있으면서도 거기서 아무런 효과를 찾을 수 없다는 것이다. 이냐리투는 이 복잡다기한 구성에 적잖은 노력을 한 것으로 보이지만 만족할 만큼 의미 있는 구조를 찾지는 못했다.

다만 이 눈에 보이는 낙담과 눈에 보이지 않는 공허 속에서도 유일하게 엘 치보에게만은 기대를 거는 감독을 만날 수 있다. 옥타비오와 발레리아의 사고 현장에 있던 엘 치보는 옥타비오의 개 코피를 데려와 치료해주고 기른다. 그는 잔혹한 코피에게서 자기 삶의 모습을 발견하고 마루를 향한 힘겨운 발걸음을 뗀다. 영화 전체를 휘감는 불행의 악순환에서 탈출한 엘 치보는 오랫동안 쓰지 않던 안경을 쓰고 세상을 바라보고, 마루의 집에 몰래 들어가 옛 사진 속 자신의 얼굴 위에 지금의 자기 얼굴 사진을 덧붙인다. 이렇게 해서 발레리아에 의해 시간의 강을 건너 과거의 행복과 결별하던 현재의 좌절은 엘 치보에 의해 그 시간의 간극을 메운다. 발레리아가 '이미 철거된' 자기 이미지를 본 것과는 다르게 엘 치보는 '철거 중인' 그 이미지 앞을 지남으로써 돌이킬 수 있는 작은 가능성을 열어두는 것이다.

〈아모레스 페로스〉가 그리고 있는 멕시코는 모두 원인을 알 수 없는 정신질환에 걸린 것처럼 이상한 기운이 감도는 곳이다. 그들은 모두 각자의 방식으로 사랑을 하지만, 그 이름은 위험한 욕망으로 바뀌고 세상과 자기 자신은 늘 그것을 좌초시킨다. 이 공격적인 포기는, 그러나 절망이 극대화됐을 때 도리어 강렬하게 생존을 갈망하며 울부짖는 굉음을 발산시킨다. 이냐리투는 이 지옥의 목소리들을 엘 치보가 추수하게 함으로써 결핍 많은 인간을 직시하고 어떻게든 거기서 행복의 씨앗을 발견해보라고 명령한다. 게다가 각각의 에피소드는 파멸의 원인이 무엇인가를 분명하게 보여주는데, 이에 따라 주인공들은 자기가 시작한 사태에 책임지고 응징을 당한다. 요컨대 묘하게도 강렬한 처벌의 이미지로 일관한 이 영화는 주인공들을 극이 끝나기 전에 이미

정화시킨다.

최초의 시퀀스에서 죽어가던 코피는 장난스러운 농담처럼 등장한다. 잠시 후 녀석이 왜 죽어가는지 알게 됐을 때 침울함이 넘쳐흐른다. 그러나 엘 치보가 녀석을 거둬들여 함께 걸어갈 때 관객은 밀약과도 같은 희열을 느끼게 될 것이다.

《FILM2.0》 47호(2001년 11월 6일)

〈패닉 룸〉
데이비드 핀처의 새로운 공간에 들어가다

자물쇠를 따는 아버지의 손길을 따라 그 방에 들어섰을 때 나는 괴도 아르센 루팡과 소년 탐정 이지도르 보트를레가 프랑스 황실의 보물을 두고 대결을 벌이던 《기암성》이 떠올랐다. 절해의 뾰족하게 솟아오른 돌기둥 속에 자리잡은 기암성에서 모리스 르블랑은 자신의 소설 중 가장 탁월한 공간을 구현한 동시에 '비밀의 방'에 관한 소년, 소녀들의 상상을 부추겼다. 고3이었던 나는 학교 독서실이 난장판이 된 뒤 아버지에게 친구들과 함께 공부할 작은 골방이 없을까 도움을 청한 터였다. 그 밤으로 아버지는 일하고 계시던 종합병원의 한쪽 구석, 몇 개의 나무 문을 거쳐 도착한 낡은 엘리베이터 앞에 나를 세웠다. 오로지 5층과 1층 버튼만 있던 좁은 엘리베이터를 타고 오르자 복도도 다른 공간도 없이 그 방문이 나타났다. 신기한 방이었다. 창문도 없고 다른 출구도 없고 계단도 없고 오직 그 엘리베이터를 통해서만 들어갈 수 있었던 방은 몇 개의 책상과 의자, 그리고 뭔가를 막아놓은 벽들로 이루어져 있었다. 아버지에게 도대체 뭘 하는 방이냐고 묻자 "아무도 모르는 이 병원의 비밀의 방"이라고만 답하셨다. 그 이상하고 '음모스러운' 냉기.

〈스탠 바이 미〉(1986)의 아이들이 나무 위에 만든 아지트에도, 〈사이코〉의 노먼이 어머니의 시신을 앉혀놓은 지하실에도, 호그와츠 마법학교의 설립자 슬리데린이 만들었다는 '해리포터' 이야기 속 전설의 방에도 비밀의 방을 향한 사람들의 호기심과 갈망은 짙게 담겨 있다. 일생을 통틀어 어딘가에 나만의 비밀 공간을 만들고 싶은 바람은 영원한 것이다. 그것은 에로틱하거나 사악한 공간일 수도 있고 안전하거나 온갖 물건들이 가득한 공간일 수도 있으며, 단순하고 절대적으로 오직 사적인 방일 수도 있다. 비밀의 방은 모든 사람이 공유하는 광대한 세계에 존재하는 나만의 틈이다. "이 층은 다른 층과 평수가 다르군요." 남편과 이혼하고 딸 사라와 함께 맨해튼 웨스트 사이드의 3층 저택을 보러온 맥 알트먼(조디 포스터)이 부동산 중개업자에게 말했을 때 누구라도 이 저택이 공간적으로 왜곡돼 있음을 직감할 수 있다. "눈치가 빠르시군요"라며 중개업자가 거울 벽을 여는 순간 그 뒤로 두터운 강철문으로 굳게 봉쇄된 작은 방, 비밀의 방이 등장한다. 그 방을 소유하는 순간 멕은 이 집의 진정하고 개인적인 주인이 되는 것이고, 같은 순간 관객은 데이비드 핀처의 〈패닉 룸Panic Room〉(2002)이 저택 공간과 비밀의 방을 향해 몸을 틀고 있음을 느끼게 된다.

패닉과 세이프의 동거 — 비밀의 방

중개업자의 차근차근한 설명에 2층 침실 옆 비밀의 방은 서서히 멕 앞에서 옷을 벗는다. 육면이 콘크리트와 강철로 만들어져 있으며 집안 곳곳을 비추는 여덟 개의 모니터링 시스템이 갖춰져 있고 별도의 환기구와 전화 회선, 각종 비상 도구와 물건들이 장치돼 있는 곳. 이곳은 집안에 침입자가 들어오거나 화재, 전쟁 같은 사고가 터졌을 때 피신해 대처할 수 있는, 허락된 주인이 아니면 누구도 들어올 수 없는 비밀의 방이다. 중개업자는 이 방을 "패닉 룸"이라고 소개한다. 그건 몹시 당황스러운 긴급 상황 때 사용하는 비상 공간이라는 뜻이다. 그래서 패닉 룸은 '세이프safe 룸', 안전하고 평안한 방이기도 하다. 그런데 〈패닉 룸〉의 비밀은 바로 그 '패닉'과 '세이프'의 상관관계에 있다.

데이비드 핀처의 두 번째 영화 〈세븐〉(1995)에는 잊을 수 없는 시퀀스가 있다. 연쇄 살인 사건의 단서를 찾기 위해 도서관에 간 노형사 서머셋(모건 프리먼)과 사건 현장 사진을 보고 있는 파트너 밀즈(브래드 피트)가 등장하는 시퀀스가 그것이다. 서머셋은 바흐의 〈G선상의 아리아〉가 흐르는 가운데 아무도 없는 도서관에서 단테의 《신곡》과 초서의 저서들을 뒤적인다. 카메라는 적막하고 고요한 도서관을 여유롭고 편안하게 돌아다닌다. 이 지적이고 아름다우며 고전적인 장면에는 평온하고 관조적인 기운이 서려 있다. 하지만 쇼트별로 이 장면과 대척되는 밀즈의 장면 속에서는 끔찍하고 엽기적이며 원인을 알 수 없는 사건 현장의 사진들이 섬광처럼 번쩍인다. 그 리얼리티와 미스터리는 급박한 현실적 불안과 공포, 오래 머물기 꺼려지는 불쾌를 만들어낸다. 두 개의 전혀 다른 기류가 교차하는 이 시퀀스는 〈세븐〉이 '패닉'과 '세이프', 곧 불안과 평안, 혼돈과 안정을 함께 그리고 있는 영화라는 것을 보여준다. 데이비드 핀처가 생각하는 세계란 그런 곳이다. 밀즈와 트레이시(기네스 펠트로) 부부의 집에 간 서머셋이 지하철 진동으로 심하게 요동치는 집을 보고 "아늑하고 평안하면서 덜컹대는 집이군요"라고 하는 대사는 함의적이다. 이유가 정확하지 않은 트레이시의 세상에 대한 '패닉'과 버려진 세상이지만 끝내 머물겠다는 서머셋의 '세이프'는 대죄악의 시대에 고여놓은 핀처의 두 버팀목이다. 세상은 불안하게 덜컹거리지만 그것이 만들어내는 체념의 기묘한 평안 또는 거기 어딘가에 감춰진 틈새의 안정이 있고, 모든 것이 안전하다고 숨을 고르는 사이 미처 감지하지 못하던 불안한 진동이 툭 던져진다. 세상은 '패닉'과 '세이프'의 자웅동체다.

핀처의 데뷔작 〈에이리언 3〉(1992)도 마찬가지다. 제임스 카메론의 격렬하고 역동적인 〈에이리언 2〉(1986)와 달리 〈에이리언 3〉는 침묵과 긴장이 지배하는 영화다. 그런데 사실 이것은 시리즈의 1편인 리들리 스콧의 〈에이리언〉(1979)을 특징짓는 것이기도 하다. 하지만 핀처와 스콧의 그것은 다르다. 스콧이 만든 침묵과 긴장에는 극단적인 공포와 미지의 미래에 대한 불안이라는 심리적 내용물이 담겨 있지만 핀처에게는 그것이 없다. 이미 3편에 이른 터라 에일리언에 대한 정보가 전부 알려져 있다는 사실을 바탕으로 핀처는 비어 있는 긴장과 침묵을 만들어놓는다. 그것은 관객이 미지의 것에 대한 불안을 느끼게 하지 않는다. 그러면서도 여기에는 분명 에일리언의 침입과 죽음에 대한 근원적인 공포가 덧대어져 있다. 시간이 흐르며 외딴 혹성 교도소에 어른거리는 종교적 광기와 그 반대편에서 자신을 희생해 구원을 이루려는 리플리(시고니 위버)의 평온한 체념도 등장한다. '패닉'과 '세이프'가 뒤섞이고 있는 것이다.

닫혀 있고 열려 있는 공간 ― 패닉 룸

처음에 멕은 선뜻 패닉 룸에 들어서지 않는다. 무섭고 불길한 것이다. 왜 이런 방이 만들어져 있는 걸까. 순식간에 닫히는 강철문은 그녀를 주인으로 받아들이지 않을지도 모른다. 패닉 룸의 존재 자체가 이미 불안을 만들어낸다. 위험에 대처하는 것은 언제나 위험을 먼저 떠올리게 만들기 때문이다. 괴물처럼 느껴지는 패닉 룸은 패닉한 상황에서 도피하기 위한 곳이라기보다 그 육중한 무게감이 도리어 '패닉'한 공간이다. 남편과의 이혼, 딩뇨병으로 고생하는 딸 사라(크리스틴 스튜어트)와의 외로운 생활에 덧붙여진 패닉 룸은 저택의 거대한 공간감과 함께 멕에게 총체적인 불안을 안겨준다. 그 불안감에 그녀는 이사 온 첫날 밤 쉽게 잠을 이룰 수가 없다. 그러나 바로 이

밤, 버냄(포레스트 휘태커), 주니어, 라울, 세 명의 도둑이 저택에 침입했을 때 패닉 룸은 멕과 사라에게 남은 유일한 안전과 평안의 공간으로 탈바꿈한다. 두 사람은 가까스로 패닉 룸에 뛰어들어 강철문을 닫은 뒤 가슴을 쓸어내린다. 이제 이 비밀의 방이 유약한 엄마와 딸을 보호해줄 것이다.

여기서라면 아무 문제없이 별도의 전화로 경찰에 신고도 하고 세 침입자의 공격으로부터 무사할 수 있지 않을까? 상황이 역전되는 건 멀지 않아서다. 멕과 사라는 곧 자신들이 패닉 룸으로 도피한 것이 아니라 패닉 룸에 고립됐다는 것을 알게 된다. 모녀는 바로 이 방을 만든 버냄의 지능적인 공격과 끊겨진 전화선에 의해 사면초가의 위기에 놓인다. 불안과 평안의 교차는 순식간에 이루어진다. 〈패닉 룸〉은 하룻밤 동안 벌어지는 이야기다. 무엇보다 이 상황을 타개하려면 패닉 룸 '밖으로' 나가는 게 중요하다. 멕의 핸드폰은 침실에 있고 사라의 당뇨병 주사는 3층에 있으며 그들을 도와줄 사람들도 모두 밖에 있다. 그리고 침입자들은 패닉 룸 '안으로' 들어오려고 한다. 그들이 이 저택에 침입한 목적은 패닉 룸 어딘가에 숨겨진 무엇을 찾기 위해서이기 때문이다. 안과 밖은 급박하게 얼굴을 바꾸는 '패닉'과 '세이프'만큼이나 교차된다. 데이비드 핀처는 패닉 룸을 봉쇄돼 있으면서도 노출된 공간으로 설정한다. 패닉 룸으로 들어간다는 것은 결코 안전지대에 안착한다는 뜻이 아니다. 그것은 패닉 룸의 '권력'을 이용해 유리한 싸움을 전개하는 것이기도 하지만, 불안하고 음험한 외부 세계를 향해 끊임없이 문을 열어야 하는 싸움이다. 영화의 종결부까지 멕은 왜 침입자들이 패닉 룸에 들어오려고 하는지 알지 못한다. 그녀는 자기가 소유한 비밀 공간에 숨겨진 또 다른 비밀에 관해 알고 있지 못한, 완벽하지 못한 주인이다. 패닉 룸은 위협받는 사적인 공간에 관한, 그리고 불안과 평안의 두 얼굴을 지닌 세상에 관한 아이콘이다.

침입자들과 맞서는 하룻밤 동안 멕은 논리적이고 침착한 전사가 아니라 매번 당황하고 폭발적인 감정에 따라 행동하는 불안한 인물로 그려진다(후반부에 그녀는 저택이 무너질 정도의 비명을 지르기도 한다). 급기야 전남편 스티브를 포함한 가족 모두, 그리고 저택이 죽음과 붕괴의 위기에 직면했을 때 그녀는 매우 극단적이며 무모한 작전을 짜는 만용을 부린다. 위험하고 일단 저질러보자는 식의 이런 행동은 종국에 가서 그녀와 그 가족이 파멸에 이르든 싸움에서 승리하든 관계없다는 식의 극단적 감정을 불러일으키는데, 이것은 핀처가 〈파이트 클럽〉(1999)에서 보여준 정서적 무정부주의와 관계가 있다. 폭력과 파괴로 자본주의 시스템에 저항하는 파이트 클럽 테러리스트들의 행동에 대비해 이 영화는 "비행기가 추락할 때 산소 흡입은 정신을 몽롱하게 해 운명을 받아들이게 한다"는 타일러 더든의 대사처럼 선혈이 흐르는 파괴의 이미지를 편안한 정신과 중첩시켜 미래의 위험과 불안, 질서 재건에 대한 강박, 파멸에 대한 공포를 해체하는 정서적 무정부주의를 제시한다. 데이비드 핀처는 다루는 소재를 통해 항상 절대적인 결론에 다다르려고 하는 기질을 보인다. 그것은 영화로 단박에 세상을 판가름 짓겠다는 낭만적이며 격한 열정이기도 하다. 〈파이트 클럽〉의 무정부주의와 비슷하게 멕의 하룻밤도 세상을 들었다 놓는 폭풍 같은 전쟁으로 그려지는데, 살아남거나 죽거나 그 어떤 경우에도 사실 이야기는 똑같다. 이것은 모든 것을 깨끗이 지우고 세상을 판단하려는 매우 극렬한 우화이며, 그렇기 때문에 다시 '패닉'과 '세이프'의 혼재로 이어진다. 상대적이고 변별적인 세상의 색깔을 절대적인 방법으로 해체하는 것, 데이비드 핀처가 해온 그 일련의 폭발적 작업들 속에서 패닉 룸은 뇌관과도 같은 것이다.

저택을 배회하는 공간의 신 — 핀처의 공간

데이비드 핀처의 영화는 내러티브와 이미지, 서사적인 테마와 시각적인 테마를 구분 짓기 힘들다는 특성을 가지고 있다. 핀처의 영화에서 스크린 위에 물질적으로 투사되는 이미지들은 대개 정신적인 함의를 품고 있는 것이다. 무관심과 타락이 지배하는 도시에 관한 〈세븐〉의 테마는 그 어떤 살인 사건보다 촬영감독 다리우스 콘지와 핀처가 만들어낸 도시의 이미지 속에서 가장 직접적으로 살아난다. 두 개의 자아로 분열하는 현대인에 관한 이야기 중 〈파이트 클럽〉처럼 배우들의 변별적인 시각 이미지에 기대어 그것을 표현하는 영화는 드물다. 핀처는 이야기를 하려는 것이 아니라 그림을 그리려는 사람이다. 그래서 핀처의 영화는 무형의 내러티브보다 유형의 미장센이 더욱 의미 있게 묘사된다. 그 미장센의 핵심은 공간이다. 〈패닉 룸〉 역시 내러티브보다는 그것을 저택 안으로 끌고 들어와 펼치는 핀처의 시각적 재간이 두드러진다. 핀처는 19세기 말에 지어진 이 고저택에서 공간에 관한 자신의 특별한 관심을 노골적으로 드러낸다.

〈패닉 룸〉에서 또 하나 오랫동안 언급될 한 장면이 있다. 버냄 일당이 멕의 집에 침입하는 장면이다. 와인 한 잔을 들고 2층 침실 침대에 누운 멕을 복도 쪽에서 비추던 카메라는 서서히 계단 가운데로 난 공간을 따라 1층으로 이동한다. 그러면 비 오는 밤거리에 집 주변을 서성거리는 사내들의 그림자가 보인다. 그들은 유리창을 통해 안을 들여다보고 현관 쪽으로 가 문을 따려고 한다. 이 순간 카메라는 열쇠 구멍 속으로 빨려들어가 문고리 속의 미시적인 광경을 보여주고 다시 바깥으로 빠져나온다. 방향을 튼 카메라는 1층 주방을 향해 전진하다가 테이블 위에 놓인 주전자 손잡이 사이를 빠져나간 뒤 다시 위층으로 올라간다. 3층까지 다다른 카메라는 현관문이 열리지 않아 지붕 위로 올라온 일당 중 하나를 멀리서 잡는다. 남자는 천장에 뚫린 유리를 향해 집안을 살피고 환기구를 통해 집안으로 들어온다. 카메라는 다시 2층으로 내려와 아직 잠들지 않은 채 침대에서 뒤척이고 있는 멕의 최초의 앵글로 돌아온다. 이 모든 것은 5분 가까이 이르는 하나의 쇼트로 이루어져 있다. 로버트 알트먼이 〈플레이어〉(1992)의 첫 장면에서 보여준 롱테이크가 그의 주된 관심사인 다양한 인물 군상들을 차례로 비추고 있다면, 〈패닉 룸〉의 이 장면은 공간의 구석구석을 탐색하는 핀처의 기호가 무엇인지 확연하게 보여준다. 요컨대 데이비드 핀처는 공간을 이야기보다 앞서 배치하고 거기서 테마를 끌어내며 그것을 사랑하는 감독이다. 그에게 공간은 내러티브이며 세계의 모든 것이다. 무려 107번에 이르는 엔지 끝에 오케이 커트를 얻어냈고, 견해 차이로 핀처와 다리우스 콘지를 결별하게 만든 이 장면은 CG의 도움을 얻어 문고리 속과 주전자 손잡이를 통과한 매우 현대적이고 기술적인 롱테이크다.

이 장면에서 카메라의 움직임은 공포 영화의 컨벤션을 따르면서도 그것을 뒤집어 아름답게 공간을 유영하는 영상의 몽환적인 평안함을 만들어낸다. 침입자들이 저택으로 들어오는 긴박한 순간에 핀처는 공간을 감상하며 꿈을 꾸고 있는 것이다. 그런데 이 카메라 뒤에는 누군가의 시선이 있다. 그것은 관객도 멕도 아닌 이 공간의 진정한 주인의 것이다. 물론 그는 실존하는 인물이 아니다. 핀처의 영화에서는 늘 주인공들 외에 공간을 두드리고 다니는 또 하나의 생명체가 존재하는 것처럼 느껴진다. 피오라나 혹성 교도소 복도를 낮은 앵글로 이동하는 〈에이리언 3〉의 몇몇 쇼트는, 물론 논리적으로는 에일리언 괴물체들의 시점 쇼트가 자명하지만 그것보다는 그들의 뒤에서 공간을 이동하고 있는 또 다른 누군가의 시선인 것처럼 다가오는 게 사실이다. 그것은 핀처가 영화 속에 투영한 공간의 신이다. 그 신의 눈을 통해 핀처는 공간의 존재를 끊임없이 관객에게 환기시키는 동시에 내러티브가 무심코 스쳐가는 사각지대를 포착한다. 이 롱테이크는 멕의 불면증과 불안을 표현하는 동시에 저택의 침입이 곧 멕의 삶에 대한 침입이라는, 공간과 인물이 합일돼가는 압축의 과정을 암시한다. 그래서 잠시 후 침입자들이 패닉 룸에 침투하려고 집을 부술 때 관객은 가장 가슴이 아플 것이다. 뜯겨져 내리는 천장과 벽들을 보며 관객은 완성된 공간이 허물어져가는 이 모습이 결국 위험에 처해 붕괴될 조짐을 보이는 멕의 안쓰러운 삶이라는 것을 알게 될 것이다.

그녀의 전쟁을 부추기는 어둠 — 공간과 심리

〈파이트 클럽〉에 등장하는 타일러 더든의 복합적인 저택, 왜소한 인간과 거대한 공동空洞을 한 프레임에 보여주는 〈에이리언 3〉의 공간이 각 영화의 보이지 않는 균형이었던 것처럼 〈패닉 룸〉의 모든 장면은 사실상 공간을 기준으로 열을 맞추고 있다. 알프레드 히치콕의 〈북북서로 진로를 돌려라〉(1959)의 오프닝 장면이 연상되는 〈패닉 룸〉의 오프닝 크레디트는 하늘에서 본 맨해튼의 건물 각도에 맞춰 배우와 스태프들의 이름을 배치하고 있다. 그것은 살아 있는 생물체의 이름이라기보다 공간화된 구조물에 가깝다. 인간의 시선 높이가 아니라 허공과 바닥에서 이리저리 이동하는 카메라, 전선과 환기구와 벽 사이를 투과해 움직이는 앵글, 차분하고 세밀하게 공간을 담는 프레임은 분명 이야기를 쫓아가느라 소외된 〈퍼시픽 하이츠〉(1990)류의 공간 묘사와는 다른 것이다. 이 시선이 매 국면마다 진두에 나서거나 후퇴하는 패닉 룸을 보여줄 때, 그 작고 견고하면서도 끊임없이 위협받는 공간은 멕의 심리와 서서히 포개져간다.

핀처의 영화에서 공간은 곧 심리다. 공간에 대한 관심과 애정은 왜 그의 영화가 최고의 심리 스릴러 목록에서 빠지지 않는지 입증해준다. 핀처의 주인공들은 자기 앞에 닥쳐온 뭐가 뭔지 모를 사태 앞에서 당황한다. 현실인지 게임인지 구분이 안가는 일련의 사건들 속에서 바닥까지 추락하는 〈더 게임〉(1997)의 니콜라스나, 결국 아내의 죽음과 자기 통제력의 상실로 종결되는 연쇄 살인극에서 범인에게 승리를 안겨준 〈세븐〉의 밀즈처럼 〈패닉 룸〉의 멕은 짙은 안개가 자욱한 하룻밤 속에서 자꾸만 헛발을 디딘다. 이 잿빛 혼돈의 심리 상태는 광택과 채도가 사라지고 최소한의 형태 분간만이 가능한 조명 공간을 통해 묘사된다. 처음부터 끝까지 어둠 속에서 진행되는 〈패닉 룸〉의 몇몇 장면에서 핀처는 아무 조명도 없이 촬영을 진행하기도 했다. 시야가 확보되지 않은 동선은 배우들에게도 어려운 일이었다. 이사 온 첫날 밤 잠자리에 드는 딸 사라가 멕에게 "엄마, 너무 어두워"라고 말하는 것처럼. 〈세븐〉이 필름 현상 과정에서 은입자의 손실을 막는 실버 리텐션 기법을 통해 채도는 떨어지더라도 콘트라스트가 살아나는 조명을 보여줬다면 〈패닉 룸〉에서 핀처는 어둠이 어떻게 조명에 사용되는지를 보여준다. 〈세븐〉은 빛과 도시를 그리는 조명이고, 〈패닉 룸〉은 어둠과 심리를 그리는 조명이다.

〈세븐〉과 〈에이리언 3〉에서 똑같이 등장한 랜턴 불빛의 어슴푸레한 분산은 〈패닉 룸〉에서 가장 효과적으로 활용된다. 〈파이트 클럽〉은 낡고 어두운 조명을 통해 주인공들이 극단적인 행동을 하지 않고는 못 배길 세계의 혼탁함을 만들어낸다. 이런 빛만 남은 곳에서라면 어떤 짓을 해도 인정받을 것만 같다. 마찬가지 수순이 〈패닉 룸〉에도 적용된다. 앞서 말한 것처럼 이 영화는 패닉 룸에 고립된 멕의 정서적 무정부주의에 발을 담그고 있는데 그녀가 극단적인 전쟁을 벌이게 부추기는 것은 한밤의 침입자들이 아니라 이 답답하고 모호한 세계의 빛과 공기다. 그리고 그것은 불면증과 폐소공포증과 미래에 대한 불안이 어떤 도약도 막고 있는 그녀 자신의 심리이기도 하다. 버냄이 패닉 룸 안으로 가스를 주입했을 때 공기와 심리의 일체감은 최고조에 달한다.

패닉 룸에서 마주치는 진정한 적 — 계층의 맥락

〈미션 임파서블〉(1996)과 〈스파이더맨〉(2002)의 데이비드 코엡이 쓴 〈패닉 룸〉의 시나리오는 미지근하다. 드라마의 전개는 최초의 설정보다 총명하지 못하며 집안 어딘가에 숨겨진 목표물을 향한 인물들의 좌충우돌은 단순하고 전형적인 틀에서 그리 멀리 떨어져 있지 않다. 사라가 옆집을 향해 랜턴 불빛으로 모스 부호를 보내며 "〈타이타닉〉에서 배웠어"라고 하는 식의 대사는 〈스파이더맨〉과는 가까울지언정 데이비드 핀처의 전작들과는 상당한 거리감을 보인다. 역설적이게도 드라마가 만들어낸 이 결함과 공백들은 관객이 좀더 핀처의 스타일에 집중하게 만든다. 무엇보다 세 명의 침입자 캐릭터는 덜 숙성된 형태로 무대 위에 올려지는데, 심지어 복합적이며 선하기까지 한 버냄의 됨됨이조차 어느 시점에서는 더 이상 진전하지 않는다. 〈파이트 클럽〉의

타일러 더든(브래드 피트)이나 〈세븐〉의 존 도우(케빈 스페이시)에 비하면 그다지 인상적이지 않은 악당들로 인해 〈패닉 룸〉은 좀더 멕 알트먼의 캐릭터에, 그리고 그녀가 들어앉은 패닉 룸과 저택의 공간적 생명력에 힘을 싣는다.

멕과 사라는 전형적인 부르주아 계층의 백인 여성들이다. 멕은 사회적으로도 명망 있는 남편 덕에 이혼하고도 이 거대한 저택을 살 수 있을 만큼 물질적인 풍족함을 누리고 있다. 사라의 당뇨병은 도리어 부유층이 누리는 사치처럼 여겨질 정도다. 멕과 사라의 외모는 지적이고 내부적으로 견고한 백인 상류 계층의 그것인데, 이들의 보수적인 계층 구조는 교육을 통해 이루어진다. 과연 멕은 침입자들과 싸우는 와중에도 끊임없이 사라를 교육한다. 하지만 멕은 〈에이리언 3〉에 등장하는 리플리처럼 강인한 여성은 아니다. 자신의 몸에 기생하고 있는 자식과도 같은 에일리언을 안고 용광로에 뛰어든, 더 커다란 목적을 위해 자식과 함께 산화하는 엄마의 모성을 멕에게서는 찾아볼 수 없다. 그녀는 도리어 딸 사라보다도 어린아이 같은 엄마다. 핀처는 틈이 보이지 않을 법한 보수 상류층 가정의 운동 메커니즘 속에서 취약지구를 발견해 그것을 건드린다. 그녀와 스티브가 이혼한 순간부터 이 가정은 절름발이가 돼 있고 나중에 등장하는 스티브와 멕의 관계는 결코 믿음직한 전 세대의 모습이 아니다. 계층을 유지하고 지속하는 교육 기제도 무용지물이다. 순화된 언어를 사용해야 하고 나쁜 것은 보지 말아야 한다는 멕의 교육은 하룻밤의 난장판 속에 사라져간다. 영화는 멕과 싸움을 벌이고 있는 버넘을 경제적 곤경에 처한 흑인으로 설정하고, 버넘이 완전한 악인이 되지 못하도록 장치해놓음으로써 단순하기는 하지만 곪아터진 계층 간, 인종 간 갈등의 환부를 건드린다. 끝까지 멕과 사라가 어떤 가시적 우위도 점하지 못한 채 곤경에 처하는 모습은 흥미롭다. 이 영화는 보수 중산층의 가장이 사회적 위협에 맞서 시스템을 지키는 〈다이 하드〉(1988)식의 리듬과는 다른 톤으로 일종의 사회적 균열을 향해 느슨하게나마 시계바늘을 맞춰놓고 있다.

〈패닉 룸〉의 이런 사회적 맥락은 멕이 상대하고 있는 진정한 적이 그녀 자신일 것이라는 추측을 가능하게 한다. 그리고 그것은 다시 왜 그녀가 패닉 룸에 들어가야 하는가라는 본질적인 질문에 답을 준다. 폐소공포증이 있는 멕에게 폐쇄된 패닉 룸은 아마도 세상에서 가장 들어가고 싶지 않은 공간일 것이다. 그런 그녀가 어쩔 수 없이 그 안에 들어간다는 설정은 결국 자기 마음 한복판에 들어가 폐소공포증과 싸우는 것과 같다. 그러므로 몇 시간 동안 벌어진 멕의 패닉 룸 생활은 자기 마음을 지배하고 있는 질병과의 대면이며 동시에 그녀가 속한 계층의 내적인 허약함을 드러내는 것이다. 밝힐 수 없는 마지막 장면에서 멕은 최초에 이 저택을 선택한 이유를 폐기 처분한다.

〈패닉 룸〉은 여러모로 〈디 아더스〉(2001)를 떠올리게 하는 작품이다. 외딴 섬의 저택에 들어간 엄마와 자식들이 발 디딘 세계의 붕괴를 경험하듯, 멕과 사라는 도심 한복판의 우화적 공간에서 그들을 유지하고 있는 정신적 바탕이 흔들리는 광경을 목격한다. 패닉 룸은 멕의 심리와 동일화된 공간인 동시에 잠재하는 위협을 폭로하는 기제다. 핀처는 공간에 대한 자신의 관심이 복합적인 테마를 형성한다는 사실을 전작들에 이어 다시 확인시킨다. 누구나 비밀의 방을 원한다. 그러나 누구도 거기서 완전한 행복을 누릴 수는 없다. 비밀의 방은 그곳에 들어선 자들에게 외부 세계에서는 보지 못한 것을 보게 하고 좀더 자기 자신의 내밀한 실체와 대화하게 만든다. 패닉 룸에 들어간다는 것, 그것은 어딘가에 감춰진 내 자신의 심장부로 들어가 다시 곁을 보게 되는 행위이다.

《FILM2.0》 77호(2002년 6월 4일)

〈마이너리티 리포트〉

사건 번호 1109호에 관한 메이저, 마이너 리포트

여러 사람을 용의자와 피해자로 만들어버린 적색 공 '마이너리티 리포트'는 필립 K. 딕이라는 정신분열자의 머릿속에서부터 창조되기 시작했다. 아무것도 손에 잡히지 않는 미래에 대한 추상적이며 관념적인 그의 예지는 광대하고 즉흥적인 잠언의 형태로 공 표면에 기술된 채 40여 년간을 굴러다녔다. 이윽고 존 코헨이라는 시나리오 작가에 의해 결이 다듬어진 〈마이너리티 리포트Minority Report〉(2002)는 톰 크루즈를 거쳐 스티븐 스필버그에게 전해졌고 스코트 프랭크라는 작가에 의해 최종적으로 완성됐다. 그 공이 투명하고 굴곡 많은 유리관을 거쳐 굴러 내려오자 결과는 일파만파였다. 미래를 앞서 내다보는 세 명의 예지자들, 범죄가 발생하기 전에 범인을 잡는다는 기가 막힌 가설, 한 번 잡히면 25년간 갇혀 있어야 하는 무시무시한 지하 감옥, 범죄예방 수사국의 운영권을 둘러싼 배후의 음모……. 생각하기에 따라 정의가 될 수도 있고 불의가 될 수도 있으며, 범인이 될 수도 있고 무고한 희생양이 될 수도 있는 이 애매모호한 사건의 총화는, 따라서 좀더 정확한 리포트를 요한다.

무엇에 관해 리포트를 해야 할까? 필립 K. 딕이 사망한 1982년에 우연찮게도 그의 작품 중 첫 번째로 《안드로이드는 전기양을 꿈꾸는가?》를 영화화한 〈블레이드 러너〉(1982)가 탄생했으며, 역시 같은 해에 마이너리티 리포트 사건의 두 주역인 스티븐 스필버그와 톰 크루즈가 처음으로 대면했다는 사실에 대해? 이것은 사망 연도 (19)82년을 거꾸로 뒤집은 (19)28년에 딕이 태어난 것에 내린 악마적 계시와 그와 함께 태어난 쌍둥이 누나를 6주 만에 죽게 한 저주, 그리고 마치 시인 이상의 죽음처럼 딕이 심장마비로 사망한 그날의 병실에 의문의 사내가 함께 있었을지도 모른다는 망상의 정체를 밝히는 것만큼이나 허황되고 쓸데없다.

그리하여 결코 도달할 수는 없을지언정 최대한의 객관성과 설득력을 가질 수 있도록 전대미문의 마이너리티 리포트 사건을 세 개의 케이스로 구분하고 드러난 사건과 감춰진 진실에 대해 두 가지의 리포트를 쓰기로 결론 내렸다. 그것은 '메이저 리포트majority report'와 소수자의 의견을 뜻하는 '마이너 리포트minority report'다. 메이저 리포트에 대해서는 모두 동의하겠지만 훨씬 더 많은 비중을 지닌 마이너 리포트는 그렇지 않을지도 모른다. 그러나 필립 K. 딕의 유일하게 쓸 만한 예언처럼, 세상은 마이너리티 리포트의 총합에 의해 굴러왔고 앞으로도 굴러갈 것이란 믿음에 기대기로 했다.

CASE 1 — 예지자들

MAJORITY REPORT | 딕과 스필버그는 과학적인 꿈을 꾼다

잠들어 있지도 깨어 있지도 않은 반의식 상태의 세 '예지자들Precognitives'은 필립 K. 딕의 소설에서도 스티븐 스필버그의 영화에서도 그 존재 방식이 명확하지 않은 미지의 인물들이며, 이들이 어떻게 미래를 내다보는가 또한 애매모호하다. 존 앤더튼(톰 크루즈)이 속해 있는 '범죄예방Precrime 수사국'은 예지자들이 보여주는 미래의 살인 사건 영상을 토대로 범행이 일어나기 전에 잠재 살인자를 체포하는데, 이들이 어떻게 예지 능력을 가지게 됐는지에 대해서는 마약에 절은 부모 때문에 돌연변이로 태어난 초능력 기형 인간이라는 식의 낭만적인 상상 말고 그 어떤 과학적 설명도 첨부돼 있지 않다. 따라서 예지자들의 등장은 '발생하지 않은 미래를 앞서 통제한다'는 최초 설정을 가능하게 한 적잖이 무책임한, 또는 과학을 초월한 공상의 결과라 할 수 있으며, 딕과 스필버그 모두 과학자가 아닌 몽상가라는 사실, 따라서 이 이야기는 '사이언스 픽션'이 아니라 '사이언스 드림'이라 불러야 한다는 사실을 역으로 증명해준다. "과학은 기적을 빼앗아 갔지만 이들의 존재는 기적을 믿게 해주죠"라는 영화 속 대사처럼.

예지자들은 인간 사회를 좌지우지하는 신인 동시에 인간들에게 붙잡혀 있는 노예이기도 한 이중 신분자들이다. 딕과 스필버그 모두 딕의 또 다른 단편 《물거미》에 등장하는 20세기의 숱한 예지자들처럼 이 찬란한 초능력자들을 경외하지만, 또한 미래 사회에서 역시 주류 인간과 다른 변종들은 철저한 관리가 필요하다는 분파적, 우월적 사고가 여전함을 보여준다. 스필버그는 여기에 〈A.I.〉(2001)에서와 같은 감상성을 보태 그들의 불행한 상태를 통해 인간을 바라보는 새로운 드라마를 고안하지만 주목할 만한 결과는 얻지 못했다. 2054년의 예레미야인 동시에 콘타킨테인 예지자들은 지금

의 인류가 생각하는 미래는 매우 초월적이거나 계급적이라는 사실을 동시에 상징한다. 우리는 예지자들의 캐릭터를 통해 미래가 지금의 현재와는 완전히 단절된 초현실의 유토피아이거나 지금의 현실과 전혀 다를 바 없는 디스토피아, 두 극단 중 하나일 거란 확신을 다진다.

MINORITY REPORT | 부랑자와 마약 중독자들은 옷을 벗는다

딕은 예지자들에 대해 비교적 상세한 설명을 해준다. 그들은 "웅얼거리는 부랑자와 비슷"하며 "기형인 동시에 저능"이다. 외모는 기형적으로 큰 머리와 쓸모없는 몸뚱이로 이루어져 있다. 셋 중 도나는 올해 마흔다섯이라는 중년의 나이지만 기껏 열 살 정도로밖에 보이지 않고 예지력 때문에 다른 모든 기능은 퇴화했다. 또 한 명의 예지자 제리는 15년 동안 결박당한 채 살아온 등 굽은 난쟁이다. 어릴 때 뇌에 물이 찬 뇌수종 백치로 판정받았지만 얼마 뒤 예지자로 인정된 존재다. 영화 속 예지자들은 모두 뉴로인 마약 중독자들의 자식으로, 심한 뇌 손상을 입고 태어난 뒤 극적으로 생존해 초능력을 얻었다. 예지자들은 정부에 의해 강제 억류된 뒤 손가락 하나 꼼짝 할 수 없는 상태로 '사육'돼 왔다.

예지자들이 마약 중독자의 피를 받은 사회의 낙오자며 밤거리의 부랑자들과 비슷하다는 설정은 의미심장하다. 그런 이들에게서 발견되는 초능력은 이 이야기가 도시의 쓰레기 같은 인간들에게 특별한 관심을 가지고 있다는 사실을 말해준다. 어쩌면 미래는 사회 최하층 계급 출신의 재능 있는 인물들로 운영될지도 모른다. 주인공 존 앤더튼 역시 마약 중독자라는 사실에 주목해야 한다. 영화 속에서 그는 뒷골목 마약 딜러에게 클레러티clarity라는 마약을 구입하는데, 이 말은 투명함, 깨끗함을 뜻한다. 딕과 스필버그는 분명 기존 계급 질서를 역행하는 뜨거운 도발을 스토리에 담고 있다. 마약 클레러티가 투명함을 뜻한다는 사실과 특히 영화 〈마이너리티 리포트〉에서 자신의 머릿속을 완전히 투명하게 공개하는 예지자들이 그들의 몸 역시 투명복으로 가리고 있다는 사실 사이에는 중요한 연결 고리가 있다.

이 영화에서 적나라한 노출nudity은 아주 유용하고 적절한 개념이다. 마약 중독자 앤더튼과 돌연변이 예지자들은 비록 사회로부터 경계의 시선을 받는 존재들이지만 그들의 본질은 자신이 가진 것을 100퍼센트 노출시키고 공유함으로써 투명한 커뮤니케이션을 지향한다. 그것은 예지자들이 자궁 속에 누운 벌거벗은 태아의 형상으로 살아가고 있다는 사실과도 상통한다. 반면, 범죄예방 수사국의 운영권을 둘러싼 고위 세력의 음모는 베일에 가려져 있고, 진실을 밝힐 마이너리티 리포트는 철저히 은폐돼 있다. 또한 예지자들은 사회적 동요와 혼란을 막기 위해 범죄예방 수사국 깊숙한 곳에 감금돼 있는데, 앤더튼은 그중 하나인 애거서(사만다 모튼)를 밖으로 데리고 나와 세상과 투명하게 대면시킨다.

감금과 노출, 감금과 해방 사이에서 예지자들은 중대한 또 하나의 의미를 발생시킨다. 푸코가 분석하고 있는 것처럼 중세에 부랑자나 건달, 광인들은 감금되는 대신 탐험에 나서는 배에 태워졌다. '바보들의 배the ship of fools'라 이름 붙여진 그곳에서 그들은 노출의 자유를 누렸다. 그러나 근대 사회에 들어 배에 태워지는 대신 정신병원이나 감옥에 수감됨으로써 자유를 박탈당하고 완전한 타자로 인식됐다. 그러나 영화 〈마이너리티 리포트〉 속에서 예지자 애거서는 앤더튼과 함께 세상에 나옴으로써 수백 년 동안 감금됐던 타자들의 자유를 복원하고 투명한 노출의 역사적 전복을 대변하고 있다. 소설 《마이너리티 리포트》는 예지자들에 관한 최초의 설정 이후에 그들의 거처에 관해 함구하고 있지만 스콧 프랭크와 스필버그는 여기에 감금과 노출에 관한 반전의 드라마를 첨가시켜서 이 이야기를 '복권된 타자'들의 손에 쥐어주고 있다.

앤더튼은 노출의 기회를 부여받는 애거서와 다른 두 명의 예지자들을 이끄는 인물로 등장하면서도 자기 자신이 같은 경로를 밟는다. 영화 속에 등장하는 감옥은 다시 푸코의 생각을 빌어, 근대 감옥의 효시라 할 원형감옥panopticon(중앙의 감시탑을 중심으로 독방 수감자들이 원형으로 수감돼 있는 형태)의 은유다. 여기서 수감자들은 영원한 감시를 받고, 근대 사회는 '완벽한 규율화'라는 꿈을 이룬다. 하지만 앤더튼은 이 감옥에서 애거서의 어머니 앤 라이블리의 감금된 진실을 밖으로 꺼내 만천하에 공개하고 자기 자신 또한 수감의 위기에서 벗어난다. 타자들을 다시 바보들의 배에 태운 것처럼 감옥에서의 탈출은 감시와 감금의 틀을 유린하며 통제받는 자들의 권리를 회복시킨다. 따라서 예지자들에 얽힌 이야기는 이 영화가 바라는 가장 공상적이면서도 분명한 유토피아의 꿈을 담고 있는 것이다. 그들은 신이기 때문이 아니라 감금된 타자였기 때문에 이 놀라운 혁명의 주인으로 부상한다.

CASE 2 — 미래의 예측

MAJORITY REPORT | 인간은 모두 범죄자가 된다

"막스 씨, 오늘 08시 04분 발생 예정이던 새러 막스와 도널드 두빈 살해 사건 범인으로 당신을 체포합니다." "난 아무 짓 안 했소!" 막스 씨의 말이 맞다. 그는 아무 짓도 하지 않았다. 하지만 예지자들이 살인을 할 것이라고 예언했기 때문에 아직 발생하지도 않은 범행을 책임지고 체포돼야 한다. 영화 속 도입부의 이 장면은 시간에 얽힌 미래의 절대 권력을 보여준다. 미래의 인간은 저지르지도 않은 사건을 책임져야 할 정도로 전방위적인 그물에 갇혀 있다. 그물을 친 낚시꾼은 물론 국가다. 미래의 예측은 시스템이 자신의 영향력을 더욱 강화하기 위한 구실이다.

그러나 여기에는 또한 미래 예측을 둘러싼 시간의 아이러니가 존재한다. 예지자들은 미래의 어느 시점에 범죄가 발생할 것이라는 예언을 한다. 하지만 이 예언에 따라 범죄예방 수사국 경찰들이 범인을 검거한 순간 예언된 사건은 발생하지 않는다. 그렇다면 예지자들의 예언은 틀린 것이 된다. 이것은 집단의 선을 위한 행동이 내적으로는 영원한 균열을 발생시킨다는 딜레마의 증명이다. 소설 《마이너리티 리포트》는 이 부분에 대해 집요하다. 소설 속 앤더튼은 자신이 고안한 범죄예방 시스템에 '합법적인 결함'이 있음을 인정한다. 법을 어기지 않은 사람을 체포함으로써 더욱 법이 견고해지는 결함. 그리하여 딕은, 미래의 인류는 범죄를 정확히 정의내릴 수 없는 불명확성의 함정에 빠진다고 경고한다. 앤더튼의 말처럼 "발생하지 않은 범행은 전적으로 형이상학적인 개념이 돼버린" 것이다. 오류를 포함한 예측은 갈수록 모호해지지만, 그 모호함 때문에 시스템은 도리어 견고해지고, 인간은 정당성을 부여받지 못한 권력에 의해 통제되며 모두 범죄자가 되는 미래가 여기에 있다. 영화는 시스템의 균열을 수긍하고 혁파하는 앤더튼의 모습을 보여주지만, 근본적으로 예측의 실체에 관한 거의 아무런 대답도 주지 않고 시스템을 단순화함으로써 역설적이게도 그것을 더욱 강화한다. 예측의 실체가 무엇인지 들려주는 것은 마이너리티 리포트다.

MINORITY REPORT | 예언은 반드시 이루어진다

필립 K. 딕은 미래에 발생할 사건과 그 사건을 예측하는 행위가 맺는 관계를 단계적으로 파악해 기가 막힌 결론에 도달한다. 미래를 예측하는 예지자들의 행위는 과연 정해진 미래에 영향을 끼치지 않을까? 끼친다. 소설 속 캐플랜은 "어떻게 미래를 정확히 예측할 수 있단 말입니까. 예언된 정보가 입수되자마자 그것 자체가 변수로 작용해 미래가 또다시 달라지는데 말입니다"라고 말한다. 미래를 예측하는 행위 자체가 미래를 뒤바꾸는 변수로 작용한다는 캐플랜의 말은 딕이 생각하는 예측 프로세스의 정확한 실체다.

이것은 딕의 다른 단편 《물거미》에서도 확인된다. 이 소설에서 22세기의 미래를 살고 있는 토조와 퍼머티는 자신들이 추진하고 있는 행성 간 우주 여행 프로젝트를 완성하기 위해 과거 《야간비행》이라는 소설로 이 프로젝트를 앞서 예언한 20세기의 예지자 앤더슨을 데려와 도움을 받는다. 하지만 22세기에서 겪은 사실들을 망각시키기 위해 그의 기억을 지우는 순간 시간은 뒤틀린다. 20세기에 발표한 《야간비행》은 그가 22세기를 봤던 경험에 기초해 완성된 소설이기 때문이다. 따라서 기억을 지우는 순간 《야간비행》도 집필되지 않고 토조와 퍼머티의 미래도 바뀐다. 미리 경험된 미래, 곧 예측된 미래의 발생과 소멸이 과거를 바꾸고 그것이 다시 미래를 바꾼 것이다.

이런 과정에 따라 〈마이너리티 리포트〉의 앤더튼이 결말에서 캐플랜을 죽이는 것 역시 그것이 예정된 미래이기 때문에 자연적으로 그렇게 된 것이 아니라, 자신이 캐플랜을 죽일 것이라는 예언의 영향을 받고 의도적으로 자행한 것이 된다. 이것은 시간의 수순에 관한 과학적인 상상이지만, 또한 이로써 〈마이너리티 리포트〉는 우리가 매일매일 세계에 뿌려놓는 사소한 말들과 행위들과 기호들까지 숱한 예언으로 기능해 우리의 미래에 영향을 끼칠 것이라는 지독한 저주를 내리고 있기도 하다. 이것 참 지뢰밭 같은 세상이다.

그런데 왜 앤더튼은 자신이 캐플랜을 죽일 것이라는 예언을 듣고도 그를 죽여야만 했을까? 스토리 상의 이유는 그렇게 함으로써 시스템의 오류를 은폐하려는 이유 때문이지만, 시간의 실체에 비추면 또 다른 이유가 있다. 여기서 딕은 마이너리티 리포트에 관해 한 발짝 더 내디딘다. 소설의 결말부에 앤더튼은 마이너리티 리포트가 세 개였다고 말한다. 세 명의 예지자가 모두 각기 다른 자기만의 마이너리티 리포트를 가지고 있었다는 것이다. 그것들은 순차적으로 연결돼 있다. 먼저 예지자 도나가 살인을 예고한다. 두 번째 예지자 제리의 예언에는 앤더튼이 도나의 예언을 이미 알고 있다는 변수가 첨가됨으로써 그가 마음을 바꿔 살인을 저지르지 않을 것이라는 쪽으로 선회한다. 하지만 마지막 예지자 마이크는 두 예언을 거친 앤더튼이 다시 범죄 예방 시스템을 지키려는 쪽으로 마음을 돌려 결국 캐플랜을 살인할 것이라고 말하게 된다. 이렇게 하여 미래는 제시된 예언에 영향을 받으면서도 결국 최초의 예언대로 이루어진다.

여기에는 우여곡절을 겪으면서도 미래는 정해진 대로 나아간다는 사고가 담겨 있다. 영화 속 앤더튼 역시 자신에게 예고된 살인에서 벗어나지 못한다. 그는 예언을 알고 있었고 피하려고 했지만 미래는 예정된 대로 발생한다. 소설에서건 영화에서건 예언 속에 존재하는 미래란 아직 현실에서 발생하지 않은 허구다. 리얼리티가 없다. 그러나 그 리얼리티는 결국 달성된다. 그 미래는 숱한 예언의 가시밭을 통과해야 하며 그 과정에서 붕괴될지도 모를 가상의 상황이었지만 종국에는 현실이 되는 것이다. 이 것은 거의 정확하게 "이것은 최고의 인기를 모으고 있는 상품입니다"라는 식의 숱한 거짓말과 허구의 극대화로 이루어진 현대 사회의 광고와 정치적 감언이설들이 소비자와 소시민들의 욕망을 자양분 삼아 어이없게도 결국 현실로 이루어지는 모습과 일치한다. 예정된 대로 이루어지는 〈마이너리티 리포트〉의 미래는 존재하지 않던 허상의 것이 권력의 의도에 따라, 그리하여 나중에는 자생적으로 현실화되는 네오-리얼리티의 신화에 맞닿는다. 현대 사회는 누군가가 정해준 오직 하나의 길을 따라 흘러가고 있다. 앤더튼이 그걸 막을 수 있을까? 소설과는 다른 영화의 결말이 낙관적인 걸까? 그렇지 않다. 정신없이 쫓기며 내달리는 톰 크루즈의 다급한 이미지는 그가 정한 최후의 결말과는 상관없이 오직 하나로 정해진 길을 따라 수동적으로 끌려가는 인류의 한 모습이다. 그의 다른 어떤 작품보다도 빠르게 진행되는 이 영화에서 스필버그가 자신의 본모습을 거역하며 거둔 암묵적인 성과는 바로 그 숙명적인 패배의 기운을 스크린으로 옮겼다는 사실이다.

CASE 3 — 시스템

MAJORITY REPORT | 스펙터클은 시스템을 사랑하고 미워한다

시스템의 그릇된 자존심을 지킬 것인가, 개인의 정의를 실현할 것인가. 범죄예방

시스템으로 상징되는 미래 사회의 전체주의와 여기에 맞서는 개인 존 앤더튼의 이야기는 〈마이너리티 리포트〉의 가장 명료한 메이저리티 리포트다. 시스템은 시간을 지배함으로써 개인을 통제한다. 지극히 사적인 아내의 부정을 목격한 하워드 막스가 자신의 내밀한 침실에서 체포되는 장면은 공간적으로나 감정적으로나 이 사회가 더 이상 어떤 종류의 프라이버시도 허용하지 않음을 보여준다. 앤더튼 기동 팀의 요란한 검거에 새겨진 남성적인 에너지는 절대 권력의 매혹을 시각화한다. 모든 자동차들이 질서정연하게 움직이고 있는 자기 부상 도로는 소통이 일괄 통제된 전체주의 사회, 파시스트 국가의 조직화된 시스템을 함축한다.

교활하게도 시스템은 개인의 사적인 영역에 침투할 뿐만 아니라 개인의 사적인 감정을 이용하며 유지된다. 앤더튼이 시스템에 충실한 이유는 6년 전 죽은 아들에 대한 죄책감 때문이다. 앤더튼이 빠진 살인의 함정도 아들의 유괴범과 관련이 있다. 예언 시스템은 앤더튼의 감정을 조종하며 자기 몸을 만들어가고 있는 것이다. 스필버그는 여기에 이의를 제기한다. 자동 항법 장치에 따라 수사국 본부로 돌아가는 자동차에서 뛰어내린 앤더튼의 모습은 시스템의 물결을 거스르는 개인의 역행 의지를 집약한다. 이 시퀀스는 〈마이너리티 리포트〉에서 가장 스펙터클한 부분이기도 한데, 스필버그는 시스템의 매력과 결탁한 바로 그 스펙터클을 뺏어와 앤더튼의 반동에 접목시킴으로써 개인이 승리할 수 있다는 믿음에 시각적인 힘을 실어준다. 영화의 스펙터클이 지닌 착시 현상이 시스템에 관한 언급과 단단히 묶여 있음을 보여주는 것이다. 국가와 개인, 전체와 개인의 대결은 스필버그의 손을 거치며 좀더 순진해졌지만, 누가 승리할 것이냐의 여부를 떠나 영화가 매우 직접적이고 효과적으로 그것을 중계하고 있음은 분명하다. 어쩌면 시스템의 막강한 힘에 대한 관심은 국가와 개인의 표면적인 범주가 아니라 영화 이미지의 조직화된 권력을 향해 놓여져야 할지 모른다.

MINORITY REPORT | 앤더튼은 모호한 시대의 모호한 영웅이다

앤더튼은 자신이 살인을 저지를 것이라는 예언을 듣고도 그것이 시스템의 오류 때문일지도 모른다는 생각은 하지 않는다. 그만큼 시스템에 익숙해졌고, 시스템이 사회를 더 낫게 만든다는 확신을 가지고 있어서다. 하지만 앤 라이블리 익사 사건과 관련된 애거서의 마이너리티 리포트에 접근하자 시스템의 붕괴 가능성을 타진하기 시작한다. 철옹성 같던 치안 시스템이 다른 누구도 아닌 충실한 내부자 앤더튼에 의해 위험에 직면하는 상황에 주목하자. 소설 속의 앤더튼 국장도 시스템의 오류를 인식하고 의심한다는 점에서는 마찬가지다. 시스템은 개인들을 딛고 일어서 존재하지만 그 소멸 또한 내부의 개인으로부터 비롯된다는 생각이 영화에 담겨 있다.

앤더튼이 시스템에 맞서는 방식은 매우 흥미롭다. 그는 자신을 위험에 빠뜨림으로써 시스템을 돌파할 방법을 찾아간다. 마이너리티 리포트를 찾겠다는 계획을 세운 뒤로 앤더튼은 감금과 파멸을 담보로 한 위험한 게임을 시작한다. 시스템은 그를 범법자로 규정하고 맞대응한다. 누군가 자신이 틀렸다는 가정을 제시한 뒤 자기 자신을 시스템과의 싸움에 내몰고 결과적으론 자신이 맞다는 것을 증명함으로써 역으로 시스템의 오류를 밝혀낼 때 그는 진정한 혁명가다. 이렇게 보면 엄밀하게 소설 속의 앤더튼도 시스템에 복종한 것은 아니다. 자기 함정을 팠다는 점에서 그는 영화의 앤더튼과 같은 태도를 취한다. 비록 시스템의 예언대로 살인을 저지름으로써 시스템을 옹호하기는 했지만, 그 살인이 마이너리티 리포트를 은폐하는 시스템의 합법적인 결함을 토대로 진행됐다는 점에서 그는 시스템의 부정을 스스로 입증한 셈이다. 미래학자들은 점점 더 야만화될 것이라고 예측되는 미래 정보 사회에서 개인은 결코 국가나 사회를 위해 살아서는 안 된다고 충고한다. 그들이 생각하는 효율적인 개인은 오직 자신의 합리적인 이익만을 위해 살아가는 지식 노동자지만, 이 말이 정보 전체주의 사회에서 끊임없이 집단의 가치를 부정하는 소시민들의 영웅을 상상하고 있음은 두말할 필요 없다. 그가 바로 앤더튼이다.

그렇다면 숨겨진 소수자의 진실 마이너리티 리포트는 시스템 전복자 존 앤더튼과 동의어인 것처럼 느껴진다. 소설 속 캐플랜의 부하 플레밍은 앤더튼에게 쓴 편지에서 "다수가 있다면 필연적으로 거기에 대응하는 소수가 있기 마련"이라는 말을 전한다. 하지만 이 말처럼 마이너리티 리포트가 언제나 소수자들을 지지하고 옹호하는 비서秘書인 것만은 아니다. 마이너리티 리포트의 존재 가치는 메이저리티 리포트와의 상대적인 자리에서 판가름난다. 하지만 2대 1의 예지자로 나뉘는 메이저와 마이너의 대립은 개인을 끊임없이 타자화, 소수화, 분절화시킴으로써 시스템과 개인의 싸움을 영속시키는 작용을 한다. 그렇다면 마이너리티 리포트는 메이저리티 리포트를 근거로 운영되는 권력의 존속 기반이 되기도 한다는 얘기다. 이때 소설은 결국 세 예지자의 의견이 모두 마이너리티 리포트였다 말하고, 영화는 마이너리티 리포트를 통해 시스템을 전복시킴으로써 소수자 옹호의 본래 가치를 회복하려고 한다. 바로 여기서 마이너리티 리포트의 복합적이며 이중적인 색깔이 그려진다. 그것은 권력이 존재할 수 있는 바탕인 동시에 권력을 무너뜨릴 수 있는 치부이기도 하다. 불투명하게도 〈마이너리티 리포트〉는 이 두 가지 색깔 중 어느 한쪽의 손을 분명하게 들어주지 않는다. 그럼으로써 딕은, 또한 이 복합적인 상념에 있어 전적으로 딕에게 의존하고 있는 스필버그는, 미래란 대립하는 가치들이 불안한 균형을 이루며 운동하는 모호한 시대가 될 것이라 예언하고 있다. 《안드로이드는 전기양을 꿈꾸는가?》를 영화화한 〈블레이드 러너〉가 레플리컨트 데커드와 레이첼이 함께 엘리베이터를 타는 모호한 결말로 끝났듯 이 〈마이너리티 리포트〉의 미래에는 모든 것이 완전한 효력을 발휘하지 못하고 늘 자기 부정의 구멍을 메워가며 가까스로 생존하고 있다. 이 끔찍하게 골치 아프며 진화와 개선의 가능성을 스스로 포기한 채 영원히 원형 궤도를 돌아야만 하는 모호함과 이중성의 시대. 따라서 우리는 소설과 영화가 시스템과 개인의 대립에 있어 서로 다른 태도를 취하고 있다 말할 수 없다. 그 결말은 같은 것이고, 미래는 인간에게 어떤 문제도 지금보다 더 수월하게 풀리지 않으며 어떤 제도나 개인도 승패를 떠나 지금보다 더 명료하게 정립되지 못할 것이라고 예언한다. 이것이야말로 딕의 지독하게 무거운 한숨이다. 물론 스필버그도 같은 한숨을 쉬고 있고 말이다.

《FILM2.0》 84호(2002년 7월 23일)

〈살인의 추억〉
봉준호 감독은 어떻게 걸작을 만들었나

이 영화를 보고 나오는 당신의 반응은 필경 둘 중 하나일 것이다. 부슬부슬 속으로 말아드는 눈물을 감당하지 못하거나 추적추적 밖으로 쏟아지는 눈물을 감당하지 못하거나. 이 영화를 보는 내내 당신의 반응은 둘 중 하나일 것이다. 귓가에 감기고 눈주름을 흔드는 유머에 자지러지거나 묵직하게 피부를 진동시키는 화면의 무게에 자지러지거나. 미리 감히 호들갑을 떨며 말하건대, 1980년대 화성 연쇄 살인 사건에 관한 영화 〈살인의 추억〉(2003)은 대단한 걸작이다. 나는 이 영화를 생각하기만 해도 심장이 쿵쾅거린다.

1986년 9월 15일 첫 번째 희생자 이완임 사건부터 1991년 4월 3일 마지막 희생자 권순상 사건까지, 6년에 걸쳐 벌어진 일명 '화성 연쇄 살인 사건'은 대한민국 건국 이래 전무후무한 연쇄 살인 사건이었으며 동시에 전대미문의 미해결 사건으로 남아 있다. 경기도 화성군 태안읍 반경 2킬로미터의 지역 내 논밭과 야산에서 벌어진 이 사건들로 13세 여중생에서 71세 노인에 이르기까지 10명의 부녀자들이 흔적 없는 범인에게 동일한 수법으로 강간 살해당했다. 당시 거주 인구 3만, 유동 인구 2만의 태안읍을 지키고 있던 경찰 병력은 다섯 명이었으며, 사건이 본격적으로 수사 선상에 오른 뒤 30만 명의 경찰이 동원돼 3000여 명의 용의자들을 잡아들였지만 범인은 잡히지 않았다. 수년간에 걸친 자료들은 범인이 현장 지리에 밝다는 점, 범행 뒤 침착하게 시체를 학대한 점, 성 경험이 적은 어린 사람일수록 강하게 나타나는 성기 도착 증세를 보인다는 점, 경찰의 단속에 아랑곳하지 않고 동일한 수법으로 범행을 계속했다는 점에서 가까스로 '범인은 30세 미만의 대담하고 집요한 성격의 마을 주민으로 여성에 대한 증오심을 가진 변태 성욕자'라는 프로파일링을 내놨고, 1990년 11월 9차 사건에서 발견된 범인의 정액에서 그가 B형 혈액형을 가진 남자라는 사실이 밝혀졌다. 소설 《철갑 경찰》의 작가 이상언은 범행 현장에서 알루미늄, 망간, 티타늄 등 총기류에서 발견되는 금속 원소 수치가 높게 나타났다는 점을 토대로 범인이 20대 후반의 미군 장교라는 가설까지 내놨다. 하지만 가설뿐이었다. 침착하게 피해자의 가슴을 면도날로 난자하고 음부에 복숭아 조각과 모나미 볼펜과 숟가락을 집어넣었던 범인은 사라졌다. 희생자의 가족들과 관련 수사관들도 분노와 열패감을 안고 세월 속으로 사라졌다.

10명의 희생자와 1980년대의 상관관계

그런데 당신은 그때 분노했나? 어두운 밤 인적 없는 야산의 야릇한 이미지를 연상하며 잠깐 궁금하던 것 이상으로 이 사건에 관심이 있었나? 대부분은 그렇지 않았을 것이다. 1차 이완임 사건이 일어나고 5일 뒤에 '86서울아시안게임'이 개막했고, 3차 권정분 사건이 발생한 1986년 12월 12일로부터 이틀 뒤 장정구가 11차 방어에 성공했으며, 5차 홍진영 사건이 발생한 1987년 1월 10일로부터 6일 뒤 서울대생 박종철 고문 사망 사건이 있었기 때문이다. 6차 박은주 사건이 있었던 1987년 5월에는 부천 성고문 피의자 문귀동의 첫 공판이 있었고, 8차 박상희 사건이 발생한 1988년 9월에는 '88서울올림픽'이 개막했기 때문이다. 화성 연쇄 살인 사건은 신문 한 귀퉁이 가십 이상의 의미를 갖지 못한 채, 격동하고 있던 1980년대 중·후반 대한민국 사회의 급물살에 합류하지 못했다. 그런데 봉준호 감독은 〈살인의 추억〉에서 대다수의 국민들이 느끼지 못하던 분노와 슬픔을 끄집어낸다. 화성 연쇄 살인 사건을 급속히 시야에서 사라지게 한 바로 그 시간들 속에서 뭔가를 발견했기 때문이다.

그가 발견한 것은 반항조차 못하고 죽은 10명의 여자와 그 여자들을 도와줄 수 없었던 시대와의 상관관계였다. 2000년 8월, 데뷔작 〈플란다스의 개〉를 내놓은 6개월 뒤 봉준호 감독은 9년 전에 사라진 화성 연쇄 살인 사건을 영화화하기로 결심한다. 4년 전 배우 김뢰하(그는 〈살인의 추억〉에서 형사 조용구로 등장한다)의 소개로 화성 연쇄 살인 사건을 소재로 한 김광림 원작의 연극 〈날 보러와요〉(1996)를 본 것이 계기가 되기도 했다. 이 희곡은 결국 영화 〈살인의 추억〉의 원작이 된다. 시나리오를 쓰며 봉준호 감독을 사로잡았던 숙제는 이 사건을 어떻게 정리해야 하느냐는 것이었다. 어떤 사람이 범인에 가까운지, 최소한 감독이 생각하는 프로파일을 새로 추가해야 하는 것이 아닌가.

그러나 우연히 영화평론가 토니 레인즈한테 서구 사회의 영원한 미결 연쇄 살인

마 잭 더 리퍼에 관한 만화책 《프롬 헬》을 받았을 때, 중요한 것은 사건 자체가 아니라 그 사건을 태동시키고 미해결로 남길 수밖에 없던 시대라는 사실에 생각이 다다랐다. 이렇게 해서 봉준호 감독은 영화 〈살인의 추억〉을 화성 연쇄 살인 사건이 벌어진 5공화국 말기에 관한 이야기로 몰아붙인다. 아시안게임과 서울올림픽이 개막하고 공권력이 정권의 부화뇌동에 휩쓸리던 시대, 감독의 표현을 빌면 "한마디로 ×같은 시대"는 "시골 여자들까지 챙겨줄 만한 능력이 없었다"는 것이다. 화성 연쇄 살인 사건은 민생을 치안할 수 없었던 어처구니없고 나사가 빠져 있던 "5공 말기 연쇄 살인 사건"으로 탈바꿈한다.

영화 속 한 장면에서 봉 감독은 두 개의 인상적인 이미지를 병치시킨다. 하나는 5공 시절 전두환 전 대통령의 환영 퍼레이드에 동원된 여학생들의 모습과 데모대의 시위를 진압하느라 있는 대로 동원된 경찰들의 모습이다. 그리고 몇 번째인가 사건이 벌어지던 날 밤, 지역 경찰서 강력반 신 반장이 경찰 2개 중대를 본부에 요청했을 때 그들은 모두 데모를 막느라 서울에 가고 남은 병력은 한 사람도 없었다. 수사 능력이 부재해 경찰서 정문을 옮기라는 무당의 지시까지 따라야 한 어처구니없는 해프닝은 영화 속에서 형사들이 무당의 말대로 범행 현장의 흙을 물 묻힌 종이에 뿌려 범인의 얼굴이 떠오르길 기다리는 장면으로 표현된다.

정공법으로 돌파하는 풍요로운 농촌 들녘

영화는 촬영 전 봉준호 감독이 '머리'로 생각한 것들을 성실하게 반영하면서 시작한다. 사건을 오랫동안 취재하며 '발'로 쓴 그의 시나리오는 그 자체로 한국 영화에서 보기 드문 완성도를 지니고 있다. 시나리오는 첫 장면을 '푸른 하늘 아래 노랗게 출렁이는 벼들 너머로, 멀리 경운기 한 대가 오고 있다……. 뜬금없이 화면에 툭~ 등장하는 젊은 여자의 시체……. 여전히 평화로운 새소리와 햇살 아래 하늘거리는 코스모스들. 무덤덤하게 보이는 젊은 여자 박보희의 시체는 뭔가 생경한 느낌마저 준다'라고 묘사하고 있다. "서로 전혀 안 어울리는 게 뒤엉키는 것을 좋아한다. 전형적인 범죄 스릴러보다 오히려 아주 서정적이거나 아름다운 시골 풍경에서 시체들이 연이어 나오는 그런 이미지"라고 말한 봉준호 감독은 자신이 생각하는 범죄 영화의 풍경으로 첫 장면을 연다. 발로 뛴 시나리오만큼이나 발로 뛴 로케이션은 이 장면을 위해 전북 부안의 넓은 들녘을 찾아냈고, 1986년 10월 23일(영화는 연쇄 살인의 시간적 배경을 1986년 한 해의 가을과 겨울로 한정한다)에 발견된 첫 번째 희생자의 시신과 주인공 박두만 형사(송강호)를 이 장면에서 소개한다.

당신이 〈살인의 추억〉에 놀라게 될 첫 번째 이유는 이 영화가 정공법으로 이야기를 돌파하고 있다는 사실이다. 봉준호 감독은 어떻게 여러 개의 가지가 개별적으로 도드라지지 않으면서도 하나의 묵직한 줄기로 엮여 나가는지를 보여준다. 이 영화는 정공법에 관한 가장 뛰어난 예시로 한국 영화사에 기록될 것이다. 그 정공법에 복속하는 것 중 하나가 공간 묘사다.

전남 장성, 화순, 무안, 함평, 해남, 보성, 전북 부안, 정읍, 남원, 익산, 김제, 충남 서천, 홍성, 강원 횡성을 오가는 6개월간 90여 회의 로케이션 촬영은 경기도 일대 익명의 공간 하나로 그려지면서 드라마의 강력한 발진을 위해 순순히 묶여 든다. 하지만 그 교묘한 '장소의 통일성'보다 기막힌 것은 공간이 하나의 영화 언어로서 유기적으로 스토리에 기여한다는 것이다. 〈살인의 추억〉에 등장하는 풍요로운 농촌 풍경은 우리가 꿈꾸는 평온한 낙원이기도 하지만 밤이 되면 참혹한 살인이 연속해서 벌어지는 지옥이다. 그런데 또 이 '낮의 평화'는 서울에서 자원해 내려온 형사 서태윤(김상경)이 시골 마을에 도착했을 때의 냉랭하고 의심 어린 공기를 포함한다. 어떻게 이 모든 표정이 하나의 공간에서 그려질 수 있는지 영화는 계속해서 우리를 의아하게 만든다. 공간이 서서히 변할수록 보는 이의 심정도 스멀스멀 여러 곳을 기어다닌다. 이 변화무쌍한 농촌 공간은 여러 개의 반사면을 가진 거대한 덩어리가 돼 걷잡을 수 없이 뒤엉킨 살인 사건과 번잡한 시대의 윤곽을 만들어준다.

그것은 미술감독 류성희의 고민이자 성과이기도 하다. 예컨대 겉보기에는 여느 경찰서와 달라 보이지 않는 평범한 수사 본부는 곳곳의 디테일과 좁고 답답한 밀폐감을 통해 사건을 대하는 경찰들의 심리적 공간으로 전환된다. 카메라와 빛은 겸손하지만 강력하다. 어디에서도 튀지 않는 대신 아무것도 놓치지 않는다. 관객을 향해 정조준 발사하는 봉준호의 무기는 보이지 않는 실탄들로 장전돼 있다. 이렇게 조합된 공간은 관객이 드라마에 몰입하는 데 어떤 훼방꾼도 허용하지 않는다. 이것이 정공법이다. 〈살인의 추억〉을 보는 내내 당신은 박두만이나 서태윤이 느끼는 심정의 흐름에 거의 예외 없이 전염될 것이다. 지나간 시대와 경천동지할 이례적인 사건을 배경 삼고 있는 이 영화가 현실감의 밀도로 꽉꽉 채워져 있는 것은 바로 이런 이유 때문이다.

시대 유감 너머에 있는 박두만과 서태윤

정말 놀라운 것은 감정을 직조하는 봉준호의 재주다. 당신은 이 영화가 시대를 얘기하기 위해 다른 것을 먼저 들이대고 있다는 것을 알게 될 것이다. 그것은 박두만과 서태윤, 두 형사의 속마음이다. 특히 영화 속에 설정된 세 번째 용의자, 박현규(박해일)가 등장한 뒤로 휘몰아치는 격정은 보는 사람들을 압도한다. 봉준호 감독은 무식한 시골 형사 박두만과 나름대로 과학 수사를 위해 노력하는 서울 형사 서태윤이 벌이는 수사극에서 시대를 읽는다. 1980년대의 공권력을 비난하는 영화가 그 공권력을 대변하는 형사들의 마음속에서 무엇을 찾고 있을까. 영화를 촬영할 때 《FILM2.0》과 한 인터뷰에서 봉준호 감독은 "1980년대 후반에 내가 대학 다니면서 씹던 그 공권력이, 아이러니하게도 우리 영화에서는 주인공이다. 재미있는 게 그때 사건을 맡은 형사들을 인터뷰하면서 내가 점점 그 사람들한테 애정이 생겼다는 것이다. 그 형사들 만나서 얘기해보면 막 운다. 정말 잡고 싶었다고. 얘기 들어보면 못 잡을 만하다. 점쟁이 찾아 다니고 체모 수사한다고 근처 공장 직원들 털 뽑으러 다니고. 하지만 심정적으로는 안타깝다. 거기서 시대적 한계와는 또 다른 감정적인 뜨거운 지점이 나온다. 그런 형사들에 대한 답답함, 혐오감과 동시에 의지에 대한 공감과 동정심. 그래서 이 영화는 코미디이기도 하고 슬프기도 하다"라고 말했다. 이것이 〈살인의 추억〉의 중심이다. 어이없는 수사로 관객을 웃겨주던 그들이 실은 어떤 마음으로 이 사건에 매달렸는가. 그들을 좌절시킨 것은 범인인가 시대인가. 그들은 시대가 허용해준 희대의 연쇄살인극에서 가해자인가 피해자인가. 정공법으로 똘똘 뭉친 이 영화가 논리 정연한 시대 유감을 넘는 것은 이 부분이다.

당신은 〈살인의 추억〉에서 클로즈업의 기능을 유심히 관찰할 필요가 있다. 먼저 첫 번째 용의자였던 동네 바보 백광호의 진술을 녹음하는 장면이다. 그는 두 번째 희생자 이향숙이 죽던 날 밤의 정경을 생생하게 묘사한다. 이 장면에서 카메라는 인물의 얼굴을 향해 서서히 근접해 들어간다. 그런데 그 인물은 백광호가 아니라 박두만이다. 봉준호는 범인을 잡기 위한 수사극의 핵심 정보가 노출되는 이 장면에서 용의자가 아니라 형사의 얼굴에 집중한다. 주인공은 사건이 아니라 형사다. 그가 무슨 생각을 하는지, 말도 안 되는 직감 수사로 일관하던 박두만의 사건에 몰두하는 집념이 그의 표정 속에 어떻게 달구어지고 있는지 상상하게 만든다.

다음, 박두만과 서태윤, 조용구가 두 번째 용의자였던 조병순을 쫓아 채석장에 들어가는 장면이다. 헐떡거리며 뒤쫓아온 미지의 사내가 똑같은 옷을 입은 수많은 노동자 중 누구인지 알아내기 위해 주변을 두리번거리는 그들의 얼굴을 카메라가 따라잡는다. 여기서 김형구 촬영감독은 사이즈와 움직임이 역동적으로 이어지는 클로즈업을 사용한다. 겸손하던 앵글을 생각하면 대단히 파격적이다. 봉준호 감독은 일련의 수사 과정 속에서 점점 지쳐온 형사들이 얼마나 이 광대 놀음을 끝내고 싶었는지 단숨에 보여준다. 세 번째 용의자 박현규의 집으로 쳐들어가는 서태윤의 분노한 얼굴 측면을 빠르게 다가가는 망원 클로즈업이 잡아냈을 때 게임은 끝난다. 이것이 형사들의 슬프고 집요한 마음에 동조하게 만드는 정공법의 정체다. 당신은 어째서 영화의 후반부에 이 철딱서니 없어 보이는 형사들을 내가 그토록 사랑하게 됐는지 어리둥절해질 것이다. 처음부터 영화는 사건의 바닥을 기고 있는 두 사람의 마음에 강하게 밀착하고 있었던 것이다. 그래서 이 영화는 슬프다. 첫 번째 용의자 백광호를 범인으로 단정 지은 박두만 일행이 풀밭 현장 검증에서 엉키고 넘어지는 트래킹 슬로 모션 쇼트는 이 영화를 지배하고 있는 심장 박동의 정돈되지 않는 질서와 깊은 상처를 보여준다. 이 무시무시한 감정의 연출은 당신에게 숙제 하나를 던져줄 것이다. 박두만과 서태윤이 간절하게 원하던 것은 무엇인가? 범인을 잡고 공적을 세우는 것에서 더 이상 희생자가 나오지 않기를 바라는 것으로, 평화로운 황혼녘의 들판으로 돌아가고 싶은 마음에서 다시는 어디로도 돌아갈 수 없다는 너무 멀리 와버린 심정으로, 두 형사의 신념과 동요는 또 하나의 여행을 한다.

지랄 같은 작업이 만들어낸 것들

스스로 곪아가는 형사들은 자주 원숭이처럼 웅크리고 앉아 있다. 박두만의 육감 수사와 서태윤의 과학 수사가 대립하는 것 같지만, 시간이 지날수록 서태윤은 박두만을 닮아가고 박두만보다 더 지저분한 차림새의 서울 형사 서태윤은 끊임없이 궁시렁거리며 어린애처럼 화를 낸다. 낭만이라곤 터럭만큼도 없어 보이는 박두만은 동네 여자 곽설영과 사랑을 나누며 의외의 인간미를 풍긴다. 이 영화에는 범죄 스릴러의 수.

위를 무너뜨리는 이상한 비술이 있다. 여기서 흘러나오는 에너지는 한참 동안 웃을 수 있는 여유와 호기를 만들어낸다. 하지만 이내 그 에너지는 장르와 시대에 대한 평면적 접근을 넘어 감정의 풍성한 진폭을 만들어낸다. 이것 참, 질투 나는 솜씨다.

봉준호 감독의 연출은 너무 직설적이어서 도리어 폐쇄적인 면이 있었다. 단편 영화 〈지리멸렬〉(1994)의 우화적인 이야기들이 그랬고, 〈플란다스의 개〉가 학교 사회의 비겁함을 다루는 방식이 그랬다. 가령 서태윤이 서서히 미쳐가는 모습을 경찰서 불빛 조명과 비현실적인 하이 앵글, 그리고 정신 나간 읊조림으로 포장하는 이 영화의 어떤 부분들도 그렇다. 하지만 그는 관객의 이해를 도모하는 연출과 기가 막힌 표현술 사이의 간극을 한꺼번에 줄일 수 있는 비법을 발견한 것 같다. 이 소름 끼치는 축지법도 질투 난다.

김무령 프로듀서의 작업 일지에는 봉준호 감독이 "이 직업이 참 이상한 거예요. 그죠? 이게 무슨 지랄이랍니까?"라고 했다는 에피소드가 적혀 있다. 하나의 이야기를 상상하고 그 이야기를 실제로 재현하기 위해 어마어마한 노력을 들여 세계 하나를 통째로 만들어내는 영화가 지랄 같다는 얘기다. 봉준호는 그 지랄이 창조하는 세계는 눈에 보이는 프레임 안의 공간만이 아니라는 걸 알고 한 소리일 것이다.

봉준호는 시대와 과거를 다루는 상투적인 방식으로부터 탈출하면서 단박에 더 앞서 나간다. 현장에서 "봉테일"이라 불리던 것처럼 디테일이 어떻게 거대한 구조를 완성할 수 있는지를 증명한다. 더 놀라운 것은 패배와 좌절과 고단한 발버둥에 관한 이 영화가 지독한 절망 다음에 어떤 숭고함을 전해준다는 것이다. 목적하는 것에 다가가는 인간의 잰 발걸음은 흥이 난다. 목적하는 것에 거의 다다른 인간의 격렬한 흥분은 매력적이다. 목적하는 것으로부터 배신당해 주저앉은 인간은 한순간에 인생을 돌이킨다. 이 과정은 살아간다는 행위에 숭고함을 부여한다. 비루함이 고결해지고 인생이 가치 있어지는 순간이다. 〈살인의 추억〉에는 그것이 모두 담겨 있다.

아, 조연으로 등장하는 조용구 형사 역의 김뢰하, 용의자 백광호 역의 박노식, 신동철 반장 역의 송재호, 구희봉 반장 역의 변희봉도 놓치지 마시라. 건질 고기가 너무 많은 저수지이지만 그래서 즐거운 영화다.

《FILM2.0》 122호(2003년 4월 15일)

〈매트릭스 2 — 리로디드〉
두 번째 〈매트릭스〉가 얻은 것과 잃은 것

네오를 잃고 스미스를 얻다

당신은 〈매트릭스 2 — 리로디드The Matrix Reloaded〉(이하 〈리로디드〉)(2003)에서 새로운 네오(키애누 리브스)를 얻었다고 생각할 수 있을 것이다. 확실히 네오는 달라졌다. 모피어스(로렌스 피시번)가 깨우쳐주는 진실에 경악하고 매트릭스 내부의 초물리학적 운동 법칙에 어린아이처럼 뒤뚱거리던 1편의 네오가 아니다. 혼돈은 사라졌고, 방황은 끝났다. 네오는 자신이 인류의 구원자라는 것을 인식한다. 아니, 이미 1편의 마지막에서 인식을 끝냈다. 2편에 등장하는 네오는 단 한 번도 갈등하지 않는 초월적 자아다(딱 한 번, 연인이 된 트리니티(캐리 앤 모스)가 두 눈 시꺼멓게 뜨고 지켜보는 가운데 환상적인 입술로 유혹하는 페르세포네(모니카 벨루치)의 키스 요구에 응해야 할지 말아야 할지 갈등한다). 주먹 한 번 불끈 쥐고 허리 굽혔다 기지개 펴면 어느새 시속 3500킬로미터로 하늘을 날고 있다. 1편에서는 한 명의 스미스 요원도 감당하지 못하더니 2편에서는 100명으로 늘어나든 말든 아무 상관없다. 힘 들이지 않고 슬쩍 내지르는 주먹에 상대는 고무줄을 묶은 것처럼 저 멀리 나가떨어진다. 원화평이 안무한 홍콩식 와이어 액션도 초강력 네오의 역학 법칙 앞에서 무용지물이다. 이렇게 막강해진 네오가 인류 마지막 도시 시온을 향해 쳐들어오는 기계 군단에 대항한다. 특히 그가 보여주는 자기 확신은 대단하다. 인류가 구원받는다면 그것은 네오의 힘보다 자존심 때문일 것이다. 당신은 이렇게 매력 만점의 네오를 얻었다. 그래서 행복한가?

네오는 더 이상의 성장과 득도가 필요 없는 궁극의 완성체다. 그의 목적은 확고하고 자기 컨트롤에는 허점이 없다. 하지만 바로 이런 점 때문에 역설적으로 그는 기계와 닮아 있다. 〈리로디드〉의 네오는 '기계 같은 인간'이다. 이 사실은 우리를 매우 슬프게 한다. 1편의 네오를 사랑한 것은 그가 '인간 같은 인간'이었기 때문이다. 의심의 여지없이 이 영화는 기계의 에너지원으로 살아가는 슬픈 인간들의 이야기가 아닌가.

게다가 1편에서 그가 모사했던 기독교의 구원자 예수는 죽음의 순간까지 인간적인 고뇌를 비춤으로써 더 신실한 구원자로 추앙받지 않았나. 2편의 말미에서 네오는 매트릭스의 설계자로부터 이 거대한 우주에 관한 기막힌 사실을 듣게 된다(여기선 말할 수 없다). 하지만 그 사실을 적용한다 해도 역시 달라진 네오는 기계 같은 인간이다. 2편에서 우리가 잃은 것은 '인간 네오'다.

흥미롭게도 1편부터 지금까지 네오를 괴롭히고 있는 기계 요원 스미스(휴고 위빙)는 묘한 대척점에 서 있다. 1편에서 그는 슈퍼 컴퓨터의 지시에 따라 정확하게 임무를 수행하는 기계 중의 기계였다. 그러나 2편에 등장한 그는 매트릭스를 관할하는 기계들의 전략과는 다소 동떨어진 단독자의 느낌이 강하다. 스미스는 다른 요원들의 가슴에 손가락을 꽂아 에너지를 흡수한 뒤 그를 자기 자신의 모습으로 복제한다. 그렇게 멋대로 행동하는 스미스를 컴퓨터는 왜 방치하는가? 스미스는 이 과정에서 재미를 발견한 것처럼 보인다. 요원들이 모두 자기와 똑같은 모습으로 변해가는 것을 보며 "Me, Me, Me……"라고 말할 때 스미스는 자신에게 주어진 상황으로부터 어떤 변화를 겪는다는 것에 대해 자기 자신을 대견스러워한다. 2편의 스미스는 성장의 쾌감을 깨달은 기계의 모습과 자기애를 반영한다. 그런데 이것이야말로 인간의 조건이다. 스미스는 '인간 같은 기계'가 된 것이다. 따라서 네오와의 대결은 그에게 숙명적이 아니라 오락적이다. 100명으로 자신을 복제한 뒤 네오에게 달려들 때 스미스는 치열해 보이지 않는다. 그에게는 네오의 제거가 중요한 것이 아니라 점점 달라지고 있는 자신의 모습이 더 중요하기 때문이다. 2편에서 우리가 얻은 것은 '인간 스미스'다.

그런데 기계 같은 인간 네오와 인간 같은 기계 스미스의 달라진 구도는 매우 중요한 사실 하나를 가르쳐준다. 그것은 인간과 기계의 본격적인 전쟁을 다룬 스토리에도 불구하고, 2편의 내심에 두 존재가 하나의 세계를 공유할 수밖에 없다는 철학이 담겨 있다는 것이다. 이것은 1편의 놀라운 철학에 필적할 만한 2편의 본질적인 세계관임에 분명하다. 1편은 기계와 인간이 뒤섞인 매트릭스 내부에서 가장 인간적이고 가장 기계적인 것들의 화합할 수 없는 대결을 다뤘지만, 2편은 서로 닮아가는 네오와 스미스를 통해 인간과 기계의 공존을 말한다. 이것은 〈애니매트릭스〉(2003)의 아홉 번째 에피소드, 피터 정 감독이 연출한 〈허가〉의 테마이기도 하다. 이 작품에는 인간의 세계를 동경하는 로봇이 등장한다. 이것이야말로 우리를 둘러싼 하나의 세계가 아닌 여러 개의 세계를 상상하던 워쇼스키 형제 감독의 최초의 아이디어를 반영한 것이다. 매트릭스의 형태는 여럿이다. 1편의 매트릭스가 인간을 기만하는 기계들의 가장 원초적인 형태의 매트릭스였다면, 2편의 매트릭스는 기계들의 '음모'에 대한 분노 대신 운명적으로 공존해야만 하는 '진실'을 앞세운다. 인간과 기계는 공존할 수밖에 없고, 모든 것은 돌이킬 수 없는 절대 운명의 테두리 안에서 이렇게 저렇게 미시적인 변화를 겪을 뿐이다. 워쇼스키 형제는 원숙해졌다. 그들은 대립이 아니라 붕괴된 경계와 진정하고도 덧없는 투쟁에 관해 말한다.

트리니티를 잃고 페르세포네와 니오베를 얻다

만일 당신이 〈리로디드〉를 봤다면 이렇게 얘기하는 것에 강력하게 항의할지도 모른다. 트리니티는 2편에서 훨씬 더 비중이 높은 캐릭터로 등장한다. 1편에서 사랑의 힘으로 네오를 부활시킨 트리니티는 이제 네오의 영원한 연인이 돼 찰싹 붙어다닌다. 트리니티는 예수 네오의 사랑스러운 마리아다. 게다가 트리니티는 컴퓨터의 통제에 저항할 열쇠를 쥔 키메이커를 데리고 매트릭스를 탈출하는 주요한 임무를 수행한다. 2편의 가장 스펙터클한 액션인 고속도로 모터사이클 역주행 신은 트리니티에게 맡겨졌다. 반면 2편에 새롭게 등장한 페르세포네와 니오베(제이다 핀켓 스미스), 두 캐릭터는 미미하기 짝이 없다. 제작 과정에서 흘러나온 소문에 따르면 네오를 유혹하는 팜므 파탈 페르세포네와 트리니티, 그리고 네오 사이에 심각한 삼각관계가 형성된다고 했지만 천만의 말씀이다. 페르세포네는 키메이커를 가두고 있는 남자 메로빈지언의 아내로 등장해 무료한 기분을 달래려고 네오를 유혹해보지만 화장실에서의 짜릿한 키스 한 번으로 끝날 뿐이다. 물론 페르세포네 덕분에 네오 일행은 키메이커를 빼내 오지만 그 뒤 다시 등장하지 않는다. 니오베는 모피어스의 헤어진 연인이자 인류 저항군 소속 로고스 함선의 선장으로 나온다. 하지만 역할은 별 볼일 없다. 비록 게임 〈엔터 더 매트릭스〉(2003)에서는 주인공 캐릭터로 등장하지만, 〈리로디드〉에서 니오베가 맡은 역은 모피어스와 네오 일행을 찾으러 자원한다는, 딱 그 하나의 임무뿐이다. 그러니 어떻게 트리니티를 잃고 페르세포네와 니오베를 얻었다고 할 수 있는가?

하지만 엄밀하게 말해 트리니티는 1편에서 보여준 자신의 매혹적인 기억들을 상실하고 있다. 2편 제작 과정에서 새롭게 연마한 모터사이클 기술을 선보이기는 하지만 이상하게도 트리니티의 힘은 1편에 비해 부족하다. 1편에서 그는 네오를 구하는 중대한 임무를 맡았지만 반대로 2편에서는 네오를 곤혹스럽게 하며 위기에 처한다. 무엇보다 달라진 것은 1편에서 네오를 부활시킨 영적인 사랑의 힘이 더 이상 존재하지 않는다는 사실이다. 2편에서 네오와 트리니티가 나누는 사랑은 관능적인 육체의 사랑이다. 두 사람은 지구 핵 근처에 건설된 인류 최후의 도시 시온에 도착했을 때 엘리베이터 문이 닫히자마자 격정을 참지 못해 키스를 퍼붓는다. 모피어스가 시온의 주민들을 독려해 축제가 벌어지고 있는 사이, 놀랍게도 두 사람은 올 누드 섹스 신을 연출한다. 이것은 명백하게 기독교적인 성부, 성자, 성령의 삼위일체를 뜻하는 트리니티Trinity의 존재 조건을 위배하는 설정이다. 삼위일체론에서 성부와 성자로 상징되는 아버지와 아들은 성령에 의해 영적인 계시와 조화를 얻는다. 성부가 매트릭스의 진실이라면 성자는 네오이고, 성령은 트리니티다. 그러나 2편의 트리니티는 그것을 잃었다. 따라서 우리도 트리니티를 잃었다. 그러나 이것은 새로운 트리니티의 획득과도 관련이 있다.

사실상 페르세포네와 니오베가 자신의 이름에 부여된 그리스 신화의 묵직한 의미를 상실하고 있는 건 트리니티와 마찬가지다. 그리스 신화에서 페르세포네는 꽃밭에서 꽃을 따다 지옥의 신 하데스에게 끌려간 여인이다. 그는 지하 세계의 어둠을 상징하지만 그리스 신화의 주요한 테마인 '결핍'의 상징이기도 하다. 자신이 떠나온 지상을 동경하며 끝없는 결핍과 상실에 빠져 있는 것이다. 하지만 남편과의 심심한 관계를 일시적인 쾌락으로 위로받으려는 〈리로디드〉의 페르세포네에게는 그런 속성이 발견되지 않는다. 그는 한없이 가벼운 인물일 뿐이다. 페르세포네의 유혹은 결핍과 슬픔을 상상할 만큼 충분히 치명적인가? 그렇지 않다. 화장실에서의 억지 키스는 관능에 몸을 맡긴 비루한 요부의 해프닝에 불과하다. 니오베 역시 가볍다는 점에서 페르세포네와 동질의 캐릭터다. 신화에서 니오베는 여신 레토에게 일곱 명의 아들과 일곱 명의 딸을 잃고 영원한 비탄에 빠진 여인이다. 결국 니오베는 고향 리디아의 시필로스 산에서 통곡의 밤낮을 보내다 돌이 되고 만다. 니오베도 페르세포네와 마찬가지로 결핍과 상실의 결정체다. 하지만 모피어스의 헤어진 연인이자 저항군 총사령관의 현 애인이라는 〈리로디드〉의 설정 속에서 그는 감정상의 아무런 파장도 일으키지 못한다. 두 남자 사이의 갈등은 언급조차 되지 않고 고뇌는 존재하지 않는다. 기이하게도 두 여인은 그들을 이 거대한 이야기 속으로 끌고 들어온 본래의 의미를 박탈당하고 끝없이 경박해진다. 이 점에 있어선 키메이커를 지키는 악당 트윈스가 색소 결핍증 환자이자 사물의 물질성을 제거한다는 사실 역시 마찬가지다. 이 두 가지 특징은 상실감을 대변하지만 결코 그런 기운은 영화 속에 표현되지 않는다.

그런데 바로 이 역설적인 등장으로 인해 우리는 페르세포네와 니오베를 얻었다고 할 수 있다. 그 가벼운 속성이야말로 〈리로디드〉의 특징이기 때문이다. 잠시 사라진 네오를 찾던 모피어스가 동료에게 묻는다. "네오, 어디 갔어?" 그러자 동료는 "슈퍼맨놀이를 하는 중이에요"라고 말한다. 과연 네오는 음속에 가까운 속도로 롱코트를 휘날리며 하늘을 날고 있다. 이 상황은 네오의 비장미에 일종의 모멸감을 심어주고 있다. 그의 초인적인 능력은 너무나 지대하기 때문에 유장하다기보다 도리어 담백하고 가볍다. 이렇게 〈리로디드〉에는 모든 설정들에서 부담감을 덜어내려는 욕망이 보인다. 충격적인 사실은, 이 영화가 할리우드의 전통적인 유머들을 고민 없이 도입하고 있다는 것이다. 〈리로디드〉는 거대한 잡학 사전 같다. 워쇼스키 형제는 1편을 관통하던 무겁고 음습한 기운을 덜어냈다. 1편은 끊임없이 경탄할 수밖에 없었던 인식의 새 지평을 이야기에 투사함으로써 관객을 사로잡았다. 물론 그 역시 동서양을 망라하는 기존 사유 체계의 총아였지만, 바로 그 거대한 혼합이 일종의 착시 효과를 발생시켰다. 하지만 〈리로디드〉의 잡학 실력은 사유가 아니라 영화적 표현에서 발휘된다. 모든 캐릭터에서 무게감을 삭제한 워쇼스키 형제는 할리우드의 오랜 역사가 관객을 사로잡았던 방식을 가져온다. 모피어스와 네오에 대한 잔존 인류의 맹신, 인간 본류의 에너지를 응축시키는 관능적인 축제, 저항군의 전략을 지휘하는 평의회의 모습은 〈스타 워즈〉(1977)를 비롯한 거대 서사시들의 한 장면을 연상시킨다. 〈리로디드〉는 고뇌하는 인간의 내면으로부터 편하고 쉬운 동화의 세계로 튀어나왔다.

시온을 잃고 메가시티를 얻다

편하고 쉽다는 말은 일면 상투적이라는 소리와도 통한다. 영화를 보고 나면 아마도 당신은 이 말에 이의를 제기할 것이다. 이유는 두 가지다. 하나는 영화의 클라이맥스에 등장하는 '불규칙성'이라는 단어 때문이고, 또 하나는 재론의 여지없이 이 영화의 액션 장면들 때문이다. 먼저 불규칙성에 대해 말하자. 먼저 밝혀둘 것은 이 부분이 네오가 매트릭스의 진실을 접하는 핵심이기 때문에 자세한 스토리를 설명할 수 없다는 것이다. 아무튼 트리니티가 위기에 처한 상황에서 네오는 매트릭스의 설계자로부터 불규칙성이라는 단어를 듣게 된다. 이것 때문에 시사회 직후 많은 사람들이 고개를 갸우뚱거렸다. 2편은 거기에 대한 결론을 내리지 않은 상태에서 배턴을 3편에 넘기고 있다. 명백하게 이것은 워쇼스키 형제가 1편부터 참고해온 양자 역학과 관련이 있다. 1편이 양자 역학이 말하는 '여러 개의 우주론'을 매트릭스에 적용시켰다면, 2편은 왜 그것이 가능한가를 불규칙성, 또는 불확정성이라 명명되는 단어로 설명한다. 그것은 물리적인 세계를 구성하는 미시적인 창조의 영역에서 운동과 탄생은 정해진 규칙과 값에 의해서가 아니라 불확정적인 확률의 결과로 결정된다는 것인데, 여기에 〈리로디드〉가 밝히는 매트릭스의 실체가 담겨 있다. 더 이상 말하지 않겠지만 당신은 아마도 영화를 본 뒤에 뭔가 더 거대한 철학과 명상이 존재한다는 사실을 직감하고 3편 〈매트릭스 3 레볼루션〉(2003)을 기다리게 될 것이다.

자, 이제 어쩌면 〈매트릭스〉 시리즈의 본류라 할 액션에 대해 이야기해보자. 1편에서 관객을 경악시킨 이른바 '불릿 타임Bullet Time' 액션은 자신이 속해 있는 매트릭스의 시공에서 이탈하고 싶은 인간의 바람을 담고 있었다. 공중에 떠올라 발차기를 하는 트리니티의 액션과 총알의 시간을 붙잡은 네오의 허리 꺾기는 기계들의 논리가 지배하는 매트릭스 내부의 물리 법칙에서 벗어나고 싶은 몸부림이다. 하지만 그것은 소극적이었다. 인간은 여전히 매트릭스의 지배를 받고 있고, 매번 아주 가까스로 그렇게 저항할 뿐이었다. 이것은 지하 세계에 웅크려 살아가는 시온의 무의식이기도 하다. 인류는 단단한 암반 밑에 건설한 일시적인 보금자리에서 잠깐의 행복을 잃지 않기 위해 노심초사한다. 느부갓네살 호의 선원 링크가 집에 왔을 때 그를 붙잡는 아내 지의 모습처럼. 그러다가 기계들의 공격이 다가오면 한 대 두 대 함선을 보내 단편적으로 방어한다. 하지만 〈리로디드〉가 묘사하는 액션은 시온에 있지 않다. 2편에 새롭게 등장하는 공간은 시온만이 아니다. 그것보다 더 눈이 휘둥그레지는 것은 뉴욕의 100배 크기라 설명된 거대한 매트릭스, 메가시티다.

〈리로디드〉는 메가시티 매트릭스에 침투하는 트리니티의 액션으로 시작한다. 모터사이클을 건물에 날려보내고 멋지게 공중제비를 돈 트리니티는, 그러나 요원에게 쫓겨 고층 건물에서 추락한다. 영화는 이 장면을 1편에서 선보였던 불릿 타임 스타일로 묘사한다. 트리니티와 요원의 총알은 저속으로 허공을 가르고 트리니티는 가위에 눌린 것처럼 느리게 떨어진다. 하지만 이것은 트리니티와 함께 침대에 누워 있던 네오의 악몽이다. 그렇게 〈리로디드〉는 1편을 지배하던 액션을 꿈과 함께 날려보내고 새로운 액션의 장으로 돌입한다. 그것은 '가상 촬영virtual cinematoraphy'이라 불리는 신기술이다. 대표적인 장면이 메가시티에서 100명의 스미스 요원과 대적하는 네오의 화려한 액션이다. 그는 시속 750킬로미터의 속도로 허공을 가르며 100명의 스미스에게 발차기를 날린다. 그는 자신이 공중으로 떠오르는 대신 막강한 힘으로 100명의 스미스를 날려버린다. 무엇보다 그가 날린 주먹과 발차기에 상대는 비현실적인 타격을 입고 아주 멀리 내동댕이쳐진다. 이것은 1편이 보여줬던 비상의 의지 그 이상이다. 네오가 하늘을 날 때, 그것은 매트릭스로부터의 비상이 아니라 매트릭스에 대한 무시다. 따라서 그것은 물리칠 수 없는 매트릭스에 대한 소극적인 저항이 아니라 아예 매트릭스의 공간 자체를 재편하려는 거시적인 액션으로 확장된다. 이것이 메가시티를 무대로 펼쳐지는 〈리로디드〉 액션의 핵심이다. 네오가 하늘을 날기 위해 잠시 허리를 굽힐 때 대지는 네오의 힘 때문에 실제로 요동친다. 2편에는 유달리 액션 신의 중간중간에 삽입된 정지 화면이 대거 등장하는데, 이것은 자유자재로 공간을 유린하는 캐릭터들의 오만함을 지속적으로 증명시킨다. 그들은 마음대로 대지를 망가뜨리고 속력의 법칙을 무시한다. 사물의 물리적 속성을 박탈시키는 트윈스의 능력이나 문을 닫았다 열면 다른 세계가 펼쳐지는 모습은 이 영화가 얼마나 공간의 재편에 관심을 보이고 있는가를 설명해준다. 때로 그것은 도가 지나친 거짓말로 다가온다. 트레일러 차량의 지붕에서 죽음의 위기에 처한 모피어스를 어디선가 날아온 네오가 낚아챌 때 당신은 묘한 기분을 느끼게 될 것이다. 하지만 바로 그 순간들에서 진정으로 이 공간이 가상이라는 사실과 어떻게 끝날지 모를 이 시리즈가 인습적인 세계의 법칙으로부터 승리를 얻어내려 한다는 의지가 엿보인다. 이것이 2편이 담고 있는 액션의 철학이며, 기계의 공세에 본격적으로 저항하는 인류의 의지다.

바로 이런 점 때문에 〈리로디드〉는 본질적인 면에서 상투적이지 않다. 확실히 〈리로디드〉는 1편의 와이어 액션이 보여준 몸의 미학은 더 이상 담고 있지 않다. 네오와 요원들이 겨루는 몇 번의 격투는 이미 본 것들이다. 하지만 나아가 2편은 메가시티라는 공간과 긴밀하게 연결된 육체의 새로운 영역을 탐구하고 있다. 그것은 가장 확실하게 〈리로디드〉를 규정할 수 있는 색깔이며, 이 영화가 아름다울 수 있는 중대한 이유다. 1편은 방대한 사유의 세계를 워쇼스키 형제의 아이디어로 엮어낸, 일종의 독립영화적인 성격을 지니고 있었다. 2편과 3편을 만들며 제작진은 3억 달러라는 엄청난 자본을 쏟아부었다. 그것들이 투여된 곳은 물론 스펙터클한 공간과 2500커트에 이르는 CG, 그리고 액션이다. 그것이 헛된 노력이 아니었음을 수많은 액션 장면들은 차례로 보여준다. 현재 개봉 중인 어느 한국 영화의 제작자는 곧 개봉할 〈리로디드〉에 대해 "그 영화는 박스오피스의 변수가 아니라 상수다"라고 표현했다. 만일 〈리로디드〉 내부로부터 관객의 기대에 부응할 상수를 찾아낸다면 그것은 두말할 나위 없이 초극의 액션이다.

〈FILM2.0〉 127호(2003년 5월 20일)

〈아비정전〉, 〈동사서독〉

장국영, 세상에 초연한 얼굴

나른한 걸음걸이와 삐딱한 어깨선, 기름을 잔뜩 발라 뒤로 넘긴 헤어스타일과 이마 위로 흘러내린 한 가닥 애교머리, 잘 다려진 셔츠와 바지, 피워 문 담배 연기에 흐릿한 얼굴. 왕가위 감독과 처음으로 함께한 작품인 〈아비정전阿飛正傳〉에서 장국영은 이렇게 등장한다. 한눈에 봐도 돈으로 살 수 있는 세상의 즐거움은 이미 모두 누리고 새로운 쾌락을 찾는 것조차 번거로운 귀공자풍의 한량이다. 그는 목적을 가질 수 없는 세계의 느린 속도에 익숙해 있고, 그것보다 더 자기모멸에 중독돼 있는 것처럼 보인다. 그런 그가 새로 뭔가에 관심을 가진다면 그것은 그의 남은 인생을 정리해줄 수 있는 절대적이고 완전히 다른 무엇이리라. 그것이 수리진(장만옥)이다.

　장국영이 분한 아비는 체육관 매점에서 일하는 수리진을 찾아와 난데없이 "꿈속에서 만나자"고 말한다. 이 대사는 당혹스러웠지만 뭔가 있어 보였다. 이것은 잔뜩 힘을 준 왕가위 영화의 과도한 시정을 반영하면서 동시에 아비의 캐릭터를 드러냈다. 그에게는 현실에 붙들리고 싶지 않은 욕망이 있었고 걸음걸이와 말투와 표정은 그것을 반영했다. 하지만 그 욕망은 고귀하고 순수한 열정 대신 도망치고 싶고 귀찮은 현실에 대한 거부를 포함하고 있었다. 그래서 아비는 퇴폐적이고 불량스러우며 몽상적인 것들로 자신의 삶을 정지시켜버린다. 수리진을 처음 봤을 때 아비는 자기 인생에 새로운 기운이 스며들고 있음을 직감하지 못했고 그녀 역시 정지된 삶의 의미 없는 부속물로 치부한다. 수리진과 대화를 나눌 때 아비는 그녀를 응시하지 않고 눈을 내리깔았다. 이 아름다운 청년은 거만하지만 자신이 없고 주눅 들어 있었다. 왕가위는 그런 아비에게 푸른빛이 도는 클로즈업을 지속적으로 쏘아대며 이 영화가 그에 관한 어떤 과도한 몰두와 집착에 경도돼 있음을 보여줬다. 그런 표정의 아비가 "꿈속에서 만나자"라고 말한다. 이 한마디에는 세상에 대한 패배 의식과 무책임한 몽상에 사로잡힌 아비를 상상할 수 있는 단서가 들어 있었다. 물론 아비와 수리진의 만남은 서로 다른 생각으로 엇갈릴 것임을 예측할 수 있는 단서 또한 포함하고 있었다.

〈아비정전〉— 인생의 새로운 챕터를 열다

〈아비정전〉에 출연하기 전까지 장국영은 데뷔로부터 얼마 걸리지 않은 이른 성공과 그 속도만큼이나 빨리 찾아왔던 자성의 시간들을 교차시키고 있었다. 영화배우로서의 그를 스타로 만들어준 오우삼 감독의 〈영웅본색〉과 정소동 감독의 〈천녀유혼〉(1987)은, 그러나 장국영에게 오래 만족하지 못할 이미지만 남겨놓았다. 〈영웅본색〉에서 장국영은 주윤발이 완성한 홍콩 누아르의 매혹적이고 웅장한 세계에 편입하지 못한 채 단정하고 모범적인 남자로 남았다. 〈천녀유혼〉은 동글동글하고 귀여운 장국영의 이미지를 그대로 이어받았다. 사람들은 장국영에게서 주윤발의 야성을 상쇄해줄 부드러움을 얻었지만 그는 점점 생기 없는 아이돌 스타의 새장 속에 갇히고 있었다. 1990년대가 가까워 오면서 장국영은 변화에 대해 진지하게 고민하기 시작했다.

먼저 찾아온 계기는 1987년 관금붕 감독의 〈인지구〉였다. 관금붕은 1930년대 세도가의 아들 천첸펑(장국영)과 기생 여화(매염방)의 사랑을 다룬 이 영화에서 장국영이 가지고 있던 기존 이미지를 분쇄시킨다. 50년의 시간을 넘나드는 이 이야기에서 1930년대의 천첸펑은 장국영의 부드럽고 귀족적인 모습을 담고 있지만 50년 뒤 늙고 추레하게 몰락한 노년의 그는 바로 장국영의 스타 이미지 자체가 그렇게 오래지 않아 쇠락할 것임을 예고하는 것처럼 보였다. 이 영화는 관금붕이 장국영에게 건네는 비유적인 충고와도 같았다. 장국영은 정말 변화가 필요했다. 얼마 뒤 기회가 찾아온다. 왕가위 감독이 〈아비정전〉의 주인공 아비 역을 제안한 것이다.

그즈음의 왕가위는 자신의 두 번째 장편 영화에서 미학적인 도약을 준비하고 있었다. 첫 영화 〈열혈남아〉가 예상보다 좋은 반응을 얻자 제작자 등광영은 왕가위에게 두 번째 작품을 마음대로 연출할 수 있는 권한을 부여했고, 왕가위는 〈아비정전〉에서 이후 자기 영화의 색깔로 굳어지는 많은 것들을 도입했다. 〈열혈남아〉에서 홍콩 뒷골목의 비정한 현실을 그렸다면 〈아비정전〉에서 왕가위는 좀더 심리적이고 개인적인 이야기(제작 과정의 난항 때문이기도 했지만, 당초 더 사회 현실과 밀착돼 있던 〈아비정전〉의 원래 스토리는 아비에 관한 지극히 개인적인 이야기로 바뀌었다), 분명하지 않은 관념과 은유가 만나고 그것을 시적인 내레이션과 화면이 감싸는 스타일을 원했다. 그렇게 하려면 자신의 의도를 적절하게 소화해줄 배우가 필요했는데, 〈열혈남아〉의 주인공이었던 유덕화는 아비 역에 어울리지 않았다. 아비는 허무하고 몽상적이며 기본적으로 부르주아의 이미지와 매끈한 외모를 지니고 있어야 했는데, 유덕화는 그런 배우가 아니었다. 왕가위는 유덕화에게 아비와 수리진의 사랑을 과묵하게 지켜보는 경찰 역을 맡겼고, 대신 아비 역에 장국영을 캐스팅한다. 〈영웅본색〉과 〈천녀유혼〉에서 〈인지구〉로 이어지며 각인된 그의 이미지는 아비 역에 재고의 여지없이 들어맞았다. 이제 장국영은 곧이어 왕가위와 만나게 될 양조위와 더불어 세련된·회한과 다듬어진 허무를 뿜어낼 왕가위 영화의 페르소나가 된 것이다.

왕가위는 〈아비정전〉을 만들며 작가로서의 넘치는 의지와 힘들었던 촬영 스케줄 때문에 이중고를 겪었다. 바로 이 두 가지 이유 때문에 그는 완성된 시나리오와 콘티를 마련할 수 없었고, 배우들은 혼란스러웠다. 당시 한국의 영화 저널들은 왕가위를 '시나리오 없이 영화를 찍는 감독'이라고 표현했다. 영화가 완성되고도 혼란은 끝나지 않았다. 홍콩을·비롯한 아시아 각국에서 개봉한 〈아비정전〉은 대중에게 공개되는 족족 흥행 참패를 맛봤다. 홍콩에서는 수많은 스타들을 기용해 완성한 이 영화가 지극히 개인주의적인 것에 대해 왕가위를 비난했고 제작자 등광영은 등을 돌렸다. 결국 당초에 기획됐던 〈아비정전〉 2편은 완성되지 못했다. 〈아비정전〉 마지막 장면엔 장국영에 이은 2편의 주인공 양조위가 외출 준비를 하는 장면이 나오는데, 그의 이야기는 영원히 베일 속에 가려졌다.

하지만 그 커다란 '배신'과 비난의 혼돈에도 불구하고 왕가위는 비로소 이 영화로 세계적인 명성과 만족감을 얻는다. 장국영 역시 마찬가지였다. 그는 더 이상 대중 앞에서 포장된 미소를 짓지 않아도 되는 배우가 됐다. 그는 〈아비정전〉을 통해 청춘 스타의 이미지를 벗어던지고 자기 경력의 새로운 챕터를 열었다. 1991년 홍콩 금상장 영화제는 〈아비정전〉에 최우수 작품상과 감독상, 그리고 남우주연상을 안겨 준다. 이런 보답보다 더 장국영과 왕가위를 기분 좋게 한 것은 이 영화가 '저주 받은 걸작'으로 인정받으며 지금까지도 영화광들의 애장 목록에 포함돼 있다는 사실일 것이다. 장국영은 대중들에게 사랑받는 동시에 마니아들도 열광하는 기묘한 입지를 확보한다.

〈아비정전〉에서 왕가위는 1960년대의 한 시절로 돌아간다. 아비는 어린 시절 생모에게 버림받은 일종의 고아다. 양어머니 밑에서 풍족하게 살아오긴 했지만, 생모에 대한 불행한 그늘과 피해의식 때문에 뚜렷한 삶의 지도를 그리지 못한 채 배회한다. 어느 날 양어머니가 미국으로 이민한다고 하자 생모가 살고 있는 곳을 가르쳐달라고 조르고, 결국 필리핀에 있는 생모의 집을 찾아가지만 만남을 거절당한다. 아비는 생모의 저택을 뒤로 하고 힘차게 돌아 나오는데, 이 순간 왕가위는 그의 발걸음을 슬로 모션으로 붙잡는다. 여기서 '상실감'과 '집착'이라는 왕가위 영화의 근본적인 테마가 등장한다. 왕가위 영화의 등장인물은 모두 어떤 것으로부터 상처를 입었고, 그럼에도 불구하고 벗어나지 못한다. 그들은 우연히 만나 사랑하고 헤어지고 만나길 반복하지만 기본적으로 새로 형성된 관계에 집중할 수 없다. 더 크고 오래된 아픔이 치유되지 못했고, 따라서 끊임없이 개인적인 세계에 잦아들 수밖에 없기 때문이다. 수리진에게 다가온 아비는 1분 동안 시계를 보라고 한 뒤 이렇게 말한다. "1960년 4월 16일 3시, 우린 1분간 함께 있었어. 우리 둘만의 소중하던 1분. 이 1분은 지울 수 없어. 이미 과거가 됐으니까." 이 말은 깊게 논할 것 없이 과거의 기억에 묶여 살아가는 왕가위식 세계관을 반영한다. 나중에 수리진은 이때를 떠올리며 "1분이 쉽게 지날 줄 알았는데 영원할 때도 있더군요"라고 말하고, 마지막 장면에서 아비는 "기억해야 할 건 잊지 않아"라고 말한다. 그런데 그 영원한 기억은 언제나 밝지 못하다. 그래서 왕가위의 인물들은 상투화될 정도로 허무하다. 왕가위는 왜 1960년대로 돌아갔는가. 홍콩의 중국 반환에 대한 정치적 불안감이나 과거로 회귀하는 낭만적 감상성을 이유로 들 필요도 없이, 1960년대는 인간을 지배하고 있는 원초적인 기억의 저장고다. 왕가위는 1960년대의 홍콩을 "느린 시대"였다고 표현한다. 느림은 1990년대의 불안정한 현실에 반하는 탈출구이기도 했지만, 지울 수 없는 기억의 무의식적 절대성을 강압적으로 포획하고 있는 속도이기도 했다. 〈아비정전〉은 느리게 만들어졌고, 그 느려진 속도가 투영된 것은 물론 장국영이다.

〈아비정전〉은 생모에 대한 아비의 강박을 바탕에 깔고 그가 만난 두 명의 여자 수리진과 루루(유가령), 그리고 선원이 된 경찰(유덕화)의 이야기를 들려준다. 수리진과 루루는 아비를 사랑하지만 아비는 그녀들로부터 멀어지고 경찰은 수리진을 사랑하지만 그녀는 여전히 아비를 잊지 못한다. 일방통행으로 흐르며 만나지 못하는 사랑의 어긋남은 상실감과 집착에 이은 왕가위의 또 다른 테마다. 1960년대의 느린 속도는 여기서도 힘을 발휘한다. 그들은 마치 가위에 눌린 악몽 속에서 힘겹게 버둥거리는 것처럼 앞으로 나아가지 못한다. 행동과 사건은 정지해 있고 오직 끝없는 회한과 자조만이 인물들을 지배한다. 장국영은 자신의 매끈한 얼굴에 바로 이 느림에 의한 자조의 표정을 입혔다. 아비는 언제나 느리게 걷거나 정지된 영상의 연속처럼 천천히 표정을 바꿨고, 현실의 무언가가 자신을 속박하려는 순간 자기만의 세계로 진입했다. 세상의 문제들에 매몰되지 않는 그의 귀티 흐르는 얼굴은 점점 현실로부터 이탈돼가는 아비의 캐릭터에 정확하게 들어맞았다.

아비가 빠져드는 세계는 체념과 회한이 만들어낸 '무無'의 세계다. 장국영이 자비에르 쿠가 오케스트라의 〈마리아 엘레나〉에 맞춰 속옷 바람으로 맘보를 추는 유명한 장면은 희망을 걸 만한 무엇도 남아 있지 않은, 동시에 아무것도 하고 싶지 않은 이중적인 무의 세계를 투사한다. 장국영은 귀걸이를 흔들며 루루를 유혹하는 아비의 자신만만한 미소에서조차 그것이 세상으로부터 문을 닫고 싶은 인간의 일회적인 장난이라는 쓸쓸함을 표현해냈다.

그러나 〈아비정전〉에서의 장국영을 높이 평가할 수 있는 것은 그가 단지 왕가위의 세계를 효과적으로 표현했기 때문만은 아니다. 그의 나른하고 무심한 몸짓과 표정에는, 그러나 뭔가 불만족스러운 반항의 기운이 서려 있었다. 〈아비정전〉에는 문득문득 격정의 순간들이 등장한다. 아비가 양어머니의 젊은 제비족 애인을 찾아가 두들겨 패는 장면을 보자. 클럽으로 그를 찾아가 흠씬 짓밟는 아비는 다음 순간 빗을 꺼내들고 머리를 빗어 올린다. 그의 눈빛은 방금 전의 즉흥적인 행동으로 인해 분노와 불안으로 이글거리지만 그럼에도 불구하고 호기를 잃지 않으려는 자기 무장이 담겨 있다. 땀에 젖은 머리를 말끔하게 빗어 올려 몸을 추스르는 아비는 세상으로부터 자신을 방어하거나 도망치는 대신 공격적으로 저항해 돌파하고 싶은 투지를 순간적으로 드러낸다. 그 에너지는 장국영만의 것이었다. 그는 인물들을 화면에 붙박아 대상화시킴으로써 여백 없이 농밀해지는 왕가위의 세계로부터 살짝 이탈한다. 그는 〈아비정전〉의 무기력한 정서와 자신의 유약하고 퇴폐적인 이미지에 스스로 다른 해석을 내린다. 이것은 가장 건강하고 착실한 형태로 세상의 도전에 응수하던 〈영웅본색〉 때의 이미지와는 다른 것이었다. 더 이상 장국영은 〈영웅본색〉의 가공된 세계와 홍콩의 불안한 현실에 지친 관객들을 위로해주는 배우가 아니었다.

생모를 찾아 필리핀으로 갔던 아비는 술에 취해 길에 쓰러져 있다가 선원이 돼 그곳에 온 경찰 유덕화를 만난다. 잃어버린 여권을 새로 만들기 위해 그와 함께 여권 위조 조직을 찾아갔던 아비는 도발적인 살인을 저지르고 결국 조직원의 총에 맞는다. 죽기 직전 아비는 "난 사랑이 뭔지 몰랐지만 이젠 알 것 같아. 이미 때는 늦었지만"이라고 말한다. 그에게 수리진과의 사랑은 일회적인 것이 아니었다. 왕가위의 인물들은 매번 늦게 알아채고 늦게 도착한다. 아비가 죽고 난 뒤 루루는 그를 찾아 필리핀으로 오고, 수리진은 자신의 전화를 기다리던 경찰이 떠난 뒤에야 그에게 전화를 건다. 늦은 도착은 인물들이 살고 있는 세계를 조금씩 어긋나게 하고 왕가위 영화의 시공간은 영원히 미끄러진다. 그 시공의 간극에서 지울 수 없는 상실의 기억이 만들어진다. 인물들을 억류시키는 왕가위의 세계는 근본적으로 그들의 기억 속에 정확히 바라볼 무엇인가가 존재하지 않는다는 속성을 갖는다. 그것들은 바로 조금 전에 지나가 영원한 시간의 족쇄에 갇혀버렸고 늦게 도착한 사람들은 자신의 능력으로 아무것도 할 수 없다는 점 때문에 허탈하다. 왕가위의 영상은 끊임없이 비워지고 미끄러지는 시간을 따라간다. 〈중경삼림〉(1994)의 한 장면에서 왕정문의 가게에 들른 양조위가 커피를 마신다. 그런데 거리의 사람들은 빠른 속도로 스쳐가고 양조위는 느린 속도로 커피 잔을 들며 왕정문은 정지해 있다. 한 공간 안에 존재하는 사람들에게조차 시간은 일치하지 않는다. 그것을 표현하는 왕가위의 영상이 거의 전적으로 인물들의 무의식적 흐름과 일치한다는 점 때문에 그의 영화는 지극히 개인적이고, 모더니즘 영화의 범주에 속한다. 재가 돼버린 시간의 흔적을 따라 영원히 돌고 도는 세계의 방황, 어긋나는 시간과 비어 있는 공간, 그것을 통합적으로 구현한 것이 'Ashes of Time'이라는 영문 제목을 가지고 있는 왕가위의 1994년작 〈동사서독東邪西毒〉이다. 이것은 왕가위와 장국영이 만난 두 번째 작품이다.

〈동사서독〉 — 왕가위의 진정한 페르소나가 되다

〈동사서독〉에서 왕가위와 다시 만나기 전까지 장국영은 다양한 길을 걷고 있었다. 〈가유희사(1992)〉에서 주성치와 공연하며 쉼표를 찍기도 했고, 홍콩 무협이 변종의 조짐을 보이던 이 시기에 양조위, 임청하, 장만옥, 유가령과 함께 〈동성서취〉(1993)라는 기막힌 코믹 무협물에 출연하기도 했다. 그에게 다시 배우로서의 진중한 자세를 요구한 것은 우인태 감독의 〈백발마녀전〉(1993)과 첸카이거 감독의 〈패왕별희〉(1993)

였다. 〈백발마녀전〉에서 그가 분한 명나라 시대 검객 탁일항은 시대의 모략에 기만당하면서도 개인의 의지로 난관을 돌파하려 하는데, 이것은 〈아비정전〉에서 그가 자기 자신에게 부여한 반항과 저항의 기운을 동일하게 품고 있는 것이었다. 자결로 운명을 거스르는 〈패왕별희〉의 경극 배우 데이에 이르렀을 때 장국영은 어느새 자신에게 시대를 극복하는 강자의 이미지가 부여돼 있다는 사실을 깨달았다. 비슷한 시기에 촬영을 시작한 〈동사서독〉에서 장국영은 넘치는 자신감으로 카메라 앞에 선다.

〈아비정전〉 이후 새로운 제작자 채송림을 만난 왕가위는 그때 분위기대로 자연스레 장국영, 양가휘, 임청하, 양조위, 장만옥, 장학우, 양채니 등 여러 명의 스타들을 한꺼번에 기용할 수 있었고, 드디어 김용의 《사조영웅문》을 원작으로 한 〈동사서독〉 제작에 들어간다. 이 영화 역시 〈아비정전〉과 마찬가지로 배우들의 촬영 스케줄 조정과 외딴 사막이라는 공간의 난점, 그리고 영화의 전체 스토리를 엮는 왕가위 자신의 여러 가지 아이디어 때문에 난관에 부딪쳤고 2년이라는 기나긴 시간을 보냈다. 결과 역시 〈아비정전〉처럼 흥행 참패라는 또 하나의 악몽을 만들어냈지만, 이것으로 왕가위가 자신의 필모그래피 역사에 오래 남을 방점을 찍었음은 물론이다.

〈동사서독〉을 이해하려면 우선 그 스토리를 정리할 필요가 있다. 이 영화는 생모에게 버림받은 아비가 수리진, 루루와 사랑을 나누다 필리핀으로 떠나 죽음을 맞는다는 〈아비정전〉의 최소화된 스토리를 일곱 개 정도 엮어놓은 것이라 보면 된다. 일곱 명의 등장인물에 따라 일곱 개로 분리된 스토리 라인은 다시 여러 개의 시간과 공간으로 쪼개지며 상상을 초월하는 복합 서사를 만들어냈다. 이 스토리를 효과적으로 배치해 하나의 이야기로 묶는 데만 2년을 보냈다 해도 과언이 아니다. 〈동사서독〉은 왕가위 영화에서는 예외적으로 복잡한 서사를 가지고 있는 작품이다.

가장 먼저 등장하는 인물은 장국영이 연기하는 구양봉이다. 서독이라는 별칭으로 불리던 그는 잘나가던 무사였지만 무슨 이유에서인지 고향을 떠나 사막에서 새 삶을 시작한다. 그의 직업은 청부 살인을 중개하는 일. 언제부터인가 그에게 함께 술을 마시자며 주기적으로 찾아오는 친구가 있다. 동사라고도 불리는 무사 황약사(양가휘)다. 그는 아는 여자가 '취생몽사'라는 술을 줬다며 나눠 마시자고 한다. 스토리는 황약사에게서 다시 모용연(임청하)이라는 인물로 넘어간다. 모용연은 구양봉을 찾아와 황약사를 죽여달라고 부탁한다. 이유는 자신의 여동생 모용언과 결혼하기로 했다가 약속을 저버린 것. 하지만 얼마 지나지 않아 구양봉은 모용연과 모용언이 한 인물임을 알게 된다. 두 개의 분열된 자아를 가지고 있던 모용연/언은 황약사를 사랑하던 남자이자 여자다. 다시 이야기는 여러 개의 실타래를 풀어놓는다. 완사녀(양채니), 홍칠(장학우), 맹무살수(양조위)가 구양봉의 거처에 와 각각의 사연을 던져놓고 그 이야기의 어딘가에 도화삼랑(유가령)이라는 여인이 있다. 중요한 것은 황약사의 과거가 밝혀지는 후반부다. 과거로 돌아간 영화는 황약사가 '취생몽사'라는 술을 누구에게 받은 것인지 밝혀준다. 그 여인은 바로 구양봉이 사랑하던 자애인(장만옥)이다. 자애인 역시 구양봉을 사랑했지만 그가 사랑한다는 말을 하지 않았기 때문에 그의 형과 결혼했다. 구양봉은 자애인이 형수가 되던 날 고향을 떠났다. 그런데 황약사 역시 자애인을 사랑했다. '취생몽사'는 구양봉이 자신을 잊도록 자애인이 황약사 편에 구양봉에게 보낸 술이다. 다시 이야기는 현재로 돌아와 고향을 떠난 지 2년 뒤 구양봉은 자애인이 병으로 죽었다는 편지를 받는다. 〈동사서독〉은 여러 개로 흩어졌던 이야기를 구양봉과 자애인의 사랑 이야기로 매듭짓는다. 하지만 그것은 또한 모든 등장인물의 이야기다. 자애인이 구양봉에게 전한 "갖지는 못하더라도 잊지는 말라"는 말처럼 자애인과 구양봉을 포함해 황약사, 완사녀, 맹무살수 등 모든 인물들은 갖지는 못했지만 영원히 잊을 순 없었던 연인을 마음속에 품고 있었기 때문이다. 잊을 수 없는 연인은 '복사꽃'이라는 명칭으로 통일된다. 그러니까 〈동사서독〉은 〈아비정전〉처럼 서로 맞닿을 수 없는 외사랑의 영원한 미끄러짐과 근원적인 상실감을 반복하고 있는 셈이다.

〈동사서독〉에서 장국영은 〈아비정전〉의 연기를 연속시키거나 진화시킨 모습을 보이지 않는다. 그럴 수 없었다. 〈아비정전〉의 장국영과 〈동사서독〉의 장국영은 단절돼 있다. 그만큼 이 영화는 등장인물들을 지독하게 꽉 짜인 화면 속에 오브제로 사용하고 있기 때문이다. 왕가위는 매우 실험적인 영상과 거칠고 단절적인 편집으로 여러 개의 시공간을 조합한다. 현재와 과거는 친절한 설명 없이 이어지고 일곱 명의 인물에 관한 일곱 개의 이야기는 각각의 단선에서조차 논리적인 수순을 거스르고 있다. 왕가위의 영상은 일곱 명의 인물들의 마음을 좇고 있는 동시에 그것을 전체적으로 아우르는 거대한 감정의 덩어리까지 함축하고 있다. 이 영화는 인물들의 무의식과 일치된 영상의 궁극을 달린다. 예컨대 맹무살수의 아내였으며 황약사가 사랑하기도 했던 여인 도화삼랑은 두 남자의 의식이 문득 떠올리듯이 불쑥 영화 속에 튀어나온다. 황약사를 사랑하던 모용연/언은 황약사를 떠올리며 구양봉과 하룻밤을 보내는데, 이 장면에서 황약사와 구양봉의 얼굴, 모용연/언과 자애인의 얼굴은 무심코 교차된다. 지금 관계를 갖고 있는 구양봉, 모용연/언의 모습에 네 인물의 심중이 반영되고 있기 때문이다. 인물들의 심상이 불규칙적으로 교차되는 만큼 영상도 불균질하다.

"어떤 사람들은 떠난 뒤에야 사랑했다는 걸 깨닫지", "인간이 번뇌가 많은 건 기억력 때문이다"라는 대사처럼 현재를 지배하는 과거에 관한 왕가위의 테마는 여기서도 지속되는데, 그것은 아예 태초의 과거라 명명할 수 있는 모호한 세계 속으로 이동해 이 영화를 시간에 관한 절대적인 고뇌 속으로 몰아넣는다. 황약사와 자애인의 만남이 이루어지는 과거가 어느 시점이었는지, 이것이 누구의 마음속에서 벌어지고 있는 번민의 풍경인지 정확히 파악할 수 없다. 이 모든 복합 구조에 인상적인 이미지를 부합시키는 것은 버거운 일이다. 〈동사서독〉은 욕심 많던 왕가위의 마음만큼이나 포화 상태에 이른 이미지들의 난교장이다. 각각의 등장인물이 살아가고 있는 현재와 그것을 지배하는 과거의 기억은 여러 개의 조합으로 난사된다. 그러다 보니 등장인물들의 개별적인 심상이 연기를 통해 구현될 여지는 없었다. 시간상으로도 그것은 불가능한 것이었다. 거대한 서정의 총화라고도 할 수 있는 이 영화에서 그것을 표현하는 도구는 배우가 아니라 영상이었다.

따라서 〈동사서독〉의 연기는 무척 힘든 작업이었다. 황약사와 자애인에 얽힌 마지막 이야기가 등장하기 전까지 장국영은 철저하게 표정을 지운다. 구양봉은 다른 사람들의 상처를 관찰하고 서술하는 중개인이기 때문이다. 하지만 그는 누구 못지않은 상처를 안고 2년간 살아온 인물이다. 자애인에 관한 비밀이 드러났을 때 관객은 그동안 거쳐 간 사람들의 이야기 속에서 구양봉이 자신의 과거를 떠올릴 수밖에 없었다는 사실을 깨닫게 된다. 구양봉은 여기 등장하는 다른 누구보다 대상화돼 있었지만 또한 다른 누구보다 격렬하게 요동치는 감정을 품고 있는 인물이다. 장국영은 그것을 왕가위의 화면에 결박당하고 제한당한 상태에서 표현해내야만 했다.

결과적으로 그것은 성공적이었다. 장국영은 미세하게 변하는 캐릭터를 표정에 담았다. 무사 서독으로 처음 등장할 때 장국영은 오만과 냉소가 들어찬 야비한 미소를 지었다. 이것은 왕가위의 영화에서는 흔히 볼 수 없는 표정이자 이 영화가 일정 부분을 할애한 무협 장르의 전형적인 설정이었다. 이후 한참 동안 청부 살인 중개인 구양봉으로 살아가며 장국영은 뭔가 숨겨진 사연이 있다는 암시를 풍겼다. 그것은 〈아비정전〉의 아비 캐릭터에서 세상을 향한 자기 방어의 결기를 지움으로써 가능해졌다. 그는 서글픈 표정을 지었고 예컨대 모용연/언이 자기 몸을 더듬는 순간 같은 어떤 계기에 마주쳤을 때 비정한 가면 대신 나약한 그늘을 얼굴에 가져왔다. 그것은 맨 마지막 장면에 이르러 비로소 확인된다. 자애인이 죽었다는 편지를 받은 뒤 구양봉은 2년 동안 사막에서 하던 일을 계속 반복했다고 말한다. 왕가위는 이 부분에서 초반에 등장한 한 장면을 다시 보여준다. 그것은 청부 살인을 의뢰하는 누군가를 향해 구양봉이 "나이는 한 사십쯤 됐죠? 그쯤 되면 죽이고 싶은 누군가가 생기기 마련이죠……" 라고 말하는 장면이다. 처음 등장했을 때 이 장면은 단순한 청부 살인 중개인으로서의 구양봉을 보여줬지만, 감춰진 사연이 밝혀지고 난 뒤에 다시 나왔을 때는 전혀 다른 의미로 읽힌다. 같은 장면이지만 이상하게도 구양봉의 표정은 달라 보인다. 그만큼 장국영은 하나의 표정 안에 두 가지 의미를 담는 고난이도의 작업을 수행하며 솜씨를 발휘했다. 〈동사서독〉에서 장국영은 어떤 경우에도 영화는 배우에게 의존하는 예술이라는 것을 입증했다. 이 영화는 그가 진정한 의미에서 왕가위의 스타일을 소화했음을, 왕가위의 다면적인 페르소나로 비로소 등극했음을 알리는 작품이었다.

〈아비정전〉에서 장국영이 분한 캐릭터는 노동하지 않은 인간이었다. 〈아비정전〉의 경찰이 "난 돈을 벌기 위해 계속 일을 해야 돼"라고 말하는 사이, 아비는 현실의 조건들로부터 점점 멀어져 갔다. 장국영이 지닌 태생적인 외모와 세상을 번거로워하는 영화 속 이미지는 그에게 더욱 매혹적인 탈현실의 기운을 입혀갔다. 대중이 그를 사랑하는 것은 바로 그 노동하지 않는 인간의 뒤돌아보지 않는 맹목성과 세상을 향한 초연 때문이었다. 장국영이 함께 작업한 많은 감독들 중 유일하게 왕가위만이 그것을 발견했고 발굴했다. 장국영은 왕가위의 영화 속에서 그의 가장 빛나던 한 시절을 보냈다.

〈장국영 — 천상에서 해피 투게더〉, 2003년 6월

감독론

시대를 사로잡은 작가들의 필모그래피를 관통하며
그들의 일관성과 변화를 진지하게 써내려간
《스크린》의 '영화작가 읽기',
한 감독의 작품 세계를 자유로운 형식과
새로운 관점으로 '재구성한' 《NeGA》의 '감독쓰기',
동시대 스타일리스트의 영화 미학을 여유롭고 심도 깊게
해석한 《FILM2.0》의 '감독론'을 한데 묶었다.
특히 《NeGA》의 '감독쓰기'는 때로는 허구의 이야기로,
때로는 박식한 인용문으로, 때로는 친근한 구어체로
독자를 '행복한 혼돈'에 빠뜨린 색다른 감독론이다.
그야말로 이지훈다운 감독 읽기.

로만 폴란스키

영화와 현실의 경계를 허무는 시네아스트

'영화 같은 인생'이 영화를 만드는 사람에게 적용된다면 그의 영화는 얼마만큼이나 영화적일 것인가? 로만 폴란스키에 관해 이야기할 때 빠지지 않는 것은 그가 지나온 삶의 궤적이다. 그리고 많은 비평가들은 그의 영화와 현실을 연관 지어 생각하고, 또 다른 부류의 사람들은 그런 시각이 폴란스키 영화가 지니고 있는 본질적 가치를 찾는데 걸림돌이 된다고 생각한다. 창작자에게 있어 그의 삶과 현실이 사유 체계나 작품에 투영되는 것은 일면 당연한 사실이다. 그러므로 그 과정에 대한 어떤 가치 부여도 사실 타당치 않다. 필요한 것은 작품 자체에 대한 조망과 평가이며 덧붙여 여기에 조언이 가능할 최소한의 수준에서의 삶의 행보 추적이다.

1933년 8월 18일 프랑스 파리에서 태어난 폴란스키의 부모는 유대계 폴란드인이었다. 세 살 때 가족은 조국 폴란드로 돌아갔고, 얼마 지나지 않아 2차 대전이 발발한다. 나치는 그의 보모를 유대인 수용소에 수감하고 거기서 어머니는 사망한다. 얼마간 독일군을 피해 폴란드 각지를 방황하던 그는 전쟁이 끝나고 성장 과정을 거치면서 어린 시절의 두려움과 슬픔을 잊기 위해 연극, 라디오 드라마 등에 출연하기 시작한다.

1954년 폴란스키는 우쯔 국립영화학교에 입학하고 같은 해 안제이 바이다 감독의 〈세대〉(1955)에 출연하면서 영화 인생에 발을 딛는다. 그의 첫 연출작은 1958년에 만든 단편 〈두 남자의 옷장〉이다. 이 작품에는 이후 그의 영화의 중요한 의미소가 되는 '물'과 '거울' 등이 선을 보이며 형식적으로는 수미쌍관이 돋보인다. 감독 스스로 대화의 부재가 단편에 적합하다고 판단, 영화 전체를 행위와 해프닝만으로 마감하고 있는데, 사실 행위를 통한 의미 전달은 이후 작품들에 적지 않은 영향을 준다고 볼 수 있다.

〈천사가 추락할 때〉(1959), 〈뚱뚱이와 홀쭉이〉(1961), 〈포유동물〉(1962) 등의 단편이 연이어 발표되는데, 이 작품들 속에서 그는 사소하고 작은 일을 대상으로 벌어지는 인간 사이의 긴장과 그 표현 형태로써의 갈등과 권력의 문제를 다룬다. 다분히 연극적인 몸짓과 사건의 연결 속에서 영화는 표현주의적 일면을 띠며 진행된다. 흑백 이미지의 대비가 선명하게 드러나며, 역시 후속 작품들에 지속적으로 등장할, 면도, 칼, 음식, 먹는 행위가 나온다. 이 작품들에서 음악을 맡은 크지쉬토프 코메다 역시 폴란스키와 공동 작업을 잇는다.

〈물속의 칼〉

폴란스키의 장편 데뷔작으로, 각본은 폴란스키와 또 다른 폴란드 감독 예지 스콜리모프스키 그리고 야쿱 골드버그가 썼고, 음악은 코메다가 맡았다. 주말을 이용해 보트 여행을 즐기러 호수에 온 스포츠 기자 안드제이와 그의 아내가 히치하이크를 하던 청년과 우연히 만나 함께 보트에 오르면서 시작되는 영화는, 호수에 둘러싸인 폐쇄된 배 위에서 벌어지는 세 사람의 관계에 대해 말한다. 포인트는 안드제이와 청년 사이에 형성되는 심리적 긴장과 갈등이다. 서로에 대한 비난은 청년과 아내에 대한 안드제이의 질투로 발전하고 결국 성과 폭력이라는 가시적 형태로 파국을 맞게 되는 두 인물의 대립성은 젊음과 중년, 자유와 관습, 어른과 아이, 생활 습관과 맹목, 문명과 자연, 바다와 육지, 항해와 걷기, 부부와 단독, 부와 가난, 지식과 본능, 주인과 종이라는 다양한 측면에서 이루어진다.

우연히 맞게 된 상황 속에서 급조된 인물들 간의 관계를 심리적인 긴장의 표현으로 풀어가는 것은 폴란스키의 양식적 특징이자 그의 주제 의식이다. 이후 작품들에서도 지속되는 바, 우연한 기회에 폐쇄 공간에 갇힌 인물들에 있어 각자가 지니고 있는 개별적 특성들이 서로 어떤 식으로 부딪치며 어떤 반향 심리를 유발시키는가, 그리고 그 형태는 어떤 양상을 띠게 되는가의 문제가 중요한 내용적 구조를 이루게 되는데, 좀더 초점을 맞추고 있는 것은 인물들 각자가 지니고 있는 본래적 성향의 의미보다는 그것들이 충돌하고 있는 영화적 현재 속에서 인물들의 심리 속에 형성되는 긴장의 응축과 폭발이다.

이 작품 속에서 안드제이와 청년이 벌이는 심리적 긴장과 갈등은 그들이 보여주는 세밀한 행위의 지속에서 드러난다. 서로 나누는 대화는 극히 짧은 순간에 간헐적으로 유지되며 갈등의 축은 청년의 칼, 게임, 돛대, 수영, 항해 기술 등 주변의 사물과 상황에 의해 매개되는 행위이며 그 느낌은 적막한 대기의 흐름과 소리, 그리고 잔잔한 듯하면서도 긴장을 전조하는 물소리의 이미지로 다가온다. 절제된 듯하면서도 힘을 잠재하고 있는 긴장이 점증적으로 노출되는 양상은 그의 영화를 고급 스릴러라고 칭하기에 충분하며 데뷔작답지 않은 완성도를 보여주고 있다.

행위를 통한 심리 표현의 측면에서 폴란스키의 롱테이크는 충분한 효과를 지닌다. 한 상황 속에서 지속되는 단순 동일 행위를 충분히 보여주는 그의 쇼트는 그 행위가 파고들어갈 심리의 노출과 긴장감의 형성에 획기적으로 기여한다. 여기서의 '물'은 인물들이 보여주는 상대방에 대한 적개심과 상황 발전의 매개체로 작용함과 동시에 인물들 자체의 심리를 반영하는 상징체 구실을 하고 있는데, 그것은 선의와 악의, 친밀함과 거부감, 안정과 혼란의 이중성을 함께 지니고 있다. 이 작품이 국내에서 실패하고 국외에서 성공한 뒤 폴란스키는 영국으로 건너가 작품 활동을 계속한다.

〈혐오〉

성적으로 억압돼 있는 한 소녀의 심리적인 갈등과 파멸의 과정을 그리고 있는 〈혐오〉는 감독이 생각하는 주제와 표현 양식, 이미지를 거침없이 쏟아내는 강렬한 연출력이 전면에 부각되는 작품이다. 줄거리는 아주 간단하다. 언니와 함께 아파트에 살고 있는 캐롤이라는 매니큐어사가 언니의 여행 기간 동안 혼자 집에 남으면서 성적인 갈등과 심리적 혼란을 겪고 파국적 사건을 자행한다는 이야기다. 역시 폐쇄 공간인 밀폐된 아파트에서 벌어지는 이 상황에서 이전작과의 차이는 복수의 인물이 보여주는 관계의 갈등이 아닌 한 인물의 내면 갈등이라는 점이다. 그렇다면 폴란스키적인 심리적 긴장은 사실 이 영화를 통해 그 극단까지 달려가고 있는 셈이다. 홀로 존재하는 갈등체로서 캐롤을 부각하기 위해 카메라는 그녀의 얼굴 가까이에서 따라다니며, 많은 쇼트가 앙각을 통해 왜곡되고 있고, 그림자가 짙게 드리운 아파트 내부에서 그녀의 얼굴은 빛과 어두움으로 갈라진다.

선명하게 부각되는 것은 캐롤의 심리적 혼란을 표현하기 위해 그녀의 환각이라는 요소를 차용했다는 점과 그녀에게 다가오는 성의 형상이다. 단편들과 〈물속의 칼〉에서 조심스럽게 보여준 아방가르드적인 표현 양식들은 〈혐오〉에 와서 주저함을 벗어던지고 과감하게 제시된다. 캐롤의 현실과 환각은 아무런 경계점 없이 뒤섞여서 보여짐과 동시에, 그녀의 내부에서 진행되고 있는 불안과 혼란, 우울과 억제하지 못하는 힘을 광적으로 노출시키는 데 너무나도 적절히 배치된다. 실제 이 영화 속에서 환각 장면은 그다지 많이 나오지 않는다. 그런데도 그녀의 공포와 혼란이 영화 전체를 도배하는 것은 몇 안 되는 환각을 리듬에 맞게 적소에 배치해 점증의 효율성을 성취한 것과 함께, 적막, 시계 소리, 그림자, 신음 소리, 몸의 긁적거림 등으로 나타나는 시각, 청각, 촉각적 이미지들의 표현과 거울, 브러시, 칫솔, 부패된 토끼 요리 같은 사물들이 환각의 발전에 맞춰 세밀하게 구조화됐기 때문이다. 성에 대한 캐롤의 반응은 혐오감과 매혹이라는 양면성을 띠고 전개된다. 순결이라는 강박관념에 시달리던 캐롤은 그 억압의 정도만큼이나 욕구가 발현되기를 바란다. 강간에 대한 환각이라든가 벽에서 튀어나온 손들이 그녀의 몸을 더듬는 것은 그녀의 숨겨진 욕망의 물질화다. 이 부분에서 흥미로운 것은 폴란스키의 영원한 소재인 '물'이 어떻게 표현되고 있는가 하는 것이다. 화장실로 대변되는 물의 존재는 캐롤에게는 모든 것을 정화하고 순결을 유지하는 처녀성의 자리로 인식된다. 그래서 캐롤은 언니의 남자친구가 화장실에 들어오는 것을 꺼리고 모든 불안을 물로 씻어낸다. 하지만 동시에 그녀는 화장실에 있는 면도칼에서 성적인 자극을 받기 시작하면서 침범 받고 싶은 욕구가 발전되는 것을 느낀다. 물이 지니고 있는 심리적 반영과 이중성의 표현은 〈혐오〉에서도 어김이 없는 듯하다. 한편 전화벨 소리, 비명 소리의 시끄러움과 적막함이 유기적으로 배치돼 획득되는 청각 이미지의 섬뜩함은 드러며 치코 해밀턴의 음악이 야기하는 불안에 의해 더욱 가중된다.

〈혐오〉 이후에 폴란스키는 중년의 겁쟁이와 젊고 예쁜 아내, 그리고 그녀를 괴롭힌 갱들을 소재로 한 기묘한 스릴러 코미디 〈로만 폴란스키의 궁지〉와 한 교수와 그의 조수로 이루어진 우스꽝스러운 팀이 흡혈귀 가족을 물리치려는 이야기를 담은 〈박쥐성의 무도회〉를 연출한다. 1968년 폴란스키는 이 작품에 출연한 샤론 테이트와 결혼한다. 그리고 위 작품들을 영국에서 연출한 뒤 미국으로 건너간다.

〈악마의 씨〉

〈악마의 씨〉는 폴란스키의 첫 미국 작품이다. 당시 재능을 인정받고 있던 작가 아이라 레빈의 원작을 영화로 만든 이 작품은 악마와 그 숭배집단, 초자연적인 힘이라는 오컬트적인 분위기를 풍긴다. 그런데도 〈오멘〉(1976)이나 〈엑소시스트〉(1973)류의 영화들, 또는 〈13일의 금요일〉(1980) 같은 영화들과 확연히 차이가 나는 점은 그 설정과 사건의 진행 과정의 상이함에 비춰 감독의 초점이 다르다는 데 있다. 영화는 악마의 존재와 그 현현, 그리고 인간 집단의 공포와 운명의 고리, 신의 의미에 집중하지 않는다. 악마가 벌이는 끔직한 만행이나 피 튀기는 살인 장면도 나오지 않는다. 폴란스키의 초점은 부부 관계, 이웃 관계라는 고요한 일상이 얼마나 공포스럽고 적대적인가에 맞춰져 있다. 이미 존재하고 있던 악마의 공간인 아파트에 우연히 입주하게 된 로즈마리와 남편 가이는 옆집의 노부부 로만과 미니를 만나게 된다. 그들은 악마 집단의 일원이었으며 출세를 미끼로 가이를 유혹, 드디어 로즈마리를 제외한 주변의 인물들은 그녀가 악마의 아기를 출산하게 한다.

사건은 너무나도 평화스럽고 밝은 미색 침실과 청결한 산부인과 진찰실, 그리고 따뜻한 아파트의 거실을 배경으로 조금 수다스럽지만 친근하고 부드러운 이웃집 부부, 지적 권위를 통해 그녀를 안심시키는 산부인과 의사, 다소 경중거리지만 착하고 그녀를 사랑하는 남편 가이 속에서 벌어진다. 인물과 공간 모두 악마니 공포니 하는 것과는 거리가 멀어 보인다. 사회 속에서 편안함과 최후의 안식처라는 이데올로기로 포장된 가족 집단이 가장 적대적이고 불안하며 혼란스러울 수 있듯이, 가장 따뜻하고 정겨운 부부와 이웃이라는 일상은 가장 끔찍한 음모와 사탄 숭배라는 공포의 온상일 수 있다. 폴란스키는 이 점에 주목해 로즈마리의 시점으로 그 일상이 점차 어떻게 공포로 바뀌어 가는지 세밀하게 일구어낸다. 그러므로 포인트는 그녀라는 단독 존재와 주변이라는 일상이 영화적 현재 속에서 맺어가는 관계의 점증적 마찰이며 양상이다.

〈혐오〉에서 성적 혼란으로 파멸하는 '여성'을 주인공으로 삼았듯이 〈악마의 씨〉의 주인공 역시 여성이다. 폴란스키는 여성의 심리와 세밀한 영역에 대해 주목할 만한 관심과 이해를 보여주고 있음과 동시에 여성성을 영화의 중심축으로 삼고 있다. 이 작품에서는 성적 적극성을 띠는 로즈마리의 성향과 일상에 접근하는 태도, 그리고 모성이 사건의 고리를 풀어간다. 여성성에 집착하는 것은 그것이 지니고 있는 불완전한 발현과 폴란스키가 남성임을 생각해볼 때, 심리적인 미세한 긴장과 불안의 형상화에 주제적으로나 미학적으로 선택적 친화력을 갖는다.

악마의 숨겨진 존재와 로즈마리의 모성과 불안의 갈등을 다루는 감독의 방법은 대단히 매혹적이고 허무주의적이다. 크리스토퍼 코메다가 만든 주제 음악은 사실 어느 한쪽으로 치우치는 가치 판단을 중지한 채 중립적으로 영화 속에 빠려들 것을 요구한다. 악마가 인간과 맺고 있는 관계나 선악의 판별은 그래서 뒷전으로 밀려난다. 이 점에 관해 글의 후반부에서 다시 이야기하자.

〈악마의 씨〉 이후에 폴란스키는 〈맥베드〉를 연출한다. 그의 인생과 영화를 연관 짓기 좋아하는 시각의 중심에 바로 이 영화가 있다. 〈악마의 씨〉가 상영되고 얼마 후 광신도 집단인 찰스 맨슨 추종자들이 폴란스키의 아내 샤론 테이트와 그의 세 친구를 토막 살인한다. 그 일을 겪고 난 뒤 폴란스키가 원래 셰익스피어의 희곡 중 폭력성과 악마적 힘이 강한 〈맥베드〉를 더욱 잔인하고 사실적으로 구현하자, 원작의 캐릭터에 비해 너무나 무지몽매하고 치졸하며 욕망과 폭력에 사로잡힌 영화 속의 인물들이 찰스 맨슨 추종자들과 흡사하다는 이유로 많은 사람들이 이 영화가 부인이 피살당한 것에 대한 해소이자 나름의 복수라고 보는 것이다.

그 뒤 폴란스키는 이탈리아에서 자신의 스타일과는 좀 어긋나는 섹스 코미디 〈무엇을〉을 연출한 뒤 다시 미국으로 건너가 다음 작품을 만든다.

〈차이나타운〉

〈차이나타운〉은 명실공히 폴란스키의 대표작으로 평가받는 작품이다. 대실 해밋과 레이먼드 챈들러의 소설들이 영화화되면서 형성된 미국 사립 탐정 스릴러 장르와 필름 누아르의 전통을 잇고 있으면서도 폴란스키적인 독창성을 유지하고 있다는 점과 제작자 로버트 에반스, 각본 로버트 타운, 작곡 제리 골드스미스 등과 같은 여러 부분의 유기적 통합이 성공적으로 이루어졌다는 점 등으로 인해 이 작품은 영화사에 남을 걸작으로 평가받고 있다.

1930년대 후반 실제로 일어난 상황을 바탕으로 1930년대 로스앤젤레스가 배경인 〈차이나타운〉은 로버트 타운의 18개월간의 작업 끝에 시나리오가 완성됐다. 미스터리 탐정 소설의 전형을 차용하면서도 다양한 주변 인물의 배치와 상황의 발전 등을 통한, 전통을 넘어선 세심한 플롯으로 인해 시나리오만으로도 수작이라 평가받는 이 영화는, 표면적으로 '물'을 둘러싼 자본가와 행정 당국의 음모와 부패 양상을 다루고 있다. 그러나 폴란스키의 관심은 다른 데 있었다.

최초에 사건의 발단은 수자원국 수석 엔지니어였던 홀리스 멀웨이의 부인이 사립 탐정 기티스(잭 니콜슨)를 찾아와 홀리스의 외도를 밝혀달라고 하면서 비롯된다. 말하자면 치정 사건으로 시작하는 셈이다. 하지만 기티스의 수사가 종결된 뒤에 진짜 멀웨이 부인이 찾아오고 홀리스는 시체로 발견되면서 여러 가지 단서로 인해 사건은 물을 둘러싼 음모 쪽으로 흐른다. 부패와 타락의 사건이 표면적으로 진행되는 동안 기티스와 에블린 멀웨이(페이 더너웨이)의 사랑과 수사가 벌어지면서 이야기의 축은 남녀간의 사랑과 진실에 대한 믿음이라는 추상적인 영역을 침범한다. 그러나 잠시 후 에블린 멀웨이와 그녀의 아버지이자 홀리스를 살해한 범인인 노아 크로스(존 휴스턴)가 근친상간을 했다는 게 드러나면서 주제는 가족과 근친상간의 성격을 띤다. 하지만 중국인 거리에서의 마지막 시퀀스로 종결되기까지 후반부의 중심은 기티스의 과거에 대한 기억과 강박관념으로 형성된다. 피상성을 떠도는 다양한 사건들의 심층에 도사리고 있던 최종적인 핵심, 기티스 개인의 현재와 과거라는 두 부분이 빚어내는 심리적 갈등과 혼란, 과거의 기억이 빚어내는 현재의 행위에 대한 불안과 허무함이 형성하는 현재 진행형의 마찰과 긴장이라는, 폴란스키 본연의 주제가 떠오른다. 〈혐오〉에서 캐롤이 왜 성적 억압을 받게 됐는지 아무런 설명이 없었던 것과 비교한다면, 제목에서까지 '차이나타운'을 언급하며 기티스의 과거에 주목하는 것은 좀 변화된 양상이다. 하지만 결국 그때 무슨 일이 있었는지는 확실히 밝혀지지 않는다. 중요한 것은 기억과 강박이라는 느낌만이 유지되고 있는 과거가 현재 벌어진 상황을 어떻게 강요하는가이다.

이상의 이야기에 비춰 원래 대본이 의도하던 노아 크로스의 죽음과 에블린 멀웨이와 딸의 탈출을 폴란스키가 노아 크로스의 승리와 에블린의 죽음으로 바꾼 것은 다분히 폴란스키적이다. 한편으로 잭 니콜슨이 연기하는 기티스라는 탐정의 캐릭터가 가지고 있는 외부에 대한 냉소적인 태도와 자신의 과거와의 투쟁이라는 두 겹의 포장은 관객이 그와 동일시(기티스와 관객의 동일화는 플롯이 가지고 있는 미스터리적 매료성과 기티스 개인이 지니고 있는 뚜렷한 캐릭터, 그리고 감독의 의도적 연출에 의해 달성된다)됐을 때 갖게 되는 관객 심리의 본래적 갈등에 대한 반추라는 결과물을 자연스럽게 유추한다.

한편 폴란스키 자신은 이 영화에서 기티스의 코를 베는 크로스의 건달로 잠시 출연한다(이 캐릭터는 초기 단편 〈두 남자와 옷장〉에서의 배역과 동일하다). 1976년 폴란스키는 자살한 여인이 거주하던 아파트로 이사하게 된 사내의 이야기를 담은 기괴한 공포물 〈하숙인〉을 통해 정신적 파멸에 관해 다시 한 번 주목한다. 이 영화에서 폴란스키는 이자벨 아자니와 함께 주연을 맡기도 했다. 그리고 1979년 열세 살 소녀를 강간한 혐의를 받고 캘리포니아에서 체포돼 42시간의 보호감호 후에 출감한 뒤 미국을 떠나 지금까지도 돌아가지 않고 있다.

같은 해 폴란스키는 영국에서 토마스 하디의 원작 소설을 영화화한 〈테스〉를 연출한다. 일관되게 그려온 여성성의 문제를 좀더 사실주의적으로 접근한 〈테스〉는 사회적 관습과 남성 중심주의라는 역사적 거대 서사를 심각하게 담고 있으면서도 영국의 자연에 대한 신비주의적 표현의 결합으로 인해 낭만에 덧붙인 긴장감을 여전히 유지시킨다. 전체적으로 그의 연출 스타일과 동떨어져 있는 듯하면서도 최소한의 끈을 유지하고 있음으로 해서 경계 선상에 자리매김된 독특한 작품으로 인지될 수 있다.

이후 그는 1986년 〈해적〉, 1988년 〈해리슨 포드의 실종자〉를 연출하지만 각각 내용 없는 방대한 스케일의 방향 감각 혼란과 진부하고 지루한 미스터리물로 끝나버리는 실패를 맛본다. 1992년에 나온 〈비터문〉은 완성도와 일관된 스타일의 측면에서 두 편의 전작에 비해 좀더 나은 성과를 보이지만, 과거의 폴란스키는 어디로 갔는가 하는 의구심은 여전히 남는다.

〈시고니 위버의 진실〉

〈시고니 위버의 진실〉은 1980년대 이후 침체해 있던 폴란스키가 다시 회복됐다는 것을 감지할 수 있는 작품이다. 칠레 출신의 작가 아리엘 도프만의 원작 희곡을 가지고 있는 〈시고니 위버의 진실〉(원제는 죽음과 소녀Death and The Maiden. 슈베르트의 유작에서 제목을 땀)은 전체적으로 폴란스키의 연출 성향이 집약돼 나타나고 있는데, 이것은 요소들 간의 관계가 연출력의 뒷받침으로 서로 발전시키고 있는 것에서 더욱 효과적으로 드러난다.

외딴 바닷가의 별장이라는 물로 둘러싸인 폐쇄 공간(이제 공간은 아예 단 한 곳으로 축소된다)에서 하룻밤 동안 벌어지는 세 인물의 이야기를 다룬 이 영화는 대화에 좀 치우쳐 있다는 점이 아쉬움을 남기기도 하지만, 물, 칼, 거울, 그림자 등의 장치들이 일관적으로 유지되고 있으며, 정적, 차 소리, 전화벨 소리, 새소리 등의 청각 이미지와 음악이 구현해내는 독특하면서도 주도적인 역할들이 구성상의 포인트에 적절하게 배치되고 있다. 양식상으로 특이한 점은 색조의 대비에 대한 관심이다. 별장이라는 동일 장소 안에서도 공간은 크게 거실과 베란다의 두 곳으로 나뉘는데, 이들은 각각 황색과 청색으로 대비되면서 이것이 누구의 공간이고 그 공간에서는 누가 음모의 주체가 되는가를 은밀하게 암시한다.

영화 줄거리는 처음에는 남편의 성공과 아내의 불만, 또는 인권 문제로 인해 미래에 야기될 사건이 중심인 것처럼 보인다. 그러나 곧 과거의 기억을 지니고 있는 폴리나(시고니 위버)와 그 과거 속의 인물 로베르토(벤 킹슬리)의 우연한 만남을 통해 과거의 정치와 인권, 폭력 문제를 다루는 듯하다가, 결국 폴란스키는 과거의 기원적 사건이 현재 닫힌 공간 속의 세 사람의 관계에 어떤 영향을 끼치고 지금 그들의 관계는 불신과 믿음, 음모와 인정, 진실과 거짓, 적과 아군의 축을 따라 어떤 식의 긴장과 어떤 식의 발전을 가져오는가에 주목한다. 시공간적으로, 또는 사건 자체로서도 지극히 축소된 범위 안에서 이상의 미스터리를 진행시키고 있는 것에 이 영화의 첫 번째 가치가 있으며, 과거에 집착한다기보다 현재적 관계의 양상에 초점을 맞추고 있다는 점에서 폴란스키의 일관된 연출 의지와 두 번째 가치가 있다. 독특하게도 이 영화는 세 사람 중 두 사람이 맺는 모략이 상황에 따라 변해가는 것을 보여줌으로 인해 폴란스키적 관계 주목의 새 지평을 보인다.

한편 수미쌍관의 법칙은 거의 깨진 적이 없는 게 폴란스키의 특징인데, 그것이 말하려고 하는 바는, 관객이 영화적 사건을 경험하고 난 뒤에 처음과 동일한 부류의 상황이 얼마만큼 다르게 받아들여지는가에 있다. 이 점에서 〈시고니 위버의 진실〉 역시 예외가 아님은 물론, 이번에는 아예 처음과 끝이 시공간적으로 완전히 동일한 사건임으로 해서 관객에게 도발적으로 다가온다. 또 하나의 중요한 가치점이다.

폴란스키가 무슨 이야기를 하고 있는가에 관한 언급 이후에 필요한 것은 그가 어떻게 그 이야기들을 서술하고 있는가에 관한 것이다. 인간이 지니고 있는 악의 요소와 이중성이 극복된다는 계몽성과는 전혀 거리가 멀고, 그 어두움과 공포, 불안, 갈등, 혼란이 지속적인 주제로 등장하니, 그의 가치관을 비관주의로 볼 수도 있을 것이다. 그럼에도 불구하고 이야기 자체가 사건의 원인이나 의미보다는 현재적 진행 양상에 초점을 맞추고 있고, 전개 과정과 결말 부분에서 확연히 드러나는 리듬과 긴장의 전복이 있으며, 수미쌍관이라는 흥미로운 형식 속에서 일회적으로 사건을 처리하고 있음은 그가 가치 부여의 의미 과정을 애당초 도외시하고 있음을 제시한다. 그렇다면 무엇인가? 매혹적으로 다가오는 쇼트의 연속과 음악, 소리, 분위기는 분명 매혹 그 자체만을 강하게 제시함으로 해서 허무주의적인 태도를 드러낸다. 나아가 수미쌍관의 마감 처리라는 영화적 닫힌 구조 속에서 그가 벌인 전개의 성질은 그것이 재미있게도 인물들 간의 게임, 관객과 감독과의 게임이었음을 느끼게 한다. 허무주의적인 게임으로써의 그의 영화는 남들이 평하는 비관주의나 자기가 자신을 평하는 낙관주의의 양 측면을 공유한 채 영화 속에서 관객과 만나려고 하는, 양면적이면서 동시에 어떤 면도 지니고 있지 않은 폴란스키의 태도를 남김없이 드러낸다.

〈스크린〉 1995년 4월호

로만 폴란스키
1933년 생

〈유령작가(The Ghost Wirter)〉(2010), 〈피아니스트(The Pianist)〉(2002), 〈시고니 위버의 진실(Death and The Maiden)〉(1994), 〈비터문(Bitter Moon)〉(1992), 〈해리슨 포드의 실종자(Frantic)〉(1988), 〈해적(Pirates)〉(1986), 〈테스(Tess)〉(1979), 〈하숙인(The Tenant)〉(1976), 〈차이나타운(Chinatown)〉(1974), 〈무엇을?(Que?)〉(1972), 〈맥베드(Macbeth)〉(1971), 〈악마의 씨(Rosemary's Baby)〉(1968), 〈박쥐성의 무도회(The Fearless Vampire Killers Or Pardon Me, But Your Teeth Are In My Neck)〉(1967), 〈로만 폴란스키의 궁지(Cul-de-sac)〉(1966), 〈혐오(Repulsion)〉(1965), 〈물속의 칼(Knife in the Water)〉(1962) 등

미켈란젤로 안토니오니
정서적 무기력증의 냉철한 분석가

1995년 3월 27일, 오스카는 이탈리아의 명장 미켈란젤로 안토니오니에게 경의를 표했다. 오락과 자본으로 치장된 아카데미의 집안 잔치는 '최우수 외국어 영화상'이라는 이름으로 이국의 명작에 조심스러운 관심(아울러 자신에 찬 배려)을 보이더니 언제부터인가 영화라는 환상의 힘을 영화 역사의 먼 과거 속, 아름다운 향수와 기억으로 가득 찬 그곳에 투입한다. 이른바 '평생공로상'을 받기 위해 언젠가 노년의 소피아 로렌이 텔레비전에 나오던 것을 기억한다. 올해 아카데미는 29년 전 〈욕망〉으로 연출과 각본 부문에 단지 노미네이트만을 시켰던 안토니오니에게 이 상을 수여했다. 83세의 고고하고 고집스러운 대스승은 초연하게 무대에 등장했다.

로베르토 로셀리니, 비토리오 데 시카, 루키노 비스콘티에 의해 주도됐던 이탈리아 네오 리얼리즘의 장벽이 언제부터인가 무너졌던 것은 주지의 사실. 우리는 이미 베르나르도 베르톨루치와 페데리코 펠리니에 익숙해 있고, 굴지의 강경주의자 피에르 파올로 파졸리니에 대해서도 부분적으로나마 알고 있다. 베르톨루치의 치기 어림과 펠리니의 자신에 찬 웃음, 파졸리니의 엄격함을 기억하면서 이탈리아 최고의 영화 예술 반열에 오른 숨겨진 거장 안토니오니의 작품 세계를 소개한다.

심리적인 시간의 지속

액션과 코미디가 주도하는 할리우드 영화의 생명은 빠른 편집을 기반으로 한 쇼트들의 숨 가쁜 호흡. 에이젠슈테인을 중심으로 한 소비에트 몽타주 연출가들에 의해 발전된 쇼트의 분절과 결합은 할리우드에 와서 그 대중적 결실을 본 셈이다. 지루한 이론적 시각으로 보자면 몽타주에 대립되는 개념은 미장센. 하지만 영원할 것 같던 몽타주와 미장센의 분리도 고다르의 수평 트래킹 쇼트로 깨지고 말았다(영화사에 길이 남을 〈주말〉(1967)의 차 사고 쇼트). 어쨌거나 미장센의 핵심적인 요소는 쇼트 내부에 충만한 정보들의 질과 양, 그리고 이를 충분히 전달할 수 있는 쇼트의 긴 지속 시간이다. 그래서인지 유수의 예술영화들에게 미장센과 롱테이크는 필수적이다. 그런 데 쇼트가 무한대로 길어지는데도 정보의 다양성과 의미 충만이 결여된다면? 세상에 그렇게 지루한 영화도 있을까? 아무리 예술영화를 좋아하는 관객이라고 하더라도 그런 영화를 볼까?

안토니오니에게 있어 관객의 편안한 관람 행위는 아예 죄악시됐다고 보는 편이 나을 것 같다. 그의 영화를 대하기에 앞서 관객은 두 시간이 넘는 동안 흘러넘치는 지루함을 견뎌내야 할 용기가 필요할 듯. 이쯤에서 안토니오니 영화의 가장 중요한 형식적 특징, 기나긴 쇼트의 지속을 짚고 넘어가자. 그의 영화에 있어 그토록 '기나긴' 것은 물리적인 쇼트의 지속 시간보다는 오히려 심리적인 반응이다. 사실 미클로시 얀초의 영화들이 단지 10여 개의 쇼트만으로 구성됐음을 생각한다면 물리적인 시간에서 안토니오니는 비교도 되지 않는 셈. 그러나 그는 내러티브 구조의 파괴와 의미 없고 단절적인 관계로 설정돼 있는 인물들의 무기력한 행위를 통해 심리적 지루함의 목표를 효과적으로 달성시킨다. 그리고 그 지루함은 영화가 묘사하고 있는 인물들 자체의 속성으로 전이되게끔 배열된다.

시간과 공간의 필연적인 접합은 많은 물리학자들의 고민거리이기도 하지만, 우리에게 그것은 오히려 시각 이미지와 일정한 지속 시간을 지닌 영화를 통해 좀더 친숙하게 접근된다. 안토니오니 역시 예외가 아닐뿐더러 오히려 그에게 시공간의 결합은 미학적인 성취에 이른다. 그가 목표로 하고 있는 심리적인 무기력과 무상함은 고정된 공간을 시간이라는 요소를 통해 지속시킴으로써 가능하기 때문이다. 그런데 그에게는 독특한 관심이 하나 있다. 안토니오니는 촬영이 끝나고 인물들이 카메라의 시야에서 빠져나간 직후의 순간적인 분위기에 주목한다. 이미 "커트"는 외쳐지고, 프레임 공간은 여전히 그 상태 그대로 남아 있는 것. 안토니오니는 촬영 현장에서 그 순간의 기묘한 분위기를 느꼈고, 그것을 카메라에 담았다. 극중의 인물들이 카메라에 포착된 공간에서 이탈한 뒤에도 여전히 지속되는 쇼트를 통해 안토니오니는 심리적 공허함을 공간의 텅 빔으로 이야기한다. 아울러 그런 쇼트를 볼 때 프레임 바깥에서는 현실의 배우들이 잡담을 하고 있었음을 생각한다면 '영화 만들기'라는 현실과 '영화'라는 비현실의 부조리한 관계, 그리고 둘 사이의 짧은 마찰이 빚어내는 순간적 긴장에 관한 그의 관심을 들여다볼 수 있다.

1912년 이탈리아 페라라 출신인 안토니오니는 볼로냐 대학교에서 경제학을 전공한 경제학도였다. 그런데 감사하게도 그가 영화에 관심을 보이기 시작했고, 재학 시절부터 신문과 영화 잡지에 영화평을 기고했다(파졸리니의 전력과 좀 비슷한 면을 보이는 부분. 이탈리안 뉴 시네마는 이렇게 시작하는 걸까). 1940년 영화 실험 센터Centro Sperimentale di Cinematografia에서 연출을 공부한 그는 본격적으로 영화계에 발을 들여놓고 영화 연출의 길을 걷는다.

전쟁의 상흔이 가시지 않은 이탈리아에서 네오리얼리즘의 뿌리는 그렇게도 깊었지만 안토니오니의 반발 성향은 네오리얼리즘에 무관심한 것으로 기울어졌다. 안토니오니도 초기에는 다큐멘터리를 연출했지만(1947년의 〈포 강의 사람들〉, 1948년의 〈쓰레기 청소부들〉 등), 그가 담아낸 것은 소박한 리얼리즘의 사회성이 아니라 그곳을 살아가는 사람들에 대한 세밀한 접근과 묘사였다. 젊고 패기 넘치던 안토니오니에게 이 시절의 영화는 무모하고도 아동스러운 피상적 인본주의가 아니었던가.

1950년에 연출한 〈사랑의 연대기〉는 후작들에 이어질 안토니오니적 스타일의 시초를 이룬다. 첫 장편이라는 점에서 의욕에 넘친 까닭인지 복잡하고 어려운 카메라 워크를 구사하다는 것을 예외로 친다면 말이다. 남편이 죽은 부자 여인에 관한 이 작품에서 중요한 것은 주인공이 부르주아지라는 사실이다. 이른바 네오리얼리즘의 암울한 사회상의 묘사는 사라지고 저급한 상업주의의 핵심인 신흥 부르주아지가 그의 영화의 주인공으로 부각된다. 이것은 대단히 중요한 문제다. 프롤레타리아에 집중되던 네오리얼리즘의 관심이 다른 계층에게로 변화하고 있다는 것은 이탈리안 뉴 시네마의 핵심적인 요소가 되기 때문이다. 서유럽 국가 중에 마르크스주의에 대한 관심과 열정이 유난히 돋보이던 이탈리아였음을 감안한다면 안토니오니의 상류 계급에 대한 비판은 오히려 전통적인 리얼리즘의 정신을 따른다.

〈사랑의 연대기〉가 보여준 스타일은 〈패배자〉, 〈동백꽃 없는 숙녀〉, 〈도시에서의 사랑〉, 〈여자 친구들〉에서 점진적인 진보를 이루는데, 그 중심에는 인물들이 보여주는 관계의 단절이 있다. 이미 안토니오니의 인물들은 어떤 희망도 갖지 못한 채 무기력하게 행동하고 서로 소외시킬 뿐이다.

기이하게도 〈외침〉에서 안토니오니는 네오리얼리즘의 주제, 프롤레타리아에 대해서 말한다. 도대체 알 수 없는 그 외도의 상황은 이미 선택해버린 길에 대한 자성이었을까? 아니면 몇 년 뒤 발표될 후작에 대한 조심스러운 진단이었을까? 1960년은 안토니오니에게도 세계 영화사에도 중요한 한 해였다. 그의 대표작 〈정사〉가 배태된다.

〈정사〉

안토니오니의 기본적인 영화 스타일은 미스터리다. 그가 보여주는 공간의 허무한 비어 있음은 대부분 전후의 맥락을 알 수 없는 '인지의 부재'를 기반으로 하고 있기에 무력함과 아울러 신비스러운 호기심을 불러일으킨다.

〈정사〉에서 최초의 사건은 미스터리적이다. 주말을 이용해 시실리 근처의 외딴 섬으로 요트 여행을 떠난 부자들 속엔 산드로와 그의 애인 안나, 그리고 그녀의 친구 클라우디아(모니카 비티 — 그녀는 안토니오니 영화에 출연해 스타가 된다)가 있다. 섬에 도착하자마자 안나는 어딘가로 사라지고 친구들은 그녀를 찾아 섬을 헤맨다. 수색에 실패한 산드로와 클라우디아는 도시로 돌아오고 얼마 지나지 않아 클라우디아는 안나를 대체해 산드로의 애인이 된다. 그러나 웬걸, 산드로는 또다시 다른 여자에게 접근하고 클라우디아의 목격 직후에 두 사람은 서먹서먹하게 만난다.

도대체 이게 무슨 얘긴가? 그들이 찾고 있던 안나는 어디로 갔는가? 안나가 사라진 이유는 무엇인가? 어디에도 해답은 없다. 고로 안나의 사라짐이라는 최초의 사건은 주저함 없이 사라진다. 이야기의 중심에는 산드로와 클라우디아의 정사가 있다.

미스터리의 호기심을 이용한 안토니오니의 수법은 다소 교묘하다. 치밀하게도 그는 외딴 섬, 소수의 사람들이라는 설정 속에 기상 상태의 변화라는 자연적 상황까지 부여하여 미스터리의 전형을 따르는 척한다. 실로 가증스럽게도 관객은 그 상황이 어떻게 해결될 것인가를 기대할 수밖에. 하지만 결과는? 너무나 무기력하게도 아무런 대책없이 영화는 끝난다. 전작에서 실험적으로 발전해온 내러티브의 부재는 〈정사〉에 와서 완성이 되는 듯하다. 명백하게 안토니오니는 내러티브에 무관심하다. 연결되는 신들 간에는 아무런 인과성도 보이지 않고 인과성이 생길 만큼 이야기가 풍부하지도 않다. 오히려 신들은 서로 배신하고 엉뚱하게 흘러간다.

〈정사〉에서 그가 보여주는 것은 안나와 클라우디아, 그리고 또 다른 여인으로 이어지는 산드로의 애정 행각이다. 안토니오니는 그의 행태를 어떻게 평가하는가? 잠시 초반부의 안나와 산드로의 정사, 후반부의 클라우디아와 산드로의 정사 장면을 떠올리자. 대부분의 영화에서 정사 장면은 클로즈업으로 처리된다. 왜? 정서적인 동화감을 유발시키기 위해. 〈정사〉의 정사는 그 수준을 벗어나 카메라가 인물들의 살갗에 붙어 있는 듯이 근접해 있다. 동화감은커녕 무슨 자세로 있는지조차 알 수가 없다. 게다가 그들의 행위는 너무나 느릿느릿하고 소리는 꺼져버린다. 냉랭함조차 보이지 않는 텅 빈 정사. 물질적 기반의 탄탄함 위에서 관계의 가벼움을 놀이로 취급하는 부르주아지들의 공허한 정사. 그들은 서로 소외시키고 스스로 고립될 뿐이다. 그러므로 결론은 부르주아지들의 헛된 욕망과 목적 없이 떠다니는 삶을 향한 차가운 냉소로 모아진다.

많은 부분에서 안토니오니가 표현한 부르주아지는 30여 년이 지난 지금, 차라리 대중으로 표현되는 현대인 그 자체다. 지금에 와서 상류 계층이란 흡사 외딴 섬처럼 이국적이다. 우리에게 더욱 어필하는 것은 도시라는 평범한 공간처럼 안토니오니의 시각이 현대인 일반으로 향할 경우다. 안토니오니의 낯선 지루함이 시간이 지난 뒤에도 뇌리에서 떠나지 않는다면 그 소원함 속에 우리의 빈곤한 모습이 있기 때문이다.

〈정사〉가 칸에서 상영됐을 때, 관객들은 안토니오니에게 야유를 보냈다. 도대체 누가 그를 실력 있는 감독으로 인정했겠는가? 누가 그의 공간과 그 늘어지는 시간을 이해했겠는가? 하지만 두 달 뒤 〈정사〉는 파리에서 박스오피스 기록을 세운다.

재미있는 점. 이 영화가 미국에 수입됐을 때 '전국예절연합회'에서 도덕성을 결여했다는 이유로 비난을 했다고 한다. 〈데미지〉(1992) 같은 영화가 충격성을 잃어버린 1995년의 시점에서 불과 30여 년 전의 그 고고함은 차라리 그로테스크하다.

〈정사〉 이후에 안토니오니는 잔 모로와 마르첼로 마스트로얀니를 내세워 관계의 삐걱거림에 관한 이야기 〈밤〉을 연출하고, 1962년에 알랭 들롱과 모니카 비티를 주연으로 해 〈태양은 외로워〉를 연출한다. 〈정사〉에서 보여진 형식적인 완숙미와 주제에 있어 두 편의 후작은 동일 선상에 놓여 있고, 이 세 작품은 무기력한 감성과 '구조적인 부재', 그리고 너무나 분명하게도 '소외에 관한 3부작'으로 칭해진다.

1964년의 〈붉은 사막〉은 그의 첫 컬러 영화다. 흑백으로 제작된 이전의 영화들에서 무심하게도 안토니오니는 흑백 이미지의 대비를 신경 쓰지 않았다. 공허한 내러티브 위에서 그가 영상의 형식 언어를 표현의 중심에 놓았던 것은 사실이지만 그건 전적으로 공간과 시간이었을 뿐.

컬러를 접한 안토니오니는 대해보지 못한 새로움에 흥분을 감추지 못한 듯하다. 산업사회를 배경으로 정서적인 혼란을 겪는 여자에 대한 불투명한 묘사를 담은 영화 〈붉은 사막〉에서 단순할 정도로 많은 상징이 색채에 부여된다. 안토니오니에게는 컬러 영화에 있어서의 정돈된 미학이 필요한 듯 보이는 작품이었다.

〈욕망〉

간혹 국내에 출시된 비디오 중에는 뜻밖에도 세계적인 걸작이 많이 숨어 있다. 예를 들면 알프레드 히치콕 감독의 〈북북서로 진로를 돌려라〉(1959) 같은 작품들. 그런데 대부분 원제와는 상관없는 제목으로 나와 있어 우리가 그 작품을 비디오 가게에서 찾는다는 것은 그 영화를 이해하는 것보다 더 어려울 정도다. 〈확대〉가 그 희생양 중의 하나. 국내 출시 제목은 도저히 감이 잡히지 않는 〈욕망〉이다. 바네사 레드그레이브가 상반신을 벗어서 그런 건지, 아니면 제인 버킨(이 작품은 그녀의 데뷔작이다)이 전라로 나와서 그런 건지 모르겠지만, 사실 교묘하게도 카메라는 그들의 몸매를 숨긴다. 그러니 차라리 우리 비디오 산업계의 숨은 뜻을 생각해 인간의 원초적인 욕망에 대한 철학적 성찰로 그것을 이해하고 제목을 붙였다고 치고 넘어가자.

줄리오 카타자르의 스토리를 바탕으로 하고 있는 〈욕망〉은 전작과 마찬가지의 미스터리 구조를 차용하고 있지만, 이제는 훨씬 더 진짜 미스터리에 가깝다. 왜냐하면 영화의 후반 몇 분을 남길 때까지 그 구조는 변하지 않기 때문이다. 그러나 마지막 신의 허무한 결말을 접하고 나면 우리는 또 안토니오니에게 속았음을 알게 된다.

사진작가인 토마스는 자신의 스튜디오를 가지고 패션 사진을 찍는 유능한 젊은이다. 그의 사진에 대한 열정은 빈민들의 생활을 카메라에 담을 정도로 사회성을 포함하고 있기도 하다. 어느 날 토마스는 우연히 들른 공원에서 두 남녀의 포옹 장면을 찍는다. 스튜디오에 돌아와 그 사진들을 현상하던 그는 무언가 이상한 점을 발견하고 사진들을 확대하기 시작한다. 급기야 토마스는 공원 풀숲에서 권총을 들고 있는 손과 나무 뒤에 쓰러진 남자의 시체를 발견한다. 망설이던 그는 그날 밤 공원에서 시체를 확인하고 친구에게 도움을 요청하지만 속수무책. 잠에서 깬 그가 다음 날 아침 공원에 갔을 때 이미 시체는 사라지고 없다.

우연히 찍게 된 사진 속의 비밀은 영화의 첫 번째 미스터리다. 사진 확대를 통해 그 신비는 풀려나가고 사실은 확인된다. 이제 남은 것은 그 사건의 실체, 두 번째 미스터리다. 그러나 안토니오니는 이 신비를 풀지 않고 영화를 종결한다. 뚜렷하게 사건은 점진적으로 밝혀지는 진실을 기대하게 하지만 결말은 역시 애매모호하다. 결국 밝혀진 것은 아무것도 없고 주인공은 또다시 목적을 달성하지 못한 무기력한 상태에 놓인다. 적극적 진실에 결코 도달할 수 없는 헛된 행동은 이 작품에서도 여지없이 드러나는 셈이다.

토마스가 진실을 밝히지 못하고 서 있던 마지막 공원 신에서의 테니스 장면은 주제와 밀접하게 연관된다. 광대처럼 분장을 한 런던의 히피들은 공과 라켓도 없이 테니스를 치는 시늉을 한다. 가상의 공은 코트 밖으로 벗어나 토마스 쪽으로 떨어지고 토마스는 그 공을 주워 그들에게 던진다. 무표정한 토마스의 얼굴이 화면에 계속 나오는 동안 프레임 저쪽의 테니스 코트에서는 공을 치는 소리가 들리기 시작한다. 결코 실체일 수 없는 사진이라는 이미지와 실체로서의 진실을 맞대어 놓았듯이 가짜 테니스 경기와 진짜 공 소리는 현실과 비현실의 구분을 모호하게 한다. 토마스가 봤다고 생각한 공원의 시체는 정말로 존재했는가? 비록 공 소리가 들리기는 했지만 그건 그의 환청인가, 실제인가? 토마스나 관객 모두 확실한 건 아무것도 없다. 안토니오니의 무기력함은 현실과 비현실조차 구분할 수 없는 지경에 이름으로 해서 강렬하게 전파돼온다. 영화의 초반부에 등장한 히피들은 똑같은 차림으로 마지막에 등장하는데, 관객이 보기에 이것은 흡사 두 시간 동안 영화가 전혀 진행되지 않았던 것처럼 여겨진다. 관객이 영화를 봤다는 현실조차 확실하지 않은 것인가? '불확실성의 시대'라는 진부한 표현을 굳이 끌어들이지 않아도 우리의 시대는 무력하다. 적어도 안토니오니에게는.

토마스가 사진을 찍는 공원 신은 명장면으로 기억될 수 있을 것이다. 바람에 흔들리는 나뭇잎 소리와 텅 빈 공간에 내뿜어대는 싸늘하고 음산한 분위기는, 미스터리적 적극성과 무기력함이 흘려내는 사그라든 의욕의 줄타기를 너무도 당돌하게 조화시킨다.

이후 안토니오니는 미국으로 건너가 〈자브리스키 포인트〉, 〈여행자〉 등의 작품을 완성한 뒤에 다시 이탈리아로 돌아온다. 그의 변치 않는 스타일과 미국적 소재의 결합은 히피 문화에 대한 새로운 접근이라는 평을 얻는다.

1985년에 그는 심장 발작으로 부분 마비 상태에 놓이게 되면서 건강이 악화되기 시작해 현역에서 은퇴한다. 그러므로 1982년에 만든 〈여성의 정체〉는 그의 유작이 되는 줄 알았다. 그러나 오스카 시상식장에서처럼 이제 그의 모습은 세계 영화계에 불멸의 환상으로 존재하고 있다는 것을 입증했고, 그의 1995년 신작 〈구름 저편에〉는 칸 영화제에 첫 선을 보이면서 거장의 저력을 또 한 번 인지시킬 듯하다.

〈스크린〉 1995년 5월호

미켈란젤로 안토니오니
1912~2007

〈에로스(Eros)〉(2004), 〈구름 저편에(Beyond The Clouds)〉(1995), 〈여성의 정체 (Identification of a Woman)〉(1982), 〈여행자(The Passenger)〉(1975), 〈자브리스키 포인트 (Zabriskie Point)〉(1970), 〈욕망(Blowup)〉(1965), 〈붉은 사막(Il Deserto Rosso)〉(1964), 〈태양은 외로워(L'Edisse)〉(1962), 〈밤(La Notte)〉(1960), 〈정사(L'Awentura)〉(1960), 〈외침(Il Grido)〉(1957), 〈여자친구들(Le Amiche)〉(1955), 〈도시에서의 사랑(Amore in Citta)〉(1953), 〈동백꽃 없는 숙녀(La Signora Senza Camelie)〉(1953), 〈패배자(I Vinti)〉(1953), 〈사랑의 연대기(Cronaca di un Amore)〉(1950) 등

스탠리 큐브릭

관습과 전통의 심각함을 꿰뚫는 투명한 냉소

뉴욕 태생의 《LOOK》 사진작가

영화판에 들어오는 수많은 인력들의 과거 경력은 그들의 숫자만큼이나 다양하다. 이 건 국내건 국외건 마찬가지. 아마도 영화라는 매체 자체가 사회 속의 다양한 현상들을 빨아들이는 블랙홀 같은 성격을 지니고 있기 때문일까? 어쨌든 그런 면에서 스탠리 큐브릭도 예외는 아니다. 1928년 7월의 여름, 뉴욕에서 태어난 큐브릭은 1940년대 후반에 미국의 사진 잡지 《LOOK》의 사진 기자로 인생을 시작한다. 아마도 그는 시각 이미지에 대한 집요한 관심을 이때부터 보이기 시작한 듯하며, 그의 영화계 투신은 정지된 영상에서 움직이는 영상으로 그의 집착이 전이됐음을 말해주는 것이다.

1951년에 큐브릭은 다큐멘터리를 만들기로 결심, 메이저 제작사인 RKO에서 〈시합의 날〉과 〈날으는 목사〉를 제작한 뒤 본격적으로 극영화의 세계에 뛰어들기 시작한다. 1953년에 만든 〈공포와 욕망〉과 1955년의 〈살인자의 키스〉는 자기가 스스로 돈을 대서 만든 저예산 영화다. 영화 교육을 받은 적도 없고, 영화계에 아는 사람도 없던 풋내기 감독 큐브릭이 제작, 연출, 각본, 촬영, 편집까지 도맡아 한 것은 당연한 일. 이 정도면 그야말로 인디 중의 인디 작가라고 할 만하지 않을까? 하지만 이 야심에 찬 두 편의 영화는 완성도 면에서 그다지 인정을 받지 못한다. 1956년이 돼서야 비로소 영화를 만드는 데 필요한 시스템을 만나게 된다.

미국에서의 다양한 연출 경험

그가 갖춰진 시스템 속에서 영화를 만들게 된 것은 제작자 제임스 해리스를 만나면서다. 해리스는 큐브릭에게 자본을 비롯해서 영화를 만드는 데 필요한 기본적인 요소들을 제공했다. 이제서야 전문적인 캐스팅과 제대로 된 스태프들을 거느리게 된 큐브릭은 라이오넬 화이트의 원작 소설 《클린 브레이크》를 각색, 〈킬링〉을 연출했다. 그가 시도한 장르는 범죄물(이 문장은 큐브릭의 영화 역사를 말하는 데 중대한 화두가 되는 말이다. 그는 40여 년 동안 만든 12편의 극영화에서 각기 다른 장르에 도전장을 던진다). 그러나 이미 언급했듯이 그는 전통이나 인습에 치를 떨던 인물이다. 큐브릭은 할리우드 영화의 전통적인 장르로 구축돼온 범죄 영화도 기이한 구조로 재해석하고 만다.

1957년에 만든 〈영광의 길〉은 큐브릭을 중요한 영화작가 중의 한 명으로 인정받게 한 작품이다. 1차 대전 중 한 프랑스 장군이 세 명의 병사들에게 임무를 준다. 그러나 그건 그다지 중요하지도 않은 하찮은 임무. 병사들은 임무를 수행하지 못하고, 장군은 병사들을 처형한다. 험프리 코브의 원작 소설을 영화로 만든 이 작품은 전쟁이 지니고 있는 비인간성에 대한 우회적 탐구다. 인간성과 비인간성을 다루는 주제는 큐브릭의 독자적인 영역. 뒤이어 발표된 그의 모든 작품은 이 문제와 그다지 동떨어져 있지 않다. 다분히 심리학적인 〈영광의 길〉에서 또 하나 돋보인 부분은 카메라 워크. 감독 스스로 다양한 촬영 경험이 있어서인지 그는 영화 언어 중 카메라의 움직임과 촬영에 특히 신경을 쓰는 편이다. 어쨌거나 확인할 수 있는 점 하나. 그는 '전쟁 영화' 장르에 도전한 것이다.

커크 더글라스는 〈영광의 길〉에서 상사에 반항하는 프랑스 장교 역을 맡았는데, 이때 인연으로 큐브릭을 〈스팔타커스〉의 연출자가 될 수 있게 도와준다. 이 작품은 그가 유일하게 고용돼 만든 영화로, 다 알다시피 노예제도에 저항하던 로마 시대의 역사적 인물에 대한 것. 커크 더글라스 외에도 로렌스 올리비에, 진 시몬즈 등 호화 캐스팅이 눈에 띄며, 기술적인 면에서 와이드 스크린과 테크니컬러가 돋보인다. 고용은 됐지만, 큐브릭은 여전히 큐브릭. 전작들의 트레이드 마크였던 현란하고 날카로운 카메라의 움직임은 이 작품에서도 당당하게 살아 있다. 할리우드 시스템 속에서도 시네아스트는 얼마든지 독자적인 노선을 취할 수 있는 것임을 증명한 셈이라고나 할까? 음악 부문에서도 큐브릭은 예사롭지 않았다. 역사 전쟁물에 장중한 음악은 필수적이라고도 할 수 있지만 〈스팔타커스〉의 음악은 장르적이라기보다는 큐브릭적이다. 이 부분은 뒤에 좀더 살펴보기로 하자. 하여튼 할리우드는 떠밀려 들어온 영상의 천재에게 아카데미 미술상, 의상상, 촬영상, 남우 조연상(피터 유스티노프)으로 보답한다.

영국 이주와 블랙코미디

1961년, 큐브릭은 영국으로 떠난다. 영국에서 처음 만든 작품은 1962년작 〈로리타〉. 열두 살짜리 조숙한 소녀와 중년의 교수가 벌이는 불균형적 애정 행각과 섹스에 굶주린 소녀의 엄마, 그리고 로맨스에서 살인으로 이어지는 구성상의 반전 등이 압권인 이 영화는 그 소재 면에서 인습에 저항한다. 그건 다름 아닌 뉴잉글랜드의 성에 관한 규범. 원작자인 블라디미르 나보코프의 명성답게 영화 또한 그 독창성에서 중반기 큐브릭 영화의 중요한 연구 대상으로 잔존한다.

〈닥터 스트레인지러브〉는 제목만큼이나 인상적이고 또 독보적이다. 우선 원제부터 살펴보자. 'Dr. Strangelove Or: How I Learned To Stop Worrying And Love The Bomb.' 그대로 직역하면 '스트레인지러브 박사, 또는 내가 어떻게 걱정을 멈추고 폭탄을 사랑하게 됐는가'가 된다. 이게 무슨 얘기? 평론가들한테 '지난 30년간 가장 풍자적이면서도 섬세하고 재미있는 코미디'라는 평을 받고 있는 이 영화는 피터 조지의 소설을 원작으로 하고 있다. 원래는 심각한 스릴러물로 만들어질 뻔했지만 각색 후반부에 영화의 색깔이 급반전, 결국은 블랙코미디 스타일의 컬트 영화로 제작됐다.

영화 내용은 한마디로 이렇다. 불분명한 시간적 배경 속의 미국에 잭 리퍼라는 장군이 살고 있다. 처음에는 정상적으로 보이던 이 사람은 어느 날 전세계에 퍼져 있는 지하 공산당원들이 자신이 먹는 물에 불소를 뿌렸다고 생각한다. 그럼 어떻게 되는가? 리퍼는 그 불소가 자신의 정력을 감퇴시킨다는 강박관념에 사로잡힌다. 안절부절 못하던 리퍼, 그가 찾아낸 해결점은 공산당원들을 일거에 퇴치하는 것. 한꺼번에 쓸어버리는 가장 좋은 방법은 핵폭탄 투하. 우여곡절 끝에 드디어 핵은 소련 땅에 떨어지고 지구의 종말과 함께 영화는 끝을 맺는다.

SF, 코미디, 전쟁, 정치물의 장르가 온통 뒤섞인 〈닥터 스트레인지러브〉는 한마디로 조롱과 냉소에 관한 영화다. 20세기를 사는 인류에게 가장 두려운 적인 핵이 지구상에 투하되고 인류가 멸망을 하는데도 큐브릭의 태도는 어떠한가? 마지막 장면을 돌이켜보면 핵구름이 창궐하는 가운데 우아한 목소리의 성악가가 〈이 다음에 다시 만나리〉를 열창한다. 그 로맨틱한 멜로디를 귀에 떠올린다면 도대체 감독이 무슨 생각을 하고 이런 영화를 만들었는지 무척 궁금해진다. 문제는 그가 인류를 어떻게 보고 있는가에 집중해야 한다. 영화 속에 등장하는 인류란 모조리 미국과 소련 양측의 정치가, 군인들이다. 어떤 면에서 이들은 지난 반세기 이상 전 인류를 냉전 체제에 몰아넣은 장본인들. 그들이 숭상하는 그 위대한 이데올로기의 시발점은 무엇인가? 바로 잭 리퍼의 성적 피해의식이다. 한 개인의 강박관념이 인류를 멸망시킨 것이다. 이쯤 되면 그 잘난 정치가, 군인들이 일거에 사라지는 영화의 마지막 신이 아름답고 우아해도 용서가 되지 않을까?

그러니 제목처럼 걱정을 안 하고 폭탄을 사랑해도 큐브릭은 여전히 인류의 동지. 하지만 문제는 그의 냉소가 정치가나 군인에서 끝나지 않는다는 점이다. 핵을 놓고 아이러니한 논쟁과 행동을 반복하는 테이블 위의 주인공들은 다양한 생활의 문제를 놓고 아귀다툼을 벌이는 온 인류의 모습이다. 블랙코미디로 전환된 극 중의 상황과 구성들을 살펴보라. 정신병에 걸린 것처럼 보이는 그들은 실상 우리 자신이 아닌가?

결말에 보이는 암울한 주제와 경박한 스타일의 결합은 인간사에 대한 큐브릭의 냉기 어린 자성을 표현한다. 꼭 비판은 아니다. 그러나 그는 인간들에 대해 아무런 열기를 표현하지 않는다. 그만큼 큐브릭이 바라보는 인류는 핏기 없이 투명하고, 냉랭하다 못해 존재하지 않는 '인간성'을 공유하고 있다. 큐브릭의 냉소는 그토록 맑게 존재한다.

시작과 끝을 뒤섞은 시간의 탐사

리하르트 슈트라우스의 〈차라투스트라는 이렇게 말했다〉가 장중하게 흐르며 암흑의 우주가 펼쳐지고, 곧이어 태양과 달을 넘어 찬란한 지구가 모습을 드러낸다. 그렇게 〈2001 스페이스 오딧세이〉는 시작한다. 모두 이 영화를 가리켜 1960년대 세계 영화의 대표작이라고 하지만, 이건 충분히 세계 영화 100년사의 대표작으로 손꼽힐 수 있다. 아서 클라크의 우주 판타지 소설을 클라크와 큐브릭이 공동 각색해 5년에 걸친 제작 기간 동안 완성된 이 영화는 1968년 아카데미에서 특수시각효과상을 받았다.

인류의 시원을 창조한 유인원들의 이야기에서 시작해 정체불명의 블랙스톤(모노리스)의 재발견으로 몇천 년의 시간을 뛰어넘고, 이어 모노리스의 정체를 추적하는 행성 탐사 우주선의 스토리가 전개된다. 그리고 마지막 해결점은? 탐사 우주선의 승무원 데이브가 드디어 수수께끼의 실마리를 풀었을 때, 그 미지의 시공간에서 그가 본 것은 자기 자신의……(라스트 신의 정체에 관해 언급하지 않겠다. 다행히도 이 영화는 비디오로 출시돼 있으니 독자 여러분이 직접 눈으로 확인하시길).

대화가 거의 없이 우주의 암흑을 부유하는 한 척의 우주선과 선내의 승무원들을 중심으로 보이는 화면은 우주 판타지라고 규정짓기에도 적당치 않은 한 편의 이미지-시다. 와이드 스크린의 화면 배율을 최대한 살려 공간의 심원성을 표현한 이 영화는 우주와 인간에 대한 직접적인 관심으로 거리낌 없이 연출된 작품이다. 우주선 내부에서 벌어지는 승무원들과 컴퓨터 할 9000의 투쟁으로 인해 테크놀로지에 대한 비판으로 읽히기도 하지만, 영화의 전체적인 구성과 마지막 장면의 충격은 이 영화가 우주라는 거대 시공간 속에 위치한 인간 존재에 대한 물음임을 짐작케 한다. 그리고 그 존재의 유한성은 대부분 시간 속에서 규정되는데 아이러니하게도 큐브릭이 본 인간적 시간은 순환과 회귀의 영원체다. 그러므로 영화가 표현하는 몇 가지의 전환 포인트들은 마지막에서 그 차별성 없이 순환의 고리를 맴돈다. 다시 시작으로 가기 위해 우주선은 끝까지 항해했고, 그 시작은 또 다른 오디세이의 전조를 알린다. 이토록 거대한 철학적 해결은 〈닥터 스트레인지러브〉에서 묘사된 인간사의 조밀한 집착이 무슨 가치를 띠는가를 조용하게 물어온다. 관객은 큐브릭의 우주선에 동승해 그들의 몇천 년에 걸친 탐구와 자성을 138분 안에 경험하고 나올 수 있다.

기계-과일 결합체

두 편의 전작이 전세계에 준 충격에도 아랑곳하지 않고 큐브릭의 다음 작품은 영화광들에게 숨 돌릴 틈 없는 공격을 시도한다. 1971년에 발표된 〈시계태엽 오렌지〉는 또 한 번의 새로운 소재와 표현주의적 색채, 그리고 집요한 주제 의식으로 강하게 인식된다. 안소니 버제스의 소설을 각색한 이 영화는 전반부와 후반부로 크게 나뉜다. 전반부는 본성에 따라 이유 없이 폭력과 강간을 행사하는 알렉스의 스토리이고, 후반부는 투옥된 뒤 정부의 실험적인 인간 개조 계획에 따라 본능이 억압된 기계적인 알렉스의 이야기다. 감독이 일차적으로 묻는 것은 시계태엽처럼 움직이는 조직 사회의 인간과 비록 폭력과 섹스로 표현되지만 본성에 따라 움직이는 독자적 개인 중 어느 것이 더 바람직한가이다. 제목의 오렌지는 원초적 인간에 대한 상징적 물체. 한 걸음 더 나아가 감독이 이차적으로 묻는 것은 인간과 조직에 의해 행사되는 폭력의 존재가 인류사에서 사라질 수 있을 것인가에 대한 것과 폭력적 인류에 대한 체념 섞인 인정

여부다. 세 번째로 감독이 묻는 것은 인간 본성의 발현이 시공간의 한계를 초월해 동등하게 보이는가에 대한 것이다.

이쯤에서 큐브릭의 음악에 관해 언급해야 할 것 같다. 〈시계태엽 오렌지〉에서는 알렉스와 조직의 잔인한 폭력 영상에 베토벤의 심포니와 〈사랑은 비를 타고〉(1952)의 주제가 〈빗속에서 노래를Singin' In The Rain〉이 덮혀진다. 〈닥터 스트레인지러브〉에서처럼 시각 이미지와 청각 이미지는 극명하게 대립돼 펼쳐진다. 그런 대치와 혼합에서 발생하는 아이러니는 큐브릭의 핏기 사라진 냉소를 위해 전면적으로 투입된 매개 장치로 기능한다.

〈시계태엽 오렌지〉로부터 4년 뒤, 큐브릭은 관심을 18세기로 돌려 〈배리 린든〉을 연출한다. 사회 제도, 조직, 집단의식에 대한 냉혈적 관찰은 18세기의 영상미 속에서도 여지없이 표출된다. 주인공인 라이언 오닐은 계급 사회의 이점을 이용, 신분 상승을 꾀하는 아일랜드의 협잡꾼을 연기한다.

1980년의 〈샤이닝〉은 잭 니콜슨이라는 걸출한 배우를 내세워 공간을 외딴 호텔 내부로 축소, 한 인간의 광기 어린 신경증을 묘사한다. 그러나 소설을 쓰고 싶어하던 주인공의 의지와 가족의 문제는 그의 의지를 억압하는 원인들에의 물음으로까지 발전될 수 있을 것이다. 스티븐 킹의 원작 소설이 바탕이 된 이 작품은 무엇보다 스테디캠이 최초로 쓰인 영화라는 점에서 영화사적으로 자리매김된다.

〈풀 메탈 자켓〉

파스빈더라면 결코 참지 못했을 7년을 큐브릭은 잘도 참아내고 1987년에 구스타프 해스포드의 원작 소설 《짧은 생명들The Short Timers》을 각색해서 만든 베트남전 영화 〈풀 메탈 자켓〉을 발표한다. 할리우드의 메이저급 영화 제작자들이 베트남전의 악몽에서 벗어나지 못한 채 그만그만한 수준의 작품들을 발표하고 있을 때, 영국으로부터 전해진 큐브릭의 〈풀 메탈 자켓〉은 감독의 명성답게 예측 불허의 스타일로 관객들을 테러했다. 〈시계태엽 오렌지〉처럼 영화는 크게 전반부와·후반부의 두 부분으로 나뉜다. 전반부의 배경은 패리스 아일랜드의 신병 훈련소. 조우커(매튜 모딘)를 비롯한 신병들은 베트남전에 투입되기 위해 하트만 교관(리 어미)에게 가혹한 훈련을 받는다. 교관의 지시를 가장 참기 힘들어하는 신병은 파일(빈센트 필립 도노프리오). 전반부의 중심축은 하트만 교관과 파일의 훈련을 둘러싼 갈등이다. 그러나 어쩐지 신병 훈련소의 분위기는 활기차고 긴장돼 있다. 후반부는 이제 전쟁에 투입된 미군 사병들의 모습을 담아낸다. 적을 찾아 도시의 폐허를 헤매는 병사들, 군대 신문을 위해 카메라를 들고 전장을 돌아다니는 종군 기자들, 그리고 시체들…… 그러나 어쩐지 분위기는 무겁게 가라앉아 있고, 전쟁 영화의 숨 막히는 전투 신은 웃음거리밖에 되지 않는다.

결코 전쟁 영화일 수 없는 전쟁 영화 〈풀 메탈 자켓〉을 놓고 미국의 많은 비평가들은 때늦은 베트남전 영화라고 야유를 보냈다(이런 의견은 할리우드적 독선으로 밖에 보이지 않는다. 1986년에 올리버 스톤의 〈플래툰〉이, 1989년에는 브라이언 드 팔마의 〈전쟁의 사상자들〉이 나왔다). 그러나 〈풀 메탈 자켓〉은 베트남전 영화가 아니다.

후반부에 보이는 베트남전의 양상은 도시의 폐허를 무대로 벌어진다. 늘 보아오던 음습한 정글은 어디에도 보이지 않는다. 미장센은 폐허가 된 도시를 둘러싼 원형의 전투 대열을 그려낸다. 이건 어디로 보나 중세 유럽의 성곽 전투다. 어떤 의미에서 이런 의도적인 전장 재구성은 강박관념을 앞세워 베트남전의 기억을 독점하고 있는 미국의 이데올로기, 그리고 그들의 해외 수출용 과시 문화에 대한 유럽적 저항으로 읽힐 수 있다. '베트남전=미국=정글=아픈 기억'의 도식은 '활기가 식은 전장=초국가성=중세적 성곽=초시간성'으로 다시 그려진다. 도식의 해석은 이렇다.

1) 긴장과 활기가 넘치는 신병 훈련소와 지친 전장의 대비는 병사들이 구비하고 있는 공격성의 대상이 누구인가를 확실하게 보여준다. 아무리 헤매도 적을 찾을 수 없고, 찾는 과정 자체에서 그들은 죽어가지만, 패리스 아일랜드에는 확실한 적이 존재한다. 하트만 상사. 그는 〈시계태엽 오렌지〉의 교도소장이나 연구박사들, 정치가들처럼 조직 사회의 횡포를 대변하는 슬픈 적이다. 적은 우리 안에 있고, 우리가 자라온 환경, 우리의 개념을 형성시킨 '우리 편' 속에 있다.

2) 〈닥터 스트레인지러브〉에서의 미국 정치인들처럼 이데올로기의 심각성을 독점해온 미국 사회의 집단정신은 베트남전이라는 특수 상황과 상처받은 미국의 과거라는 특수 기억을 연결시켜 놓았지만, 큐브릭은 이 모든 것을 해체하고 가치를 상실한 이데올로기의 가벼움을 전 인류의 개인들에게로 전가한다. 적어도 이 시대에 과거를 지배해온 심각성의 그림자는 사라지고 큐브릭적 투명성만이 잔재한다.

3) 20세기의 베트남전을 중세적인 성곽 전투로 치환해버린 것은 어떤 의미를 지니는가? 시간의 한계를 지니는 역사적 사건들은 시작과 끝을 구분 짓지 않는 〈2001 스페이스 오딧세이〉적 시간 개념 속에서 영원 반복의 순환 고리 속으로 흡수된다.

한 가지만 더 보자. 전장을 찍으러 들어가는 군 신문 기자들과 카메라맨들, 그리고 그 카메라에 잡히는 지친 병사들. 신문 기사와 광고를 논의하는 프레스룸에서부터 연결시켜 보면, 전장의 모습이란 의도적으로 만들어지는 신문 기사 속의 읽을거리일 뿐이다. 전장은 그 자체로 전세계에 폭력의 심각성을 경고하는 주체가 되는 것이 아니라 현대 사회를 지배하는 이데올로기와 커뮤니케이션의 대상으로 물화될 뿐이다.

이상의 시각으로 본다면 〈풀 메탈 자켓〉은 큐브릭의 대표작으로 불리는 〈닥터 스트레인지러브〉, 〈2001 스페이스 오딧세이〉, 〈시계태엽 오렌지〉의 주제 의식들이 한 영화 속에 응축된 작품으로 읽힐 수 있다. 그건 20세기 중반부를 지배한 이데올로기나 전쟁 등의 심각성을 야유하는 것이고, 조직 사회의 폭력이나 개인 구속에 대한 짙은 냉소다. 만일 큐브릭에게 그 대안을 내놓으라고 다그친다면 그는 아마 〈2001 스페이스 오딧세이〉와 〈풀 메탈 자켓〉의 마지막 장면을 보여줄 것이다. 거기엔 그의 모든 영화 속에 등장하는 인물들의 지나친 심각성을 광대한 시각으로 바라보는 특유의 초시간성이 있다. 〈2001 스페이스 오딧세이〉에서 데이브가 자신의 과거와 미래를 한눈에 보듯이 우리의 자질구레한 인간사는 회귀의 굴레 속에 반복되는 무가치한 행위들일 뿐이다. 그럼 그걸 어떻게 하라고? 어떻게 할 것도 없다. 단지 우리에게 미끼를 던지는 온갖 종류의 가치 창출자들과 조작된 위대함, 집단적 사고에 차갑게 미소 한 번만 던지면 되는 것이다. 그리고 다시 그 싸늘한 냉기로 자기 자신을 바라보면 되는 것이다. 그리고는 허망하게 전투를 끝낸 병사들이 발길을 돌리듯 비어 있음에 웃을 수 있으면 되는 것이다.

〈스크린〉 1995년 6월호

스탠리 큐브릭 〈아이즈 와이드 셧(Eyes Wide Shut)〉(1999), 〈풀 메탈 자켓(Full Metal Jacket)〉(1987), 〈샤이
1928~1999 닝(The Shining)〉(1980), 〈배리 린든(Barry Lyndon)〉(1975), 〈시계태엽 오렌지(A Clockwork
Orange)〉(1971), 〈2001 스페이스 오딧세이(2001: A Space Odyssey)〉(1968), 〈닥터 스트
레인지러브(Dr. Strangelove Or: How I Learned To Stop Worrying And Love The
Bomb)〉(1964), 〈로리타(Lolita)〉(1962), 〈스팔타커스(Spartacus)〉(1960), 〈영광의 길(Paths of
Glory)〉(1957), 〈킬링(The Killing)〉(1956), 〈살인자의 키스(Killer's Kiss)〉(1955) 등

아벨 페라라
20세기 후반 숨겨진 현실의 절망적 직관자

제도와 의지가 맞물린다면 숨겨진 누군가를 발견해낸다는 것은 그리 어려운 일이 아닐 것임을 감안해볼 때, 데이비드 린치와 쿠엔틴 타란티노에 대한 열광은 미리부터 예측돼온 것이다. 그렇다면 아벨 페라라는 불행하다. 아직도 그의 영화를 본 사람은 많지 않다. 잉마르 베리만이나 피에르 파올로 파졸리니처럼 테이프를 구하기 쉽지 않은 경우라면 관객들의 게으름은 용서받을 수 있다. 하지만 페라라의 영화는 비디오 가게에 가면 최소한 서너 개는 건질 수 있다. 그러므로 '아직도 우리가 아벨 페라라를 잘 모르는 현실'의 첫값은 그동안 침묵으로 일관하고 있던, 그나마 먼저 알고 있던 사람들(영화 언론인들을 포함해서)과 직업의식이 투철하지 않은 비디오 가게 주인들, 그리고 관객들이 골고루 나눠 가져야 한다.

페라라 — 차용과 변형 복제

20세기 후반 미국 영화의 양상은 문화사적으로 포스트모던하고 영화사적으로 컬트적인 몇몇의 조류를 형성했다. 말도 많고 탈도 많은 포스트모던 논쟁과 컬트 논란의 한가운데에서 우리의 받아들임은 거름종이가 필요하다. 그 거름종이는 딱 한 가지, '절대주의'만을 걸러내면 그 역할을 충분히 다 한 셈이 될 것으로 판단된다. 만일 우리가 "이 시대는 포스트모던해", "요즘 영화들은 전부 컬트 영화야"라고 섣불리 이야기하지만 않는다면 그런 문화, 그런 영화는 엄연한 현상(그러나 많은 현상 중의 하나)으로 과거에, 그리고 지금 존재한다.

페라라의 영화가 보여주는 차용과 대체는 적어도 한 번쯤 1980~90년대 미국 영화의 포스트모던 팝 문화를 반영한다. '하늘 아래 새로운 것은 없다'라는 모토를 굳이 대입하지 않더라도 옛것을 차용하고, 재구성하고, 노골적으로 언급하고, 대체하는 '복제의 새로운 미학'에 동의하는 관객의 수는 늘고 있다.

1987년에 발표한 〈차이나 걸〉은 어딘가 익숙하면서도, 또 무언가 새롭다는 느낌을 발산했다. 셰익스피어의 《로미오와 줄리엣》을 기본적인 골격으로 하고, 갈등의 전개를 〈웨스트 사이드 스토리〉(1961)적 구도에 맞추고서, 분위기 자체는 1920년대 독일 표현주의 영화의 그것으로 끌고 나갔지만, 세 가지의 뒤엉킴(패스티시)은 새로운 페라라의 영화를 만들어냈다.

〈킹 뉴욕〉은 은근하게 《로빈 훗》을 차용했다. 〈악질 경찰〉은 〈이지 라이더〉(1969) 스타일의 감성과 몽타주를 보여줬다. 〈바디 에이리언〉은 존 캠벨, 잭 피니, 돈 시겔의 전통을 이은 리메이크 작품이다. 〈스네이크 아이〉는 노골적으로 영화 자체를 되새김한다. 그리고 1995년 베를린 영화제 출품작 〈어딕션〉은 유구하게 내려온 뱀파이어의 신화를 재현하고 있다.

혼성 모방과 깨어짐의 공간

아벨 페라라의 영화는 두 가지 긴장의 단계를 보여준다. 일차적으로 인물들 간의 관계에서 발산되는 긴장감이 영화 전체를 지배한다. 관계의 설정은 적과 친구의 대립 항으로 뚜렷하게 구분되지만, 각각의 인물들이 가지고 있는 목표의 종류나 친밀도, 묘사 수준으로 비교해보면 설정상의 대립은 무의미해진다. 페라라의 적은 적이라기보다 연민의 대상이고, 친구는 오히려 또 하나의 나, 그래서 내 적이다. 긴장감은 친구인 것 같은 관계에 도사리고 있는 폭발의 전조와 적인 것 같은 관계가 예감하는 동조의 분위기를 넘나들며 조성된다.

이차적이라고 말할 수 있는 또 하나의 긴장은 사실 페라라 영화의 본질을 형성하는 요소다. 옛것의 차용으로 수많은 영화들을 자신의 영화 속에 용해시킴으로 해서 페라라의 영화는 마니아들을 흥분시킨다. 그들은 한 편의 영화를 본다기보다 영화라는 매체 전체를 온몸으로 느끼고 극장을 나올 수 있다. 하지만 '혼성 모방'은 영화 역사의 평균률에 대한 기대를 깨버리고 패러디가 상충하는 영역에 '깨어짐'의 새로운 공간을 마련한다. 영화의 진행은 관객의 기대를 충족시키지 않고, 이 깨어진 공간만을 어렵사리 뚫고 들어가며 이루어지는데, 이 지점에서 긴장이 발생한다. 아벨 페라라는 완벽한 모방주의자도 아니고, 새로움만을 추구하는 편집증 환자도 아니다. 그렇다면 낡은 것의 모방을 통해 자기만의 새로움을 모색하는 시대적 보편주의자? 오히려 그의 영화는 낡은 것과 새로운 것이 혼재하는 가운데 빚어지는 '긴장 상태의 물질'로 규정지을 수 있다. '상태'라는 표현은 끊임없이 '현재형'과 '미완성'을 지향한다. 언제 미끄러질 지 모르는 그 '상태'가 페라라 영화의 숨겨진 긴장이다.

리얼리즘의 노골성

'노골성'은 '긴장'만큼이나 페라라적인 용어일 것이다. 그의 영화가 보여주는 긴장은 액션이나 공포 영화가 보여주는 장르적 긴장감의 공식을 거부한다. 육체를 관통하는 총알이나 가슴 한복판에 꽂히는 칼날, 외계 괴물의 복제 같은 하나의 '사건'은 분위기를 조성해가는 '스릴'의 과정을 표백시킨 채 무차별적으로 제시된다. 사건은 사건의 성질을 그대로 지니고 과장과 축소의 난도질을 피해서 보여진다. 그것은 영화라는 매체가 지닌 환상과 허위에 대한 무관심일 수도 있다. 그러나 영화사적인 차용이 넘쳐흐르는 가운데 또 다른 차원에서 감행된 이 리얼리티의 노골성은 '깨어짐'의 공간에 삼차원의 축을 첨가시키는 결과를 발생시킨다. 긴장은 일차원상의 차용, 차용간의 충돌, 그리고 현실과 영화의 충돌이라는 순서를 밟아가며 페라라의 영화를 정의해간다.

리얼리티는 어떤 소재를 택하고 있는가에 따라 리얼리즘의 영역을 확보할 수 있다. 대부분 범죄물로 정의되는 그의 영화가 표면에 내세우는 소재는 폭력이다. '헤모글로빈의 영상 시인'이라는 별명은 타란티노 이전에 페라라에게 적용됐으면 제격이었을 것이다('사건'의 물자체적 성질을 고스란히 담아내고 폭력과 살인의 상황을 가치 판단 없이 제시하는 것은 타란티노와 페라라가 공통으로 지니고 있는 특징이다). 하지만 폭력은 단지 우리가 알고 있는 폭력의 수준에서 그친다. 예를 들어 〈살로 소돔의 120일〉(1976)의 파졸리니나 〈감각의 제국〉(1976)의 오시마 나기사, 또는 두샨 마카베예프 영화들의 경우, 폭력은 인간 사회의 모든 기저층에 잠재해 있는 근본적 동력으로 인식된다. 권력과 밀착되고 일방적인 의사 표현과 관련된 폭력의 메커니즘은 섹스, 교육, 정치 등의 모든 영역에서 작용한다.

그러나 아벨 페라라의 폭력은 단지 총을 쏘고 칼로 긋고 주먹을 휘둘러대는 폭력일 뿐이다. 오히려 그에게는 다른 소재들이 많이 있다. 마약, 섹스, 부부 관계, 영화, 경찰, 도시, 그리고 그 각각의 이면에 폭력이 도사리고 있지는 않다. 그래서 그의 영화는 결국 폭력으로 귀결되지 않는다. 섹스는 폭력으로서의 위상을 박탈당한 채 인식되고,

마약은 거리낌 없이 마약일 뿐이다. 귀결점은 무엇인가? 현실이다. 지금의 사회가 지니고 있는 어두운 얼굴들이 일방적인 포장 없이 드러난다. 바로 그렇게 페라라의 리얼리즘은 완성돼간다. 흔히들 컬트 영화를 독특한 소재에 기괴한 표현으로 정의하지만, 사실 그들이 묘사하는 모든 소재는 이미 우리 사회에 존재하고 있다. 컬트 영화는 특별히 진보적이거나 형식 미학적이라기보다 리얼리즘이다. 단지 모두 언급하길 꺼리는 자신의 모습을 자신 있게 필름에 담아내는 대담성이 그들을 보편적 소시민들에 비춰 '타자'로 보이게 할 뿐이다. 아벨 페라라 역시 극단적인 폭력 미학을 그려내는 환상적 표현주의자 이전에 리얼리스트다.

출생, 8밀리, 텔레비전, 데뷔

1951년 7월 19일, 뉴욕 사우스 브롱크스 태생. 고교 시절부터 슈퍼 8밀리 카메라로 단편을 만들기 시작했다. 이 시기에 친구인 니콜라스 세인트 존을 만나게 되는데, 그는 이후 페라라의 영화 중 6편의 각본을 쓴다. 두 사람의 8밀리 작업은 1970년대 중반까지 계속됐다. 베이스라인 인명 사전에 따르면 아벨 페라라는 감독이자 작곡, 작사가로 명시돼 있는데, 장편 데뷔작인 1979년의 〈드릴러 킬러〉에서 직접 작곡을 맡은 것을 보면, 아마도 그 이전부터 작곡과 작사 활동을 병행해온 것으로 추측된다. 영상에 관해서는 8밀리 작업 외에 텔레비전 드라마의 연출을 맡은 경험이 있다. 대표작으로 1986년부터 1988년까지 작업한 〈범죄 이야기〉가 있고, 〈라스트 펀치〉의 성공으로 말미암아 기회를 갖게 된 〈마이애미 바이스〉 시리즈의 첫 두 편이 있다. 〈범죄 이야기〉는 전후에 발표된 극영화들과 소재 면에서 많은 모티프 교환이 있었던 것으로 평가되는 작품이다.

장편 데뷔작 〈드릴러 킬러〉는 페라라 스스로 만족한 것 외에는 별다른 주목을 받지 못했다. 스타일리스트로서의 자존심이 엿보였지만 치기 어린 장면들이 자주 눈에 띄는 데뷔작다운 영화였다. 그러나 페라라는 이 영화가 후에 〈악질 경찰〉을 만드는 데 큰 영향을 끼쳤다고 말한다.

조 태머리스를 주연으로 한 〈복수의 립스틱〉은 남자들한테 두 번에 걸쳐 강간을 당한 한 소녀의 복수를 소재로 하고 있다. 그녀는 눈에 띄는 모든 남성을 살해하는 것으로 복수를 한다. 확실한 컬트 영화라는 평판을 얻은 이 작품을 가만히 들여다보고 있으면 많은 작가들의 스타일이 녹아들어 있다는 것을 알 수 있다. 알프레드 히치콕의 〈사이코〉와 로만 폴란스키의 〈혐오〉, 그리고 브라이언 드 팔마의 〈캐리〉(1976)가 묘하게 중첩돼 있다는 것이 보편적인 평가다.

1984년작 〈라스트 펀치〉는 최초로 메이저급 배우들을 출연시켜 만든 영화다. 톰 베린저와 멜라니 그리피스가 주연을 맡은 이 영화는 맨해튼에 거주하고 있는 빈민들의 이야기를 그려내고 있는데, 페라라 영화 중 가장 완성도가 떨어진다고 볼 수 있다. 수준 이하의 감독들에게 붙여지는 불명예스러운 평가, "작품에 비해 캐스팅이 뛰어나다"가 이 영화에 적용됐다. 소재로 삼은 현실적 문제가 스타일과 접목되지 못하고 불협화음을 내는 결과를 가져왔다.

〈차이나 걸〉— 어두운 패스티시

〈차이나 걸〉은 패스티시와 차용의 결정적인 양상을 보이는 작품이다. 뉴욕 빈민가의 구역 간 세력 다툼을 그리고 있는 이 영화에서, 갈등은 이탈리아계와 중국계 갱 조직 간의 암투 속에 설정된다. 그들은 〈웨스트 사이드 스토리〉의 젊은 패거리들과 닮았다. 떼거지로 몰려다니고 바로 그 빈민가의 정방형 블록을 넘실거린다. 하지만 그들의 입에서는 노래가 아니라 욕설이 나오고, 그들의 팔은 하늘을 향해 벌려지지 않고 총과 칼을 잡는다.

인종적으로 분리된 갈등의 축에 첨가되는 것은 신·구세대 간의 분리축이다. 전통적으로 두 조직의 구세대들은 평화 협정을 맺은 상태에서 이권을 분리 소유해오고 있었지만, 이제 새롭게 등장한 젊은 갱들은 각자의 이권을 위해 무리한 세력 확장에 나서고 보스들의 경계를 무시한 채 전면적인 전쟁에 돌입한다.

하지만 영화의 중심은 갱들 자체가 아니라, 그들의 투쟁 속에 희생을 강요당하는 두 연인, 타이와 토니다. 타이의 오빠와 토니의 형은 각각 중국계와 이탈리아계의 중간 보스다. 세력 간의 다툼과는 아랑곳없이 두 연인의 사랑이 또 다른 이야기의 흐름을 형성하지만, 예상대로 그들은 불행한 결말을 맞이한다. 어디서 많이 본 얘기,《로미오와 줄리엣》이다(토니가 타이에게 데이트를 신청하는 장면은 《로미오와 줄리엣》의 바로 그 창가, 바로 그 분위기다). 셰익스피어가 설정한 원수의 가문은 이탈리아계와 중국계라는 인종적 갈등으로 치환된다. 하지만 암울하게도 〈차이나 걸〉에서는 두 연인의 죽음이 두 집단 간의 오해와 갈등의 해소를 유도해내지는 못한다.

그러나 분명하게 보이는 것은 '경계 넘기'다. 첫 장면을 기억해보자. 중국인 지역의 나이트클럽에 들어와 타이와 춤을 추던 토니. 그를 발견한 중국 갱들이 도망치는 토니를 쫓지만 토니가 어느 블록 안으로 들어서자 더 이상 뒤따라오지 못한다. 그 선은 블록과 블록 사이, 집단 간의 세력 경계선이다. 하지만 조금 후 이미 마음속에는 이탈리아 갱들과의 전쟁을 준비하고 있던 젊은 중국 갱들은 경계선을 무시하고 이탈리아 영역에 침범한다. 경계 허물기의 시발점이다.

《로미오와 줄리엣》이 보여주는 경계 넘기와 비교해본다면 〈차이나 걸〉의 냉정함을 발견할 수 있다. 로미오와 줄리엣은 선을 넘지만, 집단은 요지부동이었다. 그러나 두 연인의 희생으로 수동적인 두 집단은 분리선을 없애고 일치의 단계에 이른다. 〈차이나 걸〉의 경우, 선을 넘는 행위는 두 연인이라는 개인 차원에서만이 아니라 갱 조직이라는 집단의 수준에서도 발생한다. 단지 한쪽은 사랑, 또 다른 한쪽은 권력이라는 목표의 차이가 있을 뿐이다. 만일 선을 넘지 않는 존재를 찾으려면 양 집단에 공히 군림하는 구세대 보수주의자들이 있을 뿐이다. 자, 집단적으로 경계 허물기에 동참한 것은 좋았다. 결과는? 아무것도 없다. 만일, '경계의 설정'이 구세대가 물려준 유산이고, 영화적으로 스토리의 발단이라면, 결과는 비참하리만치 가시적이지 않다. 자아와 타자의 구분이 해소되고 타자 소외의 오만이 사라지는 것이 아니라, 뒤엉킴과 피비린내 속에 극단적인 분노와 돌이킬 수 없는 파국만이 초래된다. 페라라의 리얼리즘은 그 피상성으로 인해 냉랭하고 공허하다. 본질은 없고 현상만이 남아 있다.

리얼리즘에 관해 게오르그 루카치식의 규정을 내리려고 한다면, 리얼리티나 보편성에 시대적 이상이 첨가돼야 한다. 지향점이 없는 현실 묘사는 적어도 반세기 전까지 리얼리즘이 아니었다. 그러나 페라라는 어떤 형태로든 이상적인 상태를 자신의 영화 속에 잠재화시키지 않는다. 결과는 패배와 추락과 절망과 실의뿐이다. 그러나 분명하게 고발이 존재한다. 무엇에 대한?

'이상'이라고 하는 개념적인 상태를 제거한 채, 희망을 예감하는 전개의 바로 직전에서 스토리를 단절시켜버리는 페라라의 영화는, 적어도 '이상'을 '환상'으로 변용하고 현실의 밑바닥에 가라앉은 모든 '행복'과 '도피'의 영화들에 반기를 든다. 오히려 피상성이 더 직접적이다. 자신에게 주목해달라고 명동 한복판에서 총기를 난사하는 탈영

병을 보며 사회 제도나 군사 문화에 대해 떠들기보다는 직접 현장에서 그를 지켜본다. 심지어 그의 총에 가슴이 뚫려도 대담성과 직시는 페라라의 장점이다.

빛과 그림자, 계단과 창살로 이루어지는 직선의 교차는 무르나우나 로베르트 비네식의 독일 표현주의가 〈차이나 걸〉에 차용되고 있음을 직감하게 한다. 무엇보다 페라라의 취미는 그림자에 있는 것 같다. 그림자는 크게 두 개의 다른 장면에서 도입된다. 갱 조직 간의 혈투가 벌어지는 그곳에서 액션은 종종 벽에 비친 그들의 그림자 쇼트로 처리된다. 어두운 밤, 아무도 없는 뒷골목에서 벌어지는 이 '실체의 가림'은 관객들로 하여금 기묘한 상상 공간 속에 몰입되는 것을 부추긴다. 이 검은 공간 속에서 벌어지는 것은 살기 어린 폭력이다. 관객은 서서히 페라라의 어둠과 핏빛을 구별하지 못하게 된다. 마지막 장면, 중국인 갱의 총에 두 연인이 길바닥에 쓰러지고, 주위의 사람들이 천천히 그들의 시체를 둘러싼다. 커트되기 직전까지 실제로 시체를 덮어버리는 것은 익명의 군중들이 형성한 검은 그림자. 그 안에서 무엇이 벌어질까? 과연 그들은 두 구의 시체를 안고 병원으로 달려갈까? 두 조직은 반성을 하며 어색한 화해의 악수를 할까? 관객이 그 어둠을 지켜보며 느낄 수 있는 것은 시체로부터 발산되는 지나온 폭력에 대한 분노와 군중들의 무관심, 또는 새롭게 전개될 폭력의 예감이다.

〈차이나 걸〉에서 자기만의 리얼리즘을 성취하기 위해 감독이 마련한 중심 쇼트는 토니와 타이가 총에 맞아 쓰러지는 장면이다. 예감을 위한 분위기 조장도 없이 갑작스레 총구가 불을 뿜고, 잔인스럽게도 두 사람의 가슴 부위가 살점을 튀기며 피를 쏟는다. 관객은 싸구려 감상주의에 매몰될 여유도 없이 페라라가 제시한 어두운 현실에 맞닥뜨려야 한다. 그리고 그 그림자들 속에서 자신의 한 그림자를 발견할 수 있을 뿐이다. 하지만 반성하고 착해지려고 할 필요는 없다. '사악함'은 가치 판단 없이 현상으로 존재하고, '절망'도 피해가야 할 암울한 미래라고 제시되지 않는다. 페라라의 영화는 미래에 대한 아무런 환상도 제시하지 않는 대신에 선악을 판단할 수 있는 아무런 잣대도 마련해주지 않는다. 거기에는 단지 현실이 있을 뿐이다.

〈킹 뉴욕〉 — 자포자기의 동성애

〈킹 뉴욕〉은 〈캣 체이서〉라는 정치 스릴러물로 다소 주춤하던 페라라의 또 하나의 걸작이다. 크리스토퍼 워큰이라는 뛰어난 배우를 주연으로 캐스팅한 것도 소문거리였지만, 영화광이라면 이 영화에 등장하는 수많은 조연들에 주목해야 할 것이다. 그의 영화라면 단골 조역으로 등장하는 데이비드 카루소가 다혈질의 형사로 등장하고, 웨슬리 스나입스가 동료로 나오며, 스파이크 리 감독의 〈스쿨 데이즈〉(1988)의 바로 그 로렌스 피시번이 워큰의 충복으로 인상적인 연기를 펼친다. 또 한 명, 정말 단역으로 출연하는 스티브 부세미는 〈바톤 핑크〉(1991)의 호텔 급사와 〈저수지의 개들〉의 미스터 핑크로 우리에게 친숙하다.

TV시리즈 〈범죄 이야기〉와 〈차이나 걸〉의 많은 형식들을 빌려온 〈킹 뉴욕〉으로 인해 페라라는 '초특급 폭력 마니아Ultra violence Mania'라는 꼬리표를 달게 되지만, 이 작품을 통해 페라라의 영화는 많은 점이 변모됐다. 감옥에 있던 프랭크 화이트라는 마약 카르텔 거물이 출옥하면서 이야기는 시작된다. 그는 숙적들을 하나하나 처치해버리고, 경찰들은 그를 체포하기 위해 혈안이 되지만, 〈차이나 걸〉의 파국처럼 두 집단은 충돌하고 급기야 프랭크는 자살을 한다.

엄밀하게 이 영화는 《로빈 훗》의 패러디다. 악덕 영주들의 돈을 빼앗아 가난한 농민들에게 나눠 주는 '숲 속의 왕' 로빈 훗처럼, 프랭크와 일당들은 뉴욕의 블랙마켓을 점거하고 있는 모든 악당들을 제거하고, 그들을 방해하는 경찰 무리들과 싸우며 벌어들인 돈을 빈민가의 병원 건설을 위해 헌사한다. 《로빈 훗》의 의적들이 종국적으로 리차드 왕의 복귀라는 거대한 목적을 지니고 있던 것에 비교해, 프랭크 일당들은 그들이 생각하는 정의를 위해 상황상황마다 악당들을 한 명씩 살해한 것이 원작과 〈킹 뉴욕〉을 차별화하는 요소다. 〈차이나 걸〉로 비롯된 무목적의 행위 현상들은 이 작품에서도 다르지 않다. 어쩐지 프랭크의 행동은 공허할 뿐이다. 그는 말처럼 정의를 위해 행위하지 않는 듯이 보이고, 그때그때의 사건을 마지못해 처리해가는 과정에 '정의'라는 명목을 붙이고 있는 것 같다. 그의 생활은 어쩔 수 없이 살아가야만 하는 존재의 힘겨움을 은연중에 보여준다.

양식적인 면에서 이 영화는 분명 작가주의적인 진행 과정의 한복판에 있다. 일관성은 독일 표현주의식의 누아르에서 여지없이 발견된다. 전작들에 비해 확실히 이 영화는 피의 축제다. 콜롬비아계, 중국계 등의 카르텔 라이벌들을 하나하나 처치해가는 과정이나, 경찰들과의 총기 난사전에서 실감나는 음향 효과와 낭자한 피는 타란티노의 〈저수지의 개들〉보다 한 수 위다. 그러나 그 모든 개별적 사건들은 어두운 밤, 질게 분리된 빛과 그림자의 조명, 철조망과 창살의 직선적 이미지에 둘러싸여 있다. 만일 1920년대 독일 표현주의 영화와 다른 점이 있다면 적어도 어두움의 면에서 왜곡의 양상이 두드러지지 않는다는 것이다. 1920년대의 무르나우가 전쟁과 혼란의 징후를 의식적으로 표현하기 위해 가시적인 왜곡의 이미지들을 창출했다면, 페라라는 그 왜곡이 행해질 수 있는 일차적인 대상에 초점을 맞춰 그저 드러내고 있을 뿐이다. 앞에서 얘기한 노골성과 피상성, 그리고 페라라적 리얼리즘을 떠올린다면 왜곡과 개념을 제거한 대상 집착적 누아르 스타일은 한결 이해하기 쉬워진다. 흥미롭게도 영화 속에서 마약이 거래되는 한 장소로 극장이 선택되는데, 그 극장에서는 무르나우의 〈노스페라투〉(1922)가 상영되고 있다. 이 상징적인 차용과 중립적인 현상으로서의 마약 거래는 독일 표현주의에 대한 최소한의 경의 바로 직후에 페라라가 그것을 100퍼센트 받아들이지 않는다는 의사 표시의 수단으로 도입됐다.

변화는 몇 가지 형식에서 발견된다. 우선 그의 영화에 익스트림 클로즈업이 자주 사용되고 있다는 점이다. 〈차이나 걸〉 이후 그의 영화는 그다지 많지 않은 커트와 비교적 대상으로부터 멀리 떨어진 카메라를 보여줬다. 만일 그가 관객의 동화를 원하는 치기 어린 행동을 보여준 것이 있다면, 오직 대단히 느린 점진 접근 쇼트가 있었을 뿐이다. 〈킹 뉴욕〉에서 그는 주로 인물의 얼굴이나 사물들에 카메라를 밀착시킨다. 하지만 동화감은 조성되지 않는다. 사물들조차 생명력을 부여받거나 특별한 의미를 제시받지 못한다. 프랭크의 얼굴에 자주 접근하는 카메라는 의미 없이 이어가야 하는 현상들의 연속체 속에서 그가 얼마나 소외돼 있는가를 보여줄 뿐이고, 감지할 수 있는 것도 그조차 그 사실을 알고 있다는 회한의 눈빛뿐이다. 그리고 패닝되는 사물들은 바로 그 현상에 불과한 생활 연속의 한 단면을 보여줄 따름이다.

목적 없이 벌어지는 이 '현상'의 축제에서 페라라가 제시하는 심리학적 기제는 동성애다. 프랭크와 그의 오른팔 짐의 관계, 그리고 데이비드 카루소와 로렌스 피시번이 연기하는 경찰 버디의 모습은 경찰과 악당의 경계와 인종적 경계를 뛰어넘어 공히 동성애적이다. 영화 속의 주요 인물들이 보여주는 대부분의 행위는 자신의 동성애적 연인에 대한 집착과 상대방에 대한 질투에서 그 동력을 발견할 수 있다. 그러나 잊지 말아야 할 것은, 기본적으로 페라라가 그린 뉴욕, 그리고 그 '뉴욕의 왕' 프랭크가 목적이 없다는 것이다. 그리고 현상들의 무차별적인 나열들 속에 공허하지만 끈질긴 생활을 이어갈 뿐이라는 사실이다. 동성애는 그 무료함 속에서 선택하지 않으면 안될 최소한의 에너지로 기능하고 있을 뿐이다. 도시는 존재한다. 그리고 그 도시에 군림하는 자도 있다. 그러나 권력도 목적도 없다. 빅토르 위고가 말하듯 "가장 행복한 순간은 아직 남아 있는 미래의 나날들"이라는 순진한 희망도 없다. 모든 것은 그렇게라도 하지 않으면 전멸하고 말 삶들을 위해 도용된, 의미 없는 기능과 현상으로 처리된다.

구원 — 인물의 좌절과 페라라의 실패

〈악질 경찰〉은 종교에 대한 언급이 극명하게 드러난 작품이다. 〈차이나 걸〉, 〈킹 뉴욕〉 등 그의 전작들에서 이미지 커트로 사용된 사물들 중 두드러진 것은 성모마리아 상이었다. 그러나 종교는 페라라의 인물들에게 아무런 구원을 주지 못한다. 힘없이 깨어져 나가고 시선에서 벗어난다. 믿음과 신념이란 이상의 영역이다. 페라라적인 현상 연속 속에 이상의 형태를 띤 것은 어떤 것도 자리잡지 못한다. 강간을 당한 수녀가 범인을 용서하고 주인공인 경찰(하비 케이틀 분. 그는 극중에서 이름조차 없다)은 그녀가 지닌 절대적인 믿음 때문에 혼란에 빠진다. 마약과 섹스, 부패한 생활에 찌든 자기 자신과 구원의 가능성에서 그 혼란은 발생한다. 그러나 희망적인 해결은 결단코 인정되지 못한다. 절망과 패배의 부패한 냄새만이 감돈다.

〈바디 에이리언〉은 잭 피니의 원작 소설을 영화화한 일련의 작품군 중에 세 번째 영화다. 1956년에 돈 시겔이 〈신체강탈자들의 침입〉을 만들었고, 1978년에 필립 카우프먼이 〈우주의 침입자들〉을 연출했다. 페라라의 〈바디 에이리언〉은 그의 전작들에 비해 실패작이었다. 기본적으로 일관성 있게 유지해온 모든 스타일이 파괴됐고, 새로운 실험 정신이 완전히 고갈돼버렸다. 시나리오는 허점과 비약으로 도색된 수준 이하의 것이었고, 연출은 할리우드 메이저 영화들의 폐단을 자신 없이 모방하고 말았다. 인간의 형상을 복제해 차례차례 한 군부대를 대체해버리는 외계인들의 모습은 과거의 '신체 강탈자'들이 상징한 전체주의와 집단주의의 모습을 고스란히 반영한다. 20세기 중반부에 전체주의와 집단주의는 파시즘의 잔재와 공산주의자들의 위협으로 그 효과를 발휘할 수 있었지만, 1980년대의 현실에 집착해온 페라라에게 이 변화 없는 모방은 〈바디 에이리언〉이 현실과 영화 어디에도 근거를 둘 수 없게 만드는 불행한 결과를 초래했다.

〈스네이크 아이〉 — 환상적인 예술과 현실

전작의 초라함 때문이었을까? 1993년에 발표한 〈스네이크 아이〉는 1년 만에 그가 원상 복귀했음을 증명한 작품이었다. 〈악질 경찰〉에서 뛰어난 연기를 보여준 하비 케이틀과 어쩐지 '컬트적'인 여배우 마돈나를 주연으로 한 이 영화는, 도시의 중산층 부부가 겪는 심리적 혼란에 관한 영화를 만드는 한 감독의 이야기다. 〈악질 경찰〉의 수녀처럼 절대자에 대한 신념으로 모든 것을 받아들이는 아내와 마약과 술에 찌든 자신의 현실을 아내가 믿는 종교만큼의 진리로 받아들이는 남편의 갈등이 극중극에서 전개되는 동안, 혼란에 부딪치는 것은 극중극의 인물들이 아니라 감독과 현실의 배우들이다. 그러나 생각해보자. 극중극에서 카메라를 끄고 현실로 돌아온 그들도 관객들에게는 다시 영화 속의 인물들이다. 마치 끝없이 형상을 반영하는 거울들의 연속체처럼 이 영화는 관객들부터 극중극 속의 인물들까지, 존재하는 다양한 층위들에 대한 구별이 없다. 그들은 무엇을 느끼는가? 영화 속의 감독은 극중극 〈거울들의 어머니〉를 찍어가는 동안 혼란에 빠진다. 그는 남자 주인공의 심리 상태를 개인적인 원한에서 미국 상업주의에 대한 반항에 이르기까지 어디에 맞춰야 할 것인가에 혼란을 겪는다. 그러나 그가 정작 혼란스러워하는 것은 자기가 만드는 영화와 자신의 현실이 뒤엉켜간다는 사실이다. 우리가 만약 영화 예술을 하나의 환상 또는 이상이라고 생각해본다면 엄연히 이 영화는 이상 영역과 현실 영역의 충돌이고, 다시금 희망적인 해결은 없다. 극중극의 남편이 아내를 죽이듯, 남는 것은 현실이 얼마만큼 실존적인 것인가에 대한 잔해 의식과 절망일 뿐이다.

〈어딕션〉 — 피의 매혹

올 2월에 열린 베를린 영화제에서 아벨 페라라는 〈어딕션〉이란 뱀파이어 영화를 선보였다. 릴리 테일러와 스파이크 리의 〈정글 피버〉(1991)에서 호평을 받은 아나벨라 시오라가 출연하고, 〈킹 뉴욕〉을 차가운 어두움으로 이끈 크리스토퍼 워큰이 오래간만에 페라라의 영화에 복귀했다. 줄거리를 살펴볼까? 대학생인 캐서린. 평화롭고 무료한 일상에 젖어 있던 그녀는 어느 날 밤 집으로 돌아오는 길에 끔찍한 사건을 경험한다. 갑작스럽게 나타난 카사노바란 여인에게 목을 물린 것이다. 두 개의 핏자국을 목에 남긴 채 가까스로 탈출하지만 이미 엎질러진 물. 며칠 동안 그녀는 자신의 몸은 물론 마음도 감염되고 있음을 감지한다. 무엇에 대한 감염인가? 그녀는 자기도 모르게 점점 피에 탐닉하고 있었던 것이다. 급기야 캐서린은 피를 섭취하려고 뉴욕의 밤거리를 배회한다. 이어지는 흡혈귀들과의 만남. 은밀한 뱀파이어 파티는 그녀에게 치명적인 상처를 입히지만 그녀는 이미 죽을 수조차 없는 운명이다. 고통받고 있는 캐서린 앞에 구원을 가능하게 해줄 신부가 나타나고, 그의 도움으로 그녀는 흡혈의 운명에서 해방된다.

엄밀하게 아벨 페라라의 영화에 의도적인 철학은 없다. 그의 영화는 현실이 지니고 있는 개념의 안개를 벗기고, 거기 바로 그 자리에 뚜렷하게 존재하는 현실을 들춘다. 거기에 그의 미덕이 있다. 비전은 있다. 그러나 어둡다. 우리는 이 암울함에 도취되고 찢겨지고 추락하는 절망의 순간을 그의 영화에서 경험한다. 그러나 그의 절망적인 악마성에 평가는 있을 수 없다. 이 시대에 선악의 구별은 그다지 큰 의미가 없다. 직관이 가치 평가를 지배한다.

〈스크린〉 1995년 8월호

아벨 페라라
1951년 생

〈〈R-X마스(R-Xmas)〉〉(2001), 〈블랙아웃(The Blackout)〉(1997), 〈퓨너럴(The Funeral)〉(1996), 〈어딕션(The Addiction)〉(1995), 〈스네이크 아이(Snake Eyes)〉(1993), 〈바디 에이리언(The Body Snatchers)〉(1992), 〈악질 경찰(Bad Lieutenant)〉(1992), 〈킹 뉴욕(King of New York)〉(1990), 〈캣 체이서(Cat Chaser)〉(1989), 〈차이나 걸(China Girl)〉(1987), 〈라스트 펀치(Fear City)〉(1984), 〈복수의 립스틱(Ms.45)〉(1981), 〈드릴러 킬러(The Driller Killer)〉(1979) 등

우디 앨런

뒤틀기와 집착의 거울에 투영되는 삶의 국면들

몇 년 만에 어느 집을 찾아간다. 아무도 변하지 않았다. 심지어 오래된 테이블의 커버조차 바뀌지 않았다. 기쁘다곤 할 수 없지만, 적어도 일종의 편안함을 느낀다. 단 몇 초 뒤에 그 집을 나온다 해도 들어가기 전보다 좋은 기분으로 나올 수 있다. 우디 앨런의 영화에서 나는 그런 것을 발견한다.

'영화작가'라 통칭되는 많은 감독들은 언제나 새로운 것을 추구한다거나, 또는 언제나 일관된 것을 보여준다는 것 때문에 추앙을 받는다. 아마도 원래의 '작가주의'는 일관성에서 시작됐으며, 그럼에도 불구하고 늘 새로워야 한다는 이중적 성격을 역사적으로 첨가해왔는지 모른다. 우디 앨런을 언급하자면 얼마간은 후자 쪽인 것 같다. 그의 영화는 안타까운 외도와 어쩔 수 없는 복귀로 점철돼 있다.

차가운 시선이 제공하는 웃음

대부분 미국 중류층의 사람들을 소재로 하고 있으며, 특히나 뉴요커를 영화의 주인공으로 자주 등장시키는, 자기 자신도 철저한 뉴요커인 우디 앨런의 기본적인 세계관은 냉소주의와 비관주의다. 냉소주의는 그가 소재에 접근하는 태도와 관련되고, 비관주의는 그의 근본적인 시각과 관련된다.

우리는 일반적으로 우디 앨런의 영화를 크게 두 개의 시기로 구분한다. 1기는 데뷔작 〈돈을 갖고 튀어라〉부터 1975년의 〈사랑과 죽음〉까지다. 이 시기의 영화들은 분주한 몸동작을 기본으로 하는 버스터 키튼 영화 같은 슬랩스틱 코미디와 이른바 사이트 개그(동작에 의한 개그)적인 특징을 보여준다. 더군다나 그 영화들은 영화에 입문한 신기함에 도취라도 되어 있듯이, 자유분방한 형식을 갖추고 있고, 논리적 연관성을 파기하며 연출됐다. 〈당신이 섹스에 대해 알고 싶었던 모든 것〉에서 우디 앨런은 페티시즘, 동성애, 수간, 성적 콤플렉스, 또는 섹스 메커니즘에 관한 모든 것들을 거리낌 없는 상상력 속에 에피소드식으로 구성하고 있으며, 〈슬리퍼〉는 200년 동안 냉동됐다가 미래에 다시 깨어난 주인공 마일즈 먼로를 통해 미래 사회에 대한 가볍지만 어두운 전망을 보여준다. 이 시기의 영화들에서 자신이 직접 맡은 주인공(〈돈을 갖고 튀어라〉에서의 강도, 〈슬리퍼〉에서의 식품점 주인, 〈사랑과 죽음〉에서의 얼치기 병사, 그리고 〈당신이 섹스에 대해 알고 싶었던 모든 것〉에서의 정자)들은 그 특별하게 소외된 직업과 분명하게 드러나는 나약한 캐릭터들을 의도적으로 표방한다.

두 번째 시기는 1977년의 〈애니 홀〉부터 지금까지다. 이때부터 우디 앨런은 파격적인 실험을 자제하고 진지하게 주제에 다가선다. 전반기의 영화들이 개인을 억압하는 사회나 구조, 또는 역사나 원동력에 더 많은 부분을 할애했다면, 후반기의 영화들은 여전히 구조의 그림자가 드리워져 있는데도 불구하고, 인물들의 내면 세계를 들여다보는 일에 집중한다. 더 이상 몸으로 웃기지 않는 주인공들은 무수하게 터지는 대사들을 통해 숨겨진 의식과 정서의 문제들을 관객과 의논하려고 한다.

냉소주의는 전반기보다 후반기에 더 가까이 있는 것 같다. 그 시기의 영화들이 좀더 일상적이고 현실적이기 때문이다. 그것은 냉소가 지니는 은밀함과 관련이 있으며, 구조와 환경의 제약이 심리 속에 녹아드는 바로 그 부분 때문이다. 전반기의 영화들이 구조 따로, 인간 따로의 이차원적인 구도를 보여줬다면, 후반기의 영화들은 구조와 인간이 작용, 반작용을 거듭하는 심각한 입체성을 표방한다. 흔히 우디 앨런의 영화를 개인적이라고 말한다. 그러나 이 글에서 한 번쯤은 그런 명제를 뒤집어도 좋을 듯하다. 우리의 주인공들은 결코 환경의 지배에서 벗어날 수 없다. 다만 앨런의 주인공들이 다른 점이 있다면, 구조의 범위가 넓다는 사실 뿐이다.

확장된 구조, 괴리와 아이러니

이 지점에서 우리는 후반기의 영화들이 채택하고 있는 소재들을 살펴볼 필요가 있다. 우선 앨런 자신이 그러하듯, 미국 사회에서 유대인이 살아가는 것은 어떤 것인가가 기본적으로 깔려 있다. 〈애니 홀〉의 앨비(우디 앨런)는 위스콘신 주 출신인 애니(다이안 키튼)와 만나면서 자신이 유대인이라는 사실 때문에 많은 갈등을 겪는다. 특히 그녀 가족들의 편견이 그렇다. 〈젤리그〉는 어린 시절부터 반유대주의의 환경 속에 자라난 주인공(우디 앨런)의 자기 정체성의 혼란을 다룬다. 더군다나 라디오가 삶의 모든 것이던 시절을 다룬 낭만적인 영화 〈라디오 데이즈〉에서조차, 1940년대의 분위기는 끊임없이 유대인들을 고립시키는 미국 사회의 모습으로 구성된다.

여기에 중산층 사회의 가족과 결혼, 사랑에 관한 고민이 보태진다. 1978년에 연출한 〈인테리어〉는 그의 영화 중 가장 진지하고 무거운 손길이 가해졌는데, 다이안 키튼이 연기한 주인공은 남편과의 불화와 세대간의 문제에 얽혀든다. 앨런은 위대한 미국 사회를 지탱하고 있는 평범하고 건실한 중산층의 가족 구조가 그 내부에서는 얼마만큼 많은, 그리고 근본적인 문제로 그 구성원들을 피폐화시키고 있는가에 집착한다. 〈맨하탄〉, 〈한나와 그 자매들〉, 〈셉템버〉에서 이런 문제는 남녀간의 관계에 그 심도를 더한다. 이 작품들의 주인공들은 그들이 지니고 있는 내면적인 욕망이 사회적으로 인정되는 보편적인 가치들과 얼마만큼 상충되고 있는가에 직면하게 되며, 그로 인해 다시 내부로 침잠한다.

그래서 다시 구조를 이야기한다. 가족, 결혼, 인종 같은 문제들이 어떤 의미에서는 사회적인 통념이나 개념으로, 어떤 의미에서는 제도로, 어떤 의미에서는 가치들로 정리되며 앨런의 구조 개념에 흡수된다고 볼 수 있을 것이다.

그는 이 소재들을 다루는 방식으로 냉소주의를 선택했다. 아주 차가운 시선이다. 그는 대단히 우습게 돌아가고 있는 그 상황들을 표현하기에 급급하다. 주인공들이 그토록 고민하는 문제들은 구조가 지닌 덫뿐만이 아니라, 앨런이 쳐놓은 벗어날 수 없는 그물망에 갇혀 있다. 그가 조소하는 이유는 우선 그 문제들을 심각하게 받아들여야만 한다는 냉철함을 위해서, 둘째로 관객이 그것을 자신들의 문제로 전환시켜야만 한다는 의도 때문에, 마지막으로 그럼에도 불구하고 결코 해결될 수 없다는 비관적 태도에 기인한다. 대부분의 지적인 코미디들이 그렇듯, 우디 앨런 영화의 웃음은 바로 그 냉소성에서 유발된다. 구조적인 상황과 그 안에 갇힌 인물들과의 괴리, 그는 끝없이 고민하지만 그의 심각한 고민 자체를 즉물적으로 바라보는 카메라의 시선, 그들의 무기력함을 묘사하는 감독의 아이러니가 관객의 입가에 미소가 떠오르게 한다.

냉소적 뒤틀기와 유일한 대안

모든 것을 대상화하는 앨런의 즉물성은 그가 몸담고 있는 영화 매체와 지식에까지 이른다. 그의 많은 영화가 걸작들을 패러디하고 응용한다. 프리츠 랑의 〈메트로폴리스〉(1927)를 연상케 하는 〈슬리퍼〉, 톨스토이의 《전쟁과 평화》를 뒤집어놓은 〈사랑과 죽음〉, 펠리니적 환상으로 꾸며진 〈스타더스트 메모리〉, 베리만과 셰익스피어에 바치는 〈한여름 밤의 섹스 코미디〉, 그리고 좀더 깊게 베리만에 대한 강박관념이라도 있는 듯이 연출된 〈인테리어〉 같은 영화들이 그렇다.

하나의 쇼트를 떠올려보자. 〈바나나 공화국〉에 등장하는 계단 쇼트. 혼란스러운 군중이 그다지 넓지 않은 계단 위에서 북적거릴 때, 계단 한구석에는 내용과 아무런 상관도 없는 유모차가 덜컹거리며 내려가고 있다. 〈전함 포템킨〉(1925)의 오뎃사 시퀀스! 게다가 〈뉴욕 스토리〉의 '오이디푸스 파탄'과 〈브로드웨이를 쏴라〉의 마지막 장면("세상엔 질보다 양이 중요할 때도 있어." "누가 그래?" "칼 마르크스!")은 20세기 사상계를 이끌어 온 두 거물, 프로이트와 마르크스를 인용한다(사실 프로이트에 대해서라면 앨런의 모든 영화가 그의 사고 체계를 어느 정도 의식하고 있다는 사실을 발견할 수 있다. 앨런의 주인공들은 대부분 성적 강박관념과 콤플렉스에 싸여 있다).

지나간 영화 장면의 재현은 관객의 친숙함을 유도하거나 파블로프 효과처럼 그 장면에 이미 형성돼 있는 정서를 고스란히 유발시키고 싶을 때 사용한다. 앨런과 동시대의 감독 멜 브룩스는 〈불타는 안장〉(1974) 등의 작품을 통해 '패러디를 하고 있다'는 사실 자체가 관객들을 웃길 수 있다는 걸 발견했다. 그러나 우디 앨런의 인용은 마치 보르헤스의 소설들처럼, 허구적 사실주의의 냉소적 뒤틀기로 일관한다. 그는 지식과 이미지의 원형들에게서 경배와 감탄, 또는 비난의 정서적 반응을 제거하고 단지 그들이 존재했다는 사실만을 즉물적으로 바라본다. 그는 인류가 축적해온 모든 지식 체계에 절대적인 신뢰를 보내서는 안 된다고 선동하고 있는 듯이 보인다. 단지 무수한 인용과 재인용만이 우리에게 가능하다고 말하고 있지만, 실은 변형되고 반복되는 사고 체계의 바다에서 허우적거리는 것이 인생을 살아가는 데 선택할 수 있는 유일한 대안일 수밖에 없다는 은근한 좌절감을 보이기도 한다.

자, 다시 원래 이 이야기를 시작했던 비관주의로 돌아가자. 그가 선택한 많은 소재들이 냉소적일 수 있었던 가장 큰 요인은 바로 비관주의적 세계관이다. 주인공들의 좌절과 고민은 때로 환상 속에 매몰되고(〈젤리그〉, 〈카이로의 붉은 장미〉), 때로 포기로 연결된다(〈한나와 그 자매들〉). 기껏해야 그 정도 수준의 도피구가 현실적인 문제들을 해결할 수 있는 최선의 방책인 듯이 보인다. 아무것도 해결되는 것은 없고, 앨런은 같은 주제로 끊임없이 필름을 찍어댄다. 그는 현대 미국 사회의 시민들이 겪고 있는 많지 않은 몇 개의 문제들을 건드리고 있지만, 그 어느 것에도 희망적인 대안을 제시하거나 긍정적인 전망을 시사하지 않는다.

강박관념과 신경쇠약증, 정신적·신체적 피해망상증과 온갖 종류의 콤플렉스에 시달리는 앨런의 주인공들이 비관주의를 대변한다. 그들은 끊임없이 중얼거리고, 정신분석의를 찾아가고, 무언가 해결점을 찾으려 하지만 어디에도 희망은 보이지 않는다. 후기로 올수록 앨런은 점점 더 다른 사람들과 함께 살아간다는 게 얼마나 힘들고 고통스러운 것인가에 집착할뿐더러, 어느 지점에선가는 삶의 가치에 회의를 느끼고 신을 찾거나 죽음을 생각하기도 한다(〈한나와 그 자매들〉). 그가 베리만을 인용하는 또 하나의 차원은 바로 그것을 언급하기 위함이다.

그러나 우리는 앨런의 영화가 보여주는 비관주의에 보편적인 가치를 부여하지는 말아야 할 것 같다. 그가 비관하는 대상은 해결점이 보이지 않는다는 것이지, 원인이 무엇이고, 그 현상이 어떻게 진행되고 있느냐에 번지지 않는다. 그러므로 끊임없이 도시를 배회하며 고민에 고민을 거듭하고, 관계의 갈등을 반복하는 인물들은 그것 자체가 인생을 구성하는 모든 요소인 것처럼 행동한다. 다소 낭만적인 앨런은 생에 대한 집착을 비관주의로부터 끌어오고, 끊임없이 죽음과 혼란의 극단을 인용하는 것이 삶을 살아가는 유일한 오락이자 가능한 수단일 뿐이라고 말한다.

〈브로드웨이를 쏴라〉의 전환과 집착

희극은 비극보다 현실에 접근하려고 한다. 비극은 이미 상존하는 현실의 문제들이 인물을 고통스럽게 하는 국면들을 묘사한다. 더군다나 몇 세기를 거치는 동안 그 문제들은 어느 정도 유형화됐고, 이로 인해 비극은 현실의 고통들을 탈시간적인 신화의 세계에 빠뜨린다. 희극은 비극과 반대의 화살표를 그린다. 그것은 비극처럼 현실로부터 가해지는 고통에 대해 서술하는 것이 아니라, 변화의 가능성을 지니고 그곳에 존재하는 문제들을 이쪽에서 먼저 바라보고 타진한다. 그러므로 희극의 웃음들은 각 시대마다 다양하게 존재하는 문제들에 좀더 민감하게 대응한다. 사회에 적응하지 못하는 인물들이 관객들의 웃음거리가 되지만, 실제로 그들은 매우 깊게 현실에 관여돼 있다.

우디 앨런의 후반기 작품들은 희극적이라기보다는 오히려 비극적이다. 그는 몇 가지 종류의 구조가 개인들의 심리에 침투해 있는 상황을 그리고 있고, 그 구조들은 시간의 제약으로부터 탈환돼 있다.

최근 극장에 걸리는 〈브로드웨이를 쏴라〉는 복귀된 초반기의 희극성을 보여준다. 1966년 첫 번째 희곡 작품 〈그 물을 마시지 마〉를 브로드웨이에 올린 자신의 경험을 반사하면서, 브로드웨이와 마피아를 아주 조금 연결해본 1984년의 〈브로드웨이 대니 로즈〉의 개념을 환기시키는 〈브로드웨이를 쏴라〉는, 〈애니 홀〉과 〈맨하탄〉 이후 그의 트레이드 마크가 되어온 다차원적 농담과 대사의 충돌을 이용하고 있다. 아직까지도 이런 스타일의 영화를 만들 생각을 하는 고집쟁이 우디 앨런에게 다시 한 번 감탄하고, 아직도 이런 영화가 주목을 받는 극장가에 다시 한 번 안도한다.

많은 영화에서 앨런은 자신의 모습을 극중에 투과한다. 〈브로드웨이를 쏴라〉는 후반기 영화들이 보여주는 창작자로서의 직업을 유지하면서, 예술과 창조라는 추상 개념이 현실적인 토대 위에 구축한 실체를 들여다본다. 그러나 영화는 극작가 데이비드 셰인(존 쿠색)의 고뇌를 무시하고, 흔들리는 창작 세계와 정형화된 인물들이 빚어내는 아이러니와 웃음의 만찬을 선사한다. 관객들이 끊임없이 부딪치는 모습은 개개 인물들의 심리가 아니라 그들이 처한 상황인 것이다. 이런 것들이 희극의 실천적 요소, 또는 본래의 모습을 가늠하게 한다.

〈브로드웨이를 쏴라〉에서의 앨런적 전환이 그의 작품 세계에서 어떤 의미를 지니는지는 조금 더 두고 봐야 할 것이다. 우리는 아직 〈마이티 아프로디테〉와 현재 촬영 중인 어떤 뮤지컬(영화 〈에브리원 세즈 아이 러브 유〉로 완성됐다 — 편집자)를 접하지 못했기 때문이다. 영화는 결말에서 기회주의와 가식으로 포장됐던 창작자가 연인과의 사랑을 회복하는 해피엔딩을 보여준다. 변화인가? 그렇지는 않은 것 같다. 후반기의 여러 작품에서도 이 정도 결말은 제시된다. 그러나 해피엔딩은 어쩐지 '좌절의 어쩔 수 없는 표현'이었던 것으로 보이고, 그것은 〈브로드웨이를 쏴라〉에서도 마찬가지다. 그러나 좀더 강화되고, 좀더 인정된 것은 죽음과 절망의 이미지들을 의식의 한구석에 박아두고, 결코 제시되지 않는 희망의 자락을 기대하지 않으면서, 끝없이 삶과 부딪치는 '구조인'들의 행위 그 자체다. 〈브로드웨이를 쏴라〉가 우리를 기쁘게 하고, 또 얼마간 경쾌하게 하는 것은, 무언가 기대할 것이 있다거나 삶의 희망을 찾았다거나 하는 이유 때문이 아니라, 오히려 그런 종류의 모든 기대치를 탈색하고 단순히, 그리고 순전히, 존재하고 있는 것에만 집착하는 앨런의 태도를 확인했기 때문이다. 그는 희망과 절망에 대한 일반적 인식을 파기하고, 무슨 짓을 하고 있든 가장 주목되어야만 하는 인간에 대한 병적인 집착을 보여준다.

우디 앨런의 영화는 현대 사회에서 영화가 살아남을 수 있는 몇 안 되는 방향 중의 하나를 선택하고 있는 듯하다. 앨런의 모든 영화는 독설에서 출발한다. 이것을 '관점'이 아니라 '독설'이라 지칭하는 것은, 영화의 주관성에 대한 그의 관대함, 또는 자기 세계에 대한 신경증적 애호 때문이다. 그에게 작가주의란 당당한 독설을 의미한다. '객관성'이라는 애매모호한 보호막을 파기하는 현대 영화 풍토에서 우디 앨런의 영화들은, 그들이 먼저 시대를 규정하기라도 한 듯이 가만히 앉아 이 기회를 잡을 것만 같다.

〈스크린〉 1996년 1월호

우디 앨런
1935년 생

〈내 남자의 아내도 좋아(Vicky Cristina Barcelona)〉(2008), 〈매치 포인트(Match Point)〉(2005), 〈에브리 원 세즈 아이 러브 유(Everyone Says I Love You)〉(1996), 〈마이티 아프로디테(Mighty Aphrodite)〉(1995), 〈브로드웨이를 쏴라(Bullets over Broadway)〉(1995), 〈맨하탄 미스터리 살인사건(Manhattan Murder Mystery)〉(1993), 〈우디 알렌의 부부일기(Husband and Wives)〉(1992), 〈중년의 위기(Alice)〉(1990), 〈뉴욕 스토리 '오이디푸스 파멸'(New York Stories 'Oedipus Wrecks')〉(1989), 〈범죄와 비행(Crimes and Misdemeanors)〉(1989), 〈라디오 데이즈(Radio Days)〉(1987), 〈한나와 그 자매들(Hannah and Her Sisters)〉(1986), 〈셉템버(September)〉(1986), 〈카이로의 붉은 장미(The Purple Rose of Cairo)〉(1985), 〈브로드웨이 대니 로즈(Broadway Danny Rose)〉(1984), 〈젤리그(Zelig)〉(1983), 〈한 여름 밤의 섹스 코미디(A Midsummer Night's Sex Comedy)〉(1982), 〈스타더스트 메모리(Stardust Memories)〉(1980), 〈맨하탄(Manhattan)〉(1979), 〈인테리어(Interiors)〉(1978), 〈애니 홀(Annie Hall)〉(1977), 〈사랑과 죽음(Love and Death)〉(1975), 〈슬리퍼(Sleeper)〉(1973), 〈당신이 섹스에 대해 알고 싶었던 모든 것(Everthing You Always Wanted to Know about Sex(But Were Afraid to Ask))〉(1972), 〈바나나 공화국(Banana)〉(1971), 〈돈을 갖고 튀어라(Take the Money and Run)〉(1969) 등

테리 길리엄

상상력이 응집해낸 시공간의 도피주의

〈12 몽키즈〉를 구성하는 끈질긴 맥락은 시간과 공간이다. 이것은 세계를 구성하는 본질이자, 영화 예술의 특징을 가늠하는 중요한 잣대 중의 하나다. 영화의 현실 복제 기능에 반기를 든 수많은 형식주의자들이 시간과 공간의 변형에 작업의 초점을 맞췄다. 그들은 시공간의 뒤틀림으로 현실을 지배하려고 하거나, 또는 시공간 자체에 독자적인 생명력을 부여함으로써, 공상적인 시각에 기반을 둔 또 하나의 세계관을 탄생시켰다. 테리 길리엄을 이야기하는 출발점은 바로 이 시공간이다.

특히 공간은 길리엄 영화의 초창기부터 그의 주요한 관심사로 부상한다. 어릴 때부터 만화에 관심을 보여온 그는 필름 위에 상상력으로 창조된 독창적인 공간들을 구축하기 시작했다. 환상, 비논리, 초현실 같은 단어들이 그가 구현해낸 공간들을 설명할 수 있는 단어다. 공간에 대해 고민하던 또 다른 영화 작가 피터 그리너웨이가 구도와 색채, 그리고 수평 공간(아울러 이것은 카메라의 수평적 움직임으로도 표현된다)에 집착했다면, 테리 길리엄은 프레임에 포착되는 사물 자체에 대한 비현실성과 수직, 전후 공간에 관심을 보였다.

〈여인의 음모〉에서는 시대성을 표현하는 다양한 사물들과 전체주의의 폭압성을 상징하는 고문실의 거대한 수직 공간이 길리엄의 공간 표현을 잘 보여주며, 〈바론의 대모험〉에서는 현실의 물리적 제약을 초월한 개념적 허구들이 공간 묘사를 통해 화면에 등장한다. 예컨대, 달 세계의 형태나 불칸신의 동굴이 그러하며, 문차우젠 남작 일행이 불칸신의 동굴에서 바다로 떨어지는 장면이 대표적이다. 그 쇼트는 사실상 지구의 중심부에 위치한 동굴에서 표면의 바다로 '솟구치는' 것이었지만, 길리엄에 의해 '떨어지는' 상황으로 뒤틀린다. 최근에 우리는 〈12 몽키즈〉의 지하 세계 묘사를 통해서도 이런 양상들을 확인할 수 있다.

그가 표현하는 공간은 크게 두 개로 나눌 수 있다. 하나는 현실 세계, 또 하나는 상상의 세계다. 이런 대비는 그의 세계 해석과도 관련되는데, 그는 두 개의 세계를 설정하면서도, 그 사이에 존재하는 간극과 분리를 허용하지 않는다. 특징적인 것은 경계의 해체가 일방향성을 보여준다는 것이다. 길리엄의 영화에서 우위를 점하는 것은 상상의 공간이다. 현실 세계는 끊임없이 상상의 세계에 구속당하고, 결정당하며, 인물들은 상상을 기반으로 현실을 해석한다. 급기야 현실은 상상과의 뚜렷한 경계점을 보이지 않고, 그 부속물로 아우러지고 만다. 현실인 듯싶던 공간은 어느새 상상으로 바뀌어 있고, 논리적으로는 불가해한 사건과 상황들이 상상의 도움을 얻어 실제 현실 속에 구현된다. 그 대표적인 작품이 〈바론의 대모험〉이다.

바론 문차우젠 남작의 무용담을 기반으로 한 이 스토리는 터키와의 전쟁이 한창인 현실과 문차우젠의 모험담으로 구성된 이야기의 세계라는 두 공간이 대비되지만, 상상은 공상으로 그치는 게 아니라 현실을 결정하는 동력으로 작용한다. 현실 속의 모든 사건은 문차우젠의 모험담에서 비롯된 것이고, 그 해결 역시 그의 이야기를 통해서만 가능한 것이기 때문이다.

상상의 세계가 초현실적이고 비논리적이며, 현실계보다 우위에 있다는 점은 자연스럽게 하나의 등식을 설정한다. 즉 정상적인 현실계에 대한 왜곡, 변형으로서의 초현실, 비논리는 길리엄 영화에서 하나의 지향점으로 설정돼 있다는 것이다. 그는 현실의 이면에 존재하는 상상의 무한한 열림과 포근함 속에 자기 자신은 물론이거니와 작품 속에 등장하는 모든 인물을 안주시킨다.

현실 개선에 대한 비판

이것은 자연스럽게 테리 길리엄의 '도피주의'와 맥을 잇는다. 그의 영화가 현실 지향적이지 않은 대표적인 이유는 그가 현실 자체에 아무런 관심이 없다기보다 현실 상황의 개선을 비관적으로 바라보기 때문이다. 비록 그가 만든 작품들 대부분이 흡사 아이들이나 보면 딱 좋을 듯한 엄청난 허구와 시각적인 환상으로 가득 차 있지만, 팀 버튼의 영화가 그런 것처럼 현실에 대한 시선의 피력은 결코 가볍지 않다.

〈여인의 음모〉는 그 대표적인 경우에 해당한다. 테리 길리엄이 몬티 파이톤 스타일에서 벗어나 연출 스타일에 변화를 가져온 작품으로 평가받고 있는 이 영화는 20세기의 어느 시점이라는 애매한 설정(그러므로 사실 어느 시대에나 적용될 수 있는 일반성을 띠면서) 속에 하나의 세계를 창조한다.

그곳은 극단적으로 비대해져 있는 중앙 정부의 관료주의가 만연한 곳이며(그리고 그 권력과 통제는 주로 공간을 통해서 묘사된다. 금속성의 인공적인 거대 공간 속에 인간의 모습은 대단히 미미하고 기계적이며 획일화돼 있다), 시민들은 온갖 정보와 사생활의 세세한 면까지 정부의 통제를 받는다.

전체주의적인 통제가 인간의 개별적인 생활을 구속하고, 절대적인 체제의 권력이 세계를 주조하는 공간이 길리엄이 바라본 현실의 모습이다. 이것은 전적으로 법칙이나 이성, 논리, 합리 또는 이 모든 것을 토대로 한 진보주의에 대한 비판이며, 어느 만큼은 테크놀로지를 바탕으로 한 기술 문명을 날카롭게 바라본 것이기도 하다. 〈바론의 대모험〉에서 어처구니없을 정도로 소모적이고 한심한 세상은 '18세기 후기 이성의 시대'이고, 〈피셔 킹〉의 현실은 라디오라는 매체가 인간의 정신과 생명을 구속하는 아이러니가 극대화된 테크놀로지의 시대다. 〈12 몽키즈〉의 미래 사회가 보여주는 바이러스의 만연 역시 그 연장 선상에서 해석된다.

날카로운 비판적 시각을 가지고 있으면서도, 길리엄은 현실에 대한 일말의 대안을 제시하지도 않거니와, 그렇다고 현상을 있는 그대로 직시하는 모습을 보여주지도 않는다. 그의 영화에는 사실주의도 기계적인 자연주의도 없다. 〈여인의 음모〉의 현실은 그대로이고, 〈12 몽키즈〉의 미래는 제임스 콜(브루스 윌리스)에 의해 변화되지 않는다. 그가 보여준 두 시간여의 노력들은 결국 무기력하게 자신의 운명을 인정하며 종결되고, 미래는 여전히 암담한 것이다. 만일 길리엄 영화에서 현실에 대한 해결이 있다면 그것은 〈시간 도둑들〉에서의 폭발이나 〈바론의 대모험〉에서의 아이러니처럼 갑작스럽고, 맥락의 정당성이 제거당한 일종의 허구로서의 종결일 뿐이다.

시공간이 부여하는 즐거움

그가 선택한 길은 '환상으로의 도피'다. 그것은 암울한 현실에서 인간이 선택할 수 있는 유일한 방법이며, 그나마 삶을 지속해 나갈 수 있는 단 하나의 동력인 것처럼 묘사된다. 〈시간 도둑들〉에서 소년 케빈은 이기주의와 무관심, 문명사회에 대한 절대적 귀속에 빠져 있는 부모, 그리고 그 부모로 대표되는 현실로부터 시간여행이라는 환상으로 도피한다. 〈바론의 대모험〉에서 셸리는 문차우젠 남작의 공상 속에서 더 큰 자유와 기쁨을 느끼며, 〈피셔 킹〉의 패리는 아내가 살해당한 어두운 기억과 그 피해망상의 공포보다는 잃어버린 성배에 대한 환상에 빠지기를 기꺼이 즐긴다. 이것은 〈여인의 음모〉의 샘 라우리에게 극대화되는데, 조직의 무료한 구성원으로서 그가 느끼는 최대의 기쁨은 공상의 세계에서의 자유로운 비행과 이상적인 여인과의 조우다.

도피주의와 관련해 시간은 또 하나의 테마로 작용한다. 〈시간 도둑들〉에서의 자유로운 시간여행이 케빈을 자극했다면, 〈12 몽키즈〉에서의 시간은 좀더 구체적으로 사건에 개입한다. 과거에 우선하는 미래라든지, 여러 개의 주제, 여러 개의 상황의 공존을 말하는 평행우주설 등 다양한 물리학적 시간 개념들이 적용될 수 있는 이 영화는 '과거보다 먼저 일어난 미래가 다시 그 미래보다 먼저 일어난 과거와 겹치면서 일정한 영향을 끼칠 수 있을 것인가'라는 문제 제기로 시작된다.

어린 시절의 기억을 피해망상처럼 갖고 있는 제임스 콜은 바이러스를 해결하려고 과거로 떠나지만 그가 인류와 자신에게 벌어진 사건의 전모를 알았을 때 마주친 것은 자기 자신의 모습이다. 끝없이 맞물리는 과거와 현재의 시간 회귀가 벌어지는 접목 지점이 그의 기억인 것이다. 그러나 어린 제임스 콜은 미래에서 온 성인으로서의 자신의 모습을 바라볼 뿐, 그리고 그 기억을 안은 채 다시 미래로 진행될 뿐 아무런 해결도 구현해내지 못한다(이것은 기존의 물리학이 설정하고 있는 시각에 부합되는 것이다). 만일 제임스 콜이라는 한 인물로부터 삶의 즐거움 또는 삶이 지속되는 유일한 기제를 찾으라면 그것은 시간 속의 여행일 뿐이다. 현실의 실체를 알지 못한 채 벌어지는 시간여행의 즐거움, 그 공상적인 과거로의 향수, 사랑하는 여인과의 만남이 '비현실적 시공간으로의 도피주의'를 강하게 피력해준다.

현실은 폐쇄적인 시공간에 가둬놓고, 환상은 자유로운 시공간의 즐거움과 편안함 속에 위치지운 테리 길리엄은, 시간과 공간의 뒤틀림에 그 자체로서의 생명력과 주체적 지향력을 부여했다. 양념 같은 메시지, 주제로서의 형식이 그의 모든 작품을 설명해주는 가운데, 시공간으로의 도피주의가 배설하는 자족적인(그러나 길리엄에게 있어 유일한 삶의 방편인) 쾌락이 다음 작품에서는 어떤 상상력과 만나게 될 것인가를 기대한다. 그가 세상에 대해 아무런 현실적 대안을 제시하고 있지 않은 것처럼, 관객들 역시 그의 현실적 사고의 맥락이 어떻게 달라질 것인가보다는 또 어떤 모습의 시공간이 도피로서의 즐거움을 부여해줄 것인가에 최대의 관심사를 갖고 있는 것이다.

〈스크린〉 1996년 5월호

테리 길리엄
1940년 생

〈파르나서스 박사의 상상극장(The Imaginarium Of Doctor Parnassus)〉(2009), 〈12 몽키즈(Twelve Monkeys)〉(1995), 〈피셔 킹(The Fisher King)〉(1991), 〈바론의 대모험(The Adventures Of Baron Munchausen)〉(1989), 〈여인의 음모(Brazil)〉(1985), 〈몬티 파이튼 — 삶의 의미(Monty Python's The Meaning Of Life)〉(1983), 〈시간 도둑들(Time Bandits)〉(1981), 〈몬티 파이튼의 성배(Monty Python And The Holy Grail)〉(1975) 등

관금붕

아주 꾸준하게 관금붕은 홍콩 영화를 지키고 있다. 그가 보여온 그간의 스타일들은 여타의 홍콩 영화들과 비교해볼 때 결코 대중적이지도 않지만, 그렇다고 이해하기 힘든 예술영화의 오만을 고집해온 것도 아니다. 관금붕의 영화에는 무협물의 거친 동선이나 특수효과도 없고, 왕가위 영화의 현란한 영상도 없다. 하지만 진지한 드라마가 있고, 세상을 보는 관금붕의 사려 깊은 미학이 있다.

홍콩 영화에서 제대로 중심에 올라선 '여성'의 이미지를 찾기란 쉬운 일이 아니다. 스타급의 여성 연기자들이 건재하지만, 실제로 영화 속에서 찾아본 그들의 모습은 남성 중심적인 시각과 남성 중심적인 결말, 그리고 남성 중심적인 극의 흐름에 전적으로 귀속되는 '대상으로서의 여성, 또는 고착된 전통적인 사고방식의 새로울 것 없는 재현'일 뿐이었다. 멜로드라마에서조차 일 대 일의 동등한 관계를 가지지 못한 '홍콩을 사는 여성'은 아마도 관금붕 감독의 작품에 와서야 적절한 대우를 받고 있다고 말할 수 있을 것이다. 이른바 여성의 삶을 중심으로 풀어가는 홍콩 이야기가 그의 영화를 채운다. 비록 '게이'라는 자신의 특성 때문에 조금은 여파가 있을지도 모르지만, '여전히' 남성 감독인 관금붕. 하지만 본성 중 얼마만큼이 여성적임을 인정하는 가운데, 기이하게도 그의 모든 작품에는 주체적으로 묘사되는 여성들의 삶이 녹아 있는 것이다.

대부분의 데뷔 감독들이 그러하듯, 첫 작품의 평가에 마음을 졸이던 그는 〈여인심〉이라는 작품을 연출한다. 외도하는 남편한테서 소외된 여자와 외도의 대상이던 또 하나의 여자가 벌이는 이 드라마에서부터 여성들의 삶에 대한 그의 집착은 시작된다(애석하게도 나는 이 작품을 보지 못했다). 2년 뒤 관금붕은 두 번째 작품이자, 그의 작품 세계를 실질적으로 펼쳐 보이기 시작한 〈지하정〉을 연출한다.

단지 한 편의 영화만을 연출했을 뿐이고, 그것도 홍콩이라는 도시에서 영화 작업을 하는 감독이 〈지하정〉 같은 영화를 만든다는 것은, 관금붕 자신의 독특한 정서를 확인시켜주는 좋은 예다. 스토리는 한 명의 남자와 그를 둘러싼 네 명의 여자로 이루어진 원형 구조를 보여준다. 남자는 쌀집 주인인 장수해(양조위)이고, 네 명의 여자는 대만 출신의 미스 채와 미스 온, 그리고 파리에서 활동하던 모델 빌리와 쌀집에서 일하는 미스 종이다. 다섯 명의 인물로 구성된 원은 영화의 초반부에 가볍게 형성되고, 그때쯤 미스 채가 의문의 살인사를 당하고, 여기에 등장하는 또 다른 남자가 형사반장인 관형사다. 그는 원의 바깥부터 시작해 서서히 안쪽으로 파고드는 캐릭터를 보여준다.

〈지하정〉은 몇 가지 장르를 동시에 혼용하는 특징을 보여준다. 가라오케, 홍콩의 밤거리, 백화점, 아파트를 무대로 펼쳐지는 도입부는 현대적인 직업을 가지고 살아가는 여성들의 도시 이야기다(뚜렷한 직업관을 보여주는 여성들의 도시 드라마라는 것 자체가 홍콩 영화로서는 흔치 않은 일이다). 장수해가 결부된 이후 스토리는 멜로드라마의 색채를 강하게 보여주다가, 미스 채의 죽음 이후 미스터리 형사물의 전형적인 구조를 보여준다. 그들은 모두 용의자이고 관객들은 그중 하나가 미스 채를 죽였을지도 모른다는 생각을 갖게 된다. 더군다나 어디에서건 불쑥불쑥 나타나는 관형사는 콜롬보의 분위기를 짙게 풍기며 사건의 단서들을 모아간다. 여기에 장수해와 미스 온의 섹스 신이 나오면서, 빌리와 미스 온, 장수해 사이에 벌어지는 삼각관계, 또는 치정 드라마의 분위기가 보태진다. 그러나 관객들은 서서히 어디서도 경험해보지 못한 정서적 혼란을 느끼기 시작한다. 관형사의 접근은 사건을 해결하기 위해서가 아니라 자신의 외로움을 달래기 위해서다. 그는 용의자들과 친구가 되고 싶은 것이고, 그들 역시 관형사를 자신들의 굴레 안으로 받아들인다. 어느새 미스 채의 살인 사건에 관한 이야기는 온데간데없고, 영화의 마지막 장면은 암으로 죽어가는 관형사와 자신의 헛된 삶을 회한하는 장수해의 병실 대화신이다.

장르의 특성들을 부유하다가 갑작스러운 정서적 공백감을 안겨주는 〈지하정〉은, 영화 형식 자체가 지니고 있는 속성들의 내부를 휘젓고 다니다가 급기야 그 모든 것을 단번에 거부해버리는 형식적 무정부주의를 보여준다. 아울러 내용 면에서도 이 작품은 홍콩 도시 생활의 피상적인 현대성을 보여주다가 결국 그 모든 삶을 돌아보며 내면으로 침잠하는 '시대적 무정부주의'에 근접해 있는 것이다.

작품의 곳곳에는 대만에 대한 언급이 간헐적으로 등장하며, 장수해와 미스 온, 빌리는 후반부에 대만을 방문하기까지 하는데, 이곳은 도시적인 홍콩에 비해 전원적인 분위기가 물씬 풍기는 곳이다. 만일 관금붕의 영화들이 마치 파스빈더의 '전후 독일 멜로드라마'처럼 개별적이고 일상적인 인간관계 속에서 홍콩의 역사를 끌어안으려 하고 있다면, 대만은 일종의 낭만적 근원처럼 보여질 수 있을 것이다. 거대하고 두렵기만 한 전통적인 본토와 어지럽고 급격하게 변화하고 있는 현대적인 홍콩 사이에서 중도적이자 향수 어린 대만은 홍콩인의 일시적인 낙원이 될 수도 있기 때문이다.

〈지하정〉은 전적으로 장수해와 관형사라는 두 명의 남성을 중심에 둔 작품이다. 그러나 주목할 만한 점은 관금붕 특유의 형식적인 무기라 할 수 있는 극단적인 클로즈업과 미세하게 움직이는 카메라 이동이 유달리 여성들의 얼굴에 치중돼 있다는 것이다. 연출자의 주관적인 관심을 가장 잘 대변하는 이런 장치들에 여성들이 포착되고 있다는 것은 〈지하정〉의 스토리가 여성의 삶에 상당량의 내적 가치를 두고 있다는 것을 알 수 있게 한다. 장수해와 관형사를 둘러싸고 배치된 복수의 여성들은 각기 홍콩의 도시적인 생활 속에서 여성들이 보여줄 수 있는 몇 가지 형태들을 예시해주고 있는 것이고, 그들의 삶이 생각 없이 살아가는 남성들, 또는 남성 중심주의적인 홍콩 사회의 거대한 벽에 부딪쳐 어떻게 변화돼가는지 보여주는 것이다. 그렇다면 〈지하정〉은 대상으로서의 지위로부터 서서히 벗어나, 남성성의 거울에 부딪치던 삶의 모습을 자신의 것으로 끌어들이기 시작한 여성들의 정치적 영화라고도 볼 수 있다. 남성성의 절대적인 원형이던 장수해의 삶은 한순간의 계기로 해체되고(무정부주의의 전복력처럼), 그녀들은 '애타게 자신의 삶을 찾아' 무기력한 남성성과 분리되고야 마는 것이다.

1930년대로의 향수, 뉴욕 안의 중국

매염방은 관금붕이 가장 높이 평가하는 홍콩의 여배우다. 늘 그녀와 함께 작업하고 싶었던 관금붕은 〈인지구〉에서 그녀를 정점에 배치한다. 전작인 〈지하정〉에 비해 〈인지구〉는 매염방이 분한 기생 여화를 중심으로 홍콩의 과거와 현재를 연결시킨다. 전형적인 '시간을 초월한 사랑 이야기'의 외형을 입고 있는 이 작품은 1930년대에 부잣집 도련님인 진방방과 애절한 사랑을 나누다가 저승에서 만나기로 약속하고 자살한 여화가 1980년대의 홍콩에 나타나 도련님을 찾는다는 스토리다.

제작사인 골든 하베스트와 맺은 어쩔 수 없는 계약으로 만든 탓에 관금붕은 〈인지구〉에 별반 애정이 없다. 그래서인지 정교한 촬영의 성과에 비춰 홍콩을 바라보는 시각은 다소 허술하게 비춰지는데, 그것은 홍콩의 현재와 과거를 비교하는 여화의 관점이 구체적인 해독력을 갖추고 있지 못하다는 것이다. 분명 〈인지구〉에는 주체로서의 여성은 있지만, 홍콩 사회는 없다. 특이할 만한 점은 관금붕의 '1930년대에 관한 애정과 관심'이 이 작품으로부터 시작됐다는 점이다. 비록 피상적이기는 하지만 적어도 이 작품은 1930년대의 환영이 1980년대를 간섭한다는 기본적인 줄기를 지니고 있기 때문이다. 이어 관금붕은 중국 여성들을 향한 완벽한 관심, 〈인재뉴약〉을 연출한다.

이 작품의 흥미로운 점은, 그것이 다른 영화들과 동일한 러닝타임이고, 세 명의 여자라는 버거운 스토리의 양을 지녔는데도 불구하고, 결코 피상적이지 않게 주제를 풀어가고 있다는 것이다. 〈인재뉴약〉은 뉴욕이라는 이야기의 무대답게 전적으로 도시적인 드라마다. 온통 흑과 백의 무채색으로 포장돼 있고, 금속성의 빛이 쇼트의 곳곳을 채우며, 필름 누아르풍의 암울함마저 산발적으로 터져 나오는 〈인재뉴약〉은 각각 본토와 대만, 홍콩에서 이민 온 세 여성의 삶을 소재로 한다. 이런 토대는 역사와 사회라는 거대 구조와 개인적인 삶의 생생함이라는 변별적 요소들이 어떻게 맞물릴 것이냐는 기본적인 관심을 가지게 하는데, 〈인재뉴약〉에서의 그것은 영화의 흐름에 따라 전자에서 후자로 발전해간다. 뉴욕의 마천루만큼이나 기계적으로 설정된 초반부의 도식성은 중반 이후로 넘어가면서 세 여인이 자신의 삶에서 느끼는 감정적인 생동감으로 대치되고, 감독 자신마저 어느새 정서적으로 인물들을 파악하고 있기 때문이다. 게다가 이 개인적인 것만 같은 삶의 이야기들은 이미 중국인들의 보편적인 역사적 결과물들을 구체적으로 흡수하고 있는 것이다.

〈인재뉴약〉에서 관금붕이 집중하고 있는 문제는 중국 사회와 미국 사회, 좀더 넓게 동양적인 가족관과 서구적인 가족관의 상충에서 오는 문화적 갈등, 동성애와 이성애라는 두 축을 사이에 두고 진행되는 성의 정치학, 그리고 이민 사회의 동양인이 겪는, 또는 독립된 개체로 성장하려는 '여성'의 성공과 인종, 세대에 대한 것들이다. 이것은 이미 중국 내부의 분파적 형상들을 극복한 듯한 관금붕의 시각을 보여주는 것이라고도 할 수 있다. 반드시 갈등을 겪어야만 할 것 같은 중국 출신의 세 여성들은 단지 몇 개의 쇼트를 지나고 나면 어느새 인간적인 합일체가 되어 있다. 술이 잔뜩 취한 세 여인이 제각기 자기 나라의 노래를 부르면서도 서로 끌어안는 장면은, 동족으로서 이미 모든 문제를 정서적으로 포용한 중국 여성들의 낭만적 동화를 예시한다. 이미 갈등은 외부에 있는 것이다.

홍콩 영화의 문화사적 다큐멘터리

〈완령옥〉으로 관금붕은 다시 중국 안으로 돌아온다. 1930년대 홍콩 최고의 배우였던 완령옥의 어느 한 시절, 그녀가 가장 왕성하게 활동을 벌이다가 자살하게 되기까지 이야기를 담은 이 작품은 단순한 전기 영화의 컨벤션을 따르고 있지도 않고, 그녀가 한량인 애인 장달민, 제작자 당계산, 감독 채초생 등 여러 남자들과 벌인 애정 행각에 초점을 맞추고 있지도 않다. 전적으로 〈완령옥〉은 영화감독이 보여줄 수 있는 영화 자체에 대한 최대의 관심과 애정이며 헌사다. 그렇다. 〈완령옥〉은 영화에 대한 영화다. 그러나 홍미롭게도 그것은 대부분의 매체 탐구적 영화들이 보여주는 본질적 특성에의 집착에서 비켜서 있다. 〈완령옥〉이라는 한 편의 영화가 주제로 삼고 있는 것은 영화인으로서 살아가는 삶, 그들의 영화적인 태도, 관객들과 배우들의 관계, 홍콩 영화 역사의 줄기 등 구체적이고 실질적인 형태로서의 '영화'다.

개별적인 한 여성의 세세한 삶의 모습 속에서 홍콩이라는 거대한 집단의 기류를 읽어내려는 관금붕의 집요한 스타일은 〈완령옥〉에서 가장 적절하게 완성됐고, 〈인지구〉를 통해 미처 끝내지 못한 1930년대의 이야기, 그리고 그 현재적인 간섭 역시 〈완령옥〉에 와서야 빛을 본다. 두 개의 커다란 세계가 교차 편집에 따라 왕래한다. 하나는 컬러로 채색된 1930년대의 홍콩, 장만옥이 연기하는 완령옥의 시대이고, 또 하나는 극중 허구의 인물이 아닌 자기 자신의 처지에서 완령옥의 삶에 대해 이야기하는 현재의 홍콩 배우들, 즉 장만옥, 유가령, 양가위, 이자웅, 그리고 관금붕 자신의 흑백 인터뷰 화면이다. 그들은 마치 〈완령옥〉을 감상하는 관객들처럼 영화의 중간 중간에 모습을 드러내며, 완령옥에 대해 이야기한다. 다큐멘터리적인 롱테이크가 이들의 화장기 없는 얼굴을 훑고 지나갈 때, 관금붕은 "장만옥 당신이라면 자살까지 했을까?" "10년 뒤에도 사람들이 완령옥처럼 유가령에 대해 이야기하길 바래?"라고 묻는다. 역사적인 사실로서의 완령옥, 다시 약간의 허구가 가미돼 연출된 그녀의 삶, 그리고 홍콩의 영화역사를 관통하는 흐름을 지켜보며 자신들의 삶을 성찰하는 지금의 배우들. 〈완령옥〉은 현재와 과거, 삶과 영화, 그리고 사실과 허구가 영화적 리얼리티와 문화사적 낭만주의라는 또 다른 변별항을 생산하며 그리고 있는 홍콩의 거대한 다큐멘터리다.

여전히 시작되는 여성들의 삶

〈완령옥〉을 통해 장만옥의 인생에 간섭하던 관금붕은 〈레드 로즈 화이트 로즈〉를 통해 자신의 삶을 돌아보려고 했는지도 모른다. 영국영화학회BFI가 영화 100주년 기념 다큐멘터리의 중국편을 관금붕에게 맡겼을 때, 그는 중국 감독들의 영화와 인생을 살피며 남성의 이미지, 부권의 형상을 찾으려고 애썼다. 그는 이 어려운 여정의 출발을 위해 자신의 과거로 돌아갔는데, 그곳에는 전통적인 중국 가정에서 여러 가지 역할에 대한 의무를 지니고 살아왔던 청년 관금붕의 모습이 있었다. 〈레드 로즈 화이트 로즈〉는 자아성찰에서 비롯된 것처럼 주도면밀하게 구도화됐다.

역시 1930년대를 배경으로 젠 바오라는 전형적인 중국인 엘리트가 레드 로즈와 화이트 로즈라는 두 명의 여자, 곧 숨겨진 열정의 대상과 전통적인 중국 가정의 상징체로서의 아내와 맺게 되는 관계가 〈레드 로즈 화이트 로즈〉의 두 챕터를 구성한다.

두 가지 양상을 띠는 여성들의 이항 대립은 몇 가지 상충되는 개념의 충돌을 야기한다. 화이트 로즈로 대변되는 전통사회의 여인상은 곧 사회적인 인정과 기대의 충족, 사회 조직을 살아가는 인간으로서의 집단적인 삶의 태도, 전통적인 도덕관과 정상적인 생활인으로서의 가치, 자칫 구조적인 틀에 저항할 수 있는 개별적 욕망의 절제 등을 뜻한다. 반면 레드 로즈로 대변되는 욕망의 대상은 꼭 그 반대의 개념들, 일탈이 가져다주는 사회적인 비난, 부도덕, 절제되지 못한 성욕, 집단적인 가치에 반하는 개체적 가치, 그리고 은밀하게 내재된 남성들의 본성적 본능을 지시한다.

사실상 이 두 가지 대립항은 세상을 바라보는 진지한 시각을 보여주던 많은 영화, 또는 소설들에서 중심적인 테마로 삼아오던 것이다. 그러나 〈레드 로즈 화이트 로즈〉는 가치의 투쟁 이전에 젠 바오라는 남성의 흔들리는 주관성이 있다. 마치 〈지하정〉에서의 장수해처럼, 젠 바오의 인생은 두 개의 세계 중 그 어느 곳에도 속하지 못한 채 흔들리고 깨지고 있는 것이다. 이것은 다시 〈지하정〉의 여성상들이 개별적인 주체성을 확보하기 시작한 것처럼, 〈레드 로즈 화이트 로즈〉에서의 두 가지 여성상 역시, 단지 개념을 상징하기 위해 도식적으로 '이용'된 것이 아니라, 그 자체 다시 거기서 시작되는 여성의 삶을 보여주기 위해 '초청'됐다는 것을 말해준다. 자신의 삶을 스스로 다스리고 인정받는 남자가 되겠다는 젠 바오의 각오는, 남성으로서의 그가 내부로부터 허물어지는 모습이 보여지고 난 뒤에 즉각적인 시점의 해체를 가져온다. 역사적으로 구축되어온 사회적 구심체로서의 남성성이, 도외시되어온 내부의 무기력(그 방향을 잡지 못하는 본능적 개체와 사회적 조직 간의 갈등)으로 인해 힘없이 사그라드는 자리에, 묵묵히 대상으로 존재하던 여성들의 삶이 시작되는 것이다.

주제만큼이나 〈레드 로즈 화이트 로즈〉를 돋보이게 하는 것은 그 정밀한 미장센과 공간의 구석구석, 사물 하나하나에 머무르는 관금붕의 시선이다. 〈지하정〉 이래로 10여 년에 걸쳐 구축된 관금붕 특유의 촬영 미학, 부드럽게 대상을 훑고 지나가는 유려한 카메라의 움직임과 인물을 잡아내는 '크기'의 예술은, 그의 최근작답게 기술적으로도 높은 완성도를 보여준다. 그 장구한 주제에도 불구하고 드라마는 오로지 감성적인 흐름에 따라 전개되는데, 그것은 전적으로 프레임에 포착되는 미장센의 요소들에 인물들의 감정을 대입시키는 노련한 연출력 때문이다.

관금붕의 영화는 그 외형적인 면에서 일관된 흐름을 보이지는 않는다. 장르 면에서 다양하지는 않지만, 각기 다른 소재로 구축된 '차이'의 영화들이 그의 필모그래피의 '기표'를 구성한다. 그럼에도 불구하고 우리는 몇 가지 주제적인 지점에서 차별화된 외형들을 타고 도는 공통 분모로서의 '기의'를 발견할 수 있는 것이고, 급기야 묵묵히 지켜온 관금붕의 다소간의 무정부주의, 그 텅 빈 여백이 흐르는 특유의 미학을 확인할 수 있는 것이다. 친숙한 드라마와 친숙하지 않은 정서를 결합, 이 기괴하지만은 않은 영상 이야기가 거기에 있다.

〈스크린〉 1996년 6월호

관금붕
1957년 생

〈그림자 애인(影子愛人)〉(2012), 〈장한가(長恨歌)〉(2005), 〈란유(藍宇)〉(2001), 〈레드 로즈 화이트 로즈(紅玫瑰白玫瑰)〉(1995), 〈완령옥(阮玲玉)〉(1991), 〈인재뉴욕(人在紐約)〉(1989), 〈인지구(胭脂扣)〉(1987), 〈지하정(地下情)〉(1986), 〈여인심(女人心)〉(1984) 등

데이비드 린치
파헤치고 제거하기, 그 당혹스러운 혁명의 낭만

어쨌거나 데이비드 린치는 사랑을 이야기한다. 그러나 그의 영화에 완결된 멜로드라마는 없다. 어쩌면 모든 종류의 '구조'라는 게 부재하는 것인지도 모른다. 하지만 그가 '사랑'이라는 단어를 언급하게 되는 마지막 순간까지 가려면 수없이 많은 쇼트를 거쳐, 수없이 많은 언급들과 만나게 된다. 린치에 대한 분석학은 대부분 바로 이 노정에 집중된다. 도통 구조적인 명확성이 보이지 않는 관심의 편린들이 산란하게 흩어져 있고, 그곳에서 데이비드 린치는 어울리지 않는 이야기들을 무작정 풀어놓는다. 그 조각들을 따라 숨 가쁘게 방황하다 보면, 당혹스럽게도 갑자기 등장하는 것이 '사랑'이다.

중도적인 내러티브, 어둠 속으로

데이비드 린치의 영화를 불편하게 만드는 한 이유는 그것이 전적으로 내러티브를 부정하고 있지는 않다는 점 때문이다. 게다가 이 내러티브라는 건 도통 영화를 이해시키기 위해 존재한다기보다는 혼란을 가중시키기 위한 목적으로 사용된 것처럼 느껴진다. 거기에는 필름 누아르와 코미디, 멜로드라마, 동화, 호러, 웨스턴의 갖가지 내러티브가 존재하지만, 이 모든 것이 동시다발적으로 등장해 서로 파괴하고 그 내용마저 파탄에 빠뜨리며, 결국에는 어디서부터 손대야 할지 알 수 없는 극단적 혼란을 야기하는 것이다. 마치 1층도 있고 2층도 있는데 건물은 없고, 201호도 있고 202호도 있는데 2층은 없는 것처럼 당혹스럽다.

가장 실험적인 장편 데뷔작 〈이레이저헤드〉조차도 헨리 스펜서가 겪는 하나의 경험이 내러티브로 등장한다. 그는 여자친구의 집에 저녁 초대를 받으며, 그녀와 아이를 집으로 데려오고, 그녀는 가출을 하고, 헨리는 두려워하고, 아이의 배를 가르고, 환상 속에 빠지는 것이다. 더군다나 〈블루 벨벳〉이나 〈광란의 사랑〉, 〈트윈 픽스〉는 비록 기형적이고 친숙하지 않은 형태이기는 하지만, 내러티브의 모습을 분명하게 보여주고 있다. 게다가 〈사구〉란 얼마나 내러티브적인가?

　내러티브의 중간적 모호함과 변형은, 내러티브의 차원을 지속적으로 간섭하고 방해하고 단절시키는 이미지의 다층위들과 익숙한 복수의 장르적 기대감을 통해 단선적인 내러티브의 명확함을 방해하는 방법을 통해 성취된다. 이것은 단지 형식의 수준에 머무르지 않고 린치의 가치관을 은유하는 데까지 나아간다. 그는 우선 변별적인 층위들을 통해 화해할 수 없을 듯한 두 개의 세계를 병치시키고, 다시 간섭을 통해 하나가 다른 하나를 지시하거나 더욱 적극적으로 결정하게 만들어버린다.

　병치되는 두 세계는 피층과 내층으로 변별된다. 데이비드 린치의 모든 영화는 이른바 외형으로 드러나는 세계와 그 이면에 감춰진 또 하나의 세계라는 고집스러운 설정을 보여준다. 그리고 후자의 세계는 주제를 비춘다. 린치는 영화의 도입부에서 감춰진 이면으로 들어간다. 〈이레이저헤드〉에서 카메라는 불쾌한 느낌이 드는 어떤 원형 속으로 파고든다. 이것은 썩은 과일, 지구, 뇌, 암반, 어둠, 우주의 이미지다. 거기에는 어떤 균열이 있고, 그 균열 속에는 다른 세계가 존재하는 것이다. 〈블루 벨벳〉에서 두 세계의 통로는 풀밭에 버려진 인간의 귀다. 카메라는 귓구멍의 어둠 속으로 서서히 진입한다. 〈트윈 픽스〉에서 그것은 강가의 '이면'에 떠오른 로라 팔머의 변사체다.

시청각적 이미지의 폭압

　〈이레이저헤드〉에서 카메라가 파고든 세계는 헨리의 일상과 대비되는 그의 무의식이다. 끊임없이 떠오르는 벌레들의 이미지와 기관실에서 울려오는 듯한 웅웅거리는 청각적 이미지가 이 세계를 구성한다. 그것은 헨리를 둘러싼 무수한 강박관념이다. 인쇄공인 그는 휴가를 얻어 집으로 돌아왔지만, 여전히 기계음이 들린다. 이른바 문명, 산업사회, 기계적 구조의 중압감이 언제나 불안하게 하는 것이다. 그의 머리는 잘려 나가 지우개를 만드는 기계 속으로 들어간다. 이 떨쳐지지 않는 불안의 침투는 벌레의 이미지로 전환되는데, 이것은 다시 헨리의 '실제' 생활을 '결정'한다. 헨리가 낳은 자식은 그것 자체가 하나의 괴물이다. 여기에 보태지는 것은 '아버지 되기'가 부여하는 극심한 공포다. 그는 언제 잉태됐는지도 모르는 자식을 떠맡는다. 순식간에 모성으로서의 여자친구는 사라져버리고 헨리의 부성이 바라보는 어린 자식은 무의식 속의 두려움만큼이나 그를 불안의 극단으로 몰고간다. 과연 그 괴물의 뱃속에는 강박증의 온갖 원인들이 가득 들어차 있다. 세대의 이어짐을 산업사회가 부과하는 불안의 악순환으로 바라보고 있는 시각인 것이다. 이것은 다시 '생산의 무거운 짐'을 연상시킨다. 쉬지 않고 돌아가는 동력의 에너지나 산업사회의 물건들, 그리고 자손의 잉태는 헨리 스펜서로 대표되는 현대인들이 '생산의 강요'로부터 받는 피해의식을 반영한다.

〈엘리펀트 맨〉은 존 메릭이란 사내의 외형과 인간성을 대비시킨다. 그러나 이 영화는 린치의 다른 작품들과 차별화된다. 메릭의 외모는 심하게 변형돼 있고, 그의 어두운 성장 과정과 서커스의 눈요깃거리로서의 비참한 생활은 인간으로서의 그의 사회적인 양상들을 제거해버렸다. 이른바 대면 접촉과 커뮤니케이션이다. 하지만 프레데릭 트래비스 박사에 이입된 감독은 그의 내면으로 파고들어가 결국은 그가 순수한 인간성을 지닌 인물임을 말한다.

SF인데도 불구하고 〈사구〉를 장르 영화의 일반성에서 벗어나게 하는 것은 이 영화가 독백으로 이루어진 또 하나의 세계를 갖고 있기 때문이다. 벌어지는 에피소드마다 인물들은 상황과 상대방을 파악하거나 자신의 의지를 드러내는 내면의 목소리를 관객에게 들려준다. 그러므로 이 영화는 과연 스파이스를 둘러싼 우주 대전쟁이 어떻게 마무리될 것이냐는 외면적 내러티브보다 개개 인물들의 의지가 어떻게 성취되고 또 어떻게 좌절되느냐는 심리적 전쟁의 내면적 내러티브에 집중하고 있는 것이다.

표면의 내러티브는 신화적인 서사 영화답게 선과 악의 구분을 보여준다. 〈사구〉를 데이비드 린치의 다른 영화들과 차등화하는 것은 바로 이 점인데, 선악의 테마가 내면의 내러티브에 치임으로써 중심적인 위치에 서지 못하고 있다는 것이다. 하지만 이어지는 〈블루 벨벳〉에서부터 데이비드 린치는 이 동화적인 개념 충돌을 중심으로 부상시킨다.

노출되는 악마성과 자기 반영

이른바 '스몰타운 미스터리'라 불리우는 영화적 장치는 〈블루 벨벳〉의 럼버튼 마을에서 시작된다. 산업사회와 자연의 경계선에 위치한 이곳의 외형은 평화와 질서다. 그러나 제프리의 아버지가 경련을 일으키는 순간 모든 것은 흐트러지고, 제프리는 잘려진 귀의 비밀 속으로 빠져든다. 그곳에는 마약, 섹스, 폭력, 유괴, 살인으로 점철된 이면의 실체가 있다. 감독은 정신착란에 빠진 프랭크를 〈이레이저헤드〉의 헨리 스펜서처럼 갈기갈기 찢는다. 그는 나이트클럽에서 노래를 부르는 도로시 밸런스를 상대로 가학적인 행위를 벌이는데, 거기에는 그의 다중 인격과 함께 모태 회귀의 성향이 있다. 그는 도로시에게 "다리를 벌려, 보여줘, 마미"라고 말한다. 그는 도로시의 아이를 납치함으로써 〈이레이저헤드〉식의 생산물(자손) 기피증을 보이고 오히려 유아기로 돌아가려고 한다. 하지만 그 순간 다시 그는 "아가는 섹스하고 싶어"라고 말하며 모성으로서의 도로시와 의사pseudo 섹스를 벌인다. 어머니를 강간하는 근친상간의 형태는 평화적인 세대 관계의 축을 흔들어놓는다. 특별히 모성은 안정이 아니라 공포로 제시되는데, 〈이레이저헤드〉에서 헨리는 메리 어머니의 강압으로 아기를 키우게 되며, 〈광란의 사랑〉에서 세일러와 룰라는 그녀의 어머니한테 추격을 받는다.

"지식과 경험을 얻을 기회"라고 생각되던 이면의 파헤침은 제프리에게 혼돈과 자기 분열을 가져온다. 그가 발견한 세계는 '악'으로 가득하다. 이것은 샌디로 대비되는 '선'의 세계와 분리돼 있다. 그렇다면 제프리 자신은 어디에 속하는가? 그는 도로시 밸런스의 피학증에 가해자가 됨으로써 이 세계에 동참한다. 샌디에게 거짓말을 하고, 어쩔 수 없이 빨려 들어가는 자신의 모습에서 더욱더 큰 혼란을 겪게 되는 것이다. 이 것은 가려진 세계에서 발견하게 되는 것이 표면에 부상한 세계의 실체 이외에 그 세계에 살고 있는 탐색 주체 스스로의 자기 반영이라는 점을 의미한다. 도입부에 카메라는 잘려진 귀의 어둠 속으로 들어갔다가, 후반부에 제프리의 귀 밖으로 나온다.

선악의 문제는 〈오즈의 마법사〉(1939)의 원형을 차용한 〈광란의 사랑〉에서 두드러지게 부각된다. 세일러와 룰라로 대표되는 낭만적인 도피자들은 모성의 끊임없는 악의 손길(과잉 보호가 첨가된)에서 벗어나려고 하지만, 마녀로서의 어머니는 끝까지 추격하고 결국 정신이상자 바비를 통해 세일러를 감옥에 보낸다. 〈블루 벨벳〉의 귓속처럼 그들은 중부 미국으로 들어가는데, 이곳에서 그들은 광기와 혼란을 경험한다. 마녀의 환상에 시달리는 룰라는 급기야 임신함으로써 극도의 불안 상태에 빠진다. 그녀는 세일러에게 어린 시절 자신을 강간한 삼촌을 언급함으로써, 근친상간, 가족의 공포를 재생한다. 때때로 데이비드 린치가 파헤치는 세계는 안정을 희구하는 미국 중산층 사회의 악마성과 산업사회가 개인에게 안겨주는 극도의 소외감으로 풀이되는데, 오히려 그것은 가족으로 대변되는 안정의 중심으로부터 출발돼야 하는 것이다.

〈트윈 픽스〉에 이르러 자기 파괴적인 가족의 형태는 한 개인의 삶 전체를 파멸로 몰고가는 주요 원인으로 등장한다. 로라 팔머의 숨겨진 타락은 몇 년 동안 주기적으로 그녀를 강간한 아버지 때문이었다.

우화, 왜곡, 환각적인 꿈

쉽게 인지할 수 있는 피상의 세계는 이면에 존재하고 있는 실상에 의해 전복되고 지배당한다. 만일 두 개의 세계를 사실주의의 차원에서 본다면, 이것은 세계에 대한 인식보다는 그 경험이 앞섬을 나타내기도 할 것이다. 그러나 데이비드 린치의 영화에 일반적인 사실주의는 존재하지 않는다. 〈이레이저헤드〉, 〈블루 벨벳〉, 〈광란의 사랑〉, 〈트윈 픽스〉 등을 통해 그가 들여다본 세계는 심리적인 기형 상태를 동반한 섹스와 폭력, 마약 중독, 근친상간, 죽음, 두려움, 공포, 구조의 억압, 정신분열, 세대 간의 불안, 시기, 자기 학대와 자기혐오, 조소, 소외 그리고 다중 인격의 혼란이 곳곳에 널려 있는 곳이다. 경험할 수 있는 모든 것 중 가장 추하고 악한 것들로 들어찬 이 세계는, 그러나 쉽게 생각해도 많은 창작자가 세계의 실상으로 바라보곤 하던 것이다. 하지만 린치는 실상이라 여겨지는 이 혼란의 공간에 진지하게 다가서지 않는다. 그가 만들어 놓은 세계를 시각적으로 경험하는 것은 실존적인 정서의 감흥이라기보다는 우화적인 흥미의 수용이기 때문이다. 헨리의 무의식과 제프리의 사건 추적, 그리고 세일러의 여정은 언제나 현실적인 토대로부터 멀리 떨어져 있는 것처럼 보인다. 프랭크가 찾아간 벤의 집처럼, 세일러와 룰라가 머문 텍사스의 빅 튜나처럼, 내러티브의 동질성을 파괴하며 등장하는 초현실적인 상황들은, 왜곡되고 과장됐으며, 전형성을 배제하고 있는 가운데에서도 동화적인 캐릭터들과 어울려 린치의 모든 영화들을 환각적인 꿈처럼 바라보게 하는 것이다.

등장인물들에게 이 감춰진 세계는 의식과 무의식을 넘나드는 정신적인 영역이다. 그들은 이 세계에서 경험하게 되는 것들을 두려움, 안타까움, 끔찍함 같은 감정의 형태로 기억하게 되는 것이고, 전술한 바 이 세계는 그들 자신의 마음속에서 벌어지는 또 다른 자아, 즉 자기 존재의 한 반영이기 때문이다.

추상적인 개념을 영상의 물질적인 질료로 변환시켜야 하는 영화감독의 의무를 너무나 잘 알고 있다는 듯이, 데이비드 린치는 주인공들의 의식과 감정이 떠올리는 것들을 실제의 영상으로 투영함으로써, 이면의 의식, 무의식적 세계가 현상적인 사실의 세계에 파고들고 또 존재를 규명하는 상태를 견고히 한다. 룰라가 마녀의 추격을 떠올릴 때마다 그 형상이 다음 쇼트에서 제시되는 동화적인 예를 비롯, 많은 경우 린치는 상징적인 커트들을 통해, 강박관념을 현실화하고 물화하는 것이다.

절대선으로서의 사랑

장황하게 벌여놓은 '악'의 잔치들을 데이비드 린치는 어떻게 수습하는가? 린치 영화의 당혹스러움은 마지막 부분의 황당한 종결로 더욱 비대해진다. 이 기괴한 변종 호러 영화 작가가 순식간에 들고 나와 아무렇지도 않게 강요하는 것이 바로 '사랑'이기 때문이다. 그것도 다양한 존재 방식과 삶의 질곡을 안고 있는 실제적 사랑이 아니라, 가장 낭만적이고 순수하며, 가장 원형적이면서 개념적인 그런 사랑 말이다. 〈이레이저헤드〉의 헨리가 라디에이터 속의 여인과 포옹하며 그 모든 악마적 무의식을 벗어나는 것처럼, 〈블루 벨벳〉의 제프리가 샌디와의 사랑을 완성하는 것처럼, 세일러가 룰라의 진실하고 순수한 사랑을 알게 돼 그녀에게 〈러브 미 텐더〉를 불러주는 것처럼.

그리고 여기에선 다시 무의식의 세계가 재현된다. 린치의 사랑은 무의식 속의 환상으로부터 구현되기 때문이다. 라디에이터 속의 무대는 헨리의 두 가지 무의식중에서 공포에 상치되는 안락을 상징하고, 그곳에는 꿈틀거리는 벌레들을 짓밟아 헨리를 구원해주는 여인이 있다. 샌디는 럼버톤의 현실에 속하지 않는 듯한 자기완성적 존재로 그려지는 가운데, 감독의 의도에 따라 순수한 존재로 만들어지고, 사랑을 상징하는 동화적인 울새는 홀연히 제프리의 창가로 날아든다. 세일러는 거리의 갱들에게 얻어터진 뒤, 하늘에 떠 있는 착한 마법사(천사)의 환상을 본다. 그녀는 광채를 발하며 "룰라는 너를 사랑해, 사랑을 버려선 안돼"라고 말한다. 〈트윈 픽스〉의 파국을 정리하는 마지막 쇼트의 비현실적 공간, 그리고 그곳에 나타난 천사의 영상도 이에 다름 아니다.

라디에이터 속의 여인이 "천국에선 모든 게 괜찮아"라고 위로하며, 샌디가 제프리에게 "사랑만이 이 세계를 바꾸어놓을 수 있을 것 같아"라고 말하는 것처럼, 데이비드 린치에게 악의 세계를 순식간에 사장시킬 수 있는 것은 절대선으로서의 사랑이다.

데이비드 린치의 사랑은 마치 고대 그리스 서사 연극에서 절망적인 상황을 한꺼번에 해결하고 정리하는 절대자처럼 그려진다. 사랑의 언급은 그 이전까지 극이 유지해온 혼란의 정서와도 급격한 단절을 보이며, 그것을 쉽사리 수용할 논리적인 근거나,

감성적으로라도 받아들일 만한 시간상의 배려조차 없는 가운데 등장한다. 동화적이며 비현실적인 결말이 거기에 있다. 기본적인 시각이 사실주의적이지 않다는 것과 조우하여, 이 기가 막힌 '사랑의 힘'은, 데이비드 린치를 정리하는 단서가 된다.

전투적인 현실 제거

그는 현실의 악마적인 모습을 우화적인 형태로 뒤틀어버린다. 그러므로 등장인물들은 그 경험을 공포로 받아들일지언정, 관객들은 그것을 동화로 인식한다. 악마성에 대한 영화적인 왜곡은 혼란스러운 현실을 개념화, 상징화해버리는 것이다. 이것은 보이는 세계에 이미 존재하는 리얼리티를 부정하고, 그 이면과 맥락 속에서 새롭게 창조되는 리얼리티를 통해 진실에 접근하려는 '의식적 리얼리즘'에 깊이 맞닿아 있으며, 그 영화 형식의 장치들을 포함해 영화 역사 속의 표현주의를 연상케 하고 있는 것이다.

그러나 데이비드 린치는 그렇게 재현된 이면의 리얼리티를, 장르와 캐릭터의 외면을 타고 도는 형식적인 유희에 복속시키고는 사랑에 대해 말한다. 도달하기 불가능한 이 극도의 낭만주의적 사랑이 보여주는 머나먼 거리감은 현실에 대한 구체적, 점진적 접근을 금하고 혁명적으로 그것에 대응하게 한다. 합리주의가 마련한 질서가 붕괴되어가는 현실은, 아니 오히려 그 질서라고 여겨져 왔던 표면의 안정이 애초부터 존재하지 않았던 세상이 해결되는 방법은 두 가지다. 벌써부터 우리가 인정했어야 할 '합리의 공허'를 받아들이고 맹목적인 태도에 탐닉하거나, 동화적인 서사의 울타리에 현실을 가두어 둠으로써 그것에 승리하는 것이다. 데이비드 린치의 영화에 등장하는 종국의 초현실주의적인 해결은 바로 이렇게 현실에 웃음 짓고 그것을 제거함으로써, 좀더 전투적으로 세상에 존재하는 방식을 명명하고 있는 것이다.

〈스크린〉 1996년 7월호

데이비드 린치 1946년 생 〈인랜드 엠파이어(Inland Empire)〉(2006), 〈멀홀랜드 드라이브(Mulholland Dr.)〉(2001), 〈스트레이트 스토리(The Straight Story)〉(1999), 〈로스트 하이웨이(Lost Highway)〉(1997), 〈트윈 픽스(Twin Peaks: Fire Walk With Me)〉(1992), 〈광란의 사랑(Wild At Heart)〉(1990), 〈블루 벨벳(Blue Velvet)〉(1986), 〈사구(Dune)〉(1984), 〈엘리펀트 맨(The Elephant Man)〉(1980), 〈이레이저헤드(Eraserhead)〉(1977) 등

데이비드 크로넨버그
삶을 지속시킬 마지막 이유를 찾기로 한다

베르나르도 아에도, 원인 불명의 죽음을 선택하다

1997년 12월 9일 새벽, 부에노스아이레스 남쪽 지역의 까세로스 거리에서 한 남자의 시체가 발견됐다. 바로 옆에 있는 5층 건물의 옥상에서 뛰어내린 것으로 추측되는 그 남자의 이름은 베르나르도 아에도였는데, 자살로 최종확인된 그의 죽음은, 그러나 아직까지도 미스터리로 남아 있다. 왜냐하면 그에게는 자살을 선택할 만한 결정적인 동기가 없었기 때문이다.

그가 운영하던 레스토랑은 최근 극심한 불경기 때문에 가게 문을 닫아야만 했고, 그의 술버릇에 질린 아내는 이미 오래전에 다른 남자와 도망을 가버린 상태였다. 한 명의 사내아이와 두 명의 여자아이인 그의 자녀들은 아버지에게 반항하며 가출을 밥 먹듯이 했다고 한다. 친구들의 증언에 따르면, 그는 가게에 찾아와 소란을 피우는 부랑자들과 그런 그들의 모습을 동요없이 바라보며 저녁식사를 즐기는 세무서 직원들을 모두 자주 비난했다고 한다. 한때 그의 가게에서 일하던 어린 점원 푸네스는, 아에도가 정말로 싫어하던 사람들은 신문 정치면에 단골로 등장하는 정치가들이었으며, 그들이 방송에 나오면 분노에 휩싸여 욕지거리를 해댔다고 말했다. 게다가 경찰은 아에도가 죽기 보름쯤 전에 부에노스아이레스 시립 병원으로부터 오랜 간경화 증세가 간암 초기로 진전됐다고 통보받은 사실을 확인했다.

말하자면 그의 인생에는 기쁨이란 것이 도통 존재하지 않았고 그를 둘러싼 모든 것은 충분히 그가 자살할 만한 동기를 제공하고 있었지만, 바로 그 점, 너무 많은 동기가 존재한다는 것 때문에 경찰은 그중 한 개의 결정적인 동기를 발견하지 못한 것이다. 더욱더 그의 죽음을 미스터리로 종결짓게 된 계기는 그날 아침 발견된 아에도의 얼굴 표정과 5층이라는 건물의 층수였다. 비록 약간 짓뭉개지기는 했지만, 그의 얼굴은 확실히 투신자살자들의 일반적인 모습과 달리 환희에 차 있었다. 게다가 5층에서 사람이 뛰어내려 죽음에 이를 확률은 죽지 않을 확률보다 현저히 낮다. 그러나 경찰은 베르나르도 아에도가 다른 곳에서 타살당해 까세로스 거리로 옮겨져 왔다는 어떤 증거도 찾지 못했으며, 검시 결과 투신이 분명하다는 결론을 내렸다. 그리하여 여전히 베르나르도 아에도라는 이름을 가진 사내의 죽음은 '비관 자살로 확인된 의문사'라는 아이러니컬한 판명으로 현재까지 알려져 있다.

레스타트, 영화를 보다

18세기부터 그 영생을 이어온 전설적인 흡혈귀 레스타트 드 리온쿠르는 하룻밤의 소일거리를 찾아 밤거리를 헤매다가 이미 100여 년이나 지났건만 한 번도 들어가본 적이 없는 '극장'이란 곳에 들어간다. 문을 열고 들어가 자리에 앉는다. 이른바 '영화'라고 불리는 것이 진행되고 있다. 사람들이 성관계를 맺는다. 처음부터 끝까지 그들은 성관계만 반복한다. 육체 간의 접촉 이외에 영화 내용은 온통 자동차 충돌뿐이다. 그들은 타인의 육체와 교접하는 대신 죽음의 내음이 물씬 풍기는 비역스러운 순간에 자동차와 관계를 맺는다.

영화를 보고 있던 레스타트는 1930년대 초로 기억되는 어느 날, 그가 유럽에서 다시 미국으로 건너오자마자 만난 한 여인을 가까스로 떠올렸다. 전통적인 노동자 집안의 피가 흐르는 그녀는 막 방직 공장의 견습공으로 취직한 상태였다. 하루 열두 시간 이상 노동을 해야 해서 그녀의 피부는 각질이 떨어지고 있었고, 그나마 맨들거리는 피부에서조차 진한 땟국물이 어김없이 흘러내리고 있었다. 그러나 레스타트는 한없는 나락으로 떨어지기 직전의 그 절망적인 피부를 좋아했다. 그녀의 황폐한 삶은, 그리고 그 삶이 그녀의 심정에 짙게 퍼부어놓은 비관적인 냄새는 고스란히 피부를 타고 흘렀고, 그날 밤 그녀는 레스타트의 창백한 눈길에 반한다. 그녀는 자신이 지탱해온 20여 년의 질긴 삶이 레스타트의 눈 속에서 산화될 수 있으리라 믿었고, 때마침 그는 그녀의 가까이에서 차분히 골라진 숨을 내뿜고 있었다. 아주 오랫동안 잊고 있던 본능이 타고 올라와 그녀는 레스타트의 손길에 자신의 모든 육체를 맡긴다. 그녀의 삶이란 실상 이미 죽은 상태였지만, 레스타트의 귀족적인 송곳니가 죽음의 문턱에서 가까스로 다시 회생하려는 그녀의 피부를 파고들었을 때, 그 마지막 본능은 전율에 휘감기고 그녀의 입가에는 더 바랄 것 없는 희열의 미소가 떠올랐으며, 레스타트는 노동자들의 독특한 피맛이 전하는 향연에 빠졌다.

카이저 골드스타인, 기부금을 모으다

1979년, 미네소타 주의 거의 전 지역을 포괄하고 있던 침례교단의 지도자 카이저 골드스타인은 현대 기술 문명이 황폐화시킨 인간의 정신을 회복하기 위해 '영혼을 다시 우리 가슴으로'라는 구호 아래 연대 모임을 발족시켰다. 그러나 이 모임의 활동은 1992년 여름 끝이 나고야 말았다. 뉴욕에 새로 짓는 협회 건물 때문이었는데, 협회 간부들은 이 건물이 이용자들의 편의를 위해 첨단 시설을 갖춰야 한다고 주장했고, 더 많은 기부금이 필요하다고 주장했다. 그래서 전국 각지에 퍼진 모임의 회원들은 확충된 예산안에 맞춰 기부금을 모으느라 무리한 충돌을 감행해야 했고, 결국 갈등의 심화가 문제가 돼 '영혼을 다시 우리 가슴으로' 운동은 공식적으로 종결됐다.

데이비드 크로넨버그, 도서관을 뒤지다

만족스럽게 한 편의 영화를 끝마친 데이비드 크로넨버그는 55세라는 적지 않은 나이에도 불구하고, 곧장 후속작을 찍고 싶다는 열망에 빠진다. 이제 무슨 얘기를 해야 할까? 고민에 빠져 하룻밤을 지샌 그는 아침녘에 도서관으로 향한다. 인류가 축적해놓은 사건들 속에서 무언가 실마리가 풀리지 않을까 기대하게 된 것이다.

오랜 먼지만이 그를 반기는 고문서실 한쪽으로 크로넨버그는 다가갔다. 그가 찾는 것은 극단적인 사건이거나 극단으로 치달을 조짐이 보이는 사건이다. 특별히 구미가 당기는 기록이 없다. 이런 식의 허탕이 한나절에 다다를 즈음, 마침내 그는 자동차 충돌에 관한 제임스 그레이엄 발라드의 소설 이후 가장 그의 입맛을 다시게 하는 사건을 만나게 된다. 그것은 1800년대 후반 영국 고등법원이 기록한 공식 재판 기록 중 '여왕 대 더들리와 스티븐스'라는 제하의 판례였다. 1884년, 어린 동료인 리차드 파커를 잡아먹기 위해 그를 살해한 혐의로 기소된 미뇽넷호 선원 더들리와 스티븐스에 관한 기록이다.

1867년 에섹스에서 건조된 영국 요트 미뇽넷호는 1884년 5월 5일 월요일, 오스트레일리아 시드니를 향해 1만 5000마일의 항해 길에 올랐고, 남대서양의 한복판에 떠 있는 7월 5일, 강풍에 급습당해 난파하고 말았다. 작은 구조정에 올라탄 생존자는 전부 4명. 더들리, 스티븐스, 브룩스, 그리고 어린 리차드 파커였다. 바다 위에 떠 있는 며칠 동안 그들은 굶주림보다 갈등에 시달렸다. 브룩스의 증언에 따라 7월 20일이라고 여겨지는 어느 날 밤, 더들리와 스티븐스는 설사병으로 고통받고 있는 파커를 살해할 모의를 한다. 더들리는 아내와 세 명의 자식이 있었고, 스티븐스는 아내와 다섯 명의 자식이 있었다. 그게 이유였다. 그들은 파커의 살아 있는 피를 마시기 위해 그가 자연사하기 전에 살해해야겠다고 생각했다. 다음 날 아침 8시경, 지나가는 배가 없는지 살핀 더들리는 파커의 경정맥을 주머니칼로 찌른 다음 피를 받았다. 7월 29일 오전 독일 범선 목테주마호에 의해 구조되기 전까지 그들은 파커의 사체 중 절반 정도를 먹었으며, 브룩스의 증언에 따르면, '보통 음식만큼이나 맛있게' 먹었다. 법정은 그들의 생존 본능에는 관대했지만, 더들리와 스티븐스의 모살謀殺 혐의는 묵과할 수 없었고, 결국 사형 선고가 내려진 것이다.

책을 덮은 크로넨버그는 더들리와 스티븐스가 단순히 가족을 책임지기 위해 살아야만 했고 그래서 파커를 죽였다는 것을 인정할 수 없었다. 아마도 아내와 세 명 또는 다섯 명의 자식들이라는 조건들은 오히려 그들을 죽고 싶게 만드는 현실이었다고 추측한다. 하지만 그들은 죽음을 받아들이는 대신 소년을 죽였다. 왜일까? 크로넨버그는 생각한다.

더들리는 죽어가는 파커의 얼굴을 봤을 것이다. 그런데 아마도 파커의 얼굴에 드리워진 고통의 그림자는 몇 분 뒤, 또는 몇 시간 뒤 더들리 자신에게도 찾아올 죽음의 전조였을 것이다. 더들리는 자신의 죽음이 예고되는 타인의 육신을 보는 순간 묘한 기분에 빠져들었을 것이다. 죽음 직전의 소년, 그 죽지도 살지도 않은 상태에 놓인 소년의 비현실적인 육체. 그리고 바로 그 육체에 겹쳐진 더들리 자신의, 역시나 죽지도 살지도 않은 상태. 이 묘한 상황과 한 번도 경험해보지 못한 육체 간의 결합, 그리고 극단의 순간에 이른 인간이 본능적으로 보이는 감정적 격분, 공포와 고통이 극에 이르렀을 때 아이러니컬하게 그의 육신에 찾아드는 최초의 희열. 바로 그것이 더들리를 휘감은 것이다. 순간 그는 자기 자신을 합당히 죽음으로 이끌 현실로부터 너무나 가볍게 이탈해 있었고, 이제는 소년의 육신과 자신의 육신이 완전히 합일되어야 한다는 충동에 사로잡혀 소년의 육체에 탐닉했을 것이다. 그는 소년의 피와 살을 먹는다기보다 그의 육체를 잘라내는 행위를 통해 자신의 육체가 변형되는 환상에 빠졌을 것이며, 그리하여 지금까지 누려온 인생 중 그 어느 한순간에도 경험하지 못한 완벽한 흥분의 상태, 최고의 오르가슴 안에 영원히 머물기를 바란 것이다. 여기까지 상상을 마친 크로넨버그는 조용히 방을 빠져나와 도서관 현관을 통과한다.

조르주 베쟁, 노트북을 베고 잠들다

1995년 4월 11일자 《르 몽드》에는 흥미로운 기사가 실렸다. 파리 근교에 사는 스물세 살의 대학생 조르주 베쟁이 매일 노트북을 베고 자는 습관이 생겼다는 것이다. 그는 몇 년 전 우연히 전원이 켜진 노트북에 머리를 대고 깜빡 잠이 든 적이 있었는데, 그때 노트북 몸체에서 울려 나오는 기계음이 무척 편안하게 느껴졌다는 것이다. 이때부터 베쟁은 노트북의 규칙적인 진동과 기계음을 들어야만 잠을 이룰 수가 있었다고 한다. 기사를 읽은 신경정신과 전문의 가브리엘 레이몽은 아마도 노트북 기계음이 그가 태아 시절에 들은 엄마의 심장 박동 리듬과 일치했을 것이라고 추측했다.

마리에브와 마랫, 포르피린증을 언급하다

한순간의 추억에 빠져 있던 레스타트는 낭만에 젖어 극장을 나왔다. 가볍게 거리를 걸으며 그는 수백 년 세월 동안 자신의 삶을 스쳐간 수많은 사건들과 사람들, 그들을 통해 자기가 구축해놓은 위대한 흡혈귀의 아름다움을 떠올렸다. 이때 그는 막 문을 닫으려는 허름한 전자제품 가게 옆을 지나고 있었는데, 순간 '뱀파이어'라는 단어가 발음되는 게 들려왔다. 그는 텔레비전을 주시한다. 뉴스인 듯이 보이는 프로그램의 앵커가 엘레인 마리에브와 존 마랫이라는 의사들이 《인체 해부학》 중 '자색증 또는 포르피린증porphyria'으로 불리는 질환을 기술한 부분에 대해 보도하고 있었다. 그들의 연구에 따르면······.

······흡혈귀에 관한 미스터리와 전설을 밝힐 수 있는 단서 중 하나는 '포르피린증'이라는 희귀한 유전성 피부 질환이다. 포르피린증에 걸린 환자의 피부는 햇볕에 노출되면 심하게 손상되는 동시에 흉터가 생기고, 손가락과 발가락, 코가 변형된다. 또한 잇몸이 내려앉기 때문에 상대적으로 이빨이 두드러지게 커 보인다. 이 질환의 치료법으로 알려진 것 중 하나는 건강한 적혈구에서 추출한 정상적인 '환원 헤마틴 분자'를 주사하는 것이다. 중세 때는 당연히 이 주사가 없었으므로 그냥 피를 마셨을 것이라

추측된다. 한편 마늘은 증상을 심하게 악화하는 구실을 한다. 아마도 우리가 흡혈귀라고 부르는 전설적인 존재들은 바로 포르피린증 환자들이었을 가능성이 크며, 그들이 낮동안 어두운 곳에 숨어 햇볕을 피하고, 커다란 송곳니가 돌출돼 있으며, 인간의 피를 마시고, 마늘을 무서워한다는 것은 다 이 질환의 증세에서 유추할 수 있는 것이다…….

이 재미있는 가설을 끝까지 지켜본 레스타트는 소스라치게 놀랐다. 그는 방금 전까지도 사람의 관념 속에 추상적인 신화와 아름다운 공포로 남아 있는 자기 자신, 바로 흡혈귀의 위대함을 떠올리고 있었다. 그런데 그런 내가 한낱 육신의 껍데기에 발생한 피부 질환 환자일 수 있다니……. 순간 그의 뇌리에 잔영이 남아 있던 숱한 추억들이 점점 어둠 속으로 사라지고 있었다. 그 아련하고도 강한 힘을 지녀, 수 세기 동안 인류를 지배해온 정신 세계의 환각은 그렇게 꺼지고 있었다. 그는 자신이 과연 그 일들을 겪었는가를 의심하기 시작했다. 보도블록 위에 고인 빗물로 자신의 얼굴을 비춰봤다. 수백 년의 세월을 겪은 고색창연한 기품은 더 이상 보이지 않았다. 분명히 그의 얼굴은, 그리고 그의 손은 이제 갓 수십 년의 세월밖에 살아오지 않은 듯한 젖비린내가 흐르고 있었고, 그의 얼굴을 늙어보이게 하는 것은 순전히 기괴한 형상의 피부 때문이었다. 이제 더 이상 아무 기억도 나지 않는다. 남아 있는 건 절망의 무게감에 짓눌려 더욱더 부패해가는 육체뿐이다.

파인만과 아렌즈, 본질에 회의를 품다

1949년 물리학자인 파인만은 소립자 세계에서 시간의 정방향과 역방향이 수학적으로 동일하다는 것을 밝혀냈다. 하나의 입자는 과거와 미래로 동시에 진행된다는 것이다. 나아가 물리학자들은 빛의 속도를 넘는 물질은 존재하지 않는다는 특수 상대성 이론의 제한을 넘어, 에너지를 잃고 속도가 무한대로 증가함으로써 광속보다 빠른 운동을 할 수 있는 '타키온'이라는 입자를 규명하기에 이르렀다. 만일 이 입자를 우리가 마음대로 통제할 수 있다면 그것을 신호의 발신으로 사용해 과거로 통신을 보낼 수 있는 것이다. 또한 식량(질서)을 소비해서 열(무질서)로 바꾸는 팽창우주가 아니라, 엔트로피가 감소하는 수축우주가 된다면 시간은 반대로 흐른다. 시간의 정방향이 우리가 사는 우주의 본질이라면, 대체 '본질'이란 무엇을 의미하는가에 대한 회의가 서서히 일고 있는 것이다.

한편 《식인신화The Man-Eating Myth》라는 저서를 기술한 윌리엄 아렌즈는 "일상적인 논리와 기준을 일시 중지해야 한다는 점에서, 역설적으로 종교에서는 인육과 사람의 피를 먹는 행위가 매우 성스러운 행위로 바뀐다. 이런 식으로 종교 체계는 관념 면에서 여타의 도덕률과 인간 지성보다 우위에 있다는 것을 보여준다"라고 말한다. 만일 이성이 확립한 사고 체계와 윤리를 토대로 한 인식론이 종교 체계와 같은 '절대적인 믿음' 또는 '망상'의 터널을 통과하면, 우리가 '정신적 본질'이라 믿고 살던 모든 기준들은 한순간에 무너지고, 더 이상 우리에게는 '불변의 본질과 가치'를 논할 아무런 정당성이 없어지는 것이다.

크로넨버그, 비판하는 동시에 탐닉하다

〈비디오드롬〉을 통해서 미디어와 테크놀로지의 권력이 인간을 지배하는 세상을 그리고 〈플라이〉에서 역시 과학 기술에 의해 파리와 인간이 섞이는 섬뜩한 경험을 노래했으며, 〈데드 링거〉와 〈M. 버터플라이〉에서 자기 자신의 본 모습을 찾지 못하는 인간들을 투사하고, 〈네이키드 런치〉에서 억압된 욕망, 자아 분열, 통제에 대한 저항, 성적 환각 상태 등을 탐구하던 데이비드 크로넨버그 감독은 최근 〈크래쉬〉를 통해 성과 죽음, 기계와 오르가슴, 맹목적인 집착의 '문제를 다루었습니다. 그의 모든 영화는 '정체성 혼란'과 '자아 분열' 상태에 어쩔 수 없이 빠져버리는 인류에 대한 초상화입니다. 그들을 혼란으로 빠뜨리는 것은 현대 기계문명, 테크놀로지, 새롭게 형성되는 각종 억압적 통제 체제, 자신들의 내면에 도사린 맹목적인 욕망 등이며, 이로 인해 인간들은 까발려진 본능과 저열한 동물적 상태, 허구적인 환각 속에서 분열되고 흐트러지는 자기 스스로를 파괴합니다.

확고한 정체성이 붕괴해가는 양상은 종종 기계와 인간, 기계와 동물, 인간과 인간이 변형, 융합되는 모습을 통해 보여지는데, 이는 섬뜩하게도 세상에 더 이상 변하지 않는 본질은 없지 않는가, 그러므로 우리가 절대적으로 신뢰할 기준은 부재하지 않는가를 말하고 있습니다. 덧붙여, 그의 영화는 철저히 '육체'와 '물질'이라는 유형의 대상을 파고듭니다. 그는 육체의 변형, 육체의 파괴, 육체의 환각과 같은 구체적인 형태들에 집착함으로써, 추상적인 관념의 무대를 떠도는 형이상학적, 윤리적 인류를 비웃습니다. 그의 영화에선 물질이 사고를 제어하고, 육체의 변형이 관념의 절망을 유도합니다(아마도 과학에 대해 깊은 관심을 가지고 있던 크로넨버그 자신의 성향이 고스란히 영화에 녹아 있는 듯합니다). 그리하여 인류를 지탱해주리라 믿겨졌으며 그들의 유아

독존적 자존심을 지켜주리라 여겨지던 관념과 주체성의 세계는 개개 인간들을 좌절하게 만들고, 그들은 다시 육체와 물질의 세계로 '떨어져' 마지막 희열과 어쩔 수 없이 부여잡은 환희의 세계에서 노니는 삶을 선택합니다.

크로넨버그의 영화들은 그 의미심장한(또는 철저한 의미의 붕괴를 보여주는) 이야기들에도 불구하고, 재미있고 흥미진진하며 스크린을 타고 도는 기묘한 정서를 지니고 있습니다. 〈크래쉬〉를 예로 들면, 영화는 극중 인물들이 빠져 있는 관능적인 그물을 관객들에게도 드리웁니다. 우리는 객관적으로 그들의 행태를 지켜보는 게 아니라, 주관적으로 몰입될 장치에 빠져버립니다. 필자는 크로넨버그 자신이 저열한 바닥에서 마지막 쾌락, 삶을 지속시킬 마지막 이유를 찾아 헤매는 인간들의 행위에 동참하고 있다고 생각합니다. 그는 마치 의식을 치르듯 그들의 파멸을 지켜보며, 마야문명의 지도자들이 정기적으로 자신의 육체를 자르는 희생정신을 보이며 지도력을 유지했듯이, 자신의 영화가 세상의 희생양이 될 적지 않은 임무를 맡았다고 생각하는 듯합니다. 그러는 와중에 분명 그는 즐기고 있습니다. 그리하여 영화는 양가성을 보여줍니다. 영화는 파국으로 치닫는 인간들을 비판적인 시각으로 포착하면서도, 그들의 애처로운 모습에 동질감을 느끼고 있는 거죠. 따라서 크로넨버그가 그려내는 파멸의 행위들은 일종의 대안일 수도 있다고 생각합니다.

위에 기술된 각각의 에피소드들은 크로넨버그의 영화가 보여주는 이런저런 세계관들을 이야기로 만들어본 것입니다. 그 이야기들 중에는 사실도 있고 허구도 있습니다. 뱀파이어 레스타트는 영화로도 만들어진 앤 라이스의 베스트셀러 《뱀파이어와의 인터뷰》의 주인공입니다. 크로넨버그가 도서관에서 읽은 '미뇽넷호 이야기'는 실제 일어난 사건이며(《식인문화의 수수께끼》 참조), 마리에브와 마랫이라는 학자들이 포르피린증에 대해 언급한 것 역시 사실입니다. 그러나 '베르나르도 아에도의 죽음'과 '카이저 골드스타인과 정신회복 운동', '조르주 베쟁의 노트북' 에피소드는 모두 필자가 만들어낸 허구의 이야기입니다. 물론 레스타트가 〈크래쉬〉를 봤다거나, 크로넨버그가 도서관을 뒤진 일, 레스타트가 포르피린증에 대해 알게 되는 사건 등도 모두 필자의 상상입니다. 이리저리 연결시킨 이야기들이 크로넨버그에 다가서는 유의미한 장난이었기를 바랍니다.

〈NeGA〉 5호(1998년 4월)

데이비드 크로넨버그
1943년 생

〈데인저러스 메소드(A Dangerous Method)〉(2011), 〈이스턴 프라미스(Eastern Promises)〉(2007), 〈폭력의 역사(A History Of Violence)〉(2005), 〈크래쉬(Crash)〉(1996), 〈M. 버터플라이(M. Butterfly)〉(1993), 〈네이키드 런치(Naked Lunch)〉(1991), 〈데드 링거(Dead Ringers)〉(1988), 〈플라이(The Fly)〉(1986), 〈비디오드롬(Videodrome)〉(1983) 등

쿠엔틴 타란티노
살다 보면 마주치는 황당하고 흥미진진한 세계

1989년 6월 21일 수요일 오후 3시. 한 주의 중앙을 가로지르는 수요일이 부여하는 나른함과 권태로움이 사람들을 둘러싸고 있고, 막 여름으로 접어드는 태양열의 간교한 무게가 거리에 가득했다. 사람들을 흥분시킬 사건이 필요했던 것도 같은데, 세상은 공교로운 일들이 종종 일어난다. 1989년 6월 21일 수요일 오후 3시가 그랬다. 뉴욕과 시카고, 그리고 로스앤젤레스에서 비슷하고도 다른 형태의 은행 강도 사건이 동시에 발생한 것이다. 사람들은 은행 CCTV가 생중계하는 사건 현장을 그날 오후 내내 지켜봤다. 어쩌면 이 반나절의 짜릿한 이벤트 때문에 적어도 며칠 동안은 사람들 마음에 삶을 좀더 살아보자는 의욕이 흘러들었을지도 모른다.

뉴브링턴 거리의 세인트 미쉘 은행 강도 살인 사건

미시간 호수를 끼고 도는 시카고의 메인 로드, 레 쇼어 드라이브, 그 길을 떠받드는 거대한 기둥 중 하나가 놓인 곳이 바로 뉴브링턴 거리다. 이 거리에 세인트 미쉘이라는 이름의 은행이 있다. 1989년 6월 21일 오후 3시, 다섯 명의 복면 무장 강도가 이 은행에 침입한다. 네 명은 깔끔하게 손질된 검정색 진과 검은색 티셔츠를 입고 있었고, 오로지 한 명만 말쑥한 정장 차림을 하고 있었다. 그는 겁에 질려 바닥에 엎드려 있는 사람들을 향해 자신의 악명 높은 닉네임을 밝혔다. 컨벤셔널 로베르토. 시카고 지역을 무대로 은행 강도를 '즐기는' 유명한 악당이다. 네 명의 부하들은 익숙한 솜씨로 출입구를 차단하고 느긋하게 금고문을 열었다. 육중한 철제 금고문을 열도록 간부를 협박하는데도 그들은 능숙한 한 마디 말을 할 뿐이었다. "열어." 부하들이 작업을 진행하는 동안 로베르토는 엎드린 대머리 남자의 머리에 길다란 성냥을 그었다. 순간, 한쪽 구석에 웅크리고 있던 은행 경비원의 허리춤에서 총신이 올라왔다. 로베르토는 전혀 당황하지 않았다. 그는 천천히 구두 안쪽에 꽂아둔 호신용 소총을 뽑았고, 대머리로부터 붙여져 오른 성냥불이 꺼지지 않도록 주의하면서도, 경비원의 총보다 먼저 발사했다. 그의 총소리를 시작으로 네 명의 부하들 역시 은행 안을 완전히 쑥대밭으로 만들어놓았다. 먼지가 가라앉은 은행 안. CCTV 화면에 서서히 정경이 보인다. 네 명의 부하들이 위대한 보스 로베르토의 첫 글자 'R' 모양으로 네 구의 시체를 바닥에 눕혀 놓은 모습만이 보일 뿐이었다.

호클라인 거리의 글록스톤 은행 강도 살인 사건

뉴욕에서 뉴저지로 빠져나가는 도로를 달리다 보면 남북을 가로지르는 난데없이 한적한 거리 하나와 마주치게 되는데 이곳이 바로 호클라인 거리다. 이 거리에 글록스톤이라는 이름의 은행이 있다. 1989년 6월 21일 오후 3시. 네 명의 복면 무장 강도가 이 은행에 침입한다. 그들의 입에서 연신 "빨리 문 열어!" "움직이면 죽을 줄 알아!"라는 말이 터져 나왔다. 어느 순간 책상에 엎드려 있던 여직원 하나가 의자에서 넘어졌는데, 이를 본 강도 하나가 그녀의 가슴과 배를 연달아 가격했다. 이 틈을 타 노련한 남자 직원 하나가 소리 없이 비상벨을 눌렀고, 은행 주위는 곧 경찰차들과 사이렌 소리로 가득 찼다. 이때부터 네 명의 강도들은 당황하기 시작한다. 그중 하나인 마틴의 감청색 티셔츠는 땀으로 흥건하다. 그는 계속해서 직원에게 문을 열라고 협박하고 있지만 어느 순간 직원의 입가에 미소가 떠올랐고, CCTV로도 그 떨림이 분명히 보이는 마틴의 온몸에서 한 줄기 강한 분노가 솟아오르더니 방아쇠를 당겼다. 직원의 머리가 정통으로 박살났다. 이때 투항하라는 경찰의 메가폰 소리가 들린다. 강도 중 한 명이 가까이에 엎드려 있던 여자 하나를 끌어올리더니 그녀의 머리에 총구를 갖다 댔다. 그가 막 은행 문을 나서려는 순간 바닥에 엎드려 있던 경비원이 그의 등을 떠밀었고, 바로 이 순간 강도를 겨누고 있던 저격수의 총알은 불행히도 여자의 얼굴에 박힌다. 당황한 강도는 자신을 떠민 경비원을 향해 연거푸 방아쇠를 당겼고, 저격수의 두 번째 총알은 그의 가슴을 부숴버렸다. 이제 마틴은 아무것도 할 수 없는 듯 바닥에 주저앉았고, 총격전은 남은 두 명의 강도를 바닥에 쓰러뜨렸다.

블루펀치 거리의 라잇스핏 은행 강도 사건

캘리포니아 주를 아래위로 가르는 하이웨이는 로스앤젤레스를 거쳐 샌프란시스

코로 향한다. 그 도로가 막 로스앤젤레스를 빠져나가려 할 때쯤 사람들은 지중해 풍
으로 단장된 건물들이 가득한 거리를 만나게 되는데, 이곳이 바로 블루펀치 거리다.
이 거리에 라잇스핏이라는 이름의 은행이 있다. 1989년 6월 21일 수요일 오후 3시. 네
명의 무장 강도가 이 은행에 침입한다. 그런데 라잇스핏 은행의 강도 사건은 가장 늦
게 보도됐다. 같은 시각, 다른 은행에서 사건이 시작됐을 때도 라잇스핏에선 아무런
조짐이 없었기 때문이다. 하지만 분명히 그 시각에 이미 강도들은 은행 안에 들어와
있었다. 그렇다면 대체 이들은 무엇을 하고 있었을까? 간단하다. 그들은 서로 대화를
나누고 있었다. "너 보스 갈치 눈탱이가 왜 그렇게 시퍼런지 알어?" "화장을 찐하게 했
겠지 임마. 그런데 씨발 화장실 불을 끄고 나왔나 가물가물하네." "눈탱이가 파래지
는 건 그년이 뭘 먹었느냐와 상관 있을 거야." "아, 씨발 그거 안 끄고 나오면 작살나
는데." "예를 들어 콜라를 마시면 왜 애새끼가 시커멓게 나온다잖아. 원래 색소라는 건
몸 안에 들어가도 다 그대로 살아 있거든. 콩나물 많이 먹은 것들 보면 얼굴이 누렇게
뜨잖아." "그럼 그년은 뭘 처먹어서 그렇게 퍼래진 거야?" "내 생각엔 말이야." "그런데
씨발 자기도 불 안 끄고 나다니는 건 나 못지않어. 예전에 둘이서 막 나가려는데, 그
년이 먼저 문밖에 있고 내가 막 나가려고 하는데, 씨발 엄청 노려보는 거야. 왜 저러나
싶었는데, 순간 아 내가 뭘 또 안 끄고 나왔구나 싶더라구. 그래서 씨발 도대체 뭘 안
껐나 돌아보려구 하는데, 그년 눈빛을 보니까 도저히 고개가 안 돌아가더라구. 분명
히 내가 또 화장실 불을 안 끄고 나온 거 같아. 그래서, 어 왜 이렇게 배가 아프지, 그
러면서 돌아서서 화장실로 갔는데, 씨발 불이 꺼져 있는 거야. 그래서 의기양양해하며
문가로 다시 왔는데, 이년이 갑자기 라이터 불을 켜는 거야. 어떻게 됐는 줄 알아? 주
방이 다 날아가 버렸어. 왠지 알아? 내가 가스 불을 안 끈 거야. 그런데 그년이 그걸
알면서도 라이터를 그었다니까. 그런데 그년, 피식 웃더니 이러는 거야." "뭐라구?" "앞
으로 잘 끄고 다녀, 하니." "좆이구만." "기가 막힌 일이지." "그런데 말이야. 곰곰이 생
각해보면 그년이 김을 먹어서 그렇게 눈탱이가 파란 것 같아. 그 김이란 게 말이야. 까
만 거 같지만 실은 원래 파란 놈이거든. 너 그거 알았냐?" "어, 그러냐?" 이때 옆 자리
의 여자 하나가 이렇게 말했다. "김은 원래 빨개요." 그들의 대화는 그녀까지 껴서 세
사람으로 늘어났고, 시간은 3시 15분으로 흘러가고 있었다. 아직 강도 사건은 시작도
안 됐다. 그런데 이상한 것은 나머지 두 명의 강도 중 어느 누구도 그들의 곁으로 다

가오지 않았다는 것이다. 3시 반이 됐다. 드디어 사건은 터지기 시작했다. 갑자기 누군가 출입문을 봉쇄하더니 "모두 엎드려!"라고 외친 것이다. 순간, 김 얘기를 하고 있던 강도 중 한 명이 중얼거렸다. "어, 저거 누구야?"

텔레비전으로 이 사건을 시청하고 있던 시청자들은 절대로 보지 못했을 약간의 과거로 거슬러 간다. 무대는 은행 뒤쪽 화장실 앞. 시간은 2시 50분. 나머지 두 명의 강도는 화장실 안에 있었다. 볼일을 본 두 사람이 화장실을 나서다 두 명의 사내와 마주치게 되는데, 공교롭게도 그중 사내 A는 한 강도의 친구였다. 반가운 마음에 악수를 청하려고 손을 내밀다가 그만 그의 옷자락에 꽂힌 총신이 드러났고, 순간 사내 B가 그들의 얼굴을 후려쳤다. 사내 A가 미소를 띠더니 그들을 완전히 눕혀버린다. 드디어 오후 3시 30분. 사내 B가 말한다. "자, 슬슬 시작해볼까?" 정확히 1초도 틀리지 않고 홀에서 소리가 들린다. "모두 엎드려!"

충분히 영화적이기로 결심하다

같은 날 같은 시각에 발생한 세 건의 은행 강도 사건. 물론 제가 다 지어낸 이야기입니다. 세인트 미쉘 은행 사건은 프랜시스 포드 코폴라적 전통에 로베르토 로드리게스적 유머가 섞인 낭만적이고 전형적인 갱스터 스타일로 그려진 것이고, 글록스톤 은행 사건은 마틴 스콜세지와 아벨 페라라가 그랬음직한 냉혹하고 사실적인 스타일로 묘사된 것입니다. 그리고 라잇스팟 은행 사건은 쿠엔틴 타란티노적입니다.

쿠엔틴 타란티노의 등장은 무엇보다 그가 관객들과 동급의 인물이라는 것 때문에 이슈가 됐습니다. 그는 폴란드의 위대한 우쯔국립영화학교를 나오지도 않았고, 심지어 영화 교육의 명문 뉴욕 대학교나 미국영화연구소AFI 근처에 가지도 않았습니다. 그는 단지 비디오 가게에서 오랫동안 점원으로 일했을 뿐입니다. 말하자면 그의 의식 수준이나 대중문화를 흡수하는 바탕이 이른바 '대중'이라고 말하는 자들과 하등의 차이가 없었다는 말입니다. 그는 바로 우리들처럼 똑같이 세상을 살고 있고, 똑같은 만화, 음악, 텔레비전, 영화를 봤습니다. 따라서 그의 영화 속에 등장하는 모든 소재들은 저열할 정도로 대중적인 동시에 어렵지 않습니다.

다만 한 가지 그가 남들보다 앞선 것이 있다면, 많은 영화를 섭렵했다는 것과 그 와중에 꾸준히 시나리오를 썼다는 사실입니다(〈그린 파파야 향기〉(1993)와 〈씨클로〉(1995)를 만든 트란 안 홍 감독도 프랑스 영화 현장의 도제로 들어가는 대신 시나리오를 쓰기 위해 4년간 도서관 사서로 일했습니다). 이것은 대단히 중요한 문제입니다. 그의 영화는 철학적이라거나 미술적이라거나, 또는 문학적이지 않습니다. 오로지 '영화적'일 뿐입니다. 자, 그렇다면 영화적이라는 것은 무엇일까요? 단적으로 말하면, 타란티노의 영화는 영화적인 형식에 치중하고 있다는 얘기입니다.

우선 소재의 선택입니다. 그는 우리가 영화 속에서 너무나 쉽게 봐오던 이야기인 범죄, 살인, 음모, 배신, 마약, 보복, 폭력의 이야기를 다룹니다. 이런 소재는 삼류 대중소설이 흔히 다루는 통속적인 얘기죠. 대신 타란티노는 이 얘기들에 흥미로운 형식을 덧붙입니다. 그가 택한 영화적 형식 중 두드러진 것은 '시간'에 대한 것입니다.

〈저수지의 개들〉의 경우 이미 강도 사건이 터지고 난 뒤의 상황이 나오고, 그 사건에 얽힌 음모를 보여주려고 과거로 돌아갑니다. 〈펄프 픽션〉은 두 명의 연인 강도가 레스토랑을 터는 것으로 시작하지만, 바로 다음 장면에는 그 사건이 벌어지기 전, 배신자들을 처단하기 위해 차를 타고 가는 존 트라볼타와 사무엘 L. 잭슨이 나옵니다. 두 사람이 임무를 끝내고 보스에게 왔을 때, 옷이 양복에서 티셔츠와 반바지 차림으로 바뀌었습니다. 한동안 영화는 정상적인 시간의 흐름을 따르다가 존 트라볼타가 브루스 윌리스한테 어이없이 살해당한 뒤, 다시 트라볼타와 잭슨이 보복을 위해 들른 집으로 시간이 역행합니다. 그들은 실수로 차 안에서 배신자의 머리를 쏘았고, 그래서 차와 옷이 더러워졌으며, 근처 동료의 집에서 옷을 갈아입습니다. 그러고 나서 들른 레스토랑. 거기서 두 사람은 두 명의 연인 강도와 조우합니다.

이렇게 〈펄프 픽션〉의 시간은 제멋대로 흩어져 있습니다. 그런데 이런 식의 시간 구성이 그다지 정교하지는 않습니다. 일반적으로 시간을 재구성하는 목적은 여러 가지가 있겠지만, 만일 타란티노의 영화 같은 소재였다면, 사건이 이미 터진 뒤 그 사건에 얽힌 진실이 대체 뭐냐는 미스터리 효과를 위해 시간이 재구성됐을 것입니다. 과거는 현재의 진상을 설명하는 단서들이 되는 거죠. 이런 스타일은 브라이언 싱어 감독의 〈유주얼 서스펙트〉(1995)에서 확인할 수 있습니다.

그러나 타란티노의 영화에 이런 긴장감은 없습니다. 〈저수지의 개들〉에서 미스터 오렌지가 경찰이었음이 밝혀지는 플롯 포인트도 너무나 단순하고, 더군다나 〈펄프 픽션〉의 시간 조합은 그야말로 무작위적입니다. 그리하여 우리는 알게 됩니다. 타란티노는 시간의 장난을 통해 긴장감과 서스펜스를 동반하는, 관객과의 지적인 게임을 만드는 것에는 애당초 흥미가 없었다는 사실을 말입니다. 그에게 시간 재구성은 그야말로 영화적인 장난일 뿐입니다. 영화만이 시간의 재조합을 자유자재로 할 수 있다는 특성을 곧이곧대로 살린 것뿐입니다. 그리하여 그가 관객들이 주목하기를 바라는 것은 아마도 그렇게 보여지는 단편적인 에피소드 속의 상황과 캐릭터, 행위를 객관적으로 '관찰'하며 즐기는 것일 테지요. 자기가 영화를 만들며 즐기듯이 말입니다.

시간과 대사의 상황극이 캐릭터로 빠져들다

시간 장난 외에 타란티노의 영화를 규정하는 더 중요한 요소는 바로 '대사'입니다. 〈저수지의 개들〉의 도입부, 마돈나의 〈라이크 어 버진〉에 관한 장황한 대사들, 그리고 〈펄프 픽션〉의 두 연인 강도가 은행 강도에 관해 나누는 대사, 〈포 룸〉의 네 번째 에피소드에서 타란티노 자신이 떠벌리는 얘기들처럼, 그의 영화 속에는 아주 많은 양의 대사가 등장하는데, 이 대사들은 모두 재기발랄하고 유머가 넘쳐흐릅니다. 그런데 이 대사들에는 중요한 두 가지 특징이 있습니다. 하나는 대화를 하면서도 각각의 인물은 모두 자기 세계에만 빠져 있다는 것이고, 둘째는 대사를 통해 중심 플롯과는 상관없는 또 다른 상황들이 전개된다는 것입니다.

〈저수지의 개들〉에서 많은 대화 신은 곰곰이 살펴보면 각자 자기 얘기만 하고 있는 것이고, 미스터 오렌지가 패거리를 속이려고 마련한 마약 전달 이야기는 과거의 과거 속으로 들어가며 장대한 또 하나의 상황을 풀어놓습니다. 흔히 타란티노를 '헤모글로빈의 시인'이라 평가하지만, 실제로 그의 영화에는 그다지 피가 많이 등장하지 않습니다. 만일 타란티노와 폭력을 연관시킨다면 이렇게 각자가 자기만의 세계를 타인들에게 강요하는 폭력과 엉뚱한 상황이 끊임없이 전개되는 파편적 내러티브가 보여주는 관객을 향한 폭력이 있을 것입니다.

어디 한번, 타란티노의 세계관을 짚어볼 수도 있을 것입니다. 그는 시간의 재구성을 통해 하나의 이야기를 파편화합니다. 그의 영화에는 기둥 플롯이 있는 것이 아니라 많은 에피소드가 있을 뿐입니다. 더군다나 대사들까지 여기에 가세, 더욱더 내러티브를 해체시키고 있고, 각각의 캐릭터들이 구현하는 자기만의 세계는 더더욱 여러 가지 상황과 생각들을 영화 속에 펼쳐놓게 합니다. 말하자면 타란티노의 세계는 필연성과 일관성이 부재하고 있다는 얘기죠. 게다가 그의 영화에 종종 등장하는 사건의 우연한 종결, 우발적인 살인, 그 결과 확장되는 상황들은 도통 그 흐름을 파악할 수 없는 불가지성과 우연성을 증명합니다. 그렇다면 무언가 자명해지는 게 있습니다. 그가 조명하는 세상이란 '예측할 수 없는 무수한 우연과 경험들이 조합돼 있는 세계', 그리하여 '살아보면 마주치는 황당하고 흥미진진한 세계'입니다. 거기에는 전체 시스템을 통제하는 어떤 권력이나 기제도 없는 듯이 보입니다. 그리고 그것은 사실 영화적인 세계죠. 그 흥미진진한 '경험의 이야기들'이란 말입니다.

그런데 최근작인 〈재키 브라운〉에 와서 타란티노는 조금 달라졌습니다. 그는 더 이상 시간을 가지고 장난치지 않습니다. 게다가 우연도 없습니다. 더욱이 대사를 통한 상황의 확장도 없습니다. 대신 이 영화에는 팜 그리어와 로버트 포스터라는 두 인물에 강하게 의도되는 감정이입과 캐릭터 분석이 있고, 이 캐릭터의 목적을 줄기차게 따라가는 영화적 일관성이 있습니다. 관객은 전작에서처럼 캐릭터에 대한 정서적 이입은 완전히 차단당한 상태에서 상황극을 즐기는 행위를 더 이상 할 수 없습니다. 〈재키 브라운〉에서 관객들은 그리어와 포스터라는 인물에 집요하게 이입됩니다. 그것은 정통적인 드라마의 모습입니다. 분명히 그는 변했습니다. 이것은 단점일 수도 장점일 수도 있습니다. 단점이라면 더 이상 그를 특징짓던 '비디오키드'의 장난기 넘치는 영화를 볼 수 없다는 것일 테고, 장점이라면 영화 안에만 푹 빠져 사는 그가 드디어 영화의 유구한 역사를 가로지르는 정통성마저 건드리고 있다는 의지를 확인했기 때문입니다. 판단은 알아서 하십시오. 하지만 분명히 그는 변했습니다.

〈NeGA〉 7호(1998년 6월)

쿠엔틴 타란티노 1963년 생	〈바스터즈: 거친 녀석들(Inglourious Basterds)〉(2009), 〈데쓰 프루프(Death Proof)〉(2007), 〈킬 빌 2(Kill Bill: Vol. 2)〉(2004), 〈킬 빌(Kill Bill: Vol. 1)〉(2003), 〈재키 브라운(Jackie Brown)〉(1997), 〈포 룸(Four Rooms)〉(1995), 〈펄프 픽션(Pulp Fiction)〉(1994), 〈저수지의 개들(Reservoir Dogs)〉(1992) 등

존 부어맨

단 한 번도 실행된 적이 없던 것의 반복을 조롱하며

공화주의자들의 성벽

그날 나는 허물어져가는 뮌스터 홀더웰의 성벽에 기대어 이제 막 종지부를 찍으려 하는 전장을 바라보고 있었다. 1885년 여름의 일이다. 찰스 스튜어트 파넬이 이끄는 아일랜드 공화주의자들의 군대는 언제 닥칠지 모를 이상 기온을 두려워하며 여전히 곰 털을 뒤집어쓰고 있었다. 이제 화약도 얼마 남지 않았다. 공화주의자들의 총탄은 잉글랜드 군의 진영을 향해 날아가고 있었지만 처음부터 역부족인 싸움이라는 것을 그들도 알고 있었다.

잉글랜드의 왕당주의자들은 며칠 동안의 수면 부족에도 불구하고 전투가 시작된 초창기의 위용을 그대로 유지하고 있었다. 파넬은 그의 충복들과 함께 함락되기 직전의 성곽 위에서 지칠대로 지쳐가는 사병들을 독려하고 있었지만, 그의 눈동자에 어린 공포의 핏기는 지금 여기, 내가 기대어 앉은 성벽에서도 충분히 확인할 수 있을 정도였다. 대체 무슨 조화였던지 아일랜드 독립군의 총탄은 잉글랜드의 발 아래 떨어질 뿐이고, 잉글랜드 정복자들의 그것은 정확히 아일랜드 사병들의 심장 한가운데로 날아갔다. 이곳 뮌스터 지역을 중심으로 아일랜드의 독립운동이 시작된 지 벌써 한참이 지났다. 민족의 자긍심과 가톨릭의 보호하심과 공화주의의 신념이 건재한 이곳에서 우리는 벌써 몇 년째 대영제국의 통합 깃발을 거부하고 있었다. 그러나 이제 기아에 허덕이며 지켜온 성곽들은 하나하나 무너져가고 있다. 화약 냄새와 피비린내가 섞여 진동하는 이 황폐한 언덕에서 나는 생각한다. 우리는 이대로 무너지고 말 것인가……. 우리의 믿음은 세상의 권력 앞에 이토록 처참히 사그라들어야 하는가…….

나도 물론이거니와 그 누구라도 이 시점에서 바로 그, 찰스 스튜어트 파넬의 얼굴을 바라볼 수밖에 없었다. 대체 그는 무슨 생각을 하고 있는 것일까. 10년 전 국회의원에 당선되던 시절의 영화榮華를 돌이키고 있을 것인가. 또는 4년 전 옥살이를 마치던 시점의 감회를 회상하고 있을 것인가.

과연 그는 이 파국의 순간을 모면할 적당한 계획을 가지고 있는 것일까. 나는 아주 오랫동안 그의 곁을 떠나지 않고 있었지만, 지금 여기 이제 곧 멸망의 운명이 우리를 덮칠 이 전장에서만큼은 그의 심증을 파악할 길이 없었다. 아, 이것이 끝이란 말인가…….

인간의 의지를 시험하는 인간의 의지

1800년대 후반에 활약한 아일랜드 독립군 지도자 찰스 스튜어트 파넬의 군대. 비록 그 숫자는 얼마 되지 않았지만 이 군대는 파넬이 세운 가혹한 규칙으로 유명했다. 파넬의 혹독한 규율은 응징이 철두철미했는데, 공동생활을 원칙으로 하고 있는 사병들의 생활에 빠짐없이 적용됐다.

각종 전투에서 노획한 전리품은 단 하나의 물건조차 개인이 가질 수 없었고, 이것을 어긴 사병은 자신의 손가락 하나를 공화국을 위해 바쳐야 했다. 때때로 승리를 거둔 지방에서는 그곳의 여인들이 노획되곤 했는데, 만일 파넬의 허락 없이 여인들과 잠자리를 함께한 사병이 적발되면 그는 자기 가족 중 한 명의 여인(그것이 아내이든 여동생이든 어머니든)을 군대 전체의 위안부로 내놓아야 했다.

가장 가혹한 징벌이 적용되는 부분은 종교 활동이었다. 전군이 공동으로 참여하는 종교 생활 이외에 사적인 예배를 드리거나 개인적인 주술 행위를 하다가 들킨 사병은 그날로 사형에 처해졌다. 심지어 그 사적인 예배가 자신들의 종교인 가톨릭일 경우에도.

그밖에 파넬의 규칙 중 흥미로운 것은 사병들이 스스로 자신을 체벌하도록 규정한 특이한 징벌 체제였다. 전장에서 용기를 중시한 파넬은, 그리고 분명 10년에 한 번쯤 나올까 말까한 기인이었던 그는, 급박한 전투 상황에서조차 부하들의 투지를 낱낱이 확인하곤 했는데, 만일 전열의 맨 앞에 서길 거부하거나 소극적인 태도로 전투에 임한 사병들은 여지없이 징벌의 대상이 됐다. 그 징벌이란 해당 사병이 스스로 충분한 체벌이었다고 느껴질 때까지 자책을 하는 것이었다. 어떤 사병들은 굶어 죽기 직전까지 식사를 하지 않았고, 또 어떤 사병들은 미치기 직전까지 잠을 자지 않았으며, 가끔은 하루에 서너 번씩 규칙적으로 피부에 칼집을 내는 자들도 있었다. 이 형벌은 파넬의 군대에 속한 개개인의 의지와 자긍심을 시험하는 것이었다. 그리고 최종 판단은 파넬이 내렸다. 그는 그 사병이 충분히 자책했다고 판단되면 형벌 기간을 풀어줬다. 파넬은 사병의 의지를 통제하는 자신의 의지를 그 어떤 것보다 소중히 여긴 것이다. 이런 아일랜드 독립군의 냉철한 집단생활은 그들을 믿고 의지하는 많은 사람들에게 듬직한 것임에 틀림없었다.

유령 같은 멀린의 미소

수세에 몰려 고뇌하는 파넬. 그러나 많은 부하를 거느린 채 대국의 운명을 가늠하는 자들의 저 고통스러운 모습은 이 땅에서 수도 없이 반복된 것이었고, 지금으로부터 수백 년 전 나는 한 명의 영주가 꼭 지금의 파넬처럼 당황하던 모습을 기억한다. 울터. 그때 그는 만족할만한 영토 확장을 위해 변방의 한 성을 공격하고 있었다. 굳건한 성벽과 용기 있는 적들의 방어 덕택에 울터의 병사들은 죽음보다 더한 절망에 휩싸여 있었고, 그 누구보다 야욕에 불타던 울터는 무언가 이 상황을 한꺼번에 뒤바꿀 힘이 필요했다. 시작은 있으되 끝은 없는 불사의 나는 그때도 지금처럼 해변가 바위 언덕에 기대 그를 바라보고 있었다. 돌이켜 생각해보면 울터와 파넬의 눈빛에는 큰 차이가 있었던 것 같다. 파넬은 여전히 냉정하게 대안을 찾으려고 했지만 울터의 거대한 욕망과 분노는 사태를 해결할 슬기로운 과정보다 영화로운 그 결과 자체에 집착하고 있었던 것이다. 나는 울터가 어떤 방법을 택할 것인지 이미 알고 있었다. 오랫동안 그의 곁에는 마법사 멀린이 있었고, 이번에도 분명 그는 멀린에게 도움을 요청할 것이다. 아니나 다를까, 유령 같은 멀린의 육체가 그의 곁을 스쳐간다. 그가 멀린을 불러 세운다.

어떤 힘

세상은 영웅을 필요로 한다. 시대의 사고 체계를 전환시키는 패러다임의 전환은 하나의 극소분자가 미세한 변화를 시작함으로써 발생한다. 개개인의 개별적 의지와 능력을 인정하지 않는 기호학적 사유의 개념에서조차 한 명의 인간이 전체를 변형시키는 사례는 얼마든지 인정된다. 꼭 그렇게 역사란 늘 구조적으로만 흐르지는 않는 것이다. 매 시대에 존재하던 역사의 분기점에는 전환의 열쇠를 손아귀에 쥐고 있는 몇

몇 개인들이 존재했고 우리는 그들을 '영웅'이라고 부른다. 멀린의 도움을 받아 성을 정복한 울터도, 몇 년 뒤 아버지 울터로 하여금 권력을 얻게 해준 마법의 검 엑스칼리버를 손에 넣은 아더도 틀림없이 영웅이다.

그러나 내가 기억하기로 아들 아더는 소심한 사람이었다. 마법의 검을 바위에서 뽑을 때도, 기니비어에게 사랑을 고백할 때도, 그를 이끈 것은 자기 자신의 의지라기보다 무언가 다른 떠밀림이었다. 그를 랜슬롯과의 결투에서 승리하게 한 것은 영웅의 용기가 아니라 비열한 맹목이었으며, 그가 엑스칼리버를 잃어버린 것은 패배주의에 잔뜩 물든 소시민의 비겁함 때문이었다. 결국 그는 왕국을 잃어버렸으며, 어떻게 다시 그 왕국을 재건해야 할지 도무지 알 수 없는 인물이었다.

회상컨대 그의 인생의 그 어느 한 부분조차 자기 스스로 선택하고 결정하고 도전해서 이루어진 것은 하나도 없었다. 무언가 어떤 힘이 그를 역사의 한가운데로 몰아넣었고, 훌륭하게 마름질된 풍채를 선사했으며, 결국 전설 속의 위대한 영웅으로 부각시킨 것이다. 세상에는 영웅이 필요하고 영웅은 역사를 이끌어가지만, 곰곰이 생각해보면 그 영웅들이란 사실 또 다른 어떤 힘에 의해 소극적으로 창조된 존재들인지도 모른다.

성 중앙에서의 정지

손등을 간질이는 미풍 때문에 나는 잠시 동안 빠져 있던 단잠에서 깨어났다. 나는 여전히 파넬이 그 자리에서 사병들을 독려하리라고 생각했지만, 두 눈을 다 떴을 때 파넬은 이미 그 전장에 존재하지 않았다. 나는 그의 모습을 찾기 위해 자리에서 일어났다. 주위를 두리번거렸지만 성벽 근처 어디에도 그의 모습은 보이지 않았다. 전세는 아까보다도 훨씬 더 불리하게 돌아가고 있었다. 이미 홀더웰의 돌더미들은 그 반 이상을 흙더미 위로 내던지고 있었고, 잉글랜드의 공세는 전혀 약화될 기미를 보이지 않고 있었다. 아마도 무너져가는 그 성벽들은 아일랜드의 이 전사들이 꿈꾸던 공화국의 미래인지도 모른다.

나는 성곽 저편에 나 있는 계단을 향해 달려갔다. 문득 파넬이 어디로 갔을지 짐작되는 곳이 있었기 때문이다. 계단을 다 내려간 나는 창공에 흩어지는 지푸라기들 사이를 뚫고 파넬이 거처하는 한가운데의 숙소로 방향을 잡았다. 이미 성벽 내부도 꽤 많이 손상된 상태여서 이곳이나 성벽의 바깥 쪽이나 큰 차이를 느낄 수는 없었다. 파넬의 거처가 눈에 들어왔을 때 예상대로 그는 거기에 있었다. 그는 내가 생각하던 모습 그대로 연기가 가득한 하늘을 향해 고개를 쳐든 채 옥상 위에 앉아 있었다. 요행히 비껴가는 포탄들 사이로 간신히 확인되는 다부진 표정은 분명 그의 이 행동이 예사롭지 않은 것이며, 확실히 이번 전투의 패운을 한순간에 돌릴 무언가를 진행 중이라 직감케 했다.

그렇다. 나는 그가 무엇을 바라고 있는지 알고 있다. 그는 수천 년의 역사 동안 그의 민족을, 그의 혈통을, 그의 대지를, 그리고 그 수많은 전투의 운명을 통제하던 신을 향해 팔을 벌리고 선 것이다. 하늘의 기운을 주관하고 땅의 조화를 가늠하던 거대한 힘을 부르려 하고 있는 것이다. 다만 그 자리에 그렇게 앉아, 전투에 상관없는 차분함으로 기원하기만 하면 마치 그 우주적인 힘이 자기 자신에게로, 또한 아일랜드의 공화주의자들에게로 순식간에 밀려들어오기라도 하듯이 그렇게 그는 앉아 있는 것이다. 다혈질의 영웅 울터가 가장 결정적인 순간에 언제나 멀린의 도움을 요청했듯, 그리하여 인간의 나약함을 비웃는 절대 마법의 괴력이 그의 역사를 만들어줬듯, 지금 파넬은 그 힘을 다시 부르려고 한다. 영국의 역사를 친절하면서도 용감한 기사들의 가슴 설레는 신화로 만들어놓은 아더의 전설이 자기 자신의 힘이 아니듯, 파넬은 이 멋진 전투의 결말을 신의 주관으로 마무리 짓고 싶었던 것이다.

나는 파넬로부터 꽤 멀리 떨어진 곳에서 그를 쳐다봤다. 더 이상 다가가기엔 주위의 모든 것을 무력화하는 그의 굳건함이 성내에 서려 있었다. 한동안 그는 정지된 시간처럼 앉아 있었고, 전투는 영겁의 시간처럼 빠르게 흐르고 있었다. 과연 이 역사적인 홀더웰 전투는 파넬의 바람대로 될 수 있을 것인가.

복제된 영웅

역사는 순환되며, 사건은 재연되기 마련이다. 시대를 뒤바꾸는 계기들의 형상은 신기하게도 비슷할 때가 많으며, 이 모든 구조의 굴레를 사람들은 '법칙'이라 부른다. 전 시대의 비슷한 법칙들은 곧 과학이 되며, 인문과학의 미래 예측력은 바로 이런 역사의 순환성에 상당한 빚을 지고 있는 것이다. 따라서 영웅도 복제되고 그들의 행위도 동일한 성격을 지닌다.

파넬의 시대로부터 약 100년 뒤 같은 지역에 비슷한 얼굴에 비슷한 생각을 지닌 한 명의 인물이 등장한다. 그는 아일랜드의 위대한 혁명가이거나 영국을 대표하는 신화적인 인물은 아니었지만, 오히려 그 무엇도 아니라는 점에서 더욱 주목할만한 인물이었다. 마틴 카힐. 평생을 크고 작은 절도 행위에 바친 이 인물은, 마치 파넬이 주창하던 공화주의를 한꺼번에 승화시킨 듯한 절대 민주의 개념, 곧 무정부주의를 자기 교리로 삼고 있었으며, 아더가 창조한 원탁의 공동체, 그리고 가족 같은 국가의 형태를 그가 자란 게토의 지역 공동체에서 체현하고 있었다.

그는 파넬 군대의 그 어떤 가혹한 형벌보다 훨씬 더 엄격하고 냉정한 징벌 체계를 자기 부하들에게 적용하고 있었다. 어찌 본다면 그는 파넬이나 울터, 또는 아더보다 훨씬 더 영웅적인 인물이었는지 모른다. 어린 시절의 좀도둑질부터 오코너 보석상의 거대 절도까지, 그 어느 것 하나도 그의 의지대로 되지 않은 것은 없다. 현명하고 재기 넘치는 도둑 카힐은 자신을 옭아매는 모든 상황을 기가 막히게 번득이는 두뇌로 헤치고 나오는 법을 알았으며, 재차 반복되는 미래의 삶을 위해 지금의 이득을 절제하는 치밀함조차 지니고 있었다. 그는 아일랜드의 중앙 정부나 아일랜드 공화국군IRA 어느 쪽에도 서지 않는 자세를 취함으로써 온전히 자신만의 이름으로 통했다.

주위의 모든 사람들에게 마틴 카힐이라는 이름은 동시대의 낭만주의를 대변하는 것처럼 보였으며, 현실적인 삶의 고뇌는 카힐의 비현실적 영웅담 덕택에 얼마간이나마 해소될 수 있을 정도였다. 그러나 정말로 역사가 반복되는 것이라면 카힐의 삶조차 예외일리는 없으리라. 그는 아더의 신탁처럼 무언가의 힘을 빌리려고 하지는 않았지만, 낭만과 현실을 반복하는 역사의 진리 앞에서 무릎 꿇지 않을 수 없었다. 그의 생애에 신의 역량이 개입되지는 않았지만, 그는 온전히 인간의 테두리 안에서 비참한 최후를 맞게 된 것이다.

이율배반성 Ⅰ

아메리카 대륙을 무대로 활약하던 전설적인 악당 라자루스 모렐의 이야기. 그는 대략 1000여 명의 부하를 거느린 막강한 권력자였지만, 남부의 농장 지역에서는 친근하고 자비로운 인물로 정평이 나 있었다. 모렐 덕분에 자유를 얻은 흑인 노예들이 꽤 많았고, 따라서 여전히 농장주의 소유물로 살아야 하는 많은 흑인들에게 구세주 같은 인물이었기 때문이다. 그러나 실상은 그들이 알고 있는 것과 좀 많이 다르다. 모렐은 흑인 노예에게 이렇게 말한다. "내가 너에게 자유를 줄 것이다. 만일 네가 지금의 농장에서 도망을 친다면 아주 멀리 떨어진 다른 농장에 곧 너를 팔아주겠다. 그리고 나는 그 농장에서 받은 네 몸값의 일부를 너에게 돌려줄 것이며, 네가 다시 그 농장에서 완전히 탈출할 수 있게 도와주겠다."

결국 모렐은 금전적인 이익을 보는 것이고, 노예는 금전적 이익과 함께 자유를 얻게 되는 제안이었다. 그 누구도 달콤한 유혹 앞에 넘어가지 않을 수 없었다. 그러나 그렇게 두 번째로 탈출한 흑인은 단 한 명도 완전한 자유를 얻을 수 없었다. 철저한 비밀 보장, 이것을 위해 그들은 라자루스 모렐의 총구 앞에 안전할 리 없었던 것이다. 노예들의 자유를 위해 싸우는 투사 모렐, 그리고 그들을 죽음으로 몰아넣는 악당 모렐. 이것이 바로 전설적인 악당 라자루스 모렐의 기막힌 이율배반성이다.

이율배반성 II

대의명분의 거대 서사와 속물적 욕망의 이율배반성. 그렇다. 아마도 지금 저기 저렇게 신을 향해 기원하는 파넬의 머릿속에 바로 그 생각들이 스쳐가고 있을 것이다. 울터의 통일 국가는 과연 어떤 대의명분을 지니고 있었단 말인가. 계속된 그의 원정길은 어떤 정당성을 지니고 있었는가. 고작해야 그는 권력욕에 눈이 멀어 마법의 유혹에 자신의 영혼을 팔았고, 정욕을 이기지 못하고 살인을 저지르고야 말았다. 왕이라는 칭호는 결국 비열한 인간의 욕망으로부터 얻은 것이다. 라자루스 모렐과 울터, 이 두 사람의 공통점은 피상적인 대의명분과 본질적 비열함의 이율배반성이다.

파넬, 그는 이 이율배반성으로부터 얼마나 자유로울 것인가. 공평하고 가혹하게 적용되던 찰스 스튜어트 파넬의 규율. 군대를 통솔하는 그 엄격한 규칙은 자신들이 신뢰를 받을 수 있는 가장 중요한 이유가 됐지만, 실상 군대 안에 속한 그 어떤 사병도 이를 통해 사기가 진작됐다고는 결코 말할 수 없었다. 어느샌가 그 누군가의 입을 통해 새어져 나온 파넬의 비밀이 사병들 머릿속에 담겨 있었기 때문이다. 그가 아일랜드의 독립을 위해 전쟁을 벌이고 있는 게 아니라는 진실을 이미 모두 알고 있었기 때문이다. 그가 왕당파한테 살해당한 선조의 복수를 위해, 그리고 잉글랜드의 함몰을 바라는 스페인과의 경제적 계약 때문에 이 힘겨운 싸움을 시작했다는 것을 모두 알고 있기 때문이다. 그리고 이제는 거칠고 험난하던 인생을 영웅의 그것으로 승격시키기 위해 이 죽음의 향연을 시작했다는 것을 모두 알고 있기 때문이다.

피할 수 없는 순환

대의명분을 상실한 선대의 영웅들은 모조리 알 수 없는 어떤 힘의 가혹한 처벌을 받을 수밖에 없었으며, 울터도 아더도 그 누구도 여기에서 벗어날 수 없었다. 분명히 역사는 드러난 영웅들보다 드러나지 않은 절대적인 힘의 지배를 받아왔으며, 자연도, 신도, 마법도, 신화도 바로 이 힘의 서로 다른 이름일 뿐이었다. 울터는 마법의 힘으로, 아더는 신화의 힘으로, 랜슬롯은 자연의 힘으로 바로 설 수 있었기 때문이고, 결국 그 힘에 의해 자신의 의지를 포기하지 않을 수 없었다. 게다가 만일 알 수 없는 힘이 부재하는 곳이라면 거기엔 여지없이 인간의 힘일지언정 정당한 응징을 위해 채비를 하고 있는 것이었다.

전투가 시작된 지 여러 날이 지난 지금, 마지막 안간힘을 하늘에서 구하려는 지금, 파넬은 바로 이 진퇴양난의 개인적 함정에 빠져 있었다. 대의명분의 허위는 사라지고 속세의 진실이 그를 파헤치고 있다. 그리하여 그 어떤 신비로운 힘조차 그를 지켜주지 않을 것이며, 그 어떤 인간조차도 그의 편에 서지 않을 것이다. 역사상 그 어느 시점에서조차 발현되지 않았던 인간의 의지, 단 한 번도 실행된 적이 없던 영웅의 개인적 능력이 파넬에게서 이루어질 리 없었다. 따라서 지금 그의 저 행동은 순전히 무위할 뿐이다. 그리고 종말은 시작됐다. 라자루스 모렐을 파멸로 이끈 그의 부하들처럼, 마틴 카힐을 죽음으로 몰아넣은 비열한 아일랜드 공화국군처럼, 파넬의 부하 중 하나가 그에게 다가왔다. 엄한 규율과 오랜 전장의 피곤함에 물든 한 청년이 그에게 걸어오고 있었다. 울터의 곁을 유령처럼 스쳐간 멀린처럼, 그렇게 그는 내 곁을 지나쳤다. 서서히 아무런 힘도 자신을 돕지 않을 것이라는 절망이 파넬의 눈꺼풀을 띄우고 있을 때, 청년의 비틀린 팔도 올라가기 시작했다. 의지라 믿고 있던 것이 비열한 욕망임을 깨달으며 파넬의 고개가 떨구어지고 있을 때, 청년의 손에 들린 낡은 총의 방아쇠는 떨리고 있었다. 이제 막 홀더웰의 마지막 돌무더기가 허물어지기 불과 몇 초 전, 아일랜드의 위대한 독립운동가인 동시에 인류 역사의 보편적인 약자였던 찰스 스튜어트 파넬의 살점은 미세하게 뜯겨나가고 있었다.

존 부어맨

1933년 1월 18일 영국에서 태어났다. 원래는 세탁 사업을 하다가 영화평론가로 영화계에 입문했다. 그가 제작과 관련해 가장 먼저 맡은 일은 텔레비전 방송국의 편집 보조 기사 자리였다. BBC를 비롯한 영국 주요 방송국들과 몇몇 인디펜던트 방송국에서 다양한 경험을 쌓게 되는데, 그중 그의 이력을 채우는 다수의 활동은 다큐멘터리 프로그램 제작이었다. 〈시티즌 63Citizen 63〉, 〈뉴 커머스The Newcomers〉 같은 작품을 비롯, 대략 50여 편의 다큐멘터리가 이 시기에 만들어졌다. 이후 뮤지컬 스타일을 갖춘 〈와일드 위크엔드〉를 통해 장편 영화감독으로 데뷔한다.

그를 세계적인 감독으로 부상시킨 첫 작품은 〈포인트 블랭크〉였으며, 몇 편의 범작 뒤에 다시 그를 부각시키는 것은 〈서바이벌 게임〉이었다. 네 명의 도시 남성들이 주말 여행을 갔다가 겪게 되는 참사를 다룬 이 이야기에서 그는 문명과 자연을 대비시키는 고유의 주제를 표현했다. 자연을 중심으로 한 절대적 힘에 대한 관심은 이때부터 시작된다고 할 수 있다. 인간의 삶을 규정하는 특별하고 거대한 힘에 대한 탐구는 〈엑스칼리버〉로 이어지는데, 이 장대한 스케일의 작품에서 그는 마법과 신화의 세계를 통해 인간 의지의 박약함을 묘사한다. 이어지는 〈에메랄드 포리스트〉에서도 그는 남미 우림에서 실종된 소년의 이야기를 통해 역시 문명의 왜소함을 비웃는 자연의 위대함을 보여준다.

최근 아일랜드의 위대한 도둑 마틴 카힐의 이야기를 소재로 한 〈제너럴〉을 만들어 건재함을 과시했다. 카힐이라는 한 명의 영웅에 대한 낭만적인 묘사와 결국 그에게 죽음밖에 선사할 수 없었던 현실의 굴레를 동시에 보여준 이 작품으로 칸 영화제 감독상을 받았다. 이미 그는 〈레오 더 라스트〉로 칸 영화제 감독상을 받고, 〈엑스칼리버〉로 칸 영화제 예술공헌상을 받은 바 있다.

〈NeGA〉 15호(1999년 2월)

존 부어맨 1933년 생	〈테일러 오브 파나마(The Tailor Of Panama)〉(2001), 〈제너럴(The General)〉(1998), 〈비욘드 랭군(Beyond Rangoon)〉(1995), 〈에메랄드 포리스트(Emerald Forest)〉(1985), 〈엑스칼리버(Excalibur)〉(1981), 〈서바이벌 게임(Deliverance)〉(1972), 〈레오 더 라스트(Leo The Last)〉(1970), 〈포인트 블랭크(Point Blank)〉(1967), 〈와일드 위크엔드(Having A Wild Weekend)〉(1965) 등

닐 조던

자멸감으로부터 사악함으로, 그리고 다시 꿈으로

잭 에반스의 두 가지 이상한 점

1988년 2월 17일, 네바다 주 레이컨 카운티 외곽의 한 허름한 주택에서 아버지의 시체와 함께 한 달을 지낸 소년이 주민들의 신고를 받고 출동한 경찰에 의해 발견됐다. 잭 에반스라는 이름의 이 열 살배기 소년은 발견된 때 일주일 이상 굶은 탈진 상태였으며, 주방 싱크대 위에 놓인 아버지의 시체로부터 약 3미터 정도 떨어진 냉장고 문에 기대어 앉아 있었다. 잭의 눈은 오랫동안 감기지 않은 듯 눈 주위의 피부는 굳어져 있었고, 한참을 주무르고서야 가까스로 펴진 무릎 관절로 인해 경찰은 잭이 아주 오랫동안 그 자세로 앉아 있었음을 확인할 수 있었다. 검시관들은 아버지의 시체가 갑작스러운 경직에 의해 굳어진 뒤 오랫동안 같은 상태로 있었음을 밝혀냈을 뿐 더 이상의 사인을 발견할 수는 없었다. 정상적인 상태로 회복되지 못한 잭 에반스는 다음 날 즉시 아버지 애들러 에반스를 살해한 혐의로 수사를 받기 시작했다.

이날 현장에서 경찰은 두 가지 이상한 점을 발견했다. 하나는 정신착란에 의해 저질러진 친족 살해의 경우, 일시적인 의식정지 상태에 빠진 범인은 통계적으로 자신이 살해한 대상을 바라보고 앉아 있는 것이 대부분이다. 그러나 잭의 시선은 결코 아버지의 시체를 바라보고 있지 않았다. 둘째, 기이하게도 한쪽 무릎을 구부리고 두 팔을 배에 모은 채 앉아 있던 잭의 자세는 고스란히 아버지 애들러 에반스의 자세와 동일했던 것이다. 이와 같은 선례를 찾아 볼 수 없었던 경찰은, 그리고 좀처럼 의식을 회복하지 못하는 잭의 상태는 수사를 혼란에 빠뜨렸다. 결국 잭 에반스는 네바다 주의 주립 정신요양소에 장기보호대상자로 입소됐으며, 이 사건은 해결되지 못한 채 끝나고 말았다. 다만 경찰은 이웃 주민들에 대한 탐문 수사를 통해 오랫동안 실업 상태에 놓여 있던 잭의 집안이 극심한 빈곤 상태였다는 것과 그럼에도 불구하고 애들러와 잭의 사이가 좋았다는 것, 그리고 잭은 하모니카를 멋지게 불고 흙바닥에 솜씨 좋은 그림을 그리던 아버지를 늘 부러워했다는 사실만 알 수 있었을 뿐이다. 레이건 카운티 마르테즈 초등학교에 다니고 있던 잭 에반스는 실망스러울 정도로 학업이 부진한 아이였으며, 친구들과 관계도 원만하지 못한 소년이었다.

인간–기계 전쟁의 종말

서기 2275년, 100여 년에 걸친 인간과 기계의 대전쟁에서 급기야 기계는 인류를 완전히 정복하고야 만다. 기계에 대한 저항 정신에 따라 2198년 이후로 대안적인 테크놀로지 개발을 금지한 인간과 달리, 기계는 인간을 정복할 과학적인 메커니즘을 발견하기 위해 끊임없이 인간에 대한 연구에 박차를 가했다. 그리고 그 연구의 결과는 2198년으로부터 채 100년이 되지 않은 시점인 2275년에 결실을 보게 됐고, 이 연구가 성공하자마자 순식간에 인류는 기계의 노예로 전락하고야 만 것이다.

그런데 아이러니컬하게도 기계가 발견한 획기적인 인간 정복 방법이란 바로 2198년에 인간이 모든 테크놀로지의 발전을 정지시키고 후퇴한 어떤 공간에서 시작됐다. 2198년 인류는 기계문명에 대한 회의와 분노를 잠재우고 자연 인류의 무한한 에너지를 재건시키기 위해 일종의 사이버 공간을 창조한다. 그 공간의 시간적 배경은 아직 어떤 기계문명도 개발되지 않았던 시원적 인류의 시점이었다. 2198년, 기계군에 대항하는 연합전선에 가담하지 않은 변두리 지역의 몇몇 인간을 제외하고 대부분의 인류는 바로 이 가상현실로 빠져들고, 가만히 잠들어 있는 그들의 육체는 꿈속에서 파생되는 에너지를 모아 기계와 전투를 벌이게 됐다.

그런데 바로 이것, 인간이 꿈을 통해 에너지를 발생시킨다는 사실이 기계들에게 알려진 순간, 인간의 운명은 끝이 나고 말았다. 머나먼 기원으로부터 지금에 이르기까지 인간의 삶을 지배해온 것은 현실이 아니라 꿈이라는 것을 기계가 간파해낸 것이다. 그리고 때마침 인류는 바로 그 꿈속에 모두 갇혀 있었다. 따라서 기계는 육체에서 꿈으로 이어지는 통로를 제어할 시스템을 구축하자마자 인간의 꿈을 조작하기 시작했고, 모든 인류에게 전달된 기계들의 악몽 프로그램은 단 몇 시간이 지나지 않아 인간의 모든 현실을 암흑으로 덮어버렸다. 더 이상 자생적인 꿈을 꿀 수 없게 된 인간은 아무런 능력을 발휘할 수 없었고, 현실이란 더 이상 존재하지 않게 됐다. 이렇게 해서 2275년 3월 10일, 자주적 인류의 역사는 종지부를 찍고 만다.

어릴 때, 아니 그렇게 어릴 때도 아니다. 중·고등학교에 다니던 시절의 오후, 나는 직장에 가신 아빠와 외출하신 엄마 덕택에 혼자 집에 있을 때가 많았다. 그 시간은 아무의 방해도 받지 않고 조용히 공부할 수 있는 쾌적한 환경을 제공해줬고, 여름날에는 창문에 쳐진 발 사이로 슬며시 불어오는 산들바람이 상쾌한 행복을 느끼게 했다.

이 행복한 시간에 공부 외에 가끔씩 나를 지배하고 있던 또 하나는 바로 마스터베이션이었다. 몇 시간씩 지속되는 공부에 지친 나는 문득문득 그 쾌감을 기억해냈으며, 집에 아무도 없다는 것은 마음 놓고 마스터베이션을 할 최적의 상황을 만들어줬다. 나는 얼마 전에 본 포르노 영화의 장면들을 상상하며 즐거움에 빠져들었다.

그러나 이 시기를 거치는 동안 나는 단 한 번도 마스터베이션을 통해 완벽한 행복을 맛본 적은 없었다. 매번 벽에 걸린 예수님 사진을 의식하지 않을 수 없었고, 애써 그곳을 피해 다른 곳으로 가곤 했던 것이다. 나는 행위를 시작해 끝을 낼 때까지 마음속에서 수도 없이 벌어지는 갈등과 투쟁의 혼돈을 겪어야 했으며, 육체적인 쾌감이 몇 초간 지속된 뒤에는 곧바로 엄청난 후회와 자멸감에 빠져 바로 그 예수님 사진 앞으로 달려가야만 했다. 나는 사진 앞에 고개를 파묻었고 용서를 비는 기도를 올렸으며, 다시는 하지 않겠다고 맹세했다. 그러고 나서도 내 불안한 마음은 사라지지 않아, 마스터베이션을 한 날의 저녁은 대개 아무런 즐거움 없이 도피를 위한 공부에 치중한 것 같다. 그런 되풀이가 적어도 몇 년간, 이른바 성장기라 할 내 젊은 날의 어느 시절을 채우고 있었던 것이다.

인류의 숨겨진 거울

1997년 9월 어느 날, 남태평양 한가운데서 모의 핵 실험을 하던 프랑스 핵 전략군은 시스템 고장에 따른 실수로 해저 800미터 지점에서 아직 개발 단계에 있던 신형 핵무기를 폭발시키는 사고를 저지른 적이 있다. 수초 전 이미 핵폭발이 됐다는 것을 발견했을 때, 핵 전략군의 통제본부에서는 태평양의 3분의 1이 예상치 못한 폭발에 산산조각 날 것이며, 기껏해야 한 달 뒤면 태평양의 대부분 지역이 오염될 것임을 직감하고 있었다. 그러나 놀랍게도 아무 일도 일어나지 않았다. 폭발은 약간의 미진을 일으켰을 뿐 더 이상 아무런 사고도 포착되지 않았다. 즉각 조사가 진행됐으며, 프랑스

군 당국은 핵폭발이 있기 불과 몇 초 전에 태평양 해저의 지면을 순간적으로 뒤덮은 자기 신호가 존재했음을 발견하기에 이르렀다.

1년 뒤, 프랑스는 핵실험이 있었던 남태평양 해저 어딘가에 인간과 다른 종류의 지적 생명체들이 군락을 이루어 살고 있다는 것을 증명했다. 그들이 대체 어떤 종류의 생명체인지는 아무도 모른다. 많은 추측이 난무했다. 혹자는 사라져버린 아틀란티스 대륙의 후예들이 멸망하지 않은 채 남아 있는 것이라고 했고, 또 많은 사람들은 지구의 발생 시점부터 그 진화 과정을 제어하던 외계 생명체의 탐사 집단이라고 떠들어댔다. 실제로 그들이 어떤 존재들인지는 아직 정확히 파악되지 않고 있다. 다만 전술한 핵실험처럼 지구 전체를 위험에 빠뜨릴 거대한 사고가 있을 때마다 핵실험 때와 동일한 자기 신호가 태평양 어딘가로부터 파장되고 있음이 발견됐다. 그리고 즉시 그 사고들은 진압됐다. 게다가 그 사고들은 서서히 군사적이거나 물리적인 것으로부터 문화적인 영역까지 확대됐다.

많은 사람들의 예상은 하나였다. 아마도 그 자기 신호는 해악과 위험의 부정적 에너지를 지속적으로 흡수하고 있는 게 아닌가 하는. 따라서 그 미지의 존재들은 지구가 태동한 이래 수많은 위협의 요소들을 그들 자신의 내부로 끌어들이면서 붕괴의 위험을 방지해온 것은 아닌가 하는. 따라서 그들은 인류가 지닌 사악한 이면의 모든 것을 흡수한 채 스스로 희생하고 있는 게 아닌가 하는. 마치 어떤 시점으로부터 시작돼 우울하고 동정 어린 삶을 지속하고 있는 흡혈족의 생명체들처럼.

소년을 좋아하던 늑대

독일의 철학자인 이링 페처는 《누가 잠자는 숲속의 공주를 깨웠는가》에서 유명한 '빨간 모자 소녀와 늑대'의 동화를 뒤집고 있다. 빨간 모자 소녀가 할머니께 드릴 음식을 가지고 숲 속을 지나가다가 늑대를 만난다. 늑대는 소녀와 할머니를 몽땅 잡아먹을 생각에 지름길로 할머니 집에 먼저 도착해 우선 할머니를 통째로 삼켜버린다. 이윽고 소녀가 할머니 집에 당도한다. 늑대는 자신이 할머니인 척 해 소녀를 잡아먹는다. 배부른 늑대가 침대에서 잠을 잔다. 지나가던 사냥꾼이 늑대를 발견하고 늑대의 배를 갈라 할머니와 소녀를 구출한다. 자, 이것이 원본 동화다. 그런데 이링 페처는 이 동화의 앞부분에 유실된 내용이 있었다고 주장하며 그 내용을 덧붙인다. 이제부터 이링 페처의 해석이다.

빨간 모자 소녀에게는 빨간 머리 오빠가 있었다. 어느 날 숲으로 놀러 간 소년은 늑대를 만나 하루 종일 숲 속에서 장난을 치며 놀았다. 저녁이 다 되어 돌아온 소년에게 아빠는 늑대 같은 녀석과 시간을 낭비하며 놀았다고 호되게 야단을 쳤다. 소년은 서러워서 계속 울었다. 이것을 알게 된 늑대는 자기 친구인 소년을 혼낸 아버지를 응징해야겠다고 생각했다. 늑대는 소년의 아버지가 딸 빨간 모자 소녀를 애지중지하고 있음을 알고 있었다. 늑대는 소녀를 납치해 아버지의 마음을 아프게 해야겠다는 계획을 꾸몄다. 그리고 바로 그 늑대의 계획이 우리에게 알려진 이야기다.

늑대는 소녀만 납치할 마음이었으므로, 소녀가 다치지 않게 고스란히 삼킨 것이다. 나중에 사냥꾼이 늑대의 배를 갈랐을 때 소녀와 할머니가 멀쩡했음은 늑대의 이런 계획을 반증해준다. 늑대의 계획은 성공했다. 아버지는 집에 돌아오지 않는 소녀 때문에 심히 괴로워한 것이다. 그 누구도 결코 악한 행위를 하지 않았지만 이 한바탕의 해프닝은 꽤 흥미롭다. 자신의 감정을 제대로 다스리지 못하는 아버지는 딸과 아들에 대한 편향적인 감정 덕분에 사건에 말려들었고, 소년과 나누는 진한 우정이 모든 것이었던 늑대의 마음은 구체적인 현실이 돼 벌어지고야 말았다.

유아적 강박관념에 휩싸인 아버지

그런데 이 동화는 다른 방향으로도 해석된다. 소년을 호되게 나무란 아버지까지는 똑같은 내용이다. 그런데 뒷부분이 다르다. 우리가 알고 있는 소녀와 늑대의 얘기는 실제로 벌어진 게 아니라 아버지가 꾼 꿈이라는 해석이다.

사실 곰곰이 생각해보면 하루 종일 늑대와 놀다 온 소년이 뭐 그리 큰 잘못을 저질렀는가? 따라서 아버지의 꾸중은 도를 넘어선 것이고, 이것은 아마도 아버지의 병리적인 정신 상태 때문인 것으로 짐작된다. 즉 소년의 아버지는 합리적인 판단에 따라 자식을 교육할 정도로 성숙한 어른이 아니다. 그는 아직도 유아적인 감정 상태에 따라 쉽게 흥분하고 좌절하는 어린아이인 것이다. 그리고 바로 그 유아적인 상태란 모성과 완전한 분리를 이루지 못한 것을 가리키기도 한다. 그런 아버지는 자괴감에 빠져 꿈을 꾼다. 어떻게든 어른이 되고 싶은데 늘 그런 식으로 아이처럼 구는 자신이 밉다. 꿈속에서 아버지는 늑대가 자신에게 복수를 하는 악몽에 빠진다.

그런데 중요한 것은 그 꿈속에서 그는 소녀의 할머니, 즉 자신의 어머니를 등장시키는다는 것이다. 그는 악몽의 후반부에서 자신의 어머니로 위장한 늑대의 배가 갈라지는 내용을 떠올린다. 이것은 곧 어머니의 배를 가르는 행위이고, 어머니의 배가 갈라진다는 것은 자신과 어머니를 잇는 끈이 끊어진다는 것을 상징한다. 아버지는 꿈을 통해 비로소 어머니와의 유아적인 관계를 단절시키게 되고, 어른이 되고 싶은 심리 상태를 보상받는 것이다. 그가 꾼 한 편의 악몽은 현실적 자멸감을 보상하고, 결국 그 꿈은 아직까지도 세계 인류의 어떤 부분에 영향을 끼치고 있다.

소녀의 무모한 욕망

하지만 한편으로 우리는 '빨간 모자 소녀와 늑대'의 동화를 다른 식으로 바라볼 수도 있을 것이다. 이 동화에 대한 일단의 해석자들은 늑대와 소녀의 관계를 야릇한 성적 호기심으로 풀어내기도 한다. 그런데 이런 시각을 좀더 명확하게 극단화한다면 우리는 빨간 모자 소녀의 또 다른 모습을 만날 수도 있을 것이다.

'Once upon a time,' 빨간 모자를 즐겨 쓰는 소녀가 있었다. 열두 살이라는 나이에 비해 훨씬 더 성숙한 소녀는 원래부터 모자를 좋아하지 않았다. 소녀는 점점 더 아름다워지는 자기 얼굴을 많은 사람들이 봐주길 바랐지만, 어머니는 여자는 정숙해야 한다며 외출할 때는 늘 모자를 쓰고 다녀야 한다고 가르쳤다. 소녀는 종종 어머니의 심부름으로 숲 속 한가운데에 있는 할머니 집에 갔다 오곤 했다.

어느 날, 숲을 지나던 소녀는 풀밭에 누워 코를 골고 있는 늑대를 봤다. 처음에는 소스라치게 놀랐다. 많은 사람들이 늑대는 위험한 동물이라고 말했기 때문이다. 그러나 왠지 소녀는 늑대가 무섭지 않았다. 늑대는 정신없이 잠들어 있었고, 살금살금 다가간 소녀는 늑대의 몸을 살폈다. 길게 뻗은 주둥아리, 촉촉한 콧등, 살짝 치켜 올라간 눈매가 그녀의 정신을 빼앗았다. 군살 없이 흘러내린 등줄기의 곡선과 부드러운 듯 강하게 모여 있는 네 개의 다리, 회색빛과 분홍빛이 섞인 배와 가슴의 피부는 급기야 그녀를 혼미하게 만들었다. 열두 살의 소녀는 한 번도 경험해보지 못한 어떤 기운이 배에서 치솟아 오르는 것을 느꼈다. 순간 소녀는 생각했다. 사람들과 만날 일이 없는 이 늑대라면 자기 마음껏 어떤 일을 해도 엄마랑 마을 사람들이 눈치채지 못할 것이라고. 그날 이후 소녀는 할머니 집에 가길 자청했고, 그럴 때면 언제나 온 숲을 뒤져 늑대의 모습을 찾으려고 했다.

어느 날 소녀는 늑대와 좀더 친하게 지내야겠다고 마음먹게 됐고, 급기야 늑대는 소녀의 유혹에 넘어가고야 만다. 둘의 대화는 점점 깊어만 갔고 어느 날인가부터 소녀는 서서히 늑대의 몸을 더듬기 시작했다. 급기야 강한 욕망에 휩싸인 소녀는 어느 날 늑대와 단둘이 은밀한 행위를 즐길 밀회의 공간을 찾다가 할머니의 집을 떠올렸다. 자신의 감정을 수습할 수 없었던 소녀는 그만 늑대에게 할머니를 없애달라고 부탁했고, 결국 할머니의 집은 늑대와 소녀만의 공간으로 이용됐다. 소녀의 욕망은 충족됐고, 그 후로도 오랫동안 소녀는 꼭 그렇게만 살았다.

덧붙여 늑대는 남자가 되다

그런데 만일, 우리가 이 이야기에 대한 전형적인 리비도적 해석을 내린다면, 소녀 대신 늑대를 욕망의 화신으로 만들면 되는 것이다. 늑대가 소녀에게 접근한 것은 그녀를 먹고 싶었기 때문이 아니라 그녀를 범하고 싶었기 때문이다. 성적 욕망에 강하게 경도된 늑대는 온갖 성적 추행의 와중에 급기야 유아 강간의 변태적 단계에까지 이르렀으며, 결국 할머니 집으로 향하던 귀여운 소녀를 그 대상으로 지목한 것이다. 그리고 계획은 순조롭게 진행된다. 여기서 늑대가 누군가를 '먹는다'는 행위는 곧 그것을 '사랑한다'는 의미로 치환된다. 늑대는 자신의 목표인 소녀를 범하기 위해 할머니라는 불쾌한 대상을 먼저 먹어야만 하는 수고스러움을 기꺼이 받아들였으며, 결국 그의 목적은 달성되고야 만다.

그리하여 이 동화는 결국 계몽적인 도덕률이 돼 후대에 전해지는데, 그것은 모든 여성들로 하여금 남자는 무조건 조심하라는 계명으로 전환된 것이다. 여기서 숲이란 세상이고, 빨간 모자 소녀란 모든 여성이며, 늑대란 모든 남성이다. 해가 훤하게 비추는 대낮에는 신사 같고 착하기 그지없는 남자라도, 밤만 되면 그리고 은밀한 곳에 여자와 단둘이 있게 되면 무슨 짓을 할지 모르는 것이다. 만일 숲이 세상이라면 여자들은 절대로 그 숲에서 빠져나오지 못한다. 그곳이 바로 그녀들의 삶의 터전이니까. 그러니 안전하게 살 수 있는 유일한 방법이란 오직 늑대, 곧 사악한 남성들의 꼬임에 넘어가지 않는 것뿐이다. 숲이 존재하는 한 영원히 늑대들은 대를 이을 것이고, 세상이 끝나지 않는 한 우리의 또 다른 얼굴인 악의 힘은 결코 사라지지 않을 것이기 때문이다. 그리고 '빨간 모자 소녀와 늑대'에 대한 바로 이 마지막 해석이 닐 조던의 영화 세계에 고스란히 묻어난다.

닐 조던

1950년 아일랜드에서 태어났다. 영화감독이 되기 전에 인기 있는 대중 문학 작가였으며, 단편 소설집 《튀니지의 밤Night In Tunisia》 등을 발표했다. 존 부어맨 감독의 〈엑스칼리버〉에서 시나리오 자문을 맡으면서 영화계에 입문, 색소폰 주자가 주인공으로 등장하는 데뷔작 〈엔젤〉과 늑대에 관한 인간의 우화적 접근을 소재로 한 〈늑대의 혈족〉을 발표한 뒤 〈모나리자〉라는 걸출한 작품을 발표한다. 이 영화는 런던 빈민가를 탐험하는 두 남녀를 통해 어둠과 악의 테마를 드라마틱하게 풀어간다.

미국에서 〈피터 오툴의 유령호텔〉, 〈천사탈주〉를 찍은 뒤 다시 영국으로 돌아와 앞서 말한 단편 소설집을 기초로 〈두 번째 이별〉을 연출했다. 그 뒤 대표작 〈크라잉 게임〉을 만든다. 실험적인 플롯과 전복적인 캐릭터, 사랑과 의지와 정체성에 관한 뛰어난 상징들로 가득 찬 이 영화 이후 흡혈귀들의 슬픈 역사를 담은 〈뱀파이어와의 인터뷰〉, 아일랜드의 역사적 인물을 소재로 한 〈마이클 콜린스〉를 발표했으며, 〈푸줏간 소년〉과 〈인 드림스〉를 연출했다. 〈푸줏간 소년〉은 죄의식과 자유의지의 문제를 다룬 기괴한 성장 영화이며, 〈인 드림스〉는 꿈과 현실에 대한 이색적 탐구가 돋보이는 작품이다. 닐 조던의 영화, 그것은 열등감과 죄의식에 사로잡힌 인간, 악몽과 판타지에 지배당한 현실, 그리고 개체건 집단이건 악마적인 이면을 거울처럼 간직하고 있는 사회에 대한 탐구로 집약된다.

〈NeGA〉 18호(1999년 5월)

닐 조던
1950년 생
〈브레이브 원(The Brave One)〉(2007), 〈플루토에서 아침을(Breakfast On Pluto)〉(2005), 〈인 드림스(In Dreams)〉(1999), 〈푸줏간 소년(The Butcher Boy)〉(1997), 〈마이클 콜린스(Michael Collins)〉(1996), 〈뱀파이어와의 인터뷰(Interview With The Vampire: The Vampire Chronicles)〉(1994), 〈크라잉 게임(The Crying Game)〉(1992), 〈두번째 이별(The Miracle)〉(1991), 〈천사탈주(We're No Angels)〉(1989), 〈유령 호텔(High Spirits)〉(1988), 〈모나리자(Mona Lisa)〉(1986), 〈늑대의 혈족(The Company of Wolves)〉(1984), 〈엔젤(Angel)〉(1982) 등

뤽 베송

그는 플래시백하여 다시 시작하고 있다

1990년경으로 기억합니다. 새로운 영화, 새로운 작가, 새로운 경향에 목말라하던 이 나라 언더그라운드의 영화 마니아들에게 단비처럼 내린 사건이 있었습니다. 물론 그 사건은 이미 10년 전에 시작된 것이었지만, 어디 당시 우리의 정보력이 그랬나요? 그 것은 바로 장 자크 베넥스의 〈디바〉(1981), 뤽 베송의 〈마지막 전투〉, 레오스 카락스 의 〈소년 소녀를 만나다〉로 시작된 이른바 '누벨 이마주' 세대의 등장이었죠. 다시 1986년 베넥스와 카락스는 각각 〈베티 블루 37.2〉와 〈나쁜 피〉를 내놓았고, 2년 뒤 베 송은 〈그랑 블루〉를 발표합니다. 그렇습니다. 뤽 베송은 그렇게 우리 앞에 등장했습 니다.

하지만 수년이 지난 지금 돌이켜보면, 누벨 이마주니 뭐니 하며 이들을 싸잡아 포 장하던 건 호들갑이었구요, 뤽 베송은 단지 뤽 베송이지 '누벨 이마주 세대의 뤽 베송' 이 아닙니다. 이건 아주 중요한 전제입니다. 베넥스와 카락스, 베송은 각기 너무나 다 른 작품 세계를 가지고 있기 때문에 그들을 집단적으로 묶는다는 것은 자칫 개별적 인 영역을 곡해할 여지가 있기 때문입니다. 그래서 오늘 제 얘기는 그저 뤽 베송이라 는 인간 하나에 진솔하게 다가가려는 것입니다.

그의 이 무작정한 여행은 거의 끝나가고 있다. 언제부터 시작했고 어디를 지나왔으며 누구를 만났는지 이젠 기억나지 않는다. 돌아갈 길로 들어선 것도 같은데 사실 확신이 있는 것은 아니다. 문득 고개를 들어 봤을 때 그는 사막 한가운데를 걷고 있었다. 목 이 말랐다. 짐을 풀었다. 물병엔 물이 얼마 남지 않았다. 그러나 휘청거리며 물병의 마 개를 연 순간, 남은 물은 전부 짐 속에 파묻혀 있던 일기장 속으로 스며들었다. 그 일 기장에는 기억나지 않는 여정의 시간 동안 그가 보고 듣고 느끼고 생각하고 고뇌하던 모든 것들이 쓰여 있지만 그는 물을 마시기 위해 주저 없이 일기장의 종이들을 짜기 시작했다. 일기장을 채우고 있던 잉크들은 물과 함께 목구멍으로 타고 들었고, 어느새 일기장 위에는 형체를 알아볼 수 없는 글씨들만 가득했다. 그리고 그는 사막 위에 누웠다. 햇볕이 따사로왔다. 문득 미풍이 불어와 그의 손바닥 위에 한 줌의 모래 덩어리를 올려놓았다. 그는 갑자기 그것을 세고 싶다는 충동에 휩싸였다. 그는 조심스레 엎드린 채 손바닥 위의 모래들을 세기 시작했다. 시간은 흐르고 밤이 찾아왔고, 다시 아침이 됐지만 그는 흐뭇한 표정으로 계속 모래알들을 세고 있었다.

참으로 배운 것도 없는 놈입니다

잠깐 이 작자의 어린 시절을 한번 살펴볼까요? 1959년, 음…… 58년이 개띠니까 돼지띠군요. 3월에 파리에서 태어났구요. 부모가 스킨스쿠버를 한 덕분에 어린 시절 바닷가에서 줄창 시간을 보냈다는 건 다 알고 계시죠? 열 살 때부터 돌고래들과 수영을 했다는데. 요건 약간 뺑인 듯도 싶습니다. 아무튼 다이버를 꿈꿨다는군요. 그러다가 서서히 영화에 빠져들기 시작합니다. 아마 스킨스쿠버와 영화 보기가 어린 소년 뤽의 마음을 사로잡은 것들인 모양인데요, 이런, 열일곱 살 되던 해에 다이빙 사고를 당하면서 그는 완전히 영화의 길로 전향합니다.

몇 년 뒤 뤽은 영화감독이 되기 위해 고등학교를 중퇴하고, 1977년 고몽 영화사에 들어가 뉴스 연출부 일을 하는 것으로 영화판에 뛰어듭니다. 이 시절에 쓴 첫 번째 습작 시나리오가 바로 〈제5원소〉의 원안입니다. 1년 정도 일하던 뤽은, 안되겠다, 영화를 제대로 배우려면 할리우드에 갔다 와야겠다는 순박한 생각에 1978년 할리우드로 건너갑니다. 촌뜨기 프랑스 놈이 뭐 할 일이 있었겠습니까, 잡역부 일 좀 하다가 〈007 문레이커〉(1979)의 촬영부 '따까리'로 일하는 행운을 얻기도 하고는 곧 돌아옵니다. 그리고 5년 뒤인 1982년 단편 영화 〈그저께〉로 주목받고는, 드디어 대망의 1983년, 제작, 감독, 각본을 몽땅 다 해버린 장편 영화 〈마지막 전투〉로 센세이셔널한 데뷔를 하게 됩니다.

그의 바이오그래피를 살펴보니까 느껴지시는 게 있죠? 그렇습니다. 그는 참으로 배운 게 없는 놈입니다. 어릴 땐 맨날 바닷속으로 뛰어들거나 영화만 봤고, 정규 교육은 고등학교, 그것도 다 다닌 것도 아니고, 그때부터 사회생활에 뛰어들어 현장에 나섰으니 그가 뭐 그리 대단한 지식이 있을 리는 만무합니다(혹시 모르죠. 그가 독학으로 많은 지식을 습득했을지는. 그러나 잘 모르는 일이니까 그런 가능성은 배제하도록 하죠). 그러니까 어린 나이에 사람들과 대화를 단절하고는 복화술의 세계에 빠져들고, 열여덟 살부터 《카이에 뒤 시네마》에 영화 평론을 쓰기 시작한 레오스 카락스와는 좀 다른 종류의 사람이죠. 그런데 바로 그 별로 배운 게 없다는 사실이, 그를 누벨 이마주 세대의 다른 작가들과 구별시킵니다.

영화 진짜 재밌게 만들지 않습니까?

우선, 우리가 뤽 베송한테 발견할 수 있는 가장 직접적인 특성, 누벨 이마주의 사상적 맥락을 제거하고, 솔직히 뤽 베송 하면 떠오르는 것, 그건 바로 뤽 베송이야말로 프랑스 영화 역사가 낳은 가장 '대중적'이며 '상업적'인 영화감독이라는 점입니다.

여기에 이견을 달 사람은 아마 없을 겁니다. 솔직히 말해 그의 영화 덕분에 관객들은 프랑스 영화 하면 떠오르는 지루하고 철학적이고 뭔 얘긴지 알 수 없는 이미지를 깰 수 있었습니다. 개망나니처럼 살아가던 불량 소녀가 정부 비밀 기관의 암살 요원이 돼서 임무를 수행하는 이야기, 그 박진감 넘치고 흥미진진한 〈니키타〉의 이야기는 할리우드의 그 어떤 영화도 따라갈 수 없을 만큼 오락적입니다. 〈레옹〉은 또 어떻습니까? 거기에 뭐 그리 대단한 철학이 있어 보입니까? 절대 아닙니다. 그건 그냥 한 명의 킬러가 돈 받고 사람 죽이고 그러다 만난 소녀와 인간적인 정을 나누는 이야기로만 봐도 충분히 재미있고 긴장감 넘치는 영화입니다. 그 역동적인 앵글과 스펙터클한 화면 구도, 관객들 호흡을 놓았다 조였다 하는 특유의 편집, 더불어 그의 오랜 동료인 에릭 세라가 만들어낸 장엄한 음악, 군더더기 없이 관객을 몰입시키는 귀엽고 편안하고 짜임새 있는 시나리오, 이렇게 대중적인 영화가 또 어디 있겠습니까? 조금 오버해서 그렇지 〈제5원소〉는 또 얼마나 상업적인 영화입니까?

그의 데뷔작을 살펴볼까요? 〈마지막 전투〉, 이 영화 흑백이거든요, 게다가 대사도 없거든요, 무슨 예술 하는 것 같거든요, 그런데 무지하게 재미있습니다. 그에게 영화란 고민하는 게 아니라 즐기는 것입니다. 대중들과 짜릿하게 호흡할 수 있는 수단이지, 머리 맞대고 토론하자는 철학 서적이 아닙니다.

유럽에서, 또는 이집트에서 열리는 '문자 전람회' 중에는 이집트의 상형문자나 앗시리아의 설형문자, 이집트에서 발견된 수많은 부조 그림을 특이하게 전시하는 전람회들도 있다고 한다. 이 전람회의 기획자들은 문자나 그림들을 단순하게 나열하는 대신, 그것이 하나의 이야기를 떠올리게 재배치한다. 한때 이집트의 부조 그림들이 일종의 연속 커트를 형성하면서 연재 만화를 연상케 한다는 것은 언어학자들의 주된 관심사 중 하나였다. 때때로 어떤 기획자들은 그렇게 재배치된 연속 문자나 연속 그림들에 자기 나름대로의 이야기를 만들어 서술하는 경우도 있다고 한다. 이렇게 해서 우리는 문자나 그림이 지닌 단순 상징의 기호성보다는 그것들의 연계로 만들어지는 서사성이 더 흥미롭고 본능적이라는 것을 알 수 있다.

여전히 이야기는 이야기죠

상업적이라거나 대중적이라거나 오락적이라는 말은 한 영화가 스펙터클하고 드라마틱한 거대 서사를 취하고 있거나, 또는 파편적인 에피소드 위주의 일상성을 다루고 있거나 간에 공히 적용될 수 있습니다. 사실, 영화란 재미있게 만들라고만 치면 그 어떤 소재라도 그렇게 만들 수 있는 거니까요. 이 중 뤽 베송의 선택은 가공의 드라마 투르기Dramaturgy(극작법)입니다. 이런 류의 영화들은 스케일 큰 이야기, 비현실적인 설정, 특별한 상황, 한 번에 관객을 몰입시킬 수 있는 흥미진진한 사건, 빠르고 굴곡이 심한 전개, 극적인 클라이맥스, 낭만적인 결말 등으로 설명할 수 있습니다. 그냥 간단하게 말하면 기승전결 드라마의 전형성을 띠고 있다고도 할 수 있죠.

여전사 니키타나 킬러 레옹 같은 존재들, 그리고 그 인물들이 겪는 특별한 삶은 허구인 줄 알고 빠져드는 서사의 늪을 형성합니다. 감독의 머릿속에서 만들어진 인공의 이야기인 줄 다 알지만, 사실은 그런 이야기들이 훨씬 재밌는 걸 어떡합니까? 지구상에서 가장 오래 잠수할 수 있는 〈그랑 블루〉의 자크, 그의 초월적인 삶과 경외스러운 자연의 조화는 우리를 풍요로운 환상의 세계로 인도합니다. 〈제5원소〉에 등장하는 지구, 우주, 운명, 구원, 전쟁에 관한 우주 대서사시와 23세기의 인공적인 이미지는, 그야말로 거대 서사의 단적인 지표가 됩니다.

현대 사회의 구성 또는 재구성에 관한 숱한 철학들이 거대 서사의 무용론을 주장하고 일상으로 돌아가고 있는 지금, 따라서 꽤 많은 거장들의 영화가 일상의 영역을 파고들고 있는 지금, 뤽 베송은 여전히 거대 서사의 숨막히는 마력을 믿고 있는 사람입니다. 자, 그런데 생각해보니 사실 여전히 할리우드 상업영화들은 유치한 거대 서사로 일관하고 있지 않습니까? 그럼 뤽 베송과 그들이 다를 건 대체 뭡니까?

그런데요, 바로 여기에서 앞서 제가 말씀드린 그 '독보적이고 특별한' 뤽 베송의 세계가 펼쳐집니다. 그는 두말할 나위도 없이 상업영화를 만드는 대중적인 감독이지만, 세밀할 나위도 없이 할리우드의 그저 그런 시스템 감독들과는 분명히 다릅니다. 뤽 베송, 그는 여전히 감독이 아니라 작가입니다.

사물을 본다는 행위는 언어보다 선행한다. 어린이는 말할 수 있기 전에 사물을 보며 인식하게 된다. 그러나 보는 것이 언어보다 선행한다는 것에는 다른 의미가 내포돼 있다. 세계에서 우리들의 위치를 결정할 수 있는 것은 보는 것이기 때문이다. 우리들이 보고 있는 것과 알고 있는 것과의 관계는 항상 불안정하다. 황혼이 질 무렵 우리는 태양이 지는 것을 본다. 그리고 지구가 그 태양 주변을 돌고 있다는 사실을 알고 있다. 그러나 지식이나 설명이 그 광경과 완전히 일치하는 것은 아니다. 중세 사람들이 지옥의 실재를 믿고 있었을 때에는 불의 광경이 갖는 의미는 지금과 훨씬 달랐을 것이다. 그러나 역시 지옥에 대한 그들의 생각은 불이 타올랐다가 재가 남는 광경이나 화상을 당할 때의 고통이 기억 속에 남았을 때 분명해진다.

— 존 버거 《이미지》 중에서

바로 그 이미지라는 거 아닙니까

분명히 대중적이지만 또한 분명히 작가적인(따라서 우린 대중성과 작가주의라는 개념이 상치되지 않는다는 것을 뤽 베송에게서 발견합니다) 뤽 베송의 영화는 내러티브상의 아기자기함이나 드라마의 섬세한 조작보다는 영상 언어, 곧 이미지로 승부합니다. 이것은 그의 데뷔작 〈마지막 전투〉에서부터 시작되는데요. 영화란 게 말이죠, 빛의 예술이잖아요. 그런데 왜 예술하는 사진작가들 보면 흑백 사진 많이 찍잖아요. 그게 말이죠, 우리의 시각적인 경험을 지배하는 이미지들은 사실 모두 빛의 영향을 받기 때문입니다. 빛은 색을 구성하지만 우선 흑과 백, 그리고 그 사이에 존재하는 무수한 명암의 층위들을 구성합니다. 따라서 모노톤으로 형상화되는 세계는 색의 존재 이전에 빛의 아름다움을 원초적으로 보여주는 거죠. 그래서 이미지를 중시하는 많은 작가들은 흑백 영화의 풍성한 영상 언어에 우선적으로 집착하는 경향을 보입니다. 이것은 일종의 근원적 이미지죠.

뤽 베송도 여기에 집착합니다. 그는 〈마지막 전투〉를 흑백으로 만드는데요, 3차 대전이 끝난 지구의 황폐함은 내러티브로 설명되는 게 아니라 흑백의 이미지들로 전달됩니다. 스토리와 대사는 관객의 이성을 자극하지만 이미지는 감성을 자극합니다. 또한 이 영화에서 뤽 베송은 이미지에 대한 관객의 집중도를 높이기 위해 내러티브를 극도로 단순화하고 대사를 삭제합니다. 3차 대전 이후의 기후변화 때문에 음성 발화를 할 수 없는 주인공들은 마치 선사 시대 상황처럼 비문명적인 폐허 속에서 살고 있습니다. 그들이 상대방에게 자신의 의사를 전달할 수 있는 유일한 수단은 바로 행위. 따라서 영화는 참담한 종말 이후 다시 시작하려는 인류의 몸짓, 더불어 새로운 문명이 개화되기 이전 또다시 벽에 부딪치는 그들의 이중적인 아이러니를 흑백의 초현실적인 이미지들과 주인공들의 행위 이미지들(그렇습니다. 대화가 없는 상황에서 그들이 보여주는 몸짓은 일종의 이미지가 돼 공간 속을 흘러갑니다)을 통해 보여줍니다. 그리하여 이 영화는 내러티브가 아닌 이미지를 통해 '느껴집니다'.

어이, 이 실장. 이리 좀 와봐, 회의 좀 하자. 아 참내, 낮에 사무실에서 글을 쓰면 말이죠, 이런 게 진짜 피곤합니다. 별별 잡일들도 많고 회의도 많고, 뭐 좀 앉아서 글 좀 쓸라 치면 방해하는 일이 한두 가지가 아닙니다. 이 실장님, 이거 인터뷰 디자인 좀 보실래요? 아, 싫어 이따 한꺼번에 봐, 저 봐 조실장이 회의하자고 부르잖아, 젠장 바빠 죽겠는데. 잠깐 회의 좀 하고 오겠습니다. 세이브.

색깔도 무시 못 합니다

자, 다시 돌아왔습니다. 모니카 벨루치의 섹시한 몸매가 나를 반기고 있군요. 참고로 제 스크린 세이버는 현재 모니카 벨루치의 사진 24장입니다. 자, 데뷔작에서 빛의 서사성을 가늠한 뤽 베송은 곧장 색채 이미지의 언어로 들어갑니다. 그렇다고 그의 영화에 뭐, 색채적 미장센에 관한 기호학적 심오함이 담겨져 있다고 말하는 것은 아닙니다. 그가 표현하는 색채 언어의 상징성은 '감성적이고', 또 '단순합니다'. 그것을 우리는 〈그랑 블루〉에서 확인합니다. 제목 자체에서 시작되는 '거대한 청색'의 압도적인 이미지. 그것은 물론 바다입니다. 다 아시는 얘기지만, 이 영화는 바다를 사랑하고 바다가 편해 결국 다시 바다로 돌아가는 한 남자의 이야기입니다. 그런데 이 영화 줄거리 생각해보세요. 정말 단순하지 않습니까? 어린 시절부터 누가 더 오래 잠수할 수 있는가를 가지고 경쟁을 벌이던 자크와 엔조, 영화는 그들의 잠수대결을 축으로 상당히 절제된 내러티브를 보여줍니다.

대신 뤽 베송은 시종일관 바다의 청색 이미지를 강조합니다. 내러티브의 사이사이에 간헐적으로 등장하는 청색의 이미지는 인물들의 모든 상황과 행위를 압도하는 절대자처럼 보여지고, 결국 자크는 그 청색의 심원 속으로 사라져버립니다. 잃어버린 낙원과도 같은 바다로 돌아가 거기서 영원한 평안을 추구한다는 영화의 설정은 그 어떤 극적 전개보다, 거대한 바다의 이미지를 통해 확실하게 전달됩니다. 그 이미지들은 관객들을 향해 바다란 이러저러해서 인간 세상보다 살기 좋은 곳이라고 얘기하는 대신 그저 그 포용적인 안락함을 감성적으로 전달함으로써 하나의 언어가 됩니다. 뤽 베송은 몇 년 뒤 〈아틀란티스〉라는 수중 영화(이 영화에는 사람이 전혀 등장하지 않고 수중 생물들만 나옵니다)를 통해 바다의 온갖 이미지들에 관한 경외를 다시 한 번 보여줍니다.

〈니키타〉에 와서 뤽 베송식 이미지즘은 더욱 풍요해집니다. 그는 절망적인 삶을 살던 니키타의 밤거리를 차갑고 냉랭한 푸른빛으로 묘사한다거나, 그녀가 최초로 인간적인 포근함에 젖어드는 저녁식사 장면을 붉은색의 질감으로 도배하는 식의 영상 언어를 선택합니다. 마지막 장면, 자유를 위해 떠나려는 니키타와 그녀를 보내는 마르코의 침대 장면은 짙은 색채 이미지에 극단적인 클로즈업을 보탬으로써 두 사람의 감정 깊숙한 곳을 표현하는 것으로 마무리 됩니다. 어떻습니까? 그렇게 복잡하지 않죠? 레오스 카락스 같은 동시대 감독들이 인공적인 색채 이미지를 통해 상당히 복합적인 정서를 조장하고 있는 것에 비하면 뤽 베송의 이미지는 대단히 친숙하고 또 자연적이며 이해하기 쉽습니다. 따라서 우리는 그가 자신의 영화 속에서 보여주는 이미지들에 대해 많이 생각할 것 없이 그저 느껴지는 대로 느끼면 됩니다. 그렇게 영화 한 편을 다 보고 나면, 그가 뭘 말하려 하는지 단박에 알 수 있습니다. 그리고 그의 풍성한 영상들은 오랫동안 기억에 남습니다.

1986년 조지아 주립대학교 아동심리학과에서 제출한 연례 연구 보고서 중에는 그다지 사람들의 관심을 끌지 못하던 실험 결과가 하나 있었다. 그것은 하나의 분명한 이론을 검증하고 있다기보다는 그저 현상적인 데이터 수준에 머무르고 있었기 때문이다. 어쨌든 이 대학의 연구진이 실험한 내용은 아이들의 꿈에 관한 것이었다. 그들은 지역

보육 시설에서 하루의 절반 이상을 또래 아이들과 함께 보내는 일곱 살 아이들 50명과 보육 시설에 가지 않고 자기 집에서 혼자 시간을 보내는 동년배의 아이들 50명을 대상으로 꿈을 꾸는 횟수를 조사했다. 그 결과 아직 꿈이란 게 뭔지 잘 파악이 안 되는 10여 명의 아이들을 제외했을 때, 보육 시설에서 시간을 보내는 아이들의 24퍼센트, 집에서 시간을 보내는 아이들의 65퍼센트가 일주일에 두 번 이상 꿈을 꾼다고 응답했다. 이 결과를 가지고 '어린 시절 혼자 시간을 보내는 아이들이 친구들과 시간을 보내는 아이들보다 꿈을 더 자주 꾼다'라고 결론 내릴 수는 없지만, 상당히 흥미로운 실험 결과임에는 틀림없다.

야, 이거 그렇게 만만치는 않은데요

저는 뤽 베송의 영화가 내러티브보다는 이미지에 상당히 치중하고 있다는 것을 이미 얘기했습니다. 그것은 그가 영화를 만드는 형식에 관한 것입니다. 그는 형식을 통해 메시지를 전달한다는 의미에서 '형식주의자'입니다. 자, 그렇다면 그가 이미지의 그릇 안에 담고 있는 것은 무엇일까요? 그가 방대한 이미지와 약간의 내러티브를 통해 우리들에게 들려주고 싶은 주제란 건 대체 뭘까요? 지금부턴 그 얘기를 해보도록 하죠. 그런데 이 얘기도 그리 복잡하지는 않습니다. 고맙게도 뤽 베송은 제가 그다지 말을 많이 하지 않아도 될 정도로 일관된 가치관을 주욱 보여주고 있으니까요.

우선 하나의 공간적 이미지로부터 이야기를 시작해볼까요? 〈마지막 전투〉를 보면 말이죠. 유달리 그 '단절'이라는 단어가 자주 떠오릅니다. 아까도 말씀 드린 것처럼 여기 등장하는 인물들은 서로 말을 할 수 없기 때문에 단절돼 있고, 지구상엔 사회라는 구성체가 사라졌기 때문에 집단적인 커뮤니케이션도 불가능합니다. 유달리 사선의 이미지와 철창이라는 설정이 자주 등장하면서 인물들을 갈라놓기도 하구요. 게다가 뤽 베송은 이 영화 속에 등장하는 유일한 '조직', 곧 사막에 사는 건달 패거리를 무자비한 폭력 조직으로 그려냄으로써 어딘가 '사회적인 것'을 거부하는 태도를 보여줍니다. 급기야 주인공은 새롭게 만난 사람들과 공동체를 구성해보려고도 하나, 야만적인 폭력으로 인해 그것마저 무산됩니다.

그리구요, 뤽 베송의 영화에는 유달리 '폐쇄된 공간'이 자주 등장합니다. 〈마지막 전투〉에서 주인공과 전사가 싸우는 장소는 허물어진 폐쇄 공간이구요, 〈서브웨이〉에선 아예 지하의 폐쇄공간이 주 무대입니다. 이 영화는 지하철이 다니는 역사와 철로,

그곳으로부터 연결된 하수도에 살고 있는 사람들을 주인공으로 합니다. 그들은 지상의 세계와 분리된 자족적 삶을 살아가고 있습니다.

자, 일단 〈마지막 전투〉와 〈서브웨이〉에서부터 느껴지시는 게 있죠? 뤽 베송의 영화에 등장하는 주인공들은 거의 예외없이 단절된 공간, 단절된 관계 속에 자신을 가두고 있는 인물들입니다. 그들은 사회적인 규범이나 집단적인 강요로부터 자기 자신의 '개인성'을 보호하고 나름대로 행복한 삶을 꾸리려 합니다. 이건 결코 부정적인 의미가 아닙니다. 뤽 베송이 그려내는 사회, 집단, 구조는 개개인들이 꿈꾸는 평화와 자유의 세계를 충족시켜 주기엔 너무 폭압적이고 일률적입니다. 다소 문학적으로 표현하자면 상투적이기까지 합니다. 따라서 그의 주인공들은 인간 사회의 강제적인 틀을 거부하고 개인적인 세계를 찾아 몸부림칩니다. 〈마지막 전투〉에 등장하는 주인공들은 대화의 단절을 통해 개인적인 세계에 젖어들고는 아무도 없는 '단일왕국'을 건설합니다. 그들은 대화의 소통으로부터 파생되는 관계 형성을 애초부터 거부합니다.

그냥 총만 쏘는 게 아니란 말입니다

〈그랑 블루〉의 자크에게 있어 유일한 평화는 바다로부터 얻어집니다. 그는 바닷물 속이 편안하고, 돌고래들과 노는 것이 사람들과 어울리는 것보다 행복합니다. 자크에게 있어 바다란, 인간들의 세계와 단절된 거대한 폐쇄공간입니다. 그런 그에게 '타인과의 관계'라는 '사회성'으로부터 유혹의 손길이 등장합니다. 친구 엔조와의 경쟁적 우정이 그것입니다. 그러나 그에게 닥친 이 인간적 상황은 결국 순조롭게 풀리지 못하고 갈등을 유발합니다, 뤽 베송 생각에 다른 사람들이랑 함께 사는 건 결국 그런 것입니다. 승부욕에 휩싸인 엔조는 결국 한계 잠수치에 이르러 죽음을 맞게 되고, 자크는 인간과 인간 사이에 벌어지는 일들이 싫어집니다. 그리고 그는 이 정신적인 충격을 다시 바다를 통해 해소합니다. 그는 인간적인 욕망에 휩싸였던 친구 엔조의 시신을 바다로 돌려보내 영원한 평안을 희구합니다. 그리고 자기도 영원한 고향, 심연으로 들어갑니다. 비록 지상의 인간세계에서 사랑하는 조안나가 있지만, 자크는 언젠간 그녀와 자신의 관계 또한 '사회적인 규범과 질서' 또는 '인간적인 욕망과 위선'에 휩싸일 것임을 아는 듯, 주저 없이 바다로 들어갑니다. 이것은 대단히 극단적인 형태의 반사회주의이며, 노골적으로 세상을 등지는 구도자적 자유주의입니다.

이어지는 〈니키타〉도 별반 다를 것이 없습니다. 영화 시작부터 그녀는 사회에서 낙오됩니다. 정부의 비밀 요원이 돼 갱생의 기회를 얻는 그녀. 이즈음에서 영화는 마치 그녀가 한 명의 행복한 인간으로 다시 태어날 듯한 환상을 부여합니다. 아름답게 자신을 가꾸는 것을 배우며 잃어버린 여성성도 회복하는 것도 같고, 그의 생일날 교관과의 저녁식사에서 그녀는 완전하게 행복을 되찾은 듯이 보이죠. 그러나 이 모든 것이 착각이자 허상이었다는 것을 알게 되는 순간은 그리 멀지 않았습니다. 그녀가 착각한 부활의 시간은 오히려 더 비정하게 그녀를 살인기계로 만드는 과정이었고, 그녀가 되찾은 건 여성성이 아니라 극단적이고 조직화된 폭력성이었던 것이죠.

뤽 베송의 생각이 분명히 보이시죠? 그는 인간들이 모여서 형성된 집단적인 사회와 그 사회 내부에 존재하는 여러 이해관계들, 그리고 그 틀에 맞춰 살아야 할 인간들의 모습이 얼마나 비정하고 소름끼치는 것인가를 〈니키타〉에서 보여줍니다. 그리고 니키타는 당당히 그 세계를 거부합니다. 그녀는 사회 속의 기계적 구성원으로 살길 거부하고 개인적인 자유를 찾아 사회를 이탈합니다. 그녀에게는 사랑하는 마르코가 있었지만, 마치 조안나를 두고 바다 속으로 떠나는 〈그랑 블루〉의 자크처럼 그녀는 그 모든 인간적 관계를 털어버리죠.

레옹은 뭐 다릅니까? 조그맣고 허름한 집안에 틀어박혀 일체의 관계를 부정한 채 개인적인 삶을 살고 있는 레옹. 그가 유일하게 좋아하는 것이라곤 고작 우유를 마시거나 화초를 기르는 일뿐. 그렇다고 그가 불쌍해 보입니까? 제가 보기엔 전혀 아닙니다. 저는 꽤, 자주, 제발, 사람들이 날 좀 건드리지 말았으면 좋겠다고 생각하는데, 그런 면에서 레옹의 생활은 제 이상형입니다. 그 역시 마틸다에게 이끌리지만, 결국 그녀를 떠나 영원한 죽음의 평화에 안착합니다.

중간 정리 한번 하고 가죠

자, 이것이 뤽 베송의 영화 세계입니다. 쉽죠? 이미지, 그리고 초월적 개인주의. 딱 두 개면 정리가 끝나네요. 그런데 이 두 개의 결합이란 게, 단지 그래, 그런 거지, 라고 넘길 만큼 가벼운 성질의 것은 아닙니다. 바로 이것이 대중들의 바람에 부합하는 오락적인 영화를 만들면서도 독자적인 세계를 구축하는 뤽 베송 특유의 스타일을 형성하기 때문이죠. 흔히들 뤽 베송에 대해 하는 말 있죠? 할리우드적인 상업성에 프랑스적인 감수성을 지니고 있다고. 맞는 말입니다. 그런데 말을 좀 바꾸자면, '할리우드적인 스펙터클'(대중들의 욕망을 대리충족시키는 현대 사회의 판타지)에 '프랑스적인 사고방식'(인간의 궁극적인 존재 방식과 대안적인 삶의 철학을 찾는 것)을 결합했다고 할 수 있죠. 그리고 바로 그 초월적 개인주의에 대한 강한 집착이 뤽 베송의 오락영화에 '품위'를 더해주기도 합니다. 난장판의 액션 신을 벌이는 레옹과 니키타를 보면서 〈리썰 웨폰〉(1987)에 등장하는 멜 깁슨을 떠올릴 수는 없습니다. 우리는 레옹과 니키타의 영혼을 사로잡고 있는 궁극적인 지향점을 알고 있고, 그렇다면 그 액션은 완전히 다른 것이니까요.

이 전쟁은 끝이 보이지 않는다. 어제는 적탄이 아슬아슬하게 정강이를 스쳐갔다. 아픈 줄도 몰랐다. 많진 않은 피가 흘렀지만 이내 흙먼지가 그것을 감싸 버렸다. 오늘 아침엔 정찰을 나갔던 분대원 중 세 명이 두개골에 정확히 두 발씩의 총알이 박힌 채 발견됐다. 그들의 시체를 보는 순간 분노했지만, 10분도 지나지 않아 잊어버렸다. 여기에 온 뒤로 매일 신에게 기도했지만, 그 기도를 언제부터 하지 않았는지 기억도 나지 않는다. 대신 매일 밤, 아니 새벽이라 해야 옳겠지. 매일 새벽 내 머릿속을 채우는 것은 전혀 가본 적도 없는 낯선 곳이다. 향긋한 풀내음도 시원한 물도 또는 그리운 아내와 아들이 거기에 있는 것도 아니지만 나는 언제나 그 이상하게 황량한 곳을 떠올리며 그나마 잠이 든다. 나는 아마도 미쳐가고 있다고 생각한다. 갑자기 앞쪽에서 머리 하나가 나타난다. 반사적으로 총을 겨눈다. 그런데 적인지 아군인지 분간을 할 수가 없다. 갑자기 여기저기서 총소리가 들린다. 이런 젠장, 저걸 쏴야 되는 거야, 말아야 되는 거야! 그 알 수 없는 물체가 서서히 내 쪽으로 다가온다. 이제 어떻게 해야 하는 거지…… 그런데 그런데 도대체 나는 여기에 왜 서 있는 걸까…… 누가 나를 여기에 오게 한 것일까……

플래시백하는 필모그래피

자, 그럼 이제 〈잔다르크〉 얘기를 해볼까요? 그런데 중간에 하나 빼놓은 영화가 있죠? 〈제5원소〉입니다. 그런데 말이죠, 솔직히 뤽 베송을 좋아하는 저도 〈제5원소〉만큼은 졸작이었다고 인정하지 않을 수 없습니다. 그가 10대 시절에 이미 완성했다는 습작 시나리오답게 그 이야기는 꽤 유치합니다. 우주를 구원할 다섯 번째 원소, 그것은 사랑이었다…… 이런 제기랄, 게다가 볼거리만으로 가득 찬 공간, 의상, 허무한 캐릭터들, 가슴 아프니까 더 이상 얘기하지 말죠. 뤽 베송이 잠깐 미쳤었나 봅니다.

그리고 우리는 그의 최근작 〈잔다르크〉에 마주 섭니다. 아하, 물 한 모금만 마시구요. 꿀꺽꿀꺽……. 자, 〈잔다르크〉에 대한 리뷰와 논평은 이미 개봉 영화 둘러보기에서 보셨을 테니 같은 얘기 반복하지는 말고, 그렇다고 잔다르크라는 인물의 실체에 대해서 얘기하지도 말고, 딴 얘기나 좀 해봅시다.

제 생각엔 말이죠, 〈잔다르크〉는 뤽 베송 영화에 있어 일종의 분기점 같은 역할을 한다고 봅니다. 아마 앞으로 만들 영화는 이전에 만들던 영화들과는 꽤 다르지 않을까 예상도 해봅니다. 그는 〈잔다르크〉에서 성녀가 아닌 인간 잔다르크의 가슴 속 깊은 곳으로 파고듭니다. 어떻게 보면 이 순진하고 맹목적인 로렌의 처녀 잔다르크는 아직 니키타나 자크, 레옹과 같은 초월적 존재가 되기 이전 단계에 머물러 있습니다. 무슨 말이냐구요? 뤽 베송이 그리고 있는 잔다르크는 아직 '인간적인 자신의 실체'에 대해 고민하고 있다는 얘기입니다. 따라서 〈잔다르크〉는 뤽 베송의 영화세계에 있어 일종의 플래시백입니다.

그런데 자세히 보면 이건 〈니키타〉나 〈그랑 블루〉와 결국 이어지는 것도 같습니다. 잔다르크가 이끌던 백년전쟁의 살육은 신의 계시에 의한 성전이었나, 아니면 언니의 복수를 위한 인간적인 욕망이었나. 이런 걸 생각하다 보면 결국 인간이 이룩해온 수천 년의 세월이 결국 온갖 미움과 원한으로 점철된 '갈등의 관계'들만으로 구성돼 있는 것은 아닌가, 하는 걸 느끼게 됩니다. 아마 잔다르크가 화형을 당하지 않았더라면 몇 년쯤 있다가, 에이 세상이라는 게 이렇구나, 언니의 복수고 뭐고 그런 게 다 무슨 소용이야, 자 나는 세상을 등질란다, 저기 어딘가엔 내게 완전한 행복을 안겨줄 특별한 세계가 있겠지라고 생각하곤 니키타와 레옹, 자크가 걸어간 초월적 도피의 길을 걸어갔을 겁니다.

이 영화의 외형도 〈레옹〉이나 〈니키타〉와 흡사합니다. 연속되는 전투 신들. 숨막히는 호흡의 카메라. 관객을 압도하는 드라마와 캐릭터의 힘은 뤽 베송식의 '품위 있는 스펙터클'을 집약적으로 보여줍니다. 더불어 그는 할리우드식의 허상적 스펙터클을 거부하고 치졸한 엄숙주의를 해체합니다. 더불어 아주 기이한 방식으로 사용된 이미지들은 인간적인 고뇌에 깊이 침잠하는 이 악몽 같은 역사를 초현실적인 세계로 전이시키는데 더할 나위 없는 역할을 하고 있습니다. 만일 이 이미지들만 놓고 본다면 이 영화는 뤽 베송의 필모그래피에 있어 상당한 전환점을 이루고 있습니다.

자, 얼추 얘기가 끝난 것 같습니다. 개인적으로는 〈제5원소〉로 이제 뤽 베송도 끝장났구나 생각했는데, 〈잔다르크〉로 확실히 부활한 걸 보곤 너무너무 기쁘기도 했습니다. 아무튼 뤽 베송을 떠올리면 말이죠, 저는 여전히 '작가주의'란 게 살아 있구나 하는 걸 느껴요. 작가주의? 그거 간단하잖아요. 감독이 제작자의 요구나 상업적인 타협에 야합하지 않고 자기 할 얘기를 충분히 다 하는 거, 그런 영화들이 우릴 행복하게 하고, 따라서 저는 뤽 베송이 여전히 믿음직스럽습니다. 아, 김세윤 기자가 원고 하나 가져오는군요, 이제 그만 떠들고 저 원고 빨리 수정해서 미술부로 넘겨야겠습니다. 오랜 시간 듣고 계시느라 수고하셨습니다, 독자 여러분, 그럼. 안녕히 들어가세요.

〈NeGA〉 27호(2000년 2월)

뤽 베송
1959년 생　〈더 레이디(The Lady)〉(2011), 〈잔다르크(The Messenger: The Story Of Joan Of Arc)〉(1999), 〈제5원소(The Fifth Element)〉(1997), 〈레옹(Leon)〉(1994), 〈아틀란티스(Atlantis)〉(1991), 〈니키타(Nikita)〉(1990), 〈그랑 블루(The Big Blue)〉(1988), 〈서브웨이(Subway)〉(1985), 〈마지막 전투(The Last Battle)〉(1983) 등

팀 버튼

이상하다, 나는 왜 그의 영화를 보며 세상이 더 넓고 깊다고 생각하는 걸까

용건: 해군 제독 피리 레이스의 세계지도
수신자: 찰스H. 햅굿 교수, 킨 주립대학교

친애하는 햅굿 교수님께

피리 레이스가 1513년에 그린 세계지도의 기묘한 점에 대해서 교수님께서 요청하신 감정결과가 나왔습니다. 지도 아래쪽은 남극대륙의 퀸 모드 랜드 지역의 프린세스 마사 해안과 팔머 반도를 그린 것이라는 지적이 옳은 듯합니다. 그렇게 보는 것이 가장 논리적이고 이 지도에 대한 가장 정확한 해석이 되겠지요. 이 지도의 상세함은 1949년에 스웨덴과 영국의 남극대륙 조사단이 만년설 위에서 실시한 지진파 측정의 결과와 놀라울 정도로 일치합니다. 그렇다고 하면 이 지도는 퀸 모드 랜드 지방이 얼음으로 뒤덮이기 이전에 작성된 것이 됩니다. 이 지방의 얼음 두께는 현재 1.6킬로미터가 넘습니다. 1513년 당시의 지리적 지식을 생각한다면 어떻게 정보를 얻어서 이 지도를 작성했는지 도무지 이해할 수가 없습니다.

1960년 7월 6일, 미국 공군 제8정찰 기술 비행대대 대령 해롤드 Z. 올메이어

— 그레이엄 핸콕, 《신의 지문》 중에서

애답지 않은 어린 시절을 보내다

일단 심호흡. 자료 다 찾았고, 생각 다 정리했고, 컴퓨터 앞에 앉았으니, 평소의 습관대로 한 큐에 써내려 가기로 마음을 다집니다. 지금이 오후 1시니까, 무서운 속도로 써내려간다면 저녁 먹기 전에 끝낼 수 있지 않을까. 다 쓰고 회사 앞 '치악산 참숯불 갈비'에서 갈비살에 소주나 한잔해야지(참고로 이 집 고기는 정말 싸고 맛있습니다. 지하철 3호선 압구정역 4번 출구로 나와 안세병원 사거리를 향해 골목으로 한 200미

터 쯤 올라오다 보면 있습니다. 절대 이 집에서 부탁받고 쓰는 거 아닙니다).

1958년 8월 25일, 캘리포니아 주의 버뱅크라는 곳에서 태어났다는 팀 버튼. 나보다 열한 살 위군. 나는 11년 뒤에 저렇게 잘나갈 수 있을까. 팀 버튼이 어린 시절에 꽤 요상한 아이였다는 얘기는 여기저기서 들립니다. 뭐 대충 정리해보면, 만화영화를 좋아한 것까지는 이해가 가는데, 고 어린 게 뭘 알았다고 공포 영화를 그렇게 좋아했답니다. 그림도 아주 잘 그리는 아이였는데, 예상대로 숫기는 없었나 봅니다. 친구들하고 어울리는 대신 혼자 있는 걸 즐겼다는군요. 전해지는 바에 따르면 친구들과 말로 얘기하는 대신 그림으로 의사소통을 했다나요. 허 참. 아무튼 팀 버튼의 어린 시절을 지배하던 애니메이션, 공포 영화, 그림, 이 세 가지를 기억해두세요. 그런데 또 이런 말도 전해집니다. 어린 팀은 말이죠, 열두 살 때 액세서리 가게를 하던 엄마랑 함께 안 살고 할머니네 집에서 살았는데요, 그렇게 혼자 있는 게 무지하게 싫었답니다. 혼자 있는 게 좋기도 하고 싫기도 했다? 자, 그의 이 이중적인 태도는 후에 만든 영화들 속에서 종종 나타나니까 이것도 기억해두시기 바랍니다.

그런데요, 그가 어린 시절에 그린 그림들은 말이죠, 예쁘고 애 다운 게 아니라 죄다 무섭고 괴기스러운 것들이었답니다. 어른들이 좋아할 리 없었겠지만 단 한 사람, 학교 때 미술 선생님 한 분 만큼은 "너 잘 그린다. 한 번 잘해봐"라고 칭찬을 아끼지 않으셨답니다. 어쩌면 그 선생님 덕분에 오늘 날의 팀 버튼이 있는지도 모르겠습니다. 학교 졸업하고, '칼아츠California Institute of Art'라는 학교(이 학교 참 유명하죠)에서 디자인하고 애니메이션을 전공한 팀 버튼. 그리고 입사한 곳이 바로 월트 디즈니사였습니다. 뭘루요? 애니메이터요. 하지만 월급 받고 그리란 걸 그리다 보니 맨 닭살 돋는 여우새끼만 그리다가, 이참에 때려치우자 하는 순간, 언제나 그렇듯 당근과 채찍을 제대로 구사하는 '윗분들'께서 너 한번 그리고 싶은 거 니 맘대로 그려봐라 해서 만든 것이 바로 그의 첫 작품, 6분짜리 흑백 애니메이션 〈빈센트〉였습니다.

이상한 단편 영화를 만들다

하, 그런데 이 만화, 어쩜 그렇게 어린 시절 자기 모습을 빼다 박았는지, 주인공 빈센트란 놈은 허구헌 날 무덤에 가서 시체놀이나 하질 않나 온갖 애답지 않은 상상은 다 하고, 엉뚱하고 엽기적인 짓만 하는 캐릭터였습니다. 영화 속에서 일곱 살짜리 빈센트가 좋아하는 작가가 에드거 앨런 포라니 할 말 다 했죠. 〈빈센트〉 이후 팀 버튼은 곧장 27분짜리 〈프랑켄위니〉라는 걸 한 편 더 만듭니다. 요거 죄송스럽지만 제가 보질 못해서(한 작가의 영화를 전부 다 보지도 않고 '감독 쓰기'를 쓰고 있는 이 위선적인 필자를 용서하십시오.) 뭐라 드릴 말씀은 없는데요, 여기 등장하는 열 살짜리 소년 빅터는 자기가 키우는 개 스파키가 차에 치어 죽자 전기 실험을 이용해 되살린답니다. 요거, 〈가위손〉의 주인공 에드워드로 이어진 흔적을 찾을 수 있습니다. 〈가위손〉 보면 왜, 영화 시작할 때 박사의 실험실 나오잖아요. 에드워드는 그 실험으로 탄생한 존재이고 말이죠.

그런데요, 이따위 작품이나 만들고 있으니 전세계 미취학 아동들의 정신 건강을 책임지고 있는 디즈니에서 좋아할 리 있겠습니까? 결국 팀 버튼은 디즈니와 결별합니다. 좌절의 순간, 그러나 천재를 알아보는 사람은 반드시 있는 법. 그는 피위 허만이라는 걸물을 만나 그의 도움으로 〈피위의 대모험〉이라는 영화를 만듭니다. 이 영화도 보질 못해 더 이상 할 말이 없습니다. 죄송합니다. 하여간 주인공은 아홉 살짜리 아이라고 하니, 여전히 팀 버튼은 유아적인 취향에서 벗어나지 못했던 것 같습니다.

자, 그런데요. 요것이 예상치도 못한 큰 성공을 거둡니다. 누구나 인생엔 이런 기회가 찾아오는 것 같습니다. 내 기회는 지나간 거야, 아직 안 온거야……. 그리고 드디어 그는 할리우드 메이저 스튜디오 워너브라더스에서 장편다운 최초의 장편 〈비틀쥬스〉(한국 비디오 출시명은 〈유령 수업〉입니다. 요상한 제목이죠?)를 연출하게 됩니다. 명실공히 본격적인 팀 버튼의 시대가 개막되는 순간입니다.

〈비틀쥬스〉로부터 시작하다

〈비틀쥬스〉라는 영화는 말이죠, 국내에서 개봉도 안 됐고, 하도 오래전 영화라 팀 버튼 팬이 아니면 잘 모르실 텐데요. 이 영화야말로 팀 버튼의 대표작 중 대표작입니다. 재미도 재미거니와 이 영화 곳곳에는 그가 나중에 만든 작품들의 온갖 주제들이 종합적으로 녹아 있거든요.

할리우드의 여장부 지나 데이비스와 알렉 볼드윈, 그리고 후에 〈가위손〉에서 다시 캐스팅한 위노나 라이더가 주연한 이 영화는요, 팀 버튼의 오랜 파트너인 작곡가 대니 엘프먼, 미술 담당 보 웰치의 공동 작업이 제대로 시작된 작품이기도 합니다. 있

417

잖아요. 팀 버튼 영화들을 죽 떠올려보세요. 어딘가 모르게 환상적이고 장쾌한 음악, 아기자기하고 동화적인 세트가 단박에 떠오르지 않으세요? 그게 바로 엘프먼과 웰치 때문이죠. 아무튼 이 영화의 주인공은 아담과 바바라라는 부부예요. 얘네들은 마을 언덕의 저택에 살고 있었는데, 그만 휴가 첫날 교통사고로 죽죠. 그런데 이 부부가 말이죠, 죽은 채로 다시 집에 돌아옵니다. 그리고 그냥 사는 거예요, 죽은 채로. 그러다가 이 집으로 새로운 가족이 이사를 오고, 아담 부부는 개네들을 쫓아내려고 별 짓다 하고, 그러다 죽은 자들의 사후 세계가 열리고, 산 놈들이랑 죽은 놈들이랑 뒤죽박죽이고 되고, '비틀쥬스'라는 꼴 같지도 않은 유령이 나타나고, 그러다 급기야 얘네들모두 한집에서 사이좋게 잘살게 된다는 것이 영화의 내용입니다.

초현실적인 세상을 꿈꾸다

자, 〈비틀쥬스〉에서 확인되는 팀 버튼의 영화 세계 제1특징. 그것은 바로 '초현실적이고 환상적인 세계의 구현'입니다. 어린 시절 팀 버튼이 만화영화를 좋아했다는 거 기억하시죠? 그 탓도 분명 있겠고 하여, 그는 눈에 보이는 현실 속 세계를 있는 그대로 묘사하거나, 늘 접하는 세상을 영화에서조차 똑같이 보여주는 데 아주 싫증을 내는 인간입니다. 따라서 그는 어떻게든 현실과는 다른 세계를 영화 속에서 창조하려하고, 보통 사람들이 보는 방식과는 다른 방식으로 사물들을 관찰합니다. 그러니까 그의 영화에 등장하는 세계는 항상 기괴하고 신비롭고 초현실적이며 환상적인 것이 돼버리죠.

그런데 말이죠, 저도 약간 그런 면이 있는데, 늘 이렇게 우리가 발 딛고 서 있는 현실과는 다른 세상을 꿈꾸는 사람들은 말이죠, 급기야 정말 그런 세상이 존재할 것이라고 믿게 됩니다. 비록 아직 제대로 경험도 못 해봤고 분명하게 우리 앞에 등장하진 않았지만, 어딘가에 반드시 그런 세계가 존재할 것이라고 무의식적으로 받아들이게 되는 거죠. 그리고는 아주 행복하게 꿈을 꾸고 상상을 합니다. 그런 사람들에게 삶이 두 배는 더 풍요롭고 즐겁죠. 물론 보통 사람들이 보기엔 딱해 보이기도 하지만요.

하여간 그가 영화 속에서 그려내는 세계가 바로 그런 것들입니다. 〈비틀쥬스〉를 한번 볼까요? 1930년대의 고딕 호러 풍으로 묘사된 아담과 바바라의 기묘한 저택, 실재하는 것인지 인공적으로 만들어진 것인지 분간이 안 가는 마을, 무엇보다 그들이 찾아간 죽은 자들의 세계는 누구도 따를 자가 없는 초현실주의자 팀 버튼의 상상력으로 가득 채워져 있습니다. 방문을 열자마자 막바로 펼쳐지는 거대한 사막은 또 어떻습니까? 이 모든 세계는 물리적인 개연성에 따라 창조된 현실적 세계가 아니라 제한 없는 상상력과 시적인 아름다움으로 묘사된 공상 속 세계입니다. 그러나 팀 버튼은 믿고 있는 것이죠. 어딘가엔 반드시 이런 세계가 있을 것이라고.

인공 세트의 미학에 빠져들다

〈배트맨〉의 고담 시는 또 어떤가요? 이 도시가 현실적으로 보이는 분들이 한 분이라도 계십니까? 인공적으로 창조된 세트 미학이 기조를 이루는 팀 버튼의 공간들은 〈배트맨〉에 와서 만화적인 허구성과 절묘하게 결합됩니다. 고담 시라는 세계는 그것 자체가 하나의 유기적인 생물처럼 존재하면서, 그 안에서 활보하는 주인공들의 공상적 행위들을 아무렇지도 않게 뒷받침해줍니다. 게다가 그 음침하고 절망적인 색채와 질감들은 그것 자체만으로도 하나의 세계라기보다 하나의 '주제'입니다. 〈가위손〉은 뭐 다른가요? 거기 나오는 마을이, 그게 어디 제대로 된 마을입니까? 공사판 가건물 같은 집에 예쁘고 아기자기한 파스텔 물감을 칠해놓은 듯한 인공 세트, 그것은 주어진 환경을 자기만의 색안경으로 다시 한 번 걸러서 묘사하는 팀 버튼의 특징입니다.

〈비틀쥬스〉에 아담이 만드는 미니어처 마을이 나오는데요, 요게 딱 팀 버튼의 영화 세계를 상징적으로 보여주는 것입니다. 모든 것을 동화적이고 환상적인 형태로 재창조한 다음, 그것을 일괄적인 통제가 가능한 한 공간 안에 몰아놓은 것, 그 인공적인 아름다움과 이례적인 공간성이 한껏 발휘되는 세계, 그것이 바로 팀 버튼의 세계죠.

〈슬리피 할로우〉도 마찬가지입니다. 주인공 크레인이 뉴욕을 벗어나는 순간, 그는 이미 팀 버튼의 환상세계로 빠져든 겁니다. 영화 내내 등장하는 슬리피 할로우 마을, 그것은 어린 팀 버튼을 지배하던 '공포에 대한 매혹'이 신비스러운 전설적 공간과 결합된 형태로 존재하는 것입니다. 목 없는 유령 기사 이야기를 영화화한 이 작품에서 크레인은 과학적이고 이성적인 세상을 신봉하는 인물입니다. 그러나 그는 몽환적인 슬리피 할로우의 숲에서 실제로 유령을 보고나선 주술적인 세계의 초현실성에 폭 빠져버리게 되는 것이죠. 말하자면 〈슬리피 할로우〉는 그 공간적인 묘사만이 아니라 내러티브 자체가 초현실적이다, 뭐 이런 얘기가 되겠습니다. 그의 요런 스타일은 그가 연출한 작품만이 아니라, 제작한 영화들에도 고스란히 영향을 끼치는데요, 예컨대 그가 제작하고 헨리 셀릭 감독이 연출한 영화 〈크리스마스의 악몽〉과 〈제임스와 거대한 복숭아〉 역시 크게 다르지 않습니다. 그런데 말이죠. 내가 헨리 셀릭 감독이라면, 자기 스타일대로 영화 만들라는 제작자가 그렇게 달갑지는 않을 것 같은데…….

대립적인 요소들을 공존시키다

자 그런데요, 팀 버튼의 이런 초현실적인 공간 속에서 우리는 그의 또 다른 특징 하나를 발견합니다. 그것은 바로 '이항분리된 대립적 요소들을 공존'시키는 것입니다. 이항분리? 말이 좀 어렵죠? 별 건 아닙니다. 이항분리라는 건 서로 대립된 두 개의 항이 가치적으로도 구분된다는 뜻인데요, 예컨대 남자의 대립항은 여자고, 아이의 대립항은 어른이죠. 그런데 만일 남자인 동시에 여자, 어른인 동시에 아이인 존재가 등장한다면, 그것이 바로 '대립항의 두 요소가 공존하고 있는 존재'인 것이죠. 한마디로 이상한 거죠. 보통 사람들은 말이죠, 대립항으로 '분리'된 개념들에 익숙합니다. 남자면 남자고 여자면 여자지, 남성성과 여성성이 함께 있는 건 또 뭐냐, 그게 인간이냐, 그래서 사람들은 게이들을 쉽사리 받아들이지 못합니다. 이게 바로 그동안 인류를 지배해온 가장 커다란 가치 척도인 거죠.

그런데 팀 버튼 이 사람 영화가 바로 그 이항대립적 요소들을 공존시키고 있다 이겁니다. 왜, 〈비틀쥬스〉에서 죽은 아담과 바바라 부부는 결국 그들의 저택에 이사 온 살아 있는 인간들과 함께 산다고 했죠? 죽은 자와 산 자가 한 공간을 공유하는 이야기, 죽은 자들의 삶과 산 자들의 삶이 동일하게 융화되는 공간, 이것이야말로 죽음과 삶이라는 가장 커다란 대립항을 무너뜨리는 혁명적인 발상이 아닐 수 없습니다. 게다가 이놈의 집이란 건 애시당초 문 하나만 열면 저승세계가 나오는, 즉 이승과 저승이 공존하고 있는 곳이라 이겁니다.

배트맨이란 놈을 한 번 볼까요? 요거, 사회질서를 수호하는 정의의 사자 같습니까? 절대 아닙니다. 배트맨이 슈퍼맨이랑 틀린 게 바로 이겁니다. 얘가 고담 시를 날아 다니며 조커랑 싸우는 건 말이죠, 악당 조커로부터 시민을 보호하기 위해서가 아닙니다. 진짜 이유는 바로, 조커가 배트맨(브루스 웨인이라는 본명이 있죠?)의 부모를 살해했기 때문입니다. 즉 배트맨의 행동 동기는 순전히 개인적인 원한과 복수심 때문이지, 정의니 선이니 하는 것이 아닙니다. 게다가 조커의 얼굴이 그렇게 꼴사납게 된 건 배트맨이 그를 유독성 화학물 저장탱크에 빠뜨렸기 때문입니다. 결국 조커는 배트맨으로 인해 인생이 망가졌고, 배트맨은 조커로 인해 밤만 되면 날아다니는 이상한 박쥐가 된 겁니다.

이 둘의 싸움엔 분명히 선악의 구분이 없고, 둘은 선과 악, 이 두 개의 가치를 다 가지고 있는, 말하자면 똑같은 놈들입니다. 분신인 셈이죠. 그리하여 우리는 배트맨이라는 놈이 선악의 대립항을 공유한 존재이며, 팀 버튼이 만든 이 우울한 동화는 명확하게 선과 악을 구분짓고 있지 않은 모호한 중립상태에 있다는 걸 알게 됩니다. 아니, 오히려 대체 무엇이 선이고 무엇이 악이냐는, 선과 악의 구분에 대한 근본적 질문을 던지고 있는 셈이죠.

황당한 마을을 만들다

아, 얘기가 점점 어려워집니다. 무엇이 선이고 무엇이 악이냐. 그걸 내가 어떻게 알아! 자, 다시 마음을 다잡고, 또 다른 영화로 들어갑니다. 사실 이질적인 대립항을 공존시키고 있는 대표적 영화는 바로 〈가위손〉입니다. 이 영화 기억하시죠? 정말 잊을 수 없을 정도로 아름다운 영화 아닙니까? 눈물이 글썽글썽한 가위손 에드워드가 얼음 조각을 깎으며 눈을 뿌리던 장면, 거기에 깔리는 대니 엘프먼의 가슴이 미어지던 음악. 아 정말……

저는 이 영화를 방위 시절에 봤습니다. 제가 다닌 부대는 장교들을 교육하는 부대였는데, 그 부대에는 아주 뛰어난 시설을 갖춘 방송실과 극장이 있었습니다. 우리 방위들은 종종 거기서 비디오를 보곤 했는데요, 그때 〈가위손〉을 본 거죠. 예상치도 못하고 있다 완전히 한 방 먹은 느낌. 영화 정말 죽이더라구요. 그런데 무슨 얘기하다가…… 아, 아, 다시 얘기로 돌아오면 말이죠, 여기 보면 에드워드가 사는 고성과 인간들이 사는 마을이 등장하죠? 하나는 아주 낡고 오래된 중세풍의 성이고, 또 다른 하나는 미니멀한 건축 양식이 돋보이는 현대적인 마을입니다. 그런데 이 전혀 어울리지 않는 두 개의 공간은 바로 옆에 존재하고 있다 이겁니다. 고성의 대문을 열고 나오면 바로 현대적인 마을의 거리가 된다 이겁니다.

이 황당하고 말도 안 되는 설정은, 그러나 팀 버튼 영화에서는 얼마든지 가능한 일. 그는 초현실성과 전설적 신비로움을 상징하는 고대적 공간을, 세속에 찌들고 욕망에 젖은 현대적 세계와 공존시킴으로써, 두 세계가 서로에게 늘 빚을 지고 있다는 걸, 하나는 다른 하나의 내면에 존재한 또 다른 자아의 거울임을 각성시킵니다. 게다가 이 에드워드라는 애를 좀 보세요. 이게 인간입니까? 기계입니까? 둘 다죠? 기계 대 인간. 이 역시 철저히 분리되던 대립항이었는데요, 에드워드는 이 두 개의 성질을 공유하고 있는 존재입니다. 팀 버튼은 그의 기계성을 상징하는 가위손을 통해 더더욱 인간적인 사랑을 강조하고, 동시에 인간과 비슷한 마음을 통해서는 결코 그렇게 될 수 없는 기계로서의 존재성을 강조시킵니다. 그는 이 두 가지 성질을 공유하고 있기에 더욱 그 동질성이 강화되는 존재입니다.

포스트모더니티와 통하다

이러지도 저러지도 못하는, 동시에 이렇게도 저렇게도 될 수 있는 에드워드. 어쩌면 그는 현대를 사는 우리 모두의 초상일지도 모릅니다. 야, 정말 그런 생각이 드네요. 이질적인 것의 혼용, 그것은 바로 모든 종류의 가치 체계가 허물어져 가는 지금, 그러나 아직 새로운 형태의 경계 짓기와 개념 구분은 안 된 상태에서 우리 모두가 통과하고 있는 시대적 본질인지도 모르겠습니다. 동시에 절대적인 가치의 대립(대체 누가 그걸 만들었고, 우리는 그걸 왜 따라야 한단 말입니까?)을 통해 교조적으로 설파돼오던 세상의 강령을 창조적으로 허무는 작업이라고도 생각됩니다. 바로 이런 점 때문에 팀 버튼은 '포스트모더니즘 영화'의 선두주자라는 말을 들어왔습니다. 포스트모더니즘……. 얘기가 점점 어려워집니다. 이거 정확히 뭔지 저도 잘 모르니까 더 이상 긴 말은 할래야 할 수도 없고, 아무튼 기존 가치관이 자리매김해온 대립적 가치들을 허문다는 것은, 근대 사회의 모더니티, 곧 이성과 합리주의가 맹신해온 절대주의적 가치 체계를 인정할 수 없다는 자세를 뜻합니다. 그리하여 모든 것은 뒤섞이고 공존한 채 혼돈 속에서 다시 시작되고, 모든 종류의 가치 체계와 문화, 인식의 틀은 상대주의적인 재정립을 통해 다시 부활한다는 것. 그리하여 죽은 자는 곧 산 자일 수도 있고, 선과 악은 다른 게 아니며, 시간의 장벽(고대의 성과 현대의 마을)은 창조적으로 허물어진다는 것, 이것이 바로 영화에서 이야기되는 '포스트모더니티'의 한 특징입니다. 그리하여 기계이자 인간인 '양성적' 에드워드는 폴 버호벤이 창안해낸 반 인간-반 기계 '로보캅'과 함께 현대 영화의 포스트모더니티를 대변하는 대표적인 캐릭터가 된 것입니다.

기왕 포스트모더니즘 얘기 꺼낸 거 조금만 더 해볼까요? 포스트모더니즘이란 게 말이죠, 그 이전의 모더니즘 사회가 가지고 있던 이러저러한 성질들을 죄다 무너뜨리려는 전복성이 있는데요, 그중에 또 하나가 바로 '거대 서사'를 붕괴시키는 겁니다.

거대 서사라는 건, 인류 역사와 삶의 방식 전체를 아우르는 원형적 이야기들, 조금 더 영화적으로 얘기하면 인류를 구원한다거나 커다란 대의명분을 위해 싸운다거나, 영웅이 등장한다거나 하는 스펙터클을 뜻하죠. 요거 리오타르라고, 대표적인 포스트모더니즘 사상가가 주장한 건데요, 우리는 바로 그 거대 서사의 붕괴를 팀 버튼 영화에서 발견합니다. 쉬운 예로 배트맨이 있습니다. 아까도 얘기했죠? 걔가 그렇게 미친 듯이 싸우는 게 사회정의라는 대의명분을 실현하기 위해서가 아니라 인간적인 복수심 때문이라고. 결국 고담 시 전체의 존폐 문제는 브루스 웨인 개인의 개별적 세계로부터 투사됩니다. 선악을 공유한 '반 영웅' 배트맨의 사소한 개별성, 이것이야말로 거대 서사가 붕괴된 포스트모더니티의 대표적 설정이라 이겁니다.

실체를 이미지로 그려내다

아, 가진 거에 비해 너무 많은 걸 쏟아내고 있는 듯싶습니다. 이래가지고 다음 달에 할 얘기가 남아 있기나 할는지……. 그래도 다음 달은 다음 달. 까짓 거 또 공부하면 되지, 뭐 아쉬울 게 있다고. 그래서 하나 더 붙이고 싶은 것은 바로 '진짜와 가짜', 좀더 포스트모더니스틱한 단어로 '실체와 모사模寫'에 관한 겁니다. 뭐 어려운 얘기는 아닙니다. 아까도 무지하게 말씀드린 것처럼, 팀 버튼 영화엔 이질적인 것들이 공존하는데요, 그중에는 가짜와 진짜의 구분도 모호하게 양립하고 있다 이겁니다. 즉 가짜가 아무렇지도 않게 진짜의 자리를 대신한다는 얘기고, 그 가짜만으로도 충분히 진짜 같은 또 하나의 세계가 창조될 수 있다는 말이죠.

그런데 요게 또한 포스트모더니티의 특징 중 하나라 이거 아닙니까. 이건 보드리야르라고, 이름도 좀 야리꾸리하죠. 역시 프랑스의 포스트모던 철학자가 한 얘기로, 시뮬라시옹이니 시뮬라르크니, 즉 실체를 대신하는 모사 이미지들이 판을 치는 현대

소비사회가 어쩌구저쩌구 할 때 나오는 얘기들입니다. 즉 이 점에서도 팀 버튼은 포스트모더니티의 또 다른 한 면을 구현하고 있는 셈이죠. 뭐가 그러냐구요? 그의 인공적 세트 미학이 그렇다 이겁니다. 아까도 말씀드렸다시피 〈가위손〉에 등장하는 파스텔 조의 마을은 분명히 현실 속의 주거 형태를 띠고 있긴 하지만, 노골적으로 인공의 모방성을 드러냅니다. 우리는 그 '모사체'에서 무럭무럭 피어나는 이색적인 정서를 받아들이며 보통의 현실 세계에선 느낄 수 없는 시각적 경험을 합니다. 그런데 그 이미지들은 그 자체로 감독이 하고 싶은 이야기를 듬뿍 담아낸 듯 아기자기하고 동화적이며 환상적입니다. 그리하여 이 마을은 제 역할을 다 하고 있는 겁니다. 실체를 모방하고 있는 이 가짜 이미지들은 그렇기에 더욱더 감독의 할 얘기를 뒷받침하며 나름대로도 충분히 즐거운 볼거리로 존재하고 있는 것입니다.

그렇다면 우리에게 굳이 진짜 집, 진짜 마을이 필요치 않습니다. 〈비틀쥬스〉의 마을도 마찬가지입니다. 여기엔 아담과 바바라네 집 부근의 진짜 마을과 아담이 만드는 미니어처 마을, 이 두 개의 마을이 존재하죠. 그런데 이 두 마을을 번갈아 더듬는 카메라에 빠져 있다가 보면 어느 순간 관객들은 두 공간을 구분 지을 수 없게 됩니다. 실체와 모사는 경계를 잃고 혼재하는 것이죠. 이것이 바로 팀 버튼 영화입니다. 더불어 〈비틀쥬스〉에 등장하는 영매 유령 '비틀쥬스beetlejuice'는 원래 오리온자리의 알파성을 뜻하는 'betelgeuse'의 음성적 모사입니다.

〈가위손〉은 말이죠, 그 이야기 자체가 '모방의 허구성'을 보여줍니다. 기억하시죠? 이 영화 속에 등장하는 이야기는, 맨 처음, 손녀에게 옛 이야기를 들려주던 할머니의 회상으로부터 시작된다는 사실을요. 그것은 인간 세상에 눈이 오는 이유에 관한 전설입니다. 그런데 물론 이런 전설은 팀 버튼에 의해 만들어진 허구의 전설입니다. 즉 이 영화 자체가 지니고 있는 동화적 초현실성은 '가상동화', 곧 '동화에 대한 모방'으로부터 시작합니다. 팀 버튼은 이 이야기가 일종의 '날조된 동화'라는 '모사적 성격'을 노골적으로 보여주면서도 동시에 진짜 동화 같은 이야기를 만들기 위해 고심합니다(대부분의 장면에서 삼차원의 공간감을 제거하고 이차원적 평면성을 강조한 것, 이렇게 하면 공간은 현실성을 잃고 누군가에 의해 말해지고 있는 이야기 속의 배경인 듯이 받아들여집니다). 즉 실체를 따라잡으려는 모사 이미지의 영원한 노력을 고스란히 보면서도, 그렇게 해서 만들어진 가짜 동화를 경험하는 것. 그 인공적인 매혹(인위적인 마을 세트를 포함해)이 바로 팀 버튼 세계인 것이죠.

그런데 이것은 흡사 애니메이션의 존재 근거와도 일맥상통합니다. 어린 팀 버튼이 만화영화와 그림을 좋아했다는 건 그만큼 보여지는 현실 세계를 그와 비슷한, 그러나 분명히 다른 시각적 이미지로 변화시켰다는 것을 의미합니다. 실은 그게 바로 애니메이션이구요. 어쩌면 팀 버튼의 모든 영화는 다 애니메이션일지도 모릅니다.

정신분열적인 인물을 창조하다

포스트모더니즘 얘기 여기까지. 아, 저도 이제 뭔가 해방된 느낌이군요. 앞으로 남은 얘긴 좀더 가볍게 해볼까요? 이런, 식사 시간도 다가오는군요. 괜히 머리 아픈 얘기 하다 소주 마시면 다음 날 잘 깨지도 않더라구요. 자, 이제는 말이죠, 팀 버튼 영화에 등장하는 주인공들의 공통적인 캐릭터를 한 번 짚어볼까 합니다.

이야기의 시작은 배트맨. 1939년 만화가 밥 케인에 의해 두 페이지짜리 코믹만화로 탄생해 1940년대에 만화책으로 연재되며 선풍적인 인기를 끌던 이 이중적 인물은, 팀 버튼에 의해 다시 영화화되면서 좀더 어둡고 분열적인 존재로 변화됩니다. 재밌는 얘기로, 팀 버튼이 완성한 〈배트맨〉을 본 워너브라더스 관계자들은 경악을 금치 못했답니다. 어디서 배트맨을 이따위로 만들어 놔? 이래 가지고 장사되겠어? 그러나 영화 〈배트맨〉은 그해 당당히 박스오피스 1위를 차지하며 또 한 번 워너 관계자들을 놀라게 했다는군요. 이 일화가 시사한 것은 그만큼 팀 버튼이 만들어놓은 배트맨의 캐릭터가 일반인들이 생각하는 '유쾌한 영웅'이 아니었다는 얘기입니다.

그렇습니다. 팀 버튼의 배트맨은 영웅도 뭣도 아닌, 그렇다고 그냥 인간도 아닌, 그보다 훨씬 더 심각한 상태의 '정신분열증 환자'입니다. 어린 시절 부모의 죽음이 그에게 드리운 것은 평생을 가도 지워지지 않을 정신적 충격이었으며 이로 인해 브루스 웨인은 고담 시에서 멀리 떨어진 고성에 은둔합니다. 그는 자신의 병적인 강박관념을 해소하기 위해 악당 조커를 상대해야 하지만, 그러기 위해선 사람들 앞에 나서야 합니다. 그가 생각해낸 유일한 방법, 그것은 바로 가면을 쓰는 것이었고, 그리하여 우리의 '검은 박쥐인간'은 탄생한 것이죠. 그는 자신과 똑같은 캐릭터인 조커와 함께, 정신적 고뇌와 폭발적인 복수심, 절망적인 피해망상과 정신분열 증세에 시달리는, 즉 우리 시대 최고의 정신병 환자인 것입니다. 더불어 그런 정신적 고통 때문에 자꾸만 어둠 속으로 숨어들다보니, 자연히 삶은 브루스 웨인과 배트맨, 이중적 자아로 분리되고, 이것 역시 그에게 콤플렉스로 작용했을 것이니, 그는 참으로 불쌍한 환자가 아닐 수 없습니다.

은둔하는 예술가들을 그려내다

〈배트맨 2〉라고 다를 것입니까? 이 작품은 배트맨과 조커가 양자로 분리돼 있던 정신분열성이, 배트맨과 펭귄, 캣우먼, 이렇게 세 사람으로 다시 자가분열한 상태를 보여줍니다. 그들은 각기 자신들이 속한 현실 세계 속에서 엄청난 피해(펭귄의 부모는 크리스마스에 그를 버렸고, 캣우먼은 지독한 남성우월주의의 희생양입니다)를 받아온 인물이고, 이것이 정신병적으로 도져 그만 이상한 존재들로 돼버린 것이죠.

자, 아시겠죠? 애시당초 팀 버튼은 영웅 이야기를 할 생각이 없었던 겁니다. 그는 이 세상에서 가장 불쌍한 캐릭터를 주인공으로 내세워 가장 슬프고 비극적인 삶을 그려내고 싶었던 겁니다. 하아, 그런데요, 가만히 살펴보면, 바로 이 캐릭터야말로 팀 버튼 자신과 대단히 비슷합니다. 그의 어린 시절을 떠올려보세요. 친구도 없고, 엄마도 없고, 말하는 건 별로 안 좋아하고, 그림으로 얘기하길 좋아했고, 게다가 혼자 있는 걸 좋아하는 동시에 두려워하던 오묘한 이중성. 이 폐쇄적인 어린 아이의 모습은 고스란히 배트맨으로 이어집니다. 그는 고담 시의 타락한 인간들과 어울리는 대신 혼자 고저택의 골방에 틀어박혀 자신의 마음을 휘감고 도는 정신분열증에 시달리는 인물이 아닙니까?

의사소통의 부재와 폐쇄적인 생활, 이것은 자신의 저택 안에 안주하고만 싶은 〈비틀쥬스〉 부부와도 일맥상통합니다. 그들은 집밖에 나가는(휴가) 순간 죽음을 당하고, 아담은 마을로 내려가는 대신 그 마을 전체를 자신의 집 안에 미니어처로 재현하기를 즐겼던 것입니다. 〈가위손〉의 에드워드 역시 마찬가지입니다. 그의 부자연스러운 가위손과 완전치 못한 인간성은 그와 타자들 간의 거리를 멀게 했고 그는 다만 자신의 고성 안에 은둔합니다. 검은색 의상을 즐겨 입는 팀 버튼처럼, 에드워드도 배트맨도, 있는 옷이라곤 검정색 옷 뿐입니다.

더불어 팀 버튼은 이런 은둔자들을 모두 '예술가'로 묘사함으로써, 그들과 자신을 동일시하고 창조의 한 기원을 보여주려 합니다. 미니어처를 만드는 〈비틀쥬스〉의 아담, 나무로 동물의 형상을 만들고 예술적으로 머리를 만지는 〈가위손〉의 에드워드, 자신을 예술가라 부르는 〈배트맨〉의 조커, 이들은 모두 은둔자 팀 버튼의 분신에 다름 아닌 것이죠.

그는 초인을 기다리고 있는 걸까?

할리우드 최대의 기인 감독 에드우드를 다룬 〈에드우드〉. 지상에 존재하는 것들은 모조리 싸잡아 씹어버린 〈화성침공〉을 통해 풍자와 조소의 새로운 형상을 보여줬던 팀 버튼(확실히 이 두 영화는 그의 전작들과 사뭇 차이가 있죠). 이 두 편의 영화도 나름대로 할 얘기가 무궁무진하지만, 아뿔싸 벌써 페이지가 모자라는군요. 하지만 팀 버튼 이야기는 네가가 존재하는 한 두고두고 나올테니 언젠가 다시 한 번 이 부분을 짚어보도록 하죠.

아무튼 그렇게 한동안을 보내던 팀 버튼은 최근 〈슬리피 할로우〉를 내놓으며 다시 한 번 그만의 세계가 건재함을 만방에 알렸습니다. 이미 말씀드린 바, 이 작품은 초현실적 세계에 대한 그의 오랜 집착과 주술적 감성이 지배하는 세상에 대한 반이성주의를 맘껏 주장하며 등장했습니다. 아, 물론 저는 이 영화를 보다가 문득, 그 전엔 생각하지 못한 그의 또 다른 테마를 하나 발견했습니다. 그것은 불멸과 영생에 대한 집착인데요. 이 부분은 몇 쪽 뒤에 나올 '엉뚱하게 영화보기' 코너에서 더 상세히 끄적여 놨으니 참고하시길(사실은 제가 이 기사보다 그 기사를 먼저 쓰는 바람에, 그 얘기를 여기서 함께 하지 못하는 불찰을…… 흑흑). 하, 그런데 '엉뚱하게 영화보기'를 이미 다 써버린 뒤에 떠오른 하나의 단어는 바로 '초인'. 어쩌면 그는 〈슬리피 할로우〉를 통해 그의 모든 관념과 유희들을 하나로 모은 존재, 영원히 존속할 하나의 상징체, 바로 초인을 그려내고 싶었는지도 모르겠다는 생각이 들었습니다. 혹 가위손 에드워드나 괴짜감독 에드우드, 정신병자 배트맨과 조커 등도 모두 이 초인의 도래를 준비한 선지자들일지도 모르는 일이구요. 아무튼 그의 다음 작품을 유심히 기다려봅니다.

이렇게 해서 팀 버튼 이야기를 모두 마칩니다. 시간을 보니, 이런 애들은 벌써 '식도락'에서 밥을 시켜먹는군요. 자, 나는 이 장고의 기사를 마쳤으니, 이제 슬슬 외투를 입고 나가보려 합니다. 치악산 참숯불갈비의 지글거리는 갈비살 속으로, 어디 붙잡고 늘어져 술독에 빠뜨릴 희생양 하나 없나…….

안데스 지역에 사는 사람들의 고대 전설에는 키가 크고, 턱수염을 길렀으며, 피부색이 하얗고, 외투를 입은 불가사의한 인물이 반드시 등장한다. 그는 제각기 다른 장소에서 여러 가지 이름으로 전해지지만 동일한 특징을 반드시 구비하고 있어서 바로 알아차릴 수 있다. 비라코차, 즉 바다의 거품은 과학과 마술에 능한 자로서 무서운 병기를 다루며 혼란의 시대에 나타나 세계 질서를 바로잡았다. 이와 비슷한 이야기가 얼마간의 차이는 있지만 안데스 지역의 모든 사람들을 통해 전해지고 있다. 이 이야기는 지구가 홍수로 물에 잠기고 태양이 사라져서 암흑으로 변한 무서운 시대를 생생하게 묘사하면서 시작된다. 사회는 혼란의 연못으로 가라앉았고 사람들은 고통을 견디고 있었다. 그때 갑자기 남쪽에서 출현한 것은 위엄이 있는 큰 몸짓을 가진 백인이었다. 이 자는 위대한 힘을 지니고 있어서 언덕을 계곡으로 만들었고 계곡을 언덕으로 만들었다.

— 그레이엄 핸콕, 《신의 지문》 중에서

〈NeGA〉 28호(2000년 3월)

팀 버튼 〈다크 섀도우(Dark Shadows)〉(2012), 〈스위니 토드: 어느 잔혹한 이발사 이야기(Sweeney Todd:
1958년 생   The Demon Barber Of Fleet Street)〉(2007), 〈유령 신부(Corpse Bride)〉(2005), 〈빅 피쉬(Big
Fish)〉(2003), 〈슬리피 할로우(Sleepy Hollow)〉(1999), 〈화성 침공(Mars Attacks!)〉(1996), 〈에드 우드(Ed
Wood)〉(1994), 〈배트맨 2(Batman Returns)〉(1992), 〈가위손(Edward Scissorhands)〉(1990), 〈배트맨
(Batman)〉(1989), 〈유령 수업(Beetle Juice)〉(1988), 〈피위의 대모험(Pee-Wee's Big Adventure)〉(1985), 〈프
랑켄위니(Frankenweenie)〉(1984), 〈빈센트(Vincent)〉(1982) 등

알레한드로 아메나바르

상상의 대지에서 모호한 안식을 꿈꾸다

원고를 쓰다가 주차 타워에서 차를 빼기 위해 1층으로 내려갔다. 밤 11시경이었다. 차가 나오는 것을 기다리는 동안 추위를 피하기 위해 공사 중인 1층 카페 안으로 들어갔다. 정돈되지 않은 의자와 테이블이 널려 있는 어둠 속에 서 있는데 저 안쪽 어딘가에서 뭔가가 움직이는 것이 느껴졌다. 주의 깊게 살펴보니 천장에 줄로 매달린 몇 개의 커다란 조명등 가운데 유독 하나의 등만이 흔들거리고 있었다. 어디서 바람이 들어오는 것도 아닌데 오직 그 등만 계속해서 움직였다. 차를 빼고 다시 들어와 봤지만 여전히 등은 움직이고 있었다. 돌아 나오면서 문득 나는 그 등 위에 누군가가 매달려 있는 것이 아닌가 하는 생각이 들었다. 내 뒤통수를 응시하면서.

우선, 알레한드로 아메나바르와 〈디 아더스〉에 관해 이야기하는 이 글에서 스토리의 전모에 대해선 완전히 함구할 것임을 미리 밝혀두는 바이다. 당신의 세계관을 온통 뒤흔들어놓을 기가 막힌 반전(그것도 두 번씩이나)과 진실게임으로 구성된 〈디 아더스〉의 구체적인 스토리와 결말에 대해 언급한다는 것은 죄악에 다름 아니다. 따라서 이 글을 읽는 당신은 얄밉게도 슬쩍슬쩍 스토리를 피해가는 단어들에 감질이 나 책장을 찢어버릴지도 모를 일이고, 완결된 스토리를 인용하지 않은 가운데 감독의 사유를 좇는 글에 황망한 분노를 느낄 수도 있을 것이나 어쩔 수 없다. 다만 지금, 인적 드문 외딴 섬 어느 저택에 살고 있는 그레이스라는 여자(그녀의 남편은 2차 대전에 참전했다가 전사통보된 상태다)가 언제부터인가 집안에 그들 가족 외에 다른 존재들 The Others이 살고 있다는 것을 느끼며 공포와 불안에 떨기 시작했다, 정도로만 초반 스토리를 정리하고 이야기를 시작하겠다. 말하자면 이 저택은 우리가 살고 있는 세계와 감춰진 또 다른 세계가 공존하고 소통하는, 그리하여 연옥의 입구이거나 다른 차원으로의 문이 열려 있는 것처럼 느껴지는 이상한 공간이라는 얘기다.

그레이스에게는 앤과 니콜라스라는 두 아이가 있다. 둘 다 햇빛을 보면 죽음에 이를 수 있는 치명적인 병을 앓고 있다. 어느 날 밤 앤은 침대에 앉아 방 한구석 어둠 속을 향해 말을 건다. 거기에, 누군가 있는 것이다. 니콜라스는 소스라치게 놀라며 베개에 얼굴을 묻지만 이를 부정할 수는 없다. 그레이스도 마찬가지다. 그녀는 처음부터 '다른 존재들'을 만나 이야기를 나눴던 앤에게 장난치지 말라며 호통치지만 그녀 자신이 징후들을 접하면서 또 다른 세계의 존재를 믿지 않을 수 없게 된다.

놀랍게도 이 영화는 공포가 시작되는 지점, 그레이스가 터질 듯 숨막히는 가슴을 쓸어내리며 주시하는 공간에 아무것도 놓아두지 않음으로써 대단한 공포의 파장을 만들어낸다. 어디선가 흘러나오는 아이의 울음소리, 한밤중의 소름끼치는 피아노 연주, 창고에서 속삭이는 괴성, 보이지 않는 누군가의 움직임이 느껴지는 텅 빈 공간들. 소리는 있지만 실체는 없다. 공포의 근원에 여백을 만들어둠으로써 그 실체를 확인하고 싶은 조바심과 함께 텅 빈 공명 공간에 반사돼 돌아오는 공포의 감정에 밀도를 더하고 있는 것이다. 결말에 이르러 영화는 그 실체를 확인시켜주면서 과연 공포를 만들어냈던 주체가 누구인가에 관한 기가 막힌 이야기를 들려준다. 그 순간, 공포는 속이 꽉 찬 희열로 완성되지만, 동시에 감독의 세계관에 접근하고 싶은 사유의 욕망은 머릿속을 텅 비우고 이제부터 시작이다. 반전이 확인되고 영화의 엔드 크레디트가 다 올라갈 때까지의 몇 분 동안 당신은, 아무리 생각이 없는 사람이라도, 이 충격적이면서도 안타깝고 아름다운 공포 영화가 말하고 있는 복합적인 이야기들에 대해 순식간에 생각해보게 될 것이다.

밀폐

빛을 보지 못해 집안에 갇힌 아이들, 때문에 희미한 등불에 의지해 공간을 파악할 수밖에 없는 그들의(동시에 관객의) 시각적 정보 제한(답답함), 그레이스의 집을 찾아온 세 명의 하인 가운데 말을 하지 못하는 벙어리 하녀, 방에서 방으로 이동할 때마다 반드시 문을 잠그는 그레이스, 거의 모든 장면에서 갑갑한 저택 안을 배회하는 카메라, 그레이스가 도움을 청하러 집밖으로 나섰을 때 집안보다 더 닫힌 공간으로 등장하는 짙은 안개. 이 모든 폐쇄성과 밀폐성은 저택에 존재하는 또 다른 세계의 은밀함을 향해 배치돼 있다. 겉으로 드러난 세계가 아닌 감춰진 세계의 거대함은 답답하게 밀폐된 이야기의 좁은 터널을 통과하며 점점 더 농밀해져 급기야는 그 묵직하고 절대적인 존재감에 굴복하지 않을 수 없게 만든다.

착각

여백을 이용한 공포의 터널과 밀폐를 통한 사유의 터널의 끝에서 아메나바르 감독은 마치 SF영화에 등장하는 감춰진 슈퍼 컴퓨터처럼 우리 세계를 움직이는 진짜 원동력은 다른 곳에 있다고 말한다. 우리 세계를 구성하는, 아니 진짜 우리 자체인 것은 다른 세계라고 말한다. 우리가 외형적으로 인지하는 세계는 일종의 착각이자 그 끊임없는 반복이다. 전작 〈오픈 유어 아이즈〉에서도 이것은 마찬가지였다. 주인공 세자르의 미쳐버릴 것 같은 혼돈의 세상은 현실계의 착각을 구성한 가상계의 원동력 때문이 아니던가? 감춰진 어둠 속에 존재하는 은밀한 또 하나의 세계. 이것은 삶에 대한 근원적인 의심에서 비롯된 상상이다. 이 세계에 회의를 품고 다른 세계를 바라보는 시선은 비관주의와 패배주의, 끊임없이 지금 삶의 터전을 부정형와 미완성의 공간으로 받아들이려는 심정의 복합된 결과다.

아메나바르 감독은 〈디 아더스〉의 결말에서 우리 세계를 지배하는 착각의 반복된 고리를 끊어버리고 실체에 직면시킨다. 그건, 정말 잔인하다. 언제부터인가 연인의 변심이 마음으로 느껴지지만 막상 헤어지자는 말을 들을 때까진 불안하면서도 진실이 유보된 편안함(그러니까, 착각) 속에 산다. 하지만 얼마 후 이별을 통고받았을 때 현실은 잔혹하게 다가온다. 언제나 그렇듯, '진실을 알게 된다는 건 세상에서 가장 끔찍한 일이다'. 이 말이 맞나? 아메나바르에게는 그렇다. 실체를 알면 알수록 나아지는 건 없다. 그가 생각하는 세계란 근본적으로 외면하고 싶은, 무시무시한 진실들만으로 가득 찬 곳이다. 아메나바르 영화의 주인공들은 마지막에 드러날 진실이 유보된 공간에서 허우적댄다. 그리고 그게 결국은 우리의 삶이다. 아메나바르가 생각하는 세상의 끝은, 삶이 종지부를 찍을 시점에서야 조망할 수 있는 지나온 삶의 진실은, 그다지 기쁘거나 행복한 것이 아니다.

월요일 아침 마을버스 기사들의 눈꺼풀에는 납이 들어 있다. 마을버스를 이용하는 승객들이 기사들에 대해 아는 것은 얼굴 외에는 없다. 그들이 어떻게 운전을 하고 있는 지 승객들은 모른다. 그들은 주말이면 아침 5시에 차에 올라 밤 12시까지 계속 운전을 한다. 하루 열아홉 시간 일하는 동안 단 한 시간을 쉰다. 그것도 20분씩 세 번, 밥을 먹기 위해서. 따라서 토요일과 일요일 오후 기사들의 눈꺼풀에선 납이 검출된다. 도저히 눈을 뜰 수 없을 정도로 납의 무게는 점점 무거워져 월요일 아침 그 납의 무게는 극에 달한다. 운전은 기사가 하는 것이 아니라 기사의 혼령이 하고 있는 것이다.

— 부천 지역 중소기업 노동조합

괴담

1972년생으로 스페인 내전과 칠레의 피노체트 쿠데타를 경험한 어머니 밑에서 자랐고, 큐브릭과 히치콕을 좋아하다 어린 나이(24세)에 데뷔작을 내놓은 뒤 천재 감독으로 인정받은 아메나바르의 세 편의 영화를 한마디로 정리하면 '영화적 완성도는 높아지고, 사유의 폭은 넓어졌다'가 될 것이다.

스너프 필름에 관한 이야기 〈떼시스〉의 본류 테마는 현실화된 비현실, 현실화된 추상이다. 주인공 안젤라는 영화 속 폭력에 관해 논문을 쓰고 있는 영화과 학생이지만, 그녀가 생각하는 폭력이란 그저 논문집 속에나 존재하는 추상적 관념들일 뿐이다. 그녀는 자료를 수집하며 도덕성이 결여된 폭력이 스크린에 만연하는 사례들을 하나하나 숙지해가지만 역시 모두 허구일 뿐이다. 스너프 필름? 말할 것도 없다. 현대 대중영상문화의 저층을 흐르는 어두운 전설 중 하나인 스너프의 존재는 기껏해야 '에이 설마 그런 일이 정말 벌어질까' 싶은 상상일 뿐이다. 비현실성의 안전핀이 꽂혀 있는 흥미로운 괴담에 불과한 것이다. 하지만 아메나바르는 논문집과 상상 속에 갇혀 있던 비현실적인 상황을 현실로 재현시킴으로써 낭만적인 괴담을 현대의 끔찍한 사회적 공포로 바꿔버린다. 마을버스 운전은 기사들의 혼령이 하고 있다는 현대의 괴담은 그 바탕에 진짜 그렇게 될 수밖에 없도록 만든 현실을 향해 비수가 놓여져 있기 때문에 다시 대단히 냉소적인 사회현실의 공포로 진입한다. 〈떼시스〉에서 아메나바르는 현실 안에 머무르며 귀신 이야기보다 무서운 사회의 실체에 몸을 떨었다. 그는 이 영화를 스릴러와 공포가 뒤섞인 장르로 만들었는데, 그 거칠고 투박한 맵시는 B급 영화 스타일의 열기를 느끼게 하는 선에서 만족감을 선사했다.

　1년 뒤 내놓은 〈오픈 유어 아이즈〉에서 아메나바르는 〈떼시스〉의 현실감에서 조금 더 확장된 이야기를 들려준다. 한눈에 반해버린 소피아와 잊지 못할 하룻밤을 보낸 뒤 자동차 사고를 당한 세자르한테는 계속해서 초현실적인 상황들이 벌어진다. 그는 자신의 인생에 어느 순간부터 덧입혀진 이 괴이한 기운을 파악하지 못한 채 당혹감에 빠지는데, 이것은 관객도 마찬가지다. 당최 현실의 논리적 인과 관계로는 어떻게도 설명이 안 되는 이야기이기 때문이다. 이때 아메나바르는 냉동인간과 가상현실이라는 엉뚱한 소재를 끌어들인다. 그것은 SF, 말마따나 '과학적 허구'라는 명칭과 정확히 들어맞는 설정이다. 분명히 가상현실은 미래의 어느 시점에선 현실화될 수 있는 과학적 기반과 가능성을 지니고 있지만, 현재로선 상상이자 허구에 불과하다. 이 현실인 동시에 상상인 기묘한 소재를 통해 아메나바르는 자신의 사유의 폭을 현실과 초현실의 경계선 어디쯤까지 확장시킨다. 그것은 다시 주인공 세자르의 개인적 욕망의 흥망성쇠와 운명을 흥미롭게 주시하는 장치가 되기도 한다. 〈오픈 유어 아이즈〉에서 아메나바르는 〈떼시스〉보다는 정돈된 이미지와 현란한 몽타주의 수사학으로 진일보했지만, 그 우직스럽고 노골적인 두 세계의 접목과 이동은 아직 그의 영화에 세련됐다는 평가를 내리기엔 모자람이 있음을 확인시켰다.

상상

　그리고 〈디 아더스〉다. 두 편의 전작에 비해 훨씬 멋들어지고 유려하게 연출된 이 영화는 아메나바르가 데뷔작을 내놓은 지 5년 만에 전격적으로 초현실의 영토에 발을 들였음을 확인시켜준다. 현대의 신화, 가능한 미래의 신화에 이어 그는 불가능한 미지의 상상 신화를 들려준다. 살아 있는 자들의 세계와 그렇지 못한 자들의 세계가 공존하고 그 가운데 생과 사에 대한 확신이 뒤엉키는 이 이야기는 사회적 현실과 개인적 욕망의 틀에 사로잡혀 있던 아메나바르가 자유롭게 사고의 폭을 넓혀 세상을 바라볼 또 하나의 스펙트럼을 마련했다는 것을 증명한다. 하지만 이것은 단순히 〈더 헌팅〉(1999)류의 하우스 호러나 〈폴터가이스트〉(1982)식의 차원 이동 영화가 아닐뿐더러 유행처럼 떠도는 흔한 잡담류 괴담은 더더욱 아니다. 아메나바르는 이 초현실의 괴담을 다시 인간과 인간이 맺는 근원적인 소통과 권력의 역학관계 속으로 끌어들인다.

초현실적인 괴이 그 자체에 대한 흥미에 치우치지 않고, 그것이 지니는 신비적인 환상미와 요염미, 그리고 요괴의 출현과 활동을 인간성에 근거한 필연성으로 파악, 묘사하고 예술적으로 승화시킨 것이 낭만주의 문예의 한 분야인 괴이소설이다. 중국인은 괴이를 즐기는 습성이 강한 민족이어서 괴이문학이라고 할 수 있는 것들이 많이 남아 있다. 당나라 때는 불가사의한 현상을 소재로 허구를 구성하고 인생의 모습을 이야기하는 창작 전기가 생겨났으며, 청나라 때는 유가의 귀신부정론에 반발해 기담집이 나돌았다. 대체로 중국 괴이문학에서는 음울한 무서움은 느낄 수 없고, 오히려 초자연적인 존재나 현상과 인간계와의 교섭을 지나치게 인간적으로 묘사한 데 특색이 있다.

— 《두산 세계대백과》

의혹

〈디 아더스〉에는 원초적으로 삶의 실체를 제대로 파악하지 못하는 인간에 대한 조롱이 담겨 있다. 감춰진 세계에 존재하는 진실은 너무나 거대하고 비밀스러운 것이어서 인간은 쉽게 그것에 접근하기 힘들고 늘 손쉽게 착각하는 외피의 세계에 머문다.

이것은 믿음과 의혹에 관한 이야기의 전개를 통해 관객에게 전달된다. 그레이스는 독실한 기독교 신자지만 얼마 지나지 않아 자신이 무엇을 믿어야 할지 알지 못하는 상태에 빠진다. 앤의 말을 믿어야 할까? 언제부터인가 모든 것을 다 안다는 투로 행동하는 하녀장 밀즈 부인에게 의지해야 할까? 영화는 무엇을 믿고 무엇을 의심해야 할지 끊임없는 과제를 던지고 결말로 흘러간다. 〈떼시스〉의 안젤라나 〈오픈 유어 아이즈〉의 세자르처럼 그레이스 역시 신경쇠약에 걸린 채 아무것도 확신하지 못해 늘 무언가에게 쫓긴다(이 점이 알레한드로 아메나바르를 알프레드 히치콕의 후계자로 칭할 수 있는 가장 두드러진 특징이다). 그렇다면 관객 역시 아무것도 자신할 수 없다. 여백을 이용한 공포의 터널과 밀폐를 통한 사유의 터널 뒤에 비로소 등장하는 불확실성의 길고도 좁은 터널이야말로 아메나바르가 보는 인생이다. 마지막에 이르지 않으면 보이지 않는 어두운 길에서 인간은 불명확한 믿음만을 지닌 채 매번 의아해하며 걸어간다. 심지어 〈오픈 유어 아이즈〉나 〈디 아더스〉 모두 이야기가 완결된 마지막에서조차 세상은 매우 모호하고 의문투성이다.

평등

이것이 아메나바르가 보는 근원적인 인간의 조건이라면, 그런 인간과 인간이 맺는 관계의 형상은 〈디 아더스〉의 또 다른 축을 이룬다. '타인들'이라는 제목이 상기시키는 것처럼 나와 타자의 관계에 상당한 관심을 보이고 있는 이 영화는 다음과 같은 질문을 던진다. 나는 누구이고 타자는 누구인가? 나와 타자는 공존할 수 있는가? 이 세계의 주인은 나인가 타자인가? 나는 분명히 나인지라 타자일 수 없는가? 나는 확실한 주체인가 아니면 불명확한 객체인가? 나는 내가 사는 세상을 스스로 결정한 사람인가 아니면 무임승차한 사람인가? 안타깝게도 이 부분에 대해선 더 이상 길게 말할 수가 없지만 머리에 쥐가 날 것 같은 이 질문들은 영화의 반전을 겪고 난 뒤에 정서적 감흥을 일으키며 쉽고 강하게 다가온다. 나와 타자의 구분, 주체와 객체의 설정은 인간의 소통과 관계에 일방향의 권력의 흔적을 그린다. 그것은 계급제도가 철폐된 현대 사회에서 역시 디테일한 국면마다 매일매일 새롭거나 반복적으로 행해지는 폭력이다. 하지만 나와 타자의 구분이 해체되는 순간 나는 더 이상 세상의 주인이 아니다. 이 침울하지만 묘하게 평등하고 온화한 안식이야말로 아메나바르만의 것이다.

불확정성

나는 이 매혹적인 영화 〈디 아더스〉의 진정한 가치를 그 평등한 결말과 그 결말을 향해 걸어가는 불확정성의 모호함에서 발견한다. 그래서 영화가 끝나도 의문이 사라지지 않는 불투명한 상황들을 언급하며 글을 맺으려 한다. 밀즈 부인과 두 명의 하인이 저택에 온 날 앤은 엄마가 미쳤다며 전에 살던 하인들이 모두 뛰쳐나간 날 밤에 대해 언급하는데, 과연 그날 무슨 일이 있었던 걸까? 어느 날 죽은 줄 알았던 남편이 찾아오는데, 관객은 그가 죽은 자의 영혼이 아닐까 의심하게 되지만 그는 마치 산 자처럼 행동한다. 납득할 수 없는 그의 존재는 어떻게 설명해야 하며, 그는 다시 가족과 헤어져 '어디로' 갔을까? 그리고 도대체 그레이스는 왜 '그런 일'을 저질렀을까?

〈FILM2.0〉 55호(2002년 1월 1일)

알레한드로 아메나바르 〈아고라(Agora)〉(2009), 〈씨 인사이드(Mar Adentro)〉(2004), 〈디 아더스(The
1972년 생 Others)〉(2001), 〈오픈 유어 아이즈(Abre los ojos)〉(1997), 〈떼시스(Tesis)〉(1996) 등

휴즈 형제
그들은 어떻게 사회를 위협해왔나

1888년 8월 새벽 4시경 런던 동부 사창가 뒷골목에서 메리 니콜스라는 마흔두 살의 창녀가 살해된 채 발견된다. 그녀의 목은 예리한 칼로 두 번 잘려져 나가 있었으며 배 부위는 능숙한 손놀림에 의해 해부당해 창자가 밖으로 드러나 있는 상태였다. 얼마 후 런던 경시청으로 자신을 '잭 더 리퍼'라 칭한 범인이 쓴 편지가 도착했으며, 그 편지에서 범인은 자신이 창녀를 증오하며, 앞으로 연쇄 살인이 있을 것이라고 예고했다. 그 편지대로 약 석 달간 비슷한 장소에서 네 차례의 창녀 살인 사건이 추가로 일어났다. 마지막 피해자는 메리 켈리라는 이름의 스물다섯 살짜리 창녀로, 그녀의 시신은 완전 해부된 채 모든 내장은 몸 바깥에 가지런히 놓여져 있었으며 얼굴 부위까지 잔혹하고 꼼꼼하게 해부돼 있었다. 결국 범인은 검거되지 못한 채 수사는 종결됐으며, 아직까지도 잭 더 리퍼의 실체에 대한 온갖 추론과 소문, 음모설이 난무하고 있다.

취기와 무기력에 물든 런던

잭 더 리퍼가 대관절 누구였으며 왜 잔혹한 범행을 저질렀는가에 대해서는 여러 가지 의견이 개진돼 왔다. 당시 런던 경시청에선 창녀의 사체에서 자궁이 사라진 점을 미루어 발라진 신체 기관을 통해 쾌락을 느끼는 변태성욕자의 범행일 것이라는 의견이 나왔으며, 사체에 저항한 흔적이 남아 있지 않다는 사실 때문에 악마의 사주를 받은 범행이라는 견해도 있었다. 고도의 해부학 지식을 갖춘 귀족이나 의사일 것이라는 추측에 따라 이 사건은 영국 고위층 권력 집단과 연계돼 있을 것이란 얘기도 나돌았다. 100여 년간 미스터리로 남아 있는 이 '희대의 살인마 잭 더 리퍼 사건'은 말 만들어내기 좋아하는 호사가들에 의해 끊임없이 구설수에 올랐으며, '세계 100대 미스터리'류의 이야기에 매혹되는 10대 청소년들의 야사적 호기심을 충족시켜 왔다.

앨버트 휴즈와 앨런 휴즈, 이 쌍둥이 흑인 형제에게도 이 사건은 특별하게 다가왔을 것이다. 그들은 일곱 살 무렵에 잭 더 리퍼에게 매료당한다. 하지만 성인이 된 휴즈 형제의 잭 더 리퍼에 대한 관심은 어린 시절의 치기왕성한 호기심과는 분명한 차이가 나게 된다. 〈사회에의 위협〉, 〈데드 프레지던트〉, 〈아메리칸 핌프〉, 이 세 편의 전작을 통해(정확하게는 〈사회에의 위협〉과 〈데드 프레지던트〉 두 편이다) 그 구성원들을 든든하게 지지해주지 못하는 위태로운 사회 구조와 위협을 본질로 하는 인간관계의 해결되지 않는 난제들에 몰두해온 휴즈 형제에게 잭 더 리퍼 이야기는 그 궤적을 함께할 수 있는 적격의 소재였다. 신작 〈프롬 헬〉에서 휴즈 형제는 잭 더 리퍼를 끌어들이며 그와 관련된 여러 전통적인 추론 중 하나를 채택한다. 정확히 그 내용을 밝힐 순 없지만, 그것은 잭 더 리퍼가 영국 왕실의 치부를 감추려고 한 권력층의 일원이었다는 것이다. 게다가 휴즈 형제는 이 음모론을 비밀결사조직 '프리메이슨'으로까지 연계시켰다. 알려진 대로 프리메이슨은 로마 가톨릭 내 사탄숭배조직으로 시작해 오늘날 각국의 정치, 경제 고위층과 지식인들 사이에 퍼져 있다고 추측되는 거대 조직이다.

잭 더 리퍼 사건은 미궁에 빠진 연쇄 살인이라는 그 자체의 현상적 상태만으로도 당시 서구 사회를 뒤흔든 사건이다. 그것은 세계의 중심이었던 서구의 내상과 균열, 그리고 부도덕하고 무기력한 토대를 인정할 수밖에 없는 사건이었으며, 동시에 변태 성욕과 악마주의가 만연한 시대의 어두운 욕망을 씁쓸하게 수긍해야만 했던 부끄러운 해프닝이었다. 휴즈 형제는 여기에 주목한다. 더군다나 그 사건이 왕실의 음모와 프리메이슨이라는 악몽의 권력으로까지 확장됐을 때 세계의 불안정한 토대와 위악적인 관계, 원인을 알 수 없는 나락의 삶에 관한 휴즈 형제의 오랜 관심은 동지적 신념을 얻는다. 이것은 서구사회의 근간과 본질에 대한 회의이며, 이 세계를 조종하고 있는 권력자들의 음모에 대한 근심이다. 잭 더 리퍼의 연쇄 살인 사건을 조사하는 〈프롬 헬〉의 수사관 프레드 애벌린(조니 뎁)이 즐겨 마약에 빠져 있는 것을 비롯해 전반적으로 이 영화가 애매모호한 취기와 무기력증이 만연한 세계를 그리고 있다는 것은 주목할 만한 설정이다. 비록 애벌린은 잭 더 리퍼의 정체를 밝히지만 그를 사주한 거대 조직에 감히 저항할 수 없고, 런던의 음습한 뒷골목은 죽음과 부패의 악취에 점점 더 물들어간다. 이 세계에선 아무것도 할 수 없고 한 걸음도 더 떼어선 안 된다. 어떤 일이든 하면 할수록 더더욱 나빠지기만 하기 때문이다. 따라서 애벌린이 취할 수 있는 유일한 대안은 정신을 잃어버리는 일 뿐이다. 〈프롬 헬〉은 극심하게 가슴이 조여드는 답답증과 패배주의에 빠져 있는 영화다. 아마도 이것은 정상과 순리와 발전과 신뢰의 가치를 지속적으로 내세우고 있는 사회에 대한 가장 커다란 위협일 것이다.

살면 살수록 나빠지는 세상

공통된 사유의 흐름 속에 포함되기는 하지만 〈프롬 헬〉은 휴즈 형제의 필모그래피에서 좀 특이한 영화다. 하면 할수록 악화되고 살면 살수록 나빠지는 세상에 대한 그들의 한숨과 분노는 전작들에서 흑인 사회 내부에만 국한돼 왔기 때문이다.

고등학교와 대학 시절 만든 단편 〈강도 되기〉, 〈위협〉 등을 장편으로 발전시킨 데뷔작 〈사회에의 위협〉은 휴즈 형제의 세상을 바라보는 직격탄과도 같은 시선을 적나라하게 보여준다. 첫 장면부터 충격적이다. 아시아인들이 경영하는 동네 슈퍼마켓에 두 명의 흑인 청년들이 들어온다. 그들이 흑인이라는 사실만으로도 이미 가게 주인들은 편견과 경멸의 언설을 내뱉는다. 아무 문제도 일으키지 않았는데도 계속 "문제 일으키지 말고 빨리 나가"라는 것이다. 이 순간 관객은 잠시 흑인들에게 연민을 가질 수 있다. 하지만 다음 장면에서 화가 난 흑인 하나가 바로 총을 꺼내어 주인들을 살해한 뒤 주머니에서 돈을 꺼내 달아난다. 서늘한 것은 살인이 진행되는 살풍경 자체가 아니라 이것이 아무런 정신적 갈등이나 번민 또는 약간의 선택의 문제조차 없이 너무나 아무렇지도 않게 자행된다는 것이다. 왜냐하면 이런 일은 "우리 동네에선 흔한 일"이기 때문이다.

하지만 흑인들의 총구가 겨냥하는 진짜 표적은 결코 아시아인들이나 백인들이 아니다. 휴즈 형제의 관심은 흑인들 사회 내부에서 그들끼리 겨누는 총구다. 1965년의 와츠 지역 흑인 폭동을 흑백의 다큐멘터리 영상으로 잠깐 보여주는 이 영화는 인종차별에 휩쓸린 흑인들이 지구상에서 게토화되는 문제를 다루는 듯 보이지만 실은 그렇지 않다. 1965년의 와츠에선 백인 사회를 향해 폭발하던 흑인들의 분노가 1993년의 와츠에선 자기들끼리 헐뜯고 죽이는 모습으로 변질된다. 그들 사회엔 마약, 폭력, 살인이 빈번하게 일어나고 제도적으로 보장받지 못하는 사생아와 실업 문제가 끊이지 않는다. 서로 "니거"라 부르며 경멸하는 흑인들의 기본적인 소통관계는 위협과 위악이다. 주인공 케인의 아버지는 말 한마디 실수한 친구를 총으로 쏴 죽인 뒤 다시 하던 일을 하고, 케인의 친구 도그는 마약 좀 달라는 동네 흑인 거지를 귀찮다고 쏴버리고는 그가 손에 들고 있던 치즈 버거를 전리품처럼 빼앗아 먹는다. 이 비정한 거리에서 케인은 폭력과 복수와 살인과 할 일 없이 어슬렁거리는 일상을 반복하다 결국 다른 흑인 패거리의 총에 맞아 죽는다. 이곳은 케인의 연인 로니의 말대로 "고교를 졸업했고 열여덟 살에도 네가 살아 있다는 게 놀라운" 사회다.

이 영화는 흑인 사회의 퇴보와 슬럼화에 대한 국가 전체의 제도적 책임과 타민족들의 폭력을 방기하거나 인정하지 않는 것은 아니지만, 그만큼의 책임을 흑인들 내부의 행태로 돌리고 있다. 여기엔 살인에 무감각해지며 익숙해져 가는 폭력의 만연과 그것이 세대를 이어 전이된다는 확산의 공포가 있다. 케인은 스승과도 같은 퍼넬에게서 총질을 배우고 다시 그것을 퍼넬의 아들인 어린 앤서니에게 가르친다. 하지만 무엇보다 휴즈 형제는 한 번 형성된 갈등과 위해의 관계는 결코 나아질 수 없다는 염세론을 펼친다. 흑인들이 서로 미워하며 죽고 죽이는 광경에선 그들을 둘러싼 외부 세계의 구조적 모순이 아니라 그 모순을 경계하는 대신 도리어 체화시켜 내부자들간의 분노로 폭발시키는 어리석음이 보인다. 휴즈 형제는 이 기막힌 추락의 속도를 저지할 그 어떤 브레이크도 찾지 못한다. 이대로라면 흑인 빈민가에 거주하고 있는 대대수의 흑인들에게 희망은 없다. 누군가 밖에서 도와준다 한들 이미 너무 늦어버려 포기하는 수밖엔 남아 있지 않은 사회. 죽어가는 케인의 말처럼 "나도 삶에 관심이 있다. 그러나 너무 늦었다." 휴즈 형제의 패배주의는 이렇게 해서 맨 처음으로 사회를 위협한다. 여기에 희망이나 기대는 없다.

지리멸렬의 영속에 대한 불안

1968년 뉴욕 브롱크스 지구에 살고 있는 〈데드 프레지던트〉의 주인공 앤서니에게도 상황은 마찬가지다. 나름대로 건실한 삶을 살아가고 있는 앤서니는 고등학교 졸업 후 무엇을 할까 고민하다 베트남전 특수부대에 자원하기로 한다. 누구라도 그 전쟁이 백인들의 전쟁이라는 것을 안다. 심지어 베트콩들조차 "흑인은 돌아가라. 너희들의 전쟁이 아니다"라는 전단지를 뿌린다. 하지만 앤서니에게는 대안이 없다. 징집을 반대한 친구 스킵 역시 결국은 참전한다. 제대 후 다시 고향으로 돌아오지만 역시 일자리는 없다. 그 사이 자신의 딸을 낳은 연인 화니타는 포주 커티에 의탁해 살아왔고, 먼저 제대한 스킵은 고엽제 후유증과 마약 중독에 시달리고 있다. 앤서니는 동료들을 규합해 백인들의 은행을 털지만 결국 일은 이상하게 꼬이고 그는 무기징역을 선고받는다. 그의 마지막 대사는 "나라를 위해 싸웠는데……"라는 절규다.

〈데드 프레지던트〉는 흑인 사회의 빈민화와 실업 문제에 대한 국가의 폭력적 행위를 비난하고 있는 것처럼 보인다. 오프닝 장면에서 불에 타고 있는 미국 화폐(데드 프레지던트) 속에는 백인 정치가들과 의회, 그리고 'United States'라는 문구가 포함돼 있다. 하지만 이 영화에서 훨씬 세밀하고 신중하게 주목되는 것은 역시 흑인들 자신의 문제다. 앤서니는 현실을 잊겠다는 이유로 고향의 연인과 딸을 외면하고, 다시 돌아온 그에게 화니타는 돈타령뿐이다. 앤서니는 자신이 없는 동안 화니타를 차지했던 커티와 치고받는 관계에 놓인다. 이 신파 드라마는 매우 노골적으로 흑인들 내부의 불화와 나아지지 않는 상황의 영속에 대한 불안감을 조장한다. 브롱크스의 흑인들은 어둠침침한 지하 당구장에서 몇 푼 안 되는 돈으로 칼부림을 하거나, 흑인 운동을 한답시고 모여서는 무의미한 테러와 폭력, 갈취를 궁리하고 있을 뿐이다. 당구장과 지하 클럽의 뿌연 담배 연기와 느릿느릿한 발걸음은 〈프롬 헬〉의 몽롱한 환각처럼 삶에 더 이상의 기대를 걸 이유가 없다는 체념의 기운을 퍼뜨려 놓는다. 이것은 인간을 심하게 무력화 시키며 또다시 사회의 개선 가능성을 위협한다.

불가피한 최선, 최상의 약자

〈사회에의 위협〉과 〈데드 프레지던트〉는 휴즈 형제의 마음속 밑바닥까지를 모두 길어 올린 영화였다. 세 번째 영화 〈아메리칸 핌프〉는 흑인 사회를 향한 공격적인 발언이 유보된 작품이다. 이 영화는 '핌프', 곧 포주에 대한 인터뷰 중심의 다큐멘터리다. 미국에서 활동하고 있는 대표적인 포주들이 인터뷰를 통해 자신들의 삶을 말한다. 기본적으로 이 영화는 '여자 등쳐 먹는 인간' '비열하고 더럽고 윤리의식 없는 인간 말종' '땋은 머리에 금목걸이와 악어구두로 치장한 변태 같은 남자들'이라는 편견에 휩싸인 포주들의 진짜 모습이란 무엇인가를 밝혀보자는 목적을 지니고 있다. '포주의 기원' '작업 스타일' 등의 제목으로 나뉘어 있는 각장에서 그들은 자신들이 거느린 창녀들과 인간적인 관계를 유지하거나 심지어 사랑을 나누고 있다고 말하고, 나름대로의 정당한 논리와 양심에 따라 일하고 있다고 토로한다. "포주가 되기 전에 인간이 돼야 한다"는 신념도 잊지 않는다. 인터뷰에 참가한 창녀들조차 포주들이 자신들을 합당하게 관리하고 있다고 옹호하며 포주들의 부모 또한 아들을 자랑스러워한다.

포주 이야기가 흑인 문제를 다뤄온 휴즈 형제의 맥락과 상통하는 것일까? 그렇다. 포주들의 대다수가 흑인이기 때문이다. 창녀가 백인이어도 포주는 흑인이다. 포주들은 "직업도 있고 돈도 버는 괜찮은 부류"라고 말한다. 휴즈 형제는 이들의 말에 귀기울인다. 포주의 역사와 활동 속엔 차별당하고 주저앉은 흑인 사회에 대한 은유가 담겨 있다. 당초에 포주는 나쁜 직업이 아니었지만 흑인들이 포주 행위로 돈을 벌고도 세금을 안 낸다는 이유로 백인 정부는 포주 행위를 도덕적으로 나쁘다고 규정하기 시작했다. 포주들은 창녀들에 대해 "나를 깜둥이라고 부르면 화가 나듯, 그녀들에게도 최소한 애칭은 불러줘야 한다"는 논리를 펼친다. 휴즈 형제는 포주의 세계에 진입하며 다시 흑인들을 떠올린다. 여기엔 분명 두 편의 전작에선 볼 수 없었던 연민의 시선이 담겨 있다. 하지만 "포주여 영원하라"고 웃으며 말하면서도 "그러나 내 아이들은 다른 길을 갔으면 좋겠다"는 마지막 인터뷰에서 이 나름대로 '괜찮은 부류'라 할, 그러나 결코 대를 물리고 싶지는 않은 포주들의 돈벌이가 흑인들의 불가피한 최선이라는 것을 알게 됐을 때 기분은 씁쓸하다. 흑인 포주들은 아버지가 해온 포주업을 대대로 이어받으며 '최상의 약자'로 살아간다. 이것만이 대안이라면 다시 〈아메리칸 핌프〉는 〈사회에의 위협〉과 〈데드 프레지던트〉의 궤적에 자신을 올린다.

〈사회에의 위협〉은 칸에서 월드 프리미어를 치르며 휴즈 형제의 이름을 단박에 세계에 알렸다. 그들은 1980년대 중반부터 흑인 영화의 전통적인 수호자로 인정받고 있던 스파이크 리의 영화를 절충과 낭만의 코너로 몰아붙였다. 그럼에도 불구하고 휴즈 형제의 영화는 늘 소수자들의 지지를 받을 뿐인 마이너 영화다. 하지만 사회를 향해 어떤 시도도 할 수 없게끔 관객들의 의지를 결박시키는 그들의 이상한 패배주의적 위협은 테두리의 크기와 상관없이 늘 공세를 유지한다. 〈프롬 헬〉 역시 그 범주 안에 있다. 패배는 종종 계몽이나 종용보다 더한 각성을 불러일으킨다.

〈FILM2.0〉 65호(2002년 3월 12일)

| 휴즈 형제(알버트 휴즈,
앨런 휴즈)
1972년 생 | 〈일라이(The Book Of Eli)〉(2010), 〈프롬 헬(From Hell)〉(2001), 〈아메리칸 핌프
(American Pimp)〉(1999), 〈데드 프레지던트(Dead Presidents)〉(1995), 〈사회에의 위협
(Menace 2 Society)〉(1993) 등 |

야마시타 노부히로
해법은 참 작은 세계 속에

야마시타 노부히로는 작은 사람이었다. 먼발치, 그가 내게로 다가오기 아주 멀리 전부터 그의 키가 170센티미터도 되지 않을뿐더러 체구도 왜소하고 옷매무새에 별다른 특징도 없다는 걸 단박에 알 수 있었다. 심드렁한 단화에 모자, 덥수룩한 수염에 짙은 안경. 가까이 다가오자 심지어 키가 160센티미터도 되지 않을지 모르겠단 생각마저 들었다. 가볍게 인사를 했다. 처음엔 차세대 일본 영화를 이끌어갈 천재 감독이란 사람이 뭐 이래, 싶었다. 원래 그런 건지 일부러 그러는 건지 아무튼 숫기 없고 수줍은 표정, 내가 뭐 그렇게 대단한 감독이라고요 싶은 팻기 없는 얼굴, 영화를 만드는 사람이라기보다는 그의 영화에 종종 등장하는 동네 아저씨 같은 느낌. 하지만 시간이 흐르자 그는 점점 일반적이지 않은 종자의 인간으로 다가왔다. 굳이 천재 운운할 거야 없지만, 돌이켜보니 이렇게 생기고 그렇게 옷 입고 저런 눈빛을 하고 있는 사람이 아니면 도무지 만들어낼 수 없을 것만 같은 영화들이 그의 필모그래피 안에 채워져 있었던 것이다.

장르 그 이상으로

2005년, 그가 여섯 번째로 연출한 장편 영화 〈린다 린다 린다〉가 완성됐을 때, 일단 신기했다. 〈플란다스의 개〉, 〈고양이를 부탁해〉 등등의 영화에서, 그리고 이미 여러 편의 CF에서 감히 범접할 수 없는 이미지로 무장돼 있던 배두나가 주인공일뿐더러, '린다 린다 린다'라는 제목도 낯설었고, 야마시타 노부히로라는 감독의 이름은 아주 멀리 존재하는 성역의 우뚝한 깃발처럼 압도적으로, 아니 단지 압도적이라기보다는 앙증맞게 압도적인 느낌으로 다가왔다. 영화도 마찬가지였다. 이 영화는 어딘가 이상했다. 배경은 시바사키 고등학교. 며칠 남지 않은 학교 문화제를 준비하기 위해 여학생 세 명이 밴드를 결성하는데, 여기에 한국에서 온 교환학생 송(배두나)이 우연찮게 보컬로 합류한다. 그렇게 결성된 일본과 한국 다국적 밴드 '파란 마음(밴드 이름이다)'. 결국은 우여곡절을 겪고 난 뒤 문화제에서 보란 듯이 〈린다 린다〉(실존하는 일본 밴드 '블루하트'의 히트곡)라는 전설적인 노래를 부르며 학생들의 열성적인 환호를 받게 된다……는 다분히 장르적인 스토리인데, 그게 꼭 그렇지가 않더라는 것이다.

〈린다 린다 린다〉는 그토록 극적이고도 쾌감과 쾌락이 넘치는 이야기인데도 불구하고 카메라 커팅이 일반적인 영화에 비해 상대적으로 적게 등장한다. 영화의 두 번째 시퀀스, 밴드에서 드럼을 맡고 있는 여학생이 친구를 만나며 학교 복도를 걸어갈 때 야마시타 노부히로 감독은 카메라에 커트를 외치지 않는다. 그의 호흡은 여타의 감독들에 비해 매우 길고 느리게 진행되며, 이것은 잠시 후 배두나가 등장하는 장면에서도 같은 리듬으로 이어진다. 야마시타 감독은 이 영화가 자신이 연출한 그 어떤 작품들보다 가장 상업적으로 만들어진 것이라고 말하긴 했지만, 그럼에도 불구하고 연출 호흡은 이전이나 이후의 작품들과 다를 바 없이 적용된 것이다.

〈린다 린다 린다〉는 여러 가지 면에서 시사하는 바가 큰 영화다. 무엇보다 이 영화는 젊고 파릇파릇한 일본의 10대 아이들이 자신들의 꿈과 젊은 날의 싱그러웠던 추억을 만들어가는 과정에 한국인 교환학생이라는 일종의 장애물을 설치한다. 송은 한국에서 건너온 탓에 일본어에 능숙하지 못하고, 이것은 다른 세 명의 밴드부원들과 부자연스러운 의사소통으로 이어지는 지뢰밭으로 작동하지만, 결국 그 장애물은 우정과 음악이라는 낭만적 대의명분에 의해 사라지고, 밴드 '파란 마음'은 여러 친구들 앞에서 기분 좋은 데뷔 무대를 선보이게 된다. 여기서 교환학생 송이 일본어에 능통하지 못하다는 사실은 그 자체로 매우 사회적이고 역사적인 맥락에 결부된 현상이지만 야마시타 감독에게 그 해법은 네 명의 아이들로 구성된 지극히 개인적인 세계 속에 똬리를 틀고 있었다. 그러니까 이 영화에서 중시됐던 건 서서히 사회에서 개인으로, 세상에서 또래의 동료들로 좁혀드는 '작은 세계의 구성'에 있었던 것이다.

공간, 그리고 카메라

또 하나, 〈린다 린다 린다〉에는 야마시타 노부히로만의 매우 특징적인 장면들이 등장한다. 엔딩 시퀀스, 〈린다 린다〉에 이은 '파란 마음'의 후속곡이 신나게 연주될 때 카메라는 갑자기 무대를 벗어나 소나기가 내리고 있는 학교의 정경 속으로 들어간다.

아무도 없다. 단지 무심코 서 있는 수납장들과 고요한 복도, 너저분한 책상들이 널려 있는 교실이 있을 뿐이다. 이 장면은 관객들에게 상당히 기묘한 느낌을 전달해준다. 양쪽 귀로 들려오는 사운드는 아주 경쾌하고 빠르고 신나는 록 음악이지만, 눈앞에 보이는 풍경은 아무런 움직임도 없는 학교의 이곳저곳이다. 게다가 한 장소 한 장소 이동하는 속도는 그렇게 느려터질 수가 없으니, 이렇게 엇박자로 구성된 영화의 엔딩 은 이 영화의 결말을 '파란 마음'의 음악적 성공만으로 제한하지 말아달라는 감독의 마음을 담고 있었던 것이다.

야마시타의 카메라는 학교의 곳곳을 아주 천천히, 그리고 아주 길게 비춰주고 다음 장소로 이동한다. 카메라가 들르는 그 한군데 한군데의 공간들은 모두 송과 '파란 마음'의 구성원들이 젊은 날을 보낸 추억의 공간들이다. '파란 마음'의 음악이 들려오는 그 순간, 야마시타 감독은 현재 그 음악을 연주하고 있는 아이들의 추억이 서린 장소를 직접 방문하고 음미하고 잘 있으라고 손짓한다. 이것이야말로 야마시타 노부히로만의 정수다. 그에게 배우가 움직이고 사건이 벌어지는 공간은 그저 배경 화면으로만 거기에 서 있지 않는다. 그곳에서 뭔가를 발견할 수 있다는 것, 그곳에 그가 만들어낸 영화 속 인물들의 심상과 추억과 연속된 시간의 가치가 담겨 있음을 직감케 하는 것, 그것이 야마시타 노부히로가 우리에게 보여주는 세계의 초상화다.

그의 영화에서 일반적인 상업영화들이 다루는 방식의 내러티브는 그다지 커다란 기능을 하지 못한다. 야마시타 노부히로는 자기 자신이 마치 자기 영화를 보는 한 명의 관객처럼 내러티브 그 아래, 풍경과 나무와 숲, 건물과 집과 학교, 각각의 방과 바닷가에서 거기에 서린 무언가를 발견하려고 한다. 〈린다 린다 린다〉에서 그것은 '파란 마음' 네 여학생의 섬세한 감정적 교류이고, 그것은 엔딩 시퀀스에서 전시된 시바사키 고교의 몇몇 풍경 속에 마치 살아 있는 인간의 그것처럼 스며들어 있었던 셈이다.

2, 3초의 진실

1976년 일본 아이치 현에서 태어나 오사카 예술대학 영상학과를 졸업한 야마시타 노부히로는 장편 데뷔작 〈지루한 삶〉부터 〈바보들의 배〉, 〈리얼리즘 여관〉으로 이어지는 이른바 '바보 3부작'을 연출하며 '야마시타 월드'라 불리는 자신만의 세계를 구축했다. "미워할 수 없는 백수를 그려내는 데 있어 천하제일"이라는 평가를 받은 이 세 편의 영화를 통해 야마시타는 이론의 여지없이 자신만의 세상에 성공적으로 안착했다.

그때부터 야마시타 노부히로에겐 웬만해선 커트를 부르지 않는 버릇, 그러니까 일반적으로 두 시간짜리 영화 한 편당 평균 1000커트 정도에 달하는 커트 수 대신 700커트, 500커트 아래로 떨어지는 연출 방식이 자리를 잡아가고 있었다. 그것은 '시네마디지털서울 2008'에 가지고 온 중편 영화 〈참 작은 세계〉에서도 확인할 수 있는데, 다른 감독들이라면 10커트, 15커트로 나눌 하나의 신을 야마시타는 그저 원 커트, 그러니까 커트를 나누지 않는 단 하나의 장면으로 표현해버리고 만다. 게다가 그에게는 또 하나의 이상한 버릇이 있는데, 그건 한 장면의 길이 자체가 그 장면 안에서 벌어지고 있는 상황의 길이보다 길게 이어진다는 것이다.

예를 들어 〈참 작은 세계〉에 나오는 세 명의 초등학생 중 두 명이 대화를 나눈다고 치자. 보통 그런 장면의 경우 양쪽 인물의 대사가 끝이 나면 자연스레 커트도 나뉘고 장면도 끝나는 게 매끈하다. 하지만 야마시타는 여기서 대략 2, 3초 정도의 시간을 더 끌며 배우들을 바라본다. 배우들은 당황스러울 것이다. 대사도 다 끝나고 상황도 종료됐는데 감독은 대체 무얼 하고 있는지 커트 소리를 내지 않는다. 그럼 난 뭘 해야 하나? 어딜 보지? 저쪽으로 걸어갈까? 아니면 뭐라고 아무 소리나 내볼까? 야마시타에게 이 2, 3초 사이의 간격은 매우 중요한 찰나의 시간이다. 바로 여기서 그가 생각하는 영화적 사실성의 문제가 흡입되며, 동시에 그의 영화에 등장한 배우들의 생기 만발한 서명이 누구의 간섭도 없이 발진되기 때문이다.

야마시타 노부히로에게 극영화 속 영화적 사실성의 문제는 여전히 진행되고 있는 불멸의 고뇌 중 하나다. 그가 만든 영화들은 이른바 '리얼리티'의 문제에 있어 상반된 두 개의 길을 걸어가는데, 그중 허구의 것은 극영화 연출의 기반으로 자리잡고 있는 시나리오라는 괴물이며, 그중 사실적인 것은 그럼에도 불구하고 자연발생적으로 태동되길 기대할 배우들의 생생한 리얼리티다. 바로 그 예측할 수 없었던 배우들의 사실적 초상이 2, 3초 사이에 형성되고 벌어지고 표현된다. 영화를 연출하고 있는 감독조차도 전혀 예상하지 못한 채 주어진 2, 3초의 시간. 과연 그 여분의 시간에 배우들은 자생적인 의지에 따라 어떤 행동을 보일 것인가? 거기에 영화 전체를 아우를 진실이 담겨 있고, 그 진실은 당초부터 기획된 것이 아니라 발견되는 것이 야마시타의 바람이었으니 그만큼 2, 3초의 간격은 그의 영화가 관객에게 들려주고 싶었던 가장 중요한 방점으로 남게 되는 것이다.

그래서였을까? 최근작 〈참 작은 세계〉에서 야마시타는 주인공으로 분한 세 어린 배우에게 아무런 연기 지도도 하지 않았다. 특별히 대사를 외우게 한 것도 없이 그저 상황만 주고 마음껏 행동해보라고 했으니, 허구와 현실의 경계에서 스스로 뭔가를 결정할 수 있었던 그들이야말로 야마시타 노부히로의 영화 그 자체와 조금도 다를 게 없었던 셈이다.

야마시타의 영화 음악

〈참 작은 세계〉는 소설과 영화가 동시에 창작되는 프로젝트를 통해 완성된 42분 분량의 중편 영화다. 소설은 작가 이사카 고타로가 쓰고, 영화는 야마시타 노부히로가 연출하기로 합의한 가운데, 지금으로부터 100년 뒤의 세상을 그리고 있는 작품이다. 배경은 전교생이 세 명밖에 남지 않은 한 초등학교. 아이들은 학교에서 함께 생활을 하고 있고, 갖가지 잡일을 하는 아저씨와 젊은 여선생도 함께 학교에서 산다. 아무 일도 벌어지지 않은 채 그저 하루 중 가장 특별한 일이라곤 아침밥이 맛있다는 정도의 무료한 일상. 그러다 사건 하나가 발생하니, 세 학생 중 가장 큰형인 아비가 곧 화성으로 떠나야 한다는 것이다.

〈참 작은 세계〉는 지구 온난화 때문에 사람들 중 상당수가 화성으로 떠나버린 미래의 지구를 다루고 있다. 흥미롭게도 이 영화는 야마시타 노부히로에게 음악이 얼마나 소중한 것인가를 증명해준다. 소설과 영화가 한 짝을 이뤄 100년 뒤 미래의 세계를 다룬다는 〈참 작은 세계〉의 초기 설정은 일본 그룹 '더 피즈'의 〈실험 4호〉란 곡을 기초로 착안된 아이디어이며, 영화 속 주인공들의 이름 아비, 하루, 신 역시 그대로 '더 피즈' 멤버들의 이름이기도 하다. 아비가 화성으로 떠나는 가운데 지구에 남겨진 아이들의 가슴 한구석 그리움의 상처는 영화 말미 들려오는 〈실험 4호〉의 "돌아오라!"라는 가사를 통해 직접적으로 전달되기도 한다.

야마시타 노부히로에게 음악은 다른 어떤 장치들보다 더욱 많은 신경을 써야 했던 중요한 요소 중 하나다. 그가 10대의 아이들을 주인공으로 내세우며 만든 여러 작품들 속에서, 음악은 청춘의 가장 중요한 모티브로 작용하거나 내러티브의 한 계기점으로 기능하곤 했다. 앞서 말한 〈참 작은 세계〉는 물론이거니와, 〈린다 린다 린다〉의 스토리가 '블루하트'의 실제 원곡 〈린다 린다〉를 기점으로 여고생 4인조 밴드의 이야기를 그렸다는 점 또한 마찬가지다. 게다가 〈린다 린다 린다〉의 음악을 맡은 인물은 스매싱 펌킨스의 전설적인 기타리스트 제임스 이하니 두말할 필요도 없는 일이라 하겠다.

야마시타가 그토록 음악에 집중하는 것은 그의 영화 속 대부분의 주인공들이 열 살도 되지 않은 어린이들이거나 10대 청소년들인 것과 무관하지 않다. 그에게 어른이 되지 않은 아이들의 이야기는 그 자체로 하나의 감성적 완결이라 할 수 있으니, 그것을 원래의 그것 그대로 보존하고픈 야마시타에게 대중문화의 가장 커다란 상징구로 등장한 밴드와 음악의 실제적 가치는 그 무엇보다 결정적이고 유의미한 것이었던 셈이다.

결핍과 차단, 아이러니

야마시타 노부히로와 영화 음악의 밀접한 관계, 그리고 어린아이들이 주인공으로 등장하는 그의 작품 세계는 이제 마지막으로 언급해야 할 한 가지 문구를 일러준다. 그것은 '결핍과 차단'이다. 〈참 작은 세계〉와 함께 이번 영화제에 동시 상영된 다른 한 편은 〈파리 텍사스 모리구치〉라는 다큐멘터리다. 2003년 무렵 야마시타는 오사카 근방 모리구치 현에서 주민들의 도움을 받아 〈요짱〉이라는 영화를 만들게 됐는데, 그만 영화 자체가 실패작으로 나오는 바람에 야마시타는 이 영화의 DVD를 모리구치 현 내 도서관 열람실 속에 영원히 가둬두는 쪽으로 결정을 내리게 된다. 하지만 2007년, 문득 그는 〈요짱〉이라는 영화의 행방과 모리구치 현이 궁금해졌고, 동료들과 함께 3일간 모리구치로 내려가 그때 주민들을 만나 회고하는 상황들을 담은 것이 바로 이 〈파리 텍사스 모리구치〉(빔 벤더스의 〈파리 텍사스〉에서 제목을 인용)란 영화다.

야마시타 노부히로에게 〈요짱〉은 완전히 버릴 수도, 그렇다고 제 작품으로 끌어 안을 수도 없는 계륵 같은 영화, 말하자면 '결핍의 영화'다. 영화 속에서 모리구치의 주민들은 그에게 〈타이타닉〉 같은 영화를 만들지 그러냐고 충고까지 해주니, 이것은 상업영화와 독립영화 사이에서 고민해야 할 야마시타 자신의 결핍이기도 하다.

결핍과 관련된 그의 자의식은 여러 영화 속에서 어렵지 않게 발견된다. 2007년 작

〈마을에 부는 산들바람〉에서는 시골 마을의 한 여중생 소요가 어느 날 문득 자기 학교로 전학을 온 남학생 히로미에게 사랑을 느끼지만, 히로미는 곧 도쿄로 전학 갈 결심을 하고 소요는 여기서 심각한 결핍의 문제를 안게 된다. 이런 결핍의 장애는 〈린다 린다 린다〉 때도, 〈참 작은 세계〉에서도 이어지니, 그에겐 뭔가가 필요해진다. 어른들의 세계와는 별개의 파라다이스로 남고 싶은 아이들의 마음, 그렇다면 아무것도 들어오지 못할뿐더러 아무것도 나가서는 안 될 '차단의 방벽'만이 야마시타 영화의 유일한 결말로 등장하게 되는 것이다.

결핍과 차단, 이 무시무시한 단어들의 느낌에도 불구하고 야마시타 노부히로의 영화는 언제나 아름답다. 아마도 그것은 결핍과 차단이란 형태의 살벌한 결정일망정, 결국은 자기 세계를 지키고픈 아이들의 순정과 그리움이 그 바탕에 깔려 있기 때문일 것이다. 하지만 이처럼 바깥의 세상으로부터 봉인된 아이들의 작은 세계가 언제까지 야마시타의 영화를 지배하게 될지는 아무도 모른다. 그는 〈파리 텍사스 모리구치〉에서 무심코 "〈요짱〉은 모리구치란 여인과 하룻밤 사랑을 나누고 생긴 사생아"라고 말한 적이 있다. 야마시타 노부히로에게 〈요짱〉은 어쩌면 평생을 업고 살아가야 할 역설적 거울의 그림자일지도 모른다. 물론 그런 그림자마저 한 세계 안에 포용해온 것이 그의 전작들이었으니, 이쯤에서 그의 다음 작품을 기대한다 말하는 건 그리 뻔하디 뻔한 결론이 아니라고 말할 수 있지 않을까.

《FILM2.0》 404호(2008년 9월 9일)

| 야마시타 노부히로
1976년 생 | 〈마이 백 페이지(My Back Page)〉(2011), 〈참 작은 세계(It's a Small World)〉(2008), 〈마을에 부는 산들바람(A Gentle Breeze in the Village)〉(2007), 〈파리텍사스 모리구치(Paris, Texas, Moriguchi)〉(2007), 〈마츠가네 난사사건(The Matsugane Potshot Affair)〉(2006), 〈린다 린다 린다(リンダリンダリンダ)〉(2005), 〈크림 레몬(くりぃむレモン)〉(2004), 〈리얼리즘 여관(リアリズムの宿)〉(2003), 〈요짱(よっちゃん)〉(2003), 〈바보들의 배(No One's Ark)〉(2003), 〈지루한 삶(Hazy Life)〉(1999) |

단평

말 그대로 짧지만 색다른 영화 비평.
삐딱하게 영화 보기를 실천한 《NeGA》의 신선한 리뷰 코너
'엉뚱하게 영화보기'와 《FILM 2.0》 시절 명쾌한 태도와 문체가
돋보인 영화 리뷰를 골라 실었다.

〈가베〉
내러티브와 이미지의 경악스러운 화해

언젠가 파리의 영화 비평가들이 압바스 키아로스타미 영화에 경악을 금치 못했다는 얘기를 들은 적이 있다. 서구 지성계와 현대 서양 영화가 오랫동안 해결하지 못하고 있던 수많은 문제들을 키아로스타미는 단번에, 아무렇지도 않게 해결하고 건너뛰었다고 평했단다. 그런데 모흐센 마흐말바프의 〈가베Gabbeh〉(1996)를 보며 나는 경악을 금치 못했다. 뭐, 서구 지성계니 뭐니 할 정도로 호들갑은 아니지만, 오랫동안 내 고민거리 중 하나였던 문제가 〈가베〉에 담겨 있었기 때문이다. 그건 '영상', 곧 '이미지'와 '이야기', 곧 '내러티브'에 관한 것들이다.

〈가베〉에는 세 종류의 가베(카페트, 양탄자)가 등장한다. 첫 번째는 늙어서 노파가 된 가베(이때 가베란 사람의 이름이다)이고, 두 번째는 젊은 그녀의 모습, 곧 동일한 인물이되 젊은 시절 그녀 모습인 가베이며, 세 번째는 노파가 물에 씻고 있던 양탄자 가베다. 이들 세 가베의 이야기를 시작해보자.

놀랍게도 감독은 동일한 인물의 미래와 과거를 한 자리에 배치할뿐더러, 두 사람이 대화하는 신들을 자연스럽게 풀어가고 있다. 분명히 이것은 현실적인 상황이 아니다. 그러나 누군가의 화법에 의해 설파된 이야기라면 무리없이 받아들일 수 있다. 그 이야기는 누가 들려주는가? 바로 양탄자 가베다. 양탄자 가베는 표면에 수놓아진 하나의 그림을 통해 바로 인물 가베의 사랑과 세월을 말해주고 있다. 만일 컴퓨터그래픽이 이 영화에 가미됐더라면, 물속 가베에 그려진 단아한 그림은 바깥으로 튀어나와 마치 홀로그램처럼 과거를 보여주는 영상으로 화했을지도 모른다.

자, 이쯤되면 우리는 '사물'과 '인간'에 대한 뒤집힌 시선을 마주하게 된다. 양탄자 가베는 언제나 인간의 대상이자 도구이기만 한 한낱 사물에 불과한 것이지만, 여기선 인간의 역사를 포함하는 바탕이자 세계이고, 화자다. 반대로 인간 가베는 늘 주체적인 화자였던 자리를 포기하고, 양탄자 가베의 이야기에 등장하는 한낱 요소로 비칠 뿐이다. 하지만 이때 인간과 사물은 적대적으로 분리 역전된 것이 아니라, 동일한 이름을 부여받음으로 인해 미묘한 일치감을 맛보는 지경에까지 이르게 된다.

바로 이 점, 양탄자의 그림이 인간의 역사를 말하되 둘이 분리되지 않았다는 것, 이것은 이미지와 내러티브에 관한 내 오랜 고민을 순식간에 무시했다. 양탄자의 그림은 하나의 이미지다. 그것도 연속된 일련의 이미지조차 아닌 단 한 장의 그림일 뿐이다. 여인 가베의 역사는 내러티브다. 그것은 분명한 흐름을 지니고 있는 이야기의 연속인 것이다. 세계영화는 내러티브 중심에서 이미지 중심으로 전환되고 있다. 이 말에 억지가 있다면, 적어도 관심과 유행의 영역은 분명 내러티브에서 이미지로 이동하고 있다, 정도는 말할 수 있다. 이미지가 부각되는 영화에서 내러티브는 변방으로 밀려난다. 〈중경삼림〉의 무수한 이미지는 내러티브를 포용하는가? 아니다. 〈중경삼림〉의 이미지는 내러티브가 할 수도 있었을 정서의 전달을 자기 스스로 해내고 있다. 말하자면 내러티브와 이미지는 동일한 영역에서 기능과 이권을 놓고 오랫동안 싸우고 있는 것이다.

그런데 〈가베〉에서 이미지는 내러티브를 추방하지 않는다. 한 장의 양탄자 그림이라는 단순 명쾌한 이미지는 그 안에 오랜 세월의 내러티브를 포용한다. 덧붙여 그것은 현란한 수사학의 이미지가 아니기에, 관객의 독자적 상상력을 부추겨 오히려 내러티브의 아름다움을 증폭시키고 있는 것이다. 내러티브의 아름다움, 그것은 한 장의 이미지에서부터 상상과 연상, 그리고 해석자 개개인의 바람과 정서를 섞어 발현되고 확장된 것이기에 현실적인 제약에서 벗어나는 것은 당연하다. 그러므로, 가베의 이야기에서 시간의 시작과 끝에 있었던 두 명의 동일한 가베가 한 공간에서 대화하는 기괴한 설정은 아무런 무리없이 우리에게 다가올 수 있는 것이다.

자, 이 말을 쉽게 흘리지 말자. 상상력을 부추기는 〈가베〉의 겸손한 이미지는 내러티브의 사실적 한계조차 극복시켰다는 말이 된다. 내러티브는 반드시 사실적인 기준들에 부합되어야 할 필요가 없다. 두 명의 동일인물이 이 시간의 간극을 극복하고 만난다는 것, 그것은 환상이자 꿈이다. 이야기가 환상, 곧 감정이나 무의식의 세계로 뻗쳐가기 시작하면, 그것은 더 이상 내러티브라는 이름만으로 불리울 수 없다. 그것은 이제, 그리고 다시, 하나의 강렬한 이미지가 되는 것이다. 이미지에 의해 부추겨진 내러티브, 그리고 그 내러티브가 다시 이미지로 변환되기. 이것이야말로 사물이자 인간이며, 이미지이자 내러티브인, 바로 그 동일한 이름 '가베'의 진정한 미덕이 아니고 무엇일 것인가? 과장을 조금 섞어 말하면 이것이야말로 이미지와 내러티브의 대우주적 화해와 조화가 아니고 또 무엇이겠는가? 그리하여 나는 어떻게 하면 이미지와 내러티브가 공존할 수 있을 것이며, 어찌하면 내러티브가 이미지의 변방에 서지 않은 채 스스로의 자존심을 지킬 수 있는 동시에, 어찌하면 이미지가 내러티브의 오랜 고집을 꺾지 않으면서 새로운 영화 미학으로 온전히 개화돼서 나갈 수 있는지를 〈가베〉에서 본 것이다.

〈NeGA〉 3호(1998년 2월)

〈퓨너럴〉

붕괴되는 삼각형, 멀어져가는 공산주의를 바라보다

모든 숫자들은 다 자기 나름대로 뜻을 가지고 있다. 그 중 '3'이라는 숫자는 어떤 뜻을 지니고 있을까? 대부분의 나라, 대부분의 문화에서 3은 언제나 통합, 완성, 힘, 균형, 평형, 완벽, 갈등의 부재를 뜻한다. 그것은 처음과 중간과 끝을 모두 포함해 '전체'를 나타내는 숫자이며, 도교에서 보는 3이란, 평형을 성립시키는 중심점을 가지기 때문에 '강한 숫자'를 의미한다. 3이 시각적으로 형상화된 것은 삼각형인데, 삼각형이란, 가장 단순한 형태의 평면도형이다. 1이라는 숫자로는 점이, 2라는 숫자로는 선이 만들어지지만, 3에 와서야 비로소 면적, 곧 평면을 이루게 되는 최초의 도형이 형성되는 것이다. 그러므로 피타고라스학파에서 3이란 곧 완성을 뜻한다. 완성…… 그것은 대상을 받아들이는 심리적인 안정성에서도 마찬가지다. 우리가 흔히 듣는 민담, 전설, 우화 등에선 3이 자주 등장한다. 세 가지 소원, 세 번의 시련 등이 그것이다. 성경에도 3은 자주 등장한다. 세 사람의 동방박사, 예수가 받는 세 번의 유혹, 하룻밤 동안 베드로가 예수를 부인하는 것도 세 번, 골고다 언덕에 세워진 세 개의 십자가, 3일만에 부활한 예수, 부활한 예수의 세 번에 걸친 현현…….

왜 〈퓨너럴〉 얘기를 하며 숫자 3의 이런저런 뜻들을 언급했냐면, 이 영화에 등장하는 형제가 아기돼지 삼형제처럼, 큰형 레이(크리스토퍼 워큰), 둘째 체즈(크리스 펜), 셋째 자니(빈센트 갈로)로 이루어진 삼형제이기 때문이다. 템피오 가문의 보스를 계승하고 있는 첫째 레이는 조직과 가족을 보해야 한다는 강박관념을 지니고 있다. 둘째 체즈는 대단히 다혈질로 정신착란과 광기의 증세를 보이는 사람이다. 문제는 셋째 자니다. 그는 이른바 비열한 타협으로 묘사되는 '조합주의'와 자본가, 정치가의 위선에 치를 떠는 인물이다. 그는 자주 집회에 참여하기도 한 공산주의자이기도 했다. 책과 영화를 좋아했던 그는 적절한 낭만과 적절한 지성, 그리고 적절한 감성을 지닌 자였다. 이 삼형제의 삼각구도는 묘한 조화를 이룬다.

3에 얽힌 얘기를 좀더 하자면, 힌두교의 삼신일체는 창조자 브라마 신, 유지자 비슈누 신, 파괴자 시바 신이다. 레이는 가족의 창조자이며, 체즈는 결국 파멸을 조장하는 파괴자이고, 자니는 이들 삼형제의 균형을 가까스로 맞추어주었던 유지자다. 이들 세 사람의 균형이란 곧 삼각형이 보여주는 안정된 평면이자, 이처럼 여러 문화에서 보여지듯 3이 뜻하는 의미를 어느 정도의 맥락만큼에서 흥미롭게 접지하고 있는 형상이다. 영화는 삼형제 중 한 사람을 죽여버림으로써, 삼각의 구도를 파괴한다. 문제는 누가 죽었는가, 즉 영화는 세 개의 꼭짓점 중 어떤 것을 버림으로 해서 역으로 바로 그것에 대한 미련을 버리지 못하는가, 그로 인해 전체 삼각형이 보여주던 것 중에서 대체 '무엇'이 무너지고 있는가이다.

영화는 자니를 버린다. 자니를 버린 것은, 그리하여 파괴된 삼각형이 순식간에 남은 두 형제를 혼란에 빠뜨리고 결국 모두의 파멸로 드라마를 몰고 가는 것은, 우리로 하여금 바로 그 버려진 자니가 가지고 있던 성질들이 얼마나 소중했었나를 깨닫게 한다. 왜 다른 사람도 아닌 자니였을까? 그는 다른 두 형제와 달리 이상, 진리, 정의에 목말라하는 인물이었고, 무엇보다 공산주의자였다. 자니의 죽음은 바로 이러한 것들이 사라진 시대를 은유한다. 동시에 묘하게도 삼각의 안정, 갈등하지 않음, 완벽한 평형, 완성된 평면이란 곧 공산주의의 이상과도 닿아있다. 그런데 그것이 자니의 죽음으로 인해 삽시간에 깨어져나간 것이다.

영화 〈퓨너럴〉은 자니의 죽음을 통해, 그리고 그로 인한 삼각안정의 붕괴를 통해, 몰락하는 공산주의와 그 문화적인 이상의 요원함을 그려낸다. 그들 삼형제의 안정이 늘 위태로운 것이었듯, 공산주의는 언제나 접근이 쉽지 않은 이상이자 일종의 모델로서 진리였다. 하지만 만일 실현만 된다면, 그것은 사회경제학적인 정의를 뜻할 뿐더러, 그것이 지닌 문화적 의미의 완성과 균형은 자니가 원하던 이상과 감성의 적절한 배분, 현실과 등돌리지 않는 낭만의 체현이다. 〈퓨너럴〉은 이를 상기한다. 그것은 파멸을 그려내고 있지만, 동시에 안정의 회복과 끝없는 이상의 추구를 보여주고 있는 것이다.

〈NeGA〉 4호(1998년 3월)

〈크래쉬〉
균열체를 바라보다, 균열체로 파고들다

섹스의 체위 중에 이른바 '뒷치기'라 불리는 후면 체위(배면 체위, 그것이 질 섹스이든 항문 섹스이든)가 있다. 영어로 하면 속칭 'doggy position'이라 하여 통상 개(동물)가 많이 취하는 자세를 가리킨다. 말하자면 이 체위는 동물적인 형태의 체위라는 얘긴데, 장 자크 아노의 〈불을 찾아서〉(1981)를 보면 원시인들의 체위 변천사는 후면 체위에서 정상 체위로 발전해가고 있음을 볼 수 있다.

후면 체위가 동물들의 것이라면, 정상 체위는 인간적인, 곧 좀더 '문화적'이고 '수준 높은' 형태의 것으로 인식되고 있는 것이다. 왜냐면 정상 체위는 남녀가 얼굴과 정면을 마주하고 성관계를 갖기 때문에 대등성과 인간적인 교감을 포함하지만, 후면 체위는 흡사 동물의 암컷이 된 듯한 여자를 남자가 일방적으로 '공격하는' 분위기를 풍기기 때문이다.

〈크래쉬〉의 첫 장면에서 비행기 동체에 몸을 대던 캐서린(데보라 윙거)은 뒤에서 다가온 남자와 후면 체위로 섹스를 한다. 그녀의 남편 제임스는(제임스 스페이드) 동양인 여성과 역시 후면 체위로 관계를 맺는다. 물론 이 영화에 등장하는 모든 섹스가 다 후면 체위로 이루어지지는 않는다. 그러나 상대적으로 정상 체위가 드물게 등장하는 반면, 후면 체위는 높은 빈도수를 보여준다. 특히나 영화의 중요한 지점들에서 그러한데, 예컨대 도입부 베란다 신에서 이 부부가 자신들의 유일한 목표인 오르가슴에 대해 대화를 나눌 때 캐서린은 엉덩이를 가린 옷자락을 들어올림으로써 후면 체위를 상상하게 하고, 결말부에 자동차 사고로 쓰러진 캐서린과 제임스가 그 섬뜩한 마지막 섹스를 나눌 때도 역시 후면 체위다. 게다가 이 영화의 중요한 모티프인 자동차 충돌에 있어서도, 대부분의 경우 충돌은 뒷차가 앞차를 '박는', 즉 자동차끼리의 후면 체위 양상을 띠고 있는 것이다.

자, 그렇다면 후면 체위가 의미하는 것은 무엇일까? 일반적으로 남성들이 후면 체위를 선호하는 이유는 성적 쾌락에 덧붙여 일종의 '정복감'이 존재하기 때문이란다. 여기에 한 가지 이유가 더 추가되는데, 그것은 성행위가 지속되는 현장, 곧 피스톤 운동을 하고 있는 자신의 성기와 여성의 성기(좀처럼 볼 기회가 없는)를 직접 눈으로 보며 섹스를 즐긴다는 '시각적 쾌락'이다. 그러므로 후면 체위를 지향했을 때 시각적 쾌락은 남성의 전유물이 되고, 그 시선에 일방적으로 노출되는 것은 여성의 성기다.

그리하여 〈크래쉬〉는 시각적 이미지로 포착되는 여성의 성기에 일방적으로 집착하는 영화로 받아들여진다. 영화는 곳곳에서 여성 성기의 이미지를 노출시키는데, 가브리엘의 뒤쪽 허벅지에 난 상처가 그러하며, 자동차 충돌로 인해 생긴 제임스의 차 옆면 형상이 그렇다. 실상 성적인 코드를 지닌 많은 영화가 남근의 이미지에 집착하고 있는 것에 비해 〈크래쉬〉는 여성의 성기를 시각적으로 애호하고 있는 것이다. 여성의 성기는 일종의 균열체인데, 감독 데이비드 크로넨버그는 〈비디오드롬〉에서도 텔레비전 모니터의 균열부로 들어가는 신체, 사람의 배에 뚫린 균열부위로 들어가는 총의 이미지 등을 보여준다. 그는 '크로넨버그적 세계'의 관문으로 균열체의 벌어진 틈을 이용하고 있는 것이다. 균열체의 갈라진 틈은 잘 보이지 않는 내부를 신비롭게 선전하고, 우리는 우리가 세상으로 빠져나온 그 구멍으로 다시 들어가는 본능적인 바탕, 곧 가장 동물적이며 동시에 가장 적나라한 무대에서 크로넨버그의 신랄한 세계와 마주 서게 되는 것이다.

〈NeGA〉 5호(1998년 4월)

〈다크 엔젤〉
객석에 앉아 귓속말로 속삭이는 악마

내가 아는 시나리오 팀 중에 'GnA'라는 이름의 사람들이 있다. 'GnA'란 'Genesis & Apocalyps'의 약자다. 창세기와 묵시록, 시작과 종말을 뜻하는 이름이다. 능력있고 똑똑한 사람들이 그 이름을 가지고 있다면 원대한 꿈과 야망에 실로 기가 죽을 수밖에 없다. 정말 나중에 큰 인물들이 되지 않을까 기대하게 되는 것이다.

그레고리 호블릿 감독의 〈다크 엔젤Fallen〉(1998)에 등장하는 악마의 이름은 '아자젤AZAZEL'이다. 광야에서 예수를 유혹했고, 현세에까지 살아 숨 쉬고 있는 악마 아자젤의 이름은 재미있게도 영어 알파벳의 시작과 끝인 A와 Z가 두 번씩이나 반복되고 있다. 말하자면 'GnA'처럼, 아자젤은 그 이름부터 시작과 끝을 모두 아우르는 영원불멸성을 지니고 있다는 얘기다. 영화니까 흥미롭다는 듯 이렇게 지껄이고 있지, 만일 이게 현실이라면 어마어마한 공포가 아닐 수 없다. 그런데 영화 〈다크 엔젤〉은 바로 이와 같은 악마의 절대적인 현존을 마치 현실인 것처럼 제시하고 있기에 그 어떤 영화보다 공포스럽고 소름끼친다. 그리고 그 정서적인 충격은 바로 교묘한 영화적 장치들을 통해 전달된다.

일반적으로 영혼, 악령, 악마, 천사 같은 존재들은 선이나 악 같은 추상적인 개념들과 별로 다르지 않게 받아들여진다. 그것들은 마치 홀로그램처럼 우리 눈에는 보이지만 손에는 잡히지 않는 비물질체들로 여겨지는 것이다. 그런데 〈다크 엔젤〉에선 아자젤을 물질적인 것으로 환원시킨다. 아자젤이 한 생명체의 육신에서 나와 다른 육신으로 들어가기 전까지 살 수 있는 시간은 한 번 숨 쉴 수 있을 만큼의 시간이라 했다. 이건 길이로 따지면 몇 킬로미터쯤이란다. 놀라운 얘기다. 추상적인 개념인줄만 알았던 악마가 이처럼 물리적인 시공간에 복속될 수 있다는 것이니까. 얼핏 생각하기에 이건 그만큼 악마를 물리치기가 쉽다는 얘기로도 들리지만, 반대로 생각하면 그만큼 그의 존재는 물질계와 비물질계를 '올커버'하는 절대적 영향력을 가질 수도 있다는 얘기다. 더욱더 구체적으로 〈다크 엔젤〉은 영화 속에서 악령 아자젤의 '시선'을 영상으로까지 표현해내는데, 끔찍하게도 그것은 비디오카메라에 찍혀 모니터에 플레이된 듯한 화면이다. 곧, 현대 사회의 테크놀로지가 보여주는 것 중 가장 절대적이며 '기록적'이고 '시선의 권력'까지 가중돼 그 중요성이 점차 증가하고 있는 영상 이미지가 곧 악마의 시선이라는 얘기인 셈이다.

이쯤만 해도 공포 영화로선 손색이 없는데, 막판에 가서 〈다크 엔젤〉은 어마어마한 속임수를 드러내면서 우리 모두를 주저앉힌다. 그것은 바로 '내레이션'이다. 영화 시작부터 우리는 덴젤 워싱턴의 목소리로 들려오는 내레이션과 만나게 된다. 이 목소리는 영화 곳곳에서 우리들에게 상황, 감정, 세상 돌아가는 이치 등을 부담없이 들려주는 친근성을 보여준다. 원래 내레이션이라는 장치가 그렇다. 내레이션을 해나가는 목소리의 주체는 영화 속 극 자체로부터는 한 발짝 떨어져 나온 새로운 존재가 돼 그 극을 '관찰'하고 있는 관객들의 바로 곁에서 대화를 꾀하는 것이며, 그는 우리에게 말할 수 있지만 우리는 절대로 그에게 대답을 할 수 없다는 이유 때문에, 그 친근성이 늘어날수록 절대적인 영향력도 배가되는 것이다.

그런데 영화의 마지막에서 우리는 그동안 덴젤 워싱턴, 즉 영화의 주인공 존 홉스인 줄로만 알았던 내레이션의 주체가 바로 아자젤이었음을 알게 된다. 그동안 곁에서 귓속말을 소근거리며 우리의 시선과 사고를 조율하던 존재는 존 홉스가 아니라 아자젤이었던 것이다. 이것이야말로 시작과 종말을 모두 아우르는 악마의 절대성, 그 영원불멸의 존재성을 유감없이 발휘하는 부분이다. 이제 악마는 영화 속에서도 물질계와 비물질계를 넘나들고 현대 사회의 영상 이미지를 복속시키더니, 급기야는 스크린 밖으로도 뛰쳐나와 우리들 바로 옆자리에 앉아 은근한 미소로 속삭이고 있는 것이다.

〈NeGA〉 5호(1998년 4월)

〈내가 쓴 것〉
오독, 상상, 해석, 주체의 부재, 그리고 우리가 쓴 것

레오나르도 다빈치의 그림, 〈성 안나, 마리아와 아기 예수〉는 〈내가 쓴 것What I Have Written〉(1996)의 도입 시퀀스부터 시작해 영화 곳곳에 간헐적으로 등장한다. 제레미(제섹 코먼)는 계속 이 작품을 해석하고 있는데, 그 해석이 아주 흥미롭다. 그는 다빈치가 그린 스케치와 다른 그림까지 동원해 〈성 안나, 마리아와 아기 예수〉에 대해 전혀 다른 해석을 하고 있다. 그는 다빈치의 스케치에서 한쪽 얼굴에 짙은 그림자를 드리우고 있는 성 안나를 통해 그녀가 지닌 어떤 악마성을 발견하고 그녀와 마리아 사이에 어떤 모종의 음모가 계획돼 있지 않았을까 하는 '비하인드 스토리'를 유추해낸다.

그런데 그림에 대한 제레미의 해석이 흥미로운 것은, 그 내용이 아니라 그 시도다. 제레미의 해석은 원작자인 레오나르도 다빈치의 의도와는 전혀 상관이 없는 것이고, 이것은 곧 '수용자'나 '독자'의 '엉뚱한 해석'을 옹호하는 행위이기 때문이다(이 엉뚱한 해석은, 말하자면 작자의 의도와는 다르게 나아가는 것이기 때문에 '오독誤讀'이라는 별명을 얻기도 한다). 다양한 수용자들의 해석에 의해 하나의 작품이 다양한 가치와 중첩된 의미를 지니게 된다면 우리는 영원히 그 작품에 가해지는 단 하나의 해석, 또는 그 작품의 오리지널리티를 알 수 없게 된다(물론 이때 오리지널리티라는 것은 그 작품의 작자가 누구냐고 말할 때의 오리지널리티와는 틀린 개념이다). 그리고 이런 식의 해석들이 정당화되는 '수용자 중심의 텍스트'에선 작자의 의도는 단지 그가 자라온 환경, 그를 둘러싼 각종 사회적 담론, 그의 작품 자체, 그것을 받아들이는 상상과 해석 등 작품에 영향을 끼치는 갖가지 원인들 속에 묻힌 단지 하나의 요소일 뿐이다. 그렇게 되면 사실상 그 작품의 주체가 누구인가, 도대체 그 작품의 주인이 누구인가라는 질문은 별 가치가 없어진다. 무수한 요소들이 결합해 하나의 작품을 만들어내는 것이고, 그렇게 본다면 작품의 주체는 여러 개가 되거나 또는 '구조'가 된다.

그런데 제레미가 가하는 〈성 안나, 마리아와 아기 예수〉에 대한 오독, 상상, 해석,

오리지널리티가 없음, 단독 주체의 부재에 대한 이야기는 여기서 끝나는 것이 아니라, 〈내가 쓴 것〉이라는 영화 전체로 변형, 확장된다. 이 장면이 간헐적으로, 그러나 끝없이 등장하는 이유는 바로 그에 대한 환기다. 그렇다면 〈성 안나, 마리아와 아기 예수〉의 영화 전체로의 변형과 확장은 무엇인가? 그것은 크리스토퍼(마틴 제이콥스)가 썼다고 착각을 일으킨, 그러나 실제로 제레미가 쓴 소설이다. 관객은 영화의 마지막, 이 소설을 크리스토퍼가 아닌 제레미가 썼다는 사실을 알기 전까진, 순진하게 소설의 작자를 크리스토퍼로 여기게 된다. 만일 그 소설이 크리스토퍼의 것이라면 소설 내용과 분위기는 크리스토퍼가 파리에서 만난 프란세스에 대한 연민과 향수의 의도를 띠게 된다.

그런데 이것은 제레미에 의해 마련된 일종의 '의도적인 오독', '계획된 오독'이다. 실제로 이 소설의 의도는 크리스토퍼의 아내인 소렐의 사랑을 얻기 위한 제레미의 야심이었다(사실상 이 영화에 등장하는 명백한 오독, 즉 제레미가 크리스토퍼가 쓴 필체 중 d와 ol을 헷갈린 오독은 그다지 의미가 없다. 그건 단지 소렐이 제레미의 음모를 알게 되는 극적인 장치일 뿐이다). 관객들은 하나의 독자로서 제레미에게 농락당했다. 그렇다면 제레미는 '완벽한 주체'인가? 아니다. 소설의 기반은 역시 크리스토퍼에게 실제로 벌어진 사건들이었다. 비록 제레미의 의식적인 변형이 가해지긴 했겠지만, 역시 소설의 토대는 크리스토퍼이지 제레미가 아니다. 우리는 제레미가 소설의 주체라는 것을 알고 난 뒤에도 여전히 크리스토퍼와 아내 소렐, 그리고 그의 머릿속을 바람처럼 뚫고 지나갔던 여인 프란세스에 집중할 수 있다. 그리고는 또 역시 관객들 각자는 각자의 방식대로 크리스토퍼의 한 시절을, 이들 세 사람의 관계를, 덧붙여 '주체'라고 당당히 드러나는 제레미마저 하나의 '대상'으로 보며 나름대로 다양한 해석을 가할 권리가 있는 것이다. 왜냐면 제레미는 단지 키보드를 두들긴 '기술의 주체'일 뿐이지, 그 '작품의 주체'는 아니기 때문이다.

그렇다면 제목 '내가 쓴 것'이란 실상 '내가 쓰지 않은 것'이다. 영화는 극적인 효과를 위해 소설의 주체가 제레미라는 사실을 미스터리의 결말처럼 설정하고 있긴 하지만, 그 극을 내부에서 끌고 가는 〈성 안나, 마리아와 아기 예수〉의 해석 테마를 통해 영화 전체를 전복하고 있는 것이다. 결국 이 영화는 '우리가 쓴 것'이다.

〈NeGA〉 6호(1998년 5월)

〈딥 임팩트〉
이데올로기의 충돌, 그리고 소년들의 승부

행성asteroid이란 이미 안정된 궤도에 오른 채 자전과 공전을 반복하고 있는 별들을 말한다. 물론 지구도 하나의 행성이다. 이에 비해 혜성comet이란, 새롭게 생성된 별들의 잔여물들이 뭉쳐 형성된 것으로, 혜성은 아직 자기만의 일정한 궤도를 갖고 있지못하다. 행성과의 충돌 가능성을 가지고 있는 것은 소행성일 수도, 혜성일 수도 있다. 소행성은 비록 궤도가 있긴 하지만 다른 소행성들과 궤도 공유점을 거치면서 조금씩 그 궤도가 수정되고, 그로 인해 안정된 궤도 운동을 하고 있는 행성들의 궤도에 들어갈 수 있는 것이다. 혜성은 아직 궤도조차 가지고 있지 못한 상태에서 비예측적인 운동을 하기 때문에 그 충돌 가능성이 더 높은 것은 물론이다. 〈딥 임팩트Deep Impact〉(1998)에서 지구를 위협하는 것은 바로 이 혜성이다. 물론 지구엔 지금까지 100개가 넘는 혜성들이 떨어졌지만, 그 규모가 워낙 작기 때문에 위협이 될 수 없었다. 그러나 영화 속 혜성은 그 크기가 뉴욕만 하기 때문에 지구와 충돌했을 경우, 공룡시대를 마감한 혜성충돌의 여파처럼 인류를 파멸로 이끌 위험 수위에 이른다.

그런데 지구 대 혜성의 대결 구도는 우리에게 특정한 관념적 이분화를 하게 한다. 이미 안정된 궤도에 오른 행성이란, 곧 이미 어른이 돼 모두가 예측하는 삶을 살고 타인과의 충돌을 사전에 방지하며 안정된 생활을 영위하는 일종의 '사회적 질서'에 비유될 수 있으며, 그것은 곧 질서 유지를 최대 목표로 하는 보수주의 이데올로기와 맞닿는다. 반면 혜성이란 일종의 아이로서, 사회화가 덜 된 미성숙의 존재이며 아직 길들여지지 않았고 어떤 식으로든 성장할 모든 가능성을 갖추었기 때문에 훨씬 더 위험한 '사회적 무질서'와 같다. 그리고 무질서라는 과도기를 지향하는 것은 진보세력의 이데올로기이다. 따라서 지구와 울프-베이더만 혜성의 직접적인 충돌이라는 〈딥 임팩트〉의 설정은 곧 사회적 질서와 무질서 간의 갈등, 보수주의와 진보개혁주의의 전면적인 대립에 대한 비유로 읽히는 것이다.

그 충돌의 결과는 어마어마한 것이다. 관객들은 지구인으로서 당연히 혜성이 아닌 지구의 입장에 동화돼 영화를 본다. 곧 우리는 안정된 우리 삶을 위협하는 혜성의 접근에 공포를 느끼는 것이다. 말하자면, 처음부터 관객들은 보수주의 입장에서, 이미 우리가 수립한 질서를 위협하는 새로운 세력과의 대립을 두려워할 정서적 입장으로 코딩돼 있다는 얘기다.

자, 그런데 지구와 울프-베이더만 혜성 간 충돌 안에는 또 하나의 이항대립이 놓여 있으니, 그것은 곧 울프-베이더만 혜성과 소년 베이더만의 대립이다. 혜성을 발견한 것이 바로 10대 소년 베이더만(일라이저 우드)인데, 고맙게도 영화는 그 전달자인 울프 박사를 죽여서 혜성 접근의 위험을 알린 공로를 전적으로 베이더만에게 돌린다. 즉 베이더만은 혜성과의 싸움을 맨 먼저 준비한 자다. 한편 〈딥 임팩트〉의 중심드라마는 혜성의 충돌로 붕괴될지 모를 베이더만과 사라의 사랑이다. 그리하여 영화는 미성숙의 아이를 상징하는 혜성과 역시 소년기에 놓인 베이더만의 대결 구도를 보인다. 〈딥 임팩트〉는 성장기를 거치는 아이들이 보여주는 무모함과 가능성의 드라마이기도 한 것이다.

결국 지구 멸망의 위기를 극복할 언덕 위 생존자들 역시 베이더만과 사라, 그리고 아기다. 충돌은 아이들 간 싸움이었고, 그 극복도 아이들의 몫이니 〈딥 임팩트〉의 주인공은 온전히 아이들뿐인 것이다.

〈NeGA〉 7호(1998년 6월)

〈슬라이딩 도어즈〉
슬라이딩 도어즈를 여는 네 개의 열쇠

난이도 1 도플갱어

드류 배리모어 주연의 〈도플갱어〉(1993), 크지쉬토프 키에슬로프스키 감독의 〈베로니카의 이중생활〉(1991)에서처럼, 이 세상 어딘가에 존재하는 또 다른 나를 '도플갱어'라고 부른다. 도플갱어는 나의 욕망, 악마적 성향, 또는 순전히 또 다른 삶을 대리 실현하는 존재로 살아간다. 〈슬라이딩 도어즈Sliding Doors〉(1998)의 두 이야기에 등장하는 두 명의 헬렌(기네스 펠트로)은 서로 도플갱어다(곧 이 영화는 동일한 현실에서 벌어지는 도플갱어의 이야기다). 무엇을 대리 실현하는가? 운명과 선택의 기로에 선 사람들은 결코 발생하지 않는 무위의 영겁 속으로 사라진 또 하나의 대안적 인생을 궁금해한다. 헬렌의 도플갱어는 바로 이 호기심을 충족시켜주는 기능을 하고 있다.

난이도 2 두 개의 현실적 병행 우주

양자역학에선 우리 인생의 매 순간순간 전혀 다른 선택이 이루어질 때마다 우주는 한 쌍씩의 병행 우주로 갈라진다고 말한다. 그리하여 '나'라고 하는 존재는 무수히 많은 다층우주들 속에서 각기 다른 모습으로 살아간다는 것이다. 〈슬라이딩 도어즈〉에서 주인공 헬렌에게 주어진 두 개의 스토리는 곧 양자적 선택에 의한 한 쌍의 병행 우주를 동시에 보여주는 것이다. 이 영화는 하나의 현실과 하나의 허구 또는 두 개의 상상이 아닌, 온전히 두 개의 현실적 우주에 관한 드라마다.

난이도 3 시간의 미세분할 드라마

〈슬라이딩 도어즈〉는 하나의 기로에서 갈라진 두 개의 이야기를 보여주지만 결국 두 개의 이야기 모두 헬렌이 남자친구 제리와 헤어지고, 제리는 리디아와 헤어지며, 헬렌은 병원에 입원하고, 역시 헬렌은 새 남자 제임스와 맺어지고야 만다. 두 개의 헬렌은 전혀 다른 인생을 살 것 같지만, 결국은 똑같은 인생을 살게 되는 것이다. 뭐, 이게 '사람에게 주어진 운명은 벗어날 수 없다'는 메시지를 보여준다고 말할 수도 있겠지만 나는 헬렌이 제임스와 만나는 시점에 따라 한 이야기가 다른 이야기의 시간적 미세분할 드라마라는 점을 얘기하고 싶다. 헬렌이 지하철을 타게 되는 A 스토리는 그 도입부부터 헬렌과 제임스의 만남을 늘어놓지만, 지하철을 못 타게 되는 B 스토리는 그 마지막에 가서야 둘이 만나게 된다. 즉 두 사람의 만남을 마지막에 설정한 B 스토리는 두 사람의 만남을 처음으로 설정한 A 스토리의 쾌속시간에 대한 대단히 느리고 세밀한 시간 분할인 것이다. 결국 〈슬라이딩 도어즈〉는 하나의 이야기와, 그 이야기를 더 미세하게 쪼개며 천천히 진행되는 부속적 이야기를 교차하는, 시간의 차별적 속도에 관한 희한한 드라마인 것이다.

난이도 4 차연

자크 데리다는 소쉬르의 구조주의 언어이론에서 말하는 '차이'의 개념에서 '차연差延, differance', 즉 '연기된 차이'라는 새 용어를 발전시켰다. 그것은 서양철학사가 보여준 개념들의 '절대성의 정체'를 거부하고, 모든 단일화의 맹신적 규정을 비판하는 개념이다. 개념과 인식은 서로간의 차이를 통해 그 존재를 밝히지만, 그 규정점이 끊임없이 연기됨으로써 늘 가능태의 상태로 남는다. 예컨대, 데리다가 주장하는 '글쓰기'는 현존하지도 부재하지도 않는 이 '연기된 차이'로 말미암아 항상 실제적이며 생산을 가능케 하는 힘을 지닌다.

A 스토리를 끊임없이 미세분할하며 항상 '더 느리게', 곧 '연기되어' 진행되는 B 스토리로 말미암아, 〈슬라이딩 도어즈〉의 두 스토리는 결코 동일한 시점에서 만나지(완결되지) 못할 것이다. B 스토리는 지속적으로 A 스토리를 파고들 것이며, A 스토리의 이면에 숨겨진 또 다른 드라마를 들춰내 무언가를 재발견할 것이다. 한편 B 스토리가 끝날 때 즈음 A 스토리는 이미 저만치 멀리 진행돼 있을 것이다. 둘은 결코 동시에 완결되지 않음으로써(절대적으로 규정되지 않음으로써) 늘 새로운 생성의 가능태로 남는다. 곧 A와 B 두 개의 이야기는 '차연의 형상화'다.

〈NeGA〉 11호(1998년 10월)

〈스크림〉

쓸데없는 짓 하지 매

심리학자인 월터 에반스는 공포 영화의 형식적 장치들이 청소년기의 중대한 신체적 변화들과 관련이 있다고 말한다. 그가 예로 들고 있는 것은 자위와 월경이다. 10대 청소년들에게 자위행위는 보통 자기 자신에 대한 비하와 함께 죄책감을 유발하는데, 민담에서 자위행위는 정신박약이나 정신착란을 유발하는 육체적 계기로 받아들여진다. 이는 곧 근본적인 광기와 연결되는데, 공포 영화에 등장하는 흉측한 괴물들과 연쇄 살인범들은 바로 이 숨겨진 광기의 상상적 산물이라고 그는 말하고 있는 것이다.

한편, 월경을 시작한 청소년기 여자아이들은 그 기간이 다가옴에 따라 주기적으로 불안감이나 공포를 느끼게 되고, 심할 경우 극도의 무의식적 혼란 속에서 기이한 행동들을 보이곤 한다. 또한 정기적으로 자신의 몸에서 붉은 피가 빠져나간다는 느낌은 그녀들이 갖는 피해의식의 근원적 계기가 되는 것이다. 흡혈귀 영화에 등장하는 뱀파이어들이 새하얀 여성들의 목에서 붉은 피를 빨아 가는 것이나, 늑대인간 같은 변신 괴물들이 매달 규칙적인 시기에 공격적으로 변화하는 것은 청소년기 여자아이들이 가지고 있는 월경에 대한 공포감에서 유발된다고도 볼 수 있다.

자위와 월경. 이 두 가지 요소는 분명 청소년기 아이들에게 무시할 수 없는 생활의 중요한 부분인 동시에, 누구에게도 쉽사리 밝힐 수 없는 은밀하고 신비로운 금단의 영역에 자리한다. 그리고 공포 영화는 그들의 은밀한 심리적 불안감을 형상화함으로써 더할 나위없는 공포감을 유발하고 있는 것이다.

그런데 청소년기에 행해지는 이 중대한 육체적 현상들의 은밀함은 대개 '부모의 부재'와 관련을 맺고 있다. 많은 아이들이 비밀리에 하는 행동들은 부모가 집을 비운 사이에 벌어진다. 대개 청소년들은 집안에 홀로 남았을 때 성적인 호기심에 더욱 깊이 빠지게 되며 이는 부모가 없는 틈을 타 포르노 영화를 본다거나 자위행위를 하는 것 등으로 이어진다. 따라서 근본적인 죄의식을 동반한 이 행동들에 대한 대가 역시 부모가 없는 사이 순식간에 벌어지게 된다. 익히 알려진 동화 《아기돼지 삼형제》에서 역시 엄마 돼지가 집을 비운 사이 세 마리의 아기 돼지는 늑대의 습격을 받아 잡아먹히고 만다. 구전되는 동화에는 그 세 마리의 돼지가 엄마 없는 집에서 무엇을 하고 있었는지 삭제돼 있지만, 만일 이 동화를 급진적으로 재해석한다면 그들이 분명 무언가 감추고 싶은 행위를 은밀히 자행하고 있지 않았을까 하는 상상이 가능하다. 그렇다면 늑대란 자신들의 행위에 죄책감을 느끼고 있던 돼지들에게 찾아온 심리적 응징자의 구체적 형상물일 것이다.

영화 〈스크림Scream〉(1996)의 도입 시퀀스에서 드류 베리모어는 부모가 집을 비운 사이 문을 걸어 잠그고 비디오를 보려고 한다. 그 다음 시퀀스에서 여주인공은 아버지가 집을 비운 사이 여자친구를 불러 함께 자려고 한다. 클라이맥스 시퀀스에서 여러 명의 아이들은 부모가 없는 집에서 파티를 벌인다. 그리고 이들 모두는 가면을 쓴 연쇄 살인범의 공격을 받는다. 어떤 비디오를 보려고 했고, 두 명의 여자아이가 밤에 무슨 일을 벌이려고 했고, 그날 밤 파티에서 그들이 어떤 행동들을 취하려 했건 간에, 10대 아이들만이 남은 집에선 분명 그들만의 은밀한 일들이 벌어진다. 그리고 이들은 반드시 살인자에 의해 징벌에 처해진다.

그 징벌자란 곧 그들의 죄책감이 무의식적으로 형상화된 응징자다. 그리고 좀더 확대하자면 그것은 10대 청소년들로 하여금 부모가 없는 사이 쓸데없는 짓을 하지 말라는 사회적 보수 이데올로기의 대변인인 것이다. 성장기 아이들이 주인공으로 등장하는 공포 영화, 그것은 그들 자신의 심리적 자책인 동시에 집단 이데올로기의 교육용 프로그램이다.

〈NeGA〉 15호(1999년 2월)

〈씬 레드 라인〉

도인의 해탈인가, 바보의 낙서인가

테렌스 맬릭의 영화 〈씬 레드 라인The Thin Red Line〉(1988)은 이해할 수 없는 대립항들이 즉각적으로 혼합하는 기괴한 모양새를 보여준다. 나는 최근에 이처럼 '이상한' 영화를 본 적이 없는데, 그것은 마치 우주의 천장에서 하데스의 지옥으로 1초도 안 돼 떨어지는 기분이었으며, 다시 그 지옥의 밑바닥에서 천장으로 1초도 안 돼 솟구치는 느낌이었다. 그리하여 나는 이상한 현기증과 가벼운 구토 증세까지 느낄 수밖에 없었는데, 바로 이것이 영화 〈씬 레드 라인〉의 기이함이다.

이 작품은 분명 2차 대전의 어느 한 시기, 태평양의 어느 섬에서 벌어진 미군과 일본군과의 특정한 전투를 소재로 하고 있다. 그러나 영화가 시작되면 도입부에서부터 관객들은 모두 느꼈을 것이다. 이것이 단순한 전쟁 장르 영화가 아니라는 사실을. 영화가 시작된 지 꽤 오랜 시간이 지나도록 스토리는 시작되지 않고 전투는 벌어지지 않으며 우리 귀를 간질이는 오직 하나의 요소만이 집요하게 등장한다. 그것은 내레이션이다. 영화 속에 등장하는 이 내레이션은 세 시간 가까이 이르는 러닝타임 내내 전장과 관객들을 연결하는 고리가 된다.

그렇다. 〈씬 레드 라인〉의 이질적인 두 요소, 그리하여 내가 테렌스 맬릭 감독의 숙성도에 대해 심각하게 의심할 수밖에 없는 조합이란, 바로 이 '전장'과 '내레이션'의 교차다. 이 두 가지 요소로부터 화해할 수 없는 몇 개의 대립항이 형성되며, 그 대립항들의 충돌이 나로 하여금 테렌스 맬릭의 기이함을 확인하게 한다.

전장의 모습은 실로 충격적이다. 전투에 나선 병사들이 전쟁과 죽음에 대해 느끼는 공포를 소름 끼치게 묘사하고 있는 이 장면들은 지금까지 나온 그 어떤 총격 신, 그 어떤 전쟁 드라마보다 '사실적'이다. 반면, 전장의 현실 곳곳에 삽입되는 내레이션은 바로 그 현실을 경험한 인간들이 아주 오랜 시간이 흐른 뒤 그때를 회고하는 듯 관념적이고 철학적이다. 내레이션의 목소리는 '전쟁'이라는 소재를 넘어 인간의 삶 전체를 조망하며 현실 저 위쪽에서 차분히, 그리고 무겁게, 게다가 몽환적으로 들려온다.

자, 우리는 이것이 얼마나 이질적인 것인가를 알 수 있다. 전장의 내러티브는 사실적이며 체험적이다. 그러나 내레이션은 관념적이며 관조적이다. 전장은 미시적인 한 시간대의 작은 서사이지만, 내레이션은 한없이 확장되는, 그리하여 무한대의 거시적 시간을 망라하는 거대한 시詩다. 전장은 관객들을 끊임없이 감각적 경험으로 근접시키지만 내레이션은 지속적으로 유리시킨다. 전장은 즉각적으로 공포를 전달하지만 내레이션은 대자적으로 그것을 포용한다. 이 두 가지 요소는 혼재됐을 경우, 결코 조화롭게 용해될 수 없는 성질의 대립항을 형성한다. 우리는 감각의 세계에서 관념의 영역으로 즉각적인 이동을 해야 하며, 언제 찾아올지 알 수 없는 전환의 시점을 불안스레 기대하는 가운데 다시 거대한 관조에서 사소한 공포로 돌아와야 한다. 대체 관객들의 정서는 어느 지점에 '포지셔닝positioning'돼야 하는지 알 수가 없다.

한 가지 감상법은 전장의 현실을 체험하자마자 곧바로 그 현실을 근거로 구성된 삶의 철학으로 진입해야 한다는 것인데, 그러기엔 너무나 시간이 짧고 이동과 반복은 심한 부작용을 유발시킨다. 테렌스 맬릭은 20년이라는 시간 동안 자신의 뇌세포들 속에서 그 과정을 숙성시켰는지 모른다. 하지만 관객들은 고작 세 시간 안에 그것을 받아들여야 한다.

영화는 감정과 정서의 예술이다. 급격한 이동과 혼합은 정서적인 충격 그 자체가 특정하고 분명한 어떤 효과를 발생시키지 않는 한, 아직까진 무모하고 위험하며 무위하다.

《NeGA》 17호(1999년 4월)

〈주유소 습격사건〉

무정부주의적 평등주의, 그리고 일상과 유희의 프로메테우스

양아치 네 명의 주유소 점거. 아무 생각 없어 보이는 이 일탈은, 그러나 분명하게 '권력의 이동과 공유'를 이야기하고 있다. 우선, 이 한심한 '보통' 아이들은 주유소를 강탈함으로써 새로운 권력자로 등장한다. 그들은 '도시 야간 문화의 권력 공동화 현상'을 재빠르게 틈타 그들만의 공간에 입성하더니 곧장 '지역 권력 시스템'을 해체해버린다. 주유소 김 사장과 종업원들은 자리를 바꾸고, 학교 짱은 건빵에게 '까이며', 그 동네 건달패의 우두머리 역시 무지하게 '쪽 당한다'. 게다가 이렇게 무너져 내린 권력 구조는 급기야 중앙집권적 절대권력, 곧 경찰의 공권력마저 무력화시킨다. 이곳에 등장하는 '부패한' 경찰들, 심지어 긴급 출동한 전경들은 주인공들에 의해 철저히 박살난다. 그리하여 네 명의 동네 양아치들은 도시의 이러저러한 권력 구조를 해체시키며 '무정부주의적 평등주의'를 강하게 설파한다. 권력은 한곳에 집중되는 것이 아니라 끊임없이 소시민들 사이를 이동하며 공유돼야 한다는 평등주의인 것이다.

자 이렇게 하여 소시민들의 위상은 권력의 공유를 통해 부활하고 있는데, 영화는 내친김에 그네들의 근본이 무엇인가를 밝히는 데까지 나아간다. 그것은 바로 먹고 놀며 즐기는 '일상적 행위'와 '유희 문화'다. 그렇다, 이것은 인간의 근본이다. 그들이 먹고 노는 원초적 권리는 구조적인 권력 시스템에 의해 통제돼서는 안 된다. 그것이 바로 〈주유소 습격사건〉(1999)의 진정한 이데올로기다. 그리고 이것은 영화 속에서 마르고 닳도록 외쳐진다.

주유소란 기름을 넣기 위해 만들어진 공간이다. 주유소에선 기름만 넣어야 한다는 원칙은 도시적 기능주의의 결과다. 그런데 주인공들은 기름 넣는데만 이용되는 주유소를 전혀 다른 목적을 위해 사용하기로 작정한다. 그것이 바로 일상과 유희다. 그들은 기름을 넣기 위해 사용되는 넓은 마당에서 엄청난 양의 음식판을 벌여놓고 포식의 즐거움을 만끽한다(배달하러 온 철가방은 '시켜선 안 될 시간'에 음식을 시켰다

고 투덜거리는데, 바로 그 '음식이란 시켜야 할 시간이 정해져 있다'는 사고방식 역시 도시적 기능주의와 시스템에 억압당하는 소시민들의 본능을 보여주는 것이다). 그리고 무엇보다 그들은 이곳에서 마음껏 '즐긴다'. 뻬인트(유지태)는 그림을 그리고 딴따라(강성진)는 음악을 창조하며 예술적 유희를 만개시키더니, 무대뽀(유오성)는 참혹한 폭력마저 '놀이화'시킴으로써 이 거대한 유희왕국을 완성시킨다. 그리하여 결국 권력구조가 무너진 소시민들의 자유공간에선 현대 사회의 기계적 시스템이 억압해온 일상성과 유희문화가 마음껏 활개치고 있는 것이다.

클라이맥스에서 노마크(이성재)는 사람들 위에 올라서서 라이터를 치켜든다. 그는 사뭇 진지한 표정이다. 어쩐지 이 모습은 태초에 신의 불을 빼앗아 인간에게 전달하려고 한 프로메테우스를 떠올리게 한다. 그는 신들의 권력에 억압당하던 인간들에게 일상행위와 놀이문화의 시초라 할 수 있는 불을 가져다줬다(불로 인하여 인간은 '단지 살기 위해서'가 아니라 '맛을 즐기기 위해' 음식을 먹게 됐다. 그리고 불의 등장으로 자유로운 시각예술이 가능해졌으며 많은 공동체 유희는 불을 피운 마당으로부터 시작된다). 그리하여 네 명의 양아치는 마치 프로메테우스처럼 도시적 기능주의와 권력 시스템에 짓눌려온 소시민의 원한을 해소해주고 있는 것이다.

〈NeGA〉 24호(1999년 11월)

〈여고괴담 두 번째 이야기〉

그들은 광기를 체화한 마계의 괴물들이다

일본 하드코어 애니메이션 〈초신전설 우로츠키 동자〉(1987)에는 악마들이 사는 마계가 등장한다. 마계를 규정짓는 것은 '살인', '성', '광기' 그리고 '동질화'다. 광기가 가득한 마계의 괴물들은 섹스를 통해 에너지를 얻고는 미쳐 날뛰며 인간들을 죽이거나 그들을 동족화한다. 그런데 이런 설정은 일본 SF 공포물의 대표적인 특징이다. 이노우에 오사무 감독이 만든 〈세라전사 비너스 파이브〉에 등장하는 대악마는 남성성과 여성성을 동시에 지님으로써 남성과 여성으로 구분된 세계를 동질화하려고 한다. 그리고 꽤 많은 동종의 저패니메이션이 그 악마적인 공간을 '학교'로 설정하고 있는데, 이런 사실을 통해 그녀들이 청소년기를 일탈과 혼란, 폭력과 성, 배타적 행동의 원천적 시기로 바라보고 있음을 알 수 있다. 그런데 바로 이런 세계가 〈여고괴담 두 번째 이야기〉(1999)에서도 보인다.

영화 도입부, 교실로 들어온 민아(김규리)가 캠코더를 향해 귀여운 표정을 지으며 말한다. "졸라 귀엽지." 그런데 이 말은 사실 '목 졸라 귀 없지'라고 하는 말이다. 곧 이 여고에서 목을 조르거나 귀를 자르는 잔인한 행위는 일상적이다. 그녀들은 작은 악마들인 셈이다. 잠시 후 캠코더를 찍던 아이가 생리대를 주워 올리며, "무엇에 쓰는 물건인고"라고 말한다. 그녀는 생리혈을 차단하는 생리대를 비웃고 있는데, 생리혈, 그것은 이 영화의 중요한 모티프다. 등교실에 민아가 집어든 효신(박예진)과 시은(이영진)의 빨간색 교환일기장. 그런데 바로 이 '교환되는 빨간색의 은밀한 일기장'은 '주기적으로 빠져나오는 은밀한 생리혈'의 상징이다.

그렇다면 생리혈이란 또 무엇인가? 심리학자들에 따르면, 생리를 시작한 소녀들은 주기적으로 불안에 휩싸이고 그것은 결국 광기로 이어진다. 늑대인간과 같은 변신괴물들이 매달 규칙적인 시기에 광적으로 변하는 것은 바로 생리에 의한 단기적 이상심리의 은유라는 것이다. 그리고 이것은 이 영화에 고스란히 적용된다. 생리혈을 흘릴 시기의 고등학교 여학생들로 구성된 이 학교에서 아이들은 그것을 차단하는 생리대를 비웃고는 스스로 광기에 사로잡힌다. 그리고는 육체에 대한 훼손과 죽음을 대수롭지 않은 사건으로 치부하는 이상 심리 상태에 빠져든다. 아마도 영화 속 상황의 전 단계에 설정됐던 여섯 번의 죽음은 광기에 휩싸인 소녀들이 무의식적으로 저지른 것일 수 있다.

그런데 이 학교 안에서 유일하게 그녀들과 다른 존재가 하나 있다. 바로 시은이다. 그녀의 투박한 골격과 운동을 좋아하는 성향은 영락없이 남성적이다. 효신은 시은에게 빨간색 일기장을 교환해서 쓰자고 말한다. 이것은 시은으로 하여금 남성성(곧 이질성)을 버리고, '생리를 하며 주기적으로 광기에 빠져드는 우리들의 세계'에 동참하라는 권유이다. 즉 시은은 이 무서운 마귀-소녀들에게서 '광기의 동족화'에 대한 위협을 받은 것이다. 그녀는 잠시 여기에 말려들지만 곧 벗어나려고 한다. 그런 시은에게 다가오는 두 번째 공격은 바로 '동성애'적 육체 접촉이다. 효신은 그녀에게 키스를 하며 육체적인 사랑을 요구한다. 그런데 이런 '성적인 행위'는 이 집단을 지배한다. 죽은 효신의 영혼이 민아에게 현현하는 장면을 기억해보라. 그것은 민아의 눈앞에 홀연히 등장하는 것이 아니라, 단지 손 하나가 나타나 그녀의 귓불, 허벅지, 엉덩이, 허리, 목덜미 부분을 더듬으며 육감적으로 다가온다.

결국 〈여고괴담 두 번째 이야기〉 속에 등장하는 소녀들의 집단은 광기와 성을 공유하고, 죽음을 일상화하며, 모든 존재들을 동질화시키는 성장기 소녀들의 배타적 공동체다. 그리하여 이 작품은 순수한 감성에 가득 찬 여고 소녀들의 가슴 아픈 비극을 그린 것이 아니라, 이미 그 시기부터 무서운 배타성과 광기, 폭력과 성을 체화하고 있는 '끔찍한 존재'들에 관한 보고서이다. 따라서 어쩌면 이것은 기성사회가 새로운 세대의 청소년들에게 느끼고 있는 피해의식이 그들의 실체에 대한 까발림으로 형상화된 것인지도 모를 일이다.

〈NeGA〉 27호(2000년 2월)

〈인사이더〉
마르쿠제의 비판적 사유와 분통 터지는 제프리의 아내

담배 회사 B&W의 음모를 파헤치려는 시사 프로그램 〈60분〉의 프로듀서 로웰 버그만(알 파치노)과 B&W에서 해고당한 전직 부사장 제프리 위건드(러셀 크로)의 일식집 술자리. 서로 상대방에 대한 관심과 유대감이 막 싹트려는 시점. 제프리가 일본식 정종을 한 잔 들이키고 로웰에게 말을 건넨다. "마르쿠스 교수에게 배우셨다면서요?" 로웰의 대답, "마르쿠제라고 발음하지요. 그분은 내 사상적인 지주셨습니다."

헤르베르트 마르쿠제. 독일 베를린 출생의 유대인으로 나치가 등장하자 스위스를 거쳐 미국으로 망명한(따라서 마르쿠스로도, 마르쿠제로도 발음할 수 있다) 철학자이자 사상가이며 사회이론가인 이 사람. 아도르노, 뢰벤탈, 벤야민 등과 함께 전기 프랑크푸르트학파의 선두주자였던 마르쿠제는 비단 '사회 혁명가' 로웰만의 정신적 지주는 아니었다. 인간을 소외시키는 후기 산업사회 이데올로기를 비판하고, 스탈린주의에 의해 퇴색된 인간 중심적 마르크스주의를 재각성시키려고 한 네오마르크시스트 마르쿠제는, 1960년대 말 미국과 유럽 양 대륙에서 질풍노도처럼 등장한 신좌익 학생운동의 사상적 기초를 제공한 인물이다. 그가 없었다면 1960년대의 사상적 전환은 아마도 불가능했을 것이다.

자, 그런데 이와 같이 로웰이 마르쿠제의 제자라는 설정이 그냥 들어가지는 않았을 것이다. 나는 〈인사이더The Insider〉(1999)에 대한 접근을 바로 마르쿠제의 사상으로부터 풀어볼까 한다. 그의 대표적 저서 《일차원적 인간 One-dimensional Man》에서 마르쿠제는 현대 산업사회의 기술적, 과학적 합리성과 물질적 풍요가 인간의 주체적 사고와 비판적 사유를 마비시킨다고 분석했다. 즉 기술문명 산업사회가 발전하면 할수록 인간은 점점 사회 구조에 길들여지고 무의식적으로 만족을 느끼는 가운데, 자신이 속한 세계에 대해 더 이상의 의문을 제기하지 못하는 일차원적 수준으로 퇴보한다. 바로 그렇게 체제와 구조는 인간을 지배한다는 것이다. 그런데 〈인사이더〉는 현대 사회에 있어 바로 그 인간을 축소시키는 '체제와 구조'의 구체적인 몇 가지 모습을 제시하고 있다.

우선 〈인사이더〉는 현대 사회를 주무르는 경제 구조, 그중 기업의 인수, 합병 체제가 그 기업의 근본적인 목적과 그 목적을 위해 평생을 바친 피고용인들의 의지를 얼마나 좌절시키는가, 그리하여 그들이 세상과 삶에 대해 가지고 있는 비판적인 사유를 얼마만큼 무위화시키고 있는가를 파헤친다. 제프리의 담배 회사 비리 폭로를 방송하려고 노력한 프로듀서 로웰 버그만. 그런데 어느 순간 그가 속한 기업 CBS 방송국이 다른 사주에게 '팔려야' 하는 상황이 닥쳐오고 이를 위해 기업 고위 인사들은 자사의 '상품가치'를 높이기 위해 쓸데없는 분쟁에 휘말리길 거부한다. 그 결과 진실 추구만을 최상의 목표로 삼던 CBS의 근본적 위상은 한순간에 무너지고, 로웰의 방송 의지는 단박에 좌절되고야 만다. 더불어 그와 함께 일하던 진실 탐구의 아나운서 마이크 월러스조차 현실과 타협한다. 세상의 진정한 여론과 진실을 구축해가던 〈60분〉의 비판적 사유는 현대 자본주의 사회 경제구조에 의해 커다란 벽에 부딪친 것이다.

그러나 보다 흥미로운 '구조'는 바로 제프리의 가족에서 찾을 수 있다. 나는 이 영화를 보며 참으로 분통 터졌던 것이 제프리의 아내라는 캐릭터였다. 그녀는 남편이 직장에서 해고됐다고 고백하는 순간, 그의 고통을 위로해줄 생각은 하지 않고, "그럼 의료보험은? 자동차 할부금은? 주택 할부금은?"이라며 그를 윽박지른다. 게다가 크나큰 고뇌 끝에 진실을 밝히기로 결심한 그가 본격적으로 방송에 나서자 이내 집을 나가버리더니 남편이 가장 곤경에 처했을 때 곧장 이혼을 요구한다. 같은 남자로서 참으로 분노하지 않을 수 없는 상황이다. 그런데 곰곰이 생각해보면 이것은 다만 그녀 개인의 성향 문제는 아니며, 더더군다나 여자라는 속성의 문제도 아니다. 이 상황의 근본적인 원인은 바로 '가족 제도' 그리고 '결혼 제도'에 있다.

'가정'이라고 하는 게 사랑하는 두 남녀의 이상적인 결합과 행복한 동거로만 규정되지 않는 현대 사회 가족제도, 특히나 모든 것이 '신용'과 '할부', 그리고 '복지 제도'라는 경제적 틀과 밀접하게 연관된 미국 사회에 있어, 제프리의 아내는 그렇게 행동할 수밖에 없는 '체제의 사람'이다. 당장 현실에 무슨 변화가 생겼을 때 제도의 위협을 가장 먼저 떠올릴 수밖에 없는 사회인이다. 그리고 사실 우리 모두가 그렇다. 제프리가 진정으로 싸워야 했던 것은 국민 건강을 돈벌이에 팔아넘긴 담배 회사의 음모가 아니라, 바로 제도였다. 그는(그리고 우리 모두는) 가장 근원적인 고뇌를 해소시킬 '인간적인 가정' 대신 사회의 모든 체제, 모든 구조와 긴밀하게 연결돼 거기에 순응하지 않으면 생을 유지할 수 없는 '제도적 가정'에 속한 인물이었고, 그의 가장 커다란 고통은 바로 그 제도와의 싸움으로부터 비롯된 것이다. 그가 버리고 싶지 않았던 (마르쿠제적) 비판적 사유는 결국 담배회사에 대한 도전을 통해 성취되는 것이 아니라, 가족 제도에 대한 응전을 통해 달성되는 셈이다. 영화 속에선 표면에 드러나지 않는 바로 이 현대 사회의 근본적인 체제 중심성, 제도 회귀성이야말로 영화 〈인사이더〉의 진짜 관심거리가 아닐 것인가?

〈NeGA〉 29호(2000년 4월)

〈나인 야드〉

지미의 아내가 오즈의 아내, 그리고 캐나다와 튤립

〈나인 야드The Whole Nine Yards〉(2000)의 진정한 주제는 무엇일까? 옆집에 위대한 킬러가 이사 오면 인생이 편다? 의사가 돼도 돈 못 버는 건 마찬가지니 애써 개고생 하지 말아라? 그런데 말이다. '엉뚱하게 영화 보기'란 코너의 취지는 영화 속에 등장하는 하나의 단어, 하나의 설정도 소홀히 하지 말라는 것인지라, 나는 〈나인 야드〉 속에 등장하는 몇 개의 설정에서 공통점 하나를 애써 뽑아볼까 한다. 그것은 바로 형제 같은 사이가 된 킬러 지미(브루스 윌리스)의 아내를 자기의 아내로 취하는 오즈(매튜 페리), 그리고 지미의 별명 '튤립', 또한 이곳이 '캐나다'라는 점. 왜 하필 형제 같은 자의 아내를 내 아내로 만드는 걸까? 왜 하필 튤립일까? 왜 하필 캐나다일까? 여기에는 알게 모르게 공통점이 있다.

우선 지미의 아내를 자기 아내로 취하는 오즈의 이야기. 오즈는 아내의 강요에 못이겨 지미를 밀고하러 시카고에 갔다가 거기서 지미의 아내 신시아와 눈이 맞는다. 그러나 지미와 오즈는 이미 이웃사촌을 넘어 생사의 운명을 함께 하게 된 사이. 그럼에도 불구하고 오즈는 과감히 신시아와의 사랑을 선택하고 지미는 이것을 받아들인다. 맨 마지막 장면. 지미 앞에서 오즈와 신시아가 서로 부둥켜안으며 난리법석을 떠는 장면은 정말 엽기다. 그런데 여기엔 주목해봐야 할 이데올로기가 있다.

전통적으로 서구사회 결혼 문화는 '기독교적 결혼 제도'다. 기독교는 '한 명'의 여성이 개별적으로 혼인 관계를 맺고 이것을 신 앞에 '계약'함으로써 죽을 때까지 이별하지 않는다는 혼인서약(그 유명한 '검은 머리 파 뿌리 될 때까지')을 제도화시킨다. 중세 이후로 많은 기독교 국가들은 결혼서약의 위반을 종교 재판소에서 다룰 정로로 엄중히 처벌했다. 그러나 사실 기독교 문화 이전의 원시사회에 있어 일부일처제는 절대적인 결혼제도가 아니었다. 심지어 아주 오래된 원시사회에서조차 일부일처제의 윤리관은 확립돼 있었다고 주장하는 최근 학설에서조차, 그들의 결혼에 있어 '주된 남편'과 '주된 아내' 이외의 형제자매 사이에 성적인 융통성이 존재했다는 것은 통설로 인정되고 있다. 이른바 '자매형 일부다처제'와 '형제형 일처다부제'가 그것이다.

이 중 형이 죽으면 동생이 형수를 아내로 취하는 '형사취수제'나, 친구에게 자신의 아내를 서비스로 제공하는 에스키모의 풍습 등을 포함한 일처다부제가 바로 오즈와 지미, 그리고 신시아 사이에 행해진 결혼 형태를 대변한다. 그렇다. 비록 짧은 시간임에도 불구하고 형제 같은 사이가 된 지미의 아내 신시아를 자신의 아내로 취하는 오즈의 행동. 이것은 기독교 문화 이전에 존재하던 일처다부제의 원형을 재현시킨 것에 다름 아니며, 따라서 서구사회의 뿌리 깊은 기독교 문화에 대한 저항에 다름 아니다. 기독교 문화는 곧 유럽에서 번져나가기 시작한 백인 우월적 서구 중심주의의 대표적 문화이고, 〈나인 야드〉는 오즈와 지미의 아무렇지도 않은 아내 공유를 통해 이를 부정하고 있는 것이다.

다음은, 왜 하필 미국이 아니고 캐나다일까? 나는 여기서 '아메리카'와 '캐나다'라는 국가 명칭 자체의 차이점을 되짚어 볼까 한다. 다들 알고 있다시피, USA의 근간이 되는 '아메리카'라는 명칭은 이탈리아의 항해사이자 초기 신대륙 탐험가 아메리고 베스푸치의 이름을 따서 붙여진 것이다. 즉 이 명칭은 유럽인의 시각에서 붙여진 것이다. 반면 캐나다라는 이름은 어떤가? 이 말은 인디언 이로쿼이족의 '촌락'을 뜻하는 단어인 'kanata'에서 유래했다. 즉 캐나다라는 국가 이름은 이 대륙에 원래부터 살고 있던 원주민들의 언어에서 따온 것이고, 따라서 '반'서구적 입장에서 명명된 것이다. 〈나인 야드〉의 공간적 배경이 하필 캐나다인 점, 그것은 곧 서구 중심주의에 대한 저항과 일치한다.

자, 그렇다면 세 번째로 왜 하필 지미의 닉네임은 튤립인가? 혹 독자 여러분 중에 역사에 관심이 있는 분들이라면 '튤립 시대'라는 역사의 한 페이지를 아시는 분도 있을지 모르겠다. 튤립 시대. 그것은 터키의 전신 오스만 제국의 아흐메트 3세 술탄 통치하의 신문화 개화기를 가리키는 것으로, 대략 1710년대에서 1730년대까지를 가리킨다. 이 시기에 오스만 제국은 유럽의 과학과 예술을 자기 나름대로 받아들여 이슬람 문화와 접목시키곤 유럽의 정체된 문화와는 비교도 안 될 수준의 찬란한 문화를 꽃피웠다. '튤립 시대'라는 명칭은 자국 농업의 특산품으로 유럽에 수출되던 튤립을 역수입한 오스만 제국의 궁정에 튤립이 만발하던 것에 기인한다. 곧, 튤립이라는 꽃이 상징하는 것은 세계의 중심이 유럽이 아니며, 이른바 '주변국'으로 치부되는 나라들에서도 그보다 더한 문명과 문화가 번성했음을 상징하는 것이다.

　이렇게 해서 형제의 아내를 취하는 것과 캐나다, 그리고 튤립의 공통점은 분명해진다. 이들 모두는 유럽을 세계의 중앙이라고 자만하는 서구 중심주의의 오만함을 비웃고 있는 것이다. 이렇게 놓고 볼 때 〈나인 야드〉는 참으로 대담하고 용기 있는 영화다. 할리우드 한복판에서 만들어진 영화 속에 감춰진 이 반서구적 이데올로기. 드디어 중심은 해체되고 주변은 부상하는 것인가.

〈NeGA〉 29호(2000년 4월)

〈섬〉
엽기와 평화의 공존, 그 긴장감에서 아름다움이……

SBS에서 방영되고 있는 '사이코드라마' 〈불꽃〉을 보고 있으면 김수현 극본의 한계가 무엇인지 확연히 알 수 있다. 그녀의 오랜 고질병, 그럼에도 불구하고 한때는 개성으로 치부되던 그것, 바로 '쓸데없이' 많은 대사들이다. 극도로 미니멀한 하나의 상황을 가지고 5분 넘게 논평하고 있는 대사들은 일상에 대한 신선한 발견도 무엇도 아니다. 그건, 이젠 정말 귀를 고문하는 공해들이다. 그건, 그녀의 드라마에 등장하는 인물들의 관계망과 정서의 흐름을 차단하는 해괴한 지뢰밭이다.

그렇다. 드라마투르기의 웬만한 공식들과, 두 남녀의 사랑이 발전해 나갈 수 있는 모든 가능한 확률 매트릭스와, 또한 그들의 사랑을 차단하고 그들의 심리 상태를 좌지우지할 온갖 것들이 대충은 예상이 되는 지금, 곧 거의 모든 내러티브 구조가 대중들에게 노출돼 있는 지금, 더 이상의 대사는 필요 없다. 1980년대 초반에 만들어졌던 레오스 카락스의 〈소년 소녀를 만나다〉에서 감독은 왜 그토록 그나마 몇 안 되는 대사마저 모호하게 흐트러뜨려 놓고는 우리로 하여금 이미지에 집중하게 했는지는 더이상 설명할 필요가 없다. 이제 우리에게 대사는 필요 없다. 보다 정확히, 그리고 한발 짝쯤 겸손히 말해, 이제 우리에게는 대사가 없는 영화도 충분히 가치 있다.

김기덕 감독의 〈섬〉(2000)에 부여하는 우선적인 찬사는 바로 그 '대사 없음'이다. 이 적막하고도 엽기적인 낚시터에서 정말 단 한 번의 외침을 제외하고는 아무 말도 하지 않는 희진(서정)과, 그나마 발화가 가능하던 자신의 목구멍을 낚시바늘 더미로 지져버리는 현식(김유석)의 행각은, 명백하게 더 이상 말하지 않고도 사랑이, 드라마가 가능하다는 것을 보여주는 상징적인 설정이다. 오히려 이 영화에서 대사가 없다는 사실이 그 극단적인 상황을 더욱 부각시키고 있기에 보다 적절하다. 이 절망에 빠진 두 남녀의 '마지막 말 없는' 사랑은, 역시 절망에 빠진 아델과 가보의 '마지막 말 많은' 사랑 이야기 〈걸 온 더 브릿지〉(1999)와 함께 정확히 대칭된다 할 것이다. 역시 훌륭한 영화라 칭송하지 아니할 수 없는 파트리스 르콩트의 〈걸 온 더 브릿지〉에 〈섬〉을 비교하는 것은 그만큼 대사 없는 사랑 이야기가 전통인 형태의 대사다발들과 충분히 맞서 함께 추앙받기에 손색이 없음을 지적하고자 함이다.

김기덕 감독은 말 대신 이미지에 포커스를 맞추고 있다. 낚시터 전체를 보여주는 영화의 첫 장면에서부터 그는, 늘 회화적인 정적 프레임에 친화돼 있던 자신의 습관을 여지없이 되풀이한다. 파스텔 톤의 좌대들, 새벽녘의 물안개, 초현실적인 풀숲과 같이 노골적으로 집중된 영상들을 언급하지 않는다 하더라도, 어지간히 소리가 없기에 사실 대부분의 장면들에서 우린 이미지 그 자체, 그리고 사물 그 자체들에 집중한다. 그리고 그 설명되지 않는 이미지들 속에서 나름대로의 이야기를 전달받고 해석한다. 그 이미지와 상황들은 지나치게 많거나 지나치게 적지 않고, 또한 아주 적절한 호흡으로 강약이 조절돼 있으며, 몇 번에 걸쳐 대단히 충격적인 파장(예컨대 낚시바늘을 삼키거나 '넣고는' 부채질을 하는 행위)을 불러일으킴으로써, 보는 이는 평정과 파란을 동시에 경험한다. 대단히 경이로운 배치이다.

그런데 이와 같이 사물과 이미지 그 자체에 노골적으로 접근하고 있는 감독의 태도로 인해 이 영화 〈섬〉은 그야말로 '상징적인' 영화가 된다. 이제 '상징'이라는 단어는 신물이 날 정도로 상투적인 게 돼버리기는 했지만, 김기덕 영화에서 그것은 여전히 중심에 선다. 그는 자신의 위트를 뽐내거나 계몽과 각성을 위해 상징체들을 사용하는 대신, 충분히 재미있는 극의 뒤편에 전투적인 상징물들을 배치해놓음으로써 관습에서 벗어난다. 그리고 한참 뒤에야 인식되는 상징의 과정들은 그의 엽기적인 이미지들과 결합돼 우리의 이성 대신 감성을 자극하기에, 오히려 신선하다.

예컨대 낚시꾼들이 변을 뽑아내어 버리거나, 그녀의 모든 복수가 자행되는 '물'(김기덕 영화의 단골 이미지)은 의심의 여지없이 위선적이고 혼돈에 찬 세상을 상징하고 있으며, 그 물 위에 떠있는 섬들, 곧 좌대들은 일종의 구원인 동시에 가까이 가보면 역시 혼란스러운 공간이다. "섬은 여자의 성기를 상징한다. 멀리서 보면 신비롭고 매력적이지만, 가까이 가서 들여다보면 추하기 그지없는"이라는 감독의 말처럼. 낚시꾼들이 날 생선을 산 채로 회치는 행동이나 살이 발려진 물고기가 호수를 배회하는 설정은 우리 사회의 끔찍하도록 노골적인 폭력에 대한 상징이다.

그런데 정말로 나를 재미있게 만드는 것은, 대부분이 '추하고' 더럽고 악한 것들을 폭로하기 위해 배치된 김기덕의 상징이라는 것 '뒤'에, 그것을 '넘어서', 뭔가가 도사리고 있다는 것이다. 그게 느껴진다는 것이다. 그것은 정확하게 '아름다움'이다. 이 영화에 등장하는 최고의 폭력적인 상황, 곧 현식이 낚시바늘 더미를 삼켜 피를 토하거나, 희진이 그의 목에 낚시바늘을 건 채로 그를 물 속에서 건져 올린다거나, 그녀가 낚시바늘을 자신의 성기 안에 집어넣고는 자해를 한다거나, 역시 여전히 성기에 낚시바늘이 걸려 있는 그녀를 현식이 물에서 건진다거나 하는 행위들의 뒤에는, 그런 방식으로밖에 사랑을 표현할 수 없는 희진의 극단적 존재성이 느껴지기에 아름답다. 그녀는 마치 〈노틀담의 곱추〉(1956)에 등장하는 콰지모도처럼 온전히 자기가 알고 있고 자기가 할 수 있는 행동 그 자체에 충실하기에 그 사랑은 그 어떤 것보다 고결하다. 따라서 그녀가 행하는 그 숱한 엽기적인 행각들과 폭력과 살인은, 그것이 폭력적이고 엽기적일수록 오히려 슬프고 아름답다. 가까이 가서 보면 징그럽고 추하게 생긴 여성의 성기일지언정, 그것만이 유일한 구원이고 대안이기에 거기엔 감독 자신조차 파악하지 못하던 승화적 아름다움과 순수가 발현되고 있는 것만 같다. 바로 그렇게 김기덕 영화의 위악적 상징과 이미지는 어리둥절할 정도의 아름다움으로 진전된다.

그리고 나는 거기서 아마도 김기덕 영화의 진정한 미덕이라 할, 바로 그 '동시적' 긴장감을 발견한다. 눈살을 찌푸리게 하는 극단적인 폭력으로 인한 전율이 만연하는 동시에 또한 지극히 고요하고 평온한 것(상처 난 목구멍과 성기에 부채질을 하는 그 장면처럼). 그녀의 발악적인 행위들은 악한 동시에 선한 것이며, 섬은 추한 동시에 아름다운 것이다. 그것은 멀찌감치 떨어져 있는 희진의 집과 현식의 좌대처럼 서로 교접치 않다가 어느 순간 느닷없이 연결되고 교화된다. 그것은 이중적이었다가 순식간에 동시적이 된다. 그리고 거기엔 영화의 대부분의 장면에서 결코 전라를 노출시키지 않고 다만 관능적인 몸의 미세한 움직임만으로 나를 긴장시키다가 어느 순간 갑자기 찢어진 옷 사이로 자신의 유방을 노출시키는 배우 서정의 묘한 긴장감과도 같은 것이 있다. 김기덕 영화엔 이 동시적인 긴장감, 곧 보는 이조차 절망케 만드는 자해 유발적 상황과 그 모든 것을 덮어버리는 평화가 기이하게 공존하고 서로를 지탱하는 상태가 상존한다. 만일 추함을 넘어서는 아름다움이 김기덕의 주제라면, 이 동시적 긴장감은 주제도 무엇도 아니지만 진정으로 그의 영화를 느끼는 재미가 된다. 그 기묘한 떨림의 세계는 우리를 잠시 현실적이지 않은 어떤 곳으로 인도해 낯설지만 빠져나오기 힘든 경험을 하게 했다가는, 결국 그 깊숙한 곳에 도사린 아름다움을 발견케 하는 것이다. 이것이 김기덕의 영화다. 그리고 이 쉽사리 이해가 안 되는 낚시터의 해프닝에서 역시 그것은 대단히 인상적인 방식으로 우리에게 쏘여지고 있는 것이다. 그는 이 대사도 없고 뚜렷한 이야기도 없고 인과의 고리도 없는 이야기 속에서, 오히려 그 모든 것들을 '통해' 자신의 세계를 꽤 효과적으로 드러내고 있는 것이다.

〈FILM2.0〉 Online(2000년 4월 20일)

〈백치들〉

혁명을 가장한 게으름

토마스 빈터베르의 〈셀레브레이션〉(1998), 라스 폰 트리에의 〈백치들idioterne〉(1998), 소렌 크라그 야콥슨의 〈미후네〉(1999)로 이어지는 '도그마 95' 영화들이 지나친 호들갑을 떨고 있는 것은 틀림없다. 도그마 강령은 현대영화의 마지막 남은 유일한 탈출구도 아니며, 반상업주의 대안영화의 필수 불가결한 태도도 아니며, 심지어 도그마 95의 주체들에게도 절대 사수해야 할 최후 강령이 아니다. '순수의 서약 십계명'을 함께 선언한 도그마 95 집단에 대해선 그 즉흥성과 장난기를 의심하지 않을 수 없다.

상업적 조작과 작가주의적 매몰을 거부하는 도그마 선언은 판타지를 매매하는 할리우드 영화에 대한 즉흥적이고 불완전한 반감과 작가주의에 대한 애매 모호한 회피를 순식간에 문서화한 해프닝이다.

'앙팡 도그마틱'들의 이 발 빠른 애드리브는 할리우드 상업영화에 대한 국소적인 대응만으로 일관할 뿐이며(예컨대, "영화는 어떤 인공적 액션도 담아서는 안 된다 - 살인, 무기 등은 일어나서는 안 된다"라는 계명은 존재하면서 어째서 할리우드의 섹슈얼리티 전략에 대해선 도외시하고 있는가?), 그 주체들조차 제대로 지키지 않는(인공적 소도구 금지, 촬영 현장에서 나오지 않는 음악의 금지, 35밀리 카메라의 사용) 모순적 규율들로 채워져 있다. 상업적 조작을 거부한다고 하지만 그들의 '교조적 태도'는 또 다른 형태의 극심한 조작이며, 크레디트에 감독 이름을 올리지 않는다는 식의 눈 가리고 아웅 하는 태도는 작가주의를 더욱 공고히 하는 것일 뿐이다.

도그마 95에 대해 이토록 길게 늘어놓는 것은 〈백치들〉이 도그마의 혁명적 이슈를 대표한다는 여론이 이 작품의 실체를 가리고 있기 때문이다. 거꾸로 〈백치들〉은 도그마 선언이 표방하고 있는 이데올로기를 불순하게 체화했을 뿐이다.

우선, "나도 도그마 일원이기 때문에 규칙에 따른 도그마 영화를 찍어야겠다고 생각했다"는 라스 폰 트리에의 말처럼, 도그마 선언이 지닌 '집단성'의 족쇄는 작품에 등장하는 '인텔리 집단'의 위선에 고스란히 녹아 있다. 스토퍼(얀스 알비너스)라는 분명한 리더가 존재하는 이 지식인 집단의 행위는 개개인을 얽매는 사회적 규범의 가식성에 전면적으로 저항하기엔 그들 자신이 너무나 집단적이다. 언뜻 해체주의적으로 보이는 그들의 바보짓엔 분명 스토퍼라는 '중심'과 얼떨결에 이 집단에 동참하게 된 카렌(보딜 요로겐센)처럼 스토퍼를 둘러싼 '주변'이 존재함으로써 일단의 체계성을 찾는 것이 어렵지 않으며, 반복해서 행해지는 모든 행위에 또 다른 종류의 전체주의 망령이 존재하고 있음을 간과할 수 없다.

게다가 역설적으로 이들이 '내 안의 바보, 우리 안의 바보' 운운하며 그토록 찾아 헤매는 '백치성'은 '규범에 대한 저항'과 일치하지 않는다. 길거리에서 나체로 뛰어다닌다거나 조용한 식당을 난장판으로 만들어놓는 행위는 분명 바보들이나 할 짓임엔 틀림없지만, 그렇다고 그것이 정확히 기성 질서의 정곡으로 다가가고 있는 것은 아니다. 거기엔 애매한 상징성을 찾는 우매함과 '규범의 폭압성' 대신 '규범 자체의 형식'에만 도끼눈을 뜨는 피상성이 존재할 뿐이다. 따라서 이들은 중산층의 사회적 규범에 저항하는 진정한 아나키스트나 혁명적 전위라기보다는, 수일간 노동하지 않고도 색다른 게임을 즐길 여유가 있고 그 행위 자체를 자기들끼리 낄낄대며 즐기고 있는 낭만적 부르주아지에 더욱 가깝다.

그 자들이 증명해내려는 '원초성'에도 초점이 편파적으로 맞춰져 있는 것도 안타깝다. 누드와 그룹 섹스가 축인 백치적 원초성이라면, 그것이 〈원초적 본능〉(1992)과 다를 바가 무엇인가. 혹자는 슬프다고까지 말하는 그룹 섹스 장면이 포르노그래픽 앵글로 촬영돼 있음은 인상적이다. 더불어 이 집단 혼음은 섹스에 대한 사회적 규범의 무효화와는 거리가 멀다. 라스 폰 트리에는 성과 사랑에 대한 집단적 가치 규정에 도전하는 대신, 고민하기 귀찮아 아예 막 나가버리는 것으로 일관하는 게으름을 보여주고 있다. 이에 비한다면 베르나르도 베르톨루치의 〈파리에서의 마지막 탱고〉(1972)나 피에르 파올로 파졸리니의 〈살로 소돔의 120일〉, 오시마 나기사의 〈감각의 제국〉은 훨씬 더 겸손하고 구체적으로 섹스를 재규정한다.

결국은 이 영화가 가슴이 아니라 머리로 만들어졌다는 것은 슬픈 일이다. 〈유로파〉(1991), 〈킹덤〉(1994), 〈브레이킹 더 웨이브〉(1996)에서도 확인되는 것처럼, 라스 폰 트리에라는 감독 자체가 머리로만 구성된 영화를 만들고 있음은 그의 특색이기도 하겠지만, 기성 사회의 틀 안에서 울부짖는 바보들의 외침이 심장에 다가오지 않는 것은 어색하다. 마치 스토퍼 일당의 바보짓이 무료한 생활에서 잠깐이나마 벗어나고 싶은 영악한 아이들의 장난처럼 비춰지듯이, 라스 폰 트리에의 〈백치들〉 역시 돌에 맞은 개구리의 고통을 냉정하게 관찰하는 악동의 장난으로 보이지 않는다고는 결코 말할 수 없다. "바보니까 그런 거지 뭘 그렇게 따져"라고 말한다면 할 말은 없지만 말이다.

《FILM2.0》 Online(2000년 5월 12일)

〈오! 수정〉

홍상수는 점점 더 이상한 방법으로 도를 닦고만 있다

홍상수 감독의 〈오! 수정〉(2000)을 보면서 나는 중학교 때 B자 비디오로 본 〈그로잉 업〉(1978)을 떠올렸다. 그 영화에서는 이제 막 성에 눈뜨기 시작한 어린 남자애들이 나이 많은 여자의 코치를 받아가며 섹스를 배우고 있었다. 그 무렵의 나 역시 여성지의 가짜 고백 수기와 친구들이 빌려준 포르노 테이프를 통해 닥치는 대로 성을 받아들이고 있었다. 누구라도 그랬겠지만, 〈그로잉 업〉의 주인공들도 나도 한동안 유일한 관심사는 성이었으며, 그것은 마치 수많은 사이트로 들어가기 위한 포털 사이트처럼 세상이라는 넓은 마당으로 진입하기 위한 단 하나의 통로였다. 그래, 아직 순수했지만 점점 성 '맛'을 알아가던 소년들에게 섹스는 곧 세상 그 자체였다. 그런데 〈오! 수정〉을 보며 왜 그 영화가 떠오른 걸까.

소름끼치도록 차가운 눈으로 주인공을 응시하는 홍상수의 영화에서 감정이입이란 애당초 불가능하고, 등장하는 인물들은 동일한 비중을 지닌 관찰 대상들로 비춰진다. 그것은 〈오! 수정〉에 등장하는 재훈(정보석)과 수정(이은주)에게도 그럭저럭은 맞아떨어지는 것처럼 보인다. 하지만 그의 기억과 그녀의 기억이 정확히 대칭을 이루며 대주제를 향해 나아가고 있는 사이, 우리는 또한 은근히 재훈의 입장에 동일화되기도 하는데, 그것은 재훈의 시점이 수정의 그것보다 먼저 등장하기 때문이다. 우리는 일단 재훈이 됐다가 점차 그를 둘러싼 세상을 파악하기 시작한다.

그런데 내가 보기엔, 그 재훈이야말로 〈그로잉 업〉의 주인공이기도 하고 또한 그 무렵의 나이기도 하다. 남들보다 포르노를 뒤늦게서야 보고 친구들보다 늦은 나이에 자위를 배운 아이처럼 다소 늙은 모습이긴 하지만, 그는 이제 막 성에 눈뜨기 시작한 소년, 곧 모든 남성들이 거쳐온 성장기의 한 시점을 대변한다. 그리고 이 영화는 어떻게 한 명의 순진하고 혈기 어린 소년이 성을 통해 세상의 실체 속으로 편입돼 가는가를 그리고 있다. 그렇다면, 〈그로잉 업〉에서 소년들에게 짜릿한 섹스를 가르쳐주던 그

닳고닳은 여자는 누구인가? 그녀가 바로 수정이다.

재훈은 이해심도 많고 따뜻하고 순수하지만, 일이 자기 뜻대로 되지 않으면 소리만 질러대고 아직 아버지와 같은 형의 보호 하에 살고 있는 어린아이다. 그런데 그런 재훈은 수정을 보자마자 곧장 불 같은 욕망을 키워나간다. 그는 수정을 사랑했을까? 그렇지 않다. 그는 수정을 통해 여성의 육체를 사랑하기 시작한다. 그는 버젓이 수정과 함께 있는 공간에서 다른 여자의 입술을 탐하기도 한다. 우리는 처음부터 있는 그대로 노출돼 있는 재훈의 기억을 통해 한 명의 개인이 점점 성장해 나가는 모습을 여과 없이 지켜본다.

반면, 우리는 수정의 본모습을 나중에서야 알게 된다. 재훈의 기억 속에서 그녀는 순진하고 내성적이며 부끄럼 많은 여자로 인식되지만, 수정의 기억으로 진입했을 때 그녀가 얼마나 음탕하고 전략적이며 현실적인 인물인가를 알게 된다. 그녀는 어린 소년에게 접근해 그에게 서서히 욕망의 맛을 익혀주고, 그 훈육의 과정을 독점함으로써 소년을 지배하는 늙은 창녀와도 같다. 수정은 자신의 몸을 줄 듯 안줄 듯 재훈을 애태우며, 이 과정을 통해 스스로의 가치를 높인다. 흡사 엄마와도 같은 절대적 지배력으로 재훈을 어르고 달래며 '키우는' 수정. 그토록 원하던 삽입은 뒤로 한 채 연신 수정의 젖가슴만을 빨아대는 재훈의 모습은 엄마의 젖을 물고 칭얼대는 어린아이의 그것에 다름 아니다. 수정은 그렇게 노련한 창녀이자 절대적인 어머니의 모습을 동시에 지니고서 재훈을 가르친다.

그런데 사춘기의 소년들에게 성이 세상의 전부이듯이, 재훈에게도 수정은 세상의 모든 것이다. 이 말은 성이 소년들에게 미치는 막대한 영향력을 빗대는 것만은 아니다. 흥미롭게도 영화 〈오! 수정〉에서 재훈이 수정을 통해 성에 깨우쳐 가는 과정은 우리가 세상을 배워나가는 것과 흡사하다. 열정이 온몸을 싸고도는 청년 시절에, 우리는 세상 모든 것이 다 내 것이라고 자신하지만 세상은 그리 호락호락하게 자기를 내어주지 않는다. 다가가면 멀어지고 잠시 주춤하면 다시 다가와 결코 헤어날 수 없게끔 만드는 그 세상이라는 놈. 조금 가졌다 싶으면 다시 우리를 비웃으며 넘어야 할 수많은 산을 보여주는 그 거대한 괴물. 그건 바로 수정이다.

재훈은 수정과의 삽입에 성공하고는 '세상의 왕'이 된 듯이 떠벌린다. 그러나 세상은 그렇게 만만한 것이 아니다. 그는 수정의 '버진'을 얻음으로써 그녀를 정복했다고 착각하지만 그것은 수정이 세운 1단계의 전략에 불과하듯이, 어린 나이의 우리는 세상을 얻은 듯한 착각의 연속을 통해 결국 세상의 노예가 되어갈 뿐이다. 친절하게도 감독은 결국 재훈의 미래를 예시하기도 한다. 그것은 바로 용수(문성근)의 모습이다. 그는 수정에, 또는 세상에 이미 빠질 대로 빠졌다가 그 실체를 알고 방황하는 패배주의자이고, 결국 재훈도 그렇게 될 것이다. 그리고 하나 더, 그것은 바로 우리 모두의 자화상이다.

그래서 참으로 〈오! 수정〉은 절망적이다. 세상에 대한 거대한 무기력만이 스크린을 휘돈다. 도통 해결책은 없다. 피할 수 없는 것을 굳이 파헤쳐 우리를 한없이 위축시키는 홍상수. 그 신랄함과 냉소, 그리고 킬킬거리며 "다 그렇게 사는 거야"라고 소주잔을 들이키는 얼음 같은 관조. 우리는 점점 성장하고 있지만 그것은 더 큰 함정으로의 진입이고, 홍상수는 점점 더 이상한 방법으로 도를 닦고만 있다.

《FILM2.0》 Online(2000년 5월 22일)

〈춤추는 무뚜〉

컬트가 될 구석이 있는 하층계급 영웅 이야기

"한 집단의 문화적 가치는 그 집단의 시각에서 평가해야 한다"는 마가렛 미드의 인류학적 상대주의가 〈춤추는 무뚜Muthu〉(1995)만큼 정확히 들어맞는 영화는 없다. "로마에 가면 로마법을 따라야 한다"는 말도 있지 않던가. 지금 여기, 2000년 대한민국의 세련된 관객 입장에서 이 영화를 보자면, 한마디로 '가관'이다. 어이없고 황당하고 기가 막힌 장면들이 줄 서 있고, 필경 촬영과 편집, 사운드의 수준은 우리 영화의 1960년대 어디쯤이다. 이상한 제목의 인도 영화 한 편이 시사회를 한다기에 저녁밥도 굶고 영화를 본 나는 극장 문을 나서며 어렵지 않게 20자 평을 생각해냈다. "다음 장면에선 무슨 짓을 저지를 지 두려운 영화."

그러나 단지 지금 우리의 고급스러운 입맛으로만 평가해서는 안 될 것이다. 우리에게는 우리 영화만의 수레바퀴가 있고, 인도엔 인도 영화만의 그것이 있다. 그래서…… 가슴을 활짝 열고 따뜻한 마음으로 받아들이면, 의외로 엄청난 재미가 숨어 있다. 실제로 그날 그 시사회장에서 200여 명의 관객들은 꽤 많은 장면에서 애정 어린 야유와 파안대소를 퍼부은 것이다.

타미르나드 주의 대지주 라자의 하인 무뚜(라지니칸트). 영화는 이 유쾌하고 호탕한 인물이 벌이는 온갖 해프닝을 두서없이 보여준다. 곤경에 빠진 주인님을 구하고, 랑가라는 떠돌이 여배우를 사랑하고, 수백 명에 달하는 집안 식구를 뭉치게 하고, 결국은…… 모든 사건을 혼자 다 해결하는 얘기다. 평범한 스토리다. 그러나 정작 〈춤추는 무뚜〉의 묘미는 그 형식에 있다. 우리는 영화가 시작하자마자 '그때 그 쇼를 아십니까'에서나 볼 수 있을 법한 버라이어티쇼 한 편을 보게 된다. 마차를 몰고 가던 무뚜가 갑자기 채찍을 휘두르며 노래하기 시작하고, 남녀노소를 막론한 수백 명의 백댄서들이 난데없이 막춤을 추며 달려든다. 분명 장면의 길이를 전혀 고려하지 않은 이 요상한 뮤지컬 시퀀스는 약 15분 정도 이어지며, 이후에도 전혀 예상치 않았던 곳에서 무차별적으로 등장한다. 기름이 뚝뚝 떨어질 듯한 무뚜의 표정과 용납하기 힘든 댄스, 시공간의 한계를 벗어나는 배경 장면들을 보고 있으면 입이 딱 벌어진다.

그러나 놀랍게도, 이 장면에서 떠오르는 영화는 바로 〈록키 호러 픽쳐 쇼〉(1975)다. 컬트 영화의 원조가 됐던 1975년의 이 '록 뮤지컬 호러 판타지 SF 미스터리 스릴러 멜로 에로 퀴어 코미디 스펙터클'에서 망사 스타킹에 짙은 립스틱을 바르고 느끼하게 노래하던 프랭크 박사는 영락없는 무뚜다. 나는 〈춤추는 무뚜〉를 보며 환호했을 인도의 관객들을 상상했다. 그들은 고무장갑을 끼고 쌀을 던지는 〈록키 호러 픽쳐 쇼〉 마니아들처럼 무뚜의 손짓 발짓 하나 하나에 열광했을 것이다. 그리고 인도에서 영화란 어떤 것인지를 가늠해본다. 1년에 600편이 넘는 영화를 만들어내는 이 나라엔 온갖 영화가 존재할 것이고, 그중 〈춤추는 무뚜〉와 같은 종류의 영화는 애당초 우리가 알고 있는 영화와는 근본이 틀릴 것이다. 이 영화는 결코 완성된 내러티브로 관객에게 감동을 선사하는 일반적인 장르가 아니다. 마치 분절된 각각의 마디마디가 완결된 스토리를 지니고 흥겨운 소리와 가락이 대중들을 즐겁게 하는 우리네 마당놀이처럼, 〈춤추는 무뚜〉는 모든 시퀀스가 한 가닥씩의 완성된 소품이며 관객들은 그 친숙한 이야기보다는 신나는 춤과 노래에 흠뻑 취한다. 이것은 영화라기보다 쇼다.

따라서 나는 이 영화에 대한 어떤 형태의 '영화적 판단'도 가당치 않다고 생각한다. 필요한 건 판단이 아니라 유희. 그렇게 놓고 보면 이소룡을 흉내내는 어설픈 액션도, 동작과 소리가 전혀 맞지 않는 과장된 후시녹음도, 인물의 뒤통수에서 시작해 다리 밑으로 들어갔다가 다시 앞으로 기어 나오는 이상한 카메라 워킹도, 촌티의 한계를 시험하는 엄청난 줌인 줌 아웃도, 완전히 다 어두워지지 않고 다음 장면으로 넘어가는 페이드 아웃도, 무심한 감독의 성격이 극명하게 들어가는 마구잡이 편집도 다즐거울 따름이다. 급기야 〈벤허〉(1959)의 마차 경주 장면을 패러디한 장면에서 무뚜의 마차가 낭떠러지를 뛰어넘을 때, 그 파렴치할 정도로 질 낮은 합성화면에 시사회장의 관객들 모두가 환호했다. 이건 아주 색다른 종류의 영화 보는 재미이고, 아주 조심스럽게 예상하지만 어딘가 컬트가 될 구석이 있다.

그렇다 하여, 이 영화에 생각이란 게 전혀 없다는 건 아니다. 춤도 잘 추고 노래도 잘하고 싸움도 잘하는 인기 만점의 무뚜는 분명 카스트 제도의 하층계급에 속하는 바이샤와 수드라의 영웅이다. 마치 우리의 마당놀이가 참담한 현실 속에서도 꿋꿋이 웃음을 잃지 않았던 서민층의 해학을 담고 있는 것처럼, 낭만적이고 유쾌한 이 하층계급의 영웅 이야기는 인도의 오랜 계급주의 전통에 대한 우회적인 포탄을 장전하고 있다. 게다가 무뚜의 과거가 밝혀지는 시점에 오면, 물욕을 거부하는 인도 고행승들의 관조적인 철학도 얼마간은 짐작된다.

그러나 다시 한 번 말하건대, 무뚜의 사랑 이야기도 계급사회에 대한 저항도 이 영화에선 다 부차적인 것이다. 당신이 이 영화를 보고 있는 공간이 어두컴컴한 극장이란 사실을 깡그리 잊어라. 마음껏 소리 지르고 웃고 무언가를 던져라. 홍상수 영화는 홍상수 영화인 것처럼, 쇼는 쇼다.

《FILM2.0》 Online(2000년 5월 27일)

〈미션 임파서블 2〉

부담스러운 희생정신만이 가득한 유치원 놀이터

오우삼은 너무 멀리, 생각 없이 와버렸다. 〈미션 임파서블 2Mission: Impossible 2〉(2000)는 그 한마디면 그만이다. 그는 여전히 특유의 원형 안무로 배우들의 몸을 돌리고 심지어 이젠 오토바이와 자동차까지 돌리고 있지만, 너무 과하고 지나치게 허황되다. 〈영웅본색〉과 〈첩혈쌍웅〉의 비장한 남성주의, 세계의 끝에 다다른 절망감, 동정심과 공감이 교차되는 강박적 캐릭터들이 존재하지 않는 상황에서 미학적인(곧, 과장된) 액션은 평양교예단의 묘기를 감상하는 것 이상의 효과가 없다.

그의 액션은 이미 너무 과장돼 있어 보기 불편하고 결국엔 홍콩 시절 그가 만든 영화에서 풍기던 멋스러움을 즐기는 대신, 도대체 어디까지 갈 건지 궁금해하는 조소만이 남을 뿐이다. 브라이언 드 팔마의 전편 〈미션 임파서블〉과의 관계도 그리 매끄럽지 못하다. 1996년에 만들어진 전편은 첨단 장비들과 첩보 기술을 놀라우리 만치 차분하게 제 가치 그대로 등장시켰지만 2편은 첨단성이 사라지고 단순한 액션만이 난무한다. 그리고 그 단순한 액션은 전편의 모든 장점을 무효로 만들 강한 독성만을 내뿜는다. 전편에 대한 패러디, 천장에서 줄타고 내려오거나, 두 개의 파일 중 나머지 하나를 찾듯이 두 바이러스 중 하나를 찾는 설정이 들어 있지만, 처량할 정도로 평면적이며 전혀 발전적이지 못하다. 패러디가 아니라 게으른 모방과 유아적인 장난 사이의 어디쯤에 머문 것이다.

실은, 참으로 실망스러운 영화다. 내러티브의 전체 구성은 이 영화가 이미 첩보 스릴러가 아니라 액션 장르를 택했기 때문에 더 이상 논할 가치조차 없기는 하다. 그럼에도 불구하고 그나마 나약한 구조물의 곳곳을 떠받치고 있는 이음새들은 우스꽝스러울 따름이다. 악당의 전 애인을 포섭해 공작에 이용하는 상황은 너무 상투적이라 전통적인 것에 대한 향수마저 느끼게 할 만큼 치졸하며, 악당이 자기가 빼앗은 돈으로 주식을 사겠다는 말은 실소조차 거두게 한다.

브라이언 드 팔마가 묘사한 이단 헌트(톰 크루즈)는 적당히 능력 있고 적당히 두려움에 떨 줄 아는 청년으로, 매사에 신중하고 절대로 과하게 여유를 부리거나 세상 모든 걸 다 아는 척하지 않는다. 반면, 2편의 이단 헌트는 비현실적인 묘기와 액션을 자랑하는, 고도로 가공된 환상적 영웅으로 환생한다. 비록 오우삼 영화의 독창적 캐릭터이자 스타일이기는 하지만, 역시 장점은 사라지고 찌꺼기 독소만이 남았다. 1편의 이단은 지적이고 뭔가를 탐구하기 위해 밤을 샐 듯한 연구파이며 아직 무르익지 않았기에 더욱 매력적인 지략가이며, 밖으로 많은 것을 드러내지 않는 음모가였지만, 2편의 그는 기름기 흐르는 섹시함이 철철 넘치고 머리는 비었으되 몸은 더욱 민첩해진 행동대원이며 쉽게 속내를 드러내는 다혈질의 문제아로 돌변했다. 약간 불안하지만 1편의 이단에게는 세계를 맡길 만 하고 마음이 푹 놓이긴 하지만, 2편의 이단에게는 세계를 맡기기가 싫다.

자꾸만 전편을 언급해서 좀 안됐지만, 전편에서 드 팔마 감독 특유의 점진적인 클로즈업과 긴장된 호흡은 마치 〈드레스트 투 킬〉(1980)의 박물관 장면처럼 섹시한 긴장감으로 묘하게 관객들을 도취시켰다. 드 팔마는 미세하게 조여드는 클로즈업을 통한 시간의 확장이 관객의 심장에 갑작스러운 초긴장과 정서적 함몰과 본능적으로 상황을 재점검하는 적극적인 공간을 마련한다는 걸 알고 있었고, 또 성공했다. 그러나 드 팔마의 클로즈업과 비슷하게 시간의 유격을 가져오는 오우삼의 슬로 모션은 지나치게 노골적이고, 상황의 분위기나 내러티브 정보가 노출되는 카타르시스가 아니라 단지 인물의 우상화에 기여하고 있을 뿐이다. 그동안 썩 통하던 이 기술은, 예컨대 플라멩코 댄서를 사이에 둔 이단과 니아(탠디 뉴튼), 벼랑 위의 도로에서 맞닿은 차로 함께 돌던 그와 그녀, 적의 기지에서 비둘기를 날리며 등장한 이단의 모습을 보여주는 장면과 같은 시간의 확장 기교는 느닷없이 영화의 모든 맥을 끊어버린다. 등장인물들이 그들을 둘러싼 상황엔 전혀 관심이 없다는 걸 보는 게 곤혹스럽다. 그들은 자기들끼리만 통하는 텔레파시로 서로 사랑을 주고받거나 복수의 의지를 불태우고 있을 뿐이다. 결국 이 모든 것이 오우삼이 너무 단순한 생각으로 멀리 와버렸음을 가리킨다. 오우삼의 스타일에는 기교와 영혼이 공존했지만, 그는 영혼을 버린 대신 너무 기교에 빠져버렸다.

아마도 오우삼이 이 돌이킬 수 없는 낭패를 겪은 것은 그가 할리우드로 건너갔기 때문일 것이다. 오우삼 영화의, 그리고 〈미션 임파서블〉 전편의 가장 은밀하고도 중요한 바탕은 그것이 소규모 공동체 내부에서 벌어지는 일이라는 사실이다. 홍콩 시절 오우삼의 영화들은 갱스터 세계 내부의 사건들을 다루었고, 드 팔마의 전편에선 기껏 해야 동유럽에서 활동하고 있는 요원들의 목숨과 이단의 팀 내부의 문제에 국한돼 있었다. 제한된 이야기의 범위는 더욱 현실적이고 납득할 만하며, 결코 부담스럽지 않게 관객에게 전해졌다. 그러나 2편의 오우삼은 정말 너무 멀리, 너무 생각 없이 와버렸다. 2편의 사건은 인류 전체를 죽음의 공포로 몰아넣을 바이러스 유포와 차단을 축으로 전개된다. 턱없이 거대하고 그만큼 공허하다. 우린 이단 헌트의 두 번째 이야기에서 〈인디펜던스 데이〉(1996)를 보려고 한 건 아니었다.

이것은 사랑도 마찬가지다. 1편에서 이단 헌트는 보스의 아내 클래어와 묘한 관계에 놓인다. 두 사람이 서로 사랑했는지 이용했는지가 분명하지 않게 표현되는 가운데, 보는 사람을 자극하는 섬세한 감정의 교류가 있다. 그러나 2편에서 그녀, 니아 홀은 한번에 너무 쉽게 넘죽한다. 그리고는 그를 위해 죽을 각오까지 하는 엄청난 사랑에 빠진다. 그것도 모자라 그녀는 홀연히 인류를 구원하려는 순교자가 돼 바이러스를 안은 채 벼랑 끝에 선다. 여기엔 〈에이리언 3〉에서와 같은 전략적인 상징도 무엇도 없다. 너무 단순해서 현기증이 날 지경이다.

프라하의 밤 안개처럼 음모와 전략, 꽉 짜여 숨조차 쉬기 힘든 덫들로 가득한 세계. 고딕풍의 기품과 적당히 건조하고 차가우며 한껏 생각할 의욕을 자극하는 벼랑 끝의 세계. 누구도 진심으로 사랑하지 않고, 결국 누구도 상대방에게 정도 이상으로 애정을 갖지 않으며, 결국 세상엔 나 혼자라는 가치관이 가득한 정말 '쿨'한 세계. 아주 조금 더 성장했을 이단 헌트의 새로운 임무와 숨막히는 이야기에서 우리가 기대하던 이런 종류의 세계는 이미 소멸한지 오래다. 무식하기까지 할 정도로 블록버스터 특유의 냄새만이 가득하고, 결코 세상에 대한 어떤 인식도 존재하지 않는 공간, 질척거리는 애욕과 순진한 사랑, 세계를 구하고 연인을 구하기 위한 부담스러운 희생정신만이 가득한 유치원 놀이터가 여기에 있다.

한 장면에서 악당은 이단의 뒤에서 총을 겨누고 있다. 정말 빼도 박도 못할 상황이다. 순간, 이단의 발밑 모래밭이 바람에 쓸려나가며 홀연히 총 한 자루가 등장했을 때 객석의 관객들은 찬물 세례를 받은 닭장 속의 닭들처럼 갑자기 파닥거렸다. 그리고는 이단이 그 모래밭을 발로 차, 튀어 오르는 총을 원형으로 돌며 부여잡고 악당을 쏘았을 때 관객은 아예 닭장 밖으로 뛰쳐나와 미친 듯이 뒹굴었다. 최근 들어 그렇게 많이 웃어본 적은 없었던 것 같다.

〈FILM2.0〉 Online(2000년 6월 14일)

〈공동경비구역 JSA〉

해방된 연출 감각은 보이지 않는 춤을 춘다

처음 그 기획이 결정됐을 때부터, 그리고 감독이 박찬욱이란 게 알려진 뒤부터 〈공동경비구역 JSA〉는 걱정이 많았던 영화다. 판문점 세트가 거의 완성돼가던 무렵 한 술자리에서 박찬욱 감독을 만났는데, 그는 원래 이 이야기에 동성애 코드를 집어넣고 싶었다며 입맛을 다셨다. 들으면서 심히 걱정했다. 하지만 제작사인 명필름 측에서 그렇게 하면 영화 안 만들겠다고 극구 반대해 뜻대로 할 수가 없었단다. 그런 사람이다. 변방의 비주류 문화들에 관심과 애정이 넘쳐나는 아웃사이더이며, 그런 이야기를 다룬 영화들에 대해 남다른 지식으로 무장한 마니아가 바로 박찬욱이다. 하지만 아쉽게도 그에게는 머릿속에 들어앉은 생각들을 세련되게 영상으로 풀어낼 기교는 부족했다. 그가 만든 두 편의 전작들 속에서 스토리는 늘 엉뚱하게 조합되기만 했고, 생각과 표현욕이 앞선 장면들에는 언제나 작위적이거나 지적인 군더더기들이 존재했다. 그가 분단 현실의 한가운데로 들어간다 하니 걱정하는 사람이 많았을 것은 당연하다.

근본적으로 〈공동경비구역 JSA〉에는 이런 류의 영화가 빠지기 쉬운, 또는 박찬욱 감독이 빠지기 쉬운 세 개의 함정이 존재한다. 관념성, 감상성, 엄숙주의가 그것이다. 남북 대립의 현실은 본질적으로 이데올로기의 바탕 위에 서 있으며 지금은 그 해소가 인위적인 상상에 의존할 수밖에 없기 때문에 이 영화의 모든 국면은 관념적이기 쉽다. 그 골패인 구조적 현실을 뚫고 남한과 북한의 병사들이 무모하고 위험한 화해를 시도한다고 하니, 여기에 비극적인 결말과 처연한 개인성에 관한 감상이 개입되는 것 또한 피하기 힘들다. 국부적으로 허물어져 가는 분단 장벽의 이야기는 그 자체가 민감한 정치적 사안이며 국가 전체의 통일 문제를 치열하게 상징하기 때문에 엄숙한 시선이 아니면 자칫 우스꽝스럽기 십상이다. 이 중 하나의 함정에라도 빠져버린다는 건 지나치게 현실의 고리를 영화에 투영하거나 지식인의 잣대가 되는 관념을 그대로 노골적으로 표출시킨다는 의미다. 결코 공감할 수도 없고 재미있지도 않은 정치 영화가 되거나, 기운 쭉 빠지게 하는 감상 영화가 된다는 얘기다. 처음부터 이 영화는 아주 어려운 길을 걸어가고 있었다.

그러나 막상 뚜껑을 열고 보니 결과는 딴판이다. 놀랍게도 박찬욱은 곳곳에 지뢰가 매설돼 있는 가시밭길의 한가운데에서 그 어떤 함정에도 빠지지 않는 신묘함을 보여준다. 〈공동경비구역 JSA〉는 소름이 끼칠 만큼, 관념적이지도 감상적이지도 엄숙하지도 않다. 영화는 처음부터 끝까지 분단 현실의 정치적 상황을 물 위로 부상시키지 않고 있으며, 오히려 치열한 현실 따위에는 관심도 없다는 투의 독자적인 생활의 이야기가 엄청난 힘을 발휘하며 흘러간다. 주인공들은 생각하거나 고뇌하는 대신 마음 가는 대로 행동할 따름이며, 이들을 포착하는 감독의 태도는 무서울 정도로 자연주의적이다. 심지어 어쩔 수 없는 장벽의 그늘이 드리워지는 장면에서조차 영화는 웃음을 잃지 않고, 시종일관 따뜻하며, 한순간도 인간 그 자체를 잊지 않는다. 모든 장면에서 박찬욱은 불필요한 힘을 빼고 영화를 풀어놓는다. 진지해지라고 강요하지도 않고, 슬퍼하라고 떠밀지도 않으며, 그럼 웃기나 하라고 빈정거리지도 않는다. 인물들에 대한 감독의 애정은 이제 막 걸음마를 시작한 아이가 넘어지고 부딪치며 힘겹게 걸어가는 모습을 꿋꿋이 지켜보고만 있는 부모의 마음처럼 한 발짝 뒤에 서 있다. 시대적 운명에 대한 엄숙한 사유의 시선은 스크린 저 뒤편에서 관객들이 스스로 찾아와주길 기다리며 가만히 앉아 있다. 마치 수많은 함정들 사이에서 유일하게 존재하는 단 하나의 길을 발견하기라도 한 듯이, 그의 해방된 연출 감각은 보이지 않는 춤을 춘다.

이런 성공을 가능케 한 것은 바로 '절제'다. 그간의 박찬욱이 부족했던 것도, 이번의 박찬욱이 이루어낸 것도 결국은 절제다. 위험천만한 세 개의 함정을 피해가려면 고도로 자신을 다스리고 절제하지 않으면 안 된다. 자꾸만 불거져 나오려는 욕심 가득한 개입을 통제하지 않으면 긴장 속에 흘러가던 영화는 금새 벼랑 아래로 추락한다. 〈공동경비구역 JSA〉에서 박찬욱은 절제에서 과용으로 넘어가는 아슬아슬한 선에서 잠깐 욕심을 부리는 척하다가, 보란 듯이 절제의 맨 꼭대기에서 뛰어논다. 이병헌이 지뢰를 밟은 갈대밭에서 송강호와 신하균을 만났을 때, 감독은 셋을 풀 쇼트로 잡고 송강호 쪽에서 이병헌 쪽으로 바람이 불게 한다. 달빛이 고즈넉한 비무장지대 한복판에서 난데없이 시간이 정지한 낭만이 펼쳐진다. 이 장면은 마치 아름다우면서도 잔뜩 미스터리를 안고 있는 〈욕망〉의 공원과 흡사하다. 신비스럽고도 뭔가 벌어질 듯한 분위기의 야심한 갈대밭을 선택하고, 세 인물을 배치시켜 한동안 풀 쇼트로 잡은 것은, 분명 영상으로 미스터리와 아름다움을 뽑아내려는 박찬욱의 작가적인 설정이다. 그러나 만일 여기서 장면의 길이가 조금만 더 길었거나 바람의 강도가 조금만 더 셌더라면, 또는 바람을 맞는 이병헌의 얼굴을 대응 쇼트로 보여줬다면, 그건 감정의 과장이고 상황에 대한 감상이다. 그러나 박찬욱은 섬세한 정서를 점진적으로 끌어올리다가 막 과용으로 넘어가기 직전의 시점에서 풀어버림으로써 절제를 획득한다.

또 다른 장면에서 이병헌은 초코파이를 먹는 송강호에게 남으로 내려가자고 말한다. 그러나 분위기가 이상해지자 이병헌은 웃으며 말을 흐리고, 송강호도 "조국이 남조선보다 과자를 더 잘 만드는 미래" 운운하며 잔뜩 고조된 상황의 심각성을 해체시킨다. 만일 여기서 이병헌의 첫 대사에 진지하게 맞서는 대사가 하나라도 있었다면, 또는 그 끝이 이렇게 부담 없는 웃음이 아니었더라면 이 장면은 엄숙주의와 관념성의 함정에 빠져버리게 된다. 그러나 박찬욱은 이병헌의 딱 한마디만으로 할 얘기를 슬쩍 비추고 영화의 수위에 교묘하게 리듬을 부여한다. 그러고 나서 이내 절제한다. 영화의 마지막에 관객들은 상당한 수준의 슬픔을 느끼게 되는데, 그것은 그 시점까지 정말 잘도 참아온 절제의 덕분이다. 박찬욱은 민감한 정치적 문제를 친숙한 일상생활로 풀어내서 훨씬 더 깊은 울림을 지니고 현실을 마주 대하는 효과적인 연출법을 보여준다. 동시에 절제와 과용의 경계선에서 고도의 팽팽한 긴장과 감정을 창조해냄으로써 영화의 속을 꽉 채워놓는다. 결국 그는 자연스럽고도 치밀하게 육화된 인간들의 이야기를 통해 감상이 아니라 감성을, 고민이 아니라 진한 공감을 끌어낸 것이다. 〈공동경비구역 JSA〉는 전체적으로 코미디 영화에 가깝지만 순간순간 그 웃음들에는 찰리 채플린적인 삶의 비애와 시대의 아픔이 녹아 있다. 좋은 영화다. 박찬욱은 한순간에 자신의 역사 안에서도 도약했을뿐더러, 보기 드문 수작으로 2000년의 한국 영화를 풍요롭게 해주고 있다. 오랜 졸작들의 퍼레이드에 상심한 우리는 지금 이 영화가 그래서 더 반갑고 미쁘다. 많은 사람들이 이 영화가 남북이 화해 무드에 접어드는 사회적 상황과 적절히 맞물렸다고 하지만, 굳이 지금 이 시기가 아니더라도 〈공동경비구역 JSA〉는 충분한 독자적 가치와 정체성을 지니고 있는 영화다.

《FILM2.0》 Online(2000년 8월 31일)

〈미 마이셀프 앤드 아이린〉

뻔뻔스럽지만 행복하게 해주는 배설 쾌감

패럴리 형제의 새 영화 〈미 마이셀프 앤드 아이린Me, Myself & Irene〉(2000)은 모든 면에서 주인공들만큼이나 한심한 영화다. 영화의 모든 요소가 혀를 내두를 만큼 일관성 있게 자멸한다. 이야기는 엉망진창이고, 추락하는 완성도는 점입가경이다. 짐 캐리만 믿은 패럴리 형제는 드라마에 전혀 신경을 쓰지 않은 것처럼 보인다. 구성은 지나치게 허술하고 느슨해 관객들이 점점 극에 빠져들며 영화를 즐기기에는 꽤 무리가 따른다. 초기 설정 이후로 사건의 전개 자체가 워낙 별 얘기가 아니며, 그걸 진행하는 방식도 맥빠지고 개연성이 없다.

제목에서도 알 수 있듯이, 이 영화는 짐 캐리의 내부에 존재하는 찰리와 행크, 두 개의 자아가 번갈아 등장하는 것에 의존하고 있는데, 그 전환은 너무 자주 그리고 너무 어이없이 일어난다. 결코 극적이지 않은 상황에서 난데없이 뒤바뀌는 바람에 나중엔 지루하고 지겨워진다. 〈미 마이셀프 앤드 아이린〉의 성패는 두 개의 자아가 절묘한 순간에 교대하며 유머를 전달하는 데 달려 있었지만, 정확히 그 지점에서 패럴리 형제는 실패하고 있다. 상반된 성격의 찰리와 행크를 동시에 연기하는 짐 캐리도 나중엔 억지스러운 표정과 상투적인 행동으로 일관하니, 보기에 안쓰러울 정도다. 그는 더 이상 〈에이스 벤츄라〉(1994) 시절의 풋풋한 악동이 아니며 〈덤 앤 더머〉(1994) 때의 바보 영웅도 아니다. 〈트루먼 쇼〉(1998)를 통해 연기력을 인정받았지만, 그때 얻은 점수보다 더 큰 점수를 〈미 마이셀프 앤드 아이린〉에서 잃고 있다. 이 영화만으로는 과연 그가 표정연기의 천재였는지 의심이 간다. 아무 데서나 지독하게 흉칙스러운 표정을 지어대는 짐 캐리의 모습은 불어터진 라면 위에 둥둥 뜬 기름국물처럼 영화와 따로 논다. 침과 배설물로 일관하는 유머는 여전히 기가 막히게 멋지지만, 반대로 짐 캐리의 세 아들이 펼치는 욕설 유머는 당혹스러울 만큼 천편일률적이다.

하지만 이 모든 치명적 단점에도 불구하고 나는 이 영화가 사랑스럽다. 패럴리 형제가 추구하는 저능아 캐릭터, 배설물, 음담패설, 욕설의 저질 코미디가 지니고 있는 순기능과 통쾌한 즐거움에 동의하기 때문이다. 어떤 스타일을 막론하고 코미디 영화란 근본적으로 사회와 치열한 관계를 맺고 있거나, 나름대로 장르 내부에 국한된 틀에서 벗어나려는 경향이 있다. 찰리 채플린은 현실을 향한 비수를 소시민에 대한 애정과 결합시켰고, 1980년대의 일본 코미디 영화는 일상에 대한 철학을 담고 있으며, 〈바보선언〉(1983)의 이장호와 〈개그맨〉(1988)의 이명세는 독보적인 혁명가다. 〈스페이스 워즈〉(1987)에서 멜 브룩스는 매체의 본질을 뒤집었고, 〈특급 비밀〉(1984)에서 주커 형제는 물리적인 세계를 조롱했다. 이런 면에서 〈덤 앤 더머〉나 〈메리에겐 뭔가 특별한 것이 있다〉(1998), 그리고 〈미 마이셀프 앤드 아이린〉의 패럴리 형제는 독특한 자리를 차지한다. 유아적이고 저질스러운 인물들의 기상천외한 바보 짓거리는 나름대로 사회의 정상성에 대한 고정관념과 모범시민에 대한 강박관념을 해체시키는 놀라운 효과를 지니고 있기 때문이다.

그 누구도 자기 자신이 짐 캐리처럼 행동하는 것을 상상할 수는 없다. 밤새 섹스를 한 남자가, 다음 날 아침 발기된 성기가 가라앉질 않아 욕실의 천장과 벽에 오줌을 갈겨대는 것과 같은 짓거리는 도저히 용납되지 않는다. 어쨌거나 우리는 지극히 정상적인 사람들과 교류를 맺으며 살아가고 있는 보통 시민이고, 가끔은 모범적으로 행동해 줘야만(적어도 그렇게 보여야만) 낙오되지 않기 때문이다. 이 점에서 로맨틱 코미디 류의 말랑말랑한 영화들은 철저하게 사회적인 규범 내부에 있는 것이다. 심지어 〈노팅 힐〉(1999)에서 휴 그랜트와 동거하는 남자친구조차도 지극히 정상적이다. 하지만 패럴리 형제는 우리가 늘 어느 정도의 한계 속에서 지켜야만 하는 규율을 과감하게 넘어선다. 옆집에 사는 인간에게 복수를 하고 싶으면 그 집 마당에 가서 보란 듯이 똥을 싸는 것이다. 패럴리 형제는 우리가 치부라고 생각하는 것들만을 모아 아무렇지도 않게 영화 속에 '싸질러' 놓는다. 그런데 이것이야말로 우리가 영화를 통해 대리 만족할 수 있는 최상의 형태 가운데 하나다. 이런 류의 저질 코미디가 사람들의 마음속에 파고드는 이유는, 진지하고 엄숙한 사회적 통념에 지친 그들의 마음을 완전히 풀어헤치는 해방감을 전해주기 때문이다.

동시에 이 영화는 사회가 우리에게 불평등하게 요구하는 억압과 울분도 속시원하게 내지르라고 부추긴다. 온갖 작자들에게 무시만 당하고 사는 짐 캐리는 가장 극악한 형태로 그들에게 복수한다. 자주 우리는 타인들에게 또는 사회 구조에 억눌려 사는 스스로를 발견한다. 뻔뻔스럽고 이기적인 이웃, 언제나 나를 깔보는 친구들과 동료들, 결코 사회에서 중요한 인물이 아닌 나. 그럴 때면 분노가 치솟고 복수를 하고 싶고 그들에게 본때를 보여주고 싶다. 〈미 마이셀프 앤드 아이린〉은 현대 사회를 살아가는 소시민들의 바로 그와 같은 마음을 대변해준다. 바로 이런 식의 배설효과와 대리만족이 있는 것이다.

영화의 결말에서 패럴리 형제는 자기들이 주도하고 있는 전복적인 삶의 방식이 여지없이 성공으로 끝나게끔 조치한다. 〈미 마이셀프 앤드 아이린〉에서 짐 캐리는 나보다 불행하고 멍청하며, 가장 나쁜 방식으로 실연을 당했고 상상할 수 있는 최악의 인생을 사는 남자다. 그래서 그는 한순간에 포악해지고 더러워졌지만 결국은 그렇게 하는 게 옳았다는 걸 알게 되고, 세상은 그에게 최고의 행복을 준다. 채플린과는 또 다른 방식으로 패럴리 형제는, 세상에 대한 혐오와 동시에 절망적인 소시민들에 대한 사랑을 보여준다. 이런 이유로 〈미 마이셀프 앤드 아이린〉은 지독하게 뻔뻔하지만 상당히 행복하게 해주는 영화다. 마음껏 금기를 넘어서는 통쾌함과 무슨 짓을 해도 내 인생은 더 이상 불행해질 것 없다는 이상한 형태의 낙관주의가 여기에 존재하는 것이다.

《FILM2.0》 Online(2000년 9월 7일)

〈왓 라이즈 비니스〉

장르의 중첩 속에 진실을 향하는 영화적 어드벤처

〈왓 라이즈 비니스What Lies Beneath〉(2000)를 보려면 양파 껍질을 벗기는 것과 비슷한 과정을 거쳐야 한다. 한 꺼풀 벗겨내고 이거다 싶으면 그 밑에 또 뭔가가 있고, 그걸 벗겨놓고 숨 좀 돌리려는 순간 또 다른 꺼풀이 버젓이 나타나기 때문이다. '저 밑에 도사린 무엇what lies beneath'이라는 영화의 제목은 상당히 적절하다. 이 영화를 본다는 것은 그야말로 가장 밑바닥에 도사린 최후의 실체를 벗겨내기 위해 험난한 도정에 뛰어드는 것을 의미한다. 그렇게 놓고 보면 관객들의 입장에선 일종의 영화적 어드벤처이기도 하다.

우리 앞에 차례차례 등장하는 양파 껍질들의 표면적인 형태는 '장르의 순환'이다. 감독 로버트 저메키스는 이 영화를 다양한 장르가 공존하는 복잡한 구성체로 만들어 놓았는데, 그것들은 우리에게 퍼즐처럼 하나하나 등장했다 어느새 사라지곤 하기 때문에 복합이라기 보단 순환에 가깝다. 그는 자신이 한 번도 해본 적 없는 장르로 뛰어들면서 남다른 재주를 보여주고 싶었을 것이다. 그래서 선택한 방법이 여러 개의 장르를 한꺼번에 완성하는 것이었을 테고, 그것도 엇비슷한 장르들만을 택함으로써 오히려 그 세련된 병치가 더욱 고단한 쪽으로 결정을 내렸겠지. 결과는? 대성공이다. 각각의 장르는 한순간도 숨통을 놓아주지 않다가 마치 릴레이 주자들이 다음 주자에게 배턴을 넘겨주듯 관객들의 조여진 숨통을 그대로 다음 장르의 손아귀에 넘겨준다. 매번 통렬한 카타르시스가 몰려오고 감정은 늘 극한대에 머문다. 소름끼치는 전율과 그보다 더 불안한 이완의 순간들이 빈틈 없는 리듬으로 기복을 탄다.

〈왓 라이즈 비니스〉에서 최초로 마주치는 장르는 미국 교외 중산층의 이면에 도사린 악마성에 관한 '범죄 스릴러'다. 잘나가는 과학자인 남편 노만(해리슨 포드)은 늘 연구소에만 파묻혀 있고 유일하게 의지하던 딸은 대학으로 진학한 후 한적한 도시 교외의 저택에서 대부분의 시간을 혼자 보내는 주인공 클레어(미셸 파이퍼)는 우연히 옆집 부부가 싸우는 광경을 보게 된다. 얼마 후 옆집 여자는 사라지고 클레어는 그녀의 남편이 그녀를 살해했다고 믿는다. 히치콕의 관음주의와 음산하고 동떨어진 공간의 묘한 긴장감을 효과적으로 버무려놓은 이 부분은 정말 그 남자가 범인일지 모른다는 착각을 불러일으킨다.

그러나 다음 순간 영화는 전혀 예상치 못한 이례적인 장르를 삽입한다. 옆집에 깃든 살기가 클레어의 집으로 전이되는 듯한 순간에 그녀는 옆집 여자의 유령과 마주치게 되는 것이다. 이렇게 해서 영화는 '심령 호러'의 소름 끼치는 공포 속으로 빠져든다. 이것은 관객들에게 어안이 벙벙한 린치를 가한다. 어쨌거나 현실 속의 범죄 드라마가 진행될 것으로 예상한 우리에게 난데없이 초현실적 세계의 인정을 요구하고 있기 때문이다. 이것만으로도 뒷골은 상당히 아프다. 여기에 저메키스는 유령 그 자체의 등장보다는 오히려 그것이 집안 어딘가를 늘 배회하고 있다는 존재감을 더욱 강하게 부각시키는 주변적 상황들, 예컨대 그녀가 다가서면 현관문이 저절로 열리는 식의 장치들을 효과적으로 배열함으로써 공포의 상한선에 도전한다. 피의 축제나 날카로운 비명보다 침묵과 고요가 얼마나 더 사람을 무섭게 하는지를 의연하게 보여준다. 범죄 스릴러의 기운이 잔상돼 있는 가운데 찾아온 심령 호러의 공포는 정신을 차릴 수가 없을 지경이다.

급기야 클레어는 노만에게 사실을 털어놓지만 그는 아내를 믿지 못할뿐더러 그녀가 신경쇠약에 빠져 미쳐가고 있다고 생각한다. 이 지점 이후로 영화는 '심리 미스터리' 장르로 돌변한다. 이 전환은 또 다른 의미를 부여하는데, 그것은 어쩌면 그녀가 겪은 모든 것이 정신착란일 수도 있다는 가정과 함께 지나온 모든 사건들이 다시 쓰이기 때문이다. 저메키스의 연출법에 실로 감탄하는 것은 이 부분이다. 그는 중반부까지 달려온 영화의 여러 상황들에 이렇게 볼 수도 있고 저렇게 볼 수도 있는 애매모호한 이중성을 교묘히 부여해놓고 있었던 것이다. 이 순간 관객들은 그동안 클레어에게 이입돼 있던 감정을 전혀 다른 방향으로 전환해 이젠 그녀의 행태를 관찰하는 입장에 놓인다. 로만 폴란스키의 초기작인 〈혐오〉에서 폐쇄된 집안에 홀로 남아 자기환영에 빠져 자해를 가하는 여주인공처럼 클레어는 점점 옴짝달싹할 수 없는 심리적 감옥에 간힌다.

우리가 풀리지 않는 미궁 속으로 침몰해 더 이상 헤어나올 길은 없다고 좌절할

즈음, 감독은 '어떤 전환'(말하지는 않겠다)을 통해 이 모든 사건이 남편의 과거와 관련이 있다는 단서를 은근슬쩍 던져놓는다. 자꾸 반복하는 말이지만, 장르의 순환 지점마다 감독은 매번 색다른 의미를 부여함으로써 탄복하게 만드는데, 심리 미스터리가 다시 범죄 스릴러로 돌아서는 이 순간도 마찬가지다. 이때의 범죄 드라마는 노만과 클레어 부부의 피상적인 평화를 난도질하는 '가족 스릴러'와 미국 중산층 가정의 위선을 폭로하는 '고발 드라마'의 외투를 덧입은 모양새이며, 다시 영화의 초입으로 돌아가 그동안 보아온 모든 것을 다 진실로 받아들이면서도 그 원인은 결국 노만에게 있었다는 걸 인정할 수밖에 없는 절묘한 열쇠를 제공하기 때문이다. 이후 영화는 그간의 장르들이 던져놓았던 모든 고리들이 복잡하게 연결되면서 최종지점을 향해 폭발할 듯 날아간다.

〈왓 라이즈 비니스〉에서의 장르의 중첩과 점점 벗겨지는 사건의 진실은 영화적인 형식만으로 그치지는 않는다. 각각의 장르들은 또한 각각 다른 종류의 의미들을 겹쳐놓으며 중층적인 주제와 병렬한다. 이것은 우리가 사는 세상의 실체가 뭐냐를 파헤치는 것인데, 평범한 일상의 불안과 중산층 가정의 잔혹한 진실, 그리고 가시적인 세계를 조종하는 사후 세계의 존재가 그것이며, 여기에 후에 밝혀지는 노만의 본모습에서 풍기는 인간의 파멸적인 야욕과 무모한 목적지향성이 더해진다.

조금 다른 시각에서 이 영화는 가족을 위해 모든 것을 희생한 '전업주부의 공포'를 보여주기도 한다. 촉망받는 첼리스트였던 클레어는 남편의 성공과 가족의 안정을 위해 자기 일을 포기하고 집안에 들어앉는다. 모든 사건의 시작과 발단은, 그리고 노만의 위선적인 행적은 그녀가 늘 집안에 혼자 있었기 때문이며 때론 매력 없는 주부였기 때문이다. 그녀 자신이 노만의 말처럼 자기 스스로를 정신착란이라고 인정할 수도 있었던 이유는 오직 가정에만 집착하며 자기 세계를 포기한 한 명의 여성이 남편도 없고 딸도 없으며 자꾸 불길한 일들만 발생하는 상황에서 당연히 겪게 되는 삶의 불안을 그녀 자신이 체득하고 있었다는 사실에서 기인한다. 엉뚱하게도 〈왓 라이즈 비니스〉에서 얻게 되는 여러 가지 주제 중의 하나는 가부장적인 사회에서 여성이 피폐화될 수밖에 없는 구조적 모순이며, 동시에 여자도 자기 일과 자기 세계를 갖지 못하면 삶이 헝크러진다는 점이다.

영화를 다 보고 난 뒤에 곰곰이 그 내용을 반추하다가 문득 발견한 사실 두 가지가 있다. 이것은 장르의 교차와 중첩된 주제들 뒤에 저메키스가 감춰둔 실로 명장다운 의도이다. 하나는 영혼의 존재에 관한 진실이 명백하게 밝혀지지 않는다는 점이다. 클라이맥스에서조차 누군가의 혼령이 등장하기는 하지만 과연 그것이 정말 영혼인지 아니면 심리적 환영인지 확실히 인정할 수가 없다. 이로써 우리는 진실의 단서를 손에 쥐고는 있지만 결국은 불가해한 세상에 무기력할 뿐이며, 그래서 더더욱 삶의 갖가지 실체들은 위력적으로 느껴진다. 또 하나는, 미로와 같은 사건이 풀려지게 되는 결정적인 계기가 클레어 자신에게 있다는 놀라운 설정이다. 아까 말한 '어떤 전환'이 그것인데, 그녀는 자꾸만 머릿속에서 아른거리는 뭔가에 집착하다가 결국 노만과 관련된 과거의 어떤 사실을 기억해냄으로써 실마리를 푼다. 모든 것은 그녀 자신 속에 담겨 있었던 것이다. 이것은 우리에게 불가지적인 세상의 본질은 언제나 우리 안에 존재한다는 충격적인 성찰을 내려준다. 아마도 저메키스가 말하고 싶었던 최후의 선언은 이것이리라.

레오스 카락스의 〈나쁜 피〉가 등장했을 때 《카이에 뒤 시네마》는 "영화의 기본을 숙지하고 있으면서도 그 파격 또한 알고 있다는 사실을 동시에 보여주는 영화"라고 평했다. 로버트 저메키스는 이런 유의 장르에 관한 한 데뷔작과도 마찬가지인 〈왓 라이즈 비니스〉에서 장르적인 웰메이드를 성취했을뿐더러, 그것이 장르 이상의 이야기로 승천할 수도 있다는 것을 보여준다. 체험과 관념을 두루 여행하면서 세상을 놓치지 않는, 칭찬하고 싶은 저메키스의 변신이다.

〈FILM2.0〉 Online(2000년 9월 27일)

〈나쁜 남자〉
폭력은 그들의 도덕이자 순결이다

쉽게 상상하기 힘든 도구를 사용한 신체의 훼손은 김기덕 영화가 보여주는 폭력 아우라의 뿌리를 이루고 있다. 〈나쁜 남자〉(2001)에서 한기(조재현)는 달수파 건달의 거대한 유리 조각에 복부를 찔리는데, 이것은 흔한 폭력 장면들과 바탕이 다르다. 신체 훼손의 폭력과 관련, 김기덕에게 있어 세상은 폭력이 상존하고 있는 곳이 아니라 어느 순간 잔혹한 행위가 섬광처럼 솟아올랐다가 가라앉기를 반복하는 곳이다. 김기덕의 폭력은 일상적이거나 사실적인 것이 아니라 상징적이고 미학적이며 폭력이 존재하지 않는 시점과의 기묘한 대비를 이루는 추상적 오브제다. 도리어 세상의 폭력과 맞서 버티거나 스스로를 정화할 수 있는 남다른 방편에 다름 아닌 것이다. 한기를 향해 날아오는 유리 조각은 달수파의 분노가 담긴 세상의 폭력이지만, 그것이 한기의 복부를 관통한 바로 그 순간의 섬뜩한 내파 속에서 한기는 주저하며 패퇴해온 세상에서 벗어나 자기 삶의 주변과 숙명을 스스로 매듭지어야 한다는 전의를 떠올린다. 사창가에서의 지리멸렬한 평화는 부도덕하고 폭력적인 세계의 질서에 안주한 한기를 보여주지만, 그 자신의 (피)폭력은 세상의 폭력 질서를 흐트러뜨리고 엇나가며 자기 삶의 자족적인 도덕성을 확보한다. 그것은 진심이나 순정과 같은 말이다.

따라서 김기덕의 주인공들이 누군가를 해치거나 해침을 당했을 때 그것은 세상에 대한 무거운 절망과 패배감을 가져오는 대신 주인공의 삶의 의지를 불러일으키며 적어도 자기 의지 안에서는 순결에 대한 자신감을 환기시킨다. 서로의 신체를 향한 훼손의 손길은 삶이 절망의 끝에서 부서지려는 순간 서로의 순결을 시험하고 확인하려는 소통의 의지와 같아지는 것이다. 〈나쁜 남자〉에서 선화(서원)를 창녀로 만들어 뭇 남성들이 그녀의 몸을 유린케 하는 한기나 이와 대구를 이루는 김기덕 감독의 데뷔작 〈악어〉(1996)에서 집단 강간을 당하고 자살하려는 현정(우윤경)을 살려내 폭력적 육체관계를 지속하는 악어(조재현)는, 그들이 할 수 있는 최선의 방법으로 그녀들과 소통한다. 희진의 성기와 현식의 목구멍을 파괴시킨 〈섬〉의 낚싯바늘 역시 일반적인 세상의 정상적인 대화로는 서로를 알아볼 수 없는 극단의 위태 속 두 남녀가 서로의 연대를 확인할 수 있는 유일한 도구로 등장한다.

관습적인 시선으로 볼 때 김기덕의 영화가 담고 있는 폭력은 개연성이 없고 지나치게 극단적이며 선정적으로까지 비칠 수도 있다. 하지만 그의 폭력이 다만 저예산 독립영화가 보여줄 수 있는 나름대로의 스펙터클만은 아니기에 신체를 도려내고 헤집는 김기덕의 이미지들은 나태해진 정신에 자극을 가하며 삶의 근원을 향해 날아간다. 그 근원 속엔 야생적이며 동물적인 원초성이 있고, 몸에 집중하면서 솔직해지고 싶은 열망이 담겨 있다. 김기덕의 영화엔 세상을 재단하고 사유하는 머리의 철학이 없다. 그의 주인공들은 무조건 부딪치고 상처내고 깨지고 숨을 고른 뒤에 서로를 바라보며 악수를 청하는 육체의 신민들일 뿐이다. 김기덕의 영화는 관념의 먼지들 대신 일차원적인 육체와 육체의 완전한 합일 아니면 완전한 무를 지향하는데 이때 훼손된 신체란 폭력의 대상이기 전에 서로의 삶을 연결할 수 있는 고리가 된다. 김기덕의 폭력은 많은 경우 빈 자리를 채우는 것의 반복이다. 〈섬〉의 낚싯바늘은 희진과 현식의 비어 있는 육체를 연결시키는 장치다. 〈수취인불명〉(2001)의 창국(양동근)은 어머니의 육체에서 가슴을 비우는데, 여기엔 아무것도 없는 백색의 무 또는 순결한 자리에서 다시 시작하고 싶은 소망이 담겨 있다. 육체를 비우거나 채우는 김기덕의 폭력은 때로 촌스러울 정도로 강렬한 삶의 원초적 의지와 어우러진다.

육체에 대한 남다른 폭력의 이미지들은 〈실제상황〉(2000)에서와 같은 삶의 폭력성, 〈수취인불명〉의 역사적 폭력성과도 일맥상통한다. 〈실제상황〉의 화가(주진모)는 주위를 에워싼 위협들에 불안해하다가 자기 삶의 근간에 도사린 폭력을 한순간에 폭파시킨다. 이것은 몸과 몸이 부딪침으로써 완전히 채우거나 완전히 비우는 육체의 폭력처럼 세상의 폭력에 그만큼의 에너지로 대꾸하는 방식이다. 〈수취인불명〉에서 역사가 남긴 폭력은 지흠 아버지의 총으로 상징화되거나 은옥의 눈을 통해 가시화되고 창국의 분노로 추상화되지만 논바닥에 처박힌 그의 기괴한 파멸에서 완전히 거부된다. 이 영화는 어린아이의 순박한 심정과도 같이 역사를 향해 이제 완전히 가라앉아 달라고 부탁하고 있는데, 이 절대적인 파멸과 새로운 시작의 마련은 육체의 폭력과 동일하다. 그리고 흔히들 말도 안 된다고 비난하는 김기덕 영화 특유의 헝클어진 내러티브가 폭력적으로 관객과 만날 때, 그것은 어리둥절하고 극악스럽지만 그들만의 방식으로 소통하는 그의 주인공들처럼 생채기 속에서 발화하는 진심에 맞닿게 된다.

《FILM2.0》 57호(2002년 1월 15일)

〈해안선〉

빨리 찍기 또는 대충 찍기

1년에 세 편씩이나 소화해내는(올 초 〈나쁜 남자〉를 개봉했고, 이제 〈해안선〉이 개봉할 것이며, 이미 〈봄여름가을겨울 그리고 봄〉(2003)을 찍고 있는) 부지런한 감독 김기덕이지만 그의 영화적 야욕은 찍는 속도만큼 부지런한 것 같지 않다. 〈해안선〉(2002)은 그가 얼마나 게을러졌는가를 보여주는 영화며, 그동안 일궈온 자신의 작품 세계를 일반 관객은 물론 그를 싫어하는 비평가들보다도 더 심각하게 오해하고 있음을 증명하는 영화다. 굳이 편을 가르자면 그동안 나는 김기덕의 영화를 옹호하는 축에 속했지만 〈해안선〉으로 그를 못마땅해하는 데 죄책감을 느끼지 않는 것은 나와 같은 자들의 변절보다 더 심하게 김기덕은 자기 자신을 배반하고 있기 때문이다.

동어 반복에 따른 김기덕의 빛바랜 야망까지 갈 것도 없이, 단적으로 말해 〈해안선〉은 "강 상병이 민간인을 오인·사살한 뒤 미쳐 부대 주변을 어슬렁거리고 덩달아 그가 죽인 남자의 애인도 미쳐 돌아다닌다"는 최초의 아이디어로부터 단 한 줄의 시나리오도 쓰지 않은 영화다. 강 상병(장동건)이 민간인 접근 금지 구역에 들어온 남녀를 향해 총탄을 발사하기 전까지 영화는 거기가 그런 곳이며, 병사들은 잔뜩 긴장해 있고, 그 감정엔 주변 마을 민간인들과의 적대감도 희미하게 포함돼 있다는 설정을 보여주는 데 할애된다.

하지만 강 상병이 남자를 쏜 직후 난감해하는 표정을 본 뒤로 관객은 더 이상의 무엇이 나올 것이라는 기대감으로 스크린을 응시하고 있을 필요가 없다. 시간을 재지 않아 정확히 몇 분인지는 모르겠지만, 장동건이 그때 지은 바로 그 표정이 영화가 끝날 때까지 몇 번이고 리와인드되기 때문이다(김기덕의 영화는 언제나 무자비한 이야기가 시작되기 전의 짧은 도입부를 다른 감독들이 사용하는 것과 똑같은 방법으로 이어 붙이는데, 그동안 김기덕의 영화에서 가장 인상적이지 못한 그 부분은 〈해안선〉에선 가장 충실하게 연출된 부분으로 기억된다). 김기덕의 영화에서 납득할 만한 드라마를 찾는 건 애초부터 그의 세계를 이해하지 못한 것이라고 말할 필요도 없다. 김기덕의 영화는 천박하게 굴곡이 센 이야기에서 동력을 얻어오고 있었다. 하지만 〈해안선〉에서 김기덕은 오인 사살 이후로 더 이상 장면들을 이어붙이는 걸 매우 귀찮아한다. 아마도 그는 '빨리 찍기'라는 자신의 스타일을 '대충 찍기'로 오해한 것 같다.

똑같은 장동건의 표정에 똑같은 음악만 틀어대는 김기덕의 이 폭력적인 신작은 존재하지 않은 이야기들의 자리에 본인의 특징이었던 이미지들을 채워 넣는다. 그런데 여기서 심각한 진짜 오해가 시작된다. 김기덕의 전작들은 끔찍한 잔혹 이미지들을 포함해 인상적인 상징들로 구성돼 있었다. 그것들은 주로 이야기에 덧살을 대며 훌륭하게 함축적 기능을 수행하거나 종종 이야기와는 별개로 그의 순진한 상상력을 증명하는 데 사용되곤 했다. 덕분에 김기덕의 영화들은 경찰에 쫓기는 사내가 고립된 저수지로 잠입해 낚시터에서 몸 파는 여인의 성기에 낚싯바늘을 찔러 넣는다거나, 여대생이 뜻하지 않게 창녀로 전락하고도 자신을 파멸시킨 남자를 위해 기꺼이 남은 생을 산다는 이야기에서 현실성 유무로 논쟁을 벌여야 하는 수고를 덜어줬다.

그의 영화들은 특별한 장면 구성으로 인해 신화적인 지위를 얻었다. 그것은 김기덕의 이야기들이 다만 역사적 맥락과 세습된 폭력의 닫힌 고리에서 평가될 것이 아니라 근원적인 바탕에서 매우 포괄적인 소통과 동력의 원천으로 읽혀야 한다고 말해왔다. 하지만 어떤 사람은 이 신화적이라는 말을 머리에 꽃을 단 여자가 하늘하늘 나풀거리는 옷을 입고 현실엔 존재하지 않는 몽환적인 공간에서 그보다 더 몽환적인 표정으로 춤추는 것으로 이해할지도 모른다. 그 사람이 바로 김기덕이다.

〈해안선〉에서 김기덕은 그동안 상징적 도구로 사용해오던 이미지들을 무턱대고 받아들여야 하는 영화의 목적으로 간편하게 바꿔치기 함으로써 자신의 작품 세계를 들어 엎어버린다. 갯벌에 꽂힌 나무들 사이를 휘젓고 다니던 여인이 자기를 강간한 군인들을 골라내기 위해 우아한 자태로 그들의 뺨을 쓰다듬는 모습에서 무엇을 발견할 수 있을까. 미친 여인 미영(박지아)의 캐릭터는 그가 애인의 죽음으로 미쳤다는 사실과 그 죽음이 분단 한반도의 알레고리라는 사실, 한마디로 관객이 이미 다 알고 있는 사실 그 이상의 것을 말해주지 않는다. 김기덕은 서두르고 서투른 솜씨로 자기 영화의 껍데기만 내다 걸고 있다. 〈해안선〉은 관객의 시선을 마취시키는 몇 개의 특별한 (척하는) 장면들만으로 영화가 완성될 수 있다는 김기덕의 오해이자 자기 영화에 대한 기억상실이다.

부대원들에 의해 강제로 아이를 낙태시킨 미영이 오빠의 횟집 수조 안에 들어가 핏물 속에 잠기는 장면은 매우 서글프다. 〈해안선〉에서 가장 소름 끼치는 이 장면은 이야기를 구성할 의지가 없는 김기덕이, 그렇다면 더 이상 이 방향을 선택하지 말았어야 한다는 결론을 내리게 한다. 이야기의 밑천은 없고 포르노그래피나 고어로 갈 수 없는 이미지는 극한점에 도달한 진퇴양난의 지경에서 만일 김기덕이 지금 우리가 상상할 수 없는 작가적 성취를 보였다면 〈해안선〉은 유례없는 걸작으로 남았겠지만, 아쉽게도 그런 일은 발생하지 않았다.

그동안의 김기덕 영화는 여성을 가학하는 남성들의 폭력을 통해 뭔가를 보여줘 왔지만 〈해안선〉이 담고 있는 기괴한 '군대주의'는 그의 폭력 상상이 지나친 마초 성향에 근거할 뿐이라는 몇몇 비평가들의 의심을 사실로 만들어버린다. 장동건이 부르는 노랫말 속의 흘러간 과거란 어느 과거를 말하는 것인가. 처음엔 이 과거가 분단이 이루어지기 전을 가리키고 있는 것처럼 보이지만 시간이 갈수록 그것은 웃통 벗고 즐겁게 뛰노는 순수한 군인들의 세계로 이동한다. 여기서 또 김기덕은 자신을 오해한다. 어쩌면 이것은 오해가 아니라 고백일지도 모르지만. 결과적으로 〈해안선〉은 동떨어진 공간에서 실컷 총싸움 놀이를 즐기는 어린 소년들의 마초적 환상 그 이상으로 뻗지 못함으로써 폭력에 관한 김기덕의 복합적이고 보람된 담론화 과정들을 깡그리 묵살해버린다. 이 지점에서 나와 같은 변절자들은 예전의 말 많던 시절에 대해 수치심을 느껴야 마땅하다.

무엇보다 놀랍고 당혹스러운 것은 김기덕이 장르의 법칙들에 호기심을 느끼고 있다는 사실이다. 애인을 잃어버린 여인의 슬픔과 변절한 애인으로 인한 강 상병의 방황에서 멜로를 실험하고 있다고 보는 건 억측이라고 치자. 하지만 야심한 해변에서 동료들을 교란하는 강 상병의 이러저러한 모습엔 미스터리 스릴러와 공포의 관성을 이용해 모자란 이야기들을 벌충하려는 즉흥적이고 섣부른 욕심이 묻어 있다. 해안 경비 부대에서 벌어진 해프닝들엔 자기 영화가 관객들을 웃길 수도 있다는 김기덕의 미소가 보인다. 이로 인해 김기덕은 두 가지를 잃어버리게 되는데, 하나는 장르의 공식화된 감정 조율법에 기댄 탓에 자기 영화가 관객과 대화하던 창구를 완전히 닫아버렸다는 것이고, 다른 하나는 그가 구사하고 있는 장르의 무지하고 무례한 표현술 때문에 실은 이 영화 전체가 하나의 코미디로 보인다는 것이다. 메이저 배우 장동건이 출연한 것이 김기덕의 마음을 흔들어놓은 것일까.

김기덕은 과거 그가 세상을 향해 내지르던 용감무쌍하고 과격하고 급진적인 방식으로 자신을 내버렸지만 그 대신으로 아무것도 얻지 못했다. 그가 쌓아온 오물 투성이의 성역은 '에곤 실레'와 '플레이보이'가 겹쳐진 책상 서랍 속의 동화를 창조해왔지만 이제 그 서랍 속에서 발견할 수 있는 건 영화의 다른 영역들에 대한 위험천만하고 앙상한 호기심과 빨리 찍느라 쉽게 지쳐버린 감독의 피곤한 기색뿐이다. 〈해안선〉은 커다란 술병 속에 남은 한 잔 거리도 채 안 되는 술처럼 쓰고 개운치 않다. 술자리에 앉은 사람에겐 새로 한 병을 시키고 밤을 이어갈 용기가 필요하다.

〈FILM2.0〉 103호(2002년 12월 3일)